আত্মস্মৃতি

ঘরোয়া | জোড়াসাঁকোর ধারে | আপন কথা

অবনীন্দ্রনাথ ঠাকুর
শিল্পী মুকুল দে

আত্মস্মৃতি

অবনীন্দ্রনাথ ঠাকুর

ভূমিকা
মুন্সী মহম্মদ ইউনুস

হা ও য়া ক ল
নিউ দিল্লি | কলকাতা

হাওয়াকল

নিউ দিল্লি | কলকাতা

Atmasmriti
memoirs by Abanindranath Tagore

প্রথম প্রকাশ জানুয়ারি ২০২৩

© হাওয়াকল

প্রচ্ছদের ছবি রাজ্যশ্রী বল
প্রচ্ছদ পরিকল্পনা ও প্রস্তুতি বিতান চক্রবর্তী

হাওয়াকল পাবলিশার্স-এর পক্ষে
৭০-বি/৯ অমৃতপুরি, ইস্ট অফ কৈলাশ, নিউ দিল্লি ৬৫
৩৩/১/২ কে বি সরণী, দমদম, কলকাতা ৮০
থেকে প্রকাশিত
এবং শরত ইম্প্রেসনস কলকাতা ৭০০ ০৭৩ থেকে মুদ্রিত

info@hawakal.com
Contact: 8420758224

INR 650.00/- | USD 19.99

ISBN: 978-93-91431-93-8

www.hawakal.com

সূচি

অবনীন্দ্রনাথ পাঠ উপলব্ধি

লেখার শুরুতেই দুটি আত্মতর্ক হাজির করা যেতে পারে। প্রথমত, দুই মলাটের মধ্যে প্রকাশিত অবনীন্দ্রনাথের গ্রন্থত্রয়ে প্রবেশের আগে আমরা যা লিখতে চলেছি তার পরিচয় কি? এ তো ভূমিকা নয়, মুখবন্ধ তো নয়ই, প্রবেশকও বলতে পারব না। আসলে অবনীন্দ্রনাথের তিনটি জীবনস্মৃতিমূলক সংকলন প্রসঙ্গে কিছু কথা বলতে গিয়ে উপরের উল্লেখিত শব্দগুলি ব্যবহার করার মত ক্ষমতা বা ধৃষ্টতা কোনটিই আমার নেই। বরং আর পাঁচজন মানুষের মত আমিও একজন অবনীন্দ্রনাথের সাহিত্যের পাঠকমাত্র। কাজেই এক্ষেত্রে আমরা 'পাঠ উপলব্ধি' শব্দবন্ধটি ব্যবহার করেছি।

দ্বিতীয়ত, আলোচ্য গ্রন্থত্রয়কে আমরা কি বলবো ? এক্ষেত্রে আমি আত্মজীবনী না বলে স্মৃতিকথা বলতে অধিক আগ্রহী। কারণ, আত্মজীবনীতে ব্যক্তি প্রাধান্য অনেক বেশি থাকে। তাতে কোনো দোষও নেই। কিন্তু স্মৃতিকথায় আপন-পর সবকিছুই আসে। কেউ কাউকে নিস্প্রভ করে দেয় না। অবনীন্দ্রনাথের স্মৃতিকথা মূলক গ্রন্থত্রয়ীতে যেমন ব্যক্তি অবনীন্দ্রনাথ বা শিল্পী অবনীন্দ্রনাথকে পাওয়া যায়, তেমনই পাওয়া যায় তাঁর সঙ্গে সম্পর্কযুক্ত মানুষজন ও প্রতিবেশকে। এখানে অবনীন্দ্রনাথ তাঁর ব্যক্তিগত জীবনের নানান ঘটনা ও পরিণত হয়ে ওঠার বিবরণ দিয়েছেন, অন্যদিকে ব্যক্তি মানসের সঙ্গে সম্পর্কযুক্ত নানান মানুষ ও তার প্রেক্ষিত ও প্রতিবেশ— এইসবের বিশ্লেষণও করেছেন।

আলোচ্য বই তিনটির মধ্য দিয়ে একজন অনন্য ধারার সংবেদনশীল শিল্পী হিসেবে অবনীন্দ্রনাথের মননের নির্মাণ কিভাবে সম্ভব হয়েছে, তা পাঠকের চোখে ধরে দেওয়া হয়েছে। পরিণত বয়সে অবনীন্দ্রনাথের ব্যক্তিগত জীবন তথা শিল্পের ক্ষেত্রে যে শৈশবের সরলতার মুখোমুখি আমরা হই, সেই জীবন সততার পাঠ তিনি নিয়েছিলেন ঠাকুরবাড়ির নিঃসঙ্গ দুপুরে, রাত্রির নিকষ অন্ধকারে। ব্যক্তিগত প্রসঙ্গেই আমরা দেখেছি তাঁর শিল্পী হয়ে ওঠার যাত্রাপথকে, দেখেছি শিল্পের সঙ্গে সঙ্গে কিভাবে একজন দিকপাল সাহিত্যিক হিসেবে তিনি নিজেকে

তুলে ধরেছেন আর এই ধারাবাহিকতাতেই শিক্ষক হিসেবে কেমন করে তিনি ছাত্রদের নির্মাণ করেছেন।

'ঘরোয়া', 'জোড়াসাঁকোর ধারে' ও 'আপন কথা' গ্রন্থ গুলি পাঠ করলে বোঝা যাবে এদের কেউই কারোর থেকে বিচ্ছিন্ন নয় বরং শিল্পী মনের অন্তরে জটিল রসায়নে একাধিক শিল্প মাধ্যমে নিজেকে প্রকাশ করেছিলেন অবনীন্দ্রনাথ। বহু পরে অবনীন্দ্রনাথ যখন কমবেশি দশ বছর সবকিছু থামিয়ে কেবল 'কুটুম কাটামে'-র নির্মাণে ব্যস্ত ছিলেন তার ইঙ্গিত কিন্তু অনেক আগেই তাঁর লেখা উপরোক্ত গ্রন্থগুলির মধ্যে জানতে পারা যায়।

নিজেকে ছাড়িয়ে যে বৃহত্তর পৃথিবীর বর্ণনা অবনীন্দ্রনাথ দিয়েছেন সেখানে ঠাকুরবাড়ির গুরুত্বপূর্ণ মানুষজন যেমন সবাই আছেন ঠিক তেমনি দারোয়ান থেকে সহিস, চাকর-বাকর থেকে মেথর— কেউই অবনীন্দ্রনাথের তুলির ভালোবাসার স্পর্শ থেকে বঞ্চিত হননি। কেবল এটুকুই নয়, স্বদেশী আন্দোলন থেকে জাতীয় কংগ্রেসের সভায় ঠাকুরবাড়ির সম্পর্ক এবং তাদের বিভিন্ন কার্যকলাপের সরস বর্ণনা তিনি দিয়েছেন।

আত্মজীবনীমূলক বইয়ের মূল সুরটা কিন্তু অবনীন্দ্রনাথ শুরুতেই বেঁধে দিয়েছিলেন 'আপন কথা'-র (আপন কথা, অবনীন্দ্র রচনাবলী, প্রথম খণ্ড, প্রকাশ ভবন, তৃতীয় প্রকাশ, জুলাই ১৯৮৫ পৃঃ০১) গোড়াতেই। বলেছিলেন যে—

ছাপা হবে হয়ত বইখানা। একদিন কোন বেরসিক অল্প দামে কিনে নেবে আমার সারা জীবন খুঁজে খুঁজে পাওয়া যা কিছু সংগ্রহ। এইটে মনে পড়ে যখন, তখন হাসি পায়। বলি, এ কি হয় কখনো? সব কথা কি কেউ জানতে পারে, না জানাতেই পারে কোনো কালে? অনেক কথা রয়ে যাবে, অনেক রইবে না, এই হবে, তার বেশি নয়।

মনে প্রশ্ন জাগতেই পারে অবনীন্দ্রনাথ কেন এ কথা বললেন? বিশেষত বিশ শতকের শেষার্ধ থেকেই যখন গ্রন্থ একবার মুদ্রিত হয়ে গেলে লেখক তার ব্যখ্যার অধিকার থেকে মুক্ত— এমন ধারণা উত্তর আধুনিক তত্ত্ব বিশ্বে সুপ্রতিষ্ঠিত। আসলে অবনীন্দ্রনাথের সাহিত্য বিশেষত 'আপন কথা', 'ঘরোয়া' কিংবা 'জোড়াসাঁকোর ধারে' পড়তে গিয়ে আমাদের মনে হয়েছে যে অত্যন্ত সহজ সাবলীল সুখপাঠ্য গদ্যের ভিতর এমন কিছু ইঙ্গিত তিনি শিল্পী হিসাবে রেখে গেছে যেগুলোর সূত্র ভেদ না করতে পারলে পাঠক রবীন্দ্রনাথের ভাষায় 'স্বহৃদয় পাঠক' হয়ে উঠবেন না। সুতরাং বলা যেতে পারে অবনীন্দ্রনাথ তাঁর লেখার মধ্যে স্বহৃদয় পাঠককেই যেন আহ্বান জানিয়েছে।

ঠাকুরবাড়ির বিস্তারিত বর্ণনা অবনীন্দ্রনাথ দিয়েছেন কিন্তু সেই বাড়ি তো কেবল ইট-কাঠ-পাথর দিয়ে নির্মাণ নয়, তা যেন আরেকটু বেশি। সেখানে মানুষের সঙ্গে সঙ্গে বহু মানবিক বোধ ও অভ্যেস যেন জুড়ে আছে। রবীন্দ্রনাথ

তার সাহিত্য প্রবন্ধ গ্রন্থে যে পুরনো মৃৎপাত্রের উল্লেখ করেছিলেন। এখানেও সেই প্রয়োজনের অতিরিক্তের কথা বলা হয়েছে। সেই অতিরিক্ত ব্যঞ্জনাই যেন ঠাকুরবাড়ির মানুষজনকেও গড়ে নিয়েছিল।

এই নির্মাণের উৎস সম্পর্কে (জোড়াসাঁকোর ধারে, অবনীন্দ্র রচনাবলী, প্রথম খণ্ড, প্রকাশ ভবন, তৃতীয় প্রকাশ, জুলাই ১৯৮৫, পৃঃ ২৬৩) অবনীন্দ্রনাথ বলছেন—

> মন সংগ্রহ করে রাখল, একদিন হয়তো কোনো কিছুতে ফুটে বের হবে। এই কাঠের টুকরোটি যেতে যেতে পথে পেলুম, তুলে পকেটে পুরলুম। বললে ত ঝুড়ি ঝুড়ি কাঠের টুকরো এনে দিতে পারে রথী ভাই এখুনি। কিন্তু তাতে সংগ্রহের আনন্দ থাকে না। এমনি কত কিছু সংগ্রহ হয় আর্টিস্টের মনের ভান্ডারেও।

অবনীন্দ্রনাথের লেখার মধ্যে হঠাৎ পাওয়া জিনিসের প্রতি প্রবল আগ্রহ আমরা দেখতে পাই যেমনটা রবীন্দ্রনাথের ক্ষেত্রে দেখেছি ‘বিচিত্র প্রবন্ধ’ গ্রন্থের অন্তর্গত ‘বাজে খরচ’ প্রবন্ধটিতে। আসলে প্রয়োজনের অতিরিক্তের মধ্যে মানুষকে আরো ভালোভাবে চেনা-জানা সম্ভব। লিখেছিলেন রবীন্দ্রনাথ—

> অন্য খরচের চেয়ে বাজে খরচেই মানুষকে যথার্থ চেনা যায়। কারণ, মানুষ ব্যয় করে বাঁধা নিয়ম অনুসারে, অপব্যয় করে নিজের খেয়ালে।

এ প্রসঙ্গেই স্মরণ করা যেতে পারে অবনীন্দ্রনাথের হাতেখড়ির ঘটনাটি। প্রশ্ন হল, যাকে নিয়ে এই হাতেখড়ির আয়োজন সেই অবনীন্দ্রনাথের বয়স ৫-৬ বছর। আর যে অবনীন্দ্রনাথ লিখেছেন তিনি ৫৬-৫৭ বছর বয়সের। ফলে মধ্যের ব্যবধান প্রায় পঞ্চাশ বছরের। এরই মধ্যে কি চলে আসে ‘মাসি’ গল্পের অবুর সেই সময় ভোলা ঘড়ি? যে মুহূর্তের মধ্যে লেখক/ কথকের সঙ্গে নায়কের অর্ধশত বছর বয়সের ব্যবধানে লুকোচুরি খেলায় মত্ত? এখানেই লুকিয়ে আছে একজন দক্ষ শিল্পীর সক্ষমতা। যিনি একভাবে অতীতের বয়সের ছুঁয়ে যাওয়া মানস অভিজ্ঞতা— উপলব্ধিকে তুলে আনছেন কলমের ডগায়, আবার একই সঙ্গে পরিণত বয়স্ক কথকের বিশ্লেষণ-মূল্যায়নের মৌলিক ইঙ্গিত আলতো করে ছুঁড়ে দিচ্ছেন পাঠকের কাছে। অবশ্য এখানে কোন পণ্ডিতি প্রত্যুৎপন্নমতিত্বের দন্ত নেই, আছে সততা-সারল্য-আর বিশ্বাসের বিভা।

দক্ষিণের বারান্দা দিয়ে অবনীন্দ্রনাথ যে বাইরের জগতের বর্ণনা দিয়েছিলেন, সেখানে সবকিছুকেই একটা চরিত্র হিসেবে গড়ে তুলেছিলেন পাঠকের চোখের সামনে। এ কারণেই যখন তিনি ছাত্রদের ছবি লেখা শেখাচ্ছেন তখন একথা তিনি বলতেন যে আকাশ থেকে গাছপালা সবকিছুকে দেখতে চিনতে হবে

গাছেদের ভেতরে থাকা মৃদু প্রাণ স্পন্দনকেও বুঝতে হবে তবেই প্রকৃত শিল্পের নির্মাণটা সম্ভব হবে।

তাই স্পষ্ট করে বলেছিলেন রবীন্দ্রনাথ (জীবনস্মৃতি, রবীন্দ্ররচনাবলী একাদশ খণ্ড, পশ্চিমবঙ্গ সরকার, আগস্ট, ১৯৮৯, পৃঃ ৩)—

> স্মৃতির পটে জীবনের ছবি কে আঁকিয়া যায় জানি না, কিন্তু যেই আঁকুক সে ছবিই আঁকে। অর্থাৎ যাহা কিছু ঘটিতেছে তাহার অবিকল নকল রাখিবার জন্য সে তুলি হাতে বসিয়া নাই। সে আপনার অভিরুচি-অনুসারে কত কী বাদ দেয়, কত কী রাখে। কত বড়োকে ছোটো করে, ছোটোকে বড়ো করিয়া তোলে।

রবীন্দ্রনাথ তাঁর নিজের কথা বলতে গিয়ে বিষয় নির্বাচনের উপর জোর দিয়েছিলেন। একারণেই তিনি তাঁর 'সাহিত্য' (১৯০৭) প্রবন্ধ গ্রন্থে দেখিয়েছিলেন শিল্পী বাইরের বিশ্ব থেকে বিষয় নির্বাচন করে। পরে সেই নির্বাচিত বিষয়কে বিস্ময়, প্রেম ও কল্পনা সহযোগে জাগরণ করে। আর তারপর তা শিল্পরূপে প্রকাশিত হয়।

এ প্রসঙ্গে আরো বলে রাখা জরুরি যে অভজার্ভেসন বা দেখতে পারাটা শিল্পে অত্যন্ত গুরুত্বপূর্ণ। সেই বোধ অবনীন্দ্রনাথের ছিল বলেই সামান্য ভিস্তিওয়ালা থেকে শুরু করে ঝাড়ুদারের নিখুঁত ছবি কথা দিয়ে তিনি পাঠকের সামনে ফুটিয়ে তুলতে পেরে ছিলেন।

অবনীন্দ্রনাথ মোট তিনটি জীবন স্মৃতি মূলক গ্রন্থ লিখেছিলেন। যার প্রথমটি হল 'ঘরোয়া' তারপর 'জোড়াসাঁকোর ধারে' এবং শেষ 'আপন কথা'।

'আপন কথা' গ্রন্থের প্রথম অধ্যায় হলো মনের কথা। এখানে অবনীন্দ্রনাথ চূড়ান্ত পরিহাস করেছেন সাহিত্যে যারা মেকির কারবারি সেইসব তথাকথিত সাহিত্যিকদের উদ্দেশ্য করে। কারণ সাহিত্য কেবল বানিয়ে বলা নয়। তা নির্মাণ, সৃজন। সেই সঙ্গে যারা অক্ষম ভাবে শিশু সাহিত্যিক হওয়ার চেষ্টা করে তাদেরও তিনি উপহাস করেছেন। পরের অধ্যায় পদ্মদাসী। এখানে এমন অনেক বর্ণনা আছে যেগুলোই পরবর্তীকালে অবনীন্দ্রনাথ সাহিত্যে এসেছে। যেমন এখানে যে লোহার সিন্দুকের বর্ণনা করা হয়েছে তা বুড়ো আংলা তে আছে। মাসি গল্পে যে নাড়ুর বিবরণ তা যেন পদ্মদাসীর নাড়ু খাওয়ানোর মধ্যেই আছে। এখানে আরেকটা কথা উল্লেখ করা খুব জরুরি তা হল রবীন্দ্রনাথ তাঁর 'জীবন স্মৃতি' গ্রন্থে যে নির্বাচনের কথা বলেছিলেন তারই এক ফলিত রূপ যেন অবনীন্দ্রনাথের জীবনস্মৃতি মূলক কাহিনীতে দেখতে পাওয়া যায়। অর্থাৎ সেখানে এমন অনেক বিষয় উঠে এসেছে যেগুলি সাধারণ চোখে মনে হবে খুবই অকিঞ্চিৎকর। আবার বড় বড় মানুষদের সঙ্গে দেখা-সাক্ষাৎ বা মেলামেশার বিবরণ অনেক কম। আসলে যে কথা আগেই বলা হয়েছে যে এই লেখাগুলোর মধ্যে শিল্পীর চোখ দিয়ে বিষয় নির্বাচন যেমন আছে ঠিক তেমনই

পারিপার্শ্বিক ঘটনা ও ব্যক্তি এবং বিষয়কে রূপ দেওয়ার এক শিল্পীত দৃষ্টিও এখানে দেখতে পাওয়া যায়।

'সাইক্লোন' অধ্যায়ে আমরা এক শিশু মনের পরিচয় দেখতে পাই। এখানে আমরা এটাও বুঝতে পারি যে পাঠ্যপুস্তক এর বাইরে একটা চেনা জানার জগৎ আছে। তা অনেক সরল ও অমায়িক। ক্লাস রুমের বাইরে বেরিয়ে তা জানতে বুঝতে হয়। এ প্রসঙ্গেই আমাদের মনে পড়ে যায় অবনীন্দ্রনাথের শিক্ষা সংক্রান্ত লেখাগুলি।

আসলে অবনীন্দ্রনাথের ব্যক্তিগত জীবনে নর্মাল স্কুলে ইংরেজি শিক্ষকের 'পুডিং' আর 'পাডিং' এর যে সমস্যা হয়েছিল তা যেন অবনীন্দ্রনাথের পরিণতমনস্ক বয়সেও তা বহতা ছিল। এ কারণেই তিনি উপনিবেশিক শিক্ষা ব্যবস্থার সম্পূর্ণ বিরোধী ছিলেন।

পরবর্তীকালে এই প্রতিষ্ঠানিক শিক্ষা উদ্যোগকে বহু জায়গায় বিদ্রূপ করেছিলেন তিনি। উদাহরণ হিসেবে 'ধরা পড়া' (ধরা পড়া, অবনীন্দ্র রচনাবলী, পঞ্চম খণ্ড, প্রকাশ ভবন, দ্বিতীয় প্রকাশ, ফেব্রুয়ারী ১৯৯৮, পৃঃ ৪৫৬-৫৭) নাটকটির কথা বলা যেতে পারে। এই নাটকে একজন গুরু গোঁসাই আছে, যে প্রাণপণে ছাত্রদের জ্ঞান বিতরণ করেন। এমনকি শুক পাখিকেও ধর্মশাস্ত্রের প্রবল পণ্ডিত করে তুলতে চেষ্টার খামতি রাখেন না। রাজা আগ্রহভরে সেই পাখিকে মথুরায় আহ্বান করেন। পথে পাঁচ জনের কথা শুনে সে জনগনের ভাষায় রপ্ত হয়। ফলে ফিরে এসে গোঁসাই-এর সঙ্গে শুকের কথোপোকথন বেশ উপভোগ্য—

গোঁসাইঃ একবার পড়ো তো বাপধন!
সকলেঃ পড়ো পড়ো
শুকঃ একটু মোরগের ঝোল দ্যোও চাচা।
সকলেঃ এ যে, রামপাখি ডাকে?
শুকঃ বলি, বলি, রহিম চাচা, দুটো কাঁচা প্যাঁজ দ্যাও দিহিনি।

ঠিক একই রকম 'শিব সওদাগর' (শিব সওদাগর, অবনীন্দ্র রচনাবলী, পঞ্চম খণ্ড, প্রকাশ ভবন, দ্বিতীয় প্রকাশ, ফেব্রুয়ারী ১৯৯৮, পৃঃ ৩৫০) নাটকটি। এখানে গুরুমশায়ের নির্দেশে সর্দার পোড়ো তোতার কাছে ইচিং, বিচিং, চাঁচি, মুচিরা ঘোরতর সাধুভাষায় শিক্ষা পেতে থাকে। কিন্তু এক প্রবল বাদলার দিনে শিব-সদাগর তার ভালুক নিয়ে হাজির হয় ছেলেদের মাঝে। তোতারামের প্রবল সাধু বুলি শুনে তাঁকে শাস্তি দেয়—

"ধরো নিজের কান— চেঁচিয়ে বলো—
এক হাত তোতারাম দুই হাত শিং
নাচে তোতারাম তা ধিং ধিং।।
—যাও ছেলেরা, বিদ্যালয়ের ছুটি, এখন হাডুডু ডু খেলো গিয়ে।"

আর তারপর ছেলেদের ইচ্ছেখুশিমত তাদের জাহাজে তুলে দুরে দেশে পাড়ি জমিয়েছে শিব সদাগর। আর 'মারুতির পুঁথি'তে (মারুতির পুঁথি, অবনীন্দ্র রচনাবলী, পঞ্চম খণ্ড, প্রকাশ ভবন, দ্বিতীয় প্রকাশ, ফেব্রুয়ারী ১৯৯৮, পৃঃ ৪১) হনুমান হাজির হয়েছে মতং গুরুর পাঠশালায়। যিনি পুরুতগিরি করেন, আবার পড়ানও। তাদের পড়ার বোলঃ

"কয়ে কশা, খেয়ে খড়গ, গয়ে গুঁতা, ঘয়ে ঘুঁসা"

শিক্ষার চেয়ে ছাত্র নিগ্রহে তিনি অনেক দড়। কিন্তু যখন মাতাল দাঁতাল তাঁর সামনে আসে; কোন শিক্ষাই কাজে লাগে না। সেসময় হনুমান বাহুবলেই সবাইকে রক্ষা করে।

এই উদাহরণই প্রমাণ করে প্রথাগত-বদ্ধ-প্রাণহীন শিক্ষাপদ্ধতিতে তিনি কোনভাবেই আস্থাশীল ছিলেন না, সেই শিক্ষাই তিনি চেয়েছিলেন — যা একজন পাঁচইন্দ্রিয় দিয়ে গ্রহন করতে পারে, আপন করতে পারে। আর এমন শিক্ষা কখনো বাইরে থেকে আসে না, বরং নিজ অনুভূতির প্রগাঢ়তায় নিজেকেই উপলব্ধি করতে হয়। অবনীন্দ্রনাথের স্বীয় শিক্ষাও এই পথ ধরে এসেছিল, কোন রকম পাঠ্য তালিকার তোয়াক্কা না করেই। একারণেই স্কুলে নামকাটা হয়ে তিনি সারাদিন ঘুরে বেড়াতেন সারাবাড়িতে। কখনো কলমদানি নিয়ে পরীক্ষা নিরীক্ষা, কখনো বিলিয়ার্ড টেবিলের নিচে শুয়ে থাকা। আর তারই মধ্যে কোথায় কার্নিশের ছায়া পড়েছে, কোথায় টিকটিকি পোকা ধরার জন্য ওৎ পেতে আছে, চড়ুপাখি ছোট্ট কুলুঙ্গিতে বাসা বাঁধছে। আবার কখনো চিলের চক্কর, খড়খড়ির মধ্যে দিয়ে মানুষের মন্তাজ, পড়ন্ত দুপুরের দেওয়ালে গাছের আলো ছায়ার ছায়াবাজি-এই সবই তৈরি করেছিল অবনীন্দ্রনাথের শিল্পমানসকে। এইভাবেই কানে ভেসে আসতো ভর দুপুরে বাসনউলি, চুড়িউলি, খেলনাওয়ালা, বরফওয়ালা, বেলফুলের ডাকবেসাতি-আর ভর সন্ধ্যেয় চেরাগ হাতে লম্বা দাড়ির মুসকিল আসান। এরই রেশ ধরে ঘোড়ার মলের শব্দ, বেহালার স্বর, কাকের ডাক-সব একাকার ভাবে গ্রহন করতে শিশু চিত্ত। এপ্রসঙ্গেই অবনীন্দ্রনাথ (জোড়াসাঁকোর ধারে, অবনীন্দ্র রচনাবলী, প্রথম খণ্ড, প্রকাশ ভবন, তৃতীয় প্রকাশ, জুলাই ১৯৮৫ পৃঃ১৯০-১৯১)পরে লিখছেন—

ভিতর দিকটা দেখবার কৌতুহল আমার ছেলেবেলা থেকে আছে। বদ্ধ ঘরের ভিতরটা, ঘেরা বাগানের ভিতরটা, দেখতে হবে কী আছে ওখানে। ... সেই ভিতর দেখার কৌতুহল আজও আমার ঘুচল না। ছবি, তার ভিতরে কী আছে খুঁজি। নোড়ানুড়িতে খুঁজি, কাঠ-কুটরোতে খুঁজি। নিজের আর অন্যের মনের ভিতরে খুঁজি, কি আছে না-আছে।

এই খোঁজ, অনুসন্ধান অবনীন্দ্রনাথের জীবন ভর আগ্রহ। আর সেকারনেই জীবনের শিক্ষা তিনি জীবন থেকেই নিয়েছেন। শিল্প সৃজনে সেই শিক্ষাই প্রতিফলিত হয়েছে। অবনীন্দ্রনাথ 'ঘরোয়া'-য় লিখেছেন মুনশীর কথা, যিনি ছায়ার সঙ্গে যুদ্ধ করতেন। কিন্তু অবনীন্দ্রনাথ তো স্বয়ং শৈশবে রোদ ধরার খেলা খেলতেন। যে রোদ মানুষ উঠে গেলেই গড়িয়ে নেয় বালিশে-তোষকে আর কিছুক্ষণের মধ্যেই ধরা পড়ার ভয়ে উঠে পরে কড়িকাঠে।

অবনীন্দ্রনাথের আত্মজীবনীমূলক লেখায় যেমন ব্যক্তিকে পাওয়া যায় তেমনি শিল্পীকেও পাওয়া যায়। আবার একই সঙ্গে 'ক্ষীরের পুতুল' থেকে 'রাজকাহিনী' কিংবা 'বুড়ো আংলা' থেকে 'ভূত পত্রীর দেশ' সমস্ত রচনার আকরও এই লেখায় পাওয়া যায়। উত্তরের ঘর অধ্যায়ে এক কৌতূহলী মনোবৃত্তির পরিচয় আমরা পাই। যেখানে বারান্দা থেকে ঘর হয়ে বাগান পর্যন্ত বিশাল বাড়িতে আসমান থেকে জমিন অবলোকন করছেন অবনীন্দ্রনাথ। তেমনই সেখান থেকে সবকিছুকে গ্রহণ করার মধ্য দিয়ে এক খোলা চোখ বজায় রাখছেন। সামান্যকে অসামান্য করে তুলছে সেই শিশু বয়সের কল্পনাতে। এমনকি এখানে মোরগদের কথায় যেন আলোর ফুলকির প্রাথমিক রূপকে আমরা দেখতে পাই।

গোবিন্দ থেকে শুরু করে সামসের কোচওয়ান সবাই এখানে চরিত্র হয়ে ধরা দিয়েছে। এ বাড়ি ও বাড়ি অধ্যায় আমরা দেখতে পাচ্ছি এক অদ্ভুত অনুভূতি প্রবণ শিশুকে যে সব কিছুর মধ্যেই শব্দের গভীর অর্থকে যেন অনুভব করতে পারে। বাদশাহী গল্পের এক পূর্ব সূত্র এই অধ্যায় যেন খুঁজে পাওয়া যায়। এই অধ্যায় যেন চরিত্রের চিত্রশালা, কর্তা মহারাজ থেকে কিনুসিং হরকরা, গোবিন্দ চাকর থেকে রামলাল— সবাই এখানে আছে। এই গ্রন্থের সবকিছুতেই যেন এক সুন্দরের ছোঁয়া লেগে আছে তা সে নতুন পাখি সংগ্রহী মন হোক অথবা হোমিওপ্যাথ ওষুধের গুলি খাওয়া বা পায়রাকে দানা খাওয়ানো থেকে হাতে খড়ির অনুষ্ঠান— সব খানেতেই।

জীবনস্মৃতি মূলক গ্রন্থ হিসাবে 'ঘরোয়া' অপর দুই গ্রন্থ 'আপনকথা' ও 'জোড়াসাঁকোর ধারে' থেকে বহিরঙ্গে কিছুটা আলাদা। অন্য দুটিতে মানুষের সঙ্গে সঙ্গে সবচেয়ে বেশি করে দার্শনিক উপলব্ধির কথায় ধরা আছে। কিন্তু এখানে অবনীন্দ্রনাথ তার শৈশব থেকে যৌবন পর্যন্ত চারপাশে ঘরে বাইরে যে মানুষজন দেখেছিলেন তাদেরই এক সচিত্র রূপকে তুলে ধরেছিলেন।

এ প্রসঙ্গে যে কথা বলার, স্বদেশী আন্দোলনের সময়ে ঠাকুরবাড়ি এক সক্রিয় ভূমিকা গ্রহণ করেছে। অবনীন্দ্রনাথের 'ঘরোয়া'-র বর্ণনা থেকেই আমরা জানতে পারি স্বদেশী ভাণ্ডারের কথা। এই ধারাতেই তৈরি হলো ন্যাশনাল ফান্ড। রামকৃষ্ণপুরের রেলের কুলিরাও যেমন তাতে অর্থ সাহায্য করেছিলেন তেমনি রাস্তার মোটেমজুরও মাতৃভাণ্ডারে টাকা গুঁজে দিয়েছিল। অবনীন্দ্রনাথের বিখ্যাত ভারতমাতার ছবি এই সময়ে লেখা। এভাবেই পোশাক পরিচ্ছদ নিয়ে

এক দেশীয় ভাব ঠাকুর বাড়ির মানুষেরা রবীন্দ্রনাথের নেতৃত্বে শুরু করতে চেয়েছিলেন। পার্টি থেকে শুরু করে ন্যাশনাল কংগ্রেসের অধিবেশন সবেতেই ধুতি পাঞ্জাবি পরে যাওয়া, বাংলায় বক্তৃতা করা— এই সব কিছুর চল তখনই সম্ভব হয়েছিল। কেবল এটুকুই নয় রবীন্দ্রনাথের নেতৃত্বে হিন্দু-মুসলমানের মিলনের এক ছবিও আমরা দেখতে পাই মসজিদে মুসলমানদের হাতে রাখি পরিয়ে দেওয়ার মাধ্যমে।

উনিশ শতকের বাংলা তথা ভারতবর্ষের জনজীবনে একটি বিশেষ চরিত্র লক্ষণ দেখতে পাওয়া যায়। তা হল, ইউরোপীয় পদ্ধতির অনুকরণ। এর পিছনের কারণ হিসেবে উনিশ শতকের তথাকথিত নবজাগরণের উল্লেখ করা যেতে পারে।

আসলে ইউরোপীয় নবজাগরণের প্রভাবে সে সময় সাহিত্য-শিল্প-জীবন চর্চায় দেশিয় শিল্পী ও পৃষ্ঠপোষক মণ্ডলী ইউরোপীয় ভাবধারাকে আত্মীকরণ করার চেষ্টা করেছিলেন।

সাহিত্যের ক্ষেত্রে উপন্যাস-মহাকাব্য-প্রহসন ইত্যাদির মধ্য দিয়ে এক নতুন ধারা সৃজিত হয়েছিল। শিল্পের ক্ষেত্রেও পাশ্চাত্য প্রভাবে অয়েল পেন্টিং— প্রাসাদ— অট্টালিকার নির্মাণে ইউরোপীয় ধরার ছাপ দেখতে পাওয়া যাচ্ছিল।

ঠিক এখানেই অবনীন্দ্রনাথের সামনে একদিনে যেমন একদিকে যেমন প্রাচীন ভারতের নিদর্শন বজায় ছিল, তেমনি ছিল ইউরোপীয় বাস্তবতা। এই দুয়ের মাঝখানে অবনীন্দ্রনাথ ভারত শিল্প নির্মাণের সাধনা শুরু করলেন। তার ভিত্তি ছিল আবাহমান দেশীয় প্রেক্ষিত আর প্রকাশ ছিল সর্ব অর্থে আধুনিক। এই কঠিন পথের পথিক হিসেবে তিনি শুধু আঁকা নয়, দেশীয় পদ্ধতিতে লেখা থেকে শুরু করে ঘরের আসবাবপত্র পর্যন্ত সবকিছুই স্বদেশী পদ্ধতিতে নির্মাণের চেষ্টা করেন। শিল্প সৃষ্টি সম্পর্কে এখানেই অবনীন্দ্রনাথ তিনতলা বাড়ির উল্লেখ করেছেন। তাঁর মতে তেতলা হলো অন্দরমহল। অন্তর মহল। অবনীন্দ্রনাথ বিশ্বাস করতেন শিল্প হল শখের বিষয়। সেই শখ ভেতর থেকে জাগলেই শিল্প সৃজিত হয়।

এই প্রসঙ্গেই আসে ঠাকুরবাড়ির মানুষদের সৌখিনতার প্রসঙ্গ। যেমন উপেন্দ্র মোহন ঠাকুরের ছিল সাজগোজের শখ। কানাইলাল ঠাকুরের শখ ছিল পোশাকি মাছ পোষার। জগমোহন গাঙ্গুলীর ছিল রান্নার আর খাবারের শখ। কানাই মল্লিকের আবার ছিল ঘুড়ি ওড়ানোর শখ। আর সবাইকে ছাড়িয়ে গিয়েছিল কর্তা দাদামশাই অর্থাৎ মহর্ষি দেবেন্দ্রনাথের সখ। ছোটবেলায় কালো পায়রা পোষা থেকে শুরু করে গান বাজনা। কখনো কল্পতরু হওয়া। আবার কখনো পায়েস রান্না করে সবাইকে খাওয়ানো।

একই সঙ্গে দেবেন্দ্রনাথের আভিজাত্যও ছিল উদাহরণস্বরূপ। দুধ খাবার বাটির নিচে যেমন পেপার ন্যাপকিন থাকা চাই তেমনি শরবত খেয়ে মুখ

মোছার পর সেই রুমাল আর দ্বিতীয়বার তিনি ব্যবহার করতেন না। অন্যদিকে সাহেব ডাক্তার নাড়ি দেখে যাওয়ার পর যতক্ষণ না হাত ধুয়ে পরিষ্কার করা হতো তিনি নিজের হাত নামাতেন না।

লক্ষণীয় বিষয়, সেকালে সামন্তবাদী সমাজে পরিবারের মূল চালিকা শক্তি ছিল পুরুষরা। কিন্তু ব্যতিক্রমী হিসেবে রাণী রাসমণি থেকে বেগম রোকিয়ার মতো কিছু ওজস্বী নারীর নাম উনিশ শতকে সমাজের মানচিত্রে উঠে এসেছিল। সেকালের কলকাতার ঠাকুরবাড়িও এক্ষেত্রে অগ্রণী ছিল। পুরুষদের সঙ্গে পাল্লা মিলিয়ে ঠাকুরবাড়ির মহিলারাও যথেষ্ট সৌখিন ও ব্যক্তিত্বময়ী ছিলেন। এ প্রসঙ্গে যোগমায়া দেবী (অবনীন্দ্রনাথের ঠাকুমা), সৌদামিনী দেবী (অবনীন্দ্রনাথের মা) কাদম্বিনী দেবী (অবনীন্দ্রনাথের বড় পিসিমা) প্রমুখের নাম উল্লেখ করা যেতে পারে। তবে আলাদা করে অবনীন্দ্রনাথের ছোট পিসিমা কুমুদিনী দেবীর কথা এখানে উল্লেখ করা যেতে পারে।

নারীর নিজস্ব ক্ষেত্র অর্থাৎ নারীমহলে কীর্তন, গান, কথা উপলক্ষে জমায়েত কিংবা নিজের রুচি অনুযায়ী ঘর সাজানো থেকে কেবল পাখি পোষা নয় বরং অনেক ক্ষেত্রে ঠাকুর বাড়ির সিদ্ধান্ত গ্রহণের ক্ষমতাও তাঁর ছিল। অবনীন্দ্রনাথের নর্মাল স্কুলে ইংরেজি শিক্ষার ভয়াবহ অভিজ্ঞতার পর তিনি এক হুকুমেই অবনীন্দ্রনাথের স্কুল যাওয়া বন্ধ করে দিয়েছিলেন। দ্বিতীয়বার আর তাঁকে জীবনে স্কুলমুখো হতে হয়নি।

'ঘরোয়া' গ্রন্থে সেকালের থিয়েটারের এক ইতিহাসও আমরা পেয়ে যাই। যে নাটক রচনার শুরু হয়েছিল রামনারায়ণ তর্করত্নের হাতে 'নব নাটক' দিয়ে তারই ফলিত রূপ দেখা যায় জ্যোতিরিন্দ্রনাথের সৃজিত নাটক গুলিতে (কিঞ্চিত জলযোগ থেকে অশ্রুমতি)। পরে রবীন্দ্রনাথ যখন নাটক রচনা করে তাকে মঞ্চস্থ করবেন এবং অবনীন্দ্রনাথ যখন মঞ্চসজ্জার দায়িত্ব নেবেন তা এক অন্য মাত্রায় পৌঁছাবে।

এই ধারাবাহিকতাকেই ঠাকুরবাড়ি ড্রামাটিক ক্লাব যা পরে খামখেয়ালী সভার রূপ নেয়— তার উল্লেখও অবনীন্দ্রনাথের লেখার মধ্যে পাই। এখানেই রবীন্দ্রনাথের সঙ্গে সঙ্গে অবনীন্দ্রনাথও শিল্প সাহিত্যের ভাষ— আঙ্গিক, মঞ্চের বিভিন্ন খুঁটিনাটি— সবকিছুতে একটা এক্সপেরিমেন্ট বা প্রয়োগ করেছিলেন যা পরবর্তীকালে দর্শক ও পাঠকের কাছে মাস্টারপিস হয়ে ওঠে।

যে কথা ইতিপূর্বে উল্লেখ করা হয়েছে, কেবল 'জোড়াসাঁকোর ধারে'-ই নয় অন্যান্য স্মৃতিকথামূলক লেখার মধ্যে একটি কেন্দ্রীয় ধারণা আমরা দেখতে পাই, সেটি হল কাহিনীর ঘটমানতা এবং লেখনীর মধ্যে সময়ের বিশাল পার্থক্য থাকলেও অবনীন্দ্রনাথ পরিণত বয়সেও এক শিশুর মন নিয়ে সেই ঘটনাগুলোর বর্ণনা দিয়েছেন। এই প্রবণতার মধ্যে আমরা এক জাত শিল্পীকেই খুঁজে পাই। এই

সক্ষমতা ছিল বলেই তা সে ক্ষীরের পুতুলই হোক বা বুড়ো আংলা, রাজা কাহিনী কিংবা চাইবুড়োর পুঁথি সবখানেই এক শিশুর সারল্য রচনার প্রধান বৈশিষ্ট্য হয়ে দেখা দেয়।

'জোড়াসাঁকোর ধারে' গ্রন্থটিতে শুরুতেই আমরা দেখি কিভাবে অবনীন্দ্রনাথ কয়েক বছরের মধ্যেই প্রাতিষ্ঠানিক শিক্ষা পদ্ধতি থেকে সরে যান। তারপর থেকে তিনি বাড়িতেই থাকেন। বাড়িতেই তাঁর শিক্ষা লাভের ব্যবস্থা করা হয়। কিন্তু গুরুত্বপূর্ণ বিষয় হলো সেই শৈশবে স্কুলছুট হওয়ার কারণে প্রকৃতির সঙ্গে পারিপাশ্বিকতার সঙ্গে এক চেনা জানার প্রক্রিয়া, তাঁর শিশু মন তৈরি করে নিয়েছিল। করি বরগাকে কে চেনা, টিকটিকির পোকা ধরার কৌশল, চড়ুই পাখি, চিলের ওড়া, রোদ্দুরের আনাগোনা— এই সবই তিনি শৈশবেই দেখেছেন, বুঝেছেন। দেখার সঙ্গে সঙ্গে তার শিল্পী কানও এই সময়ে তৈরি হয়ে গিয়েছিল। কখনও বাসন বিক্রেতা কখনো চুড়ি বিক্রেতা আবার কখনো বরফ বিক্রেতার ডাক থেকে শুরু করে সন্ধ্যাবেলায় মুশকিল আসানের আনাগোনা এই সব কিছু শব্দ তাঁর কানকে গড়ে নিয়েছিল। বেহালার সুর থেকে পুরনো ছবি সবকিছুই তার চোখের সামনে রূপ পেয়ে উঠেছিল। এক কথায় পঞ্চ ইন্দ্রিয়ের মধ্য দিয়েই তিনি যেন নিজেরই অজান্তে প্রকৃতিকেই শিক্ষকের ভূমিকায় নিয়োগ করেছিলেন। ছোট্ট বয়সেই দূর থেকে গান-বাজনা শোনা, ছোট পিসিমার ঘরে ছবি দেখতে শেখা - এককথায় অন্তর্নিহিত বিষয়ের প্রতি কৌতূহল ঐ বয়েসেই তাঁর মধ্যে তৈরি হয়ে গিয়েছিল। তাই একেবারে পরিণত বয়সে যখন তিনি কাটুম কুটুমের নির্মাণ গুলি করবেন সেখানে যেন সেই চোখ শৈশবের চেনাজানাকেই নতুনভাবে তিনি রূপ দেবেন। ঘরের মধ্যে পরিস্থানকে খোঁজা পুরনো ঘরের মধ্যে থাকা নানান আসবাবপত্রকে দেখাশোনা— এই সবই তার শিল্পী মনের গড়নে কাজ করে গিয়েছিল। ধীরে ধীরে একটু একটু করে। এই নির্মাণ পুরোটাই শিশুর মন দিয়ে ঘেরা কারণ শৈশব যুগপৎ অকপট ও সরল। একজন প্রকৃত শিল্পী হতে গেলে আজীবন এই বোধকে বহন করতে হয়। লালন করতে হয়। অবনীন্দ্রনাথ আসলে এই কাজই করেছিলেন। সেজন্যই বাবার লাল মাছেদের জলের টবে কখনো তিনি লাল রঙ ঢেলে দিয়েছিলেন আবার কাঠমিস্ত্রিদের বাটালি চালাতে গিয়ে নিজের আঙুল কেটেছিলেন। ঠাকুরবাড়ির পোষা পাখিদের ছেড়ে দিয়েছেন উন্মুখ আকাশে। এভাবেই এক সৃজিত রূপকথার জগতের মধ্যে বড় হয়েছেন তিনি। আমৃত্যু কখনো সেই জগতকে কাছ ছাড়া হতে দেন নি।

'জোড়াসাঁকোর ধারে' গ্রন্থে আমরা ঠাকুরবাড়ির নানান অজানা তথ্য জানতে পারি। সেখানে যেমন ছোট টাটু ঘোড়ার গাড়ির কথা পাই তেমনি কোন্নগরের বাগান বাড়ির আনন্দ উপভোগের বর্ণনাও পেয়ে যাই। 'ক্ষীরের পুতুল' থেকে 'বুড়ো আংলা'-র স্রষ্টার মন এইসব গাছপালা নদী জলাশয় খোলা আকাশের মধ্যেই তৈরি হচ্ছিল। আবার অবনীন্দ্রনাথের লেখা অবুর গল্পগুলিতেও (মাসি)

বিভিন্নভাবে এসেছে তাঁর জীবনের বহু ঘটে যাওয়া ঘটনার শিল্পিত উপস্থাপন।

জোড়াসাঁকোর ঠাকুরবাড়ির বর্ণনা সবচেয়ে ভালো করে অবনীন্দ্রনাথের লেখার মধ্যেই পাওয়া যায়। একতল দুতল তিন তলার বাড়ি। তেতলার অন্দরমহল, দোতলার বারান্দা, একতলায় দপ্তরখানা থেকে অফিস ঘর, তোষাখানা ভিণ্ডিখানা, ফরাসখানা— এই সবকিছুই যেন জীবন্তভাবে 'জোড়াসাঁকোর ধারে' গ্রন্থে আমাদের চোখের সামনে ফুটে উঠেছে।

শুধু কি তাই? গোবিন্দ চাকর, রামলাল, বিশ্বেশ্বর হুঁকবরদার, বুড়ো দারোয়ান মনহর সিং, খাস কোচোয়ান শমসের ও তার চেলা আক্কেল সহিস, এই সবই ছিল ঠাকুরবাড়ির চরিত্র। এর বাইরে নন্দ-ফরাস, ছিরু মেথর, বুদ্ধ বেয়ারা, অমৃত দাসী এরাও ছিল সেই চরিত্রশালার এক একটি উজ্জ্বল রত্ন।

এখানেই আমরা পাই ঠাকুর বাড়ির নানান উৎসব— অনুষ্ঠানের পুঙ্খানুপুঙ্খ বিবরণ। কিন্তু সেই ঠাকুরবাড়িই একদিন মাড়োয়ারির শেঠের হাতে বিক্রি হয়ে যায়। বাড়ি বিক্রির অপার যন্ত্রণা যেমন 'জোড়াসাঁকোর ধারে'-র অলিতে গলিতে খুঁজে পাই ঠিক সেভাবেই অবনীন্দ্রনাথের সাহিত্যের মধ্যে বিশেষত অবুর গল্পগুলির মধ্যেও তা পাওয়া যায়।

এই গ্রন্থে বাবা মশায়ের মৃত্যু দৃশ্যের বর্ণনা পাই। পরে অবনীন্দ্রনাথ লিখবেন শাহজাহানের মৃত্যু দৃশ্য। এ যেন স্মৃতিকথা, কাহিনী ও চিত্রের একাকার হয়ে যাওয়া।

অবনীন্দ্রনাথ এর বর্ণনায় এক অদ্ভুত রস আছে। শব্দ দিয়ে তিনি বহু কিছু নির্মাণ করতে পারতেন। লাঠি ঠকাস ঠকাস শব্দের সঙ্গে ঈশ্বর বাবুকে তিনি এঁকেছিলেন। ফরাস খানার গুদাম ঘরের সঙ্গে সাযুজ্য রেখে এঁকেছিলেন নন্দফরাসকে। অক্ষয়বাবু ছিলেন ফিটফাট বাবু আর শ্রীকণ্ঠবাবু জরির টুপি মাথায় দিয়ে আসতেন। এক কথায় সেকালের ঠাকুরবাড়ি যেন এক চলমান সংস্কৃতির পিঠস্থান ছিল। সেখানে দলে দলে লোক আসতেন রেখে যেতেন তাঁদের ছাপ। অবনীন্দ্রনাথ তাঁর লেখায় সেই ছাপকেই রূপ দিয়েছিলেন।

যে কথা আগেই বলেছি কত সাধারন চরিত্র কেউ অবনীন্দ্রনাথ তার লেখায় অসাধারণ গড়ে তুলেছিলেন। তেমনি একজন হল ফেলা নামের মেয়েটি। যে ফেলাবতী দক্ষিণের বারান্দায় নিজের মনে অবনীন্দ্রনাথের সঙ্গে খেলা করে যেত।

আসলে শিল্পীর মন হলো সঞ্চয় মন। সেই সঞ্চয় মনই শিল্পকে মাধ্যমে রূপ দেয়। সাধারণ মানুষের জমা খরচের হিসেবের বাইরেই সেই নির্মাণ। অবনীন্দ্রনাথ যথার্থই বলেছিলেন (জোড়াসাকোঁর ধারে, অবনীন্দ্র রচনাবলী, প্রথম খণ্ড, প্রকাশ ভবন, তৃতীয় প্রকাশ, জুলাই ১৯৮৫, পৃঃ ২৪৫) —

ছবিটি আঁকি — তুলিটি জলে ডোবাই, রঙে ডোবাই, মনে ডোবাই, তবে লিখি ছবিটি। সেই ছবি হয় মাস্টারপিস।

গিলার্ডির কাছে তখন অবনীন্দ্রনাথ প্যাস্টেল ড্রয়িং আর ওয়েল পেইন্টিং শিখছিলেন। নিচের তলায় থাকতেন মান্ধাটা নামে এক বুড়ো ইটালিয়ান মিউজিক মাস্টার তার মেয়েকে নিয়ে। একদিন অবনীন্দ্রনাথ তার বেহালা বাজানো শুনে বললেন (জোড়াসাঁকোর ধারে, অবনীন্দ্র রচনাবলী, প্রথম খণ্ড, প্রকাশ ভবন, তৃতীয় প্রকাশ, জুলাই ১৯৮৫, পৃঃ ২৪৬)—

অন্তর বাজে তো যন্তর বাজে। মনের স্পর্শ নইলে গাওয়াও বৃথা, বাজনা ও বৃথছবি আঁকাও বৃথা, এই কথা জেনে নিল মন।

জানা গেল, সেদিনই সেই বুড়ো শিল্পীর মেয়ে তাকে ছেড়ে চলে গিয়েছিল। অবনীন্দ্রনাথ লিখেছিলেন যে—

কত সুখ-দুঃখের মান অপমানের ধাক্কা খেয়ে আর্টিস্টের মন তৈরি হয়। আমরা সব সৃষ্টি ছাড়া প্রকৃতি মায়ের আদরে কোলের কাছাকাছি ছেলে একটা বুনো ভাব আছে। সবার সঙ্গে মিলে না।

কিন্তু সত্য বলতে এটাই অবনীন্দ্র সৃষ্টিজগতের একমাত্র মুখ নয়; বরং আরও আছে। যেখানে ব্যক্তিগত মানুষের প্রবল যন্ত্রণাময় ভালোবাসা, প্রাণহীনতা আর সপ্রাণতার মধ্য দিয়ে একজন সংবেদনশীল মানুষ পরিস্ফুট হয়ে ওঠে।

আলোচ্য গ্রন্থে অবনীন্দ্রনাথ নানা স্বপ্নের উল্লেখ করেছেন। কখনো বাবাকে দেখা কখনো মাকে। আর সবখানেই তিনি যেন সেই ছোট্ট শিশুটি।

এখানে জ্যোতিরিন্দ্রনাথ ঠাকুরের সঙ্গে অবনীন্দ্রনাথের এক সুন্দর সম্পর্কে বর্ণনা আছে। পরিণত বয়স্ক অবনীন্দ্রনাথ কে জ্যোতিরিন্দ্রনাথ রাঁচিতে প্রায় শিশুর মতোই যত্ন-আত্তি করে খাইয়েছিলেন ঠিক একই রকম রবীন্দ্রনাথও চূড়ান্ত স্নেহ করতেন অবনীন্দ্রনাথকে। শান্তিনিকেতনে অবনীন্দ্রনাথকে খাওয়ানোর আয়োজনের মধ্যেও সেই ভালোবাসা ও শ্রদ্ধার সম্পর্ককে আমরা দেখতে পাই।

এই লেখায় অবনীন্দ্রনাথ নিজের কিছু সখের গল্প বলেছেন। যার মধ্যে লামার কাছ থেকে নেওয়া আংটির সূত্রে এক সুন্দর নিটোল গল্প পেশ করেছেন। অন্যদিকে একজোড়া দুর্মূল্য মুক্ত তিনি কিনতে কিনতেও কেনেননি। পরবর্তীকালে দেখা যায় সেই মুক্ত চুরির ছিল। আবার জহরীর ছেলের কাছ থেকে দুর্লভ পান্না কেনার গল্প যেমন আমরা পাই ঠিক সে রকম মৌমাছির পাথর কেনার কাহিনীও তিনি এখানে বলেন।

ছবিকে কেন্দ্র করে বাংলাদেশের ল্যান্ড হোল্ডার্স অ্যাসোসিয়েশনের কথা আবার সোসাইটি তৈরি— এসব বর্ণনাও এখানে আছে। ভারতের বিভিন্ন প্রান্তের মূর্তিও অবনীন্দ্রনাথ সংগ্রহ করতেন, তার মধ্যে মাতাপ্রসাদ নামে এক ব্যক্তি লাখনৌ থেকে তাঁকে হাত ভাঙা রাধার অতি দুর্মূল্য মূর্তি দিয়েছিলেন।

যে কথা আগেই বলেছি যে এই গ্রন্থে অবনীন্দ্রনাথ তার শিল্পী হয়ে ওঠার মননের বিবরণও দিয়েছিলে। চমৎকার লিখেছিলেন তিনি (জোড়াসাঁকোর ধারে, অবনীন্দ্র রচনাবলী, প্রথম খণ্ড, প্রকাশ ভবন, তৃতীয় প্রকাশ, জুলাই ১৯৮৫, পৃঃ ২৭৯)—

> সেদিন বুঝলুম আমার রাস্তা এ নয়; চোখ বুজে তাকে দেখতে চাওয়া আমার ভুল। শিল্পী আমি, দুচোখ মেলে তাঁকে দেখে যাবো জীবনভোর।

এই শিক্ষা তিনি তাঁর ছাত্রদেরও দিয়েছিলেন।

দেশ বিদেশের শিল্পীদের সঙ্গে ছিল অবনীন্দ্রনাথের দেওয়া নেওয়ার সম্পর্ক। হ্যাভেল সাহেব বা গিলার্ডির কথা তো আগেই বলা হয়েছে অন্যদিকে জাপানি শিল্পী ওকাকুরা তাইকোয়ান, হিমিদা এরাও ছিলেন। তাঁদের ছবি আঁকার পুঙ্খানুপুঙ্খ পদ্ধতির বিবরণ অবনীন্দ্রনাথ এখানে দিয়েছিলে। পাশাপাশি অবনীন্দ্রনাথ তাঁর ছবি আঁকা শেখার ইতিহাসও ধারাবাহিকভাবে বর্ণনা করেছিলেন। গিলার্ডির আর্ট স্কুল থেকে শুরু করে সি এল পামারের কাছে অয়েল পেন্টিং শেখা। আর সেখান থেকে হ্যাভেল সাহেবের আর্ট স্কুলের ভাইস প্রিন্সিপাল হওয়া পর্যন্ত।

দেখার চোখ যে কত ভাবে তৈরি হয় তা বোঝা যায় অবনীন্দ্রনাথের গঙ্গাকে স্টাডি করার মধ্য দিয়ে। যেন গঙ্গা দেখার মধ্যেই তিনি ভারত দর্শনকে খুঁজেছেন। যা ভারতশিল্পের প্রতিভূ রূপ।

অবনীন্দ্রনাথের ছবি সম্পর্কে সবচেয়ে বড় সার্টিফিকেট বোধহয় দিয়েছিল মতি বুড়ো (জোড়াসাঁকোর ধারে, অবনীন্দ্র রচনাবলী, প্রথম খণ্ড, প্রকাশ ভবন, তৃতীয় প্রকাশ, জুলাই ১৯৮৫, পৃঃ ২৯০)। বলেছিল সে—

> দেখুন ছোট বাবু, আপনার ছাত্র নন্দলাল সুরেন গাঙ্গুলী ওরা ছবি আঁকে, দেখে মনে হয় বেশ যত্ন করেই ভালো ছবিই এঁকেছে। কিন্তু আপনার ছবি দেখে তা তো মনে হয় না। মনে হয় যেন ওই কাগজের উপরেই ছিল ছবি।

এভাবেই অবনীন্দ্রনাথ তাঁর বর্ণনার মধ্যে যেন জীবন্ত মন্তাজের নির্মাণ করেছিলেন।

'মনের কথা' প্রবন্ধে অবনীন্দ্রনাথ তাঁর কাহিনীর উদ্দিষ্ট শ্রোতা সম্পর্কে (আপন কথা, অবনীন্দ্র রচনাবলী, প্রথম খণ্ড, প্রকাশ ভবন, তৃতীয় প্রকাশ, জুলাই ১৯৮৫, পৃঃ ০২) লেখেন—

> বলে যাওয়া চলে কেবল তাদেরই কাছে নির্ভয়ে, মনের কথা বেচা-কেনার ধার ধারে না যারা, যাত্রা করে বেরিয়েছে যারা, কেউ

হামাগুড়ি দিয়ে, কেউ কাঠের ঘোড়ায় চড়ে, নানা দিকে আলি বাবার গুহার সন্ধানে। ছোটো ছোটো হাতে ঠেলা দিয়ে যারা কপাট আগলে বসে আছে, যে-দৈত্য সেটাকে জাগিয়ে বলে, 'ওপুন চিসম'-অর্থাৎ চশমা খোলো, গল্প বলো।

আমরাও গঙ্গা জলে গঙ্গাপূজার ছলে বলতে পারি, হে পাঠক, শৈশবের সারল্য নিয়ে প্রবেশ করুন অবনীন্দ্রনাথের জগতে। কে জানে, হঠাৎ দেখা মিলতে পারে 'কমলাপুলীর দেশে'-র। যে দেশে প্রবেশের রাজপথ আলোচ্য স্মৃতিকথা মূলক গ্রন্থ ত্রয়ীর মধ্যে নির্মিত।

মুন্সী মহম্মদ ইউনুস
অধ্যাপক, বাংলা ভাষা ও সাহিত্য বিভাগ
জাকির হুসেন দিল্লি কলেজ (সান্ধ্য)
দিল্লি বিশ্ববিদ্যালয়

কল্যাণীয়া শ্রী—

আশীর্বাদ নিও—

        আমার লেখাই, তুমি চিনিবে।

...

            ইতি আশীর্বাদক

                মুহাম্মদ—

নবদ্বীপ
৳
১৩৪৮
শ্রাবণ

আলাপ

গত পুজোর ছুটিতে গুরুদেব যখন জোড়াসাঁকোর বাড়িতে অসুস্থ, আমরা অনেকেই সেখানে ছিলুম তাঁর সেবাশুশ্রূষার জন্য। আস্তে আস্তে গুরুদেবের অবস্থা যখন ভালোর দিকে যেতে লাগল সে সময়ে প্রায়ই অবনীন্দ্রনাথ ঠাকুর মহাশয় আমাদের নিয়ে নানা গল্পগুজব করে আসর জমাতেন। তার গল্প বলার ভঙ্গি যে না দেখেছে, ভাষা যে না শুনেছে, সে তা বুঝবে না; লিখে তা বোঝানো অসম্ভব। কথায় কি ভঙ্গিতে কোনটাতে রস বেশি বিচার করা দায়। নানা প্রসঙ্গে নানা গল্পের ভিতর দিয়ে অনেক মূল্যবান কথা, ঘটনা শুনতুম। দুঃখ হত, লিখতে জানি নে। তবুও এ-সব অমূল্য কাহিনী কেউ জানবে না, নষ্ট হয়ে যাবে, এ সইত না— খাতার পাতার অবসর সময়ে লিখে রেখে দিতুম। আশা ছিল, একদিন একজন ভালো লিখিয়েকে দিয়ে এগুলো সবার সামনে ধরবার উপযোগী করা যাবে।

নভেম্বরের শেষে গুরুদেবকে নিয়ে দলবল শান্তিনিকেতনে ফিরে এল। আমাদের কয়েকজনের মধ্যে সময় ভাগ করা ছিল, যে যার সময়মত গুরুদেবের কাছে থাকি, তাঁর সেবা করি। মাস ছয়েক বাদে গুরুদেব অনেকটা সুস্থ হয়ে উঠলেন তখন প্রায়ই তিনি দক্ষিণের বারান্দায় বসে কবিতা লিখতেন। আমাদের বেশি কিছু করবার থাকত না। কাছাকাছি বসে থাকতুম, সময়মত ওষুধ-পথ্য খাওয়াতুম সে সময়ে গুরুদেব আমাকে বলতেন, ‘রানী, তুই একটু লেখার অভ্যেস কর-না। কিচ্ছু ভাবিস নে— বেশ তো, যা হয় একটা-কিছু লিখে আন আমি দেখিয়ে দেব। এই রকম দু-একবার লিখলেই দেখবি লেখাটা তোর কাছে বেশ সহজ হয়ে আসবে। চুপচাপ বসে থাকিস আমার জন্য কত সময় তোদের নষ্ট হয় আমার ভালো লাগে না।’

একদিন তাকে বললুম, ‘নিজে লিখবার মতো কিছুই খুঁজে পাচ্ছি না, ও আমার হবে না। তবে একটা ইচ্ছে আছে এবারে অবনীন্দ্রনাথের কাছে গল্পচ্ছলে অনেক মূল্যবান কাহিনী ও কথা শুনেছি, যা আমার মনে হয় পাঁচজনের জানা

দরকার, বিশেষ করে শিল্পীদের। সেই লেখাগুলো যদি দেখিয়ে দেন কী ভাবে লিখতে হবে, তবে তাই দিয়ে লেখা শুরু করতে পারি।'

গুরুদেব আমাকে খুব উৎসাহ দিলেন; বললেন, 'তুই আজই আমাকে এনে দেখা কী লিখে রেখেছিস।'

দুপুরে আমার সেই লেখাগুলোই আর-একটু গুছিয়ে লিখে গুরুদেবের কাছে গেলুম। দুপুরের বিশ্রামের পর কৌচে উঠে বসেছেন; বললেন, 'কই, এনেছিস? দেখি।' লেখাগুলো হাতে দিলুম, তিনি আগাগোড়া এক নিশ্বাসে পড়লেন। বললেন, 'এ অতি সুন্দর হয়েছে। অবন কথা কইছে, আমি যেন শুনতে পাচ্ছি। কথার একটানা স্রোত বয়ে চলেছে এতে হাত দেবার জায়গা নেই, যেমন আছে তেমনিই থাক্‌।'

পরে তাঁর ইচ্ছানুযায়ী 'প্রবাসী'তে সেটি ছাপা হয়।

গুরুদেব খুব খুশি। আমাকে প্রায়ই বলতেন, 'অবন বসে লিখবার ছেলে নয়, আর কোমর বেঁধে লিখলে এমন সহজ বাণী পাওয়া যাবে না তুই যত পারিস ওর কাছ থেকে আদায় করে নে।'

জুনের শেষ দিকে একবার গুরুদেব আমাকে কিছুদিনের জন্য কলকাতায় পাঠান গল্প সংগ্রহ করার কাজে। সে সময়ে গুরুদেবের গল্প বা কবিতা লেখার কাজ আমরা যারা কাছাকাছি থাকতুম, আমরাই করতুম। আঙুলে কী রকম একটা ব্যথা হয়, উনি লিখতে পারতেন না, কষ্ট হত। মুখে মুখে বলে যেতেন, আমরা লিখে নিতুম তাই সে সময়ে কলকাতায় যাবার আমার ইচ্ছা ছিল না। অথচ গুরুদেব গল্প শুনতে চাইছেন সেও একটা কাজ। কী করি। গুরুদেব বললেন, 'তুই ভাবিস নে, তোর জায়গা কেউ নিতে পারবে না এই মুখ বন্ধ করলুম, আর মুখ খুলব তুই ফিরে এলে।' বলে হেসে মুখে আঙুল চাপা দিলেন।

কলকাতায় এলুম জোড়াসাঁকোর বাড়িতেই থাকি। অবনীন্দ্রনাথও খুব খুশি, রবিকাকা গল্প শুনতে চেয়েছেন, দু-বেলা এ বাড়িতে এসে গল্প বলে যান। সে কী আগ্রহ তার। বললেন, 'যত পার নিয়ে নাও; সময় আমারও বড়ো কম। কে জানত রবিকাকা আমার এই সব গল্প শুনে এত খুশি হবেন।' বলতে বলতে তাঁর চোখ ছলছল করে উঠত।

বেশি দিন গুরুদেবকে ছেড়ে থাকতে মন কেমন করছিল। দিন সাতেকে অনেকগুলো গল্প সংগ্রহ করে ফিরে এলুম শান্তিনিকেতনে। আসবার সময় অবনীন্দ্রনাথ বললেন, 'যাও এবারকার মতো এই গল্পগুলো নিয়েই। গিয়ে শোনাও রবিকাকাকে। ওঁর অসুস্থ শরীরে বেশি উৎসাহ আনন্দ দিতেও ভয় হয়, এই বুঝে লেখা ওঁকে শুনিয়ো। এই গল্পগুলো শুনে রোগশয্যার যদি উনি মুহূর্তের জন্যও

খুশি হন, সেই হবে আমার শ্রেষ্ঠ পুরস্কার।'

ফিরে এসে যখন গুরুদেবকে প্রণাম করতে গেলুম, প্রথমেই হাত বাড়িয়ে বললেন, "এবারে কী এনেছিস দেখি।" সবগুলো লেখা একসঙ্গে দিলুম না, স্বদেশী যুগের গল্পটি দিলুম। তখনি পড়লেন পড়বার সময়ে দেখেছি তাঁর মুখ-চোখের ভাব, সে এক অপূর্ব দৃশ্য। মনে হচ্ছিল পড়তে পড়তে সে যুগে চলে গেছেন। সে-সময়কার নিজেকে যেন স্পষ্টরূপে দেখতে পাচ্ছিলেন। কখনো বললেন 'অবন এতও মনে রেখেছে কী করে। কখনো-বা সহিসদের রাখী পরানোর দৃশ্য চোখের সামনে ভেসে উঠতে হো হো করে হেসে উঠেছেন 'কী কাণ্ড সব করেছি তখন। কখনো-বা মুখ গম্ভীর হয়ে উঠত, বলতেন 'ঠিকই বলেছে অবন, আমার মতের সঙ্গে ওঁদের মিলত না আমার মত ছিল ও বিষয়ে সম্পূর্ণ আলাদা।'

সেদিনের মতো সেই গল্পটি ওঁকে পড়তে দিয়ে অন্যগুলি ওঁর পাশে রেখে দিলুম রোজ একটি দুটি করে পড়তেন কী খুশি যে হয়েছিলেন সে যুগের কর্মী রবীন্দ্রনাথকে দেখতে পেয়ে। কয়দিন অবধি দেখতুম যেন সেই-সব স্বপ্নেই মগ্ন হয়ে আছেন। সবার সঙ্গে সেই সব গল্পই করতেন। বলতেন, 'এক-একটা যুগের এক-একটা মনোবৃত্তি ধরা পড়ে। তখন সেই স্বদেশী যুগে চার দিকে কী একটা উন্মত্ততা, বঙ্গভঙ্গের আন্দোলন। পি. এন. বোস বলতেন রবিবাবু, এ যে হল, হয়ে গেল। অর্থাৎ দেশ উদ্ধার হয়ে গেল। আমি বলতুম, হল বৈকি। তার পর গেল সেই যুগ, গেল সেই উন্মত্ততা। সিরিয়াস হয়ে গেলুম। এখানে চলে এলুম; খোড়ো ঘর, গহনাপত্র নেই, গরিবের মতো বাস করতে লাগলুম।'

'কী সুন্দর অবন সেকালের-আমাকে তুলে ধরেছে। আমি কী ছিলুম। সবাই ভাবে আমি চিরকাল বাবুয়ানি করেই কাটিয়েছি, পায়ের উপর পা তুলে দিয়ে। কিন্তু কিসের ভিতর দিয়ে যে আমাকে আসতে হয়েছে, লেখাগুলোতে তা স্পষ্টরূপে ধরা পড়েছে। এটা তুই একটা খুব বড়ো কাজ করেছিস। আমার এত ভালো লাগছে, সব যেন চোখের উপরে ভাসছে। অবনরা সবাই আমার সঙ্গে কাজ করেছে ভয়ে কেউ পিছিয়ে যায় নি। ওদের মধ্যে গগন ছিল খুব সাহসী।'

'আমি কখনো কারো স্বাধীনতার উপরে হস্তক্ষেপ করতে চাই নি। আমি বলতুম, বিলিতি জিনিস যে চায় কিনুক, আমাদের উদ্দেশ্য তাদের বুঝিয়ে দেওয়া। দেখতুম তো তখন দেশী সুতোয় কাপড় ভালো হত না। আমিও করিয়েছি কাপড়, দেশী সুতো আনিয়ে। তা, কেউ যদি বিলিতি কাপড় পরতে চায় বাধা দেব কেন। আমাদের কাজ ছিল লোকের স্বাধীনতায় বাধা না দিয়ে দেশের ভালোমন্দ অবস্থা বুঝিয়ে দেওয়া, লোকের প্রাণে সেটি ঢুকিয়ে দেওয়া। তাই, যখন বিপিন পালরা বিলিতি জিনিস বয়কট করতে বললেন, আমি স্পষ্টই

বললুম আমি এতে নেই।'

'কী কাজ করতুম তখন, পরিশ্রমের অন্ত ছিল না। রাত একটার সময়ে হয়তো বিপিন পাল এসে উপস্থিত অমুক জায়গায় পুলিস অত্যাচার করছে। সুরেনদের পাঠিয়ে দিতুম। আমার ঐ আর একটি ছিল সুরেন, সে তো চলে গেল। ওকে আমিই মানুষ করেছিলুম, নির্ভয় করেছিলুম। বেপরোয়া হয়ে চলতে শিখেছিল।'

'তখন, ভাবতে আশ্চর্য লাগে, কী নিঃশঙ্ক বেপরোয়া ভাবে কাজ করেছি। যা মাথায় ঢুকেছে করে গেছি কোনো ভয়-ডর ছিল না। আশ্চর্য রূপ দিয়েছে, ছবির পর ছবি ফুটিয়ে গেছে অবন। সে একটা যুগ, আর তাদের রবিকাকা তার মধ্যে ভাসমান। আজ অবনের গল্পে সে কালটা যেন সজীব প্রাণবন্ত হয়ে ফুটে উঠল। আবার সে যুগে ফিরে গিয়ে নিজেকে দেখতে পাচ্ছি। ঐখানেই পরিপূর্ণ আমি। পরিপূর্ণ আমাকে লোকেরা চেনে না — তারা আমাকে নানা দিক থেকে ছিন্ন-বিচ্ছিন্ন করে দেখেছে। তখন বেঁচে ছিলুম- আর এখন আধমরা হয়ে ঘাটে এসে পৌঁচেছি।'

কখনো-বা তাঁর মা'র গল্প পড়তে পড়তে বলতেন, 'মাকে আমরা জানি নি, তাকে পাই নি কখনো। তিনি থাকতেন তার ঘরে তক্তাপোশে বসে, খুড়ির সঙ্গে তাস খেলতেন। আমরা যদি দৈবাৎ গিয়ে পড়তুম সেখানে, চাকররা তাড়াতাড়ি আমাদের সরিয়ে আনত যেন আমরা একটা উৎপাত। মা যে কী জিনিস তা জানলুম কই আর তাই তো তিনি আমার সাহিত্যে স্থান পেলেন না। আমার বড়দিদিই আমাকে মানুষ করেছেন। তিনি আমাকে খুব ভালোবাসতেন। মার ঝোঁক ছিল জ্যোতিদা আর বড়দার উপরেই। আমি তো তাঁর কালো ছেলে। বড়দির কাছে কিন্তু সেই কালো ছেলেই ছিল সব চেয়ে ভালো। তিনি বলতেন, যা'ই বলো রবির মতো কেউ না। বড়দিদির হাত থেকে আমাকে হাতে নিলেন নতুন-বউঠান।' এই বলতে বলতে গুরুদেবের চোখ সজল হয়ে আসত।

সেবারে যখন জোড়াসাঁকোর বাড়িতে ছিলুম, আর দু-বেলা গল্প শুনতুম, তখন রোজই অবনীন্দ্রনাথ ভোর ছটায় এ বাড়িতে চলে আসতেন। দশটা সাড়ে দশটা অবধি নানারকম গল্পগুজব হত। একদিন সকালে ওঁর আসতে দেরি হচ্ছে দেখে ভাবলুম বুঝি-বা শরীর খারাপ হয়েছে। ও বাড়িতে গিয়ে দেখি তিনি বাগানের এক কোণে কী যেন খুঁজে বেড়াচ্ছেন। আমাকে দেখে বললেন, 'না, ও আর পাওয়া যাবে না, একেবারে গর্তে পালিয়েছে।' আমার একটু অবাক লাগল, বললুম, 'কী খুঁজছেন আপনি।' তিনি বললেন, 'একটা ইঁদুর, জ্যান্ত হয়ে আমার হাত থেকে লাফিয়ে কোথায় যে পালালো! ও ঠিক গর্তে ঢুকে বসে আছে।

কাল বিকেলে একটা ইঁদুর করলুম, কাঠের, এই এতটুকু, বেড়ে ইঁদুরটি হয়েছিল, কেবল লেজটুকু জুড়ে দেওয়া বাকি। ভাবলুম এটা শেষ করেই আজ উঠব। সন্ধে হয়ে এসেছে, ভালো দেখতে পাচ্ছিলুম না— চৌকিটা বারান্দার রেলিঙের পাশে টেনে নিয়ে ঐ যেটুকু আলো পাচ্ছি তাইতেই কোনোরকমে তারের একটি লেজ যেই না ইঁদুরের সঙ্গে জুড়ে দিয়ে একটু মোচড় দিয়েছি টক্ করে হাত থেকে লেজ-সমেত ইঁদুরটি লাফিয়ে পড়ল। কোথায় গেল, এ দিকে খুঁজি, ও দিকে খুঁজি। বাদশাকে বললুম, আলোটা আনতো, একটু খুঁজে দেখি কোথায় পালালো। না, সে কোথাও নেই। রাত্রে ভালো ঘুম হল না ভোর হতে না হতেই উঠে পড়লুম; ভাবলুম, যদি নীচে বাগানে পড়ে গিয়ে থাকে। দেখি সেখানে যত পোড়া বিড়ি আর দেশলাইয়ের কাঠি ছড়ানো। চাকররা খেয়ে খেয়ে ফেলেছে। কিন্তু আমার ইঁদুরের আর সন্ধান মিলল না ও জ্যান্ত হয়ে একেবারে গর্তে ঢুকে বসে মজা দেখছে। কী আর করা যাবে, চলো যাই, এবারে তা হলে আমাদের গল্প শুরু করি গিয়ে।'

কিন্তু ঐ অতটুকু তারের লেজের কাঠের ইঁদুর ওঁকে তিনদিন সমানে বাগানের আনাচে-কানাচে ঘুরিয়েছে। উপরে উঠতে নামতে একবার করে খানিকক্ষণ দোতলার বারান্দার ঠিক নীচের বাগানের খানিকটা জায়গা ঘুরে ঘুরে খুঁজতেন; বলতেন, 'দাঁড়া, একবার ঘুরে দেখে যাই, যদি মিলে যায়।' এই গল্পটি যখন গুরুদেবকে বললুম, গুরুদেবের সে কী হো হো করে হাসি— বললেন, 'অবন চিরকালের পাগলা।' সে হাসিতে স্নেহ যেন শতধারায় ঝরে পড়ল গুরুদেব বলতেন, 'অবনের খেলনাগুলো দু-তিনজন করে না দেখিয়ে একটা পাবলিক একজিবিশন করতে বলিস। খুব ভালো হবে। সবাই দেখুক, অনেক কিছু শিখবার আছে। লোকের সৃষ্টিশক্তির ধারা কত প্রকারে প্রবাহিত হয় দেখ। ছবি আঁকত, তার পরে এটা থেকে ওটা থেকে এখন খেলনা করতে শুরু করেছে, তবুও থামতে পারছে না— আমার লেখার মতো। না, সত্যিই অবনের সৃজনী শক্তি অদ্ভুত। তবে ওর চেয়ে আমার একটা জায়গায় শ্রেষ্ঠতা বেশি, তা হচ্ছে আমার গান অবন আর যাই করুক, গান গাইতে পারে না। সেখানে ওকে হার মানতেই হবে।' এই বলে হাসতে লাগলেন।

গুরুদেব নিজে এই লেখাগুলো বই আকারে বের করবার জন্য ছাপতে দিলেন। তাতে আরো কিছু গল্পের প্রয়োজন হয়। জুলাইয়ের মাঝামাঝি আবার কিছুদিনের জন্য কলকাতায় আসি আসবার সময় গুরুদেবকে প্রণাম করতে গেছি তখন অপারেশন হবে কথাবার্তা চলছে; গুরুদেব কৌচে বসে ছিলেন, কেমন যেন বিষণ্নভাব। প্রণাম করে উঠতে তিনি আমার পিঠে হাত বুলিয়ে দিতে দিতে

ধীরে ধীরে বললেন, 'অবনকে গিয়ে বলিস, আমি খুব খুশি হয়েছি। আমার জীবনের সব বিলুপ্ত ঘটনা যে অবনের মুখ থেকে এমন করে ফুটে উঠবে, এমন স্পষ্ট রূপ নেবে, তা কখনো মনে করি নি। অবনের মুখ থেকে আজ দেশের লোক জানুক তার রবিকাকাকে।'

অবনীন্দ্রনাথের সত্তর বছরের জন্মদিনে দেশের লোক চুপ করে থাকবে এটা গুরুদেবকে বড়োই বিচলিত করেছিল। তিনি আশে-পাশের সবাইকে সেটা বলতেন। ১২ই জুলাইও তিনি বলেছেন, 'আমি অবনের জন্ম চিন্তা করছি। এটা অবজ্ঞা করে ফেলে রাখা ঠিক হবে না। সময় নেই, একটা-কিছু বিশেষ ভাবে করা দরকার।' এবারে কলকাতায় এসেও তিনি সবাইকে বলেছেন, 'অবন কিছু চায় না, জীবনে চায় নি কিছু। কিন্তু এই একটা লোক যে শিল্প-জগতে যুগ প্রবর্তন করেছে, দেশের সব রুচি বদলে দিয়েছে! সমস্ত দেশ যখন নিরুদ্ধ ছিল, এই অবন তার হাওয়া বদলে দিলে। তাই বলছি, আজকের দিনে এঁকে যদি বাদ দাও তবে সবই বৃথা।'

অবনীন্দ্রনাথের জন্মদিনে উৎসব করা নিয়ে তাঁর নিজের ঘোরতর আপত্তি। এ বিষয়ে কেউ তাঁর কাছে কিছু বলতে গেলে তাড়া খেয়ে ফিরে আসেন। সেবারে যখন কলকাতার আসি গুরুদেব আমাকে বলেছিলেন, 'তুই নাহয় আমার নাম করেই অবনকে বলিস। কিন্তু আমারও কেমন ভয় ভয় করল। কারণ, একদিন দেখলুম, নন্দদা এ বিষয়ে অবনীন্দ্রনাথকে বলতে এসে একবার বলবার জন্য এগিয়ে যান, আবার সরে আসেন, এদিক-ওদিক ঘোরাফেরা করেন। শেষ পর্যন্ত তিনিও কিছু বলতে পারলেন না— অবনীন্দ্রনাথ একমনে পুতুলই গড়ে চললেন, তাঁর ও দিকে খেয়ালই নেই। তাই এবারে যখন গুরুদেব কলকাতায় এসে জিজ্ঞেস করলেন, 'অবনের জন্মোৎসবের কতদূর কী এগোল', সুযোগ বুঝে নালিশ করলুম। গুরুদেব অবনীন্দ্রনাথকে খুব ধমকে দিলেন, মা যেমন দুষ্টু ছেলেকে দেয়। বললেন, 'অবন, তোমার এতে আপত্তির মানে কী। দেশের লোক যদি চায় কিছু করতে তোমার তো তাতে হাত নেই।' অবনীন্দ্রনাথ আর কী করেন, ছোটো ছেলে বকুনি খেলে তার যেমন মুখখানি হয়, অবনীন্দ্রনাথের তেমনি মুখের ভাবখানা হয়ে গেল বললেন, 'তা আদেশ যখন করেছ, মালাচন্দন পরব, ফোঁটানাটা কাটব, তবে কোথাও যেতে পারব না কিন্তু।' এই বলেই তিনি গুরুদেবকে প্রণাম করে পড়ি কি মরি সেই ঘর থেকে পালালেন। গুরুদেব হেসে উঠলেন। বললেন, 'পাগলা বেগতিক দেখে পালালো।' আশি বছরের খুড়ো সত্তর বছরের ভাইপোকে যে 'পাগলা' বলে হেসে উঠলেন, এ জিনিস বর্ণনা করে বোঝাবে কে।

এই গল্পগুলো গুরুদেবের কাছে এত মান পাবে তা অবনীন্দ্রনাথও ভাবেন নি কখনো। গুরুদেবের ইচ্ছানুযায়ী বই ছাপা শেষ হয়ে এল, কিন্তু কয়টা দিনের জন্য তাঁর হাতে তুলে দিতে পারলুম না। আজ এ বই হাতে নিয়ে তাঁকে বার বার প্রণাম করছি, আর প্রণাম করছি অবনীন্দ্রনাথকে, যিনি গল্পচ্ছলে আমার ভিতর এই রসের ধারা বইয়ে দিলেন।

শ্রীমতী রানী চন্দ
জন্মাষ্টমী
১৩৪৮

ঘরোয়া

অনুলিখন
রানী চন্দ

প্রথম প্রকাশ ১৩৪৮

প্রায়ই প্রায়ই মনে পড়ে

আমার প্রায়ই মনে পড়ে, সে অনেক দিনের কথা, রবিকাকার অনেক কাল আগেকার একটা ছড়া। তখন নীচে ছিল কাছারিঘর, সেখানে ছিল এক কর্মচারী, মহানন্দ নাম, সাদা চুল, সাদা লম্বা দাড়ি। তারই নামে তার সব বর্ণনা দিয়ে মুখে মুখে ছড়া তৈরি করে দিয়েছিলেন, সোমকা প্রায়ই সেটা আওড়াতেন–

মহানন্দ নামে এ কাছারিধামে

আছেন এক কর্মচারী,

ধরিয়া লেখনী লেখেন পত্রখানি

সদা ঘাড় হেঁট করি।

আরো সব নানা বর্ণনা ছিল– মনে আসছে না, সেই খাতাটা খুঁজে পেলে বেশ হত। কী সব মজার কথা ছিল সেই ছড়াটিতে–

হস্তেতে ব্যজনী ন্যস্ত,

মশা মাছি ব্যতিব্যস্ত–

তাকিয়াতে দিয়ে ঠেস–

ভুলে গেছি কথাগুলো। মহানন্দ দিনরাত পিঠের কাছে এক গির্দা নিয়ে খাতাপত্রে হিসাবনিকেশ লিখতেন, আর এক হাতে একটা তালপাতার পাখা নিয়ে অনবরত হাওয়া করতেন। রবিকাকাকে বোলো এই ছড়াটির কথা, বেশ মজা লাগবে, হয়তো তাঁর মনেও পড়বে।

দেখো, শিল্প জিনিসটা কী, তা বুঝিয়ে বলা বড়ো শক্ত। শিল্প হচ্ছে শখ। যার সেই শখ ভিতর থেকে এল সেই পারে শিল্প সৃষ্টি করতে, ছবি আঁকতে, বাজনা বাজাতে, নাচতে, গাইতে, নাটক লিখতে– যাই বলো।

একালে যেন শখ নেই, শখ বলে কোনো পদার্থই নেই। একালে সব কিছুকেই বলে ‘শিক্ষা’। সব জিনিসের সঙ্গে শিক্ষা জুড়ে দিয়েছে। ছেলেদের জন্য গল্প লিখবে তাতেও থাকবে শিক্ষার গন্ধ। আমাদের কালে ছিল ছেঁড়েবুড়োর শখ বলে একটা জিনিস, সবাই ছিল শৌখিন সেকালে, মেয়েরা পর্যন্ত-তাদেরও শখ ছিল। এই শৌখিনতার গল্প আছে অনেক, হবে আর-এক দিন। কতরকমের

শখ ছিল এ বাড়িতেই, খানিক দেখেছি, খানিক শুনেছি। যাঁরা গল্প বলেছেন তারা গল্প বলার মধ্যে যেন সেকালটাকে জীবন্ত করে এনে সামনে ধরতেন। এখন গল্প কেউ বলে না, বলতে জানেই না। এখনকার লোকেরা লেখে ইতিহাস। শখের আবার ঠিক রাস্তা বা ভুল রাস্তা কী। এর কি আর নিয়মকানুন আছে। এ হচ্ছে ভিতরকার জিনিস, আপনিই সে বেরিয়ে আসে, পথ করে নেয়। তার জন্য ভাবতে হয় না। যার ভিতরে শখ নেই, তাকে এ কথা বুঝিয়ে বলা যায় না।

ছবিও তাই— টেকনিক, স্টাইল, ও-সব কিছু নয়, আসল হচ্ছে এই ভিতরের শখ। আমার বাজনার বেলায়ও হয়েছিল তাই। শোনো তবে, তোমায় বলি গল্পটা গোড়া থেকে।

ইচ্ছে হল পাকা বাজিয়ে হব, যাকে বলে ওস্তাদ। এসরাজ বাজাতে শুরু করলুম ওস্তাদ কানাইলাল ঢেরীর কাছে, আমি সুরেন ও অরুদা। শিমলের ও দিকে বাসাবাড়ি নিয়ে ছিল, আমরা রোজ যেতুম সেখানে বাজনা শিখতে। সুরেনের বিলিতি মিউজিক পিয়োনো সব জানা ছিল, ভালো করে শিখেছিল, সে তো তিন টপকায় মেরে দিলে। অরুদাও কিছুকালের মধ্যে কায়দাগুলো রপ্ত করে নিলেন। আমার আর, যাকে বলে এসরাজের টিপ, সে টিপ আর দোরস্ত হয় না। আঙুলে কড়া পড়ে গেল, তার টেনে ধরে ধরে। বারে বারে চেষ্টা করছি টিপ দিতে, তার টেনে ধরে কান পেতে আছি কতক্ষণে ঠিক যে-সুরটি দরকার সেইটি বেরিয়ে আসবে, হঠাৎ এক সময়ে অ্যা-ও করে শব্দ বেরিয়ে এল। ওস্তাদ হেসে বলত, হাঁ, এইবারে হল। আবার ঠিক না হলে মাঝে মাঝে ছড়ের বাড়ি পড়ত আমার আঙুলে। প্রথম প্রথম আমি তো চমকে উঠতুম, এ কী রে বাবা। এমনি করে আমার এসরাজ শেখা চলছে, রীতিমত হাতে নাড়া বেঁধে ওস্তাদও পুরোদমে গুরুগিরি ফলাচ্ছে আমার উপরে। দেখতে দেখতে বেশ হাত খুলে গেল, বেশ সুর ধরতে পারি এখন, যা বলে ওস্তাদ তাই বাজাতে পারি, টিপও এখন ঠিকই হয়। ওস্তাদ তো ভারি খুশি আমার উপর। তার উপর বড়োলোকের ছেলে, মাঝে মাঝে পেন্নামি দেই, একটু ভক্তিটক্তি দেখাই— এমন শাগরেদের উপর নজর তো একটু থাকবেই। এই পেন্নামি দেবার দস্তুরমত একটা উৎসবের দিনও ছিল। শ্রীপঞ্চমীর দিন একটা বড়ো রকমের জলসা হত ওস্তাদের বাড়িতে। তাতে তার ছাত্রেরা সবাই জড়ো হত, বাইরের অনেক ওস্তাদ শিল্পীরাও আসতেন। সেদিন ছাত্রদের ওস্তাদকে পেন্নামি দিয়ে পেন্নাম করতে হত। আমিও যাবার সময় পকেটে টাকাকড়ি নিয়ে যেতুম। অরুদা সুরেন ওরা এসব মানত না।

এসরাজ বাজাতে একেবারে পাকা হয়ে গেলুম। চমৎকার টিপ দিতে পারি এখন। শখ আমাকে এই পর্যন্ত টেনে নিয়ে গেল। আমরা যখন ছোটো ছিলুম মহর্ষিদেব আমাদের কাছে গল্প করেছেন— একবার তাঁরও গান শেখবার শখ হয়েছিল। বিডন স্ট্রিটে একটা বাড়ি ভাড়া করে ওস্তাদ রেখে কালোয়াতি গান শিখতেন, গলা সাধতেন। কিন্তু তাঁর গলা তো আমরা শুনেছি– সে আর-এক রকমের ছিল, যেন মন্ত্র আওড়াবার গলা, গানের গলা তাঁর ছিল বলে বোধ হয় না।

যে কথা বলছিলুম। দেখি সেই মামুলি গৎ, সেই মামুলি সুর বাজাতে হবে বারে বারে। একটু এদিক-ওদিক যাবার জো নেই– গেলেই তো মুশকিল। কারণ, ঐ-যে বললুম, ভিতরের থেকে শখ আসা চাই। আমার তা ছিল না, নতুন সুর বাজাতে পারতুম না, তৈরি করবার ক্ষমতা ছিল না। অথচ বারে বারে ধরাবাঁধা একই জিনিসে মন ভরে না। সেই ফাঁকটা নেই যা দিয়ে গলে যেতে পারি, কিছু সৃষ্টি করে আনন্দ পেতে পারি। হবে কী করে আমার ভিতরে নেই, তাই ভিতর থেকে এল না সে জিনিস। ভাবলুম কী হবে ওস্তাদ হয়ে, কালোয়াতি সুর বাজিয়ে। আমার চেয়ে আরো বড়ো ওস্তাদ আছেন সব– যাঁরা আমার চেয়ে ভালো কালোয়াতি সুর বাজাতে পারেন। কিন্তু ছবির বেলা আমার তা হয় নি। বড়ো ওস্তাদ হয়ে গেছি এ কথা ভাবিনি– আমি ও তাদের সঙ্গে পাল্লা দেব, ছবির বেলায় হয়েছিল আমার এই শখ। ছবির বেলায় এই শখ নিয়ে আমি পিছিয়ে যাই নি কখনো। বড়োজ্যাঠামশায় একবার আমার ছবি দেখে বললেন, হ্যাঁ, হচ্ছে ভালো, বেশ, তবে গোটাকতক মাস্টারপিস প্রডিউস করো। তা নইলে কী হল। এই-সব লোকের কাছ থেকে আমি এইরকম সার্টিফিকেট পেয়েছি। এখন বুঝি ‘মাস্টার’ হতে হলে কতটা সাধনার দরকার। এখনো সেরকম মাস্টারপিস প্রডিউস করবার মতো উপযুক্ত হয়েছি কিনা আমি নিজেই জানি নে।

বাজনাটা একেবারে ছেড়ে দিলুম না অবিশ্যি– কিন্তু উৎসাহও আর তেমন রইল না। বাড়িতে অনেকদিন অবধি সংগীতচর্চা করেছি। রাধিকা গোঁসাই নিয়মমত আসত। শ্যামসুন্দরও এসে যোগ দিলে। শ্যামসুন্দর ছিল কর্তাদের আমলের। মা বললেন, আবার ও কেন, তোমাদের মদ-টদ খাওয়ানো শেখাবে। ওকে তোমরা বাদ দাও। আমি বললুম, না মা, ও থাক, গানবাজনা করবে। মদ খাব আমরা সে ভয় কোরো না। শ্যামসুন্দরও থেকে গেল। রোজ জলসা হত বাড়িতে। রবিকাকা গান করতেন, আমি তখন তাঁর সঙ্গে বসে তাঁর গানের সঙ্গে সুর মিলিয়ে এসরাজ বাজাতুম। ঐটাই আমার হত, কারো গানের সঙ্গে যে-কোনো সুর হোক-না কেন, সহজেই বাজিয়ে যেতে পারতুম। তখন ‘খামখেয়ালি’ হচ্ছে। একখানা ছোট্ট বই ছিল, লালরঙের মলাট, গানের ছোটো সংস্করণ, বেশ পকেটে করে নেওয়া যায়; দাদা সেটিকে যত্ন করে বাঁধিয়েছিলেন প্রত্যেক পাতাতে একখানা করে সাদা পাতা জুড়ে, রবিকাকা গান লিখবেন বলে– কোথায় যে গেল সেই খাতাখানা, তাতে অনেক গান তখনকার দিনের লেখা পাওয়া যেত। এ দিকে রবিকাকা গান লিখছেন নতুন নতুন, তাতে তখুনি সুর বসাচ্ছেন, আর আমি এসরাজে সুর ধরছি। দিনুরা তখন সব ছোটো– গানে নতুন সুর দিলে আমারই ডাক পড়ত। একদিন হয়েছে কী, একটা নতুন গান লিখেছেন, তাতে তখনি সুর দিয়েছেন– আমি যেমন সঙ্গে সঙ্গে বাজিয়ে যাই, বাজিয়ে গেছি। সুর-টুর মনে রাখতে হবে, ও সব আমার আসে না, তা ছাড়া তা খেয়ালই হয় নি তখন। পরের দিনে যখন আমায় সেই গানের সুরটি বাজাতে বললেন, আমি তো একেবারে ভুলে বসে আছি– ভৈরবী, কি, কী রাগিণী, কিছুই মনে আসছে না, মহা বিপদ। আমার ভিতরে তো সুর

নেই, সুর মনে করে রাখব কী করে। কান তৈরি হয়েছে, হাত পেকেছে, যা শুনি সঙ্গে সঙ্গে বাজনায় ধরতে পারি, এই যা। এ দিকে রবিকাকাও গানে সুর বসিয়ে দিয়েই পরে ভুলে যান। অন্য কেউ সুরটি মনে ধরে রাখে। রবিকাকাকে বললুম, কী যেন সুরটি ছিল একটু একটু মনে আসছে। রবিকাকা বললেন, বেশ করেছ, তুমিও ভুলেছ আমিও ভুলেছি। আবার আমাকে নতুন করে খাটাবে দেখছি। তার পর থেকে বাজনাতে সুর ধরে রাখতে অভ্যেস করে নিয়েছিলুম, আর ভুলে যেতুম না। কিন্তু ঐ একটি সুর রবিকাকার আমি হারিয়েছি– কেউ আর পেলে না কোনোদিন, তিনিও পেলেন না।

গানটা আর আমার হল না। এই সেদিন কিছুকাল আগেই আমি রবিকাকাকে বললুম, দেখো, আমি তো তোমার গান গাইতে পারি না, তোমার সুর আমার গলায় আসে না, কিন্তু আমার সুরে যদি তোমার গান গাই, তোমার তাতে আপত্তি আছে? যেমন অ্যাক্‌টিং– উনি কথা দেন, আমি অ্যাক্‌টিং করি। তাই ভাবলুম, কথা যদি ওঁর থাকে আর আমার সুরে আমি গাই তাতে ক্ষতি কী। রবিকাকা বললেন, না, তা আর আপত্তি কী। তবে দেখো গানগুলো আমি লিখেছিলেম, সুরগুলোও দিয়েছি, সেগুলির উপর আমার মমতা আছে, তা নেহাত গাওই যদি তবে তার উপর একটু মায়াদয়া রেখে গেয়ো।

সে সময়ে রবিকাকার গানের সঙ্গে আমাদের বাজনা ইত্যাদি খুব জমত। এই একতলার বড়ো ঘরটিতেই আমাদের জলসা হত রোজ। ঘণ্টার জ্ঞান থাকত না, এক-একদিন প্রায় সারারাত কেটে যেত। আমি এসরাজ বাজাতুম, নাটোর বাজাতেন পাখোয়াজ। ঐ সময়ে একটা ড্রামাটিক ক্লাব হয়েছিল, তাতে রবিকাকা, আমরা অনেকগুলি প্লে করেছিলুম। সে সব পরে এক সময় বলব। তবে বিসর্জন নাটক লেখার ইতিহাসটা বলি শোনো। তখন বর্ষাকাল, রবিকাকা আছেন পরগনায়। দাদা, অরুদা, আমরা কয়জনে, একটা কী নাটক হয়ে গেছে, আর-একটা নাটক করব তার আয়োজন করছি। 'বউঠাকুরানীর হাট' এর বর্ণনাগুলি বাদ দিয়ে কেবল কথাটুকু নিয়ে খাড়া করে তুলেছি নাটক করব। ঝুপ্ ঝুপ্ বৃষ্টি পড়ছে, আমরা সব তাকিয়া বুকে নিয়ে এই-সব ঠিক করছি– এমন সময় রবিকাকা কী একটা কাজে ফিরে এসেছেন। তিনি বললেন, দেখি কী হচ্ছে! খাতাটা নিয়ে নিলেন, দেখে বললেন, না, এ চলবে না– আমি নিয়ে যাচ্ছি খাতাটা, শিলাইদহে বসে লিখে আনব, তোমরা এখন আর-কিছু কোরো না। যাক, আমরা নিশ্চিন্ত হলুম। এর কিছুদিন বাদেই রবিকাকা শিলাইদহে গেলেন, আট-দশ দিন বাদে ফিরে এলেন, 'বিসর্জন' নাটক তৈরি। এই রথীর ঘরেই প্রথম নাটকটি পড়া হল, আমরা সব জড়ো হলুম– তখনই সব ঠিক হল, কে কী পার্ট নেবে, রবিকাকা কী সাজবেন। হ. চ. হ. র উপর ভার পড়ল স্টেজ সাজাবার, সীন আঁকবার। আমিও তার সঙ্গে লেগে গেলুম। এক সাহেব পেন্টার জোগাড় করে আনা গেল, সে ভালো সীন আঁকতে পারত, ইলোরা কেভ থেকে থাম-টাম নিয়ে কালীমন্দির হল। মোগল পেন্টিং থেকে রাজসভা হল। কোনো

কারণে ড্রামাটিক ক্লাব উঠে গেল, পরে শুনবে। তবে অনেক চাঁদার টাকা জমা রেখে গেল। এখন এই টাকাগুলো নিয়ে কী করা যাবে পরামর্শ হচ্ছে। আমি বললুম, কী আর হবে, ড্রামাটিক ক্লাবের শ্রাদ্ধ করা যাক– এই টাকা দিয়ে একটা ভোজ লাগাও। ধুমধামে ড্রামাটিক ক্লাবের শ্রাদ্ধ সুসম্পন্ন করা গেল– এ হচ্ছে 'খামখেয়ালি'র অনেক আগে। ড্রামাটিক ক্লাবের শ্রাদ্ধে রীতিমত ভোজের ব্যবস্থা হল, হোটেলের খানা। 'বিনি পয়সার ভোজ'এর মধ্যে আমাদের সেইদিনটার মনের ভাব কিছু ধরা পড়েছে। এই শ্রাদ্ধবাসরে দ্বিজুবাবু নতুন গান রচনা করে আনলেন 'আমরা তিনটি ইয়ার' এবং 'নতুন কিছু করো'। দ্বিজুবাবু আমাদের দলে সেই দিন থেকে ভরতি হলেন। এই শ্রাদ্ধের ভোজে 'নিয়াপোলিটান ক্রীম্' এমন উপাদেয় লেগেছিল যে আজও তা ভুলতে পারি নি– ঘটনাগুলো কিন্তু প্রায় মুছে গেছে মন থেকে। ঐ বিনি পয়সার ভোজের মতোই কাঁচের বাসনগুলো হয়ে গিয়েছিল চকচকে আয়না, মাটনচপের হাড়গুলো হয়েছিল হাতির দাঁতের চুষিকাঠি, এ আমি ঠিকই বলছি। এই সভাতেই খামখেয়ালি সভার প্রস্তাব করেন রবিকাকা। সভার সভ্য যাকে-তাকে নেওয়া নিয়ম ছিল না, কিংবা সভাপতি প্রভৃতির ভেজাল ছিল না। ভালো কতক পাক্কা খামখেয়ালি তারাই হল মজলিশী সভ্য, বাকি সবাই আসতেন নিমন্ত্রিত হিসেবে। প্রত্যেক মজলিশী সভ্যের বাড়িতে একটা করে মাসে মাসে অধিবেশন হত। নতুন লেখা, অভিনয়, কত কী হত তার ঠিক নেই, সঠিক বিবরণও নেই কোথাও। কেবল চোঁতা কাগজে ঘটনাবলীর একটু একটু ইতিহাস টোকা আছে।

বাজনার চর্চা আমি অনেকদিন অবধি রেখেছিলুম। এক সময়ে দেখি ভেঙে গেল। স্পষ্ট মনে পড়ছে না কেন। শ্যামসুন্দর চলে গেল, রাধিকা গোঁসাই সমাজে কাজ নিলে, আর আসে না কেউ, দিনু তখন গানবাজনা করে, কলকাতায় প্লেগ, মহামারী, তার পরে এল স্বদেশী হুজুগ। ঠিক কিসে যে আমার বাজনাটা বন্ধ হল তা মনে পড়ছে না।

তখন এক সময়ে হঠাৎ দেখি সবাই স্বদেশী হুজুগে মেতে উঠেছে। এই স্বদেশী হুজুগটা যে কোথা থেকে এল কেউ আমরা তা বলতে পারি নে। এল এইমাত্র জানি, আর তাতে ছেলে, বুড়ো, মেয়ে, বড়োলোক মুটে মজুর, সবাই মেতে উঠেছিল। সবার ভিতরেই যেন একটা তাগিদ এসেছিল। কিন্তু কে দিলে এই তাগিদ। সবাই বলে, হুকুম আয়া। আরে, এই হুকুমই বা দিলে কে, কেন। তা জানে না কেউ, জানে কেবল– হুকুম আয়া। তাই মনে হয় এটা সবার ভিতর থেকে এসেছিল– রবিকাকাকে জিজ্ঞেস করে দেখতে পারো, তিনিও বোধ হয় বলতে পারবেন না। কে দিল এই তাগিদ, কোথেকে এল এই স্বদেশী হুজুগ! আমি এখনো ভাবি, এ একটা রহস্য। বোধ হয় ভূমিকম্পের পরে একটা বিষম নাড়াচাড়া– সব ওলোটপালোট হয়ে গেল। বড়ো-ছোটো মুটে-মজুর সব যেন এক ধাক্কায় জেগে উঠল। তখনকার স্বদেশী যুগে এখনকার মতো মারামারি ঝগড়াঝাঁটি ছিল না। তখন স্বদেশীর একটা চমৎকার ঢেউ বয়ে গিয়েছিল দেশের

উপর দিয়ে। এমন একটা ঢেউ যাতে দেশ উর্বরা হতে পারত, ভাঙত না কিছু। সবাই দেশে জন্য ভাবতে শুরু করলে– দেশকে নিজস্ব কিছু দিতে হবে, দেশের জন্য কিছু করতে হবে। আমাদের দলের পাণ্ডা ছিলেন রবিকাকা। আমরা সব একদিন জুতোর দোকান খুলে বসলুম। বাড়ির বুড়ো সরকার খুঁতখুঁত করতে লাগল, বলে, বাবুরা ওটা বাদ দিয়ে স্বদেশী করুন-না– জুতোর দোকান খোলা, ও-সব কেন আবার। মস্ত সাইনবোর্ড টাঙানো হল দোকানের সামনে– 'স্বদেশী ভাণ্ডার'। ঠিক হল স্বদেশী জিনিস ছাড়া আর কিছু থাকবে না দোকানে। বলু খুব খেটেছিল– নানা দেশ ঘুরে যেখানে যা স্বদেশী জিনিস পাওয়া যায়– মায় পায়ের আলতা থেকে মেয়েদের পায়ের জুতো সব-কিছু জোগাড় করেছিল, তার ঐ শখ ছিল। পুরোদমে দোকান চলছে। শুধু কি দোকান– জায়গায় জায়গায় পল্লীসমিতি গঠন হচ্ছে। প্লেগ এল, সেবাসমিতি হল, তাতে সিস্টার নিবেদিতা এসে যোগ দিলেন। চারি দিক থেকে একটা সেল্ফ স্যাক্রিফাইসের ও একটা আত্মীয়তার ভাব এসেছিল সবার মনে।

পশুপতিবাবুর বাড়ি যাচ্ছি, মাতৃভাণ্ডার সৃষ্টি হবে– ন্যাশনাল ফাণ্ড– টাকা তুলতে হবে। ঘোড়ার গাড়ির ছাদের উপর মস্ত টিনের ট্রাঙ্ক, তাতে সাদা রঙে বড়ো বড়ো অক্ষরে লেখা– মাতৃভাণ্ডার। সবাই চাঁদা দিলে– একদিনে প্রায় পঞ্চাশ-ষাট হাজার টাকা উঠে গিয়েছিল মায়ের ভাণ্ডারে। অনেক সাহেবসুবোও ব্যাপার দেখতে ছুটেছিল, তারাও টুপি উড়িয়ে বন্দেমাতরম রব তুলেছিল থেকে থেকে। তারা পুলিসের লোক কি খবরের কাগজের রিপোর্টার তা কে জানে।

রামকেষ্টপুরের রেলের কুলির খবর দিলে, বাবুরা যদি আসেন আমাদের কাছে তবে আমরাও টাকা দেব। আমরা, রবিকাকা সবাই ছুটলুম। তখন বর্ষাকাল– একটা টিনের ঘরে আমাদের আড্ডা হল। এক মুছুরি টাকা গুণে নিলে। অতটুকু টিনের ঘরে তো মিটিং হতে পারে না। ঝুপ্‌ ঝুপ্‌ বৃষ্টি পড়ছে– বাইরে সারি সারি রেলগাড়ির নীচে শতরঞ্জি বিছিয়ে বক্তৃতা হচ্ছে আর আমি ভাবছি– এই সময়েই যদি ইঞ্জিন এসে মালগাড়ি টানতে শুরু করে তবেই গেছি আর কি। এই ভাবতে ভাবতে একটা কুলি এসে খবর দিলে সত্যিই একটা ইঞ্জিন আসছে। সবাই দুড়দাড় করে উঠে পড়লুম। শ-খানেক টাকা সেই কুলিদের কাছ থেকে পেয়েছিলুম।

ভূমিকম্পের বছর সেটা, নাটারে গেলুম সবাই মিলে, প্রোভিন্সিয়াল কনফারেন্স হবে। নাটোর ছিলেন রিসেপশন কমিটির প্রেসিডেন্ট। সেখানে রবিকাকা প্রস্তাব করলেন, প্রোভিন্সিয়াল কনফারেন্স বাংলা ভাষায় হবে– বুঝবে সবাই। আমরা ছোকরারা ছিলুম রবিকাকার দলে। বললুম, হ্যাঁ, এটা হওয়া চাই যে করে হোক। তাই নিয়ে চাঁইদের সঙ্গে বাধল– তাঁরা কিছুতেই ঘাড় পাতেন না। চাঁইরা বললেন, যেমন কংগ্রেসে হয় সব বক্তৃতা-টক্তৃতা ইংরেজিতে তেমনিই হবে প্রোভিন্সিয়াল কনফারেন্সে। প্যাণ্ডেলে গেলুম, এখন যে-ই বক্তৃতা দিতে উঠে দাঁড়ায় আমরা একসঙ্গে চেঁচিয়ে উঠি, বাংলা, বাংলা। কাউকে আর মুখ খুলতে দিই না। ইংরেজিতে মুখ খুললেই 'বাংলা 'বাংলা' বলে চেঁচাই। শেষটায় চাঁইদের মধ্যে

অনেকেই বাগ মানলেন। লালমোহন ঘোষ এমন ঘোরতর সাহেব, তিনি ইংরেজি ছাড়া কখনো বলতেন না বাংলাতে, বাংলা কইবেন এ কেউ বিশ্বাস করতে পারত না– তিনিও শেষে বাংলাতেই উঠে বক্তৃতা করলেন। কী সুন্দর বাংলায় বক্তৃতা করলেন তিনি, যেমন ইংরেজিতে চমৎকার বলতে পারতেন বাংলা ভাষায়ও তেমনি। অমন আর শুনি নি কখনো। যাক, আমাদের তো জয়জয়কার। বাংলা ভাষার প্রচলন হল কনফারেন্সে। সেই প্রথম আমরা বাংলা ভাষার জন্য লড়লুম। ভূমিকম্পের যে গল্প বলব তাতে এ-সব কথা আরো খোলসা করে শুনবে।

আমি আঁকলুম ভারতমাতার ছবি। হাতে অন্নবস্ত্র বরাভয়– এক জাপানি আর্টিস্ট সেটিকে বড়ো করে একটা পতাকা বানিয়ে দিলে। কোথায় যে গেল পরে পতাকাটা, জানি নে। যাক– রবিকাকা গান তৈরি করলেন, দিনুর উপর ভার পড়ল, সে দলবল নিয়ে সেই পতাকা ঘাড়ে করে সেই গান গেয়ে গেয়ে চোরবাগান ঘুরে চাঁদা তুলে নিয়ে এল। তখন সব স্বদেশের কাজ স্বদেশী ভাব এই ছাড়া আর কথা নেই। নিজেদের সাজসজ্জাও বদলে ফেললুম। এই সাজসজ্জার একটা মজার গল্প বলি শোনো।

তখনকার কালে ইঙ্গবঙ্গসমাজের চাঁই ছিলেন সব– নাম বলব না তাঁদের, মিছেমিছি বন্ধুমানুষদের চটিয়ে দিয়ে লাভ কী বলো। তখনকার কালে ইঙ্গবঙ্গসমাজ কী রকমের ছিল ধারণা করতে পারবে খানিকটা। একদিন সেই ইঙ্গবঙ্গসমাজে একটা পার্টি হবে, আমাদেরও নেমন্তন্ন। কী সাজে যাওয়া যায়। রবিকাকা বললেন, সব ধুতি-চাদরে চলো। পরলুম ধুতি-পাঞ্জাবি, পায়ে দিলুম শুঁড়তোলা পাঞ্জাবী চটি। এখন খালি পায়ে কী করে যাই। চেয়ে দেখি রবিকাকার পায়ে মোজা, আমরাও চটপট মোজা পরে নিলুম। যাক, মোজা পরে যেন অনেকটা নিশ্চিন্ত হওয়া গেল, তখনকার দিনে মোজা ছাড়া চলা, সে একটা ভয়ানক অসভ্যতা। আমি, দাদা, সমরদা ও রবিকাকা সেজেগুজে রওনা হলাম, সবাই আমরা মনে মনে ভাবছি, ইঙ্গবঙ্গের কেল্লায় কী রকম অভ্যর্থনা হবে, ভেবে একটু একটু হৎকম্পও হচ্ছে। কিছু দূর গেছি, দেখি রবিকাকা হঠাৎ এক-এক টানে দু-পায়ের মোজাদুটাকে খুলে গাড়ির পাদানিতে ছুঁড়ে ফেলে দিলেন। আমাদের বললেন, আর মোজা কেন, ও খুলে ফেলো; আগাগোড়া দেশী সাজে যেতে হবে। আমরাও তাই করলুম, সেই গাড়িতে বসেই যার যার পা থেকে মোজা খুলে ফেলে দিলুম। পার্টি বেশ জমে উঠেছে, এমন সময়ে আমরা চার মূর্তি গিয়ে উপস্থিত। আমাদের সাজসজ্জা দেখে সবার মুখ গম্ভীর হয়ে গেল, কেউ আর কথা কয় না। অনেকে ছিলেন আমাদের বিশেষ বন্ধু– আমাদের পরিবারের বন্ধু। কিন্তু সবাই গম্ভীর মুখে ঘাড় সোজা করে রইলেন, আমাদের দিকে ফিরে চাইলেন না আর। রবিকাকা চুপ করে রইলেন, কিছু বললেন না। আমরা বলাবলি করলুম একটু চোখ টিপে, রেগেছে, এরা খুব রেগেছে দেখছি। রেগেছে তো রেগেছে, কী আর করা যাবে– আমরা চুপ, সবশেষের বেঞ্চিতে বসে রইলুম। পার্টির শেষে কী একটা অভিনয় ছিল, দিনু সেজেছিল বুদ্ধদেব; তা দেখে বাড়ি ফিরে এলুম। পরে শুনেছি ওঁরা নাকি খুব চটে গিয়েছিলেন, বলেছেন, এ

কী রকম ব্যবহার, এ কী অসভ্যতা, লেডিজদের সামনে দেশী সাজে আসা, তার উপর খালি পায়ে, মোজা পর্যন্ত না, ইত্যাদি সব। সেই-যে আমাদের ন্যাশনাল ড্রেস নাম হল, তা আর ঘুচল না। কিছুকাল বাদে দেখি বাইরেও সবাই সেই সাজ ধরতে আরম্ভ করেছে। এমন-কি, বিলেত-ফেরতারা ক্রমে ক্রমে ধুতি পরতে শুরু করলে। আমাদের কালে বিলেত-ফেরতাদের নিয়ম ছিল ধুতি বর্জন করা। আমাদের তো আর-কিছু ছিল না, ছিল কেবল মোজা, তাও সেই যে মোজা বর্জন করলুম আর ধরি নি কখনো। দেখো দিকিনি, এখনো বোধ হয় রবিকাকা মোজা পরেন না। ন্যাশনাল ড্রেস নাম হল কংগ্রেস থেকে। রবিকাকাই বললেন, কংগ্রেসকে ন্যাশনালাইজ করতে হবে। কলকাতায় সেবার কংগ্রেস হয়, দেশ-বিদেশের নেতারা এসেছিলেন অনেকেই। কর্তাদের শখ হল, এইখানেই সেই অতিথি-অভ্যাগতদের একটা পার্টি দিতে হবে। ঠিক হল সবাই ন্যাশনাল ড্রেসে আসবে। আমি বলি, সে কী করে হবে। রবিকাকা বললেন, না, তা হতেই হবে। তিনি নিমন্ত্রণপত্রে ছাপিয়ে দেওয়ালেন all must come in national dress. তাতে একটা বিষম হৈ-চৈ পড়ে গেল ইঙ্গবঙ্গসমাজের চাঁইদের মধ্যে।

তখনকার সেই স্বদেশী যুগে ঘরে ঘরে চরকা কাটা, তাঁত বোনা, বাড়ির গিন্নি থেকে চাকরবাকর দাসদাসী কেউ বাদ ছিল না। মা দেখি একদিন ঘড়ঘড় করে চরকা কাটতে বসে গেছেন। মার চরকা কাটা দেখে হ্যাভেল সাহেব তাঁর দেশ থেকে মাকে একটা চরকা আনিয়ে দিলেন। বাড়িতে তাঁত বসে গেল, খটখট শব্দে তাঁত চলতে লাগল। মনে পড়ে এই বাগানেই সুতো রোদে দেওয়া হত। ছোট ছোট গামছা ধুতি তৈরি করে মা আমাদের দিলেন– সেই ছোটা ধুতি, হাঁটুর উপর উঠে যাচ্ছে, তাই প'রে আমাদের উৎসাহ কত!

একদিন রাজেন মল্লিকের বাড়ি থেকে ফিরছি, পল্লীসমিতির মিটিঙের পর, রাস্তার মোড়ে একটা মুটে মাথা থেকে মোট নামিয়ে সেলাম করে হাতে পয়সা কিছু গুঁজে দিলে, বললে, আজকের রোজগার। একদিনের সব রোজগার স্বদেশের কাজে দিয়ে দিলে। মুটেমজুরদের মধ্যেও কেমন একটা ভাব এসেছিল স্বদেশের জন্য কিছু করবার, কিছু দেবার।

রবিকাকা একদিন বললেন, রাখীবন্ধন-উৎসব করতে হবে আমাদের, সবার হাতে রাখী পরাতে হবে। উৎসবের মন্ত্র অনুষ্ঠান সব জোগাড় করতে হবে, তখন তো তোমাদের মতো আমাদের আর বিধুশেখর শাস্ত্রীমশায় ছিলেন না, ক্ষিতিমোহনবাবুও ছিলেন না কিছু-একটা হলেই মন্ত্র বাতলে দেবার। কী করি, থাকবার মধ্যে ছিলেন ক্ষেত্রমোহন কথক ঠাকুর, রোজ কথকতা করতেন আমাদের বাড়ি, কালো মোটাসোটা তিলভাণ্ডেশ্বরের মতে চেহারা। তাঁকে গিয়ে ধরলুম, রাখীবন্ধন-উৎসবের একটা অনুষ্ঠান বাতলে দিতে হবে। তিনি খুব খুশি ও উৎসাই হয়ে উঠলেন, বললেন, এ আমি পাঁজিতে তুলে দেব, পাঁজির লোকদের সঙ্গে আমার জানাশোনা আছে, এই রাখীবন্ধন-উৎসব পাঁজিতে থেকে যাবে। ঠিক হল সকালবেলা সবাই গঙ্গায় স্নান করে সবার হাতে রাখী পরাব। এই সামনেই জগন্নাথ ঘাট, সেখানে যাব– রবিকাকা

বললেন, সবাই হেঁটে যাব, গাড়িঘোড়া নয়। কী বিপদ, আমার আবার হাঁটাহাঁটি ভালো লাগে না। কিন্তু রবিকাকার পাল্লায় পড়েছি, তিনি তো কিছু শুনবেন না। কী আর করি— হেঁটে যেতেই যখন হবে, চাকরকে বললুম, নে সব কাপড়-জামা, নিয়ে চল সঙ্গে। তারাও নিজের নিজের গামছা নিয়ে চলল স্নানে, মনিব চাকর একসঙ্গে সব স্নান হবে। রওনা হলুম সবাই গঙ্গাস্নানের উদ্দেশ্যে, রাস্তার দুধারে বাড়ির ছাদ থেকে আরম্ভ করে ফুটপাথ অবধি লোক দাঁড়িয়ে গেছে— মেয়েরা খৈ ছড়াচ্ছে, শাঁখ বাজাচ্ছে, মহা ধুমধাম— যেন একটা শোভাযাত্রা। দিনুও ছিল সঙ্গে, গান গাইতে গাইতে রাস্তা দিয়ে মিছিল চলল—

> বাংলার মাটি, বাংলার জল,
> বাংলার বায়ু, বাংলার ফল—
> পুণ্য হউক, পুণ্য হউক, পুণ্য হউক হে ভগবান।

এই গানটি সে সময়েই তৈরি হয়েছিল। ঘাটে সকাল থেকে লোকে লোকারণ্য, রবিকাকাকে দেখবার জন্য আমাদের চার দিকে ভিড় জমে গেল। স্নান সারা হল— সঙ্গে নেওয়া হয়েছিল এক গাদা রাখী, সবাই এ ওর হাতে রাখী পরালুম। অন্যরা যার কাছাকাছি ছিল তাদেরও রাখী পরানো হল। হাতের কাছে ছেলেমেয়ে যাকে পাওয়া যাচ্ছে, কেউ বাদ পড়ছে না, সবাইকে রাখী পরানো হচ্ছে। গঙ্গার ঘাটে সে এক ব্যাপার। পাথুরেঘাটা দিয়ে আসছি, দেখি বীরু মল্লিকের আস্তাবলে কতকগুলো সহিস ঘোড়া মলছে, হঠাৎ রবিকাকারা ধাঁ করে বেঁকে গিয়ে ওদের হাতে রাখী পরিয়ে দিলেন। ভাবলুম রবিকাকারা করলেন কী, ওরা যে মুসলমান, মুসলমানকে রাখী পরালে— এইবারে একটা মারপিট হবে। মারপিট আর হবে কী। রাখী পরিয়ে আবার কোলাকুলি, সহিসগুলো তো হতভম্ব, কাণ্ড দেখে। আসছি, হঠাৎ রবিকাকার খেয়াল গেল চিৎপুরের বড়ো মসজিদে গিয়ে সবাইকে রাখী পরাবেন। হুকুম হল, চলো সব। এইবারে বেগতিক— আমি ভাবলুম, গেলুম রে বাবা, মসজিদের ভিতরে গিয়ে মুসলমানদের রাখী পরালে একটা রক্তারক্তি ব্যাপার না হয়ে যায় না। তার উপর রবিকাকার খেয়াল, কোথা দিয়ে কোথায় যাবেন আর আমাকে হাঁটিয়ে মারবেন। আমি করলুম কী, আর উচ্চবাচ্য না করে যেই-না আমাদের গলির মোড়ে মিছিল পৌঁছানো, আমি সট্ করে একেবারে নিজের হাতার মধ্যে প্রবেশ করে হাঁফ ছেড়ে বাঁচলুম। রবিকাকার খেয়াল নেই— সোজা এগিয়েই চললেন মসজিদের দিকে, সঙ্গে ছিল দিনু, সুরেন, আরো সব ডাকাবুকো লোক।

এ দিকে দীপুদাকে বাড়িতে এসে এই খবর দিলুম, বললুম, কী একটা কাণ্ড হয় দেখো। দীপুদা বললেন, এই রে, দিনুও গেছে, দারোয়ান দারোয়ান, যা শিগগির, দেখ কী হল— বলে মহা চেঁচামেচি লাগিয়ে দিলেন। আমরা সব বসে ভাবছি এক ঘণ্টা কি দেড় ঘণ্টা বাদে রবিকাকারা সবাই ফিরে এলেন। আমরা সুরেনকে দৌড়ে গিয়ে জিজ্ঞেস করলুম, কী, কী হল সব তোমাদের। সুরেন

যেমন কেটে কেটে কথা বলে, বললে, কী আর হবে, গেলুম মসজিদের ভিতরে, মৌলবী-টৌলবী যাদের পেলুম হাতে রাখী পরিয়ে দিলুম। আমি বললুম, আর মারামারি! সুরেন বললে, মারামারি কেন হবে– ওরা একটু হাসলে মাত্র। যাক্‌, বাঁচা গেল। এখন হলে– এখন যাও তো দেখি, মসজিদের ভিতরে গিয়ে রাখী পরাও তো– একটা মাথা ফাটাফাটি কাণ্ড হয়ে যাবে।

তখন পুলিসের নজর যে কিছুই নেই আমাদের উপরে, তা নয়। একবার আমাদের উপরের দোতলার হলে একটা মিটিং হচ্ছে, রাখীবন্ধনের আগের দিন রাত্তিরে, উৎসবের কী করা হবে তার আলোচনা চলছিল। সেদিন ছিল বাড়িতে অরন্ধন, শাস্ত্র থেকে সব নেওয়া হয়েছিল তো! মেয়েরা সেবারে দেশ-বিদেশ থেকে ফোঁটা রাখী পাঠিয়েছিল রবিকাকাকে। হ্যাঁ, মিটিং তো হচ্ছে– তাতে ছিলেন এক ডেপুটিবাবু। আমাদের সে-সব মিটিঙে কারো আসবার বাধা ছিল না। খুব জোর মিটিং চলছে, এমন সময়ে দারোয়ান খবর দিলে, পুলিস সাহেব উপর আনে মাঙ্‌তা।

সব চুপ, কারো মুখে কোনো কথা নেই। রবিকাকা দারোয়ানকে বললেন, যাও, পুলিস সাহেবকে নিয়ে এসো উপরে।

ডেপুটিবাবুর অভ্যেস ছিল, সব সময়ে তিনি হাতের আঙুলগুলি নাড়তেন আর এক দুই তিন করে জপতেন। তাঁর কর-জপা বেড়ে গেল পুলিস সাহেবের নাম শুনে। তাড়াতাড়ি উঠে পড়ে বললেন, আমার এখানে তো আর থাকা চলবে না। পালাবার চেষ্টা করতে লাগলেন, বেড়ালের নাম শুনে যেমন ইঁদুর পালাই-পালাই করে। আমি বললুম, কোথায় যাচ্ছেন আপনি, সিঁড়ি দিয়ে নামলে তো এখুনি সামনাসামনি ধরা পড়ে যাবেন। তিনি বললেন, তবে, তবে– করি কী, উপায়? আমি বললুম, এক উপায় আছে, এই ড্রেসিং-রুমে ঢুকে পড়ে ভিতর থেকে দরজা বন্ধ করে থাকুন গে। ভদ্রলোক তাড়াতাড়ি উঠে তাই করলেন– ড্রেসিংরুমে ঢুকে দরজা বন্ধ করে দিলেন। রবিকাকা মুখ টিপে হাসলেন। দারোয়ান ফিরে এল– জিজ্ঞেস করলুম, পুলিস সাহেব কই। দারোয়ান বললে, পুলিস সাহেব সব পুছকে চলা গয়া। পুলিস জানত সব, আমাদের কোনো উপদ্রব করত না, যে যা মিটিং করতাম– পুলিস এসেই খোঁজখবর নিয়ে চলে যেত, ভিতরে আর আসত না কখনো।

বেশ চলছিল আমাদের কাজ। মনে হচ্ছিল এবারে যেন একটা ইন্‌ডাস্ট্রিয়াল রিভাইভাল হবে দেশে। দেশের লোক দেশের জন্য ভাবতে শুরু করেছে, সবার মনেই একটা তাগিদ এসেছে, দেশকে নতুন একটা কিছু দিতে হবে। এমন সময়ে সব মাটি হল যখন একদল নেতা বললেন, বিলিতি জিনিস বয়কট করো। দোকানে দোকানে তাদের চেলাদের দিয়ে ধন্না দেওয়ালেন, যেন কেউ না গিয়ে বিলিতি জিনিস কিনতে পারে। রবিকাকা বললেন, এ কী, যার ইচ্ছে হয় বিলিতি জিনিস ব্যবহার করবে, যার ইচ্ছে হয় করবে না। আমাদের কাজ ছিল লোকের মনে আস্তে আস্তে বিশ্বাস ঢুকিয়ে দেওয়া– জোর জবরদস্তি করা নয়। মাড়োয়ারি দোকানদার এসে হাতে-পায়ে ধরে অনেক টাকা দিয়ে এ বছরের বিলিতি মালগুলো কাটাবার ছাড় চাইলে। নেতারা কিছুতেই মানলেন না। রবিকাকা বলেছিলেন এদের

এক বছরের মতো ছেড়ে দিতে– মিছেমিছি দেশের লোকদের লোকসান করিয়ে কী হবে। নেতারা সে সুপরামর্শে কর্ণপাত করলেন না। বিলিতি বর্জন শুরু হল, বিলিতি কাপড় পোড়ানো হতে লাগল, পুলিসও ক্রমে নিজমূর্তি ধরল। টাউন হলে পাবলিক মিটিঙে যেদিন সুরেন বাঁড়ুজ্জে বয়কট ডিক্লেয়ার করলেন রবিকাকা তখন থেকেই স্পষ্ট বুঝিয়ে দিলেন, তিনি এর মধ্যে নেই।

গেল আমাদের স্বদেশী যুগ ভেঙে। কিন্তু এই যে স্বদেশী যুগে ভাবতে শিখে ছিলুম, দেশের জন্য নিজস্ব কিছু দিতে হবে, সেই ভাবটিই ফুটে বের হল আমার ছবির জগতে। তখন বাজনা করি, ছবিও আঁকি– গানবাজনাটা আমার ভিতরে ছিল না, সেটা গেল– ছবিটা রইল।

ছবি দেশী মতে ভাবতে হবে, দেশী মতে দেখতে হবে। রবিবর্মাও তো দেশী মতে ছবি এঁকেছিলেন, কিন্তু বিদেশী ভাব কাটাতে পারেন নি, সীতা দাঁড়িয়ে আছে ভিনাসের ভঙ্গিতে। সেইখানে হল আমার পালা। বিলিতি পোর্ট্রেট আঁকতুম, ছেড়েছুড়ে দিয়ে পট পটুয়া জোগাড় করলুম। যে দেশে যা-কিছু নিজের নিজের শিল্প আছে, সব জোগাড় করলুম। যতরকম পট আছে সব স্টাডি করলুম, সেই খাতাটি এখনো আমার কাছে।

তার পর দেশী মতে দেশী ছবি আঁকতে শুরু করলুম। এক-এক সময়ে এক-একটা হাওয়া আসে, ধীরে ধীরে আপনিই চালিয়ে নিয়ে যায়। দড়িদড়া ছিঁড়ে ঝাঁপিয়ে পড়লুম, নৌকো দিলুম খুলে স্রোতের মুখে। বিলিতি আর্ট দূর করে দিয়ে দেশী আর্ট ধরলুম। তার পর স্বদেশী যুগ, দেশের আবহাওয়া, এ-সব হচ্ছে সুবাতাস। সেই সুবাতাস ধীরে ধীরে নৌকো এগিয়ে নিয়ে চলল।

দেখি আমাদের দেশী দেবদেবীর ছবি নেই। নন্দলালদের দিয়ে আমি তাই নানান দেবদেবীর ছবি আঁকিয়েছি। আর্ট স্টুডিয়ো থেকে যা-সব দেবদেবীর ছবি বের হত তখন! আমি বললুম, নন্দলালকে, আঁকো যমরাজ, অগ্নিদেবতা, আরো-সব দেবতার ছবি, থাকুক এক-একটা 'ক্যারেক্টার লোকের চোখের সামনে। আমার আবার দেবতার ছবি ভালো আসে না, যা কৃষ্ণচরিত্র করেছিলুম তাও ভিতর থেকে ওটা কী রকম খেলে গিয়েছিল ব'লে। নয়তো আমার ভালো দেবদেবীর ছবি নেই। তা, নন্দলালরা বেশ কতকগুলো দেবতার ছবি এঁকে গিয়েছে, লোকেরা নিয়েছেও তা। ছবি আঁকবার আমার আর একটা মূল উদ্দেশ্য ছিল যে, ছবি আঁকা এমন সহজ করে দিতে হবে যাতে সব ছেলেমেয়ের নির্ভয়ে এঁকে যাবে। তখন আর্ট শেখা ছিল মহা ভয়ের ব্যাপার। সেটা আমার মনে লেগেছিল। তাই ভেবেছিলুম এই ভয় ঘোচাতে হবে, ছবি আঁকা এত সহজ করে দেব। কারণ এটা আমি নিজে অনুভব করেছি আমার ভাষার বেলায়। রবিকাকা আমাকে নির্ভয় করে দিয়েছিলেন। তা, আমিও ছবি আঁকার বেলায় নির্ভয় তো করে দিলুম, দিয়ে এখন আমার ভয় হয় যে কী করলুম। এখন যা-সব নির্ভয়ে ছবি আঁকা শুরু করেছে, ছবি এঁকে আনছে– এ যেন সেই ব্রহ্মার মতো। কী যেন একটা

গল্প আছে যে ব্রহ্মা একবার কোনো একটি রাক্ষস তৈরি করে নিজেই প্রাণভয়ে অস্থির, রাক্ষস তাঁকে খেতে চায়। ভাবি, আমার বেলায়ও তাই হয় বা। আমার ছবির মূল কথা ছিল, ঐ আর্টকে নিজের করতে হবে, পার ? – সহজ করতে হবে। আমি তো বলি যে আর্টের তিনটে স্তর তিনটে মহল আছে– একতলা, দোতলা, তেতলা। একতলার মহলে থাকে দাসদাসী তারা সব জিনিস তৈরি করে। তারা সার্ভিস দেয়, ভালো রান্না করে দেয়, ভালো আসবাব তৈরি করে দেয়। তারা হচ্ছে সার্ভার, মানে ক্র্যাফ্টম্যান– তারা একতলা থেকে সব-কিছু করে দেয়। দোতলা হচ্ছে বৈঠকখানা। সেখানে থাকে ঝাড়লণ্ঠন, ভালো পর্দা, কিংখাবের গদি, চার দিকে সব-কিছু ভালো ভালো জিনিস, যা তৈরি হয়ে আসে একতলা থেকে, দোতলায় বৈঠকখানায় সে-সব সাজানো হয়। সেখানে হয় রসের বিচার, আসেন সব বড়ো বড়ো রসিক পণ্ডিত। সেখানে সব নটীর নাচ, ওস্তাদের কালোয়াতি গান, রসের ছড়াছড়ি– শিল্পদেবতার সেই হল খাস-দরবার। তেতলা হচ্ছে অন্দরমহল, মানে অন্তরমহল। সেখানে শিল্পী বিভোর, সেখানে সে মা হয়ে শিল্পকে পালন করছে, সেখানে সে মুক্ত, ইচ্ছেমত শিশু-শিল্পকে সে আদর করছে, সাজাচ্ছে।

আর্টের আছে এই তিনটে মহল। এই তিনটি মহলেরই দরকার আছে। নীচের তলার ক্র্যাফ্টস্ম্যানেরও দরকার, তারা সব জিনিস তৈরি করে দেবে দোতলার জন্য। ভালো রান্না করে দেবে, নয়তে দোতলায় তুমি রসিকজনদের ভালো জিনিস খাওয়াবে কী করে। দোতলায় হয় রসের বিচার। আর তেতলায় হচ্ছে মায়ের মতো শিশুকে পালন করা। গাছের শিকড় যেমন থাকে মাটির নীচে, আর ডালের ডগায় কচি পাতাটি যেমন হাত বাড়িয়ে থাকে আলোবাতাসের দিকে, তেতলা হচ্ছে তাই। এখন দেখতে হবে কাদের কোন্‌ তলায় ঠাঁই। সব মহলেই জিনিয়াস তৈরি হতে পারে, জিনিয়াসের ঠাঁই হতে পারে। এইভাবে যদি দেখতে শেখ তবেই সব সহজ হয়ে যাবে। এই যে রবিকাকা আজকাল ছোটো ছোটো গল্প লিখছেন, এ হচ্ছে ঐ তেতলার অন্তরমহলের ব্যাপার। উনি নিজেই বলেছেন সেদিন, এখন আমি খ্যাতিঅখ্যাতির বাইরে। তাই উনি অন্দরমহলে বসে আপন শিশুর সঙ্গে খেলা করছেন, তাকে আদর করে সাজিয়ে তুলছেন। সেখানে একটি মাটির প্রদীপ মিটমিট করে জ্বলছে, দুটি রূপকথা– এ সবাই বুঝতে পারে না।

আমার এই যে এখনকার পুতুল গড়া, এও হচ্ছে ঐ অন্দরমহলেরই ব্যাপার। আমি তাই এক-এক সময়ে ভাবি, আগে যে যত্ন নিয়ে ছবি আঁকতুম এখন আমি সেই যত্ন নিয়েই পুতুল গড়ছি, সাজাচ্ছি, তাকে বসাচ্ছি কত সাবধানে। নন্দলালকে জিজ্ঞেস করলুম, এ কি আমি ঠিক করছি। সেদিন আমার পুরোনো চাকরটা এসে বললে, বাবু, আপনি এ-সব ফেলে দিন। দিনরাত কাঠকুটাকে নিয়ে কী যে করেন, সবাই বলে আপনার ভীমরতি হয়েছে। আমি বললুম, ভীমরতি নয়, বাহাত্তুরে বলতে পারিস, দু-দিন বাদে তো তাই হব। তাকে বোঝালুম, দেখ, ছেলেবেলায় যখন প্রথম মায়ের কোলে এসেছিলুম তখন এই ইঁট, কাঠ, ঢেলা

নিয়েই খেলেছি, আবার ঐ মায়ের কোলেই শেষে ফিরে যাবার বয়স হয়েছে কিনা, তাই আবার সেই ইঁট কাঠ ঢেলা নিয়েই খেলা করছি। নন্দলাল বললে, তা নয়, আপনি এখন দুরবীনের উল্টো দিক দিয়ে পৃথিবী দেখছেন। কথাটা আমিই একদিন ওকে বলেছিলুম, সবাই দুরবীনের সোজা দিক দিয়ে দেখে, কিন্তু উল্টো পিঠ দিয়ে দেখো দিকিনি, কেমন মজার খুদে খুদে সব দেখায়। ছেলেবেলায় আমি আর-এক কাণ্ড করতুম— হাতের উপর ভর দিয়ে মাথা নীচের দিকে পা দুটাকে উপরের দিকে তুলে পায়ের নীচে দিয়ে গাছপালা দেখতুম, বেড়ে মজা লাগত।

নন্দলাল তাই বললে, আপনিও এখন দুরবীনের উল্টো দিক দিয়েই সব-কিছু দেখছেন।

এই দুরবীনের উল্টো পিঠ দিয়ে দেখা, এও একটা শখ।

সেকালে শখ বলে একটা জিনিস ছিল

সেকালে শখ বলে একটা জিনিস ছিল। সবার ভিতরে শখ ছিল, সবাই ছিল শৌখিন। একালে শৌখিন হতে কেউ জানে না, জানবে কোথেকে। ভিতরে শখ নেই যে এই শখ আর শৌখিনতার কতকগুলো গল্প বলি শোনো।

উপেন্দ্রমোহন ঠাকুর ছিলেন মহা শৌখিন। তাঁর শখ ছিল কাপড়চোপড় সাজগোজে। সাজতে তিনি খুব ভালোবাসতেন, ঋতুর সঙ্গে রঙ মিলিয়ে সাজ করতেন। ছয় ঋতুতে ছয় রঙের সাজ ছিল তার। আমরা ছেলেবেলায় নিজের চোখে দেখেছি, আশি বছরের বুড়ো তখন তিনি, বসন্তকালে হলদে চাপকান, জরির টুপি মাথায়, সাজসজ্জায় কোথাও একটু ত্রুটি নেই, বের হতেন বিকেলবেলা হাওয়া খেতে। তাঁর শখ ছিল ঐ, বিকেলবেলায় সেজেগুঁজে আয়নার সামনে দাঁড়িয়ে গিন্নিকে ডেকে বলতেন, দেখো তো গিন্নি, ঠিক হয়েছে কিনা। গিন্নি এসে হয়তো টুপিটা আর-একটু বেঁকিয়ে দিয়ে, গোঁফজোড়া একটু মুচড়ে দিয়ে, ভালে করে দেখে বলতেন, হ্যাঁ, এবারে হয়েছে। গিন্নি সাজ 'অ্যাপ্রুভ' করে দিলে তবে তিনি বেড়াতে বের হতেন। তিনি যদি অ্যাপ্রুভ না করতেন তবে সাজ বদল হয়ে যেত। রোজ এই বিকেলের সাজটিতে ছিল তাঁর শখ। দাদামশায়ের শখ ছিল বোটে চড়ে বেড়ানো। পিনিস তৈরি হয়ে এল– পিনিস কী জান, বজরা আর পানসি, পিনিস হচ্ছে বজরার ছোটো আর পানসির বড়ো ভাই– ভিতরে সব সিল্কের গদি, সিল্কের পর্দা, চার দিকে আরামের চুড়োন্ত।

ফিরবিবারেই শুনেছি দাদামশায় বন্ধু-বান্ধব ইয়ার-বক্সী নিয়ে বের হতেন– সঙ্গে থাকত খাতা-পেন্সিল, তাঁর ছবি আঁকার শখ ছিল, দু-একজোড়া তাসও থাকত বন্ধু-বান্ধবদের খেলবার জন্য। এই জগন্নাথ ঘাটে পিনিস থাকত, এখান থেকেই তিনি বোটে উঠতেন। পিনিসের উপরে থাকত একটা দামামা, দাদামশায়ের পিনিস চলতে শুরু হলেই সেই দামামা দকড় দকড় করে পিটতে থাকত, তার উপরে হাতিমার্কা নিশেন উড়ছে পত পত করে। ঐ তাঁর শখ, দামামা পিটিয়ে চলতেন পিনিসে। ঐ বোটেতে খুব যখন তাসখেলা জমেছে, গল্পসল্প বন্ধ, উনি করতেন কী, টপাস করে খানকয়েক তাস নিয়ে গঙ্গায় ফেলে

দিতেন, আর হো-হো করে হাসি। বন্ধুরা চেঁচিয়ে উঠতেন, করলেন কী, রঙের তাস ছিল যে। তা আর হয়েছে কী, আবার এক ঘাটে নেমে নতুন তাস এল। ঐ মজা ছিল তাঁর। তাঁর সঙ্গে প্রায়ই থাকতেন কবি ঈশ্বর গুপ্ত। অনেক ফরমাশী কবিতাই ঈশ্বর গুপ্ত লিখেছেন সে সময়ে। ঈশ্বর গুপ্তের ঐ গ্রীষ্মের কবিতা দাদামশায়ের ফরমাশেই লেখা। বেজায় গরম, বেলগাছিয়া বাগানবাড়িতে তখন, ডাবের জল, বরফ, এটা-ওটা খাওয়া হচ্ছে– দাদামশাই বললেন– লেখো তো ঈশ্বর, একটা গ্রীষ্মের কবিতা। তিনি লিখলেন–

দে জল দে জল বাবা দে জল দে জল,
    জল দে জল দে বাবা জলদেরে বল্।

দাদামশায়ের আর-একটা শখ ছিল ঝড় উঠলেই বলতেন ঝড়ের মুখে পাল তুলে দিতে। সঙ্গীরা তো ভয়ে অস্থির-অমন কাজ করবেন না। না, পাল তুলতেই হবে, হুকুম হয়েছে। সেই ঝড়ের মুখেই পাল তুলে দিয়ে পিনিস ছেড়ে দিতেন, ডোবে কি উল্টোয় সে ভাবনা নেই। পিনিস উড়ে চলেছে হুহু করে, আর তিনি জানালার ধারে বসে ছবি আঁকছেন। একেই বলে শখ।

দাদামশায়ের যাত্রা করবার শখ, গান বাঁধবার শখ– নানা শখ নিয়ে তিনি থাকতেন। ব্যাটারি চালাতেন, কেমিস্ত্রির শখ ছিল। আর শৌখিনতার মধ্যে ছিল দুটা 'পিয়ার্গ্লাস' তার বৈঠকখানার জন্য। বিলেতে নবীন মুখুজ্জেকে লিখলেন– বাবাকে বলে এই দুটো যে করে হোক জোগাড় করে পাঠাও। তিনি লিখলেন এখানে বড়ো খরচ, গভর্নর বড়ো ক্লোজ-ফিস্টেড হয়েছেন। তবে দরবার করেছি। হুকুমও হয়ে গেছে, কার-টেগোর কোম্পানির জাহাজ যাচ্ছে, তাতে তোমার দুটো 'পিয়ার্গ্লাস' আর ইলেকট্রিক ব্যাটারি খালাস করে নিয়ো।

কানাইলাল ঠাকুরের শখ ছিল পোশাকি মাছে। ছেলেবেলা থেকে শখ পোশাকি মাছ খেতে হবে। বামুনকে প্রায়ই হুকুম করতেন পোশাকি মাছ চাই আজ। সে পুরোনো বামুন, জানত পোশাকি মাছের ব্যাপার, অনেকবারই তাকে পোশাকি মাছ রান্না করে দিতে হয়েছে। বড়ো বড়ো লালকোর্তাপরা চিংড়িমাছ সাজিয়ে সামনে ধরল, দেখে ভারি খুশি, পোশাকি মাছ এল।

জগমোহন গাঙ্গুলি মশায়ের ছিল রান্নার আর খাবার শখ। হরেক রকমের রান্না তিনি জানতেন। পাকা রাঁধিয়ে ছিলেন, কি বিলিতি কি দেশী। গায়ে যেমন ছিল অগাধ শক্তি, খাইয়েও তেমনি। ভালো রান্না আর ভালো খাওয়া নিয়েই থাকতেন তিনি সকাল থেকে সন্ধে ইস্তক। অনেকগুলো বাটি ছিল তাঁর, সকাল হলেই তিনি এ-বাড়ি ও-বাড়ি ঘরে ঘরে একটা করে বাটি পাঠিয়ে দিতেন। যার ঘরে যা ভালো রান্না হত, একটা তরকারি ঐ বাটিতে করে আসত। সব ঘর থেকে যখন তরকারি এল তখন খোঁজ নিতেন, দেখ্ তো মেথরদের বাড়িতে কী রান্না হয়েছে আজ। সেখানে হয়তো কোনোদিন হাঁসের ডিমের ঝোল, কোনোদিন মাছের ঝোল– তাই এল খানিকটা বাটিতে করে। এই-সব নিয়ে তিনি রোজ মধ্যাহ্নভোজনে বসতেন।

এমনি ছিল তাঁর রান্না আর খাওয়ার শখ। এইরকম সব ভোজনবিলাসী শয়নবিলাসী নানারকমের লোক ছিল তখনকার কালে।

কারো আবার ছিল ঘুড়ি ওড়াবার শখ। কানাই মল্লিকের শখ ছিল ঘুড়ি ওড়াবার। ঘুড়ির সঙ্গে পাঁচ টাকা, দশ টাকার নোট পর পর গেঁথে দিয়ে ঘুড়ি ওড়াতেন, সুতোর প্যাচ খেলতেন এই শখে আবার এমন 'শক্‌' পেলেন শেষটায়, একদিন যথাসর্বস্ব খুইয়ে বসতে হল তাঁকে। সেই অবস্থায়ই আমরা তাঁকে দেখেছি, আমাদের কুকুরছানাটা পাখিটা জোগাড় করে দিতেন।

ঐ ঘুড়ি ওড়াবার আর-একটা গল্প শুনেছি আমরা ছেলেবেলায়, মহর্ষিদেব, তাঁকে আমরা কর্তাদাদামশায় বলতুম, তাঁর কাছে। তিনি বলতেন, আমি তখন ডালহৌসি পাহাড়ে যাচ্ছি, তখনকার দিনে তো রেলপথ ছিল না, নৌকো করেই যেতে হত, দিল্লী ফোর্টের নীচে দিয়ে বোট চলেছে– দেখি কেল্লার বুরুজের উপর দাঁড়িয়ে দিল্লীর শেষ বাদশা ঘুড়ি ওড়াচ্ছেন। রাজ্য চলে যাচ্ছে, তখনো মনের আনন্দে ঘুড়িই ওড়াচ্ছেন। তার পর মিউটিনির পর আমি যখন ফিরছি তখন দেখি কানপুরের কাছে– সামনে সব সশস্ত্র পাহারা– শেষ বাদশাকে বন্দী করে নিয়ে চলেছে ইংরেজরা। তাঁর ঘুড়ি ওড়াবার পালা শেষ হয়েছে।

কর্তাদাদামশায়েরও শখ ছিল এক কালে পায়রা পোষার, বাল্যকালে যখন স্কুলে পড়েন। তাঁর ভাগ্নে ছিলেন ঈশ্বর মুখুজ্জে– তাঁর কাছেই আমরা সেকালের গল্প শুনেছি। এমন চমৎকার করে তিনি গল্প বলতে পারতেন, যেন সেকালটাকে গল্পের ভিতর দিয়ে জীবন্ত করে ধরতেন আমাদের সামনে। সেই ঈশ্বর মুখুজ্জে আর কর্তাদাদামশায় স্কুল থেকে ফেরবার পথে রোজ টিরিটিবাজারে যেতেন, ভালো ভালো পায়রা কিনে এনে পুষতেন। আমাদের ছেলেবেলায় একদিন কী হয়েছিল তার একটা গল্প বলি শোনো, এ আমাদের নিজে চোখে দেখা। কর্তাদাদামশায় তখন বুড়ো হয়ে গেছেন, বোলপুর না পরগনা থেকে ফিরে এসেছেন। বাবা তখন সবে মারা গেছেন, তাই বোধ হয় আমাদের বাড়িতে এসে সবাইকে একবার দেখেশুনে যাবার ইচ্ছে। বললেন, কুমুদিনী-কাদম্বিনীকে খবর দাও আমি আসছি। খবর এল, কর্তামশায় আসবেন, বাড়িতে হৈ-হৈ রব পড়ে গেল। আমার তখন নয় কি দশ বছর বয়স। আমাদের ভালো কাপড়-জামা পরিয়ে, শিখিয়ে-পড়িয়ে দাঁড় করিয়ে দিলেন, যেন কোনোরকম বেয়াদপি দুষ্টুমি না করি। চাকর-বাকররাও সাজপোশাক পরে ফিটফাট, একেবারে কায়দাদোরস্ত। বাড়িঘর ঝাড়পোঁছ সাজানো– গোছানো হল। আজ কর্তাদাদামশায় আসবেন। সকাল থেকে ঈশ্বরবাবু সদরি-টদরি পরে এলেন আমাদের বাড়িতে। সত্তর বছরের বুড়ো সেজেগুজে, কানে আবার একটু আতরের ফায়া গুঁজে তৈরি। নিয়ম ছিল তখনকার দিনে পুজোর সময় ঐ-সব সাজ পরার। সকাল থেকে তো ঈশ্বরবাবু এসে বসে আছেন– আমরা বললুম, তুমি আর কেন বসে আছ সেজেগুজে। কর্তাদাদামশায় তোমাকে চিনতেই পারবেন না। তিনি বললেন, হ্যাঁ, চিনতে পারবেন না! ছেলেবেলায় একসঙ্গে স্কুলফেরত কত পায়রা

কিনেছি, দুজনে পায়রা পুষেছি। আমাকে চিনতে পারবেন না, বললেই হল! দেখো ভাই, দেখো। আমরা বললুম, তুমিই দেখে নিয়ো, সে ছেলেবেলার কথা কি আর উনি মনে করে রেখেছেন। এখন উনি মহর্ষিদেব, পায়রার কথা ভুলে বসে আছেন। কর্তাদাদামশায় তো এলেন। বড়োপিসেমশায়, ছোটোপিসেমশায় দরজার কাছে দাঁড়িয়ে ছিলেন। তিনি বললেন– কে, যোগেশ? নীলকমল? বেশ বেশ, ভালো তো? উপরে এলেন কর্তাদাদামশায়। আমরা সব বারান্দার এক পাশে দাঁড়িয়ে ছিলুম, আস্তে আস্তে এসে ভক্তিভরে পেন্নাম করলুম– জিজ্ঞেস করলেন, এরা কে কে। পিসেমশায়রা পরিচয় করিয়ে দিলেন– এ গগন, এ সমর, এ অবন। সব ছেলেকে কাছে ডেকে মাথায় হাত দিয়ে আশীর্বাদ করলেন। একে-একে সবাই আসছে, পেন্নাম করছে। দূরে ঈশ্বরবাবুর মুখে কথাটি নেই। হঠাৎ কর্তাদাদামশায়ের নজর পড়ল ঈশ্বরবাবুর উপরে। এই যে ঈশ্বর– বলে দু হাতে তাকে বুকে জাপটে ধরে কোলাকুলি। সে কোলাকুলি আর থামে না। বললেন, মনে আছে ঈশ্বর, আমরা স্কুল পালিয়ে টিরিটিবাজারে পায়রা কিনতে যেতুম, মনে আছে? আরে, সেই ঈশ্বর তুমি– ব'লে এক বুড়ো আর-এক বুড়োকে কী আলিঙ্গন। অনেক দিন পরে দেখা দুই বাল্যবন্ধুতে, দেখে মনে হল যেন দুই বালকে কথা হচ্ছে এমনি গলার স্বর হয়ে গেছে আনন্দ-উচ্ছ্বাসে। ঈশ্বরবাবুর আহ্লাদ আর ধরে না, কর্তাদাদামশায়ের আলিঙ্গন পেয়ে। তার পর কর্তাদাদামশায় মা-পিসিমাদের সঙ্গে দেখাসাক্ষাৎ করে তো চলে গেলেন। এতক্ষণে ঈশ্বরবাবুর বুলি ফুটল; বললেন, দেখলে, বলেছিলে না উনি চিনবেন না আমাকে– দেখলে তো? ঠিক মনে আছে পায়রা-কেনার গল্প। তোমাদের তো আলাপ করিয়ে দিতে হল, আর আমাকে– আমাকে তো উনি দেখেই চিনে ফেললেন।

কর্তাদাদামশায়ের এক সময়ে গানবাজনার শখ ছিল, জানো? শুনবে সে গল্প? বলব? আচ্ছা, বলি। তখন পরগনা থেকে টাকা আসত কলসীতে করে। কলসীতে করে টাকা এলে পর সে টাকা সব তোড়া বাঁধা হত। টাকা গোনার শব্দ আর এখন শুনতে পাই না, ঝন্ ঝন্ রুপোর টাকার শব্দ। এখন সব নোট হয়ে গেছে। কর্তার 'পার্সোনাল' খরচ, সংসার খরচ, অমুক খরচ, ও-বাড়ির এ-বাড়ির খরচ যেখানে যা দরকার ঘরে ঘরে ঐ এক-একটি তোড়া পৌঁছিয়ে দেওয়া হত, তাই থেকে খরচ হতে থাকত। এখন এই-যে আমার নীচের তলার সিঁড়ির কাছে যেখানে ঘড়িটা আছে, সেখানে মস্ত পাথরের টেবিলে সেই টাকা ভাগ ভাগ করে তোড়া বাঁধা হত। এ বাড়ি ছিল তখন বৈঠকখানা এ বাড়িতে থাকতেন দ্বারকানাথ ঠাকুর, জমিদারির কাজকর্ম তিনি নিজে দেখতেন। কর্তাদাদামশায় তখন বাড়ির বড়ো ছেলে। মহা শৌখিন তিনি তখন, বাড়ির বড়ো ছেলে। ও বাড়ি থেকে রোজ সকালে একবার করে দ্বারকানাথ ঠাকুরকে পেন্নাম করতে আসতেন– তখনকার দস্তুরই ছিল ঐ; সকালবেলা একবার এসে বাপকে পেন্নাম করে যাওয়া। ছোকরা-বয়স, দিব্যি সুন্দর ফুটফুটে চেহারা, সে-সময়ের একটা ছবি

আছে রথীর কাছে, দেখো। বেশ সলমা-চুমকি-দেওয়া কিংখাবের পোশাক পরা। তখন কর্তাদাদামশায় যোলো বছরের– সেই বয়সের চেহারার সেই ছবিটা পরে মাঝে মাঝে দেখতে পছন্দ করতেন, প্রায়ই জিজ্ঞেস করতেন আমাকে, ছবিটা যত্ন করে রেখেছ তো– দেখো, নষ্ট কোরো না যেন।

যে কথা বলছিলুম। তা, কর্তাদাদামশায় তো যাচ্ছেন বৈঠকখানায় বাপকে পেন্নাম করতে– যেখানে তোরা বাঁধা হচ্ছে সেখান দিয়েই যেতে হত। সঙ্গে ছিল হরকরা– তখনকার দিনে হরকরা সঙ্গে সঙ্গে থাকত জরির তকমাপরা, হরকরার সাজের বাহার কত। এই যে এখন আমি এখানে এসেছি, তখনকার কাল হলে হরকরাকে ঐ পাশে দাঁড়িয়ে থাকতে হত, নিয়ম ছিল তাই। কর্তাদাদামশায় তো বাপকে পেন্নাম করে ফিরে আসছেন। সেই ঘরে, যেখানে দেওয়ানজি আর কর্মচারীরা মিলে টাকার তোড়া ভাগ করছিলেন, সেখানে এসে হরকরাকে হুকুম দিলেন– হরকরা তো দু-হাতে দুটো তোড়া নিয়ে চলল বাবুর পিছু পিছু। দেওয়ানজিরা কী বলবেন– বাড়ির বড়ে ছেলে, চুপ করে তাকিয়ে দেখলেন। এখন, হিসেব মেলাতে হবে, দ্বারকানাথ নিজেই সব হিসাব নিতেন তো। দুটো তোড়া কম। কী হল।

আজ্ঞে বড়োবাবু–

ও, আচ্ছা–

এখন দু-তোড়া টাকা কিসে খরচ হল জানো? গানবাজনার ব্যবস্থা হল পুজোর সময়। ছেলেরা বাড়িতে আমোদ করবে পুজোর সময়। খুব গানবাজনার তখন চলন ছিল বাড়িতে। কুমোর এসে ঘরে ঘরে প্রতিমা গড়ত; দাদামশায় কুমোরকে দিয়ে ফরমাশমত প্রতিমার মুখের নতুন ছাঁচ তৈরি করালেন। এখনো আমাদের পরিবারের যেখানে যেখানে পুজো হয় সেই ছাঁচেরই প্রতিমা গড়া হয়।

কর্তাদাদামশায়ের কালোয়াতি গান শেখবার শখ ছিল, সে তো আগেই বলেছি। তিনি নিজেও আমাদের বলেছিলেন, আমি পিয়ানো শিখেছিলুম ছেলেবেলায় সাহেব মাস্টারের কাছ থেকে তা জানো?

আমরা তাঁর গানবাজনা শুনি নি কখনো, কিন্তু তাঁর মন্ত্র আওড়ানো শুনেছি। আহা, সে কী সুন্দর, কী পরিষ্কার উচ্চারণ, সে শব্দে চারি দিক যেন গম্‌গম্‌ করত।

কর্তাদাদামশায়ের নাক ছিল দারুণ। আমরা তাঁর কাছে যেতুম না বড়ো বেশি, তবে কখনো বিশেষ বিশেষ দিনে পেন্নাম করতে যেতে হলে হাত-পা ভালো করে সাবান দিয়ে ধুয়ে, গায় একটু সুগন্ধ দিয়ে, মুখে একটি পান চিবোতে চিবোতে যেতুম। পাছে কোনোরকম তামাক-চুরুটের গন্ধ পান। আমাদের ছিল আবার তামাক খাওয়া অভ্যেস। একবার কী হয়েছে, পার্কস্ট্রিটের বাড়িতে বাপ-ছেলেতে আছেন– উপরের তলায় থাকেন কর্তাদাদামশায়, নীচের তলায় বড়ে ছেলে দ্বিজেন্দ্রনাথ ঠাকুর। বড়োজ্যাঠামশায় তখন পাইপ খেতেন। একদিন বড়োজ্যাঠামশায় নীচের তলায় চানের ঘরে পাইপ টানছেন। উপরের ঘরে ছিলেন কর্তাদাদামশায় শুয়ে, চেঁচিয়ে উঠলেন, এ-ই! চাকর-বাকরের নাম ধরে

কখনো ডাকতেন না, 'এ-ই' বলে ডাকলেই সব ছুটে যেত। তিনি বললেন, গাঁজা খাচ্ছে কে। চাকররা তো ছুটোছুটি করতে লাগল বাড়িময়, খোঁজ খোঁজ, শেষে দেখে বড়োজ্যাঠামশায়ের ঘর থেকে গন্ধ বেরচ্ছে। এ দিকে বড়োজ্যাঠামশায় তো এই-সব শুনে তক্ষুনি জানলা দিয়ে পাইপ-তামাক সব ছুঁড়ে একেবারে বাইরে ফেলে দিলেন। কর্তাদাদামশায় যখন খবর পেলেন, বললেন, দ্বিজেন্দর তামাক খাবেন, তা খান-না, তবে পাইপ-টাইপ কেন? ভালো তামাক আনিয়ে দাও।

কর্তাদাদামশায় মহর্ষি হলে কী হবে— এদিকে শৌখিন ছিলেন খুব। কোথাও একটু নোংরা সইতে পারতেন না। সব-কিছু পরিষ্কার হওয়া চাই। কিছুদিন বাদে-বাদেই তিনি ব্যবহারের কাপড়-জামা ফেলে দিতেন, চাকররা সেগুলো পরত। কর্তাদাদামশায়ের চাকরদের যা সাজের ঘটা ছিল— একেবারে ধোপ-দোরস্ত সব সাজ।

কর্তাদাদামশায় কখনো এই বৃদ্ধকালেও তোয়ালে দিয়ে গা রগড়াতেন না, চামড়ায় লাগবে। সেজন্য মসলিনের থান আসত, রাখা থাকত আলমারির উপরে, তাই থেকে কেটে কেটে দেওয়া হত, তারই টুকরো দিয়ে তিনি গা রগড়াতেন, চোখ পরিষ্কার করতেন। চাকররা কত সময়ে সেই মসলিন চুরি করে নিয়ে নিজেদের জামা করত। দীপুদা বলতেন, এই বেটারাই হচ্ছে কর্তাদাদামশায়ের নাতি, কেমন মসলিনের জামা পরে ঘুরে বেড়ায়, আমরা এক টুকরোও মসলিন পাই না— আমরা কর্তাদাদামশায়ের নাতি কী আবার। দেখছিস না চাকর— বেটাদের সাজের বাহার?

ঈশ্বরবাবু গল্প করতেন, একবার কর্তামশায়ের শখ হল, কল্পতরু হব। রব পড়ে গেল বাড়িতে, কর্তাদাদামশায় কল্পতরু হবেন। কল্পতরু আবার কী। কী ব্যাপার। সারা বাড়ির লোক এসে ওঁর সামনে জড়ো হল। উনি বললেন, ঘর থেকে যার যা ইচ্ছে নিয়ে যাও। কেউ নিলে ঘড়ি, কেউ নিলে আয়না, কেউ নিলে টেবিল— যে যা পারলে নিয়ে যেতে লাগল। দেখতে দেখতে ঘর খালি হয়ে গেল। সবাই চলে গেল। ঈশ্বরবাবু বললেন, বুঝলে ভাই, তোমার কর্তাদাদামশায় তো কল্পতরু হয়ে খালি ঘরে এক বেতের চৌকির উপর বসে রইলেন।

এ তো গেল শোনা গল্প

এ তো গেল শোনা গল্প। এইবারে শোনো কর্তাদাদামশায়ের গল্প যা আমাদের আমলের।

তার পর থেকে বরাবর কর্তাদাদামশায় ঐ বেতের চৌকিতেই বসতেন। আমরাও দেখেছি তিনি সোজা হয়ে বেতের চৌকিতে বসে আছেন। পায়ের কাছে একটি মোড়া, কখনো কখনো পা রাখতেন তার উপরে। আর পাশে থাকত একটা তেপায়া– তার উপরে একখানি হাফেজের কবিতা, এই বইখানি পড়তে উনি খুব ভালোবাসতেন– আর একখানি ব্রাহ্মধর্ম। কর্তাদাদামশায়ের পাশে একটি ছোটো পিরিচে থাকত কিছু ফুল– কখনো কয়েকটি বেলফুল, কখনো জুঁই, কখনো শিউলি– গোলাপ বা অন্য ফুল নয়– ঐ রকমের শুভ্র কয়েকটি ফুল, উনি বলতেন গন্ধপুষ্প। বড়োপিসিমা রোজ সকালে কিছু ফুল পিরিচে করে তাঁর পাশে রেখে যেতেন। আর থাকত একখানি পরিষ্কার ধোপদোরস্ত রুমাল। শরবত বা কিছু খেতেন, খেয়ে ঐ রুমাল দিয়ে মুখ মুছে নীচে ফেলে দিতেন– চাকররা তুলে নিত কাচবার জন্য, আবার আর-একখানা পরিষ্কার রুমাল এনে পাশে রেখে দিত। আমরা যেমন রুমাল দিয়ে মুখ মুছে আবার পকেটে রেখে দিই, তাঁর তা হবার উপায় ছিল না, ফি বারেই পরিষ্কার রুমাল দিয়ে মুখ মুছতেন। আর থাকত দু পাশে খানকয়েক চেয়ার অভ্যাগতদের জন্য। আরাম করে গা এলিয়ে দিয়ে বিশ্রাম করতে বা কৌচে বসতে কখনো তাকে আমরা দেখি নি, রবিকাকাও বোধ হয় তাকে কখনো কৌচে বসতে দেখেন নি। তবে আমি শুধু একবার দেখেছিলুম– সে অনেক আগের কথা, তখন তার প্রৌঢ় অবস্থা, বাইরে বাইরেই বেশি ঘুরতেন, মাঝে মাঝে যখন আসতেন তখন দক্ষিণ দিকের ঐপাশের দোতলায়ই তিনি থাকতেন। আমাদের এ পাশের পুবের জানলা দিয়ে মুখ বের করে দেখা সাহসে কুলোত না, শরীরের মাপও খড়খড়ি ছাড়িয়ে মাথা উঠত না, একদিন জানালার খড়খড়ির ভিতর দিয়ে দেখি– খাওয়াদাওয়ার পর কর্তাদাদামশায় বসেছেন কৌচে– হরকরা কিনুসিং এসে গড়গড়া দিয়ে গেল। কর্তাদাদামশায়ের তখন কালো দাড়ি গালের দু পাশ দিয়ে তোলা। মসলিনের

জামার ভিতর দিয়ে গায়ের গোলাপী আভা ফুটে বেরুচ্ছে। মস্ত একটি আলবোলা, টানলেই তার বুবুল্‌ বুলবুল্‌ শব্দ আমরা এ বাড়ি থেকেও শুনতে পেতুম। ঐ একবার আমি দেখেছিলুম ওঁকে কৌচে-বসা অবস্থায়।

একটা ছবি ছিল তাঁর, বোধ হয় এখনো আছে রথীর কাছে-কালো দাড়ি ঐ ছবিতে ছিল, গায়ে বেশ দামি শাল, তখনকার কথা অন্য রকম। এই দাড়ির আবার মজার গল্প আছে, এই গল্প ঈশ্বরবাবুর কাছে শুনেছি আমরা। ঈশ্বরবাবু বলতেন, জানো ভাই, কর্তামশায়ের দাড়ির ইতিহাস? জানো কোথেকে এই দাড়ির উৎপত্তি? এই, এই আমি, আমার দেখাদেখি কর্তামশায় দাড়ি রাখলেন।

সে কী রকম।

তোমার দাদামশায় নববাবুবিলাস যাত্রা করাবেন, বাড়ির আত্মীয়-স্বজন সবাইকে নামতে হবে সেই যাত্রাতে– সবাই কিছু-না-কিছু সাজবে। আমাকে বললেন, ঈশ্বর, তোমাকে দরোয়ান সাজতে হবে। পরচুলো-টুলো নয়, আসল গোঁফ-দাড়ি গজাও।

তখন দাড়ি রাখার কোনো ফ্যাশান ছিল না, সবাই গোঁফ রাখতেন কিন্তু দাড়ি কামিয়ে ফেলতেন। আর সত্যিও তাই– পুরোনো আমলের সব ছবি দেখো কারো দাড়ি নেই, সবার দাড়ি কামানো। কর্তাদাদামশায়েরও দাড়ি-কামানো ছবি আছে। আমি বর্ধমানে রাজার বাড়িতে দেখেছি। বর্ধমানের রাজা তাঁকে গুরু বলতেন। তারও একটা গল্প আছে– এও আমাদের ঈশ্বরবাবুর কাছে শোনা। একবার বর্ধমানের রাজা এসেছেন এখানে গুরুকে প্রণাম করতে। তখনকার দিনে বর্ধমানের রাজা আসা মানে প্রায় লাটসাহেব আসার মতে, সোরগোল পড়ে যেত। রাজাকে দেখবার জন্য রাস্তার দু-ধারে লোক জমে গেছে, আশেপাশের মেয়েরা ছাদে উঠেছে। এখন রাজাকে নিয়ে তিন ভাই, কর্তাদাদামশায়, আমার দাদামশায় আর ছোটোদাদামশাই তেতলার ছাদে এ ধারে ও ধারে ঘুরে বেড়াচ্ছেন। ঈশ্বরবাবু বলতেন– তা আমরা তো নীচে ঘোরাঘুরি করছি– শুনি সবাই বলাবলি করছে– এঁদের মধ্যে রাজা কোন্‌ টি। এই বলে তারা তোমার ঐ তিন দাদামশায়কে ঘুরে ফিরে দেখিয়ে দিচ্ছে– কেউ বলছে এটা রাজা কেউ বলছে ঐটাই রাজা।

ঈশ্বরবাবু বলতেন, তার পর জানো ভাই, আমি তো দাড়ি গজাতে শুরু করলুম, মাঝখানে সিঁথি কেটে দাড়ি ভাগ করে গালের দুদিক দিয়ে কানের পাশ অবধি তুলে দিই। সেই আমার দেখাদেখি কর্তামশায় দাড়ি রাখলেন। কর্তামশায়ের যেই-না দাড়ি রাখা, কী বলব ভাই, দেখতে দেখতে সবাই দাড়ি রাখতে শুরু করলে, আর কর্তামশায়ের মতো সোনার চশমা ধরল। সেই থেকে দাড়ি আর সোনার চশমার একটা চাল শুরু হয়ে গেল। শেষে ছোকরারা পর্যন্ত দাড়ি আর চশমা ধরলে। এবারে বুঝলে তো ভাই কোথেকে এই দাড়ির উৎপত্তি? এই বলে ঈশ্বরবাবু খুব গর্বের সঙ্গে বুকে হাত দিয়ে নিজেকে দেখাতেন।

কর্তাদাদামশায়ের সব-প্রথম চেহারা আমার মনে পড়ে আমার অতি বাল্যকালে দেখা। দু-বাড়ির মাঝখানে যে লোহার ফটকটি সকালবেলা

একলা-একলা সেই ফটকটির লোহার গরাদে গা ঢুকিয়ে একবার ঠেলে এ দিকে আনছি, একবার ঠেলে ঐ দিকে নিচ্ছি, এইভাবে গাড়ি-গাড়ি খেলা করছিলুম। সেই সময়ে কর্তাদাদামশায় এলেন, একখানি ফার্স্ট ক্লাস ঠিকেগাড়িতে! উনি যখন আসতেন কাউকে খবর দিতেন না, ঐ রকম হঠাৎ এসে পড়তেন। সকালবেলা বাড়ির সবাই তখনো ঘুমোচ্ছে। এর আগে আমরা তাঁকে কখনো দেখি নি। গাড়ির উপরে কিশোরী বসে, কিশোরী পাঁচালি পড়তেন, নেমে দরজা খুলে দিলে কর্তাদাদামশায় গাড়ি থেকে নামলেন। লম্বা পুরুষ, সাদা বেশ। বাড়িতে সাড়া পড়ে গেল, সবাই তটস্থ, আমার গাড়ি-গাড়ি খেলা বন্ধ হয়ে গেল– ফটকের পাশে দাঁড়িয়ে তাঁকে দেখতে লাগলুম, দরোয়ানদের সঙ্গে। বাড়ির সরকার কর্মচারী সবাই এসে তাকে পেন্নাম করছে, আমার কী খেয়াল হল, আমিও সেই ধুলোকাদামাখা জামা-কাপড়েই ছুটে গিয়ে পায়ে এক পেন্নাম। কর্তাদাদামশায় আমার মাথায় দু-তিনবার হাত চাপড় দিয়ে আশীর্বাদ করলেন। তার পরে আমি তো এক দৌড়ে একেবারে মার কাছে চলে এলুম। মা শুনে তো আমাকে বকতে লাগলেন– অ্যাঁ, তুই কোন্‌ সাহসে গেলি, এইরকম বেশে ধুলোকাদা মেখে! চাকরও দাবড়ানি দেয়, ভাবলুম কী একটা অন্যায় করে ফেলেছি। এই তাঁর প্রথম মূর্তি আমার মানসপটে। আর একবার আরো কাছ থেকে তাঁকে দেখেছি, দিনুর অন্নপ্রাশন কি পইতে উপলক্ষে। লাল চেলির জোড় পরা আচার্যবেশে দালানে নেমে গিয়ে মন্ত্র পাঠ করছেন, যেমন ১১ই মাঘে আগে করতেন। এই তিন চেহারা তাঁর, আর-এক চেহারা দেখেছি একেবারে শেষকালে।

ঐশ্বর্য সম্বন্ধে তাঁর বিতৃষ্ণার একটি গল্প আছে। শৌখিন হলেই যে ঐশ্বর্যের উপর মমতা বা লোভ থাকে তা নয়। শৌখিনতা হচ্ছে ভিতরের শখ থেকে। কর্তাদাদামশায়ের সেই গল্পই একটি বলি শোনো। শ'বাজারের রাজবাড়িতে জলসা হবে, বিরাট আয়োজন। শহরের অর্ধেক লোক জমা হবে সেখানে; যত বড়ো বড়ো লোক, রাজ-রাজড়া, সকলের নেমন্তন্ন হয়েছে। তখন কর্তাদাদামশায়দের বিষয়সম্পত্তির অবস্থা খারাপ– ঐ যে-সময়ে উনি পিতৃঋণের জন্য সব-কিছু ছেড়ে দেন তার কিছুকাল পরের কথা। শহরময় গুজব রটল, বড়ো বড়ো লোকের বলতে লাগলেন– দেখা যাক এবারে উনি কী সাজে আসেন নেমন্তন্ন রক্ষা করতে। বাড়ির কর্মচারিরাও ভাবছে, তাই তো! গুজবটি বোধ হয় কর্তাদাদামশায়ের কানেও এসেছিল। তিনি করমচাঁদ জহুরীকে বৈঠকখানায় ডাকিয়ে আনালেন বিশ্বেস দেওয়ানকে দিয়ে। করমচাঁদ জহুরী সেকালের খুব পুরোনো জহুরী, এ বাড়ির পছন্দমাফিক সব অলংকারাদি করে দিত বরাবর। কর্তাদাদামশায় তাকে বললেন, একজোড়া মখমলের জুতোয় মুক্তো দিয়ে কাজ করে আনতে। তখনকার দিনে মখমলের জুতো তৈরি করিয়ে আনতে হত। করমচাঁদ জহুরী তো একজোড়া মখমলের জুতো ছোটা ছোটা দোনা দানা মুক্তো দিয়ে সুন্দর করে সাজিয়ে তৈরি করে এনে দিলে। এখন জামা-কাপড়-কী রকম সাজ হবে। সরকার দেওয়ান সবাই ভাবছে শাল-দোশালা বের করবে, না সিঙ্কের জোব্বা, না কী!

কর্তাদাদামশায় হুকুম দিলেন– ও সব কিছু নয়, আমি সাদা কাপড়ে যাব। তখনকার দিনে কাটা কাপড়ে মজলিসে যেতে হত, ধুতি-চাদরে চলত না। জলসার দিন কর্তাদাদামশায় সাদা আচকান-জোড়া পরলেন, মায় মাথার মোড়াসা পাগড়িটি অবধি সাদা, কোথাও জরি কিংখাবের নামগন্ধ নেই। আগাগোড়া ধব্‌ধব্‌ করছে বেশ, পায়ে কেবল সেই মুক্তো-বসানো মখমলের জুতো-জোড়াটি। সভাস্থলে সবাই জরিজরা-কিংখাবের রঙচঙে পোশাক পরে হীরেমোতি যে যতখানি পারে ধনরত্ন গলায় ঝুলিয়ে, আসর জমিয়ে বসে আছেন-মনে মনে ভাবখানা ছিল, দেখা যাবে দ্বারকানাথের ছেলে কী সাজে আসেন। সভাস্থল গম্‌গম্‌ করছে, এমন সময়ে কর্তাদাদামশায়ের সেখানে প্রবেশ। সভাস্থল নিস্তব্ধ, কর্তাদাদামশায় বসলেন একটা কৌচে পা-দুখানি একটু বের করে দিয়ে। কারো মুখে কথাটি নেই। শ'বাজারের রাজা ছিলেন কর্তাদাদামশায়ের বন্ধু, তার মনেও একটু যে ভয় ছিল না তা নয়। তিনি তখন সভার ছেলে-ছোকরাদের কর্তাদাদামশায়ের পায়ের দিকে ইশারা করে বললেন, দেখ, তোরা দেখ্‌, একবার চেয়ে দেখ্‌ এ দিকে, একেই বলে বড়োলোক। আমরা যা গলায় মাথায় ঝুলিয়েছি ইনি তা পায়ে রেখেছেন।

কর্তাদাদামশায় খুব হিসেবী লোক ছিলেন। মহর্ষিদেব হয়েছেন বলে বিষয়সম্পত্তি দেখবেন না তা নয়। তিনি শেষ পর্যন্ত নিজে সব হিসেবনিকেশ নিতেন। রোজ তাঁকে সবরকমের হিসেব দেওয়া হত। কর্তাদাদামশায় নিজে আমাদের বলেছেন যে তাঁকে রীতিমত দপ্তরখানায় বসে জমিদারির কাজ সব শিখতে হয়েছে। তিনি যে কতবড়ো হিসেবী লোক ছিলেন তার একটি গল্প বলি, তা হলেই বুঝতে পারবে। একবার যখন উনি সিমলে পাহাড়ে, বাড়িতে কোনো মেয়ের বিবাহ। উনি শিমলেয় বসে চিঠি লিখে সব বিধিব্যবস্থা দিচ্ছেন। সেই চিঠি আমরাও দেখেছি। তাতে না লেখা ছিল এমন বিষয় ছিল না। কোথায় চাঁদোয়া টাঙাতে হবে, কোথায় অতিথি-অভ্যাগতদের বসবার জায়গা করা হবে, কোথায় লোকজনের খাওয়াদাওয়া হবে, দালানের কোন্‌ জায়গায় বিয়ের আসর হবে, কোন্‌ দিকে মুখ করে বর কনে বসবে, পাশে সপ্তপদীর সাতখানা আসন কী ভাবে পাতা হবে, অমুক বরকে আসরে আনবে অমুক কনেকে আসরে আনবে-খুঁটিনাটি কিছুই বাদ ছিল না। নিখুঁতভাবে সব ব্যবস্থা লিখে দিয়েছেন, এতসব লিখে শেষটায় আবার লিখেছেন যে সপ্তপদীগমনের পর ঐ সাতখানা আসন মছনদ ও ঝাড় দুটো বিবাহ অনুষ্ঠানের পর বাড়ির ভিতরে যাবে। বাসরে সে-সব সাজিয়ে দেওয়া হবে, বর কনে তার উপর বসবে।

কর্তাদাদামশায় লোকদের খাওয়াতে খুব ভালোবাসতেন, আর বিশেষ করে তার ঝোঁক ছিল পায়েসের উপর। ছোটোপিসেমশায়ের কাছে গল্প শুনেছি, তিনি বলতেন কর্তামশায়ের সামনে বসে খাওয়া সে এক বিপদ। প্রথমত কিছু তো ফেলবার জো নেই– অপর্যাপ্ত পরিবেশন করা হবে, সব তো পরিষ্কার করে খেতে হবে। সে তো কোনোরকমে সারা হত, কিন্তু তার পরে যখন পায়েস আসত তখনই বিপদ। পায়েস বাদ দিলে চলবে না, পায়েস খেতেই হবে, নইলে

খাওয়া শেষ হল কী। এই পায়েসেরও আবার একটা মজার গল্প আছে, এও আমার ছোটো পিসেমশায়ের কাছে শোনা।

প্রথম দলে যাঁরা ব্রাহ্ম হয়েছিলেন, দীক্ষা নেওয়ার পর তাদের সবাইকে কর্তাদাদামশায় ওঁ-লেখা মাঝে-রুবি-দেওয়া একটি করে আংটি দিয়েছিলেন। ছোটোপিসেমশায় ছিলেন প্রথম দলের। তিনি প্রায়ই আমাদের সে গল্প বলে বলতেন, জানিস আমি আংটি-পরা ব্রাহ্ম। কর্তাদাদামশায় তখনকার দিনে নিয়ম করে এই দলকে নিয়ে বাগানে যেতেন। সেখানে সকালে স্নান করে উপাসনাদি হত। বামুন-চাকর সঙ্গে যেত, গাছতলায় উনুন খুঁড়ে রান্নাবান্না হত। কেউ কেউ শখ করে নিজেরাও রাঁধতেন। এইভাবে সারা দিন কাটিয়ে আসতেন। এ একেবারে নিয়ম-বাঁধা ছিল। প্রায়ই তাঁরা আমাদের চাঁপদানির বাগানে যেতেন। সেবারেও কর্তাদাদামশায় দলবল নিয়ে গেছেন চাঁপদানির বাগানে। সকালে উপাসনাদি হবার পর রান্নার আয়োজন চলছে। কর্তাদাদামশায় বললেন, পায়েসটা আমি রান্না করব; আমি পায়সান্ন পরিবেশন করে খাওয়াব সবাইকে।

ঘড়া ঘড়া দুধ, থালাভরা মিষ্টি এল। কর্তাদাদা তো পায়েস রান্না করলেন। সবাই খেতে বসেছেন, সব খাওয়া হয়ে গেছে, পায়েস পরিবেশন করা হল। কর্তাদাদামশায়কেও পায়েস দেওয়া হয়েছে। এখন, সবাই একটু পায়েস মুখে দিয়েই হাত গোটালেন, মুখে আর তেমন তোলেন না। কর্তাদাদামশায় সামনে, কেউ কিছু বলতেও পারেন না। মাঝে মাঝে পায়েস একটু একটু মুখেও তুলতে হয়। কর্তাদাদামশায় জিজ্ঞেস করলেন, কী, কেমন হয়েছে পায়েস, ভালো হয়েছে তো?

সবাই ঘাড় নাড়লেন, পায়েস চমৎকার হয়েছে।

তাঁদেরই মধ্যে কে একজন বলে ফেললেন, আজ্ঞে, ভালোই হয়েছে, তবে একটু ধোঁয়ার গন্ধ।

কর্তাদাদামশায় বললেন, ধোঁয়ার গন্ধ হয়েছে তো? ঐটিই আমি চাইছিলুম, আমি আবার পায়েসে একটু ধোঁয়াটে গন্ধ পছন্দ করি কিনা।

পায়েসটা কিন্তু আসলে রান্না করবার সময় ধরে গিয়েছিল। কর্তাদাদামশায় এই রকম তামাশাও করতেন মাঝে মাঝে। রবিকাকারও এই রকম তামাশা করবার অনেক গল্প আছে।

কর্তাদাদামশায় নিজেও দুধ ক্ষীর পায়েস এই-সব খেতে বরাবরই ভালোবাসতেন। শেষ দিকেও দেখেছি, বড়ো একটা কাঁচের বাটি ছিল সেটা ভরতি তিনি ঘন জ্বাল-দেওয়া দুধ খেতেন রোজ। একদিন কী করে বাটিটা ভেঙে যায়। বড়োপিসিমা তখন তাঁর সেবা করতেন, তিনি বাজার থেকে যত রকমের কাঁচের বাটিই আনান, কর্তাদাদামশায়ের পছন্দ আর হয় না। ঠিক তেমনটি আর পাওয়া যাচ্ছে না কোথাও। কোনোটা হয় বড়ো, কোনোটা হয় ছোটো। ঠিক সেই মাপের চাই। আবার পাতলা কাঁচের হলেও চলবে না। একবার কর্তাদাদামশায়ের শরবত খাবার কাঁচের গ্লাসটি ভেঙে যায়। দীপুদা শখ করে

সাহেবি দোকান অস্লার কোম্পানি থেকে পাতলা কাঁচের গ্লাস এক ডজন কিনে আনলেন কর্তাদাদামশায়ের শরবত খাবার জন্য। কর্তাদাদামশায় বললেন, এ কী গ্লাস! শরবত খাবার সময়ে আমার দাঁত লেগেই যে ভেঙে যাবে। সে গ্লাস চলল না– দীপুদাই বকশিশ পেলেন। তার পর বোম্বাই থেকে চার দিকে গোল-গোল পল-তোলা পুরু বোম্বাই গ্লাস এল, তবে কর্তাদাদামশায় তাতে শরবত খেয়ে খুশি। বড়োপিসিমা একদিন আমাকে বললেন, অবন, তুই তো নানা জায়গায় ঘুরিস, দেখিস তো, কোথাও যদি ওরকম একটি বাটি পাস বাবামশায়ের দুধ খাবার জন্য। একদিন গেলুম আমার জানাশোনা কয়েকটি লোক নিয়ে মুর্গিহাটায়। ভাবলুম বিলিতি জিনিস তো কর্তাদাদামশায়ের পছন্দ হবে না, দেশীও তেমন ভালো নেই– মুর্গিহাটায় গিয়ে খোঁজ করলুম পার্শিয়ান কাঁচের বাটি আছে কি না। ভাবলুম, ওরকম জিনিস কর্তাদাদামশায়ের পছন্দ হতে পারে। বেশ নতুন ধরনের হবে। সেখানকার লোকেরা বললে, আমাদের কাছে তো সে-সব জিনিস থাকে না। তারা আমাকে নিয়ে গেল চীনেবাজারের গলিতে এক নাখোদা সওদাগরের বাড়িতে। গলির মধ্যে বাড়ি বুঝতেই পার কেমন, ঢুকলুম তার ঘরে। ঢুকে মনে হল যেন আরব্য উপন্যাসের সিন্ধবাদের ঘরে ঢুকলুম, এমনিভাবে ঘর সাজানো। ঘরজোড়া ফরাশ পাতা, ধব্ ধব্ করছে, চার দিকে রেলিং-দেওয়া চওড়া মঞ্চ, তাতে বসে হুঁকো খায়। গড়গড়া ও নানা রকমের টুকিটাকি জিনিস, খুব যে দামী কিছু তা নয়, কিন্তু কী সুন্দর ভাবে সাজানো সব। লোকটি আদর-অভ্যর্থনা করে ফরাশে নিয়ে বসালে, চা খাওয়ালে। চা-টা খাওয়ার পর তাকে বললুম, একটি বেলোয়ারি বড়ো বাটি কর্তার দুধ খাবার জন্য দিতে পার? সে বললে, আজকাল তো সে-সব পুরোনো জিনিস এ দিকে আসে না বড়ো, তবে আমার গুদোমঘরটা একবার দেখাতে পারি, যদি কিছু থাকে। গুদোমঘর খুলে দিলে, যেমন হয়ে থাকে গুদোমঘর, হরেক রকম জিনিসে ঠাসা– তার মধ্যে হঠাৎ নজরে পড়ল একটি বেশ বড়ো পার্শিয়ান ক্রিস্টেলের বাটি, সাদা ক্রিস্টেলের উপর গোলাপী ক্রিস্টেলের ফুলের নকশা। চমৎকার বাটিটা, ঠিক যেমনটি চেয়েছিলুম। তার আরো দুটো ক্রিস্টেলের জিনিস ছিল, একটা হুঁকো আর একটা গোলাপপাশ, সবুজ রঙ নবদুর্বোর মতো, তার উপরে সোনালি কাজ করা। সব কয়টাই নিয়ে এলুম। ভাবলুম, কর্তাদাদামশায় আর এ দুটো দিয়ে কী করবেন– তাঁর বাটির কল্যাণে আমারও দুটো জিনিস পাওয়া হবে। বড়ো বাটিটি পিসিমার পছন্দ হল; বললেন, এইবার বোধ হয় ঠিক পছন্দ করবেন, কাল খবর পাবে। পরদিন তাই হল, বাটিটি পেয়ে কর্তাদাদামশায় খুব খুশি, আর বললেন– এ হুঁকো আর গোলাপপাশ আমার দরকার নেই, তুমিই নাও গে। বড়ো চমৎকার জিনিস দুটো অনেকদিন ছিল আমার কাছেই। তা, ঐ বাটিটিতে উনি শেষকাল পর্যন্ত রোজ দুধ খেতেন। তিনি আমাদের মতো বাটির কানা এক হাতে ধরে দুধ খেতেন না। বড়োপিসিমা দুধের বাটি নিয়ে এলেই অঞ্জলি পেতে দু হাতের মধ্যে বাটিটি নিয়ে মুখে তুলে দুগ্ধ পান করতেন। বাটির নীচে একটা ন্যাপকিন দেওয়া থাকত-যাতে

হাতে গরম না লাগে। যখন মেয়ের কাছ থেকে অঞ্জলি পেতে বাটিটি নিতেন কী সুন্দর শোভা হত। তাঁর হাত দুখানিও ছিল বেশ বড়ো বড়ো; তাই হাতের মাপসই বাটি নইলে তার ভালো লাগত না। কর্তাদাদামশায়ের গোরু রোজ গুড় খেত। বড়োপিসিমার উপরেই এই ভার ছিল, রোজ তিনি গোরুকে গুড় খাওয়াতেন। গোরু গুড় খেলে কী হবে? গোরুর দুধ মিষ্টি হবে। দীপুদা বলতেন, দেখছিস কাণু, আমরা গুড় খেতে পাই নে একটু লুচির সঙ্গে, আর কর্তাদাদামশায়ের গোরু দিব্যি কেমন রোজ গাদা গাদা গুড় খাচ্ছে। আমি নাতি হয়ে জন্মেও কিছুই করতে পারলুম না। দীপুদার কথা ছিল সব এমনিই, বেশ রসালো করে কথা বলতেন।

কর্তাদাদামশায় এ দিকে আবার পিটপিটেও ছিলেন খুব। একবার তাঁর শরীর খারাপ হয়েছে, সাহেব ডাক্তার এসেছেন দেখতে, ডাক্তার সণ্ডার্স, তিনি আমাদের ফ্যামিলি ডাক্তার। ডাক্তার এসে তো দেখেশুনে গেলেন। যাবার সময়ে কর্তাদাদামশায়ের সঙ্গে শেকহ্যাণ্ড করে গেলেন যেমন যান বরাবর। কর্তাদাদামশায়ও 'থ্যাঙ্ক ইউ ডাক্তার' ব'লে হাত বাড়িয়ে দিলেন। এ হচ্ছে দস্তুর, ভদ্রতা, এ বাদ যাবার জো নেই। ডাক্তারও ঘর থেকে বেরিয়ে গেলেন, আমরা দেখি কর্তাদাদামশায়ের হাত আর নামে না। যে হাত দিয়ে শেকহ্যাণ্ড করেছিলেন সেই হাতখানি টান করে বাইরে ধরে আছেন হাতের পাঁচটা আঙুল ফাঁক করে। দীপুদা বললেন, হল কী। কর্তাদাদামশায়ের হাত আর নামে না কেন, শক-টক লাগল নাকি। চাকররা জানত, তারা তাড়াতাড়ি ফিংগার-বোলে করে জল এনে কর্তাদাদামশায়ের হাতের কাছে এনে ধরতেই তার মধ্যে আঙুল ডুবিয়ে ভালো করে ধুয়ে তোয়ালে দিয়ে বেশ করে মুছে তবে ঠিক হয়ে বসলেন।

কর্তাদাদামশায়ের কী সুন্দর শরীর আর স্বাস্থ্য ছিল তার একটা গল্প বলি শোনো।

একবার যখন উনি চুঁচড়োর বাগানবাড়িতে হঠাৎ কী যেন ওঁর খুব কঠিন অসুখ হয়। এখানে আনবার সাধ্য নেই এমন অবস্থা। এ বাড়ি থেকে সবাই রোজ যাওয়া-আসা করছেন। ডাক্তার নীলমাধব আরো কে কে কর্তাদাদামশায়ের দেখাশোনা করছেন, চিকিৎসাদি হচ্ছে। হতে হতে একদিন কর্তাদাদামশায়ের অবস্থা খুব খারাপ হয়ে পড়ে। এমন খারাপ যে ডাক্তাররা আশা ছেড়ে দিয়ে নীচের তলায় এসে বসে রইলেন। শেষ অবস্থা, এ বাড়ির বড়োরা সবাই সেখানে– আমরা ছেলেমানুষ, আমাদের যাওয়া বারণ। কর্তাদাদামশায়ের খাটের চার পাশে সবাই দাঁড়িয়ে। কী করে যেন সে সময়ে আবার কর্তাদাদামশায়ের খাটের মশারিতে আগুন ধরে যায়-বাতি থেকে হবে হয়তো। ন-পিসেমশাই জানকীনাথ সেই মশারি টেনে ছিঁড়ে খুলে ফেলে অন্য মশারি টাঙিয়ে দেন। কর্তাদাদামশায় তখন অসাড় অবস্থায় বিছানায় পড়ে আছেন। সবাই তো দাঁড়িয়ে আছে, আর আশা নেই। এমন সময়ে ভোর-রাত্তিরে, যে সময়ে উনি রোজ উঠে উপাসনা করতেন, কর্তাদাদামশায় এক ঝটকায় সোজা হয়ে উঠে বসলেন বিছানার উপরে। উঠে বসেই বললেন, শাস্ত্রীকে ডাকো।

প্রিয়নাথ শাস্ত্রী কাছেই ছিলেন, ছুটে সামনে এলেন।

কর্তাদাদামশায় তাঁকে বললেন, ব্রাহ্মধর্ম পড়ো।

সবাই একেবারে থ। শাস্ত্রীমশায় ব্রাহ্মধর্ম পড়তে লাগলেন। কর্তাদাদামশায় সেই সোজা বসে বসেই তা শুনতে লাগলেন, আর সেইসঙ্গে আস্তে আস্তে উপাসনা করতে লাগলেন। সবাই বুঝল এইবারে তিনি চাঙ্গা হয়ে উঠেছেন। উপাসনার পরে ডাক্তার এসে নাড়ী টিপলেন, নাড়ী চন্‌বন্‌ করে চলছে; কর্তাদাদামশায় একেবারে সহজ অবস্থা লাভ করেছেন। ডাক্তার নীলমাধব নিজে আমাদের বলেছেন, এ রকম করে বেঁচে উঠতে দেখি নি কখনো। সেকাল হলে এ রকম অবস্থায় রুগীকে গঙ্গাযাত্রা করিয়ে দু-তিন আঁজলা জল মুখে দিতে-না-দিতেই শেষ হয়ে যেত সব। এ যেন মরে গিয়ে ফিরে আসা। পরে কর্তাদাদামশায়ের মুখে আমরা গল্প শুনেছি, তা বোধ হয় উনি লিখেও গেছেন যে, এক সময়ে ওঁর মনে হল ওঁর উপরে আদেশ হয় ‘তোমার কাজ এখনো বাকি আছে’।

সে যাত্রা তো তিনি কাটিয়ে উঠলেন, কিছুকাল বাদে ডাক্তাররা বললেন হাওয়া বদল করতে। কোথায় যাবেন। ওঁর আবার বরাবরের ঝোঁক পাহাড়ে যাবার, ঠিক হল দার্জিলিঙে যাবেন। সব জোগাড়-যন্তোর হতে লাগল। দীপুদা বললেন, আমি একলা পারব না, কর্তাদাদামশায়ের এই শরীর, যাওয়া-আসা, হাঙ্গামা কত, শেষটায় উনি ওখানেই দেহ রাখুন, আমিও দেহ রাখি। ডাক্তার নীলমাধব সঙ্গে গেলেন। আরো দু-চারজন কারা-কারাও সঙ্গে ছিল। দার্জিলিঙে গিয়ে উনি কী খেতেন যদি শোন, দীপুদার কাছে সে গল্প শুনেছি। এই এক দিস্তা হাতে-গড়া রুটি, এক বাটি অড়হর ডাল, আর একটি বাটিতে গাওয়া ঘি গলানো। সেই রুটি ডালেতে ঘিয়েতে জুবড়ে তিনি মুখে দিতেন। এই তার অভ্যেস। দীপুদা বলতেন, আমি তো ভয়ে ভয়ে মরি ওঁর খাওয়া দেখে, কিন্তু ঠিক হজম করতেন সব। নেমে যখন এলেন কর্তাদাদামশায়, লাল টক্‌টক্‌ করছে চেহারা, স্বাস্থ্যও চমৎকার। কে বলবে কিছুকাল আগে তিনি মরণাপন্ন অসুখে ভুগেছিলেন। পার্ক স্ট্রীটে একটা খুব বড়ো বাড়ি নেওয়া হয়েছিল, দার্জিলিং থেকে নেমে সোজা সেখানেই উঠলেন। সেই বাড়িতে অনেক দিন ছিলেন। তার পর কী একটা হয়, বাড়িওয়ালা বোধ হয় বাড়িটা অন্য লোকের কাছে বিক্রি করে দেয়, ভাড়াটে উঠে যাওয়ার জন্য তাগিদ দিতে থাকে, কর্তাদাদামশায় বললেন, আর ভাড়াটে বাড়ি নয়, আমি নিজের বাড়িতেই ফিরে যাব। দীপুদার উপরে ভার পড়ল তাঁর জন্য তেতলার ঘর সাজিয়ে রাখবার। দীপুদা মহা উৎসাহে সাহেবি দোকান থেকে দামী দামী আসবাবপত্র, ভালো ভালো পর্দা ফুলদানি সব আনিয়ে চমৎকার করে তো ঘর সাজালেন। আমাদের ছিল একটা গাড়ি, ভিক্টোরিয়া নাম ছিল সেটার। কোচম্যানটাকে ভালো করে বুঝিয়ে দেওয়া হল, যেন খুব আস্তে আস্তে গাড়ি চালায়, যেন ঝাঁকুনি না লাগে। ঘোড়াগুলো আস্তে আস্তে দপাস দপাস করে চলতে লাগল— সেই গাড়িতে কর্তাদাদামশায়, সঙ্গে দীপুদা, বড়োজ্যাঠামশায় ছিলেন। কর্তাদাদামশায় এলেন, প্রিয়নাথ শাস্ত্রী মশায়ও

ছিলেন কাছে, কাউকে ধরতে ছুঁতে দিলেন না, নিজেই হেঁটে সোজা উপরে উঠে এলেন। এসেই তাঁর প্রথমে নজরে পড়েছে; বললেন, ঢালু বারান্দা, ঢালু বারান্দা আমার কোথায় গেল, এই যে ঘরের সামনে ছিল। ভূমিকম্পে ফেটে গিয়েছিল দু এক জায়গা, রবিকাকা ভয়ে সে বারান্দা নামিয়ে ফেলেছিলেন। কর্তাদাদামশায় বললেন, পশ্চিমের রোদ্দুর আসবে যে ঘরে, পর্দা টাঙিয়ে দাও। বড়ো বড়ো ক্যানভাস জাহাজের ডেকের মতো ঘরের সামনে টাঙানো হল। দেখতে লাগল যেন মস্ত একটা শিবির পড়েছে তেতলার উপরে। ঘরে ঢুকলেন, ঢুকে-জানলায় দরজায় ছিল দামী দামী বাহারের কার্টেন ঝোলানো– ধরে এক টানে ছিঁড়ে ফেলে দিলেন। বললেন, এ-সব নেটের পর্দা ঝুলিয়েছ কেন ঘরে, মশারি-মশারি মনে হচ্ছে। সারা ঘরে এই-সব ঝুলিয়েছ, ঘরে মশা-ফশা হবে, ব'লে দু-একটা পর্দা পটাপট ছিঁড়তেই দীপুদা তাড়াতাড়ি সব পর্দা খুলে বগলদবা করলেন। তারপর কর্তাদাদামশায় ঘরের চার দিকে দেখে বললেন, এ-সব কী– এ-সব তুমি নিয়ে গিয়ে তোমাদের বৈঠকখানায় সাজাও, এ-সব আসবাবের আমার দরকার নেই। রাখলেন শুধু একটা ছবিতে আঁকা গির্জের মধ্যে ঘড়ি, টং টং করে বাজত, বড়ো একটা চৌকো ছবির মতো ব্যাপার। সেইটি রইল ঘরে আর রইল তাঁর সেই নিত্য ব্যবহারের বেতের চৌকি ও মোড়া। আর তেতলার ছাদের উপর সারি সারি মাটির কলসী উপুড় করিয়ে রাখা হল ছাদের তাত নিবারণের জন্য। দীপুদা আর কী করেন; বললেন, ভালোই হল, মাঝ থেকে আমার কতকগুলো ভালো ভালো জিনিস হয়ে গেল। তিনি ভালো করে সে-সব জিনিসপত্তোর দিয়ে বৈঠকখানা সাজালেন। দীপুদা ভারি খুশি, প্রায়ই আমাদের সে-সব আসবাবপত্র দেখিয়ে বলতেন, কর্তাদাদামশায়ের দেওয়া এ-সব।

কর্তাদাদামশায় শেষদিন পর্যন্ত ঐ ঘরেই ছিলেন। বড়োপিসিমা তাঁর সেবা করতেন। তিনি জানতেন কর্তাদাদামশায়ের পছন্দ-অপছন্দ। আহা, বেচারি বড়োপিসিমা, বিধবা ছিলেন তিনি, কী নিখুঁত সেবা, আর কী ভালোবাসা বাপের জন্য– অমন আর দেখা যায় না। সে সময়ে আমি কর্তাদাদামশায়ের কয়েকটি ছবি এঁকেছিলুম। শশী হেস ইটালি থেকে আর্টিস্ট হয়ে এলেন, তিনিও কর্তাদাদামশায়ের ছবি আঁকলেন। তার পর অনেক দিন কাটল, অনেক কাণ্ডই হল। কর্তাদাদামশায় আছেন উপরের ঘরেই। সারা বাড়ি যেন গম্‌গম্‌ করছে, এমনিই ছিল তাঁর প্রভাব। এখন যেমন বাড়িতে রবিকাকা থাকলে চার দিক তাঁর প্রভাবে সরগরম হয়ে ওঠে, চার দিকে একটা অভয়, আলো ছড়ায়, তেমনি কর্তাদাদামশায়েরও চার দিকে যেন দব্‌দপা ছড়াত।

কর্তাদাদামশায়ের চতুর্থ রূপ যা আমার মনে ছাপ রেখে গেছে, আর এই হল তাঁর শেষ চেহারা। কয় দিন থেকে কর্তাদাদামশায়ের শরীর খারাপ, বা দিকের পাঁজরার নীচে একটু-একটু ব্যথা। সোজা হয়ে বসতে পারেন না-বাঁ দিকে কাত হয়ে বসতে হয়। ডাক্তাররা বললেন, একটা অ্যাব্‌সেস ফর্ম করেছে, অপারেশন করতে হবে। দীপুদা ইন্‌ভ্যালিড চেয়ার, প্রকাণ্ড ইন্‌ভ্যালিড কৌচ,

কিনে নিয়ে এলেন সাহেবি দোকান থেকে। কৌচটা চামড়া দিয়ে মোড়া, এক হাত উঁচু গদি, সেই কৌচেই কর্তাদাদামশায় মারা যান। তিনি বরাবর দক্ষিণ দিকে পা করে শুতেন। আমাদের আবার বলে, উত্তর দিকে মাথা দিয়ে শুতে নেই, কিন্তু কর্তাদাদামশায়কে দেখেছি তার উল্টো। দক্ষিণ দিকে পা নিয়ে শুতেন, মুখে হাওয়া লাগবে। দীর্ঘ পুরুষ ছিলেন, অত বড়ো লম্বা কৌচটিতে তো টান হয়ে শুতেন— এতখানি হাঁটু অবধি পা বেরিয়ে থাকত কৌচ ছাড়িয়ে।

অপারেশন হল। ভিতরে কিছুই পাওয়া গেল না; ডাক্তাররা বললেন, কোল্ড অ্যাবসেস। যাই হোক, ডাক্তাররা তো বুকে ব্যাণ্ডেজ বেঁধে দিয়ে চলে গেলেন। কর্তাদাদামশায় রোজ সকালে সূর্যদর্শন করতেন। ঘরের সামনে পুব দিকের ছাদে গিয়ে বসতেন, সূর্যদর্শন করে কিছুক্ষণ চুপচাপ বসে পরে ঘরে চলে আসতেন। পরদিন আমরা ভাবলুম, তাঁর বুঝি আজ সূর্যদর্শন হবে না। সকালে উঠে এ বাড়ি থেকে উঁকিঝুঁকি মারছি; দেখি ঠিক উঠে আসছেন কর্তাদাদামশায়। রেলিং ধরে নিজেই হেঁটে হেঁটে এলেন, চাকররা পিছন-পিছন চেয়ার নিয়ে এল। কর্তাদাদামশায় সোজা হয়ে বসলেন, সূর্যদর্শন করে কিছুক্ষণ চুপচাপ বসে উপাসনা করে নিত্যকার মতো ঘরে চলে গেলেন। এই সূর্যদর্শন কোনোদিন তাঁর বাদ যায় নি। মৃত্যুর আগের দিন অবধি তিনি বাইরে এসে সূর্যদর্শন করেছেন।

সে সময় কর্তাদাদামশায় প্রায়ই বড়োপিসিমাদের বলতেন, তিনি স্বপ্ন দেখেছেন, দেবদূতরা তাঁর কাছে এসেছিলেন। প্রায়ই এ স্বপ্ন তিনি দেখতেন। বড়োপিসিমা ভাবিত হলেন, একদিন আমাকে বললেন, অবন, এ তো বড়ো মুশকিল হল, বাবামশায় প্রায় রোজই স্বপ্ন দেখছেন দেবদূতরা তাঁকে নিতে এসেছিলেন। আমরাও ভাবি, তাই তো, তবে কি এ যাত্রা আর তিনি উঠবেন না।

সেদিন সকাল থেকে পিটির পিটির বৃষ্টি পড়ছে। দীপুদা এসে বললেন, কর্তাদাদামশায়ের অবস্থা আজ খারাপ, কী হয় বলা যায় না; তোমরা তৈরি থেকো। আত্মীয়স্বজন, কর্তাদাদামশায়ের ছেলেমেয়েরা, সবাই খবর পেয়ে যে যেখানে ছিলেন এসে জড়ো হলেন। কর্তাদাদামশায়ের অবস্থা খারাপের দিকেই যাচ্ছে, ডাক্তাররা আশা ছেড়ে দিলেন। আমরা ছেলেরা সবাই বাইরে বারান্দায় দাঁড়িয়ে আছি, এক-একবার দরজার ভিতরে উঁকি মেরে দেখছি। কর্তাদাদামশায় স্থির হয়ে বিছানায় শুয়ে আছেন। তাঁর ছেলেমেয়েরা এক-এক করে সামনে যাচ্ছেন। রবিকাকা সামনে গেলেন, বড়োপিসিমা কর্তাদাদামশায়ের কানের কাছে মুখ নিয়ে বললেন, রবি, রবি এসেছে। তিনি একবার একটু চোখ মেলে হাতের আঙুল দিয়ে ইশারা করলেন রবিকাকাকে পাশে বসতে। কর্তাদাদামশায়ের কৌচের ডান পাশে একটা জলচৌকি ছিল, রবিকাকা সেটিতে বসলে কর্তাদাদামশায় মাথাটি যেন একটু হেলিয়ে দিলেন রবিকাকার দিকে, ডান কানে যেন কিছু শুনতে চান এমনি ভাব। বড়োপিসিমা বুঝতে পারতেন; তিনি বললেন, আজ সকালে উপাসনা হয়নি, বোধ হয় তাই শুনতে চাচ্ছেন, তুমি ব্রাহ্মধর্ম পড়ো। রবিকাকা তাঁর কানের কাছে মুখ নিয়ে আস্তে আস্তে পড়তে লাগলেন—

অসতো মা সদ্গময়।

তমসো মা জ্যোতির্গময়।

মৃত্যোর্মামৃতং গময়।

আবিরাবীর্ম এধি।

রুদ্র যত্তে দক্ষিণং মুখং

তেন মাং পাহি নিত্যম্‌।

রবিকাকা যত পড়েন কর্তাদাদামশায় আরো তাঁর কান এগিয়ে দিতে থাকলেন। এমনি করে খানিক বাদে মাথা আবার আস্তে আস্তে সরিয়ে নিলেন; ভাবটা যেন, হল এবারে। বড়োপিসিমা বাটিতে করে দুধ নিয়ে এলেন, তখনো তাঁর ধারণা খাইয়ে-দাইয়ে বাপকে সুস্থ করে তুলবেন। অতি কষ্টে এক চামচ দুধ খাওয়াতে পারলেন। তার পর আর কর্তাদাদামশায়ের কোনো পরিবর্তন নেই, স্তব্ধ হয়ে শুয়ে রইলেন, বাইরের দিকে স্থিরদৃষ্টে তাকিয়ে। এইভাবে কিছুকাল থাকবার পর দু-তিন বার বলে উঠলেন, বাতাস! বাতাস! বড়োপিসিমা হাতপাখা নিয়ে হাওয়া করছিলেন, তিনি আরো জোরে হাওয়া করতে লাগলেন। কর্তাদাদামশায় ঐ কথাই থেকে থেকে বলতে লাগলেন বাতাস! বাতাস!

আমরা সবাই বারান্দা থেকে দেখছি। দীপুদা আগেই সরে পড়েছিলেন। তিনি বললেন, আমি আর দেখতে পারব না। কর্তাদাদামশায় ‘বাতাস বাতাস’ বলতে বলতেই এক সময়ে বলে উঠলেন, আমি বাড়ি যাব। যেই-না এ কথা বলা, বড়োপিসিমার দু চোখ বেয়ে জল গড়াতে লাগল। বুঝি-বা এইবারে সত্যিই তাঁর বাড়ি যাবার সময় হয়ে এল। থেকে থেকে কর্তাদাদামশায় ঐ কথাই বলতে লাগলেন। সে কী সুর, যেন মার কাছে ছেলে আবদার করছে ‘আমি বাড়ি যাব’। বেলা তখন প্রায় দ্বিপ্রহর; ঘড়িতে টং টং করে ঠিক যখন বারোটা বাজল সঙ্গে সঙ্গে কর্তাদাদামশায়ের শেষ নিশ্বাস পড়ল। যেন সত্যিই মা এসে তাকে তুলে নিয়ে গেলেন। একটু শ্বাসকষ্ট না, একটু বিকৃতি না, দক্ষিণ মুখে আলোর দিকে তাকিয়ে থাকতে থাকতে যেন ঘুমিয়ে পড়লেন।

খবর পেয়ে দেখতে দেখতে শহরসুদ্ধ লোক জড়ো হল। শ্মশানে নিয়ে যাবার তোড়জোড় হতে লাগল। এই-সব হতে হতে তিনটে বাজল। ততক্ষণে কর্তাদাদামশায়ের দেহ হয়ে গেছে যেন চন্দনকাঠের সার। তখন ঐ একটিই পুরোনো ঘোরানো সিঁড়ি ছিল উপরে উঠবার। আমরা বাড়ির ছেলেরা সবাই মিলে তাঁর দেহ ধরাধরি করে তো অতিকষ্টে সেই ঘোরানো সিঁড়ি দিয়ে নীচে নামালুম। সাদা ফুলে ছেয়ে গিয়েছিল চার দিক। সেই ফুলে সাজিয়ে আমরা তাঁর দেহ নিয়ে চললুম শ্মশানে, রাস্তায় ফুল আবীর ছড়াতে ছড়াতে। রাস্তার দু ধারে লোক ভেঙে পড়েছিল। আস্তে আস্তে চলতে লাগলুম। দীপুদা ঠিক করলেন, নিমতলার শ্মশানঘাট ছাড়িয়ে খোলা জায়গায় গঙ্গার পাড়ে কর্তাদাদামশায়ের দেহ দাহ করা হবে। এ পারে চিতে সাজানো হল চন্দন কাঠ দিয়ে, ও পারে সূর্যাস্ত, আকাশ সেদিন

কী রকম লাল হয়েছিল– যেন সিঁদুরগোলা।

রবিকাকারা মুখাগ্নি করলেন, চিতে জ্বলে উঠল। একটু ধোঁয়া না, কিছু না, পরিষ্কার আগুন দাউ দাউ করে জ্বলতে লাগল, বাতাসে চন্দনের সৌরভ ছড়িয়ে গেল। কী বলব তোমাকে, সেই আগুনের ভিতর দিয়ে অনেকক্ষণ অবধি কর্তাদাদামশায়ের চেহারা, লম্বা শুয়ে আছেন, ছায়ার মতো দেখা যাচ্ছিল। মনে হচ্ছিল যেন লকলকে আগুনের শিখাগুলি তাকে স্পর্শ করতে ভয় পাচ্ছে। তাঁর চার দিকে সেই আগুনের শিখা যেন ঘুরে ঘুরে নেচে বেড়াতে লাগল। দেখতে দেখতে সেই শিখা উপরে উঠতে উঠতে এক সময়ে দপ্‌ করে নিবে গেল, এক নিশ্বাসে সবকিছু মুছে নিলে। ও পারে সূর্য তখন অস্ত গেল।

সেকালের কর্তাদের গল্প শুনলে

সেকালের কর্তাদের গল্প শুনলে, এবারে দিদিমাদের গল্প কিছু শোনো।

আমার নিজের দিদিমা, গিরীন্দ্রনাথ ঠাকুরের পরিবার, নাম যোগমায়া, তাঁকে আমি চোখে দেখি নি। তাঁর গল্প শুনেছি– মা, বড়োপিসিমা, ছোটো পিসিমা– কাদম্বিনী, কুমুদিনীর কাছে। বড়োপিসিমা বলতেন, আমার মার মতো অমন রূপসী সচরাচর আর দেখা যায় না। কী রঙ, যাকে বলে সোনার বর্ণ। মা জল খেতেন, গলা দিয়ে জল নামত স্পষ্ট যেন দেখা যেত; পাশ দিয়ে চলে গেলে গা দিয়ে যেন পদ্মগন্ধ ছড়াত। দিদিমার কিছু গয়না আমার কাছে আছে এখনো, সিঁথি, হীরে-মুক্তো-দেওয়া কানঝাপটা। মা পেয়েছিলেন দিদিমার কাছ থেকে। দিদিমার একটি সাতনরী হার ছিল, কী সুন্দর, দুর্গো-প্রতিমার গলায় যেমন থাকে সেই ধরনের। মা সেটিকে মাঝে মাঝে সিন্দুক থেকে বের করে আমাদের দেখাতেন; বলতেন, দেখ, আমার শাশুড়ির খোস্বো শুঁকে দেখ।

আমরা হাতে নিয়ে শুঁকে শুঁকে দেখতুম, সত্যিই আতরচন্দনের এমন একটা সুগন্ধ ছিল তাতে। তখনো খোস্বো ভুরভুর করছে, সাতনরী হারের সঙ্গে যেন মিশে আছে। সেকালে আতর মাখবার খুব রেওয়াজ ছিল, আর তেমনিই সব আতর। কতকাল তো দিদিমা মারা গেছেন, আমরা তখনো হই নি, এতকাল বাদে তখনো দিদিমায়ের খোস্বো তাঁর হারের সোনার ফুলের মধ্যে পেতুম। সেই হারটি মা সুনয়নীকে দিয়েছিলেন। ছোটোপিসিমার বিয়ে দিয়েই দিদিম মারা যান।

একবার দিদিমার অসুখ হয়। তখন দু-জন ফ্যামিলি ডাক্তার ছিলেন আমাদের। একজন বাঙালি, নামজাদা ডি. গুপ্ত; আর একজন ইংরেজ, বেলী সাহেব। এই দু-জন বরাদ্দ ছিল, বাড়িতে কারো অসুখ-বিসুখ হলে তাঁরাই চিকিৎসাদি করতেন। বেলী সাহেবের তখনকার দিনে ডাক্তার হিসেবে খুব নামডাক ছিল, তার উপরে দ্বারকানাথ ঠাকুরমশায়ের ফ্যামিলি ডাক্তার তিনি। রাস্তা দিয়ে বেলী সাহেব বের হলেই দু পাশে লোক দাঁড়িয়ে যেত ওষুধের জন্য। তাঁর গাড়িতে সব সময় থাকত একটা ওষুধের বাক্স, গরিবদের তিনি অমনিই দেখতেন, ওষুধ বিতরণ করতে করতে রাস্তা চলতেন। তা দিদিমার অসুখ, বেলী সাহেব এলেন, সঙ্গে এলেন ডি.

গুপ্তও, দিদিমার অসুখটা বুঝিয়ে দেবার জন্য।

দিদিমা বিছানায় শুয়ে শুয়েই কাছে আনিয়ে দাসীকে দিয়ে মাছ তরকারি কাটিয়ে কুটিয়ে দেওয়াতেন, ছেলেদের জন্য রান্না হবে। বেলী সাহেব দাসীকে বাংলায় হাত ধোবার জন্য একটা জলের ঘটি আনতে বললেন। দাসী বেলী সাহেবের আড়বাংলাতে ঘটিকে শুনেছে বঁটি। সে তাড়াতাড়ি মাছকাটা বঁটি নিয়ে এসে হাজির। বেলী সাহেব চেঁচিয়ে উঠলেন, ও মা গো, বঁটি নিয়ে আপনার দাসী এল, আমার গলা কাটবে নাকি!

দাসী তো এক ছুটে পলায়ন, আর বেলী সাহেবের হো-হো করে হাসি। এমনিই তিনি ঘরোয়া ছিলেন।

বেলী সাহেব দিদিমাকে তো ভালো করে পরীক্ষা করলেন। ডি. গুপ্তকে বললেন দিদিমাকে বুঝিয়ে দেবার জন্য যে, তিনি একটু এনিমিক হয়েছেন। বললেন, দোওয়ারীবাবু, মাকে তাঁর অসুখটা বাংলায় ভালো করে বুঝিয়ে দিন।

দোওয়ারীবাবু দিদিমাকে ভালো করে বেলী সাহেবের কথা বাংলায় তর্জমা করে বোঝালেন, 'বেলী সাহেব বলিতেছেন, আপনি কিঞ্চিৎ বিরক্ত হইয়াছেন।' তিনি 'এনিমিক'-এর বাংলা করলেন 'বিরক্ত'।

দিদিমা বললেন, সে কী কথা, উনি হলেন আমাদের এতদিনের ডাক্তার, আমি ওঁর উপরে বিরক্ত কেন হব। সাহেবকে বুঝিয়ে দিন-না না, সে কী কথা, আমি একটুও বিরক্ত হই নি।

দোওয়ারীবাবু যতবার বলছেন 'আপনি কিঞ্চিৎ বিরক্ত হইয়াছেন' দিদিমা ততই বললেন, আমি একটুও বিরক্ত হই নি। মিছেমিছি কেন বিরক্ত হব, আপনি সাহেবকে বুঝিয়ে দিন ভালো করে।

এই রকম কথাবার্তা হতে হতে বেলী সাহেব জিজ্ঞেস করলেন, কী হয়েছে, ব্যাপার কী, মা কী বলছেন। জ্যাঠামশায় তখন স্কুলে পড়েন, ইংরেজি বেশ ভালো জানতেন-তিনি বেলী সাহেবকে বুঝিয়ে দিলেন দোওয়ারীবাবু এনিমিকের তর্জমা করছেন-বিরক্ত হইয়াছেন। তাই মা বলছেন যে তিনি একটুও বিরক্ত হন নাই। এই শুনে বেলী সাহেবের হো-হো করে হাসি। জ্যাঠামশায়কে বললেন, মাকে ভালো করে বুঝিয়ে দাও তিনি একটু রক্তহীন হয়েছেন। বলে, দোওয়ারীবাবুর দিকে কটাক্ষপাত করলেন; বললেন, তুমি বাংলা জানো না দোওয়ারীবাবু? এতক্ষণে সমস্যার মীমাংসা হয়।

এঁড়েদহের বাগানে দিদিমার মৃত্যু হয়। তাঁকে আমরা দেখি নি, ছবিও নেই- শুধু কথায় তিনি আমাদের কাছে আছেন, পুরোনো কথার মধ্য দিয়ে আমরা তাঁকে পেয়েছি।

কর্তাদিদিমাকে দেখেছি। তাঁর ছবিও আছে, তোমরাও তাঁর ছবি দেখেছ। ফোটো দিন-দিন ম্লান হয়ে যাচ্ছে এবং যাবে, কিন্তু তার সেই পাকা-চুলে সিঁদুর-মাখা রূপ এখনো আমার চোখে জ্বলজ্বল করছে, মন থেকে তা মোছবার নয়। তিনি ছিলেন যশোরের মেয়ে, তখন এই বাড়িতে যশোরের মেয়েই বেশির ভাগ আসতেন। তাঁরা

সবাই কাছাকাছি বোন সম্পর্কের থাকতেন; তাই তাঁদের নিজেদের মধ্যে বেশ একটা টান ছিল। আমার মা এলেন, শেষ এলেন রথীর মা; ঐ শেষ যশোরের মেয়ে এলেন এ বাড়িতে। মা প্রায়ই বলতেন, বেশ হয়েছে, আমাদের যশোরের মেয়ে এল! এই কথা যখন বলতেন তাতে যেন বিশেষ আদর মাখানো থাকত।

কর্তাদিদিমাও রূপসী ছিলেন, কিন্তু ঐ ছবি দেখে কে বলবে। ছবিটা যেন কেমন উঠেছে। দীপুদা ঐ ছবি দেখে বলতেন, আচ্ছা, কর্তাদাদামশায় কী দেখে কর্তাদিদিমাকে বিয়ে করেছিলেন হে।

তখন ১১ই মাঘে খুব ভোজ হত– পোলাও, মেঠাই। সে কী মেঠাই, যেন এক-একটা কামানের গোলা। খেয়েদেয়ে সবাই আবার মেঠাই পকেটে করে নিয়ে যেত। অনেক লোকজন অতিথি-অভ্যাগতের ভিড় হত সে সময়ে। আমরা ছেলেমানুষ, আমাদের বাইরে নিমন্ত্রিতদের সঙ্গে খাবার নিয়ম ছিল না। বাড়ির ভিতরে একেবারে কর্তাদিদিমার ঘরে নিয়ে যেত আমাদের। সঙ্গে থাকত রামলাল চাকর।

আমার স্পষ্ট মনে আছে কর্তাদিদিমার সে ছবি, ভিতর দিকের তেতলার ঘরটিতে থাকতেন। ঘরে একটি বিছানা, সেকেলে মশারি সবুজ রঙের, পঞ্চের কাজ করা মেঝে, মেঝেতে কার্পেট পাতা, এক পাশে একটি পিদিম জ্বলছে– বালুচরী শাড়ি প'রে সাদা চুলে লাল সিঁদুর টক্‌টক্‌ করছে– কর্তাদিদিমা বসে আছেন তক্তপোশে। রামলাল শিখিয়ে দিত, আমরা কর্তাদিদিমাকে পেন্নাম করে পাশে দাঁড়াতুম; তিনি বলতেন, আয়, বোস্‌ বোস্‌।

এতকালের ঘটনা কী করে যে মনে আছে, স্পষ্ট যেন দেখতে পাচ্ছি, বলো তো ছবি এঁকেও দেখাতে পারি। এত মনে আছে বলেই এখন এত কষ্ট বোধ করি এখনকার সঙ্গে তুলনা করে।

কর্তাদিদিমা রামলালের কাছে সব তন্ন তন্ন করে বাড়ির খবর নিতেন। তিনি ডাকতেন, ও বউমা, ওদের এখানেই আমার সামনে জায়গা করে দিতে বলো।

বউমা হচ্ছেন দীপুদার মা, আমরা বলতুম বড়োমা। সেই ঘরেই এক পাশে আমাদের জন্য ছোটো ছোটো আসন দিয়ে জায়গা হত। কর্তাদিদিমার বড়োবউ, লাল চওড়া পাড়ের শাড়ি পরা– তখনকার দিনে চওড়া লালপেড়ে শাড়িরই চলন ছিল বেশি, মাথায় আধ হাত ঘোমটা টানা, পায় আলতা, বেশ ছোটোখাটো রোগা মানুষটি। কয়েকখানি লুচি, একটু ছেঁকা, কিছু মিষ্টি যেমন ছোটোদের দেওয়া হয় তেমনি দু হাতে দুখানি রেকাবিতে সাজিয়ে নিয়ে এলেন। কর্তাদিদিমা কাছে বসে বলতেন, বউমা, ছেলেদের আরো খানকয়েক লুচি গরম গরম এনে দাও, আরো মিষ্টি দাও। এই রকম সব বলে বলে খাওয়াতেন, বড়োদের মতো আদরযত্ন করে। আমরা খাওয়াদাওয়া করে পায়ের ধুলো নিয়ে চলে আসতুম।

কর্তাদিদিমার একটা মজার গল্প বলি, যা শুনেছি। বড়োজ্যাঠামশায়ের বিয়ে হবে। কর্তাদিদিমার শখ হল একটি খাট করাবেন দ্বিজেন্দর আর বউমা শোবে। রাজকিষ্ট মিস্ত্রিকে আমরাও দেখেছি– তাকে কর্তাদিদিমা মতলব-মাফিক

সব বাতলে দিলেন, ঘরেই কাঠকাটরা আনিয়ে পালঙ্ক প্রস্তুত হল। পালঙ্ক তো নয়, প্রকাণ্ড মঞ্চ। খাটের চার পায়ার উপরে চারটে পরী ফুলদানি ধরে আছে, খাটের ছত্রীর উপরে এক শুকপক্ষী ডান মেলে। রূপকথা থেকে বর্ণনা নিয়ে করিয়েছিলেন বোধ হয়। ঘরজোড়া প্রকাণ্ড ব্যাপার, তার মতলব মাফিক খাট। কত কল্পনা, নতুন বউটি নিয়ে ছেলে ঐ খাটে ঘুমোবে, উপরে থাকবে শুকপক্ষী।

কর্তাদিদিমার এক ভাই জগদীশমামা এখানেই থাকতেন; তিনি বললেন, দিদি, উপরে ওটা কী করিয়েছ, মনে হচ্ছে যেন একটা শকুনি ডানা মেলে বসে আছে।

আর, সত্যিও তাই। শুকপাখিকে কল্পনা করে রাজকিষ্ট মিস্ত্রি একটা কিছু করতে চেষ্টা করেছিল, সেটা হয়ে গেল ঠিক জার্মান ঈগলের মতে, ডানামেলা প্রকাণ্ড এক পাখি।

তা, কর্তাদিদিমা জগদীশমামাকে অমনি তাড়া লাগালেন, যা যা, ও তোরা বুঝবি নে। শকুনি কোথায়, ও তো শুকপক্ষী।

সেই খাট বহুকাল অবধি ছিল, দীপুদাও সেই খাটে ঘুমিয়েছেন। এখন কোথায় যে আছে সেই খাটটি, আগে জানলে দু-একটা পরী পায়ার উপর থেকে খুলে আনতুম।

সাত সাত ছেলে কর্তাদিদিমার; তাঁকে বলা হত রত্নগর্ভা। কর্তাদিদিমার সব ছেলেরাই কী সুন্দর আর কী রঙ। তাঁদের মধ্যে রবিকাকাই হচ্ছেন কালো। কর্তাদিদিমা খুব কষে তাঁকে রূপটান সর ময়দা মাখাতেন। সে কথা রবিকাকাও লিখেছেন তাঁর ছেলেবেলায়। কর্তাদিদিমা বলতেন, সব ছেলেদের মধ্যে রবিই আমার কালো।

সেই কালো ছেলে দেখো জগৎ আলো করে বসে আছেন।

কর্তাদিদিমা আঙুল মটকে মারা যান। বড়োপিসিমার ছোটো মেয়ে, সে তখন বাচ্ছা, কর্তাদিদিমার আঙুল টিপে দিতে দিতে কেমন করে মটকে যায়। সে আর সারে না, আঙুলে আঙুলহাড়া হয়ে পেকে ফুলে উঠল। জ্বর হতে লাগল। কর্তাদিদিমা যান-যান অবস্থা। কর্তাদাদামশায় ছিলেন বাইরে– কর্তাদিদিমা বলতেন, তোরা ভাবিস নে, আমি কর্তার পায়ের ধুলো মাথায় না নিয়ে মরব না, তোরা নিশ্চিন্ত থাক্‌।

কর্তাদাদামশায় তখন ডালহৌসি পাহাড়ে, খুব সম্ভব রবিকাকাও সে সময়ে ছিলেন তাঁর সঙ্গে। তখনকার দিনে খবরাখবর করতে অনেক সময় লাগত। একদিন তো কর্তাদিদিমার অবস্থা খুবই খারাপ, বাড়ির সবাই ভাবলে আর বুঝি দেখা হল না কর্তাদাদামশায়ের সঙ্গে। অবস্থা ক্রমশই খারাপের দিকে যাচ্ছে, এমন সময়ে কর্তাদাদামশায় এসে উপস্থিত। খবর শুনে সোজা কর্তাদিদিমার ঘরে গিয়ে পাশে দাঁড়ালেন, কর্তাদিদিমা হাত বাড়িয়ে তার পায়ের ধুলো মাথায় নিলেন। ব্যস্, আস্তে আস্তে সব শেষ।

কর্তাদাদামশায় বেরিয়ে এলেন ঘর থেকে। বাড়ির ছেলেরা অন্ত্যেষ্টিক্রিয়ার

যা করবার সব করলেন। সেই দেখেছি দানসাগর শ্রাদ্ধ, রুপোর বাসনে বাড়ি ছেয়ে গিয়েছিল। বাড়ির কুলীন জামাইদের কুলীন-বিদেয় করা হয়। ছোটো পিসেমশায় বড়োপিসেমশায় কুলীন ছিলেন, বড়ো বড়ো রুপোর ঘড়া দান পেলেন। কাউকে শাল-দোশালা দেওয়া হল। সে এক বিরাট ব্যাপার।

আর-এক দিদিমা ছিলেন আমাদের, কয়লাহাটার রাজা রমানাথ ঠাকুরের পুত্রবধূ, নৃপেন্দ্রনাথ ঠাকুরের স্ত্রী। রাজা রমানাথ ছিলেন দ্বারকানাথের বৈমাত্রেয় ভাই। সে দিদিমাও খুব বুড়ি ছিলেন। আমরা তাঁর সঙ্গে খুব গল্পগুজব করতুম, তিনিও আমাদের দেখা-দিদিমা, তিনিও যশোরের মেয়ে। আমি যখন বড়ো হয়েছি মাঝে মাঝে ডেকে পাঠাতেন আমাকে; বলতেন, অবনকে আসতে বোলো, গল্প করা যাবে। সে দিদিমার সঙ্গে আমার খুব জমত। আমি যে স্ত্রী-আচার সম্বন্ধে একটা প্রবন্ধ লিখেছিলুম তাতে দরকারি নোটগুলি সব ঐ দিদিমার কাছ থেকে পাওয়া। আমার তখন বিয়ে হয়েছে। দিদিমা বউ দেখে খুশি; বলতেন, বেশ, খাসা বউ হয়েছে, দেখি কী গয়না-টয়না দিয়েছে। ব'লে নেড়ে-চেড়ে ঘুরিয়ে-ফিরিয়ে দেখতেন। বলতেন, বেশ দিয়েছে, কিন্তু তোরা আজকাল এই রকম দেখা-গয়না পরিস কেন।

আমি বলতুম, সে আবার কী রকম।

দিদিমা বলতেন, আমাদের কালে এ রকম ছিল না, আমাদের দস্তুর ছিল গয়নার উপরে একটি মসলিনের পটি বাঁধা থাকত।

আমি বলতুম, সে কি গয়না ময়লা হয়ে যাবে বলে।

তিনি বলতেন, না, ঘরে আমরা গয়না এমনিই পরতুম, কিন্তু বাইরে কোথাও যেতে হলেই হাতের চুড়ি-বালা-বাজুর উপরে ভালো করে মসলিনের টুকরো দিয়ে বেঁধে দেওয়াই দস্তুর ছিল তখনকার দিনে। ঐ মসলিনের ভিতর দিয়েই গয়নাগুলো একটু একটু ঝকঝক্ করতে থাকত। দেখা-গয়না তো পরে বাঙ্গী নটীরা, তারা নাচতে নাচতে হাত নেড়েচেড়ে গয়নার ঝকমকানি লোককে দেখায়। খোলা-গয়নার ঝকমকানি দেখানো, ও-সব হচ্ছে ছোটোলোকি ব্যাপার।

খুব পুরোনো মোগল ছবিতে আমারও মনে হয় ও রকম পাতলা রঙিন কাপড় দিয়ে হাতে বাজু বাঁধা দেখেছি। ঐ ছিল তখনকার দিনের দস্তুর। এই দেখা-গয়নার গল্প আমি আর কারো কাছে শুনি নি, ঐ দিদিমার কাছেই শুনেছি।

তখনকার মেয়েদের সাজসজ্জার আর-একটা গল্প বলি।

ছোটোদাদামশায়ের আর বিয়ে হয় না। কর্তা দ্বারকানাথ ষোলো বছর বয়সে ছোটোদাদামশায়কে বিলেত নিয়ে যান, সেখানেই তাঁর শিক্ষাদীক্ষা হয়। দ্বারকানাথের ছেলে, বড়ো বড়ো সাহেবের বাড়িতে থেকে একেবারে ঐদেশী কায়দাকানুনে দোরস্ত হয়ে উঠলেন। আর, কী সম্মান সেখানে তাঁর। তিনি ফিরে আসছেন দেশে। ছোটোদাদামশায় সাহেব হয়ে ফিরে আসছেন— কী ভাবে জাহাজ থেকে নামেন সাহেবি সুট প'রে, বন্ধুবান্ধব সবাই গেছেন গঙ্গার

ঘাটে তাই দেখতে। তখনকার সাহেবি সাজ জান তো? সে এই রকম ছিল না, সে একটা রাজবেশ– ছবিতে দেখো। জাহাজ তখন লাগত খিদিরপুরের দিকে, সেখান থেকে পানসি করে আসতে হত। সবাই উৎসুক– নগেন্দ্রনাথ কী পোশাকে নামেন। তখনকার দিনের বিলেত-ফেরত, সে এক ব্যাপার। জাহাজঘাটায় ভিড় জমে গেছে।

ধুতি পাঞ্জাবি চাদর গায়ে, পায়ে জরির লপেটা, ছোটোদাদামশায় জাহাজ থেকে নামলেন। সবাই তো অবাক।

ছোটোদাদামশায় তো এলেন। সবাই বিয়ের জন্য চেষ্টাচরিত্তির করছেন, উনি আর রাজি হন না কিছুতেই বিয়ে করতে। তখন সবেমাত্র বিলেত থেকে এসেছেন, ওখানকার মোহ কাটে নি। আমাদের দিদিমাকে বলতেন, বউঠান, ঐ তো একরত্তি মেয়ের সঙ্গে আমার বিয়ে দেবে তোমরা, আর আমার তাকে পালতে হবে, ও-সব আমার দ্বারা হবে না। সবাই বোঝাতে লাগলেন, তিনি আর ঘাড় পাতেন না। শেষে দিদিমা খুব বোঝাতে লাগলেন; বললেন, ঠাকুরপো, সে আমারই বোন, আমি তার দেখাশোনা সব করব– তোমার কিছুটি ভাবতে হবে না, তুমি শুধু বিয়েটুকু করে ফেলো কোনো রকমে।

অনেক সাধ্যসাধনার পর ছোটোদাদামশায় রাজী হলেন।

ছোটোদিদিমা ত্রিপুরাসুন্দরী এলেন।

ছোট্ট মেয়েটি, আমার দিদিমাই তার সব দেখাশোনা করতেন। বেনে-খোঁপা বেঁধে ভালো শাড়ি পরিয়ে সাজিয়ে দিতেন। বেনে-খোঁপা তিনি চিরকাল বাঁধতেন– আমরাও বড়ো হয়ে তাই দেখেছি, তাঁর মাথায় সেই বেনে-খোঁপা। কোথায় কী বলতে হবে, কী করতে হবে, সব শিখিয়ে পড়িয়ে দিদিমাই মানুষ করেছেন ছোটোদিদিমাকে।

তখনকার কালে কর্তাদের কাছে, আজকাল এই তোমাদের মতো কোমরে কাপড় জড়িয়ে হলুদের দাগ নিয়ে যাবার জো ছিল না। গিন্নিরা ছোটো থেকে বড়ো অবধি পরিপাটিরূপে সাজ ক'রে, আতর মেখে, সিঁদুর-আলতা প'রে, কনেটি সেজে, ফুলের গোড়ে-মালাটি গলায় দিয়ে তবে ঘরে ঢুকতেন।

আজ সকালে মনে পড়ল

আজ সকালে মনে পড়ল একটি গল্প– সেই প্রথম স্বদেশী যুগের সময়কার, কী করে আমরা বাংলা ভাষার প্রচলন করলুম।

ভূমিকম্পের বছর সেটা। প্রোভিন্সিয়াল কন্ফারেন্স হবে নাটোরে। নাটোরের মহারাজা জগদিন্দ্রনাথ ছিলেন রিসেপশন কমিটির প্রেসিডেন্ট। আমরা তাঁকে শুধু 'নাটোর' বলেই সম্ভাষণ করতুম। নাটোর নেমন্তন্ন করলেন আমাদের বাড়ির সবাইকে। আমাদের বাড়ির সঙ্গে তাঁর ছিল বিশেষ ঘনিষ্ঠতা, আমাদের কাউকে ছাড়বেন না– দীপুদা, আমরা বাড়ির অন্য সব ছেলেরা, সবাই তৈরি হলুম, রবিকাকা তো ছিলেনই। আরো অনেক নেতারা, ন্যাশনাল কংগ্রেসের চাঁইরাও গিয়েছিলেন। ন-পিসেমশায় জানকীনাথ ঘোষাল, ডব্লিউ. সি. বোনার্জি, মেজোজ্যাঠামশায়, লালমোহন ঘোষ– প্রকাণ্ড বক্তা তিনি, বড়ো ভালো লোক ছিলেন, আর কী সুন্দর বলতে পারতেন কিন্তু ঝোঁক ঐ ইংরেজিতে– সুরেন্দ্র বাঁড়ুজ্জে, আরো অনেকে ছিলেন– সবার নাম কি মনে আসছে এখন।

তৈরি তো হলুম সবাই যাবার জন্য। ভাবছি যাওয়া-আসা হাঙ্গাম বড়ো। নাটোর বললেন, কিছু ভাবতে হবে না দাদা।

ব্যবস্থা হয়ে গেল, এখান থেকে স্পেশাল ট্রেন ছাড়বে আমাদের জন্য। রওনা হলুম সবাই মিলে হৈ-হৈ করতে করতে। চোগা-চাপকান পরেই তৈরি হলুম, তখনো বাইরে ধুতি পরে চলাফেরা অভ্যেস হয় নি। ধুতি-পাঞ্জাবি সঙ্গে নিয়েছি, নাটোরে পৌঁছেই এ-সব খুলে ধুতি পরব।

আমরা যুবক ছিলুম একদল, মহাফুর্তিতে ট্রেনে চড়েছি। নাটোরের ব্যবস্থা– রাস্তায় খাওয়া-দাওয়ার কী আয়োজন! কিছুটি ভাবতে হচ্ছে না, স্টেশনে স্টেশনে খোঁজখবর নেওয়া, তদারক করা, কিছুই বাদ যাচ্ছে না-মহা আরামে যাচ্ছি। সারাঘাট তো পৌঁছানো গেল। সেখানেও নাটোরের চমৎকার ব্যবস্থা। কিছু ভাববারও নেই, কিছু করবারও নেই, সোজা স্টীমারে উঠে যাওয়া।

সঙ্গের মোটঘাট বিছানা-কম্বল?

নাটোর বললেন, কিছু ভেবো না। সব ঠিক আছে।

আমি বললুম, আরে, ভাবব না তে কী। ওতে যে ধুতিপাঞ্জাবি সবকিছুই আছে।

নাটোর বললেন, আমাদের লোকজন আছে, তারা সব ব্যবস্থা করবে।

দেখি নাটোরের লোকজনেরা বিছানাবাক্স মোটঘাট সব তুলছে, আর আমার কথা শুনে মিটিমিটি হাসছে। যাক, কিছুই যখন করবার নেই, সোজা ঝাড়া হাত-পায় স্টীমারে নির্ভাবনায় উঠে গেলুম। পদ্মা দেখে মহা খুশি আমরা, ফুর্তি আর ধরে না। খাবার সময় হল, ডেকের উপর টেবিল-চেয়ার সাজিয়ে খাবার জায়গা করা হল। খেতে বসেছি সবাই একটা লম্বা টেবিলে। টেবিলের এক দিকে হোমরাচোমরা চাঁইরা, আর-এক দিকে আমরা ছোকরারা, দীপুদা আমার পাশে। খাওয়া শুরু হল, 'বয়'রা খাবার নিয়ে আগে যাচ্ছে ঐ পাশে, চাঁইদের দিকে, ওঁদের দিয়ে তবে তো আমাদের দিকে ঘুরে আসবে। মাঝখানে বসেছিলেন একটি চাঁই; তাঁর কাছে এলেই খাবারের ডিশ প্রায় শেষ হয়ে যায়। কাটলেট এল তো সেই চাঁই ছ-সাতখানা একবারেই তুলে নিলেন। আমাদের দিকে যখন আসে তখন আর বিশেষ কিছু বাকি থাকে না; কিছু বলতেও পারি নে। পুডিং এল; দীপুদা বললেন, অবন, পুডিং এসেছে, খাওয়া যাবে বেশ করে। দীপুদা ছিলেন খাইয়ে, আমিও ছিলুম খাইয়ে। পুডিং-হাতে বয় টেবিলের এক পাশ থেকে ঘুরে ঘুরে যেই সেই চাঁইয়ের কাছে এসেছে, দেখি তিনি অর্ধেকের বেশি নিজের প্লেটে তুলে নিলেন। ওমা, দীপুদা আর আমি মুখ চাওয়াচাওয়ি করতে লাগলুম। দীপুদা বললেন, হল আমাদের আর পুডিং খাওয়া !

সত্যি বাপু, অমন 'জাইগ্যানটিক' খাওয়া আমরা কেউ কখনো দেখি নি। ঐ রকম খেয়ে খেয়েই শরীরখানা ঠিক রেখেছিলেন ভদ্রলোক। বেশ শরীরটা ছিল তার বলতেই হবে। দীপুদা শেষটায় বয়কে টিপে দিলেন, খাবারটা আগে যেন আমাদের দিকেই আনে। তার পর থেকে দেখতুম, দুটা কেরে ডিশে খাবার আসত। একটা বয় ও দিকে খাবার দিতে থাকত আর-একটা এ দিকে। চোখে দেখে না খেতে পাওয়ার জন্য আর আপসোস করতে হয় নি আমাদের।

নাটোরে তো পৌঁছানো গেল। এলাহি ব্যাপার সব। কী সুন্দর সাজিয়েছে বাড়ি, বৈঠকখানা। ঝাড়লণ্ঠন, তাকিয়া, ভালো ভালো দামি ফুলদানি, কার্পেট, সে-সবের তুলনা নেই– যেন ইন্দ্রপুরী। কী আন্তরিক আদরযত্ন, কী সমারোহ, কী তার সব ব্যবস্থা। একেই বলে রাজসমাদর। সব-কিছু তৈরি হাতের কাছে। চাকর-বাকরকে সব শিখিয়ে-পড়িয়ে ঠিক করে রাখা হয়েছিল, না চাইতেই সব জিনিস কাছে এনে দেয়। ধুতি-চাদরও দেখি আমাদের জন্য পাট-করা সব তৈরি, বাক্স আর খুলতেই হল না। তখন বুঝলুম, মোটঘাটের জন্য আমাদের ব্যগ্রতা দেখে ওখানকার লোকগুলি কেন হেসেছিল।

নাটোর বললেন, কোথায় স্নান করবে অবনদা, পুকুরে?

আমি বললুম, না দাদা, সাঁতার-টাতার জানি নে, শেষটায় ডুবে মরব। তার উপর যে ঠাণ্ডা জল, আমি ঘরেই চান করব। চান-টান সেরে ধুতি-পাঞ্জাবি পরে

বেশ ঘোরাঘুরি করতে লাগলুম। আমরা ছোকরার দল, আমাদের তেমন কোনো কাজকর্ম ছিল না। রবিকাকাদের কথা আলাদা। খাওয়া-দাওয়া, ধুমধাম, গল্পগুজব— রবিকাকা ছিলেন— গানবাজনাও জমত খুব। নাটোরও ছিলেন গানবাজনায় বিশেষ উৎসাহী। তিনিই ছিলেন রিসেপশন কমিটির প্রেসিডেন্ট। কাজেই তিনি সব ক্যাম্পে ঘুরে ঘুরে খবরাখবর করতেন; মজার কিছু ঘটনা থাকলে আমাদের ক্যাম্পে এসে খবরটাও দিয়ে যেতেন। খুব জমেছিল আমাদের। রাজসুখে আছি। ভোরবেলা বিছানায় শুয়ে, তখনো চোখ খুলি নি, চাকর এসে হাতে গড়গড়ার নল গুঁজে দিলে। কে কখন তামাক খায়, কে দুপুরে এক বোতল সোডা, কে বিকেলে একটু ডাবের জল, সব-কিছু নিখুঁত ভাবে জেনে নিয়েছিল— কোথাও বিন্দুমাত্র ত্রুটি হবার জো নেই। খাওয়া-দাওয়ার তো কথাই নেই। ভিতর থেকে রানীমা নিজের হাতে পিঠে-পায়েস করে পাঠাচ্ছেন। তার উপরে নাটোরের ব্যবস্থায় মাছ মাংস ডিম কিছুই বাদ যায় নি, হালুইকর বসে গেছে বাড়িতেই, নানা রকমের মিষ্টি করে দিচ্ছে এবেলা ওবেলা।

আমি ঘুরে ঘুরে নাটোরের গ্রাম দেখতে লাগলুম–কোথায় কী পুরোনো বাড়ি ঘর মন্দির। সঙ্গে সঙ্গে স্কেচ করে যাচ্ছি। অনেক স্কেচ করেছি সেবারে, এখনো সেগুলি আমার কাছে আছে। চাঁইদেরও অনেক স্কেচ করেছি; এখন সেগুলি দেখতে বেশ মজা লাগবে। নাটোরেরও খুব আগ্রহ, সঙ্গে করে নিয়ে গেলেন একেবারে অন্দরমহলে রানী ভবানীর ঘরে। সেখানে বেশ সুন্দর সুন্দর ইঁটের উপর নানা কাজ করা। ওঁর রাজত্বে যেখানে যা দেখবার জিনিস ঘুরে ঘুরে দেখাতে লাগলেন। আর আমি স্কেচ করে নিচ্ছি, নাটোর তো খুব খুশি। প্রায়ই এটা ওটা স্কেচ করে দেবার জন্য ফরমাশও করতে লাগলেন। তা ছাড়া আরো কত রকমের খেয়াল— শুধু আমি নয়, দলের যে যা খেয়াল করছে, নাটোর তৎক্ষণাৎ তা পূরণ করছেন। ফুর্তির চোটে আমার সব অদ্ভুত খেয়াল মাথায় আসত। একদিন খেতে খেতে বললুম, কী সন্দেশ খাওয়াচ্ছেন নাটোর, টেবিলে আনতে আনতে ঠাণ্ডা হয়ে যাচ্ছে। গরম গরম সন্দেশ খাওয়ান দেখি। বেশ গরম গরম চায়ের সঙ্গে গরম গরম সন্দেশ খাওয়া যাবে। শুনে টেবিলসুদ্ধ সবার হো-হো করে হাসি। তক্ষুনি হুকুম হল, খাবার ঘরের দরজার সামনেই হালুইকর বসে গেল। গরম গরম সন্দেশ তৈরি করে দেবে ঠিক খাবার সময়ে।

রাউন্ড টেবিল কনফারেন্স বসল। গোল হয়ে সবাই বসেছি। মেজোজ্যাঠামশায় প্রিসাইড করবেন। ন-পিসেমশায় জানকীনাথ ঘোষাল রিপোর্ট লিখছেন আর কলম ঝাড়ছেন; তাঁর পাশে বসেছিলেন নাটোরের ছোটো তরফের রাজা, মাথায় জরির তাজ, ঢাকাই মসলিনের চাপকান পরে। ন-পিসেমশায় কালি ছিটিয়ে ছিটিয়ে তাঁর সেই সাজ কালো বুটিদার করে দিলেন।

আগে থেকেই ঠিক ছিল, রবিকাকা প্রস্তাব করলেন প্রোভিন্সিয়াল কনফারেন্স বাংলা ভাষায় হবে। আমরা ছোকরারা সবাই রবিকাকার দলে; আমরা বললুম, নিশ্চয়ই, প্রোভিন্সিয়াল কনফারেন্সে বাংলা ভাষার স্থান হওয়া চাই। রবিকাকাকে

বললুম, ছেড়ো না, আমরা শেষ পর্যন্ত লড়ব এজন্য। সেই নিয়ে আমাদের বাধল চাঁইদের সঙ্গে। তাঁরা আর ঘাড় পাতেন না, ছোকরার দলের কথায় আমলই দেন না। তাঁরা বললেন, যেমন কংগ্রেসে হয় তেমনি এখানেও হবে সব-কিছু ইংরেজিতে। অনেক তর্কাতর্কির পর দুটো দল হয়ে গেল। একদল বলবে বাংলাতে, একদল বলবে ইংরেজিতে। সবাই মিলে গেলুম প্যাণ্ডেলে। বসেছি সব, কন্ফারেন্স আরম্ভ হবে। রবিকাকার গান ছিল, গান তো আর ইংরেজিতে হতে পারে না, বাংলা গানই হল। ‘সোনার বাংলা’ গানটা বোধ হয় সেই সময়ে গাওয়া হয়েছিল রবিকাকাকে জিজ্ঞেস করে জেনে নিয়ো।

এখন, প্রেসিডেন্ট উঠেছেন স্পীচ দিতে; ইংরেজিতে যেই-না মুখ খোলা আমরা ছোকরারা যারা ছিলুম বাংলা ভাষার দলে সবাই একসঙ্গে চেঁচিয়ে উঠলুম– বাংলা, বাংলা। মুখ আর খুলতেই দিই না কাউকে। ইংরেজিতে কথা আরম্ভ করলেই আমরা চেঁচাতে থাকি– বাংলা, বাংলা। মহা মুশকিল, কেউ আর কিছু বলতে পারেন না। তবুও ঐ চেঁচামেচির মধ্যেই দু-একজন দু-একটা কথা বলতে চেষ্টা করেছিলেন। লালমোহন ঘোষ ছিলেন ঘোরতর ইংরেজিদুরস্ত, তাঁর মতো ইংরেজিতে কেউ বলতে পারত না, তিনি ছিলেন পার্লামেন্টারি বক্তা– তিনি শেষটায় উঠে বাংলায় করলেন বক্তৃতা। কী সুন্দর তিনি বলেছিলেন। যেমন পারতেন তিনি ইংরেজিতে বলতে তেমনি চমৎকার তিনি বাংলাতেও বক্তৃতা করলেন। আমাদের উল্লাস দেখে কে, আমাদের তো জয়জয়কার। কনফারেন্সে বাংলা ভাষা চলিত হল। সেই প্রথম আমরা পাবলিকলি বাংলা ভাষার জন্য লড়লুম।

যাক, আমাদের তো জিত হল; এবারে প্যাণ্ডেলের বাইরে এসে একটু চা খাওয়া যাক। বাড়িতে গিয়েই চা খাবার কথা, তবে ওখানেও চায়ের ব্যবস্থা কিছু ছিল। নাটোর বললেন, কিন্তু গরম গরম সন্দেশ আজ চায়ের সঙ্গে খাবার কথা আছে যে অবনদা। আমি বললুম, সে তো হবেই, এটা হল উপরি-পাওয়া, এখানে একটু চা খেয়ে নিই তো আগে। এখনকার মতো তখন আমাদের খাও খাও বলতে হত না। হাতের কাছে খাবার এলেই তলিয়ে দিতেম।

চায়ের পেয়ালা হাতে নিয়ে এক চুমুক দিয়েছি কি, চার দিক থেকে দুপ্ দুপ্ দুপ্ দুপ্ শব্দ। ও কী রে বাবা, কামান-টামান কে ছুঁড়ছে, বোমা নাকি! না বাজি পোড়াচ্ছে কেউ। হাতি খেপল না তো ?

ওমা, আবার দুলছে যে দেখি সব– পেয়ালা হাতে যে যার ডাইনে-বাঁয়ে দুলছে, প্যাণ্ডেল দুলছে। বহরমপুরের বৈকুণ্ঠবাবু– তিনি ছিলেন খুব গল্পে’, অতি চমৎকার মানুষ– তাড়াতাড়ি তিনি প্যাণ্ডেলের দড়ি দু হাতে দুটো ধরে ফেললেন। দড়ি ধরে তিনিও দুলছেন। কী হল, চার দিকে হরিবোল হরিবোল শব্দ। ভূমিকম্প হচ্ছে। যে যেখানে ছিল ছুটে বাইরে এল, হুলুস্থুলু ব্যাপার– শাঁখ-ঘণ্টা আর হরিবোল হরিবোল ধ্বনিতে একটা কোলাহল বাধল, সেই শুনে বুক দমে গেল। কাঁপুনি আর থামে না, থেকে থেকে কাঁপছেই কেবল।

কিছুক্ষণ কাটল এমনি। এবারে সব বাড়ি যেতে হবে। রাস্তার মাঝখানে হঠাৎ

একটা চওড়া ফাটল। এই বারান্দাটার মতো চওড়া যেন একটা খাল চলে গেছে। অনেকে লাফিয়ে লাফিয়ে পার হলেন, আমি আর লাফিয়ে যেতে সাহস পাই নে। ফাটলের ভিতর থেকে তখনো গরম ধোঁয়া উঠছে। ভয় হয় যদি পড়ে যাই কোথায় যে গিয়ে ঠেকব কে জানে। সবাই মিলে ধরাধরি করে কোনো রকমে তো ও পারে টেনে তুললে আমাকে। এগোচ্ছি আস্তে আস্তে। আশু চৌধুরী ছিলেন আমাদের দলেরই লোক, বড়ো নার্ভাস, তিনি হাঁপাতে হাঁপাতে এসে হাত-পা নেড়ে বললেন, ওদিকে যাচ্ছ কোথায়। টেরিবল্ বিজনেস, একেবারে দ' পড়েছে সামনে।

আমি বললুম, দ' কী।

তিনি বললেন, আমি দেখে এলুম নদী উপচে এগিয়ে আসছে।

আমি বললুম, দূর হোক্‌গে ছাই! ভাবলুম কাজ নেই বাড়ি গিয়ে, চলো সব রেল-লাইনের দিকে, উঁচু আছে, ডুববে না জলে।

চলতে চলতে এই-সব বলাবলি করছি, এমন সময় লোকজন এসে খবর দিলে, চলুন রাজবাড়ির দিকে, ভয় নেই কিছু।

রাস্তায় আসতে আসতে দেখি কত বাড়িঘর ভেঙে ধুলিসাৎ হয়েছে। পুকুরপাড়ে বড়ো সুন্দর পুরোনো একটি মন্দির ছিল, কী সুন্দর কারুকাজ করা। নাটোরের বড়ো শখ ছিল সেই মন্দিরটির একটি স্কেচ করে দিই; বলেছিলেন, অবনদা, এটা তোমাকে করে দিতেই হবে। আমি বলেছিলুম, নিশ্চয়ই, আজ বিকেলেই এই মন্দিরটির একটি স্কেচ করব। পথে দেখি সেই মন্দিরটির কেবল চুড়োটুকু ঠিক আছে, আর বাদবাকি সব গুঁড়িয়ে গেছে। মন্দিরটির উপরে চুড়োটুকু উঁটভাঙা কারুকার্য-করা রাজছত্রের মতো পড়ে আছে। নাটোরের বৈঠকখানা ভেঙে একেবারে তছনছ। আহা, এমন সুন্দর করে সাজিয়েছিলেন তিনি। ঝাড়লণ্ঠন ফুলদানি সব গুঁড়ো গুঁড়ো ঘরময় ছড়াছড়ি। রাজবাড়ির ভিতরে খবর গেছে আমরা সব প্যাণ্ডেল চাপা পড়েছি, রানীমা কান্নাকাটি জুড়ে দিয়েছেন। তাঁকে অনেক বুঝিয়ে ঠাণ্ডা করা হয় যে আমরা কেউ চাপা পড়ি নি, সবাই সশরীরে বেঁচে আছি।

কোথায় গেল গরম গরম সন্দেশ খাওয়া। সেই রাত্রে বাঈজীর নাচ হবার কথা ছিল। নাটোর বলেছিলেন এখানে নাচ দেখে যেতে হবে— সব জোগাড়যন্তোর করা হয়েছিল। চুলোয় যাক্‌গে নাচ, বৈঠকখানা তো ভেঙে চুরমার।

চার দিকে যেন একটা প্রলয়কাণ্ড হয়ে গেছে। সব উৎসাহ আমাদের কোথায় চলে গেল। কলকাতায় মা আর সবাই আমাদের জন্য ভেবে অস্থির, আমরাও করি তাঁদের জন্য ভাবনা। অথচ চলে আসবার উপায় নেই; রেল লাইন ভেঙে গেছে, নদীর উপরের ব্রিজ ঝুরঝুরে অবস্থায়, টেলিগ্রাফের লাইন নষ্ট। তবু কী ভাগ্যিস আমাদের একটি তার কী করে মার কাছে এসে পৌঁচেছিল, 'আমরা সব ভালো'। আমরাও তাদের একটিমাত্র তার পেলুম যে তাঁরাও সবাই ভালো আছেন। আর-কারো কোনো খবরাখবর করবার বা নেবার উপায় নেই। কী করি,

চলে আসবার যখন উপায় নেই থাকতেই হচ্ছে ওখানে। নাটোরেকে বললুম, কিন্তু তোমার বৈঠকখানা-ঘরে আর ঢুকছি না। রবিকাকারও দেখি তাই মত, পাকা ছাদের নীচে ঘুমোবার পক্ষপাতী নন। তখনো পাঁচ মিনিট বাদে বাদে সব কেঁপে উঠছে। কখন বাড়িঘর ভেঙে পড়ে ঘাড়ে, মরি আর কি চাপা পড়ে! বললুম, অন্য কোথাও বাইরে জায়গা করো।

নাটোরের একটা কাছারি বাংলো ছিল একটু দূরে, বেশ বড়োই। ভিতরে ঢুকে আগে দেখলুম ছাদটা কিসের— দেখি, না, ভয়ের কিছু নেই, ছাদটি খড়ের, নীচে ক্যানভাসের চাঁদোয়া দেওয়া। ভাবলুম যদি চাপা পড়ি, না-হয় ক্যানভাস ছিঁড়েফুঁড়ে বের হতে পারব কোনোরকমে। ঠিক হল সেখানেই থাকব, ব্যবস্থাও হয়ে গেল। খাবার জায়গা হল গাড়িবারান্দার নীচে। তেমন কিছু হয় তো চট্‌ করে বাগানে বেরিয়ে পড়া যাবে সহজেই।

মেজোজ্যাঠামশায় অদ্ভুত লোক। তিনি কিছুতেই মানলেন না; তিনি বললেম, আমি ঐ আমার ঘরেতেই থাকব, আমি কোথাও যাব না। নাটোরে পড়লেন মহা বিপদে। এখন কিছু একটা ঘটে গেলে উপায় কী। মেজোজ্যাঠামশায় কিছুতেই কিছু শুনলেন না; শেষে কী করা যায়, নাটোর হুকুম দিলেন ছ-সাতজন লোক দিনরাত ওঁর ঘরের সামনে পাহারা দেবে। তেমন তেমন দেখলে যেমন করে হোক মেজোজ্যাঠামশায়কে পাঁজাকোলা করে বাইরে আনবে। নয় তো তাদের আর ঘাড়ে মাথা থাকবে না।

চলতে লাগল সেই দিনটা এমনি করেই। এখন, মুশকিল হচ্ছে চানের ঘর নিয়ে। চানের ঘরে ঢুকে লোকে চান করছে এমন সময়ে হয়তো আবার কাঁপুনি শুরু হল; তাড়াতাড়ি গামছা পরে যে যে-অবস্থায় আছে বেরিয়ে আসেন। এ এক বিভ্রাট। চানের ঘরে কেউ আর ঢুকতে পারেন না।

দীপুদার একদিন কী হয়েছিল শোনো। কাঁপুনি শুরু হয়েছে, তিনি ছিলেন একতলার ঘরে, জানলা দিয়ে বাইরে এক লাফে বেরিয়ে এলেন। ঐ তো মোটা শরীর, নীচে ছিল কতকগুলি সোডার বোতল, পড়লেন তারই উপরে। ভাগ্যিস সেগুলি খালি ছিল নয়তো ফেটেফুটে কী একটা ব্যাপার হত সেদিন।

এমনিতরো এক-একটা কাণ্ড হতে লাগল।

ভূমিকম্পের পরদিন আমরা কয়েকজন মিলে এক জায়গায় বসে গল্প করছি, এমন সময়ে আমাদেরই বয়সী একজন ভলেন্টিয়ার দেখি চেঁচাতে চেঁচাতে আসছে, ও মশাই, দেখুনসে। ও মশাই, দেখুনসে।

কী ব্যাপার।

বিলেত-ফেরত সাহেব চাঁইরা গামছা পরে পুকুরে নেবেছেন। ভূমিকম্পের ভয়ে কেউ আর চানের ঘরে ঢুকে আরাম করে চান করতে ভরসা পান না, কখন হঠাৎ আবার কাঁপুনি শুরু হবে। কয়েকজন দৌড়ে দেখতে গেল, আমরা আর গেলুম না। একটা হাসাহাসির ধুম পড়ে গেল। সাহেবি সাজ ঘুচল চাঁইদের এখানে এসে। আমাদের ভারি মজা লাগল।

পরদিন খবর পাওয়া গেল, একখানি টেস্ট ট্রেন যাবে কাল। তাতে 'রিস্কে' আছে। ট্রেন নদীর এ পারে আসবে না, নদী পেরিয়ে ও পারে ট্রেন ধরতে হবে। আমরা সবাই যাবার জন্য ব্যস্ত ছিলুম। রবিকাকাও ব্যস্ত হয়ে পড়েছিলেন, বাড়ির জন্য ওরকম ভাবতে তাঁকে কখনো দেখি নি— মুখে কিছু বলতেন না অবশ্য, তবে খবর পাওয়া গিয়েছিল কলকাতায় বাড়ি দু এক জায়গায় ধসে গেছে, তাই সবার জন্যে ভাবনায় ছিলেন খুব। আমরাও ভাবছিলুম, তবে জানি মা আছেন বাড়িতে, কাজেই ভয়ের কোনো কারণ নেই। অন্যরাও যাবার জন্যে উদ্‌গ্রীব হয়ে উঠলেন।

ঘোড়ার গাড়ি একখানি পাওয়া গেল, ঠিকেগাড়ি। তাতে করেই আসতে হবে আমাদের নদীর ব্রিজের কাছ পর্যন্ত। আমরা কয়জন এক গাড়িতে ঠেসাঠেসি করে; দীপুদা উঠে বসলেন ভিতরে, ব্যাপার দেখে আমি একেবারে কোচ-বক্সে চড়ে বসলুম। যাক, সকলে তো নদীতে এসে পৌঁছলুম। এখন নদী পার হতে হবে। দু রকমে নদী পার হওয়া যায়। এক হচ্ছে রেলওয়ে ব্রিজের উপর দিয়ে; আর হচ্ছে নদীতে জল বেশি ছিল না, হেঁটেই এ পারে চলে আসা। ব্রিজটা ভূমিকম্পে একেবারে ভেঙে পড়ে যায় নি অবশ্য; কিন্তু জায়গায় জায়গায় একেবারে ঝুরঝুরে হয়ে গেছে, তার উপর দিয়ে হেঁটে যাবার ভরসা হয় না। আমরা ঠিক করলুম হেঁটেই নদী পার হব। রবিকাকারও তাই ইচ্ছে। চাঁইরা ঘাড় বেঁকিয়ে রইলেন— তাঁরা ঐ ব্রিজের উপর দিয়েই আসবেন। আমরা তো জুতো খুলে বগলদাবা করে, পাজামা হাঁটু অবধি টেনে তুলে, ছপ্‌ ছপ্‌ করে নদী পেরিয়ে ও পারে উঠে গেলুম। ও পারে গিয়ে দেখি চাঁইরা তখন দু-এক পা করে এগোচ্ছেন ব্রিজের উপর দিয়ে। রেলগাড়ি যায় যে ব্রিজের উপর দিয়ে তা দেখেছ তো? একখানা করে কাঠ আর মাঝখানে খানিকটা করে ফাঁক। ঝুরঝুরে ব্রিজ, তার পরে ঐ রকম থেকে থেকে ফাঁক— পা কোথায় ফেলতে কোথায় পড়বে। চাঁইরা তো দু-পা এগিয়েই পিছোতে শুরু করলেন। ব্রিজের যা অবস্থা আর এগোতে সাহস হল না তাঁদের। যেই-না চাঁইরা পিছন ফিরলেন, আমাদের এ পারে রব উঠল— ঘুরেছে, ঘুরেছে। আরে কী ঘুরেছে, কে ঘুরেছে। সবাই ফিসফাস করছি— চাঁইরা ঘুরেছে, ঘুরেছে, ঘুরেছে। মহাফুর্তি আমাদের। তার পর আর কী, দেখি আস্তে আস্তে তারা নদীর দিকে নেমে আসছেন। সাহেবি সাজ তো আগেই ঘুচেছিল, এবার সাহেবিয়ানা ঘুচল। জুতোমোজা খুলে প্যান্টুলুন টেনে তুলতে তুলতে চাঁইরা নদী পার হলেন।

আমরা ঠিক করলুম ট্রেনের প্রথম কামরাটা নিতে হবে আমাদের দখলে। রবিকাকাকে নিয়ে আমরা আগে আগে এগিয়ে চললুম। প্রথম কামরায় আমরা বন্ধুবান্ধবরা মিলে যে যার বিছানা পেতে জায়গা জুড়ে নিলুম। দীপুদা দু বেঞ্চের মাঝখানে নীচে বিছানা করে হাত-পা ছড়িয়ে লম্বা হয়ে শুয়ে পড়লেন। রবিকাকাও বেঞ্চের এক পাশে বসে কাউকে ওঠানামা করতে দিচ্ছেন না পাছে জায়গা বেদখল হয়ে যায়। বৈকুণ্ঠবাবু ছিলেন খুব গল্পে' মানুষ তা আগেই বলেছি, তাঁকে নিলুম ডেকে আমাদের কামরায়— বেশ গল্প শুনতে শুনতে যাওয়া যাবে। চাঁইদের জব্দ করে আমরা তো খুব খুশি। রবিকাকাও যে মনে মনে ওঁদের উপর চটেছিলেন

মুখে কিছু না বললেও টের পেলুম তা। একজন পাড়াগেঁয়ে সাহেব, রবিকাকার বিশেষ বন্ধু ছিলেন তিনি, খুব চালের মাথায় ঘোরাঘুরি করছেন আর মুখ বেঁকিয়ে বাঁকা ইংরেজিতে খোঁজ নিচ্ছিলেন আমাদের কামরায় জায়গা আছে কি না। রবিকাকা যেন চিনতে পারেন নি এমনি ভাব করে চুপ করে বসে রইলেন। দীপুদা শুয়ে ছিলেন– পিট্‌পিট্‌ করে তাকিয়ে দেখে নিলেন কে কথা কইছে। দেখেই তিনি বলে উঠলেন, আরে, তুই কোখেকে। অমুক জায়গার অমুক না তুই।

আর যায় কোথায়– কোথায় গেল তাঁর চাল, কোথায় গেল তাঁর সাহেবিয়ানা, ধরা পড়ে যেন চুপসে এতটুকু হয়ে গেলেন।

তখন রবিকাকাও বললেন, ও তুমি অমুক, আমি চিনতেই পারি নি তোমাকে।

বেচারি পাড়াগেঁয়ে সাহেবটি কাঁচুমাচু হয়ে যায় আর কি।

ট্রেন ছাড়ল, গল্পগুজবে মশগুল হয়ে মহা আনন্দে সবাই বাড়ি ফিরে এলুম। এইভাবে আমাদের বাংলা ভাষার বিজয়যাত্রা আমরা শেষ করলুম।

এইবারে হিন্দুমেলার গল্প বলি শোনো

এইবারে হিন্দুমেলার গল্প বলি শোনো। একটা ন্যাশনাল স্পিরিট কী করে তখন জেগেছিল জানি নে, কিন্তু চার দিকেই ন্যাশনাল ভাবের ঢেউ উঠেছিল। এটা হচ্ছে আমার জ্যাঠামশায়দের আমলের, বাবামশায় তখন ছোটো। নবগোপাল মিত্তির আসতেন, সবাই বলতেন ন্যাশনাল নবগোপাল, তিনিই সর্বপ্রথম ন্যাশনাল কথাটার প্রচলন করেন। তিনিই চাঁদা তুলে হিন্দুমেলা শুরু করেন। তখনো ন্যাশনাল কথাটার চল হয় নি। হিন্দুমেলা হবে, মেজোজ্যাঠামশায় গান তৈরি করলেন—

মিলে সবে ভারতসন্তান

একতান মনপ্রাণ,

গাও ভারতের যশোগান।

এই হল তখনকার জাতীয় সংগীত। আর-একটা গান গাওয়া হত, সে গানটি তৈরি করেছিলেন বড়োজ্যাঠামশায়—

মলিন মুখচন্দ্রমা ভারত, তোমারি—

রাত্রিদিবা ঝরে লোচনবারি।

এই গানটি বোধ হয় রবিকাকাই গেয়েছিলেন হিন্দুমেলাতে। এই হল আমাদের আমলের সকাল হবার পূর্বেকার সুর; যেন সূর্যোদয় হবার আগে ভোরের পাখি ডেকে উঠল। আমরাও ছেলেবেলায় এই-সব গান খুব গাইতুম।

বড়োজ্যাঠামশায়ের তখনকার দিনের লেখা চিঠিতে দেখেছি, এই নবগোপাল মিত্তিরের কথা। তিনিই উদ্যোগ করে হিন্দুমেলা করেন। গুপ্তবৃন্দাবনের বাগানে হিন্দুমেলা হত। নামটা অদ্ভুত, শুনে খোঁজ করে জানলুম, বাগানটার নামে একটা মজার গল্প চলি আছে।

পূর্বকালে পাথুরেঘাটার ঠাকুর বংশেরই একজন কেউ ছিলেন বাগানের মালিক। প্রায় শতাধিক বছর আগেকার কথা। মা তাঁর বুড়ি হয়ে গেছেন, বুড়ি

মার শখ হল, একদিন ছেলেকে বললেন, বাবা, বৃন্দাবন দেখব। আমাকে বৃন্দাবন দেখালি নে!

ছেলে পড়লেন মহা ফাঁপরে– এই বুড়ি মা, বৃন্দাবনে যাওয়া তো কম কথা নয়, যেতে যেতে পথেই তো কেষ্ট পাবেন। তখনকার দিনে লোকে উইল করে বৃন্দাবনে যেত। আর যাওয়া আসা, ও কি কম সময় আর হাঙ্গামার কথা, যেতে আসতে দু-তিন মাসের ধাক্কা। তা, ছেলে আর কী করেন, মার শখ হয়েছে বৃন্দাবন দেখবার; বললেন, আচ্ছা মা, হবে। বৃন্দাবন তুমি দেখবে।

ছেলে করলেন কী এখন, লোকজন পাঠিয়ে পাণ্ডা পুরুত আনিয়ে সেই বাগানটিকে বৃন্দাবন সাজালেন। এক-একটা পুকুরকে এক-একটা কুণ্ড বানালেন, কোনোটা রাধাকুণ্ড, কোনোটা শ্যামকুণ্ড, কদমগাছের নীচে বেদী বাঁধলেন। পাণ্ডা বোষ্টম বোষ্টমী দ্বারপাল, মায় শুকশারী, নানা রকম হরবোলা পাখি সব ছাড়া গাছে গাছে, ও দিকে আড়াল থেকে বহুরূপী নানা পাখির ডাক ডাকছে, সব যেখানে যা দরকার। যেন একটা স্টেজ সাজানো হল তেমনি করে সব সাজিয়ে, বৃন্দাবন বানিয়ে, মাকে তো নিয়ে এলেন সেখানে পাল্কি বেহারা দিয়ে।

বুড়ি মা তো খুব খুশি বৃন্দাবন দেখে। সব কুণ্ডে স্নান করলেন, কদমগাছ দেখিয়ে ছেলে মাকে বললেন, এই সেই কেলিকদম্ব যে-গাছের নীচে কৃষ্ণ বাঁশি বাজাতেন এই গিরিগোবর্ধন। এই কেশীঘাট। রাখাল-বালক সাজিয়ে রাখা হয়েছিল, তাদের দেখিয়ে বললেন, ঐ সব রাখাল-বালক গোরু চরাচ্ছে। এটা ঐ, ওটা ঐ। বোষ্টম-বোষ্টমীদের গান, ঠাকুরদেবতার মূর্তি, এসব দেখে বুড়ির তো আনন্দ আর ধরে না। টাকাকড়ি দিয়ে জায়গায় জায়গায় পেন্নাম করছেন, ওঁদেরই লোকজন সব সেজেগুজে বসে ছিল, তাদেরই লাভ।

বৃন্দাবন দেখা হল, যাবার সময় হল। বুড়ি বললেন, আচ্ছা বাবা, শুনেছি বৃন্দাবন এক মাস যেতে লাগে, এক মাস আসতে লাগে, তবে আমাকে তোমরা এত তাড়াতাড়ি কী করে নিয়ে এলে।

ছেলে বললেন, ও-সব ব্যবস্থা করা ছিল মা, সব ব্যবস্থা করা ছিল। পঁচিশ পঁচিশটে বেয়ারা লাগিয়ে দিলুম পাল্কিতে, হু-হু করে নিয়ে এল তোমাকে! এ কী আর যে-সে লোকের আসা!

বুড়ি বললেন, তা বাবা, বেশ। তবে বৃন্দাবনে তো শুনেছি এ-রকম বাড়ি ঝাড়লণ্ঠন নেই। এ-বাড়ি তো আমাদের বাড়ির মতো।

ছেলে বললেন, এ হচ্ছে মা, গুপ্তবৃন্দাবন। সে ছিল পুরোনো কালের কথা, সে বৃন্দাবন কী আর এখন আছে, সে লুকিয়েছে।

বুড়ি তো খুশিতে ফেটে পড়েন, ছেলেকে দু-হাত তুলে আশীর্বাদ করতে করতে বাড়ি ফিরে এসে কেষ্ট পেলেন। সেই থেকে সেই বাগানের নামকরণ হল গুপ্তবৃন্দাবন।

সেই গুপ্তবৃন্দাবনে হিন্দুমেলা, আমরা তখন খুব ছোটো। ফি বছরে বসন্তকালে মেলা হয়। যাবতীয় দেশী জিনিস তাতে থাকত। শেষ যেবার আমরা

দেখতে গিয়েছিলুম এখনো স্পষ্ট মনে পড়ে— বাগানময় মাটির মূর্তি সাজিয়ে রাখত; এক-একটি ছোট চাঁদোয়া টাঙিয়ে বড়ে বড়ো মাটির পুতুল তৈরি করে কোনোটাতে দশরথের মৃত্যু, কৌশল্যা বসে কাঁদছেন, এই-রকম পৌরাণিক নানা গল্প মাটির পুতুল দিয়ে গড়ে বাগানময় সাজানো হত। কী সুন্দর তাদের সাজাত, মনে হত যেন জীবন্ত। পুকুরেও নানা রকম ব্যাপার। কোনো পুকুরে শ্রীমন্ত সওদাগরের নৌকো, সওদাগর চলেছেন বাণিজ্যে ময়ূরপঙ্খি নৌকো করে, মাঝিমাল্লা নিয়ে। নৌকোটা আবার চলতও মাঝে মাঝে। কোনো পুকুরে কালীয়দমন। একটা পুকুরে ছিল-সে যে কী করে সম্ভব হল ভেবেও পাই নে-জল থেকে কমলেকামিনী উঠেছে, একটা হাতি গিলছে আর ওগরাচ্ছে। সে ভারি মজার ব্যাপার। পুতুল-হাতির ঐ ওঠানামা দেখে সকলে অবাক। তা ছাড়া কুস্তি হত, রায়বেঁশে নাচ হত, বাঁশবাজি খেলা, আরো কত কী। তাদের আবার প্রাইজ দেওয়া হত।

এই তো গেল বাইরের ব্যাপার। ঘরের ভিতরেও নানা দেশের নানা জিনিসের এক্জিবিশন-ছবি, খেলনা, শোলার কাজ, শাড়ি, গয়না। মোট কথা, দেশের যা-কিছু জিনিস সবই সেখানে দেখানো হত। সন্ধ্যেবেলা নানা রকম বৈঠক বসত— কথকতা নাচগান আমোদআহ্লাদ সবই চলত। রামলাল চাকর আমাদের ঘরে ঘরে দেখিয়ে নিয়ে বেড়াত। একটা দিল্লির মিনিয়েচার ছিল গোল কাঁচের মধ্যে, এত লোভ হয়েছিল আমার সেটার জন্য। বেশি দাম বলে কেউ দিলে না কিনে, দু-চারটা খেলনা দিয়েই ভুলিয়ে দিলে। কিন্তু আমি কি আর ভুলি। কী সুন্দর ছিল জিনিসটি, এখনো আমার মনে পড়ে।

আমরা দাঁড়িয়ে দেখছি বারান্দা থেকে গাছের সঙ্গে একটা মোটা দড়ি বাঁধা হয়েছে। বল্ডুইন সাহেব, আমরা বলতুম ব্লণ্ডিন সাহেব, দড়ার উপর দিয়ে পায়ে হেঁটে গেলেন; একটা চাকার মতো কী যেন তাও পা দিয়ে ঠেলে ঠেলে গড়িয়ে নিলেন। চার দিকে বাহবা রব।

বাঁশবাজির বেদেনী ছিল কয়েকজন মেলাতে; তারা বললে, ও আর কী বাহাদুরি। খাঁজকাটা জুতো পরে দড়ার উপর দিয়ে হেঁটে যাওয়া তো সহজ। আমরা খালি পায়ে হাঁটতে পারি। এই বলে বেদেনীরা কয়েকজন পায়ের নীচে গোরুর শিঙ বেঁধে সেই দড়ার উপর দিয়ে হেঁটে নেচে সবাইকে তাক্ লাগিয়ে দিলে। কোথায় গেল তার কাছে ব্লণ্ডিন সাহেবের রোপ-ওয়াকিং।

এই-সব দেখতে দেখতে তন্ময় হয়ে গেছি, এমন সময় চারি দিকে মার-মার মার-মার হৈ-হৈ পালা-পালা রব। যে যেদিকে পারছে কেউ পাঁচিল টপকে কেউ রেলিং বেয়ে ফটকের নীচে গলিয়ে ছুটছে, পালাচ্ছে। আমরা ছেলেমানুষ, কিছু বুঝি না কী ব্যাপার, হকচকিয়ে গেলুম। রামলাল আমাদের হাত ধরে টানতে টানতে দৌড়ে ফটকের কাছে নিয়ে গেল। ফটক বন্ধ, লোহার গরাদ দেওয়া, খোলা শক্ত। তখনো চার দিকে ছড়োছড়ি ব্যাপার চলছে। সঙ্গে ছিলেন কেদার মজুমদার— ছোটোদিদিমার ভাই, আমরা বলতুম কেদারদা— আর ফটকের ওপারে

ছিলেন শ্যামবাবু, জ্যোতিকাকামশায়ের শ্বশুর। অসম্ভব শক্তি ছিল তাঁদের গায়ে। কেদারদা দুহাতে আমাদের ধরে এক এক ঝটকায় একেবারে ফটক টপকে ও ধারে শ্যামবাবুর কাছে জিম্মে করে দিচ্ছেন।

স্বর্ণবাঈ ছিল সেকালের প্রসিদ্ধ বাঈজী, তারই জন্য কী একটা হাঙ্গামার সূত্রপাত হয়।

সেই আমাদের হিন্দুমেলাতে শেষ যাওয়া। তার পরও কিছুকাল অবধি হিন্দুমেলা হয়েছে, কিন্তু আমাদের আর যেতে দেওয়া হয় নি। হিন্দুমেলা, সে প্রকাণ্ড ব্যাপার তখনকার দিনে। তার অনেক পরে হিন্দুমেলারই আভাস দিয়ে মোহনমেলা, কংগ্রেসমেলা, এ মেলা সে মেলা হয়, কিন্তু অতবড়ো নয়। হিন্দুমেলার উদ্দেশ্যই ছিল ভারতপ্রীতি ও আজকাল তোমাদের যে কথা হয়েছে কৃষ্টি– সেই কৃষ্টির উপর তার প্রতিষ্ঠা ছিল। কিন্তু বাঙালির যা বরাবর হয়, শেষটায় মারামারি করে কৃষ্টি কেষ্টি পায়, হিন্দুমেলারও তাই হল।

নবযুগের গোড়াপত্তন করলেন নবগোপাল মিত্তির। চার দিকে ভারত, ভারত– 'ভারতী' কাগজ বের হল। বঙ্গ বলে কথা ছিল না তখন। ভারতীয় ভাবের উৎপত্তি হল ঐ তখন থেকেই, তখন থেকেই সবাই ভারত নিয়ে ভাবতে শিখলে।

তার পর অনেক কাল পরে, বাবামশায় তখন মারা গেছেন, নবগোপাল মিত্তিরের বৃদ্ধ অবস্থা, তখনো তাঁর শখ একটা-কিছু ন্যাশনাল করতে হবে। আমরা তখন বেশ বড়ো হয়েছি, একদিন নবগোপাল মিত্তির এসে উপস্থিত; বললেন, একটা কাণ্ড করেছি, দেশী সার্কাস পার্টি খুলেছি। ও ব্যাটারাই সার্কাস দেখাতে পারে, আর আমরা পারি নে, তোমাদের যেতে হবে।

আমি বললুম, সে কী কথা, দেশী সার্কাস পার্টি! মেম যে ঘোড়ার পিঠে নাচে, সে কোথায় পাবেন আপনি?

তিনি বললেন, হ্যাঁ, আমি সব জোগাড়-যন্তোর করেছি, শিখিয়েছি, তৈরি করেছি কেমন সব দেখবে'খন।

গেলুম আমরা নবগোপাল মিত্তিরের দেশী সার্কাস পার্টিতে। না গিয়ে পারি? একটা গলিজ জায়গা; গিয়ে দেখি ছোট্ট একখানা তাঁবু ফেলেছে, কয়েকখানা ভাঙা বেঞ্চি ভিতরে, আমরা ও আরো কয়েকজন জানাশোনা ভদ্রলোক বসেছি। সার্কাস শুরু হল। টুকিটাকি দুটো-একটা খেলার পর শেষ হবে ঘোড়ার খেলা দেখিয়ে। দেশী মেয়ে ঘোড়ার খেলা দেখাবে। দেখি কোথেখেকে একটা ঘোড়া হাড়গোড়-বের-করা ধরে আনা হয়েছে, মেয়েও একটি জোগাড় হয়েছে, সেই মেয়েকে সার্কাসের মেমদের মতো টাইট পরিয়ে সাজানো হয়েছে। দেশী মেয়ে ঘোড়ায় চেপে তো খানিক দৌড়ঝাঁপ করে খেলা শেষ করলে। এই হল দেশী সার্কাস।

নবগোপাল মিত্তির ঐ পর্যন্ত করলেন, দেশী সার্কাস খুলে দেশী মেয়েকে দিয়ে ঘোড়ার খেলা দেখালেন। কোথায় হিন্দুমেলা আর কোথায় দেশী সার্কাস। সারা জীবন এই দেশী দেশী করেই গেলেন, নিজের যা-কিছু টাকাকড়ি সব ঐতেই

খুইয়ে শেষে ভিক্ষেশিক্ষে করে সার্কাস দেখিয়ে গেলেন।

সেই স্রোত চলল। তার অনেক দিন পরে এলেন রামবাবু। তারও নবগোপাল মিত্তিরের মতোই ন্যাশনাল ধাত ছিল। তিনি এসে বললেন, বেলুনে উড়ব, ওরাই কেবল পারে আর আমরা পারব না ?

তার আগেই স্পেন্সার সাহেব, মস্ত বেলুনবাজ, বেলুন দেখিয়ে নাম করে গেছেন।

গোপাল মুখুজ্জের হলেতে থান থান তসর গরদ কেটে বেলুন তৈরি হল, একদিন তিনি উড়লেনও সেই বাঁধা বেলুনে; তার আবার পাল্টা জবাব দিলে সাহেবরা খোলা বেলুনে উড়ে। রামবাবুর রোখ চেপে গেল; তিনি বললেন, আমিও উড়ব খোলা বেলুনে, প্যারাসুট দিয়ে নামব।

আবার সেই গোপাল মুখুজ্জের হলেই প্যারাসুট বেলুন তৈরি হল। গোপাল মুখুজ্জের অনেক টাকা খরচ হয়েছিল এই সব করতে। নারকেলডাঙার যেখানে গ্যাস তৈরি হয় সেখান থেকে বেলুন ছাড়া হবে, আমরা অনেকেই সেখানে জড়ো হয়েছি। প্রথম বাঙালি বেলুনে উড়ে প্যারাসুট দিয়ে নামবে, আমাদের মহা উৎসাহ। সব ঠিকঠাক, বেলুন তো উড়ল, তখনো বাঁধা আছে দড়ির সঙ্গে, কথা ছিল রামবাবু রুমাল নাড়লে দড়ি কেটে দেওয়া হবে। খানিকটা উঠে রামবাবু রুমাল নাড়লেন, অমনি খটাস করে দড়ি কেটে দেওয়া হল। বেলুন উপরে উঠছে তো উঠছেই। দেখতে দেখতে বেলুন একেবারে বুঁদ হয়ে গেল। আমরা তো সব স্তব্ধ হয়ে দাঁড়িয়ে আছি, ভাবছি এখনো রামবাবু লাফিয়ে পড়ছেন না কেন। লাখো সাহেবও ছিলেন সেই ভিড়ে– মস্ত সায়েন্টিস্ট-তিনি বললেন আর নামতে পারবেন না রামবাবু, একেবারে কোল্ড ওয়েভের মধ্যে চলে গেছেন, সেখান থেকে জীবন্ত অবস্থায় ফিরে আসা সম্ভব নয়।

আমাদের তো সবার মুখ চুন। গোপাল মুখুজ্জের টাকা গেল, বেলুন গেল, আবার রামবাবুও গেলেন দেখছি।

দুরবীন লাগিয়ে দেখছি; দেখতে দেখতে এক সময়ে দেখলুম, রামবাবু যেন লাফিয়ে পড়লেন বেলুন থেকে। বেলুন তো আরো উপরে উঠে গেল, আর রামবাবু লাফিয়ে পড়ে পাক খেতে লাগলেন কেবলই, প্যারাসুট আর খোলে না। আমরা ভাবছি গেল রে, সব গেল এইবার। শূন্যে পাক খাওয়া মানে বুঝতেই পারো, এক-একবারে পঞ্চাশ-ষাট হাত নেমে আসছেন। এই রকম দু-তিনবার পাক খাবার পর প্যারাসুট খুলল। আমরা সব আনন্দে হাততালি দিয়ে রুমাল উড়িয়ে টুপি উড়িয়ে দু-হাত তুলে নাচছি-জয় রামবাবুকী জয়, জয় রামবাবুকী জয় ! সে যা শোভা আমাদের তখন, যদি দেখতে হেসে বাঁচতে না। দুপুর রোদ্দুরে দু-হাত তুলে সবার নৃত্য। রবিকাকা ছিলেন না সেখানে, তিনি বোধ হয় সে সময়ে অন্য কোথাও ছিলেন। যাক, আস্তে আস্তে প্যারাসুট তো নামল। আমরা দৌড়ে গিয়ে রামবাবুকে ধরে নামিয়ে হাওয়া করে শরবত-টরবত খাইয়ে সুস্থির করি। পরে জিজ্ঞেস করলুম, আচ্ছা বেলুন থেকে লাফিয়ে পড়তে এত দেরি করলেন

কেন, বুঝতে পারেন নি বুঝি?

তিনি বললেন, আরে না না, ও সব না। বুঝতে ঠিকই পেরেছিলুম, কিন্তু যত বারই লাফিয়ে পড়বার জন্য দড়ি ধরতে যাই মনের ভিতর কেমন যেন করে ওঠে, হাত সরিয়ে নিই। তার পরে যখন দেখলুম বেলুন উঠতে উঠতে এত উপরে উঠে গেছে যে আর কিছুই প্রায় দেখা যায় না তখন সাহসে ভর করে 'জয় মা' বলে লাফিয়ে পড়লুম।

যাক, দেশী লোকের খোলা বেলুনে ওড়াও হল, প্যারাসুট দিয়ে নামাও হল। এবারে রামবাবু বললেন, বাঘের সঙ্গে লড়াই করতে হবে। নবগোপালবাবু যা পারেন নি সেইটে তিনি করলেন। রামবাবু বললেন, ও-সব নয়, আমি রয়েল বেঙ্গল টাইগারের সঙ্গে লড়াই করব।

কোখেকে একটা কেঁদো বাঘ জোগাড় করে একদিন খেলা দেখালেন পাথুরেঘাটার রাজবাড়িতে। রামবাবু বললেন, সাহেব বেটারা আর কী খেলা দেখায় বাঘের, দু পাশে দুটো বন্দুক নিয়ে লোহার খাঁচার ভিতরে। আমি দেখাব খেলা খোলা উঠানে।

ছোটো একটা খাঁচায় বাঘটাকে আনা হল। রামবাবু বাঘের খেলা দেখালেন; ঘুষোঘাষা চড়চাপড় মেরে কেমন করে বেশ বাগে আনলেন বাঘটাকে। খেলা দেখিয়ে আবার খাঁচায় পুরে দিলেন।

অসীম সাহসী ছিলেন তিনি। ঐ বাঘের খেলাই তার শেষ কীর্তি। কিছুদিন বাদে শুনি তিনি সন্ন্যাসী হয়ে চলে গেছেন হিমালয়ে। এখনো নাকি তিনি জীবিত আছেন, চন্দ্রস্বামী না কী নাম নিয়ে হিমালয় পাহাড়ে তপস্যা করছেন।

এখন থিয়েটারের গোড়াপত্তন কী করে হল

এখন থিয়েটারের গোড়াপত্তন কী করে হল শোনো। দ্বারকানাথ ঠাকুরের থিয়েটার ছিল চৌরঙ্গীতে, এখন যেখানে মিসেস মস্কের গ্রান্ড হোটেল। তখন দেশী থিয়েটারের চলন ছিল না মোটেই। একদিন ডিভ্‌কারসন সাহেব, বোধ হয় আমেরিকান, সেই সাহেব করলে কী, কোনো একটা পাবলিক থিয়েটারে বাঙালিবাবু সেজে বাঙালিদের ঠাট্টা করে গান করলে। I very good Bengali Babu, গানের প্রথম লাইনটা ছিল এই। তখন অক্ষয় মজুমদার আর অর্ধেন্দু মুস্তফি দুইজনে তার পাল্টা জবাব দিলে কোরিন্‌থিয়ান থিয়েটারে, সাহেবদের একেবারে নিকেশ করে দিলে। সেই প্রথম পাবলিক থিয়েটারে আমাদের জানাশোনা এই দুইজন বাঙালি নামেন। অর্ধেন্দু মুস্তফি খুব নামকরা অ্যাক্টর ছিলেন, বিশেষ ভাবে কমিকে। তার পর শুনেছি, এও চোখে দেখি নি, মাইকেল মধুসূদনের নাটক শর্মিষ্ঠা অভিনয় হল পাথুরেঘাটায়।

এখন আমাদের বাড়ির নাটকের সূচনা এই, বাবামশায় তখন ছোটো। বাবামশায়, জ্যোতিকাকামশায় ও কৃষ্ণবিহারী সেন এক স্কুলে পড়েন। আর্ট স্কুলেরও প্রথম ছাত্র ওঁরা। আমাদের বাড়ির একতলার একটি কোণের ঘরে ওঁরা মতলব করছেন মাইকেলের 'কৃষ্ণকুমারী' অভিনয় করবেন। জ্যাঠামশায়ের কানে গেল কথাটা। উনি ছোটো ভাইকে ডেকে পাঠালেন। তখনকার দিনে ছোটো ভাই বড়ো ভাই খুব বেশি কাছাকাছি আসতেন না। তা ছোটো ভাই কাছে আসতে বললেন, থিয়েটার করবে সে তো ভালো, তবে কৃষ্ণকুমারী নয়— ও তো হয়ে গেছে পাথুরেঘাটায়। নতুন একটা কিছু করতে হবে। কাগজে বিজ্ঞাপন দাও, যে বহুবিবাহ সম্বন্ধে একখানা নাটক লিখে দিতে পারবে তাকে পাঁচশো টাকা পুরস্কার দেওয়া হবে।

পণ্ডিত রামনারায়ণ তর্করত্ন লিখলেন বহুবিবাহ নাটক। একখানা দামী শাল ও পাঁচশো টাকা পুরস্কার পেলেন। নাটকের নাম হল 'নব-নাটক'।

দাদামশায় করেছিলেন 'নববাবুবিলাস', তাঁর ছেলে করলেন নব-নাটক। এই দোতলার হলে থিয়েটার হয়। স্টেজ-কপিখানা যে কোথায় আছে জানি

নে, তার মধ্যে কে কী পার্ট নিয়েছিলেন সব লেখা ছিল। তবু যতটা মনে পড়ে বলছি। নট সেজেছিলেন ছোটোপিসেমশায়, নীলকমল মুখোপাধ্যায়। নটী জ্যোতিকাকামশায়। তখনকার থিয়েটারে নট-নটী ছাড়া চলত না। কৌতুক– মতিলাল চক্রবর্তী, ছোটোপিসেমশায়ের আপিসের লোক ছিলেন তিনি। গবেশবাবু, নাটকের নায়ক, যিনি তিন-চারটে বিয়ে করেছিলেন, অক্ষয় মজুমদার নিয়েছিলেন সেই পার্ট। গবেশবাবুর তিন স্ত্রীর পার্ট নিয়েছিলেন যথাক্রমে মণিলাল মুখুজ্জে, ছোটোপিসেমশায়ের ছোটো ভাই, আমাদের মণি খুড়ো-বিনোদ গাঙ্গুলি– তাঁরা তখন ছোকরা– আর বড়ো স্ত্রী সেজেছিলেন ও-বাড়ির সারদা পিসেমশায়। হারমোনিয়াম বাজাতেন জ্যোতিকাকামশায়। তার আগে হারমোনিয়াম বাজিয়ে গান হয় নি, এই প্রথম হল। নয় রাত্তির ধরে সমানে থিয়েটার হয়েছিল। সাহেবসুবো, শহরের বড়ো বড়ো লোক সবাই এসেছিলেন। বাড়ির মেয়েদের তখন বাইরে বের হবার নিয়ম ছিল না। তখনকার দিনে দস্তুরই ছিল ঐ। মার কাছে শুনেছি বাবামশায়রা যখন বাগানে বসতেন, কাছাকাছি জানালায় গিয়ে উঁকি দেওয়া বা দাসদাসীর ঝুঁকে পড়ে কিছু দেখা, এ-সব ছিল অসভ্যতা। বাইরের পুরুষ বাড়ির মেয়েদের দেখবে এ বড়ো নিন্দের কথা। তা, থিয়েটার হবে হলে, পাশের ঘরে ঘুলঘুলি দিয়ে বাড়ির মেয়েরা থিয়েটার দেখতেন। দুটি ঘুলঘুলি মাত্র ছিল সেখানে, তার একটিতে খাটাল জুড়ে বসতেন কর্তাদিদিমা আর-একটি ঘুলঘুলি দিয়ে বাড়ির অন্য মেয়েরা ভাগাভাগি করে দেখতেন। নয় রাত্তির সমানে কর্তাদিদিমা থিয়েটার দেখেছেন। মা বলতেন, মাকে আবার কর্তাদিদিমা একটু বেশি ভালোবাসতেন, মা যশোরের মেয়ে ছিলেন; তার উপরে ছোট বউটি। কর্তাদিদিমা মাকে ডেকে বলতেন, আয়, তুই আমার কাছে বোস। ব'লে মাকে কোলে টেনে নিয়ে বসিয়ে থিয়েটার দেখাতেন। মা বলতেন, নয় তো আমার থিয়েটার দেখা সম্ভব হত না। সেই মার কাছেই সব বর্ণনা শুনেছি থিয়েটারের। তিনি বলতেন, সে যে কী সুন্দর নট-নটী হয়েছিল, নট-নটী দেখলেই লোকের চিত্তির হয়ে যেত, কে বলবে যে নটী মেয়ে নয়।

নটী আসল মুক্তোর মালা হীরের গয়না পরেছিলেন। সেই নট-নটী আবার তামাসা করে বাগানময় ঘুরে বেড়ালেন।

পাশের বাড়ির চাটুজ্জেমশায় ছিলেন বেজায় গোঁড়া, তিনি তো রেগে অস্থির। বলেন, এ কী ব্যাপার, মেয়েরা বাগানে ঘুরে বেড়াচ্ছে! আর তো মান থাকে না, বলো গিয়ে ও বাড়িতে! তাঁকে যত বোঝানো হয় যে ও-বাড়ির জ্যোতিদাদা মেয়ে সেজেছে, তিনি বলেন, আমি স্বচক্ষে দেখেছি মেয়েরা ঘুরে বেড়াচ্ছে বাগানে।

জ্যোতিকাকা ছিলেন পরম সুন্দর পুরুষ। নটী সাজবেন, সকাল থেকে বাড়ির মেয়েরা বিনুনি করছে, চুল আঁচড়ে দিচ্ছে গোলাপ তেল দিয়ে, বাড়ির পিসিমারাই সাজিয়ে দিয়েছিলেন ভিতর থেকে।

আর-একদিন নটী থিয়েটারের ভিতরে বসে হারমোনিয়াম বাজাচ্ছেন, এমন সময় বেলী সাহেব ঢুকেছেন গ্রীনরুমে কাকে যেন অভিনন্দন করতে। ঢুকেই তিনি

পিছু হটে এলেন, বললেন– জেনানা আছেন ভিতরে। শেষে যখন জানলেন জ্যোতিকাকামশায় নটী সেজে বসে বাজাচ্ছেন তখন হাসির ধুম পড়ে গেল। বলেন, কী আশ্চর্য! একটুও জানবার জো নেই, ঠিক যেন জেনানা বলে ভুল হয়।

সিনও যেখানে যেমনটি দরকার, পুকুরঘাট, রাস্তা, স্টেজ-আর্ট যতটুকু রিয়ালিস্টিক হতে পারে হয়েছিল। একটা বনের দৃশ্য ছিল, বাবামশায়ের ছিল বাগানের শখ, আগেই বলেছি। অন্ধকার বনের পথ, বাবামশায় মালীকে দিয়ে চুপি চুপি অনেক জোনাক পোকা জোগাড় করিয়েছিলেন, সেই বনের সিন এলেই বাবামশায় অন্ধকার বনপথে জোনাক পোকা মুঠো মুঠো করে ছেড়ে দিতেন ভিতর থেকে। মা বলতেন, সে যা দৃশ্য হত। বাবামশায় অমনি করে ফাইনাল টাচ দিয়ে দিতেন।

আমি তখন হই নি, দাদা বোধ হয় ছয় মাসের। আর কয়েকটা বছর আগে জন্মালে তোমাকে এই থিয়েটার সম্বন্ধে শোনা-গল্প না বলে দেখা-গল্পই বলতে পারতুম। বাড়ির জলসা শেষ হয়ে তখনো-গল্প চলছে নব-নাটক সম্বন্ধে আমাদের আমলে। সেই গল্পের মধ্যে একটা গান আমার এখনো মনে পড়ে শ্রীনাথ জ্যাঠামশায় সুর দিয়েছিলেন তাতে–

মন যে আমার কেমন করে।
বলি কারে, বলি কারে।

বিরহিণী বউ ঘাটে জল আনতে গিয়ে গাইছে।

সেই থিয়েটারে নবীন মুখুজ্জে মশায়ের ঘণ্টা দেওয়ার একটা মজার গল্প আছে। থিয়েটারে লোকজন আসবে, বাড়ির অন্যান্য সব ছেলেদের এক-একজনের উপর এক-একটা ভার তাঁদের রিসেপশন করবার। নবীনবাবু নির্মলের দাদামশায়, তাঁর উপরে ভার ছিল ঘণ্টা বাজাবার। একদিন হয়েছে কী, থিয়েটার হচ্ছে, নবীনবাবু সময়মত ঘণ্টা বাজিয়ে যাচ্ছেন। ইণ্টারভাল হল, দশ মিনিট বিশ্রাম। ও-ঘরে থিয়েটার, পাশের ঘরে সাপারের ব্যবস্থা। ইণ্টারভালে সবাই এসেছেন এ-ঘরে খেতে, ও ঘরে নবীনবাবু ঘড়ি হাতে নিয়ে ঘণ্টা ধরে সোজা দাঁড়িয়ে। দশ মিনিট হয়েছে কি ঢং ঢং করে দিলেন ঘণ্টা পিটিয়ে, সাহেবসুবোরা ও অন্য অভ্যাগতরা কেউ হয়তো খেতে শুরু করেছেন কি করেন নি, সবাই দে ছুট। জ্যাঠামশায় বলেন, ব্যস্ত হবেন না, আপনারা নিশ্চিন্ত মনে খান, আপনাদের খাওয়া শেষ হলে আবার থিয়েটার শুরু হবে। জ্যাঠামশায় নীচে গিয়ে নবীনবাবুকে বললেন। নবীনবাবু অমনি বুকপকেট থেকে ঘড়ি বের করে বললেন, দেখো বাবা, দশ মিনিটের কথা, দশ মিনিট হয়ে গেছে কিনা– আমি পাঙ্চুয়ালি ঘণ্টা দিয়েছি।

শেষে জ্যাঠামশায় অনেক বুঝিয়ে তাঁকে ঠাণ্ডা করলেন।

অক্ষয় মজুমদার প্রায়ই আসতেন ইদানীং দীপুদার কাছে। তাঁর কাছে গল্প শুনেছি। তিনি বলতেন, জানো ভাই, থিয়েটার তো হচ্ছে, শহরে হৈ-হৈ ব্যাপার। রাস্তা দিয়ে আসছি একদিন, এক বৃদ্ধ আমাকে ধরে পড়লেন; বললেন, যে করে

৮৬

হোক আমাকে একখানা টিকিট দিন। আমি বৃদ্ধ হয়েছি, থিয়েটারের এত নাম শুনছি, হারমোনিয়াম বাজনা হবে, আমাকে একখানা টিকিট জোগাড় করে দিতেই হবে। কী আর করি, তাঁকে তো একখানা টিকিট দিলুম কোনোমতে জোগাড় করে। তিনি এসে থিয়েটার দেখে গেলেন, আর কোনো সাড়াশব্দ নেই।

তার পরদিন রাস্তা দিয়ে থেলো হুঁকো টানতে টানতে আসছি, পথে সেই বৃদ্ধের সঙ্গে দেখা; তিনি নিমতলার ঘাটে সকালবেলা গঙ্গাস্নান করে ফিরছেন। আমি বললুম, কেমন দেখলেন থিয়েটার। বৃদ্ধ একেবারে চেঁচিয়ে উঠলেন; বললেন, যা যা, তোর মুখদর্শন করতে নেই। যা যা, পাপিষ্ঠ কোথাকার, সকালবেলা গঙ্গাস্নান করে তোর মুখদর্শন করতে হল; সরে যা, সরে যা, কথা কবি নে। এই বলে যা-তা ভাষায় আমাকে গালগালি দিতে লাগলেন। আমি তো ভেবে পাই নে কী হল। বৃদ্ধ বললেন, পাপিষ্ঠ, শেষটায় বউটাকে মেরে ফেললি, তোর নরকেও স্থান হবে না।

থিয়েটারে ছিল গবেশের এক বউ গলায় দড়ি দিয়ে মারা যায়। বৃদ্ধ তখনো সেই অভিনয়ে মশগুল হয়ে আছেন, ভাবছেন সত্যিই গবেশবাবু বউকে মেরে ফেলেছে। মার মুখেও শুনেছি যে অভিনয় দেখে সত্যি বলে ভ্রম হত।

তার পর আমাদের ছেলেবেলায় যেটুকু মনে পড়ে– ‘কিঞ্চিৎ জলযোগ’, যাতে একটা পার্ট ছিল পেরুরামের, জ্যোতিকাকার লেখা। বাবামশায়ও তাতে ছিলেন। তার একটা গান আর হাসির হর্‌রা আমার এখনো কানে ভাসছে–

ও কথা আর বোলো না, আর বোলো না,
বলছ বঁধু কিসের ঝোঁকে–
ও বড়ো হাসির কথা, হাসির কথা,
হাসবে লোকে, হাঃ হাঃ হাঃ হাসবে লোকে।

সে কী হাসির ধুম! প্রাণখোলা হাসি, আজকের দিনে অমন হাসি বড়ো ‘মিস’ করি। হাসতে জানে না লোকে। তাঁদের ভিতরে অনেক দুঃখ, সংসারের জ্বালাযন্ত্রণা ছিল মানি, কিন্তু হাসতেন যখন– ছেলেমামুষের মতো প্রাণখোলা হাসি। শুনে মনে হত যেন কোনো দুঃখ কখনো পান নি।

তার পরে আসবে আমাদের কথা।

তখনকার কালের নাটকের সূত্রপাতের কথা

তখনকার কালের নাটকের সূত্রপাতের কথা তো বলেছি, নাট্যজগতে তখন দীনবন্ধু মিত্তিরের প্রতাপ। তার নীলদর্পণ প্রসিদ্ধ নাটক। সেই নাটক হবার পর থেকেই নীলকর সাহেবরা উঠে গেল। পাদ্রী লং সাহেব তার ইংরেজি অনুবাদ করে জেলে যান আর কী। মকদ্দমা, মহা হাঙ্গামা। শেষে কালী সিং, যিনি বাংলায় মহাভারত লিখেছিলেন, তিনি লক্ষ টাকা জামিনে লং সাহেবকে ছাড়িয়ে আনেন। সে অনেক কাণ্ড। তার পর দীনবন্ধু মিত্তিরের 'সধবার একাদশী', আরো অনেক নাটক, সে-সব হয়ে তাঁর পালা শেষ হয়ে গেল। কালী সিংহের 'হুতুম পেঁচার নকশা', টেকচাঁদের 'আলালের ঘরের দুলাল' পুরোনো সমাজকে চতুর্দিক থেকে আঘাত করেছে। বঙ্কিম তখন সাহিত্যজগতে উদীয়মান লেখক। তখন ন্যাশনাল আর বেঙ্গল দুটো পাবলিক স্টেজ হয়ে গেছে।

এলেন নাট্যজগতে জ্যোতিকাকামশায়। 'অশ্রুমতী' নাটক লিখেছেন, থিয়েটার হবে পাবলিক স্টেজে বাইরের লোক দিয়েই। আমার বয়স তখন পাঁচ কি ছয়, চাকর কোলে করে নিয়ে বেড়ায়। তখনকার দু-এক বছর কত তফাত, বাড়তির সময় কিনা বয়সের। থিয়েটারে শরৎবাবু সত্যিকার ঘোড়ায় চেপে স্টেজে উঠলেন। সে এক আশ্চর্য ব্যাপার তখন, একটা হুল্লোড় পড়ে গেছে চারি দিকে। নানা রকম গল্পই কানে আসে, চোখে আর দেখতে পাই নে। পড়বারও তখন ক্ষমতা হয় নি যে বইটা পড়ে গল্প শুনব। নানা রকম এটা ওটা কানে আসছে, আর আশ্চর্য হয়ে যাচ্ছি। মাঝে মাঝে মার কাছে গল্প শুনি, এই রকম সব ব্যাপার হচ্ছে। অশ্রুমতী অভিনয় হল, বাড়ির মেয়েরা কেউ দেখতে পেলেন না। তখন পাবলিক স্টেজে গিয়ে মেয়েরা দেখবে, এ দস্তুর ছিল না। কী করা যায়। বাবামশায় বললেন, পুরো বেঙ্গল থিয়েটার এক রাতের জন্য ভাড়া নেওয়া হোক। কেবল আমাদের বাড়ির লোকজন থাকবে সেদিন। অ্যাক্টাররা ছাড়া বাইরের লোক আর-কেউ থাকবে না।

সেই প্রথম মেয়েরা ছাড়া পেলে পাবলিক স্টেজে থিয়েটার দেখতে। ছয় বছরের শিশু আমার মতো, আর অনেক বুড়িদেরও সেই প্রথম থিয়েটার দেখা। অনেক টাকা খরচ করে এক দিনের জন্য স্টেজ ভাড়া করা হল; বেঞ্চিটেঞ্চি

নয়, ও-সব সরিয়ে বাড়ির বৈঠকখানা থেকে আসবাবপত্র নিয়ে হল্ সাজানো হল। নীচে কার্পেট পেতে ইজি-চেয়ার, ফুলের মালা, আলবোলা; মেয়েদের জন্য চিকের ব্যবস্থা– ঠিক যেন আটচালা সাজানো হয়েছে। স্টেজের অডিটরিয়াম ঘর হয়ে গেল। ছোটোদিদিমা ত্রিপুরাসুন্দরী আছেন, বাড়ির ছেলেমেয়ে কেউ বাদ যাবে না, সবাই যাবে– আমরাও অনুমতি পেলুম থিয়েটার দেখবার। ঘর হয়ে গেছে, ঘরে বসে দেখব, আপত্তির কী আছে। সবাই গেছি, রামলাল চাকর আমাকে স্টেজের বাঁ দিকে প্রথম 'রো'তে– 'রো' বলে কিছু ছিল না, আমাদেরই চেয়ার দিয়ে সাজানো হয়েছিল ঘর– তবু রামলাল আমাকে স্টেজের সামনেই বসিয়ে দিলে, ছোটো ছেলে ভালো করে দেখতে পাব। কালীকেষ্ট ঠাকুরের দুই মেয়েও ছিলেন আমার পাশে। বড়ো হয়েও এই সেদিনও সেই থিয়েটার দেখার গল্প হত আমাদের; বলতেন, মনে আছে আমাদের থিয়েটার দেখা ? আমি বলি, মনে নেই আবার– যা চিমটি কেটেছিলে পাশে বসে !

বসে আছি, ড্রপসিন পড়ল, তাতে আঁকা ইউলিসিসের যুদ্ধযাত্রা। রাজপুত্তুর নৌকোতে চলেছে, জলদেবীদের সঙ্গে যুদ্ধ হচ্ছে, পিছনে পাহাড়ের সার– গ্রীক-যুদ্ধের একটা কপি। কোনো সাহেবকে দিয়ে আঁকিয়েছিল বোধ হয়, প্রকাণ্ড সেই ছবি। নৌকো থেকে গোলাপ ফুলের মালা ঝুলছে, কী ভালো যে লাগছে, তন্ময় হয়ে দেখছি।

সিন উঠল। ভামশা মন্ত্রী ইয়া লম্বা দাড়ি, রাজপুত্তুর, দ্বন্দ্বযুদ্ধ, তলোয়ারের ঝক্‌মকানি, হাসিকান্না– ডুবে গেছি তাতে।

অভিনয় হচ্ছে, সঙ্গে সঙ্গে কথা মুখস্থ হয়ে যাচ্ছে। মলিনা সেজেছিল সুকুমারী দত্ত। স্টেজ-নাম ছিল গোলাপী, সে যা গাইত ! বুড়ো বয়সেও শুনেছি তার গান, চমৎকার গাইতে পারত। মিষ্টি গলা ছিল তার, অমন বড়ো শোনা যায় না। আর কী অভিনয়, এক হাতে পিদিমটি ধরে শাড়ির আঁচল দিয়ে ঢাকতে ঢাকতে আসছে, যেন ছবিটি– এখনো চোখে ভাসছে। পৃথ্বীরাজ আর মলিনার গান, এখনো কানে বাজছে সে সুর–

এ সুখ-বসন্তে সই কেন লো এমন

আপন-হারা বিবশা–

ঐটুকু ছেলের মন একেবারে তোলপাড় করে দিলে। ভীল সর্দার সেজেছিলেন অক্ষয় মজুমদার। 'এ চেনী বুড়ি' বলে যখন অশ্রুমতীর থুঁতি ধরে আদর করছে, তা ভুলবার নয়। আর ভীলদের মতো সেজে, মাথায় পালক গুঁজে তীরধনুক নিয়ে সে যা নাচলেন, আর গাইলেন–

ক্যায়্‌সে কৈহারোয়া জাল বিনু রে,

জাল বিনু জাল বিনু জাল বিনু রে।

দিনকো মারে মছলি, রাতকো বিনু জাল,

আর অ্যায়্‌সা দেক্‌দারী কিয়া জিয়া কি জঞ্জাল।

এই বলে অক্ষয়বাবুর নৃত্য, এই নৃত্যতেই ছোটো ছেলের মন একেবারে জয় করে নিলেন। সেই থেকে আমি তাকে কমিক অভিনয়ে গুরু বলে মেনে নিলুম। আমি নিজে চিরকাল কমিক পার্টই নিতুম, অভিনয়ে তাই আমার ভালো লাগত। রবিকাকাও বেছে বেছে যাতে একটু কমিক ভাব আছে সেই-সব পার্ট আমাকে দিতেন। অ্যাক্টিং মনটায় সেই অক্ষয়বাবু ছায়াপাত করলেন। আমিও অভিনয় করবার সময় অক্ষয়বাবুর কথা স্মরণ করে তাঁর নকল করি।

অশ্রুমতীও বেশ ভালো অভিনয় করেছিল। প্রতাপ সিংহের অভিনয়, বাদশার ছেলে সেলিমের অভিনয়, সব যেন সত্যিসত্যিই রূপ নিয়ে ফুটে উঠছে, অভিনয় বলে মনেই হচ্ছে না। অশ্রুমতীর অগ্নিপ্রবেশ, সেলিমকে বিদায় দিচ্ছে—

প্রেমের কথা আর বোলো না

আর বোলো না,

আর বোলো না, ক্ষমো গো ক্ষমো,

ছেড়েছি সব বাসনা।

ভালো থাকো, সুখে থাকো হে,

আমারে দেখা দিয়ো না, দেখা দিয়ো না।

নিবানো অনল জেলো না।।

হু হু করে আমার চোখ দিয়ে জল গড়াচ্ছে। অশ্রুমতীর এই গানে সব মাত করে দিলে। এই গানটায় সুর দিয়েছিলেন জ্যোতিকাকা, ইটালিয়ান ঝিঁঝিট। রবিকাকাও কয়েকটা গানে তখন সুর দিয়েছিলেন বোধ হয়। বিলিতি সুরে বাংলা গান, এখন মজা লাগে ভাবতে। কোথেকে যে সুর সব জোগাড় করেওছিলেন। এই-সব স্তব্ধ হয়ে দেখছি, অন্য জগতে চলে গেছি। অশ্রুমতী নাটকে না ছিল কী! আর কী রোমান্টিক সব ব্যাপার! মুখে কথাটি নেই, স্থির হয়ে দেখছি, হঠাৎ একটা জায়গায় খটকা লাগল।

অভিনয় প্রায় শেষ হয়ে এসেছে, অশ্রুমতী বেশ ভালো অভিনয়ই করেছিল, কিন্তু ওমা, তার পায়ের দিকে চেয়ে দেখি বকলস-দেওয়া বার্নিশ-করা জুতো! অশ্রুমতী হল রাজপুত রমণী, তার পায়ে এ জুতো কী! তবে তো এ আসল নয়, ঐ একটুখানি সাজের খুঁতে এত যে ইলিউশন সব ভেঙে গেল।

এই প্রথম আমার স্টেজে দেখা নাটক। তারপর বাড়ি এসে আমরা ছেলেরা কয়েক দিন অবধি কেবলই অশ্রুমতীর নাটক করছি নীচের বড়ো ঘরটিতে। কথাগুলো সব ঐ এক দিনের দেখাতেই মুখস্থ হয়ে গিয়েছিল।

জ্যোতিকাকামশায়ের 'সরোজিনী' নাটকের যাত্রা হয়েছিল, যাত্রাওয়ালারা সেই যাত্রা করে। আমাদের বাড়ির উঠোনে একদিন যাত্রা দেখানো হয়েছিল। আমার মনে আছে, চিতোরের পদ্মিনী আগুনে ঝাঁপ দিচ্ছে—

জ্বল জ্বল চিতা দ্বিগুণ দ্বিগুণ

আগুনে সঁপিবে বিধবা বালা।

আর ভৈরবী যখন দু হাত তুলে খাঁড়া হাতে 'ম্যয় ভুখা হুঁ' বলে বের হত তখন আমাদের বুকের ভিতর গুর্‌ গুর্‌ করে উঠত। জ্যোতিকাকামশায়ের সরোজিনী নাটকের পদ্মিনীর অগ্নিপ্রবেশের ছবি আর্ট স্টুডিয়ো থেকে লিথোগ্রাফ প্রিন্ট হয়ে বেরিয়েছিল, ঘরে ঘরে সেই ছবি থাকত। দাদামশায়ের থেকে যাত্রা শুরু হয়েছিল, জ্যোতিকাকামশায়ে এসে ঠেকল। তখন জ্যোতিকাকামশায় নাট্যজগতে অদ্বিতীয়, অপ্রতিহত প্রতাপ তাঁর বইয়ের। বাজার ছেয়ে গিয়েছিল তাঁর বইয়ে বইয়ে। জায়গায় জায়গায় তাঁর নাটক অভিনয় হত। রবিকাকা তখন কোথায়। তখনো তিনি আসরে কব্জে পান নি।

আমাদের বাড়িতে নাটকের প্রথম ইতিহাস হল– নব-নাটকের বেলা অন্য লোকে বই লিখলেন, আমাদের বাড়ির লোকে প্লে করলেন। অশ্রুমতীর বেলা আমাদের বাড়ির লোকে বই লিখলেন, বাইরের লোকে প্লে করলেন। তার পরে হল রবিকাকার আমলে আমাদের ঘরের লোক লিখলেন, আমরাই ঘরের ছেলেমেয়েরা অভিনয় করলুম। এবারে আসবে সে গল্প।

প্রথম বাড়িতে প্লে আরম্ভ হল

প্রথম বাড়িতে প্লে আরম্ভ হল জ্যোতিকাকামশায়ের 'এমন কর্ম আর করব না', 'কিঞ্চিৎ জলযোগ' ইত্যাদি। জ্যাঠামশায় পার্ট নিয়েছিলেন। সত্যসিন্ধুর। 'মানময়ী'ও হয়েছিল। মানময়ী যে কার লেখা তা মনে নেই, কিন্তু গানের সুর জ্যোতিকাকার দেওয়া, ইংরেজি রকমের। এই সুরের অনেক আভাস 'বাল্মীকিপ্রতিভা'তেও আছে। তখন ঐ রকম ছোটোখাটো প্রহসনই হত বাড়িতে বড়োদের নিয়ে। ছোটোরা তার ধারে কাছে ঘেঁষতে পারত না। এ বাড়ির খড়খড়ি টেনে দীপুদার নীচের বৈঠকখানা বেশ দেখা যায়। আমরা সেই খড়খড়ি টেনে মাঝে মাঝে দেখতুম, মা-পিসিমারাও রাত-বিরেতে এসে আমাদের সঙ্গে যোগ দিতেন। রাত্রির অন্ধকারে কে আর আমাদের দেখতে পাচ্ছে।

বঙ্কিমবাবুও আসতেন সে সময়ে। একদিন দেখি বঙ্কিমবাবু মাথায় পাকানো চাদরের পাগড়ি বেঁধে লাঠি ঘুরিয়ে কী যেন করছেন। আর তাঁর চেহারাও ছিল অতি সুন্দর। ঐ তাঁর এক রূপ আমার মনে আছে। ও-সব ছিল নিছক বৈঠকখানার ব্যাপার।

তার পর ওঁরা বাল্মীকিপ্রতিভা অভিনয় করলেন, তখন বাড়ির মেয়েদের ডাক পড়ল। ঋতুকে ছেলে সাজানো হল। প্রতিভাদিদি সরস্বতী সাজলেন, রবিকাকা সাজলেন বাল্মীকি ঋষি। সারদাপিসেমশায়, কেদারদাদা, অক্ষয়বাবু, এরা সব সেজেছিলেন বড়ো বড়ে ডাকাত। থেকে থেকে বাল্মীকিপ্রতিভা অভিনয় হয়। আমরা আর দেখতে পাই নে— ঐ যে বললুম, ছোটোদের বড়োদের কাছে ঘেঁষবার হুকুম ছিল না।

একদিন বাবামশায় পার্টি দেবেন, খাওয়া-দাওয়া হবে, লোকজনদের নেমন্তন্ন করা হয়েছে, তাতে বাল্মীকিপ্রতিভাও অভিনয় হবে। মহা ধুমধাম। তেতলার ছাদ চার দিকে রেলিং আর পিলপে দেওয়া, ঘেরা, তারই উপরে চালা বেঁধে স্টেজ তৈরি হল। তখন তো ইলেকট্রিক বাতি ছিল না, গ্যাসের বাতির ব্যবস্থা হয়েছে। সমাজ থেকে হারমোনিয়াম আনা হল। আমরা সকাল থেকে সারদাপিসেমশায়কে ধরেছি একবার আমাদের জন্য দরবার করতে, অভিনয় দেখব। সারা দিন তাঁর

পিছু পিছু ঘুরছি, ও বাড়ির বারান্দায় পিসেমশায়কে দেখলেই এ বাড়ি থেকে দু হাত কচলে আমাদের আবেদন জানাই। তিনি বলেন, হবে হবে। এই করতে করতে অনেক কষ্টে প্রায় বিকেলবেলা পেয়ে গেলুম অনুমতি। সারদাপিসেমশায় বললেন, হয়েছে, তোমাদের দরখাস্ত মঞ্জুর হয়েছে, আজ দেখতে পাবে তোমরা।

আমাদের উৎসাহ দেখে কে। সরল তখন ছোটো, সে আমাদের দলেই। আমরা বিকেল থেকে জামা-কাপড় পরে তৈরি হয়ে আছি, বিকেলের জলখাবার কোনো রকমে একটু মুখে দিলুম। তখন কি আমাদের খিদেতেষ্টার দিকে মন আছে। অভিনয় হবে রাত সাতটা-আটটার সময়ে, আমরা ছয়টা থেকে তৈরি হয়ে আছি। হবি তো হ, ছয়টার পর থেকেই হঠাৎ ঝঞ্ঝাবাত, দারুণ ঝড় শুরু হল। আর সঙ্গে সঙ্গে সে কী বৃষ্টি, মনে হল যেন বাড়ি পড়ে যায় আর কী। খোল্, খোল্, পাল, দড়িদড়া কাট্, স্টেজ পড়ে যায়; শোভারাম দারোয়ান দড়িদড়া কাটতে গিয়ে পাল-চাপা পড়ল। গ্যাসের চাবি আর কেউ বন্ধ করতে পারে না, ঝড়ে বৃষ্টিতে সব একাকার। ঘণ্টা দুই চলল অমনি, আমরা তে হতাশ হয়ে পড়লুম। হল আর আমাদের অভিনয় দেখা।

বৃষ্টি থামলে সেই দড়িদড়া এনে নীচের বড়ো ঘরে স্টেজ বাঁধা হল, বারান্দায় হল খাবার ব্যবস্থা। আমাদের কি বের হতে দেয় আর। মনের দুঃখে কী আর করি, এত করে দরখাস্ত মঞ্জুর হয়েছিল, গেল সব পণ্ড হয়ে। সে রাত্রে হল কিন্তু শেষ পর্যন্ত বাল্মীকিপ্রতিভা-অভিনয়, অতিথিরাও এলেন, খাওয়া দাওয়া করলেন। সবই হল, কেবল আমাদের কপালেই অভিনয় দেখা হল না।

সব চুকেবুকে গেছে, অতিথিরা সবাই চলে গেছেন। এখন, দেখা গেল হারমোনিয়াম ভর্তি জল, কাঠ ফেঁপে তার বেঁকে সব একাকার। বেশ বড়ো হারমোনিয়াম ছিল দুথাক-ওয়ালা। উপরের থাকে পিয়ানো, নীচের থাকে অর্গান। জ্যোতিকাকা এক হাতে পিয়ানো বাজাতেন, এক হাতে অর্গান। সেই হারমোনিয়ামটা আনা হয়েছিল সমাজ থেকে, এখন উপায়? বাবামশায় জ্যোতিকাকামশায়দের ভয় হল সমাজের হারমোনিয়াম খারাপ হয়ে গেছে, কর্তা শুনলে আর রক্ষে নেই। তখন তাঁরা সব বড়ো বড়ো, তবুও কর্তাকে কত ভয় সমীহ করতেন দেখো।

কী উপায়। বাবামশায় বললেন, দেখো কর্তার কানে যেন না যায় কথাটা।

পরদিনই বাবামশায় হেরল কোম্পানির থেকে আর-একটা সেই রকম হারমোনিয়াম কিনে এনে সমাজে দিয়ে তবে নির্ভয় হলেন। সেই হারমোনিয়াম এখনো আছে সমাজে।

তখন ‘এমন কর্ম আর করব না’ আর ‘বাল্মীকিপ্রতিভা’ এই দুটো অভিনয় থেকে থেকে হত। একবার ওটা একবার এটা।

সেবার মেজোজ্যাঠামশায় বিলেত থেকে ফিরে এসেছেন, বাল্মীকিপ্রতিভা অভিনয় হবে। এবারে একটু অদল-বদল হয়ে গেল। হ. চ. হ. এলেন সেবারে, তাঁর উপরে ভার পড়ল স্টেজ সাজাবার। কোথেকে দুটো তুলোর বক কিনে এনে গাছে বসিয়ে দিলেন, বললেন ক্রৌঞ্চমিথুন হল। খড়ভরা একটা মরা হরিণ

বনের এক কোণে দাঁড় করিয়ে দিলেন, সিন আঁকলেন কচুবনে বন্য বরাহ লুকিয়ে আছে, মুখটা একটু দেখা যাচ্ছে। সেটা বরাহ কি ছাগল ঠিক বোঝা যায় না। আর বাগান থেকে বটের ডালপালা এনে লাগিয়ে দিলেন। রবিকাকা জীবনস্মৃতিতে পুকুরধারে যে বটগাছের কথা লিখেছেন তা পড়েছ তো? সেই বটগাছ আধখানা হয়ে গেল বারে বারে বাল্মীকিপ্রতিভার স্টেজের সাজ জোগাড়ে। যখনই স্টেজ হত, বেচারা বটগাছের উপরে কোপ, তার পরে যেটুকু বাকি ছিল একদিন ঝড়ে সেটুকুও গেল পুবদিকের আকাশ শূন্য করে।

এই রকম তখনকার স্টেজ, আর রবিকাকা তাতে প্লে করেছেন। ভেবে দেখো কাণ্ডটা। তার পর বাল্মীকিপ্রতিভার গান একটু ভেঙেটেঙে 'কালমৃগয়া' হল। জ্যোতিকাকা সাজলেন রাজা দশরথ, রবিকাকা অন্ধমুনি, ঋতু অন্ধমুনির ছেলে। এই কালমৃগয়াতে প্রথম বনদেবীর পার্ট শুরু হয়। ছোটো ছোটো মেয়ে যারা গাইতে পারে তারা বনদেবী সেজে স্টেজে নামত, ঘুরে ঘুরে গান করত। তখন নাচ-টাচ ছিল না তোমাদের মতো দুম্‌দাম্‌ করে। ঐ হাতমুখ নেড়ে গান পর্যন্তই। সেবারে জ্যোতিকাকামশায়ের সত্যিকারের একটা পোষা হরিণ বের করে দেওয়া হল স্টেজে। তখনো স্টেজসজ্জায় আমাদের হাত পড়ে নি।

রবিকাকার বিয়ে আর হয় না; সবাই বললেন 'বিয়ে করো– বিয়ে করো এবারে', রবিকাকা রাজী হন না, চুপ করে ঘাড় হেঁট করে থাকেন। শেষে তাঁকে তো সবাই মিলে বুঝিয়ে রাজী করালেন। রথীর মা যশোরের মেয়ে। তোমরা জানো ওঁর নাম মৃণালিনী, তা বিয়ের পরে দেওয়া নাম। আগের নাম কী একটা সুন্দরী না তারিণী দিয়ে ছিল, মা তাই বলে ডাকতেন। সেকেলে বেশ নামটি ছিল, কেন যে বদল হল। খুব সম্ভব, যতদূর এখন বুঝি, রবিকাকার নামের সঙ্গে মিলিয়ে মৃণালিনী নাম রাখা হয়েছিল।

গায়ে হলুদ হয়ে গেল। আইবুড়োভাত হবে। তখনকার দিনে ও বাড়ির কোনো ছেলের গায়ে হলুদ হয়ে গেলেই এ বাড়িতে তাকে নেমন্তন্ন করে প্রথম আইবুড়োভাত খাওয়ানো হত। তার পর এ বাড়ি ও বাড়ি চলত কয়দিন ধরে আইবুড়োভাতের নেমন্তন্ন। মা গায়ে হলুদের পরে রবিকাকাকে আইবুড়োভাতের নেমন্তন্ন করলেন। মা খুব খুশি, একে যশোরের মেয়ে, তায় রথীর মা মার সম্পর্কের বোন। খুব ধুমধামে খাওয়ার ব্যবস্থা হল। রবিকাকা খেতে বসেছেন উপরে, আমার বড়োপিসিমা কাদম্বিনী দেবীর ঘরে, সামনে আইবুড়োভাত সাজানো হয়েছে– বিরাট আয়োজন। পিসিমারা রবিকাকাকে ঘিরে বসেছেন, এ আমাদের নিজের চোখে দেখা। রবিকাকা দৌড়দার শাল গায়ে, লাল কী সবুজ রঙের মনে নেই, তবে খুব জমকালো রঙচঙের। বুঝে দেখো, একে রবিকাকা, তায় ঐ সাজ, দেখাচ্ছে যেন দিল্লির বাদশা! তখনই ওঁর কবি বলে খ্যাতি, পিসিমারা জিজ্ঞেস করছেন, কী রে, বউকে দেখেছিস, পছন্দ হয়েছে? কেমন হবে বউ ইত্যাদি সব। রবিকাকা ঘাড় হেঁট করে বসে একটু করে খাবার মুখে দিচ্ছেন, আর লজ্জায় মুখে কথাটি নেই। সে মূর্তি তোমরা আর দেখতে পাবে না, বুঝতেও পারবে না বললে– ঐ আমরাই

যা দেখে নিয়েছি।

বিয়ে বোধ হয় জোড়াসাঁকোতেই হল, ঠিক মনে পড়ছে না। বাসিবিয়ের দিন খবর এল সারদাপিসেমশায় মারা গেছেন। ব্যস্, সব চুপচাপ, বিবাহের উৎসব ঠাণ্ডা। কেমন একটা ধাক্কা পেলেন, সেই সময় থেকেই রবিকাকার সাজসজ্জা একেবারে বদলে গেল। শুধু একখানা চাদর গায়ে দিতেন, বাইরে যেতে হলে গেরুয়া রঙের একটা আলখাল্লা পরতেন। মাছমাংস ছেড়ে দিলেন, মাথায় লম্বা লম্বা চুল রাখলেন। সেই চুল সেই সাজ আবার শেষে কত নকল করলে ছোকরা কবির দল।

রবিকাকাকে প্রায়ই পরগনায় যেতে হত। নতুনকাকীমাও মারা গেলেন, জ্যোতিকাকামশায় ফ্রেনোলজি শুরু করলেন, লোক ধরে ধরে মাথা দেখেন আর ছবি আঁকেন। কিছুকাল আমাদের নাটক অভিনয় সব বন্ধ। এ যেন একটা অধ্যায় শেষ হয়ে গেল।

ইতিমধ্যে আমরা বড়ো হয়েছি, স্কুল ছেড়েছি, বিয়েও হয়েছে। আমার আর সমরদার বিয়ের দিন রথী জন্মায়। তার পর এক ড্রামাটিক ক্লাব সৃষ্টি করা গেল। রবিকাকা খাস বৈঠকে ব্রাউনিং পড়ে আমাদের শোনান, হেম ভট্ট রামায়ণ পড়েন। সাহিত্যের বেশ একটা চর্চা হত। নানা রকমের এ বই সে বই পড়া হয়।

একবার ড্রামাটিক ক্লাবে 'অলীকবাবু' অভিনয় হয়। অলীকবাবু জ্যোতিকাকামশায়ের লেখা, ফরাসী গল্প, মোলেয়ারের একটা নাটক থেকে নেওয়া। সেই ফরাসী গল্প উনি বাংলায় রূপ দিলেন। অত তো পাকা লিখিয়ে ছিলেন, কিন্তু ফরাসী ছায়া থেকে মুক্ত হতে পারেন নি। নয়তো হেমাঙ্গিনী কি আমাদের দেশের মেয়ে? এখনকার কালে হলেও সম্ভব ছিল, সেকালে অসম্ভব। এই অবস্থায় আমরা যখন প্লে করি রবিকাকা তো অনেক অদল-বদল করে দিয়ে তা ফরাসী গল্প থেকে মুক্ত করলেন। এইখানেই হল রবিকাকার আর্ট। আর করলেন কী, হেমাঙ্গিনীর প্রার্থীর সংখ্যা বাড়িয়ে দিলেন। আগে ছিল এক অলীকবাবুই নানা সাজে ঘুরে ফিরে এসে বাপকে ভুলিয়ে হেমাঙ্গিনীকে বিয়ে করে। রবিকাকা সেখানে অনেকগুলো লোক এনে ফেললেন। তাতে হল কী, অনেকগুলো ক্যারেক্টারেরও সৃষ্টি হল। হেমাঙ্গিনীকে রাখলেন একেবারে নেপথ্যে। তা ছাড়া তখন মেয়েই বা কই অ্যাকটিং করবার। তাই হেমাঙ্গিনীকে আর বেরই করলেন না। সেবারে লেখায় কতকগুলো এমন মজার 'ডায়লগ' ছিল, সেই স্টেজ-কপির পিছনেই উনি লিখেছিলেন বাড়তি অংশটুকু। ভারি অদ্ভুত অদ্ভুত ডায়লগ সব। অলীকবাবু বলছেন এক জায়গায়, 'একেবারে তাঁহা তাঁহা লেগে যাবে'। তাঁহা তাঁহা মানে কী তা তো জানি নে, কিন্তু ভারি মজা লাগত শুনতে। আরো কত সব এমনিতরো কথা ছিল।

তা, অভিনয় তো হবে, রয়েল থিয়েটারের সাহেব-পেন্টারকে বলে বলে পছন্দ-মাফিক সিন আঁকালুম। স্টেজ খাড়া করা গেল। নাট্যজগতে সাহিত্যজগতে সেই আমরা এক-এক মূর্তি দেখা দিলুম। রবিকাকা নিলেন অলীকবাবুর পার্ট,

আমি ব্রজদুর্লভ, অরুদা মাড়োয়ারি দালাল। রবিকাকার ঐ তো সুন্দর চেহারা, মুখে কালিঝুলি মেখে চোখ বসিয়ে দিয়ে একটা অত্যন্ত হতভাগা ছোঁড়ার বেশে স্টেজে তিনি বেরিয়েছিলেন। হেসো না, আমাকে আবার পিসনী দাসীর পার্টও নিতে হয়েছিল। আমার ব্রজদুর্লভের পার্ট ছিল খুব একটা বখাটে বুড়োর। হেমাঙ্গিনীকে বিয়ে করতে আসছে একে একে এ ও। আমি, মানে ব্রজদুর্লভ, তাদেরই একজন! গায়ে দিয়েছিলুম নীল গাজের জামা– আমার ফুলশয্যার সিল্কের জামা ছিল সেটা– তখনকার চলতি ছিল ঐ রকম জামার। সোনার গার্ড-চেন বুকে, কুঁচিয়ে ধুতির কোঁচাটি কালাচাঁদবাবুর মতো বুকপকেটে গোঁজা যেন একটি ফুল, হাতে শিঙের ছড়ি ঘোরাতে ঘোরাতে স্টেজে ঢুকলুম। একটু-একটু মাতলামি ভাব। এখন সেই পার্টে আমার একটা গান ছিল, রবিকাকার দেওয়া সুর–

আগে, কী জানি বল

নারীর প্রাণে সয়'গো এত।

কাঁদাব মনে করি

ছি ছি সখি, কাঁদি তত।

কোথেকে যে ও গান জোগাড় করেছিলেন তা উনিই জানেন। আমার গলায় ও সুর এল না। আমি বললুম, ও আমি গাইতে পারব না, ও সুর আমার গলায় আসবে না। রবিকাকা বললেন, তবে তুমি নিজেই যা হয় একটা গাও, কিন্তু এই ধরনের হবে। আমি বললুম, আচ্ছা, সে আমি ঠিক করব'খন।

রাধানাথ দত্ত বলে একটি লোক প্রায়ই এখানে আসতেন, মদটদ খাওয়া অভ্যেস ছিল তাঁর। তাঁর মুখে একটা গান শুনতুম, জড়িয়ে জড়িয়ে গাইতেন আর ছড়ি ঘুরিয়ে চলতেন। আমি ভাবলুম, এই ঠিক হবে, আমিও মাথায় চাদর জড়িয়ে ছড়ি ঘোরাতে ঘোরাতে রাধাবাবুর হুবহু নকল করে স্টেজে ঢুকে গান ধরলুম–

আয় কে তোরা যাবি লো সই

আনতে বারি সরোবরে।

এই দুই লাইন গাইতেই চারি দিক থেকে হাততালির উপর হাততালি। রাধাবাবুর মুখ গম্ভীর। সবাই খুব বাহবা দিলে। রবিকাকা মহা খুশি; বলেন, বেড়ে করেছ অবন, ও গানটা যা হয়েছে চমৎকার! আর সত্যিই আমি খুব ভালো অভিনয় করেছিলুম।

এই নাটকেই প্রথম সেই গানটি হয়, রবিকাকা তৈরি করে দিলেন, আমরা অভিনয়ের পর সবাই স্টেজে এসে শেষ গানটি করি–

আমরা   লক্ষ্মীছাড়ার দল

ভবের   পদ্মপত্রে জল

সদা করছি টলোমল।

৯৬

গানের সঙ্গে সঙ্গে নাচও চলেছিল আমাদের। কী যে জমেছিল অভিনয় তা কী বলব। কিন্তু ঐ রাধানাথের গানই হল আমাদের কাল। রাধানাথ দত্ত গেলেন খেপে। তিনি বাড়ি বাড়ি, এমন-কি আমার শ্বশুরবাড়ি পর্যন্ত গিয়ে রটালেন যে ছেলেরা সব বুড়োদের নকল করে তামাশা করেছে। সবাই অনুযোগ-অভিযোগ আনতে লাগলেন। এ তো বড়ো বিপদ হল। কী করে তাঁদের বোঝাই যে আমরা কেউ আর-কারো নকল করি নি। তাঁরা কিছুতেই মানতে চান না। আমাদের মন গেল খারাপ হয়ে। রবিকাকা বললেন, দরকার নেই আর ড্রামাটিক ক্লাবের, এ তুলে দাও। পরের প্লে 'বিসর্জন' হবে, সব ঠিক, পার্ট আমাদের মুখস্থ, সিন আঁকা হয়ে গেছে। ইতিমধ্যে ড্রামাটিক ক্লাব তুলে দেওয়া হল। ড্রামাটিক ক্লাব তো উঠে গেল, রেখে গেল কিছু টাকা। আমাদের তখন এই-সব কারণে মন খারাপ হয়ে আছে; আমি বললুম সেই টাকা দিয়ে ভোজ লাগাও। হল ড্রামাটিক ক্লাবের শ্রাদ্ধ, রীতিমত ভোজের আয়োজন, সে-সব গল্প তো তোমাকে আগেই বলেছি। এই হল ড্রামাটিক ক্লাবের জন্মমৃত্যুর ইতিহাস।

তার পর মেজোজ্যাঠামশায়ের পার্টি, আমরা 'রাজা ও রানী' অভিনয় করেছিলুম। আর কী খাওয়ার ধুম এক মাস ধরে। পার্ট সব তৈরি হয়ে গেছে, তবু আমরা রিহার্সেল বন্ধ করছি না খাওয়ার লোভে। আমি তখন খাইয়ে ছিলুম খুব। বিকেলের চা থেকে খাওয়া শুরু হত, রাত্রের ডিনার পর্যন্ত খাওয়া চলত আমাদের, আর সঙ্গে সঙ্গে রিহার্সেলও চলত। দেবদত্ত সেজেছিলেন মেজোজ্যাঠামশায়, সুমিত্রা মেজোজ্যাঠাইমা, রাজা রবিকাকা, ত্রিবেদী অক্ষয় মজুমদার, কুমার প্রমথ চৌধুরী, ইলা প্রিয়ম্বদা, সেনাপতি নিতুদা– যেমনি লম্বা চওড়া ছিলেন স্টেজে ঢুকলে মনে হত যেন মাথায় ঠেকে যাবে। আর, আমরা অনেকেই ছোটোখাটো পার্ট নিয়েছিলুম জনতা, সৈন্য, নাগরিক, এই সবের। আমার ছয়-ছয়টা পার্ট ছিল তাতে। মেজোজ্যাঠাইমা ডিমেতে ব্রাণ্ডিতে ফেটিয়ে এগ্ ফ্লিপ তৈরি করে রাখতেন খাবার জন্য, পাছে আমাদের গলা ভেঙে যায়। আমার দরকার হত না এগ্ ফ্লিপ খাবার, অরুদার থেকে থেকেই গলা খুস খুস করত। বলতেন, অবন, গলাটা কেমন করছে, আর ঘুরে ফিরে কেবল এগ্ ফ্লিপই খাচ্ছেন।

গাড়িবারান্দায় স্টেজ বাঁধা হল। এক রাত্তিরে ড্রেস রিহার্সেল হচ্ছে, ঘরের লোকই সব জমা হয়েছে। পরের দিন অভিনয় হবে। মেজোজ্যাঠামশায়ের মেজাজ তো, মুখে যা আসত টপাস করে বলে ফেলতেন। এখন, অক্ষয়বাবু ত্রিবেদীর পার্ট করছেন, ড্রেস রিহার্সেলে বেশ ভালোই করছিলেন। কিন্তু মেজোজ্যাঠামশায়ের পছন্দ হল না, মেরে দিলেন তিন তাড়া– এ কি কমিক হচ্ছে!

সব চুপ, কারো মুখে কথা নেই, আমরাও থ। মেজোজ্যাঠামশায়ের মুখের উপরে কথা বলে কার এত সাহস।

রবিকাকা আমাদের ফিসফিস করে বললেন, দেখলে মেজদার কাণ্ড, হল এবারের মতো অভিনয় করা।

অক্ষয়বাবুর মুখে ঝোড়া নামল। কথা নেই, মুখ নিচু করে বসে রইলেন।

খানিক বাদে মেজোজ্যাঠাইমা বললেন, তা, তুমি ওঁকে বলে দাও-না কী রকম করতে হবে। কাল অভিনয় হবে, আজ যদি এ রকম বন্ধ হয় তা হলে চলবে কী করে। তখন অক্ষয়বাবুও বললেন, হ্যাঁ, তাই বলো কী করে অভিনয় করতে হবে, আমি তাই করছি। এই বলে রবিকাকার দিকে চাইলেন, রবিকাকা একটু চোখ টিপে দিলেন। তিনি আবার বললেন, আমি বুঝতে পারছিলুম যে ঠিক হচ্ছিল না, তা তুমি আমাকে দেখিয়ে দাও, আমি নাহয় আবার করছি এই পার্ট। অক্ষয়বাবু অতি বিনীত ভাব ধারণ করলেন।

মেজোজ্যাঠাইমা রবিকাকা সবাই বুঝলেন, ব্যাপার সুবিধের নয়, অক্ষয়বাবু এবারে কিছু খসাবেন।

মেজোজ্যাঠামশায় বললেন, করো তা হলে আবার গম্ভীর হয়ে পার্ট করো, এ তো আর হাসিতামাশা নয়।

আবার সেই সিন শুরু হল। আমাদের যাদের সেই সিনে পার্ট ছিল– রবিকাকা আমরা– উঠলুম; সবার পার্ট যে যেমন করি তাই করে গেলুম। অক্ষয়বাবু খুব গম্ভীর মুখে স্টেজে ঢুকলেন; পার্ট বলে গেলেন আগাগোড়া, তাতে না দিলেন কোনো অ্যাকসেন্ট না কোনো ভাব বা কিছু। সোজা গম্ভীর মুখে গড়গড় করে কথা কয়ে গেলেন। সিংহীকে লেজ কেটে দিলে রোঁয়া ছেঁটে দিলে যেমন হয় ত্রিবেদীর পার্ট ঠিক সেই রূপে দেখা দিল।

মেজোজ্যাঠাইমা মেজোজ্যাঠামশায়কে বললেন, তুমি কেন বলতে গেলে, এর চেয়ে আগেই তো ছিল ভালো।

অক্ষয়বাবু বললেন, আমি সাধ্যমত করেছি, এবার তা হলে আমাকে বিদেয় দাও, বুড়ো হয়ে গেছি, ছেলেছোকরা কাউকে দিয়ে নাহয় এই পার্ট করাও। বলে আমার দিকে চাইতেই আমি হাত নেড়ে বারণ করলুম। লোভ যে ছিল না ত্রিবেদীর পার্ট করতে তা নয়, হয়তো দিলে ভালোই করতে পারতুম।

অক্ষয়বাবু বললেন, আর এখানে রোজ যাওয়া-আসায় আমারও তো একটা খরচ আছে, আমি আর পারি নে।

কী আর করা যায় এখন, এই একদিনের মধ্যে তো নতুন লোক তৈরি করা সম্ভব নয়। সেই রাত্রে অক্ষয়বাবু নগদ পঞ্চাশ টাকা পকেটে ক'রে– বর্ষা নেমেছে শীত শীত ক'রে একখানা গায়ের চাদর ঘাড়ে ক'রে– বাড়ি ফিরলেন।

সেবার রাজা ও রানী অভিনয় খুব জমেছিল। সবাই যার যার পার্ট অতি চমৎকার করেছিলেন। লোকের যা ভিড় হত। আমার মন খুঁত খুঁত করত বাইরে থেকে দেখতে পেতুম না বলে। ছটা পার্ট ছিল আমার, একটা পার্ট করে পরের সিনে আবার তক্ষুনি তক্ষুনি সাজ বদল করে আর-একটা পার্ট করতে আমার গলদঘর্ম হয়ে যেত। তার উপরে আবার যখন একটু দাঁড়াতুম, সুরেন্দ্র বাঁড়ুজ্জের ভাই জিতেন বাঁড়ুজ্জে কুস্তিগীর, বিরাট শরীর, মহা পালোয়ান, সে আমার স্কন্ধে ভর দিয়ে অভিনয় দেখত– আমার ঘাড় ব্যথা হয়ে গিয়েছিল।

একদিন আবার আর-এক কাণ্ড– অভিনয় হচ্ছে, হতে হতে ড্রপসিন পড়বি

তো পড় একেবারে মেজোজ্যাঠাইমার মাথার উপরে প্রায়। রবিকাকা তাড়াতাড়ি মেজোজ্যাঠাইমাকে টেনে সরিয়ে আনেন। আর-একটু হলেই হয়েছিল আর কী!

রাজা ও রানী বোধ হয় আর অভিনয় হয় নি। পরে, এমারেল্ড থিয়েটার রাজা ও রানী নিয়েছিল। পাবলিক অ্যাক্টার অ্যাক্ট্রেস অভিনয় করে। গিরিশ ঘোষ ছিলেন তখন তাতে, সে আবার এক মজার ঘটনা। এখন, আমাদের যখন রাজা ও রানী অভিনয় হয় সে সময়ে একদিন কী করে পাবলিক অ্যাক্ট্রেসরা ভদ্রলোক সেজে অভিনয় দেখতে ঢুকে পড়ে। আমরা কেউ কিছু জানি নে। আমরা তো তখন সব ছোকরা, বুঝতেই পারি নি কিছু। তারা তো সব দেখেশুনে গেল। এখন পাবলিক স্টেজে রাজা ও রানী অভিনয় করবে, আমাদের নেমন্তন্ন করেছে। আমরা তো গেছি, রানী সুমিত্রা স্টেজে এল, একেবারে মেজোজ্যাঠাইমা। গলার স্বর, অভিনয়, সাজসজ্জা, ধরনধারণ, হুবহু মেজোজ্যাঠাইমাকে নকল করেছে। মেয়েদের আরো অনেকের নকল করেছিল, রবিকাকাদের নকল করতে পারবে কী করে। ছেলেদের পার্ট ততটা নিতে পারে নি। কিন্তু মেজোজ্যাঠাইমার সুমিত্রাকে যেন সশরীরে এনে বসিয়ে দিলে। অদ্ভুত ক্ষমতা অ্যাক্ট্রেসদের, অবাক করে দিয়েছিল।

রিহার্সেলেই আমাদের মজা ছিল। বিকেল হতে না হতেই রোজ মেজোজ্যাঠামশায়ের বাড়ি যাওয়া, খাওয়া-দাওয়া, গল্পগুজব, রিহার্সেল, হৈ-চৈ, ঐতেই আমাদের উৎসাহ ছিল বেশি। অভিনয় হয়ে গেলে পর আমাদের আর ভালো লাগত না। কেমন ফাঁকা ফাঁকা ঠেকত সব। তখন 'কী করি' 'কী করি' এমনি ভাব। রবিকাকা তো থেকে থেকে পরগনায় চলে যেতেন, আমরা এখানেই থাকি— আমাদেরই হত মুশকিল। আর, কত রকম মজার মজার ঘটনাই হত আমাদের রিহার্সেলের সময়ে। সেবারে 'রাজা ও রানী'র রিহার্সেলের সময় আমাদের জমেছিল সব চেয়ে বেশি। ছেলেবুড়ো সব জমেছি সেই অভিনয়ে। অনেক জনতার পার্ট ছিল। বলেছি তো আমাকেই ছ-ছটা পার্ট নিতে হয়েছিল, অত লোক পাওয়া যাবে কোথায়। জগদীশমামা ছিলেন, তারও উৎসাহ লেগে গেল। জগদীশমামা ভারি মজার মানুষ ছিলেন, সবারই তিনি জগদীশমামা, এই জগদীশমামা, কী রকম লোক ছিলেন শোনো। তাঁর দাদা ব্রজরায় মামা, তিনিও এখানেই থাকতেন, তিনি তবু একটু চালাক-চতুর। তিনি ছিলেন ক্যাশিয়ার। একবার কর্তাদাদামশায় ব্রজরায় মামাকে ফরমাশ করলেন, ভালো তালমিছরি নিয়ে এসো। কর্তাদাদামশায়ের আদেশ, ব্রজমামা তখুনি বাজারে ছুটলেন টাকাকড়ি পকেটে নিয়ে। তিন দিন আর দেখা নেই।

কর্তাদিদিমা ভাবছেন, ভাইয়ের কী হল। কর্তাদাদামশায়েরও ভাবনা হল, তাই তো তিন দিন লোকটার দেখা নেই, সঙ্গে টাকাকড়ি আছে, কিছু বিপদ আপদ ঘটল না কি। তখনকার দিনে নানা রকম ভয়ের কারণ ছিল। পুলিসে খবর দিলেন। পুলিস এদিক-ওদিক খোঁজখবর করছে। এমন সময়ে তিন দিন বাদে ব্রজরায় মামা মুটের মাথায় করে মস্ত এক তালমিছরির কুঁদো এনে উপস্থিত।

এখন হয়েছে কী, ব্রজরায় মামা বাজারে ভালো তালমিছরি খুঁজতে খুঁজতে কিছুতেই মনের মতো ভালো তালমিছরি পান না, বাজারেরই কেউ একজন বুঝি বলেছে যে বর্ধমানে ভালো মিছরি পাওয়া যাবে। ব্রজরায় মামা সেখান থেকেই সোজা টিকিট কেটে বর্ধমান চলে গেছেন, সেখানে গিয়ে এ-গাঁ ও-গাঁ ঘুরে তিন দিন বাদে মিছরির কুঁদো এনে হাজির। কর্তাদাদামশায় হাসবেন কি কাঁদবেন ভেবে পান না। সেই ব্রজরায় মামার ছোটো ভাই জগদীশমামা, বুঝে দেখো ব্যাপার।

তা 'রাজা ও রানী'র রিহার্সেল চলছে, রবিকাকা মেজোজ্যাঠাইমা সবাই ধরলেন, জগদীশমামা তুমিও নেমে পড়ো। একজনই ঘুরেফিরে আসার চেয়ে নতুন নতুন লোকের নতুন নতুন ক্যারেক্টার থাকবে। আমিও খুব উৎসাহী। বললুম, খুব ভালো হবে। জগদীশমামা বললেন, না দাদা, ভুলেটুলে যাব শেষটায়! আমি বললুম, কিছু ভুল হবে না, সময়মত আমি তোমাকে খোঁচা দেব, পিছন থেকে বলে দেব, তুমি ভেবে না।

এখন জনতার মধ্যে দুটি কথা, আধখানি লাইন বলতে হবে জগদীশমামার। রবিকাকা আবার বড়ো বড়ো করে লিখে দিলেন। আমরা তাকে রিহার্সেল দেওয়ালুম। কথা হচ্ছে জনতার মধ্যে একবার শুধু জগদীশমামা বলবেন যে 'তা আপনারা পাঁচজনে যা বলেন'। রোজ রিহার্সেলের সময় হলেই আগে থাকতে জগদীশমামা পার্ট মুখস্থ করতে থাকেন। একে ওকে বলেন, 'দেখো তো ভাই, ঠিক হচ্ছে কিনা, ভুলে যাচ্ছি না তো?' আর রোজই রিহার্সেলে ওঁর কথা-কয়টি বলবার সময় হলেই সব ভুলে যেতেন, আমি এদিক-ওদিক থেকে খোঁচা দিতে থাকতুম, জগদীশমামা, এবারে বলো তোমার পার্ট। উনি ঘাবড়ে গিয়ে কথাটি ভুলে যেতেন; বলতেন, 'তা তোমরা যা বলো দাদা, তা তোমরা যা বলো।'

রোজই এই কাণ্ড হতে লাগল। আর সেই জনতার সিনে আমাদের সে যা হাসি! শেষে কোনো রকম করে শেষ পর্যন্ত তাঁকে পার্ট মুখস্থ করানো গেল, কিন্তু পাঁচজনের পাঁচের চন্দ্রবিন্দু তার মুখে আসত না; বলতেন, 'তা পাচজনে যা বলেন।' তিনি আবার আমাদের গম্ভীর ভাবে জিজ্ঞেস করতেন, কেমন হল দাদা! আমরা বলতুম, অতি চমৎকার, এমন আর কেউ করতে পারত না। তিনি তো মহা খুশি।

রিহার্সেলে সে যা সব মজা হত আমাদের। রিহার্সেল ছেড়ে প্লেতে আর আমাদের জমত না। যেমন ছবি আঁকা, যতক্ষণ ছবি আঁকি আনন্দ পাই, ছবি হয়ে গেল তো গেল। এও তাই। রবিকাকা তাই পর পর একটা ছেড়ে আর-একটা লিখেই যেতেন। আমরা তো দিনকতক স্টেজেই ঘরবাড়ি করে ফেলেছিলুম। প্ল্যাটফর্ম পাতা থাকত, রোজ দুপুরে তাকিয়া পাখা পানতামাক নিয়ে সেখানেই আখড়াবাড়ির মতো সবাই কাটাতুম। মশগুল হয়ে থাকতুম ড্রামাতে। সে যে কী কাল ছিল। তখন রবিকাকার রোজ নতুন নতুন সৃষ্টি।

তার পর এই বাড়িতেই ত্রিপুরার রাজা বীরচন্দ্র মানিক্যকে 'বিসর্জন' নাটক দেখানো হয়, পুরানো সিন তৈরি ছিল সেই-সব খাটিয়েই। আমাদেরও পার্ট

মুখস্থ ছিল। রবিকাকা পার্ট নিয়েছিলেন রঘুপতির, অরুদা জয়সিংহের, দাদা রাজার, অপর্ণা এ বাড়িরই কোনো মেয়ে মনে নেই ঠিক। বালক বালিকা, তাতা আর হাসি, বোধ হয় বিবি আর সুরেন, তাও ঠিক মনে পড়ছে না।

এইখানে একটা ঘটনা আছে। রবিকাকাকে ও রকম উত্তেজিত হতে কখনো দেখি নি। এখন, রবিকাকা রঘুপতি সেজেছেন, জয়সিংহ তো বুকে ছোরা মেরে মরে গেল। স্টেজের এক পাশে ছিল কালীমূর্তি বেশ বড়ো, মাটি দিয়ে গড়া। কথা ছিল রঘুপতি দূর দূর বলে কালীর মূর্তিকে ধাক্কা দিতেই, কালীর গায়ে দড়াদড়ি বাধা ছিল, আমরা নেপথ্য থেকে টেনে মূর্তি সরিয়ে নেব। কিন্তু রবিকাকা করলেন কী, উত্তেজনার মুখে দূর দূর বলে কালীর মূর্তিকে নিলেন একেবারে দু হাতে তুলে। অত বড়ো মাটির মূর্তি দু হাতে উপরে তুলে ধরে স্টেজের এক পাশ থেকে আর-এক পাশে হাঁটতে হাঁটতে একবার মাঝখানে এসে থেমে গেলেন। হাতে মূর্তি তখন কাঁপছে, আমরা ভাবি কী হল রবিকাকার, এইবারে বুঝি পড়ে যান মূর্তিসমেত। তার পর উইংসের পাশে এসে মূর্তি আস্তে আস্তে নামিয়ে রাখলেন। তখনো রবিকাকার উত্তেজিত অবস্থা। জানো তো তাঁকে, অভিনয়ে কী রকম এক এক সময়ে উত্তেজনা হয় তাঁর। আমরা জিজ্ঞেস করলুম, কী হল রবিকাকা তোমার। ঐ অতবড়ো কালীমূর্তি দু হাতে একেবারে তুলে নিলে?

উনি বললেন, কী জানি কী হল, ভাবলুম মূর্তিটাকে তুলে একবারে উইংসের ভিতর ছুঁড়ে ফেলে দেব। উত্তেজনার মুখে মূর্তি তো তুলে নিলুম, ছুঁড়তে গিয়ে দেখি ও পাশে বিবি না কে যেন হারমোনিয়াম বাজাচ্ছে; এই মাটির মূর্তি চাপা পড়লে তবে আর রক্ষে নেই– হঠাৎ সামলে তো নিলুম, কিন্তু কোমর ধরে গেল।

তার পর অতি কষ্টে এ পাশে এসে রবিকাকা কোনো রকম করে মূর্তি নামান। সেই কোমরের ব্যথায় মাসাবধি কাল ভুগেছিলেন।

এর পরে সব শেষে হল 'খামখেয়ালী'। ড্রামাটিক ক্লাব নিয়ে নানা হাঙ্গামা হওয়ায় এবারে রবিকাকা ঠিক করলেন বেছে বেছে গুটিকতক খেয়ালী সভ্য নেওয়া হবে, অন্যান্যরা থাকবেন অভ্যাগত হিসাবে। নাম কী হবে, রবিকাকা ভাবছেন 'খেয়ালী সভা' 'খেয়ালী সভা'। আমি বললুম, নাম দেওয়া যাক খামখেয়ালী। রবিকাকা বললেন, ঠিক বলেছ, এই সভার নাম দেওয়া যাক খামখেয়ালী। ঠিক হল প্রত্যেক সভ্যের বাড়িতে মাসে একটা খামখেয়ালীর খাস মজলিস হবে, আর সভ্যেরা তাতে প্রত্যেকেই কিছু না কিছু পড়বেন। প্রত্যেক অধিবেশনের শেষে রবিকাকা একটা খাতায় নিজের হাতে বিবরণী লিখে রাখতেন। সেই খাতাটি আমি রথীকে দিয়েছি, দেখো তাতে অনেক জিনিস পাবে।

খাস মজলিসের কর্মসূচী যতটা মনে পড়ে এইভাবে লেখা থাকত, একটা নমুনা দিচ্ছি–

স্থান জোড়াসাঁকো।

নিমন্ত্রণকর্তা– শ্রীবলেন্দ্রনাথ ঠাকুর

অনুষ্ঠান।   শ্রীগগনেন্দ্রনাথ   কর্তৃক   'অরসিকের   স্বর্গপ্রাপ্তি'   আবৃত্তি। শ্রীরবীন্দ্রনাথ কর্তৃক 'ক্ষুধিত পাষাণ' ও 'মানভঞ্জন'-নামক গল্প পাঠ। গোঁসাইজির গান ও তাঁহার দাদার সংগত। গীতবাদ্য।

আহার।   ধূপধুনা রসুনচৌকি সহযোগে রেশমবস্ত্রমণ্ডিত জলচৌকিতে জলপান।

অভ্যাগতবর্গ। শ্রীযুক্ত চিত্তরঞ্জন দাশ

শ্রীযুক্ত অতুলপ্রসাদ সেন

শ্রীযুক্ত অমিয়নাথ চৌধুরী

শ্রীযুক্ত সুধীন্দ্রনাথ ঠাকুর

শ্রীযুক্ত অরুণেন্দ্রনাথ ঠাকুর

অভ্যাগত আরো অনেকেই ছিলেন– শ্রীযুক্ত উমাদাস বন্দ্যোপাধ্যায়, শ্রীযুক্ত সতীশরঞ্জন দাশ, শ্রীযুক্ত মনোমোহন ঘোষ, শ্রীযুক্ত মহিমচন্দ্র বর্মা, শ্রীযুক্ত করুণাচন্দ্র সেন, শ্রীযুক্ত নীরদনাথ মুখোপাধ্যায়। এঁরা অনেকেই নিমন্ত্রিত হিসেবে আসতেন।

খাস মজলিসে আহারও আমাদের এক-এক বার এক-এক ভাবে সাজিয়ে দেওয়া হত। কোনো বার 'ফরাসে বসিয়া প্লেটপাত্রে মোগলাই খানা', কখনো 'টেবিলে জলপান', কোনো বার বা 'সাদাসিদে বাংলা জলপান'।

এই খামখেয়ালীর যুগে আমাদের বেশ একটা আর্টের কাল্চার চল্‌ছিল। নিমন্ত্রণপত্রও বেশ মজার ছিল। একটা স্লেট ছিল, সেটা পরে দারোয়ানরা নিয়ে রামনাম লিখত, সেই স্লেটটিতে রবিকাকা প্রত্যেক বারে কবিতা লিখে দিতেন, সেইটি সভার সভ্য ও অভ্যাগতদের বাড়ি বাড়ি ঘুরত। ঐ ছিল খামখেয়ালীর নেমন্তন্ন পত্র। নেমন্তন্নের কয়েকটি কবিতা এখনো আমার মনে আছে।

শ্রাবণ মাসের ১৩ই তারিখ শনিবার সন্ধ্যাবেলা

সাড়ে সাত ঘটিকায় খামখেয়ালীর মেলা।

সভ্যগণ জোড়াসাঁকোয় করেন অবরোহণ

বিনয়বাক্যে নিবেদিছে শ্রীরজনীমোহন।

আর-একবার ছিল-এ থেকেই বুঝতে পারবে আমাদের খাস মজলিসে কী কী কাজ হত–

শুন সভ্যগণ যে যেখানে থাকো,

সভা খামখেয়াল স্থান জোড়াসাঁকো।

বার রবিবার রাত সাড়ে সাত,

নিমন্ত্রণকর্তা সমরেন্দ্রনাথ।
তিনটি বিষয় যত্নে পরিহার্য–
দাঙ্গা, ভূমিকম্প, পুণা-হত্যাকাণ্ড।
এই অনুরোধ রেখে খামখেয়ালী,
সভাস্থলে এসো ঠিক punctually ।

আরো সব বেড়ে মজার কবিতা ছিল–
এবার
খামখেয়ালীর সভার
অধিবেশন হবার
স্থান কিছু দূরে
সেই আলিপুরে।
নির্মল সেন
সবে ডাকিছেন।
শনিবার রাত
ঠিক সাড়ে সাত।

দাঁড়াও, আরো একটা মনে পড়ছে। দেখো তো, কথায় কথায় কেমন সব মনে আসছে একে-একে। কে জানত আমার আবার এও মনে থাকবে। সেবার এখানেই হয় খামখেয়ালীর অধিবেশন, এই জোড়াসাঁকোতেই–
এতদ্দারা নোটিফিকেশন
খামখেয়ালীর অধিবেশন
চৌঠা শ্রাবণ শুভ সোমবার
জোড়াসাঁকো গলি ৬ নম্বার।
ঠিক ঘড়ি ধরা রাত সাড়ে সাত
সত্যপ্রসাদ কহে জোড় হাত।
যিনি রাজী আর যিনি গররাজী
অনুগ্রহ করে লিখে দিন আজই।

এই-সব কাণ্ডকীর্তি আমাদের হত তখন। আমাকে রবিকাকা বললেন, অবন, তোমাকেও কিছু লিখতে হবে। কিছুতেই ছাড়েন না। আমি খামখেয়ালীতে প্রথম পড়ি 'দেবীপ্রতিমা' বলে একটা গল্প। পুরোনো 'ভারতী'তে যদি থেকে থাকে খোঁজ করলে পাওয়া যেতে পারে। রবিকাকা আমাকে প্রায়ই বলতেন, অবন, তোমার সেই লেখাটি কিন্তু বেশ হয়েছিল।

রবিকাকাও সে-সময় অনেক গল্প কবিতা খামখেয়ালীর জন্য লিখেছিলেন। সেই খামখেয়ালীর সময়েই 'বৈকুণ্ঠের খাতা' লেখা হয়। খামখেয়ালীতে পড়া হল, ঠিক হল আমরা অভিনয় করব। কেদার হলেন রবিকাকা, মতিলাল চক্রবর্তী

সাজলেন চাকর, দাদা বৈকুণ্ঠ, নাটোরের মহারাজা অবিনাশ, আমি সেই তিনকড়ি ছোকরা। ঐ সেবারেই আমার অভিনয়ে খুব নাম হয়। তখন আরো মোটা আর লম্বা-চওড়া ছিলুম অথচ ছোকরার মতো চটপটে, মুখেচোখে কথা; রবিকাকা বললেন, অবন, তুমি এত বদলে গেলে কী করে।

একটা বোতাম-খোলা বড়ো ছিটের জামা গায়ে, পানের পিচকি বুকময়। মা বলতেন, তুই এমন একটা হতভাগা-বেশ কোথেকে পেলি বল্ তো! এক হাতে সন্দেশের ঝুড়ি, আর-এক হাতে খেতে খেতে স্টেজে ঢুকছি, রবিকাকার সঙ্গে সমানে সমানে কথা কইছি, প্রায় ইয়ার্কি দিচ্ছি খুড়ো ভাইপোতে। প্রথম প্রথম বড়ো সংকোচ হত, হাজার হোক রবিকাকার সঙ্গে ও-রকম ভাবে কথা বলা, কিন্তু কী করব– অভিনয় করতে হচ্ছে যে। কথা তো সব মুখস্থ ছিলই, তার উপর আরো বানিয়ে টানিয়ে বলে যেতে লাগলুম। রবিকাকা আর থৈ পান না। আমাদের সেই অভিনয় দেখে গিরিশ ঘোষ বলেছিলেন, এ-রকম অ্যাক্টার সব যদি আমার হাতে পেতুম তবে আগুন ছিটিয়ে দিতে পারতুম।

একদিন রবিকাকা পার্ট ভুলে গেছেন, স্টেজে ঢুকেই এক সিন বাদ দিয়ে 'কী হে তিনকড়ি' বলে কথা শুরু করে দিলেন। আমি চুপিচুপি বলি, বাদ দিলে যে রবিকাকা, প্রথম সিনটা। তা, তিনি কেমন করে বেশ সামলে গেলেন।

জ্যোতিকাকা করেছিলেন আরো মজার– পার্ক স্ট্রীটে কী একটা প্লে হচ্ছে, স্টেজে ঢুকেছেন, ঢুকে নিজের পার্ট ভুলে গেছেন। তিনি সোজা উইংসের পাশে গিয়ে সকলের সামনেই জিজ্ঞেস করলেন, কী হে, বলে দাও-না আমার পার্টটা কী ছিল, ভুলে গেছি যে।

এই তো গেল নানা ইতিবৃত্ত।

কিছুকাল বাদে খামখেয়ালীও উঠে যায়। কেন যে উঠে যায় তার একটা গল্পও আছে। বলব তোমাকে সব? কী জানি শেষে না আবার বন্ধুমানুষ কেউ কেউ ক্ষুণ্ণ হন। যাক গে, নাম বলব না কারুরই, গল্প শুনে রাখো। আমার আর কয়দিন, যা-কিছু আমার কাছে আছে সব তোমার কাছে জমা দিয়ে যাই। অনেক কথাই কেউ জানে না, আমি চলে গেলে আর জানবার উপায়ও থাকবে না। দরকার মনে করো যদি জানিয়ো তাদের আমি তোমার কাছে বলেই খালাস; এর পর তোমার যা ইচ্ছে কোরো।

কী বলছিলুম যেন, খামখেয়ালী উঠে যাবার কথা, কেন উঠে গেল। বলি শোনো।

এখন, কথা ছিল যে প্রত্যেক সভ্যের বাড়ি এক-একবার খামখেয়ালীর খাস মজলিস হবে। মজলিসে কী কী পড়া হবে, কী ভাবে খাওয়ানো, কে গান করবে, বাজনা ইত্যাদি সব-কিছুরই ভার সেই সভ্যের উপরেই সেবারকার মতো থাকে। তা, প্রায় সবারই বাড়ি একটা করে অধিবেশন হয়ে গেছে, শেষবার আমাদের এক ইয়ং বিলেত-ফেরত বন্ধুর বাড়িতে মজলিস হবার পালা, তিনি তাঁর এক ক্লায়েন্টের বাগানবাড়ি নিলেন কলকাতার বাইরে। আমাদের নেমন্তন্ন করলেন।

মজলিসে খেয়ালীদের তো যেতেই হবে, সেই বাগানবাড়িতে আমরা সবাই গেলুম। গিয়ে দেখি কোনে কিছুরই ব্যবস্থা নেই। কত দিনের বন্ধ ঘর, তারই দু-একটা ঘর খুলে দিয়েছে– ভাপসা গন্ধ, নোংরা। আমরা সব বাইরে বাগানে পুকুরপাড়ে এসে বসলুম। সেখানেই কিছু গানবাজনা পড়াশুনো হল। রাতও দেখতে দেখতে বেশ হয়ে এল, কিন্তু খাবার আর আসে না। বসে আছি তো বসেই আছি। এক-একবার না পেরে দু-একজন উঠে গিয়ে বাগানের মালীকে জিজ্ঞেস করছি, কী রে, আর কত দেরি?

তারা বলে, ‘এই হচ্ছে, হল বলে’। এই হচ্ছে হল বলে, আর খাবার তৈরি হয় না কিছুতেই। মহা মুশকিল, রাত বেড়ে চলেছে, পেট সবার খিদেয় চোঁ চোঁ করছে। এই করতে করতে শেষটায় খাবার এল, ডাক পড়ল আমাদের। উঠে গেলুম ভিতরে। আমি আশা করেছিলুম বিলেত-ফেরত বন্ধু, বেশ প্যাটি-ফ্যাটি খাওয়াবে বোধ হয়। দেখি লুচি আর পাঁঠার ঝোল এই সব করেছে। তাও যা রান্না, বোধ হয় রাস্তার মুদিখানা থেকে বামুন ধরে আনা হয়েছিল। সে যা হোক, কোনোমতে কিছু কিছু মুখে দিয়ে সবাই উঠে পড়লুম। রাত তখন প্রায় বারোটা। সেবারকার মজলিস যতদূর ডিপ্রেসিং ব্যাপার হতে হয় তাই হয়েছিল। ফিটন গাড়িতে চড়লুম, রবিকাকা বললেন ‘ছাদ খুলে দাও।’ গাড়ির ছাদ খুলে দেওয়া হল। আকাশে তখন সরু চাঁদ উঠেছে, ঠাণ্ডা হাওয়া ঝির ঝির করে বইছে। ফিটন চলতে লাগল, আমরাও হাঁফ ছেড়ে বাঁচলুম। রবিকাকা বললেন, না, এ একটু বেশিরকম খামখেয়ালী হয়ে যাচ্ছে এ-রকম করে চলবে না।

সেই থেকে কমিটি সৃষ্টি হল। কমিটির উপর ভার পড়ল, তারাই সব ঠিক করে দেবে মজলিসে কী হবে না হবে। কমিটি মানেই তো ডাক্তার ডাকা। আমরাও কমিটির হাতে ভার দিয়ে আস্তে আস্তে যে যার সরে পড়লুম। এইভাবে ওটা চাপা পড়ে গেল। নইলে অনেক কাজ হয়েছিল, সে-সময়ে রবিকাকার ভালো ভালো বই বেরিয়েছিল। তার পর ভূমিকম্প, স্বদেশী হুজুগ; আমি চলে গেলুম আর্ট স্কুলে, রবিকাকা চলে গেলেন বোলপুরে, সব যেন ছত্রভঙ্গ হয়ে গেল। তার অনেক কাল পরে এই লাল বাড়িতে ‘বিচিত্রা’র সৃষ্টি হয়।

এইবারে বড়ো বাল্মীকিপ্রতিভার গল্প শোনো

এইবারে বড়ো বাল্মীকিপ্রতিভার গল্প শোনো। বড়ো বলছি এইজন্য, ও-রকম মহা ধুমধামে বাল্মীকিপ্রতিভা হয় নি আর। রবিকাকা তখন আমাদের দলের হেড, সাজপোশাক স্টেজ আঁকবার ভার আমাদের উপরে। ঐ সেবার থেকেই ও-সব কাজ আমাদের হাতে পেলুম। তার কিছুকাল আগে একবার বাল্মীকিপ্রতিভা নাটক করে আদিব্রাহ্মসমাজের জন্য এক পত্তন টাকা তোলা হয়ে গেছে। বেশ কয়েক হাজার টাকা উঠেছিল এই নাটক করে।

তা, এবারে কর্তাদাদামশায়ের কী খেয়াল, হল, লাটসাহেবের মেম লেডী ল্যান্সডাউনকে পার্টি দেবেন, হুকুম হল বাল্মীকিপ্রতিভা অভিনয় হবে।

বড়োরাও তাতে যোগ দিয়েছিলেন; মেজোজ্যাঠামশায় ছিলেন, জ্যোতিকাকামশায় ছিলেন। মেজোজ্যাঠামশায় তখন থাকেন বিরজিতলার বাড়িতে। সেখানেই আমাদের রিহার্সেল হবে। তিনি নিলেন রিহার্সেলের ভার। আমাদের মহাফুর্তি। মেজোজ্যাঠামশায়ের বাড়িতে রিহার্সেল মানেই তো খাওয়ার ধুম। খাইয়েও ছিলুম তখন খুব তা তো জানোই, বিকেল হতে না হতে সবাই ছুটতুম মেজোজ্যাঠামশায়ের বাড়ি। চা ও খাবার একপেট খেয়ে তার পর রিহার্সেল শুরু হত।

রবিকাকা সেজেছেন বাল্মীকি, আমরা সব ডাকাত, অক্ষয়বাবু দস্যু-সর্দার, বিবি লক্ষ্মী, প্রতিভাদিদি সরস্বতী, অভি হাতবাঁধা বালিকা। জোর রিহার্সেল চলছে।

সেখানে একদিন একটা কাপ্তেন এসেছিল, কাবুলীদের নাচ দেখালে। সে কী জবরদস্ত শরীর তাদের; টেনিস খেললে, তা এমন মার মারলে বল একেবারে গির্জে টপকে চলে গেল। তারা নেচেছিল খোলা তলোয়ার ঘুরিয়ে কাবুল দেশের হাজারী নাচ। এই যেমন তোমাদের সাঁওতাল নাচ আর কি, সেইরকম ওটা ছিল কাবুলী নাচ।

আমাদের তো রিহার্সেল তৈরি, সময়ও হয়ে এসেছে। যত-সব সাহেবসুবো, লাটসাহেবের মেম আসবে। আমরা সাজব ডাকাত। মেজোজ্যাঠামশায় বললেন,

ও হবে না, খালি গায়ে ডাকাত সাজা হবে না।

কী করা যায়। আমি বললুম, তা হলে ঐ হাজারীদের মতো সাজ করা যাক। সবাই খুশি, বললেন, এ ঠিক হবে। ডাকো দরজী। আগে ছিল ডাকাতদের খালি গা, বুকে সরু শালুর ফেটি। দরজী এসে আমাদের সাজ করতে লাগল, কাবুলীদের মতো গায়ে সেইরকম পাঞ্জাবি, পা অবধি কাবুলী পাজামা। আমাদের মহা উৎসাহ, ভাবছি এবারে আমরা ডাকাত সেজে দেখাব সবাইকে, ডাকাত কাকে বলে।

মহা সমারোহে স্টেজ সাজানো হল। নিতুদা নিলেন স্টেজ সাজাবার ভার। অনেক কারিকুরি করলেন তিনি স্টেজে। মাটি দিয়ে উঠোনের খানিকটা অর্ধচন্দ্রাকারে ভরাট করলেন। সেই থেকে সেই চাতালটা রয়ে গেছে। বটগাছ তো আগেই সাবাড় হয়েছিল, যা ছিল কিছু বাকি এনে পুঁতলেন, বনজঙ্গল বানালেন সেই মাটিতে। স্টেজে সত্যিকার বৃষ্টি ছাড়া হবে, দোতলার বারান্দা থেকে টিনের নল সোজা চলে গেছে স্টেজের ভিতরে। নানারকম দড়িদড়া বেঁধে গাছপালা উপরে ঝুলিয়ে রাখা হয়েছে, সিন বুঝে সেগুলি নামিয়ে দেওয়া হবে। পদ্মবন, শোলার পদ্মফুল, পদ্মপাতা বানিয়ে নেটের মতো পাতলা গজের পর্দা পর-পর চার-পাঁচটা স্তরে ঝুলিয়ে রাখা হয়েছে। প্রথমটা বেশ ঝাপসা কুয়াশার মতো দেখাবে, পরে এক-একটা পর্দা উঠে যাবে, ওপাশ থেকে আস্তে আস্তে আলো ফুটবে আর একটু একটু করে পদ্মবনে সরস্বতী ক্রমশ প্রকাশ পাবে।

তখন এ-রকম ইলেকট্রিক বাতি ছিল না, গ্যাস বাতি, কার্বন লাইটের ব্যবস্থা হল। লাল সবুজ মখমলের পর্দা দিয়ে স্টেজ সাজানো হল। এটা সেটা কিছুই বাদ নেই কর্তাদাদামশায়ের খরচে মনের সুখে জিনিসপত্তর আনিয়ে সাজানো গোছানো গেছে।

ও দিকে আবার বিরাট পার্টি। লাটসাহেবের মেম, দেদার সাহেব-সুবো ও বড়ো বড়ো মান্যগণ্য লোক সবাইকে নেমন্তন্ন করা হয়েছে। নীচে স্টেজ, উপরে দোতলার ছাদে 'সাপার' হবে, কত রকমের খাবারের আয়োজন, বরফের পাহাড় হয়ে গেছে। মেজোজ্যাঠামশায়, জ্যোতিকাকা, সারদা পিসেমশায় তারা সব রইলেন অতিথিদের খাওয়া দেখাশোনার ভার নিয়ে, রবিকাকা রইলেন আমাদের নিয়ে।

অভিনয়ের দিন এল; সব-কিছু তৈরি, নিতুদা স্টেজ ম্যানেজার, আমাদের সাজসজ্জা তৈরি, কাবুলী ইজের পরা, কোথায়ও না গা দেখা যায়, একেবারে নতুন সাজ। লম্বা জোব্বা-টোব্বা পরে রবিকাকাও তৈরি, গলায় চেনে বাঁধা। শঙ্খ ঝুলছে, শৃঙ্গবাদন করে ডাকাত ডাকবেন, সব ঠিকঠাক। অতিথি-অভ্যাগতরাও এসেছেন সব। অভিনয় শুরু করবার সময় হল। আমাদের যে বুক একটু দুরদুর না করেছে এমন নয়। রবিকাকাও যেমন একটু উত্তেজিত হয়ে পড়েন এ-সব ব্যাপারে, আমাকে বললেন, দেখো তো কেমন লোকজন হয়েছে বাইরে।

আমি তো কাঁচুমাচু করছি, কী দরকার দেখবার, হয়তো ঘাবড়ে যাব।

রবিকাকা বলছেন, আঃ, দেখোই না পর্দাটা একটু ফাঁক করে, কী রকম লোকজনের ভিড় হয়েছে দেখো।

স্টেজের ভিতর থেকেই এ-সব কথা হচ্ছে আমাদের। আমি আর কী করি, পর্দাটা আস্তে আস্তে একটু ফাঁক করে দেখি কী, ওরে বাবা! টাকে টাকে সারা উঠোন ভরে গেছে যে। যত-সব সাহেবদের সাদা সাদা মাথা একেবারে চকচক করছে। বুক দুরুদুরু করতে লাগল। আমি বললুম, এ না দেখলেই ভালো হত রবিকাকা। রবিকাকাও বললেন, তাই তো।

এ দিকে সময় হয়ে গেছে, আশু চৌধুরী উইংসের এক পাশে প্রোগ্রাম হাতে দাঁড়িয়ে, পিয়ানো হারমোনিয়াম নিয়ে জ্যোতিকাকামশায়, বিবি বসে, সিন উঠলেই বাজাতে শুরু করবেন। প্রথম সিনে ছিল সবার আগে ডাকাতের সর্দার অক্ষয়বাবু এক পাশ থেকে একটা হুংকার দিয়ে স্টেজে ঢুকবেন। পিছু পিছু দ্বিতীয় ডাকাত আমি, এই দুটি কমিক দস্যু, পরে একে-একে অন্য ডাকাতরা ঢুকবে। সব ঠিক; ঘণ্টা বাজল, বনদেবীরা ঘুরে ঘুরে গান করে গেল।

সিন উঠল। এখন অক্ষয়বাবুর পালা, তিনি কেন জানি না, পাশ থেকে স্টেজে না ঢুকে ও-পাশ দিয়ে ঘুরে মাঝখান দিয়ে ভিতর থেকে 'রী-রে-রে' বলে হাঁক দিয়ে যেই তেড়ে বেরিয়েছেন, নিতুদা অনেক-সব দড়িদড়ার কীর্তি করেছিলেন বলেছি, এখন তারই একটা দড়িতে অক্ষয়বাবুর গলা গেল বেধে। কিছুতেই আর খোলে না, কেমন যেন আটকে গেছে। যতই মাথাঝাঁকানি দেন, উঁচু, দড়ি খোলে না। মহা বিপদ, আমি পিছন থেকে আস্তে আস্তে দড়িটা তুলে দিতেই অক্ষয়বাবু এক লাফে স্টেজের সামনে গিয়ে গান ধরলেন—

আঃ বেঁচেছি এখন।

শর্মা ওদিক আর নন।

গোলেমালে ফাঁকতালে...সটকেছি কেমন

সা–ফ্‌ সটকেছি কেমন।

এই গান গাইতেই, আর তার উপর অক্ষয়বাবুর গলা, চার দিক থেকে হাততালি পড়তে লাগল। প্রথম গানেই এবারে মাৎ।

তার পর বৃষ্টি হল স্টেজে, আর সঙ্গে সঙ্গে গান

রিম ঝিম ঘন ঘন রে বরষে

পিছনে আয়না দিয়ে নানারকম আলো ফেলে বিদ্যুৎ দেখানো হচ্ছে, সঙ্গে সঙ্গে কড়কড় করে আমি ভিতর থেকে টিন বাজাচ্ছি, দুটো দন্তেল ছিল, দন্তেল জানো তো? কুস্তিগিররা কুস্তি করে, লোহার ডাণ্ডার দু-পাশে বড়ো বড়ো লোহার বল, নিতুদা দোতলায় ছাদ থেকে সেই দন্তেল দুটা গড়গড় করে এ-ধার থেকে ও ধার গড়াতে লাগলেন। সাহেব মেমরা তো মহা খুশি, হাততালির পর হাততালি পড়তে লাগল। যতদূর রিয়ালিস্টিক করা যায় তার চূড়ান্ত হয়েছিল।

এখন দস্যুরা ঢুকবে। আগেই তো বলেছি স্টেজে মাটি ভরাট করে গাছের ডাল পুঁতে দেওয়া হয়েছিল। এখন, বৃষ্টিতে সব কাদা হয়ে গেছে। দাদা স্টেজে

ঢুকেই তো দপাস করে পা পিছলে পড়ে গেলেন। পড়ে গিয়ে আর উঠলেন না, ওখানেই হাত-পা একটু তুলে বেঁকিয়ে ঐভাবেই পোজ দিয়ে রইলেন। আমরাও আশেপাশে সব যে যার পোজ দিয়ে বসলুম, লুটের জিনিস ভাগ হবে। দিনুকেও সেবারে নামিয়েছিলুম। দিনু তখন ছোটো, ওর একটা পোষা ঘোড়া ছিল, রোজ ঘোড়ায় চড়ত। সেই ঘোড়ার পিঠে আমাদের লুটের মাল বোঝাই করে দিনু স্টেজে এল। আমরা সব লুটের মাল ভাগ করলুম, একজন আবার গিয়ে ঘোড়াকে একটু ঘাসটাসও খাওয়ালে। সে কী অ্যাকটিং যদি দেখতে। তার পর চলল আমাদের মদ খাওয়া, খালি শূন্য মাটির ভাঁড় থেকে মদ ঢালা-ঢালি করছি, গান হচ্ছে–

তবে ঢাল্ সুরা, ঢাল্ সুরা, ঢাল ঢাল ঢাল !

আর খালি ভাঁড় মুখের কাছে ধরে ঢক্ ঢক্ করে হাওয়া পান করছি। এই সব করে কালীমূর্তির কাছে আমাদের নাচ। এই তখন সেই খোলা তলোয়ার ছোরা ঘুরিয়ে কাবুলীদের নাচ নেচে দিলুম আমরা। এই নাচ আমরা রিহার্সেলে কম কষ্ট করে শিখেছিলুম ? মেজোজ্যাঠামশায় ছড়ি হাতে দাঁড়িয়ে থাকতেন। গান গেয়ে নাচতে নাচতে হয়রান হয়ে পড়তুম তবুও থেমে যাবার জো নেই, থেমেছি কী মেজোজ্যাঠামশায় পিছন থেকে ছড়ি দিয়ে খোঁচা মারতেন। মহা মুশকিল, যে-জায়গায় খোঁচা মারতেন পিঠটা পাটা একটু রগড়ে নিয়ে আবার উদ্দাম নৃত্য জুড়ে দিতুম। আর কী গান সেই নাচের সঙ্গে বুঝে দেখো–

কালী কালী বলে রে আজ–
বলো হো, হো হো, বলো হো, হো হো,
বলো হো।
নামের জোরে সাধিব কাজ...
হাহাহা হাহাহা হাহাহা !

সবাই মিলে চেঁচিয়ে গান ধরেছি আর সঙ্গে সঙ্গে দু-তিনটে অর্গান প্রাণপণে টিপে বাজানো হচ্ছে, আর ঐ উদ্দাম নৃত্য– খোলা আসল তলোয়ার ঘুরিয়ে। কারো যে নাক কেটে যায় নি কী ভাগ্যিস। কী হাততালি পড়তে লাগল, এন্‌কোর এন্‌কোর চার দিক থেকে। কিন্তু ঐ জিনিস কি আর দুবার হয়।

হাতবাঁধা বালিকাকে আনা হল, অভি গান গাইলে,
হা, কী দশা হল আমার !
কোথা গো মা করুণাময়ী,
অরণ্যে প্রাণ যায় গো।
মুহূর্তের তরে মা গো, দেখা দাও আমারে–
জনমের মতো বিদায়।

সাহেবরা এ-সব তত বোঝে না, বাঙালি যাঁরা ছিলেন কেঁদে ভাসিয়ে দিলেন।

বাল্মীকি স্টেজে ঢুকে শাঁখ ফুঁকে ডাকাতদের ডাকবেন। স্টেজে ঢুকে শাঁখ

ফুঁকতে যাচ্ছেন, চোখে সোনার চশমা চকচক করছে। আমি বলি, ও রবিকাকা, চশমা, তোমার চোখে চশমা রয়েছে যে। রবিকাকা তাড়াতাড়ি মুখ ফিরিয়ে চশমা খুলে নিলেন।

ক্রৌঞ্চমিথুন শিকার করব, এবারে আর তুলোর বক এনে বসানো হয় নি। বুদ্ধি খুলেছে, ক্রৌঞ্চমিথুন দেখানোই হল না, অদৃশ্যে রয়ে গেল। সঙ্গীদের ডেকে ডেকে বলছি,

দেখ্ দেখ্, দুটো পাখি বসেছে গাছে।
আর দেখি চুপি চুপি আয় রে কাছে।

সে একেবারে আস্তে আস্তে পা টিপে টিপে এগচ্ছি, বোঝো তো স্টেজে ঐটুকু হাঁটতে ক-সেকেণ্ডেরই বা কথা কিন্তু মনে হত যেন সময় আর কাটে না। ধনুকে তীর লাগিয়ে টানাটানি করতে করতে যেই বলা

আরে, ঝট্ করে এইবারে ছেড়ে দে রে বাণ,

সঙ্গে সঙ্গে সবায়ের তীর ছোঁড়া– অডিয়েন্সের মধ্যে কী খুশির ঢেউ। সবাই উচ্ছ্বসিত হয়ে উঠল। পাঁকাটির তীর নানা দিকে ছড়িয়ে পড়ল, খালি ক্রৌঞ্চমিথুনই বধ হল না। আর আমাদের সে কী গান,

এই বেলা সবে মিলে চলো হো, চলো হে,...
বাজা শিঙা ঘন ঘন, শব্দে কাঁপিবে বন।

বন তো কাঁপত না, আমাদের গানের চীৎকারে পাড়াসুদ্ধ লোক জমাট বাঁধত দরজার সামনে, ভাবত হল কী এদের।

আকাশ ফেটে যাবে, চমকিবে পশুপাখি সবে,

কিন্তু পাখি তখন কোথায়, আমাদের গানের এক-এক হুংকারে সাহেবদের টাক চমকে উঠত। আমরা 'হো হো হো হো' শব্দে মেতে উঠতুম।

অক্ষয়বাবুর তো ঐ ভুঁড়ি, তার উপর আরো গোটা দুই বালিশ পেটের উপর চাপিয়ে ফেটি জড়িয়ে ইয়া ভুঁড়ি বাগালেন। আমরা গান করতুম,

বনবাদাড় সব ঘেঁটেঘুঁটে
আমরা মরি খেটেখুটে
তুমি কেবল লুটেপুটে
পেট পোরাবে ঠেসেঠুসে!

বলে খুব আচ্ছা করে সবাই মিলে চার দিক থেকে অক্ষয়বাবুর ভুঁড়িতে ঘুষি মারতুম। অক্ষয়বাবুও থেকে থেকে ভুঁড়িটা বাড়িয়ে দিতেন। সে যা ব্যাপার।

বাল্মীকি দল ছেড়ে চলে গেছে, ডাকাত-সর্দার অক্ষয়বাবু গান ধরলেন,

রাজা মহারাজা কে জানে,
আমিই রাজাধিরাজ।

আমার দিকে তাকিয়ে বললেন, 'তুমি উজির', আর-একজনের দিকে তাকিয়ে বললেন, 'কোতোয়াল তুমি', আর অডিয়েন্সের সাহেব-সুবোদের আঙুল দিয়ে দেখিয়ে বললেন, 'ঐ ছোঁড়াগুলো বর্কন্দাজ', বলে স্টেজে এক ঘূর্ণিপাক। আমি ভাবছি, করেন কী অক্ষয়বাবু। ভাগ্যিস সাহেবরা বাংলা জানেন না; তাই তারা অক্ষয়বাবুর গানের প্রতি লাইনে হাততালি দিয়ে যাচ্ছে।

দস্যু সর্দার বসলেন রাজাধিরাজ হয়ে হাত-পা ছড়িয়ে, আমাদের দিকে হাত নেড়ে পা দেখিয়ে বললেন,

পা ধোবার জল নিয়ে আয় ঝট্,
কর্ তোরা সব যে যার কাজ।

বললেন সুর করে,

জানিস না কেটা আমি!

আমরা বললুম,

ঢের ঢের জানি– ঢের ঢের জানি–

ভারি ফুর্তি আমাদের, দস্যু-সর্দারকে মানছি নে, উলটে আরো বকছি,

খুব তোমার লম্বাচওড়া কথা।
নিতান্ত দেখি তোমায় কৃতান্ত ডেকেছে।

সে যা অভিনয়; অমন আর হয় নি, কখনো হবেও না। ডাকাতের দল সেবারে স্টেজ মাৎ করে দিয়েছিল, স্টেজে ডাকাত ঢুকলেই হল একবার, চারি দিক থেকে অডিয়েন্স উৎসাহে হাততালি দিয়ে, এন্‌কোর বলে, সে এক কাণ্ড।

অক্ষয়বাবু সেবার যা ডাকাত সেজেছিলেন, লাটসাহেবের মেম তাঁর খুব প্রশংসা করলেন। বললেন, এ-রকম অ্যাক্টর যদি আমাদের দেশে যায় তবে খুব নাম করতে পারে। অক্ষয়বাবুর কী দেমাক, একেবারে বুক দশ হাত ফুলে উঠল। প্রায়ই আমাদের বলতেন, লেডি ল্যান্সডাউন আমার কথা বলেছেন যে He is my man জানো তা, এ কি চালাকি নাকি।

তার উপর রবিকাকার গান, আর তাঁর তখনকার গলা, যখন গাইতেন,

এ কী এ, এ কী এ, স্থির চপলা!
কিরণে কিরণে হল সব দিক উজলা।

সব লোক একেবারে স্তব্ধ হয়ে যেত।

লক্ষ্মী সেজে বিবি যখন লাল আলোতে স্টেজে ঢুকত, আহা সে যে কী সুন্দর দেখাত। সরস্বতীর বেলায় থাকত সব সাদা— সাদা শোলার পদ্মফুলের মধ্যে শুভ্র সাজে প্রতিভাদিদি যখন বীণা হাতে বসে থাকতেন প্রথমে সবাই ভেবেছিল মাটির প্রতিমা। সেও যে কী শোভা কী বলব তোমাকে। অস্ট্রীচের ডিমের খোলা দিয়ে শখ করে একটি ছোটো সেতার বানিয়েছিলুম, সেটা রুপোলি রাংতা দিয়ে মুড়ে বীণা তৈরি হয়েছিল। আমার সেই সেতারটি ঐ করে করেই গেল। তা সেই বীণাটি হাতে নিয়ে প্রতিভাদিদি বসে থাকতেন, শেষটায় উঠে রবিকাকার হাতে বীণা দিয়ে বলতেন,

> এই নে আমার বীণা, দিনু তোরে উপহার—
> যে গান গাহিতে সাধ, ধ্বনিবে ইহার তার।

সে কথা সত্যি সত্যিই ফলল ওঁর জীবনে।

ভগ্নহৃদয় লেখা চুকিয়ে রবিকাকা

'ভগ্নহৃদয়' লেখা চুকিয়ে রবিকাকা সেই সবে বিলেত থেকে ফিরেছেন। জ্যোতিকাকামশায় থাকেন তখন ফরাশডাঙার বাগানে। আমরা থাকি চাঁপদানির বাগানে। এই দুই বাগান আমাদের দুই পরিবারের। আমরা তখন ছোটো ছোটো ছেলে। এক-একদিন বেড়াতে যেতুম ফরাশডাঙার বাগানে যেমন ছেলেরা যায় বুড়োদের সঙ্গে। সেই একদিনের কথা বলছি।

তখন মাসটা কী মনে পড়ছে না, খুব সম্ভব বৈশাখ। আমের সময়। বসে আছি বাগানে। খুব আম-টাম খাওয়া হল। রীতিমত পেটের সেবা করে তার পর গান। জ্যোতিকাকামশায় বললেন, 'রবি, গান গাও।' গান হলেই রবির গান হবে। আমি তখন সাত-আট বছরের ছেলে। রবিকাকার দশ বছরের ছোটো। ওঁর তখন সতেরো বছর। সেই গানটা হল—

ভরা বাদর মাহ ভাদর

শূন্য মন্দির মোর।

গঙ্গার ধারে, জ্যোতিকাকামশায় হারমোনিয়াম বাজাচ্ছেন, প্রথম সেই গান শুনলুম, সে-সুর এখনো কানে লেগে রয়েছে। কী চমৎকার লাগল। গান হতে হতে সন্ধে হল, মেঘ উঠল। গঙ্গার উপর কোন্নগরী মেঘ। নতুনকাকীমা বললেন, 'আর না, এবারে ছেলেদের নিয়ে রওনা দাও।'

ঘোড়ার গাড়িতে আসতে আসতে কী ঝড়, কী বৃষ্টি। 'চেরেট' গাড়ি, নতুন রকমের। আমরা কটি ছেলে, বাবামশায় আর বড়োপিসেমশায়! গাড়িটা ছিল কতকটা টঙ্গা গোছের। গ্র‍্যাণ্ড ট্রাঙ্ক রোডে মড়মড় করে একটা ডাল ভেঙে পড়ল গাড়ির সামনে। ওটা গাড়ির উপর পড়লে রবিকাকার গান শোনা সেই প্রথম এবং শেষ হত আর আমারও গল্প বলা ঐখানেই থেমে যেত। বাল্যকালে যখন সুরবোধ হয় নি, তখন সেই গান শুনে ভালো লেগেছিল। 'ভরা বাদর' গাইবার সঙ্গে সঙ্গে সুরের বর্ষার সঙ্গে সত্যিকার বর্ষা নামল।

সেদিন আর ফিরবে না। তার পর গানের পর গান শুনেছি, সেই প্রথম দিন

থেকে আজ পর্যন্ত ওঁর কত গানই শুনেছি। যৌবনের পাখি চলে গেছে, আর-এক পাখি এসেছে। তিনি লিখেছেন– আমি চলে যাব, নতুন পাখি আসবে। কিন্তু নতুন পাখি আর আসবে না! একলা মানুষের কণ্ঠে হাজার পাখির গান। আমার এখনো মনে হয় তার সব রচনার মধ্যে– লেখাই বলো। ছবিই বলো– সব চেয়ে বড়ো হচ্ছে তাঁর গানের দান।

কথার সঙ্গে সুর রবিকাকার মতো কেউ মেলাতে পারে নি। ব্রহ্মসংগীতের সবগুলো সুর ওঁর নিজস্ব সুর নয়। ‘মায়ার খেলা’র মতো অপেরা আর হয় নি। আমি সেদিন রথীকে বলেছিলুম, ‘মায়ার খেলা কর-না আর-একবার। রথী বললে, ‘লোকে বলে ওতে কেবলই ‘লভ’।’ আমি বললুম, ‘ও-রকম লোক তোমাদের দলে যদি কেউ থাকে তাকে বিদেয় করে দিয়ো।’ ‘মায়ার খেলা’য় তিনি প্রথম সুরকে পেলেন, কথাকেও পেলেন! বোধ হয় ‘সখিসমিতি’র সাহায্যার্থে ওটি রচিত হয়, ওতে তাঁর নিজের কথার সঙ্গে সুরের পরিণয় অদ্ভুত সুস্পষ্ট হয়ে উঠেছে। ওখানে একেবারে ওঁর নিজস্ব সুর। অপেরা-জগতে ওটি একটি অমূল্য জিনিস। কিন্তু হায়, যে ও-সব গান গাইবে সে মরে গেছে। সেই পাখির মতো আমাদের ছোটো বোনটি চলে গেছে। এখনো ‘মায়ার খেলা’র গান যদি কাউকে গাইতে শুনি, তার গলা ছাপিয়ে কতদূর থেকে আমাদের সেই বোনটির গান যেন শুনি।

সে-সুরে যে পাখি গাইত সে পাখি মরে গেছে। কে গাইবে। অভির গলায় ঐ সুর যা বসেছিল! তার গলার timbre অদ্ভুত ছিল। প্রতিভাদিদিও গেয়েছেন, কিন্তু ও-রকম নয়। গান শুনে তবে মায়ার খেলা বুঝতে হয়।

ওঁর গান শুনলে এখনো আমার মনে যে কী ভাবের উদয় হয় তা ওঁরই একটি গানের একটি ছত্রে বলছি :

পূর্ণচাঁদের মায়ায় আজি ভাবনা আমার পথ ভোলে।

সেই খামখেয়ালীর যুগে রবিকাকাকে দেখেছি

সেই খামখেয়ালীর যুগে রবিকাকাকে দেখেছি, তাঁর তখন কবিত্বের ঐশ্বর্য ফুটে বের হচ্ছে। চার দিকে নাম ছড়িয়ে পড়ছে। বাড়িতেও ছিলেন তিনি সবার আদরের। বাবামশায় যখন সভায় মজলিসে 'রবির একটা গান হোক' বলতেন সে যে কী স্নেহের সুর ঝরে পড়ত। তখন রবিকাকার গাইবার গলা কী ছিল, চার দিক গমগম করত। বাড়িতে কিছু একটা হলেই তখন 'রবির গান' নইলে চলত না। আমরা ছিলুম সব রবিকাকার অ্যাডমায়ারার। জ্যোৎস্নারাতে ছাদে বসে রবিকাকার গান হত। সে-সব দিন গেছে। কিন্তু ছবি চোখের উপর ভাসে, স্পষ্ট দেখতে পাই, এখনো সে-সব গানের সুর কানে লেগে আছে যেন। আমাদের ছেলেবেলায় দেখেছি বাবামশায়ের আমলে বাড়িতে তখন 'বিদ্বজ্জনসমাগম' বলে একটা সভা বসত। তাতে জ্ঞানীগুণীরা আসতেন, সভার নাম দেখেই বুঝতে পারছ। প্রতিভাদিদির ওস্তাদী গান হত। আমরা ফুল লতা দিয়ে দোতালার হল্-ঘর সাজাতুম। সেইখানেই সভা হত। বাবামশায় তখন আমাদের উপর ঐ-সব ছোটো খাটো কাজের ভার দিতেন। সভার নাম আমাদের মুখে ভালো করে আসত না, আমরা নাম দিয়েছিলুম 'বিদ্যুতজন সমাগম' সভা রঘুনন্দন ঠাকুর একবার প্রতিভাদিদিকে তানপুরো বকশিশ দিয়েছিলেন।

এখনো মনে আছে সভায় বাবা বলতেন, জ্যোতি, তুমি তোমার হারমোনিয়াম বাজাও, রবি, তোমার সেই গানটা করো– 'বলি ও আমার গোলাপবালা'। ঐ গানটি তখন সবার খুব পছন্দ ছিল। থেকে থেকে হুকুম হত, 'গোলাপবালা'র গানটা হোক।

কিন্তু বক্তা ঈশ্বরবাবু, তিনি একেবারে রবিকাকার উল্টো। তিনি বলতেন, কী কবিতা লেখে রবিবাবু, চল, চল, বল, বল, ও কি কবিতা। আর একে কী গান বলে, 'বলি ও আমার গোলাপবালা'। হ্যাঁ, গলা হচ্ছে সোমবাবুর, যেমনি গলা তেমনি গান গায় বটে। রবিবাবু আবার কী গান গায়।

ঈশ্বরবাবুকে আর আমরা বাগ মানাতে পারি নে। নুড়ো গোপাল মস্ত ওস্তাদ, তিনিও শেষটায় স্বীকার করেছিলেন রবিকাকার গানে কিছু আছে।

কিন্তু ঈশ্বরবাবুকে আর পেরে উঠছি না। তখন আমরা ছিলুম রবিকাকার গানের কবিতার পরম ভক্ত; কেউ কিছু সমালোচনা করলে কোমর বেঁধে লাগতুম, তাদের বুঝিয়ে ঘাড় কাত করিয়ে তবে ছাড়তুম।

তখন বঙ্গবাসী সঞ্জীবনী কাগজ বের হত। ঈশ্বরবাবু বঙ্গবাসী দেখতে পারতেন না; বলতেন, বঙ্গবাসী আবার একটা কাগজ, ইংলিশম্যান পড়ো। ইংলিশম্যান কাগজ দ্বারকানাথের আমলের, আগের নাম ছিল হরকরা, তিনিই বের করে গেছেন।

তখন সেই বঙ্গবাসীতে শশধর তর্কচূড়ামণি, কালীপ্রসন্ন কাব্যবিশারদ ও চন্দ্রনাথ বসু এই তিনজন লোক রবিকাকার কবিতা গল্প নিয়ে খুব লেখালেখি করতেন, তক্কাতক্কি হত। তখনকার কাগজগুলিই ছিল ঐ-রকম সব খোঁচাখুঁচিতে ভরা। রবিকাকা ওঁরা তখন একটা কাগজ বের করেন যাতে কোনোরকম গালাগালি ঝগড়াঝাঁটি থাকবে না। থাকবে শুধু ভালো কথা, কাগজের নাম বড়োজ্যাঠামশায় দিলেন 'হিতবাদী'। সেই সময়েই 'সাধনা'য় বের হল রবিকাকার 'হিং টিং ছট' নামে কবিতাটি।

আমরা ঈশ্বরবাবুকে গিয়ে বললুম, দেখে তো এই কবিতাটি কেমন হয়েছে, একবার পড়ে দেখো, একে কবিতা বলে কিনা। এই বলে আমরাই তাকে কবিতাটি পড়ে শোনাই। সেই কবিতাটি শুনে ঈশ্বরবাবু ভারি খুশি; বললেন, এটা লিখেছে ভালো হে, এতদিনে হয়েছে ছোকরার, হ্যাঁ একেই বলে লেখা।

এইবার ঈশ্বরবাবুও পথে এলেন।

তা রবিকাকার লেখা দেশের লোক অনেকেই অনেককাল অবধি বুঝত না, উল্টে গালাগালি দিয়েছে। সেদিনও যখন আমি অসুখের পর স্টীমার বেড়াই, তখন তো আমি বেশ বড়োই, এক ভদ্রলোক বললেন, রবিবাবু যে কী লেখেন কিছু বোঝেন মশায়? রবিকাকা বিলেত থেকে আসার পর দেখি তেমন আর কেউ উচ্চবাচ্য করে না। হয় কী, বড়ো একটা গাছের উপর হিংসে, সেটা হয়। বন্ধুভাগ্য যেমন ওঁর বেশি, অবন্ধুও কম নয়।

তা, সেই খামখেয়ালীর সময় দেখেছি, কী প্রোডাকশন ওঁর লেখার, আর কী প্রচণ্ড শক্তি। নদীর যেমন নানা দিকে ধারা চলে যায়, তাঁর ছিল তেমনি। আমাদের মতো একটা জিনিস নিয়ে, ছবি হচ্ছে তো ছবি নিয়েই বসে থাকেন নি। একসঙ্গে সব ধারা চলত। কংগ্রেস হচ্ছে, গানবাজনা চলেছে, নাচও দেখছেন, সামান্য আমোদ-আহ্লাদ-আনন্দও আছে, আর্টেরও চর্চা করতেন তখন। ঐ সময়ে আমাকে মাইকেল এঞ্জেলোর জীবনী ও রবিবর্মার ফোটোগ্রাফের অ্যালবাম দিয়েছিলেন।

খেয়াল গেল ছোটোদের স্কুল করতে হবে। নীচের তলায় ক্লাস-ঘর সাজানো হল বেঞ্চি দিয়ে, ঝগড়ু চাকর ঝাড়পোঁছ করছে, ঘণ্টা জোগাড় হল, ক্লাস বসবে। কোথেকে মাস্টার ধরে আনলেন। কোথায় কী পাওয়া যাবে, রবিকাকা জানতেনও সব। হাল্কাভাবে কিছু হবার জো নেই, যেটি ধরছেন, নিখুঁতভাবে সুসম্পন্ন করা

চাই। ছেলেদের উপযোগী বই লিখলেন, আমাকে দিয়েও লেখালেন। ঐ সময়েই 'ক্ষীরের পুতুল' 'শকুন্তলা' ঐ-সব বইগুলি লিখি। নানা জায়গা থেকে বাল্যগ্রন্থ আনালেন।

প্রকাণ্ড ইন্টেলেক্ট, অমন আমি দেখি নি আর। বটগাছ যেমন নানা ডালপালা ফুলফল নিয়ে আপনাকে প্রকাশ করে রবিকাকাও তেমনি বিচিত্র দিকে ফুটে উঠলেন। যেটা ধরছেন, এমন-কি ছোটোখাটো গল্প, তাতেও কথা কইবার জো নেই, সব-কিছু এক-একটি সম্পদ। লোকে বলে এক্সপিরিয়েন্স নেই, কল্পনা থেকে লিখে গেছেন, তা একেবারেই নয়। লোকে খামখেয়ালীর যুগে থাকলে বুঝতে পারত।

মাথায় এল ন্যাশনাল কলেজ কী করে করা যাবে। তারক পালিত দিলেন লক্ষ টাকা, স্বদেশী যুগের টাকাও ছিল কিছু, তাই দিয়ে বেঙ্গল টেকনিক্যাল ইন্‌স্টিটিউট নামে কলেজ খোলা হল। তাতে তাঁত চলবে, দেশলাইয়ের কারখানা আরো সব-কিছু থাকবে।

কলেজ চলছে, মাঝে মাঝে কমিটির মিটিং বসে।

এখন, এক কমিটি বসল বউবাজারের ওখানে একটি বাড়িতে। রবিকাকা গেছেন, আমরাও গেছি, ভোট দিতে হবে তো মিটিঙে। সার্‌ গুরুদাস বাঁড়ুজ্জে সভার প্রেসিডেন্ট, ইচ্ছে করেই ওঁকে করা হয়েছে, তা হলে ঝগড়াঝাঁটি হবে না নিজেদের মধ্যে। কোনো প্রস্তাব হলে উনি দু-পক্ষকেই ঠাণ্ডা রাখছেন। রবিকাকা সেই মিটিঙে প্রস্তাব করলেন এমন করে কলেজের কাজ চলবে না। প্র্যাকটিক্যাল ট্রেনিঙের দরকার। ছ-সাতটি ছেলেকে খরচ দিয়ে বিদেশে জায়গায় জায়গায় পাঠিয়ে সব শিখিয়ে তৈরি করে আনা হোক।

খুবই ভালো প্রস্তাব। প্র্যাকটিক্যাল ট্রেনিঙের খুবই প্রয়োজন, নয় তো চলছে না। সে মিটিঙে আর-এক জন পাল্টা প্রস্তাব করলেন, তিনি এখন নামজাদা প্রফেসার, 'তার দরকার কী মশায়। বই আনান, বই পড়ে ঠিক করে নেব।'

শেষে সেই প্রস্তাবই রইল। আমরা সব অবাক। রবিকাকা চুপ। এই রকম সব ব্যাপার ছিল তখন। রবিকাকার স্কীমের ঐ দশা হত। বাধা পেয়েছেন অনেক, অন্যায় ভাবে। সেই সময় থেকেই বোধ হয় ওঁর মনে মনে ছিল যে নিজেদের একটা-কিছু না করলে হবে না। শান্তিনিকেতনে ব্রহ্মচর্য আশ্রমে রবিকাকা নিজের মনের মতো ফ্রি স্কোপ পেলেন। জমিজমা পুরীর বাড়ি এমন-কি কাকীমার গায়ের গয়না বিক্রি করে শান্তিনিকেতনে সব ঢেলে দিয়ে কাজ শুরু করলেন।

বিরজিতলায় মেজোজ্যাঠামশায়ের বাড়িতে

বিরজিতলায় মেজোজ্যাঠামশায়ের বাড়িতে 'মায়ার খেলা' অভিনয় হয়। 'বাল্মীকিপ্রতিভা'র পরে এই 'মায়ার খেলা', যা দেখে মন নাড়া দিয়েছিল।

'রাজা' অভিনয় প্রথম বোধ হয় এই বাড়ির উঠোনেই হয়। আমরা তাতে কী সেজেছিলুম মনে পড়ছে না। স্টেজ ডেকোরেশন আমরাই করেছি।

একবার 'শারদোৎসবে' প্রম্প্টারকে স্টেজে নামিয়েছিলুম, তা জানো না বুঝি? এক অদ্ভুত ব্যাপার হয়েছিল। রবিকাকা আমরা সবাই আছি। দেখি থেকে থেকে আমরা পার্ট ভুলে যাচ্ছি। ভয় হয় রবিকাকা কখন ধমকে টমকে বসবেন। রবিকাকাও দেখি মাঝে মাঝে আটকে যান। পার্ট আর মুখস্থ হয় না।

রবিকাকাকে বললুম, বয়স হয়ে গেছে পার্ট মনে রাখতে পারি নে, প্রম্প্টার পাশ থেকে কী বলে শুনতেও পাই নে সব সময়। শেষে স্টেজে নেমে বিপদে পড়ব, প্রম্প্টারকে স্টেজে নামানো যায় না?

রবিকাকা বললেন, সে কী কথা! আমি বললুম, দেখোই-না, বেশ মজাই হবে।

প্রম্প্টারদের বললুম, মশায়, স্টেজে আমাদের সঙ্গে সঙ্গে ঘুরতে হবে। তারাও বললে, সে কী মশায়! আমি বললুম, আমি সব ঠিক করে সাজিয়ে গুজিয়ে দেব, ঠিক মানিয়ে যাবে। ভয় নেই কিছু। নয়তো শেষে পার্ট ভুলে রবিকাকার তাড়া খেয়ে এই বয়সে একটা সিন করি আর কী। তা হবে না, তোমাদেরও নামতে হবে।

দুইজন প্রম্প্টার নামবে। তাদের করলুম কী, বেশ নীলচিটে কালচিটে পাতলা কাপড়ের বোরখার মতো গেলাপ পরিয়ে মাথা থেকে পা পর্যন্ত দিলুম ঢেকে। চোখের আর মুখের জায়গাটা একটু ফাঁক রাখলুম অবিশ্যি। হাতে দিলুম বড়ো একটা বাঁশের ডাণ্ডা। সোনালি রুপোলি কাগজ দিয়ে চক্কোর মতো লাগিয়ে দিলুম সেই ডাণ্ডাতে। যেমন মিউজিক স্ট্যাণ্ড হয় সেইরকম— যেন জীবন্ত মিউজিক স্ট্যাণ্ড বাইরে থেকে দেখতে হল। ভিতর দিকে রইল বইয়ের পাতা সুতো দিয়ে আটকানো।

এখন, এই ডাণ্ডা হাতে নিয়ে দুইজন প্রম্পটার দু-পাশ থেকে স্টেজের অ্যাক্টারদের পিছনে ঘুরে ঘুরে প্রম্পট করে দিতে লাগল। আমাদের বড়ো সুবিধা হয়ে গেল, আর ভুল নেই, অভিনয় চলল।

বেশ হয়েছিল তাদের দেখতে অনেকটা ব্যাকগ্রাউণ্ডের সঙ্গে মিশে গিয়েছিল, অল্প অল্প দেখাও যাচ্ছে পাতলা কাপড়ের ভিতর দিয়ে, কালো দৈত্যদানবের মতো পিছনে ঘোরাঘুরি করছে আর স্টেজও বেশ মানিয়ে গিয়েছিল। কী একটা অভিনয় ছিল ঠিক মনে পড়ছে না। রথী বা নন্দলালকে জিজ্ঞেস কোরো, বলে দিতে পারবে।

এখন, অভিনয় তো হল, আমাদের আর কোনো অসুবিধা নেই, থেকে থেকে কখনো আমরা প্রম্পটারের কাছে যাচ্ছি, তারাও থেকে থেকে আমাদের পিছনে এসে পার্ট বলে দিয়ে যাচ্ছে। রবিকাকাও দেখি মাঝে মাঝে ঘাড় কাত করে মাথা হেলিয়ে শুনে নিচ্ছেন আর অভিনয় করছেন। অভিনয়ের পরে জানাশোনার মধ্যে যাঁরা অভিনয় দেখেছিলেন তাঁদের জিজ্ঞেস করলুম, কেমন লাগল।

তারা বললে, অতি চমৎকার, আর ও-দুটো কালো কালো দৈত্যদানবের মতো পিছনে পিছনে ঘুরছিল, ও কী মশায়।

আমি বললুম, প্রম্পটার। কিছু শুনতে পেয়েছিলেন কি।

তাঁরা বললেন, কিছু না কিছু না, অতি রহস্যজনক ব্যাপার দুটো মূর্তি, আমরা আরো ভাবছিলাম পিছনে দৈত্য দানব আর সামনে আপনারা ইত্যাদি ইত্যাদি।

তাঁরা অনেক অনেক কিছু ভেবে নিয়েছিলেন। বেড়ে হয়েছিল সেবারে ঐ প্রম্পটারদের ব্যাপার। প্রম্পটাররা বললে, বেড়ে তো হল আপনাদের, আর আমরা থলের ভিতর ঘেমে ঘেমে সারা।

'ফাল্গুনী' জোড়াসাঁকোর বাড়িতেই হয়, তাতে আমি, দাদারা সবাই পার্ট নিয়েছিলুম। শান্তিনিকেতনের ছোটো ছোটো ছেলেরাও ছিল। স্টেজ সাজিয়েছিলুম দোলাটোলো বেঁধে। বাঁকুড়া দুর্ভিক্ষের জন্য টাকা তুলতে হবে, যত কম খরচ হয় তারই চেষ্টা। ব্যাকগ্রাউণ্ডে দেওয়া হল সেই বাল্মীকিপ্রতিভার নীল রঙের মখমলের বনাত, দেখতে হল যেন গাঢ় নীল রঙের রাতের আকাশ পিছনে দেখা যাচ্ছে। বটগাছ তো আগেই সাবাড় হয়ে গিয়েছিল, বাদামগাছের ডালপালা এনে কিছু কিছু এখানে-ওখানে দিয়ে স্টেজ সাজানো হল। সেই বাদামগাছও এই এবারে কাটা পড়ল। বাঁশের গায়ে দড়ি ঝুলিয়ে দোলা টানিয়ে দিলুম। উপরে একটু ডালপাতা দেখা যাচ্ছে, মনে হতে লাগল যেন উঁচু গাছের ডালের সঙ্গে দোলা টানানো হয়েছে। তখন নন্দলালদের হাতেও একটু একটু স্টেজ সাজাবার ভার ছেড়ে দিই, জায়গায় জায়গায় বাৎলে দিই কোথায় কী দিতে হবে আর শেষ টাচটা দিই আমি নিজের হাতে। ঐ শেষ টাচ ঝেড়ে দিতেই আর-এক রূপ খুলে যেত। সেই গল্পই একটা বলি শোনো। এই স্টেজ সাজানো এ কি আর দু-দিনের কথা। কবে থেকে কত এক্সপেরিমেন্ট করে তবে আজকের এই দাঁড়িয়েছে।

একবার 'শারদোৎসবে' তো ঐ রকম করে স্টেজ সাজানো হল, পিছনে দেওয়া হল নীল বনাতটি, তখন থেকে ঐ নীল বনাতই টানিয়ে দেওয়া হত

স্টেজের ব্যাকগ্রাউণ্ডে। প্রকাণ্ড একটা শোলার ছত্র ছিল বেশ ঝিক্‌ঝিকে আসামের অভ্র দেওয়া। সেইটিই এক পাশে টাঙিয়ে দেওয়ালুম। বেশ নীল রঙের আকাশের গায়ে ছত্রের রঙটি চমৎকার দেখতে লাগল। রবিকাকার তেমন পছন্দ হল না; বললেন, রাজছত্র কেন আবার। বেশ পরিষ্কার ঝরঝরে স্টেজ থাকবে। বলে সেটিকে খুলে দিলেন।

মনটা খারাপ হয়ে গেল। একদিন ড্রেস রিহার্সেল হবে, কোন্ সিনে কোন্ লাইট হবে, কোন্ লাইট আস্তে আস্তে মিলিয়ে যাবে, কোন্ লাইট আবার ধীরে ধীরে ফুটে উঠবে রথী আর কনক সব লিখে নিলে। সেবারে অভিনয়ে লাইটের উপর বিশেষভাবে নজর দেওয়া হয়েছিল। এখন, সেই ড্রেস রিহার্সেল হবে, মনটা তো আমার খারাপ হয়ে আছে, শখ করে রাজছত্র টানালুম সেটা পছন্দ হল না কারো। বসে বসে ভাবছি।

নন্দলালকে বললুম, নন্দলাল, নীল রঙের বনাতের উপরে চাঁদ দিতে হবে।

নন্দলাল বললে, তা হলে চাঁদ এঁকে দেব কাপড়ের উপরে?

আমি বললুম, না, চাঁদ আঁকবে কী। সত্যিকার চাঁদ চাই। শরৎকালের আকাশ তাতে প্রতিপদের চাঁদ চাই আমার।

নন্দলাল আর ভেবে পায় না।

আমি বললুম, যাও মালীর দোকান থেকে রুপোলি কাগজ নিয়ে এসো।

নন্দলাল তখুনি দু-সিট রুপোলি কাগজ নিয়ে এল।

বললুম, কাটো, বেশ বড়ো করে একটি প্রতিপদের চাঁদ কাঁচি দিয়ে কাটো, আর গুটি দুই-তিন তারা।

নন্দলাল বেশ বড়ো করে চাঁদ গুটি দুই-তিন তারা রুপোলি কাগজের সিট থেকে কেটে নিয়ে এল।

আমি বললুম, যাও বেশ ভালো করে আঠা লাগিয়ে আকাশের গায়ে সেঁটে দাও। ভালো করে দিয়ে, শেষে যে আধখানা চাঁদ ঝুলে পড়বে আকাশের গা থেকে তা যেন না হয়।

নন্দলালকে পাঠিয়ে মন সুস্থির হল না। নিজেই গেলুম দেখতে ঠিকমত লাগানো হয় কি না।

নন্দলালকে বললুম, এখন কাউকে কিছু বোলো না। আজ রাত্তিরে যখন ড্রেস রিহার্সেল হবে তখন সবাই দেখবে।

তার পর স্টেজেতে নীল পর্দার উপরে যখন লাইট পড়ল, যেন সত্যিকার আকাশটি। সবাই একেবারে মুগ্ধ।

নন্দলালকে বললুম, নন্দলাল, দেখে নাও।

কী চমৎকার দেখাচ্ছিল। শেষ টাচ, এক চাঁদ আর গুটি-দুই ঝক্‌ঝকা। সেই চাঁদ ডাকঘরেও আছে, ফোটোতে দেখতে পাবে।

সেইবার ফাল্গুনীতে আমি সেজেছিলুম শ্রুতিভূষণ। শান্তিনিকেতন থেকে ছোটো ছোটো ছেলেরাও এসেছিল বলেছি। ওখান থেকে গানটান কোনোরকম তৈরি করে আনা হত, আসল রিহার্সেল এখানেই হত আমাদের নিয়ে। খুব জমে

উঠেছে রিহার্সেলে। মণি গুপ্তও ছিল এখানে দলের মধ্যে। দেখি ওর কোনো পার্ট নেই।

বললুম, তুইও নেমে পড়, অভিনয়ে—

কী পার্ট দেওয়া যায়।

বললুম, আমার চেলা সেজে ঢুকে পড়। বলে তাকেও নামিয়ে দিলুম। সে আমার পুঁথিটুথি নস্যির ডিবে আসন এই-সব নিয়ে ঢুকে পড়ল। ছোট্ট ছেলেটি, গোলগাল মুখখানা, লাল চেলি পরিয়ে গলায় পৈতে ঝুলিয়ে নন্দলাল সাজিয়ে দিয়েছিল। বেশ দেখাচ্ছিল।

আমি পরেছিলুম শুঁড়তোলা চটি, গায়ে নামাবলী, যেমন পণ্ডিতদের সাজ, গরদের ধুতি, তা আবার কোমর থেকে ফস্‌ফস্‌ করে খুলে যায়। নন্দলালকে বললুম লম্বা একটা দড়ি দিয়ে কোমরে ধুতিটা ভালো করে বেঁধে দাও, দেখো যেন খুলে না যায় আবার স্টেজের মাঝখানে। কাপড়ের ভাবনাই ভাবব, না অভিনয়ের কথা ভাবব। আচ্ছা করে কোমরে লম্বা দড়ি তো জড়িয়ে নিয়ে তৈরি হয়ে নিলুম। মণীন্দ্রভূষণ থেকে থেকে নস্যির ডিবেটা এগিয়ে দিত আচ্ছা করে নস্যি নাকে দিয়ে সে যা অভিনয় করেছিলুম।

রবিকাকা সেজেছিলেন অন্ধ বাউল। পিয়ার্সনকেও সেবার সেনাপতি সাজিয়ে নামানো হয়েছিল। তখন এক মেমসাহেব শান্তিনিকেতনে কিছু কাল ছোটোদের পড়াতেন, প্যালেস্টাইন না কোথা থেকে এসেছিলেন। রবিকাকাকে বললুম, তাঁকেও নামিয়ে দাও। অভিনয়ে সাহেব আছে তার একটা মেমসাহেবও থাকবে, বেশ হবে।

রবিকাকা বললেন, ও কী করবে।

আমি বললুম, কিছু করবার দরকার কী, মাঝে মাঝে স্টেজে এসে অন্য অনেকের মতো ঘোরাফেরা করে যাবে। রবিকাকাকে বলে তাকেও নামিয়ে নিলুম। প্রতিমারা মেমসাহেবকে সাজিয়ে দিলে। আমি বললুম, বেশি কিছু বদলাতে হবে না, ওদের দেশে যেমন মাথায় রুমাল বাঁধে সেই রকমই বেঁধে একটু-আধটু সাজ বদলে দিলেই হবে।

অভিনয় খুব জমে উঠেছে। আমি শ্রুতিভূষণ সেজে বাঁকা সাপের মতো লাঠি হাতে, তোমার দাদা মুকুলেরই দেওয়া সেটি, লাঠির মুখটা কেটে আবার সাপের মতো করে নিয়েছিলুম, সেই লাঠি হাতে ছেলেছোকরাদের ধমকাচ্ছি।

‘ওগো দখিন হাওয়া’ গানের সঙ্গে ছেলেরা খুব দোলনায় দুলছে। কেউ আবার উঠতে পারে না দোলনাতে, নেহাত ছোট্টো, তাকে ধরে দোলনাতে বসিয়ে দিই। খুব নাচ গান দোল এই সব চলছে।

শেষ গান হল ‘আজ সবার রঙে রঙ মিশাতে হবে। সেই গানে নানা রঙের আলোতে সকলের একসঙ্গে হুল্লোড় নাচ। আমি ছোটো ছোটো ছেলেগুলোকে কোলে নিয়ে পুঁথিপত্র নস্যির ডিবে হাতে, নামাবলী ঘুরিয়ে নাচতে লাগলুম। মেমসাহেবও নাচছে। রবিকাকার ভয়ে সে বেচারি দেখি স্টেজের সামনে আসছে না, সবার পিছনে পিছনে থাকছে। আমি তার কাছে গিয়ে এক হাতে কোমর

জড়িয়ে ধরে স্টেজের সামনে এনে তিন পাক ঘুরিয়ে দিলুম ছেড়ে, মেমসাহেবের কোমর ধরে বল্ নাচ নেচে। অডিয়েন্সের হো হো শব্দের মধ্যে ড্রপসিন পড়ল।

ডাকঘর অভিনয় হবে, স্টেজে দরমার বেড়ার উপর নন্দলাল খুব করে আলপনা আঁকলে। একখানা খড়ের চালাঘর বানানো হল। তক্তায় লাল রঙ, ঘরে কুলুঙ্গি, চৌকাঠের মাথায় লতাপাতা, ঠিক যেখানে যেমনটি দরকার যেন একটি পাড়াগেঁয়ে ঘর। সব তো হল। আমি দেখছি, নন্দলালই সব করলে। সেই নীল পর্দার চাঁদ ডাকঘরেও এল। মাঝে মাঝে আমাকে জিজ্ঞেস করে, আমি বলি বেশ হয়েছে। নন্দলালের সাধ্যমত তো স্টেজকে পাড়াগেঁয়ে ঘর বানালে। তার পর হল আমার ফিনিশিং টাচ।

আমি একটা পিতলের পাখির দাঁড়ও এক পাশে ঝুলিয়ে দেওয়ালুম। নন্দলাল বললে, পাখি ?

আমি বললুম, না, পাখি উড়ে গেছে, শুধু দাঁড়টি থাক্।

দেখি দাঁড়টি গল্পের আইডিয়ার সঙ্গে মিলে গেল। সবশেষে বললুম, এবারে এক কাজ করো তো নন্দলাল। যাও, দোকান থেকে একটি খুব রঙচঙে পট নিয়ে এসো তো দেখি। নন্দলাল পট নিয়ে এল। বললুম, এটি উইঙের গায়ে আঠ দিয়ে পট্টি মেরে দাও।

যেমন ওটা দেওয়া, একেবারে ঘরের রূপ খুলে গেল। সত্যিকার পাড়াগেঁয়ে ঘর হল। এতক্ষণ মনে হচ্ছিল যেন সাজানো-গোছানো। এসব ফিনিশিং টাচ আমার পুঁজিতে থাকত। এই রকম করে আমি নন্দলালদের শিখিয়েছি।

ডাকঘরে আমি হয়েছিলুম মোড়ল। ওরকম মোড়ল আর কেউ সাজতে পারে নি। তখন মোড়ল সেজেছিলুম, সেই মোড়লি করেই চলেছি এখনো।

এই স্টেজ সাজানো দেখো কতভাবে হত, এই তো কয়েক রকম গেল। আর-একবার শারদোৎসবে বক উড়িয়ে দিলুম ব্যাকগ্রাউণ্ডে। নন্দলালদের বললুম, একটা কাপড়ে খড়িমাটি প্রলেপ দিয়ে নিয়ে এসো।

ওরা কাপড়ে খড়িমাটির প্রলেপ দিয়ে টান করে ধরল। আমি এক সার বক এঁকে দিলুম ছেড়ে। তারা ডাকতে ডাকতে স্টেজের উপর দিয়ে যেতে লাগল।

দালানের সামনে সেবার শারদোৎসব হয়।

তখন অভিনয়ে এক-একজনের সাজসজ্জাও এমন একটু অদলবদল করে দিতুম যে, সে অন্য মানুষ হয়ে যেত। রবিকাকার দাড়ি নিয়ে কম মুশকিলে পড়েছি? শোনো সে গল্প।

এখন, রবিকাকার যত দাড়ি পাকছে সেই পাকা দাড়িকে কালো করতে আমাদের প্রাণ বেরিয়ে যাচ্ছে। কোনো রকম করে তো দাড়িতে কালো রঙ লাগিয়ে অভিনয়ে কাজ সারা হত কিন্তু অভিনয়ের পরে রাত্তিরে সেই কালো রঙ ওঠানো সে এক ব্যাপার। ভেসলিন তেল মেখে সাবান দিয়ে ঘষে ঘষে তার রঙ ওঠাতে হয়। আমার চুলে যে সাদা রঙ একটু-আধটু লাগিয়ে কাঁচাপাকা চুল করা হত তাই ধুয়ে পরিষ্কার করাই আমার পক্ষে অসম্ভব হত। আমি তো কালিঝুলি মাখা অবস্থায়ই এসে ঘুমিয়ে থাকতুম। কে আবার রাত্তির বেলা ঐ

ঝঞ্ঝাট করে। কিন্তু রবিকাকার তো তা হবার জো নেই।

সেবার 'তপতী' অভিনয় হবে– রবিকাকা সেজেছেন রাজা। সাজগোজ রবিকাকা বরাবর যতখানি পারেন নিজেই করতেন। পরে আমরা তাতে হাত লাগাতুম।

তপতীর ড্রেস রিহার্সেল হবে। সুরেন, রথী ওরা বাক্সভর্তি রঙ কালি এনেছে। রবিকাকা তা থেকে কয়েকটা কালো রঙ তুলে নিয়ে ঢুকলেন ড্রেসিং রুমে। নিজেই দাড়ি কালো করবেন।

খানিক বাদে বেরিয়ে এলেন মুখে গালে দাড়িতে কালিকুলি মেখে। ছোটো ছেলে লিখতে গেলে যেমন হয়। আমি বললুম, রবিকাকা, এ করেছ কী।

রবিকাকা বললেন, কেন, দাড়ি বেশ কালো হয়েছে তো।

আমি বললুম, দাড়ি কালো হবে বলে কি তোমার মুখও কালো হয়ে যাবে নাকি।

এখন, রবিকাকা করেছেন কী, আচ্ছা করে গালের উপর কালো রঙ ঘষেছেন– তাতে দাড়ি কালো হয়েছে বটে, সঙ্গে সঙ্গে গালের চামড়া ও মুখের চার দিক কালো হয়ে অতি বিচ্ছিরি একটা ব্যাপার হল দেখতে।

আমি বললুম, এ চলবে না– না-হয় সাদা দাড়ি থাকবে তাও ভালো, অল্প বয়সে কি লোকদের চুল পাকে না? এ রাজারও অল্প বয়সেই চুল পেকেছে– তাতে হয়েছে কী। তা বলে তোমার মুখ কালো হয়ে যাবে– ও হবে না। প্রতিমাও বললে, রোজ এই রাত্তিরে জল ঘাঁটাঘাঁটি করে শেষে বাবামশায়ের একটা অসুখ-বিসুখ করবে।

ড্রেস রিহার্সেল তো হল। রাত্তিরে শুয়ে শুয়ে ভাবছি কী করা যায়। সকালে উঠে প্রতিমাকে বললুম, তোরা মেয়েরা যে অনেক সময়ে মাথায় কালো রঙের গজের কাপড় দিস– তাই গজখানেক আনা দেখি। ঐ-যে মেমসাহেবরা চুল আটকাবার জন্যে পরে। পাতলা, অনেকটা চুলেরই মতো দেখতে লাগে দূর থেকে। সেই কাপড় তো এল– আমি অভিনয়ের আগে রবিকাকাকে বললুম, তুমি আজ আর রঙ মেখো না দাড়িতে। আমি তোমার দাড়ি কালো করে দেব। বলে, সেই কাপড় বেশ করে কেটে দাড়িতে গেলাপের মতো লাগিয়ে কানের দু-পাশে বেঁধে দিলুম। গোঁফেও ঐ রকম করে খানিকটা কাপড় লাগিয়ে মুখের কাছটা কেটে দিলুম। সবাই বললে, কেমন হবে দেখতে। আমি বললুম, ভেবে না– স্টেজে আলো পড়লে এ ঠিকই দেখাবে।

সত্যি, হলও তাই, স্টেজ থেকে যা দেখাল, সবাই অবাক। বললে এ চমৎকার কালো দাড়ি হয়েছে। রবিকাকারও আর কোনো ঝঞ্ঝাট রইল না– অভিনয়ের পরে কাপড়ের গেলাপটি খুলে ফেললেই হল।

বহুকাল অবধি স্টেজ সাজাবার ও অভিনয় যারা করবে তাদের সাজিয়ে দেবার কাজ আমাদের হাতেই ছিল– এখন না-হয় তোমরা নিয়েছ সে-সব কাজ। আর-একবার কী একটা অভিনয়ে– এই তোমাদের কালেরই ব্যাপার, যাতে বাসুদেব তাণ্ডব নেচেছিল– সেই স্টেজেরই ঘটনা বলি শোনো। বাসুদেবকে দেশ

থেকে আনানো হয়েছিল তাণ্ডব নাচের জন্য। তার পর কী কারণে যেন তাকে নাকচ করে দেওয়া হয়।

এখানে তো দলবল এসেছে অভিনয় হবে, স্টেজ তৈরি হল– মহাধুমধামে। স্টেজে রাজবাড়ির ফ্রন্ট হবে– খিলেন-টিলেন দেওয়া, স্টেজ আর্কিটেক্ট সুরেন শান্তিনিকেতন থেকেই কাঠের ফ্রেম তৈরি করে আনিয়ে ফিট-আপ করেছে। এখন তাতে কাপড় লাগিয়ে রঙ দেবে। নেপালের রাজা বোধ হয় সেবার অভিনয় দেখতে এসেছিলেন।

আমি বললুম, করেছ কী। কাপড় লাগিয়েছ, ভিতর থেকে আলো দেখা যাবে যে!

কী করা যায়!

বললুম, দরমা নিয়ে এসো।

যেখান থেকে আলো দেখা যায় সেখানে দরমা লাগিয়ে দেওয়ালুম। এখন কাপড়ে রঙ করবে কী করে। একদিনে কাপড়ে মাটি লাগিয়ে রঙ দিলে শুকোবে কেন। তখন আবার বর্ষাকাল– দিনরাত বৃষ্টি হচ্ছে। খানিক শুকোবে খানিক শুকোবে না– সে এক বিতিকিচ্ছি ব্যাপার হবে দেখতে।

তাই তো, এখন উপায়। বললুম, স্টেজের মাপ নিয়ে যাও– বড়ো বড়ো পিস্ বোর্ড কিনে এনে কাঠের ফ্রেমের উপর লাগিয়ে দাও। অভিনয় হবে সন্ধ্যেতে– সকালে এই-সব কাণ্ড হচ্ছে। প্রোসিনিয়াম (Proscenium) ঠিক না হলে তো হবে না। নন্দলালকে বললুম, আজ আর এবেলা বাড়ি যাব না– এখানেই আমাকে একটু তামাক-টামাকের বন্দোবস্ত করে দাও।

দোকান থেকে পিস্‌বোর্ড এল, কাঠের ফ্রেমে লাগানো হল। বললুম, বেশ করে গোলাপি রঙ খানিকটা গুলে দাও।

বড়ো বড়ো তুলি দিয়ে সেই রঙ পিস্‌বোর্ডের উপর লাগিয়ে দিয়ে সুরেনকে বললুম, এবারে এদিক-ওদিকে কিছু লাইন কাটো। চমৎকার গোলাপি পাথরের প্রোসিনিয়াম তৈরি হয়ে গেল। আমি বললুম, বাঃ, দেখো তো এবার। কাদা দিলে তার উপরও আঁকা চলত বটে কিন্তু সাত দিনেও শুকোত না।

বাড়ি ফিরে এলুম– ওদিকে তো ঐ-সব হচ্ছে– বাসুদেব দেখি মুখ শুকিয়ে ঘোরাঘুরি করছে। আমি রবিকাকাকে গিয়ে বললুম, আচ্ছা বাসুদেব তো ভালোই নাচে, তবে ওকে তোমরা এবারে নাচতে দিচ্ছ না কেন।

রবিকাকা বললেন, না, ও যেন কী রকম নাচে, এদের সঙ্গে মেলে না– আর ও যা কালো, স্টেজে মানাবে না।

আমি বললুম, আচ্ছা আমার হাতে ছেড়ে দাও এক রাত্তিরের জন্য। আশা করে এসেছে, আমি সাজিয়ে দিই– যদি ভালো না লাগে পরে নাকচ করে দিয়ে।

রবিকাকার তো মত নিয়ে এলুম। আমাদের ছেলেবেলায় সেই 'বাল্মীকিপ্রতিভা' দেখবার দরবার মনে পড়ল। বাসুদেবকে বললুম, দরবার মঞ্জুর হয়ে গেছে, ঠিক তিনটের সময় আমাকে খবর দিয়ো– আমি তোমাকে সাজিয়ে

দেব। সে তো খুব খুশি।

ইতিমধ্যে আমি খাওয়াদাওয়া করে বিশ্রাম করে উঠতে তিনটার সময় বাসুদেব এল। বাসুদেবকে নিয়ে গেলুম যেখানে নন্দলাল সবাইকে সাজাচ্ছে। সবার সাজ তৈরি। নন্দলাল আমাকে বললে, তা হলে বাসুদেবকে একটু হলদে রঙটঙ মাখিয়ে দিই।

আমি বললুম, অমন কাজও কোরো না। ওকে সাদা রঙই দাও আর হলদে মাখাও, ভিতর থেকে নীল আভা বের হবেই। খানিক গেরিমাটি আনো। সব গায়ে মাখাবার দরকার নেই— জায়গায় জায়গায় যেখানে রুখো কালো আছে সেখানে সেখানে লাগিয়ে দাও।

নন্দলাল বাসুদেবের হাঁটুতে কনুইতে ঘাড়ে এখানে ওখানে বেশ করে গেরিমাটির গুঁড়ো ঘষে লাগিয়ে দিলে। কালো রঙের উপরে গেরি লাগাতে দিব্যি যেন একটা আভা ফুটে উঠতে লাগল। এইটুকু করে দিয়ে আমি নন্দলালকে বললুম, এবারে একটু চোখ ভুরু টেনে ওকে ছেড়ে দাও। বেশ করে মালকোঁচা ধুতি পরিয়ে মাথায় একটা পটকা, গলায় একটু গয়না এই সব একটু-আধটু দিয়ে সাজিয়ে দেওয়া গেল।

সেদিন অডিয়েন্সের খুব ভিড়, কোথায় বসি। কৃতির বাড়ির সামনে নীচের তলায় একটু খিলেনমত আছে। নন্দলাল আমার সঙ্গে। সেখানেই দুজনে কোনোমতে জায়গা করে চৌকির চেয়েও আরামে বসে রইলুম।

বাতি জ্বলল, সিন উঠল। বাসুদেব যখন স্টেজে ঢুকল— কী বলব তোমাকে— মনে হল যেন ব্রোঞ্জের মূর্তিটি। মনে ভয় ছিল বাসুদেব এবার কী করে, শেষে না রবিকাকার তাড়া খেতে হয়।

অন্য সব নাচ কানা সেদিন। বাসুদেবের নাচে সবাই আশ্চর্য হয়ে রইল— যেন ব্রোঞ্জের নটরাজ জীবন্ত হয়ে স্টেজে নেচে দিয়ে গেল। শুধু রঙ মাখালেই স্টেজে খোলতাই হয় না। রঙ মাখানোর হিসেব আছে। ভগবান-দত্ত চামড়াকে বাঁচিয়ে তবে রঙ মাখাতে হয়। এ কি সোনার উপর গিল্টি করা– খোদার উপর খোদকারি? যার যা রঙ তা রেখে সাজাতে হয়।

অভিনয়ের পরে রবিকাকাকে বললুম, এই বাসুদেবকে না নামালে তোমাদের প্লে জমতই না।

এখন দেখো সাজের একটু অদলবদলে জিনিসটা কতখানি তফাত হয়।

‘নটীর পূজা’তে আমরা ছিলুম না। তখন ওরা সবাই পাকা হয়ে গেছে— আমরা দেখবার দলে। রবিকাকা তার কিছুকাল আগে বিলেত থেকে ফিরে এসেছেন। আমাকে দাদাকে ফিরে এসে আরবী জোব্বা দিলেন।

সেদিন অভিনয়ে অনেকেই আসবেন— লাটসাহেবের মেমও বুঝি আসবেন। রবিকাকা আমাদের বললেন, তোমরা ভালো করে সেজে এসো।

আমরা রবিকাকার দেওয়া সেই আরবী জোব্বা পরে দ্বারে দাঁড়িয়ে আছি অতিথি রিসিভ করতে।

নটীর পূজা অভিনয় হল– নন্দলালের মেয়ে গৌরী নটী সেজেছে। ও যখন নটী হয়ে নাচল সে এক অদ্ভুত নাচ। অমন আর দেখি নি। ড্রপ পড়তেই ভিতরে গেলুম। গৌরীকে বললুম, আজ যে নাচ তুই দেখালি; এই নে বকশিশ। বলে রবিকাকার দেওয়া সেই জোব্বা গা থেকে খুলে দিয়ে দিলুম। ওকে আর কিছু বললুম না– নন্দলালকে বললুম, তোমার মেয়ে আজ আগুন স্পর্শ করেছে, ওকে সাবধানে রেখো।

তার পরে আর-একবার দেখেছিলুম যখন 'তপতী' হয়েছিল। অমিতা তপতী সেজে অগ্নিতে প্রবেশ করছে। সেও এক অদ্ভুত রূপ। প্রাণের ভিতরে গিয়ে নাড়া দেয়। আমি 'তপতী'র সমস্ত ছবি এঁকে রেখেছিলুম।

পরে যত অভিনয়ই হয়েছে আজকাল, অমন আর দেখলুম না– সে সত্যি কথাই বলব।

তাই তো একবার রবিকাকাকে বললুম, করলে কী রবিকাকা, ঘরের পিদিম নিভিয়ে ফেললে, এখন বাইরের পিদিম জ্বালিয়ে কী করবে।

রবিকাকা বললেন, তা আর কী করা যায়, চিরকালই কি আর ঘরের পিদিম জ্বলে।

দেখো মনে সব থাকে

দেখো মনে সব থাকে। সেই ছেলেবেলা কবে কোন্‌কালে দেখেছি রাজেন মল্লিকের বাড়িতে নীলে সাদায় নকশা কাটা প্রকাণ্ড মাটির জালা, গা-ময় ফুটো, উপরে টানিয়ে রাখত। ভিতরে চোঙের মতো একটা কী ছিল তাতে খাবার দেওয়া হত। পাখিরা সেই ফুটো দিয়ে আসত, খাবার খেয়ে আর-এক ফুটো দিয়ে বেরিয়ে যেত। অবাধ স্বাধীনতা, ঢুকছে আর বের হচ্ছে। মানুষের মনও তাই। স্মৃতির প্রকাণ্ড জালা, তাতে অনেক ফুটো। সেই ফুটো দিয়ে স্মৃতি ঢুকছে আর বের হচ্ছে। জালা খুলে বসে আছি, কতক বেরিয়ে গেছে কতক ঢুকছে কতক রয়ে গেছে মনের ভিতর, ঠোকরাচ্ছে তো ঠোকরাচ্ছেই, এ না হলে হয় না আবার। আর্টেরও তাই। এই ধরো-না বিশ্বভারতীর রেকর্ড, রবিকাকা কোথায় গেলেন, কী করলেন, সব লেখা আছে; কিন্তু তা আর্ট নয়, ও হচ্ছে হিসেব। মানুষ হিসেব চায় না, চায় গল্প। হিসেবের দরকার আছে বৈকি, কিন্তু ঐ একটু মিলিয়ে নেবার জন্য, তার বেশি নয়। হিসেবের খাতায় গল্পের খাতায় এইখানেই তফাত। হিসেব থাকে না মনের ভিতরে, ফুটো দিয়ে বেরিয়ে যায়, থাকে গল্প। সেই 'ঘরোয়া' গল্পই বলে গেলুম তোমাকে।

জোড়াসাঁকোর ধারে

অনুলিখন
রানী চন্দ

প্রথম প্রকাশ ১৩৫১

VISVA-BHARATI

PRATISTHATA-ACHARYA
RABINDRANATH TAGORE

ACHARYA
ADANINDRANATH TAGORE

SANTINIKETAN,
BENGAL, INDIA.

মনে সুখের মূর্তি ১১ দুঃখের মূর্তি – এমন
ভাবে এই দুই তার খানিকটা দিয়ে যাওয়া রয়া
এমন প্রতিষ্ঠিত-আসন আমি তবু এ লেখায়
দিন বিশ্বাস, সুতরাং এ হবে, মা কিছু তার
উপর যাবে ।

সুতরাং কথা লেখবার যায়ে দিন গোড়া হয়ে এবে,
তুমি সেযাবে মোন-এবার মাত তলিন এমন
সুতরাং যা কিছু যায় যায় এই এ এ আরতির মা-
আমি দেন-মতি হয়া দই

শ্রীরবীন্দ্রনাথ ঠাকুর

শান্তিনিকেতন-
১৩৪১

১

তোমাদের এখানে আজ বর্ষামঙ্গল হবে? আমাদেরও ছেলেবেলা বর্ষামঙ্গল হত। আমরা কী করতুম জান? আমরা বর্ষাকালে রথের সময়ে তালপাতার ভেঁপু কিনে বাজাতুম; আর টিনের রথে মাটির জগন্নাথ চাপিয়ে টানতুম, রথের চাকা শব্দ দিত ঝন্‌ ঝন্‌; যেন সেতার নুপুর সব একসঙ্গে বাজছে। আকাশ ভেঙে বৃষ্টি পড়ত দেখতে পেতুম থেকে থেকে মেঘলা আলোকে রোদ পরাত চাঁপাই শাড়ি-কী বাহার খুলত! তবে শোনো বলি একটা বাদলার কথা। সন্ধে হতে ঝড়জল আরম্ভ হল, সে কী জল, কী ঝড়! হাওয়ার ঠেলায় জোড়াসাঁকোর তেতলা বাড়ি যেন কাঁপছে, পাকা ছাত ফুটো হয়ে জল পড়ছে সব শোবার ঘরে। পিদিম জ্বালায় দাসীরা, নিবে নিবে যায় বাতাসের জোরে। বিছানাপত্তর গুটিয়ে নিয়ে দাসীরা আমাদের কোলে করে দোতলায় নাচঘরে এনে শোয়ালে। বাবা মা, পিসি পিসে, চাকর দাসী, ছেলেপুলে, সব এক ঘরে। এক কোণে আমাকে নিয়ে আমার পদ্ম দাসী কটর কটর কলাইভাজা চিবোচ্ছে, আমাকেও দু-একটা দিচ্ছে আর ঘুম পাড়াচ্ছে, চুপি চুপি ছড়া কাটছে-ঘুমতা ঘুমায়; গাল চাপড়াচ্ছে আমার, পা নাচাচ্ছে নিজের ছড়া কাটার তালে তালে।

ও দিকে শোঁ-শোঁ শব্দ করছে বাইরের বাতাস; এক একবার নড়েচড়ে উঠছে বড়ো ঘরের বড়ো বড়ো কাঠের দরজাগুলো। খানিক ঘুমিয়ে খানিক জেগে কাটল ঝড়ের রাত। সকালে কাক পাখি ডাকে না, আকাশ ফরসা হয় না। মাছের বাজারে মাছ আসে নি, পানবারুই পান আনে নি। শশী পরামানিক এসে খবর দেয়, শহরের রাস্তায় হয়েছে এককোমর জল।

ও দিব্য ঠাকুর, আজ কী রান্না?– 'ভাতে ভাত খিচুড়ি' বলে খুন্তি হাতে চলে যায় রান্নাবাড়ির দিকে। কেরাঞ্চি গাড়ি চলল না আপিসের দিকে, গোরুর গাড়িতে ব্যাঙের ছাতার নীচে বসে ব্যাঙ্কের বড়োবাবুরা সরকারী কাজে যাচ্ছেন। সিঙ্গিদের পুকুর ভেসে মাছ পালিয়েছে, পাড়ার লোক ধরে ধরে ভেজে খাচ্ছে। হিরু মেথর এসে খবর দিতেই বেড়িয়ে পড়ল বিপনে চাকর ছোটো ডিঙি বেয়ে শহরের অলিগলিতে ফিরতে। কাগজের নৌকো চলল আমাদের ভেসে– এ গাছ ঘুরে, ও বাগানে ডুবে যাওয়া গোল চক্কর ঘুরে একটানা স্রোতে পড়ে চলতে চলতে ফটকের লোহার শিকে ঠেকে উলটে পড়ল কাদায় জলে লট্‌পট্‌ একগোছা। বিচিলির লঙর ফেলে।

১৩১

ঈশ্বরদাদা খোঁড়াতে খোঁড়াতে লাঠি ঠকঠকিয়ে ভিক্ষিখানায় এসে হাঁকলেন 'বিশ্বেশ্বর!' 'যাই'– বলে বিশ্বেশ্বর হুঁকো কল্কে হাতে দিতেই– 'শনির সাত, মঙ্গলে তিন, আর সব দিন দিন' বলতেই হুঁকো শব্দ দিতে থাকল– চুপ চুপ, ছুপ ছুপ, ঝুপুর ঝুপ। তখন বর্ষাকাল পড়লে সত্যি সত্যি বৃষ্টিঝড় আকাশ ভেঙে খড়ের চাল খোলার চাল ফুটো করে আসত, এ দেখেছি। ডালে চালে খিচুড়ি চেপে যেত। মেঘ করলেই শহর বাজার ডুবত জলে, পুকুরের মাছ উঠে আসত রান্নাবাড়ির উঠানে, খেলা করতে করতে ধরা পড়ে ভাজা হয়ে যেত কখন বুঝতেই পারত না।

ফুটো ছাত, ভাতে ভাত,
ভাজ্‌ মাছ।

সাত রাত সাত দিন ঝমাঝম্‌। মটর ভাজি কড়াই ভাজি ভিজে ছাতি। যে দিকে চাও ভিজে শাড়ি ভিজে কাপড় পরদা টেনে হাওয়ায় দুলছে, তারই তলায় তলায় খেলে বেড়ানো সারাদিন। সন্ধে থেকে কোলা ব্যাঙে বাদ্যি বাজায়, রাজ্যের মশা ঘরে সেঁধোয় টাকাংদিং টাকাংদিং মশারি ঘিরে। দাসী-চাকর সরকার-বরকার সবার মাথায় চড়ে গোলপাতার ছাতা, শোলার টুপি ওয়াটারপ্রুফ রেনকোট ছিল না; ছিল ছেলেবুড়ো মিলে গানগল্প, বাবু ভায়ে মিলে খোশগল্প– আর কত কী মজা আঠারো ভাজা জিবেগজা। গুড়গুড়ি ফরসি দাদুরীর বোল ধরত গুড়ুক ভুড়ুক।

২

এখানে দেখি ছোটো ছেলেরা হো হো করে স্কুলে যায় আসন খাতা বই দুহাতে বুকে জড়িয়ে নিয়ে। কত ফুর্তি তাদের, এমন স্কুল আমার ছেলেবেলায় পেলে আমিও বুঝি-বা একটু-আধটু লেখাপড়া শিখলেও শিখতে পারতুম। বাড়ির কাছেই নর্মাল স্কুল; কিন্তু হলে হবে কী? নিজের ইচ্ছেয় কোনোদিন যাই নি স্কুলে। পালিয়ে পালিয়ে বেড়াই, আজ পেটে ব্যথা, কাল মাথাধরার ছুতো– রেহাই নেই কিছুতেই। স্কুলে যাবার জন্য গাড়ি আসে গেটে। চীৎকার কান্নাকাটি– যাব না, কিছুতেই যাব না। চাকররা জোর করে গাড়িতে তুলবেই তুলবে। মনে হয় গাড়ির চাকা দুটো বুকের উপর দিয়ে চলে যাক সেও ভালো তবু স্কুলে যাব না। মহা ধস্তাধস্তি, অত টুকু ছেলে পারব কেন তাদের সঙ্গে? আমার কান্নায় ছোটোপিসিমার এক-একদিন দয়া হয়, বলেন, ‘ও গুনু, নাই-বা গেল অবা আজ স্কুলে।’ রামলালকে বলেন, ‘রামলাল, আজ আর ও স্কুলে যাবে না, ছেড়ে দে ওকে।’ কোনো কোনো দিন তাঁর কথায় ছাড়া পাই। কিন্তু বেশির ভাগ দিনই চাকররা আমায় দু হাতে ধরে ঠেলে গাড়ির ভিতরে তুলে নিয়ে দরজা বন্ধ করে দেয়। গাড়ি চলতে শুরু করে, কী আর করি, জোরে না পেরে বন্দী অবস্থায় দু চোখের জল মুছে গুম হয়ে বসে থাকি। স্কুল ভালো লাগে না মোটেই। ভালো লাগে শুধু স্কুলে একটি ঘরে কাচের আলমারিতে তোলা একখানি খেলনায় জাহাজ আর গোটা কয়েক নানা আকারের শঙ্খ। বেশির ভাগ সময় কাচের আলমারির সামনে বসে বসে সেগুলো দেখি। জানো, আমার ছবি-আঁকার হাতেখড়ি হয় সেইখানেই, ঐ নর্মাল স্কুলেই। আর কোনো বিদ্যের হাতেখড়ি তো হল না, তবু ভাগ্যিস ঐ হাতেখড়িটুকু হয়েছিল। তাই-না তোমাদের এখনো একটু ছবি-টবি এঁকে দিয়ে খুশি রাখতে পারি। নয় তো আর কারো কোনো কাজেই লাগতুম না আমি। এখন শোনো তবে সেই হাতেখড়ির গল্প।

একটি মেটে কুঁজো, একটি মেটে গ্লাস, ছবির হাতেখড়ি আমার এই দুটি দিয়ে। বললুম তো আমি তখন নর্মাল স্কুলে, পড়াশুনা করি বলব না, যাওয়া-আসা করি। পাশেই বড়ো ছেলেদের ক্লাস, সেই ক্লাসের জানলার ধারে গিয়ে সময় সময় বসে থাকি। বোতল বোতল লাল নীল জল নিয়ে মাস্টারমশায় ঢালাঢালি করে; লাল হয় নীল, নীল হয় লাল, মাঝে মাঝে লাল নীল দুইই উবে যায়, বোতলে

পড়ে থাকে ফিকে রঙের জল খানিকটে, চেয়ে চেয়ে দেখি, ভারি মজা লাগে। কেমিয়াবিদ্যা শেখানো হয়ে গেলে আসেন সাতকড়িবাবু ড্রইং মাস্টার। একটা মোটা কাগজে বড়ো বড়ো করে আঁকা একটি মেটে কুঁজো ও গ্লাস, সেইটে কালো বোর্ডের গায়ে ঝুলিয়ে দিয়ে ছেলেদের বলেন, 'দেখে দেখে আঁকো এবারে।' ছেলেরা তাই আঁকে খাতার পাতায়। মাস্টার ঘুরে ঘুরে সবার কাছে গিয়ে দেখেন। এখন, সেই ক্লাসে আছে আমাদের পাশের গলির ভুলু। একসঙ্গেই স্কুলে যাওয়া-আসা করি। তাকে ধরে পড়লুম, 'কী করে কুঁজো আর গ্লাস আঁকতে হয় আমায় শিখিয়ে দে ভাই।' তার কাছে কুঁজো গ্লাস আঁকা শিখে ভারি ফুর্তি আমার। যখন-তখন সুবিধে পেলেই কুঁজো গ্লাস আঁকি। বড়ো মজা লাগে কুঁজোর মুখের গোল রেখাটি যখন টানি। মন একেবারে কুঁজোর ভিতরে কুয়োর তলায় ব্যাঙের মতো টুপ করে ডুব দিতে চায়। আর সেই কাচের আলমারির স্টীম জাহাজ– তাতে চড়ে বসে মন কাপ্তেন হয়ে যেতে চায় সাত সমুদ্দুর তেরো নদীর পার। কী খেলার জাহাজই ছিল সেটি– পালমাস্তুল, দড়িদড়া, যেখানকার যা হবহু আসল জাহাজের মতো।

ভুলু আমায় প্রায়ই বলে, 'ভালো করে লেখাপড়া কর্– দেখবি এই জাহাজটিই তুই প্রাইজ পেয়ে যাবি।' কিন্তু লেখাপড়ায়ই যে মন বসে না আমার, তা প্রাইজ পাব কোথেকে? কোনো আশা নেই জানি, তবুও লোভ হয় মনে এক-আধটা প্রাইজ পেতে। কিন্তু কোনো বার কোনো– কিছুরই জন্য প্রাইজ আর পেলেম না নর্মাল স্কুলে।

একবার প্রাইজ বিতরণের সময় এল, ইস্কুলে ছিল একটা মস্ত বড়ো ঘর আগাগোড়া গ্যালারি সাজানো; এক পাশে আছে খান- কয়েক চেয়ার ও একটা টেবিল। রোজ ক্লাস আরম্ভ হবার আগে ছোটোবেড়া সব ছেলেরা সেই ঘরে জড়ো হই। রেজিস্টার খুলে মাস্টার একে একে নাম হাঁকেন; আমরা বলি, 'প্রেজেন্ট স্যার, অ্যাবসেন্ট স্যার।' নাম ডাকা সারা হলে শুরু হল ড্রিল। গ্যালারিতে বসে ছিলুম, উঠে দাঁড়াই এবার। মাস্টার হেঁকে চলেন, 'দক্ষিণ হস্ত উত্তোলন– বাম হস্ত উত্তোলন– অঙ্গুলি সঞ্চালন।' অমনি আমাদের পাঁচ-পাঁচ দশটা অঙ্গুলি থর থর করে কাঁপতে থাকে যেন কচি কচি আমপাতা নড়ছে হাওয়াতে। তার পর পদক্ষেপ; ডান পা বাঁ পা তুলে বেঞ্চিতে খুব খানিকটে ধুপধাপ ঠুকে যার যার ক্লাসে যাই।

সেই বড়ো ঘর সাজানো হয়েছে প্রাইজ বিতরণের দিনে, টেবিলের উপরে লাল ফিতেয় বাঁধা গাদা গাদা চটি মোটা সোনালি রুপোলি নানা রঙের বই। সামনে একসারি চেয়ার– বিশিষ্ট লোকেরা বসবেন তাতে। আমরাও সকলে হাজির গ্যালারিতে অনেক আগে থেকেই। প্রাইজ বিতরণের আগে জিতেন বাঁড়ুজ্জে কুস্তি দেখালেন– লোহার শিকল ছিঁড়লেন, লোহার বড়ো বড়ো বল ছুঁড়ে ছুঁড়ে লুফে নিলেন। মস্ত পালোয়ান তিনি।

এবার প্রাইজ বিতরণ হবে। গোপালবাবু হেডমাস্টার, টাকমাথা, ঘাড়ের

কাছে একটু একটু চুল, অনেকটা এই এখনকার আমার মতোই; তবে রঙ তাঁর আরো পরিষ্কার। গম্ভীর মানুষ; কামিয়ে জুমিয়ে ফিটফাট হয়ে গলায় চাদর ঝুলিয়ে এসে বসলেন চেয়ারে। ছেলেরা কেউ বুঝুক না-বুঝুক এই সব উপলক্ষে তিনি ইংরেজিতেই বক্তৃতা করেন। তিনি তাঁর লম্বা ইংরেজি বক্তৃতা শেষ করলেন। তার পর এইবারে একজন মাস্টার উঠে যারা প্রাইজ পাবে তাদের নাম পড়ে যেতে লাগলেন। ছেলেদের নাম ডাকা হতেই তারা টেবিলের কাছে গিয়ে দাঁড়ায়, হেডমাস্টারমশায় তাদের হাতে লাল ফিতেয় বাঁধা প্রাইজ তুলে দেন। এক-একটি প্রাইজ দেওয়া হয় আর আমরা হাততালি দিয়ে উঠি যে যত জোরে পারি। হাততালির ধুম কী! লাল হয়ে উঠল হাতের তেলো তবু থামি নি। সেবার অনেকেই প্রাইজ পেলে; তার মধ্যে ভুলু পেলে, সমরদাও একটা পেয়ে গেলেন for good conduct-চেয়ে চেয়ে দেখি আর ভাবি এইবার বুঝি আমার নাম ডাকবে, আমাকে এমনি একটা– কিছুর জন্য হয়তো প্রাইজ দিয়ে দেবে। কান পেতে আছি নাম শোনবার জন্য; শেষ প্রাইজটি পর্যন্ত দেওয়া হয়ে গেল, কিন্তু আমার কানে আমার নাম আর পৌঁছল না। প্রাইজ বিতরণ হয়ে গেলে মাস্টার উঠে পড়লেন, ছেলেরা হৈ-হৈ করে বাইরে এল; আর আমি তখন দু-চোখের জলে ভাসছি। ভুলু সান্ত্বনা দেয়, ‘আরে, তাতে কি হয়েছে, ভালো করে পড়াশুনা কর, সামনের বারে ভালো প্রাইজ ঠিক পাবি তুই।’ সে কথায় কি মন ভোলে? না-পাওয়া মণ্টার জন্য বাচ্চু বেজিটা যেমন হয়ে থাকে আমারও মনটার তেমনি দশা হয়। চোখের ধারা গড়াতেই থাকে, থামে না আর। শেষে ভুলু বললে, ‘প্রাইজ চাস তুই, এই কথা তো? আচ্ছা এই নে– বলে খাতা থেকে একটুকরো সাদা কাগজ ছিঁড়ে তাতে খসখস করে কী সব লিখে আমার হাতে দিলে। আমি তাতেই খুশি। কাগজের টুকরো যত্নে ভাঁজ করে পকেটে রেখে চোখের জল মুছে বাড়ি এলেম। বৈঠকখানায় বাবামশায় পিসেমশায় সবাই বসে ছিলেন। বললেন, ‘দেখি কে কী প্রাইজ পেলি। সমরদা তাঁর প্রাইজ লালফিতে-বাঁধা টিকিট-মারা সোনালি বই দেখালেন। আমি বললুম, ‘আমিও পেয়েছি।’ পিসেমশায় বললেন, ‘কই দেখি?’ গম্ভীরভাবে পকেট থেকে ভাঁজকরা সাদা কাগজটুকু বের করে তাঁদের সামনে মেলে ধরলুম। উলটে পালটে সেটি দেখে তাঁরা হো-হো করে হেসে উঠলেন। তখন বুঝলুম, ভুলুটা আমায় ঠকিয়েছে। এমন রাগ হল তার উপরে! রাত্তিরে খাওয়াদাওয়া সেরে তাড়াতাড়ি ঘুমিয়ে পড়লুম। সকালে ঘুম ভেঙে দেখি প্রাইজ না-পাওয়ার দুঃখ আর একটুও নেই।

তা লেখাপড়ায় মন বসবে কি? তোমাদের মতো তো গাছের ছায়ার খোলা হাওয়ায় বসে পড়তে পাই নি কখনো। স্কুলের ঐ পাকা দেয়াল-ঘেরা বন্ধ ঘরের ভিতরে দম যেন আটকে আসে আমার। যতক্ষণ পারি ঘরের বাইরেই ঘোরাফেরা করি। স্কুলের পাশে শ্যাম মল্লিকের বাড়ি, তাদের বাড়ির একটি মেয়ে পড়তে আসে আমাদের স্কুলে, ইজের-চাপকান প'রে বেণী ঝুলিয়ে। তাদের বাড়িতে একটা পোষা কালো ভাল্লুক চরে বেড়ায় সামনের বাগানে, দেখা যায়, ইস্কুল থেকে দাঁড়িয়ে

দাঁড়িয়ে ভাল্লুক দেখি। ইস্কুলঘরের বাইরে যা– কিছু সবই আমার কাছে ভালো লাগে। ইস্কুলের গেটের কাছে রাস্তা। নানারকম লোক যাচ্ছে আসছে, তাদের আনাগোনা দেখি। এইরকম দেখতে দেখতে একদিন যা কাণ্ড! কাবুলিওয়ালার রাগ দেখেছ কখনো? গেটের কাছে কতগুলি কাবুলিওয়ালা রোজই বসে থাকে আঙুর বেদানা নিয়ে। টিফিনের সময় ছেলেরা কিনে খায়। সেদিন হয়েছে কি, বড়োছেলেদের মধ্যে কে একজন বুঝি এক কাবুলিকে বলেছে 'বেইমান'। আর যায় কোথায় দেখতে দেখতে সব কয়টা কাবুলি উঠল রুখে, দারোয়ান বুদ্ধি করে তাড়াতাড়ি লোহার ফটকটা দিলে বন্ধ করে। বাইরে কাবুলি, ভিতরে ছেলের দল; রাস্তা থেকে পড়তে লাগল টপাটপ কাবলি বেদানা। মাথার উপরে যেন একচোট শিলাবৃষ্টি হয়ে গেল। জান তো, মারপিট দেখলে আমি থাকি বরাবরই সবার পিছনে। শিশুবোধের চাণক্যশ্লোক মনে পড়ে; ন গণস্যাগ্রতো গচ্ছেৎ। তা, বাপু, সত্যি কথাই বলব। আমি ঐ পিছনে থেকেই ফাটা বেদানাগুলো ফাঁকতালে কুড়িয়ে কুড়িয়ে খেতে লাগলুম। সেদিনের ঝগড়ায় জিত হল বটে আমারই। কিন্তু ইস্কুলের ছুটির পর বাড়ি ফিরতে হবে; কাবুলিওয়ালার ভয় যায় না। পালকির ভিতরে বসে আচ্ছা করে দরজা বন্ধ করে অতি ভয়ে ভয়ে বাড়ি ফিরি শেষে।

নর্মাল স্কুলের এক-এক পণ্ডিতের চেহারা যদি দেখতে তো বুঝতে কেমন পণ্ডিত সব ছিলেন তাঁরা। আমাদের পড়ান লক্ষ্মীনাথ পণ্ডিত, চেহারা তাঁর ঠিক যেন মা দুর্গার অসুর। মস্ত বড়ো মাথা, কালো কুচকুচে গায়ের রঙ, বোয়াল মাছের মতো চোখদুটো লাল টকটক করছে। তাঁর কাছে পড়ব কি? যতক্ষণ ক্লাসে থাকি শিশুমন কাঁপে বলির পাঁঠার মতো। কোনোরকমে ছুটির ঘণ্টা পড়ে গেলে হাঁফ ছেড়ে বাঁচি। তার পর পড়ি মাধব পণ্ডিতের কাছে। বাংলা, সংস্কৃত পড়ান; অতি অমায়িক ভটচাজ্জি চেহারা, ঠিক যেন শিশুবোধের চাণক্য পণ্ডিতের ছবিখানি– মস্ত টিকি। সেই সময়ে একবার দিনে তারা উঠল, হঠাৎ ইস্কুল ছুটি হয়ে গেল। ছুটে সবাই বাইরে এলুম। ইস্কুলে একটা টেলিস্কোপ ছিল তাই নিয়ে তারা দেখতে ঠেলাঠেলি লেগে গেল। সেই মাধব পণ্ডিতের কাছে পড়ি 'পত্র পততি', এমনি সব নানা সাধুভাষার বুলি। সেখান থেকে হেডমাস্টারের হাতে-পায়ে ধরাধরি করে অতিকষ্টে উঠলুম তো হরনাথ পণ্ডিতের কেলাসে। তাঁর চোয়ালদুটো কেমন অদ্ভুত চওড়া আর শক্ত রকমের। কথা যখন বলেন চোয়ালদুটো ওঠে পড়ে, মনে হয় যেন চিবোচ্ছেন কিছু। তাঁর কাছে পড়লুম কিছুদিন। এই করতে করতে তিনটি শ্রেণী উঠে গেছি। এইবার মাস্টারমশায়ের হাতে পড়ার পালা। এখন সেই শ্রেণীতে আসেন এক ইংরেজি পড়াবার মাস্টার। তিনি এক ইংলিশ রীডার লিখে বই ছাপিয়ে তা পাঠ্যপুস্তক করিয়ে নিয়েছিলেন। সেই বই আমাদের পড়তে হয়। একদিন হয়েছে কি ক্লাসে ইংরেজির মাস্টার আমাদের পড়ালেন p-u-d-d-i-n-g– পাডিং। আমার মাথায় কী বুদ্ধি খেলে গেল, বলে উঠলুম, 'মাস্টারমশায়, এর উচ্চারণ তো পাডিং হবে না, হবে পুডিং, আমি যে বাড়িতে এ জিনিস রোজ

খাই। মাস্টার ধমকে উঠলেন, ‘বল্‌ পাডিং।’ আমি বলি, ‘না পুডিং।’ তিনি যত বলতে বলেন পাডিং, আমি আমার বুলি ছাড়ি নে। বা রে, আমি পুডিং খাই যে, পাডিং বলতে যাব কেন? মাস্টার গোঁ ধরলেন, পাডিং বলাবেনই। আমি বলে চলি পুডিং। বাকি ছেলেরা থ হয়ে বসে দেখে কী হয় কাণ্ড। এই করতে করতে ক্লাসের ঘণ্টা শেষ হল। শান্তি দিলেন চারটের পর এক ঘণ্টা ‘কনফাইন’। ইস্কুল ছুটি হয়ে গেল; বাড়ির গাড়ি নিয়ে রামলাল অপেক্ষা করছে দরজার সামনে। কিন্তু ‘কনফাইন’, এক ঘণ্টার আগে যেতে পারি নে। মাস্টার নিজের বৈকালিক সেরে এলেন। ঘরে ঢুকে বললেন, ‘এবারে বল্‌ পাডিং।’ উত্তর দিলেম, ‘পুডিং।’ যেমন শোনা, টানাপাখার দড়ি দিয়ে হাত দুটো বেঁধে ‘তবে রে ব্যাদরা ছেলে, বলবি নে? বলতেই হবে তোকে পাডিং। দেখি কেমন না বলিস!’ বলে সপাসপ জোড়া বেত লাগালেন পিঠে। বেতের ঘায়ে পিঠ হাত লাল হয়ে গেল— তখনো বলছি পুডিং। রামলাল ব্যস্ত হয়ে বারে বারে দরজায় উকি দিয়ে দেখে, এ কী কাণ্ড হচ্ছে! যা হোক, বাড়ি এলাম। ছোটোপিসিমা বললেন, ‘কী ব্যাপার?’ রামলাল বললে, ‘আমার বাবু আজ বড্ড মার খেয়েছেন।’ আমিও জামা খুলে পিঠ দেখালুম, হাত দেখালুম। দড়ির দাগ বসে গিয়েছিল হাতে। বাবামশায় তৎক্ষণাৎ নর্মাল স্কুল থেকে নাম কাটাবার হুকুম দিলেন; বললেন, ‘কাল থেকে ছেলেরা বাড়িতে পড়বে।’ চুকে গেল ইস্কুল যাবার ভয়; জোড়া বেত খেয়ে ছাড়া পেলুম। এক ‘পাডিং’-এই ইংরেজি বিদ্যে শেষ। পরদিন থেকে বাড়িতে বাবামশায়ের মাস্টার যদু ঘোষাল আমায় পড়াবার ভার নিলেন।

৩

এখন স্কুলে যাওয়া বন্ধ হয়ে নামকাটা সেপায়ের কী বিপদ হল শোনো। স্কুলে যাওয়া থেকে তো নিস্তার পেলুম, ভাবলুম বেশ হল, এবার বড়োদের মতোই বুঝি আমি স্বাধীন হয়ে গেলুম। যা ইচ্ছে তাই করতে পারব, স্নানের জন্য, ভাত খাবার জন্য চাকররা আর তাড়া দেবে না। নিয়মমত চলবারও দরকার হবে না। লম্বা পুজোর ছুটি, গরমের ছুটি পেলে যেমন আনন্দ হয় তেমনি আনন্দে দিন কাটবে বুঝি। কবে স্কুল খুলবে সে ভয়ও নেই। এই-সব ফুর্তিতেই মাতলুম, কিন্তু দুদিন যেতে না যেতেই দেখি, ওমা, তা তো নয়। যদু ঘোষাল মাস্টার বাড়িতেই থাকেন; ঠিক সময়ে পড়তে বসতে হয় তার কাছে। দশটা বাজলেই চাকররা তাড়া লাগায়। স্নান করে খেয়ে নিতে হয় চটপট। খেয়েদেয়ে ঘুরঘুর করি। স্কুল ছুটি তো শুধু আমারই হয়েছে। দাদা, ইন্দুদা এঁরা সবাই চলে যান ইস্কুলে। ভেবেছিলেম, বেশ খেলাধুলো ছুটোপাটি করে সময় কাটবে রোজ। তা আর হয় না। খেলব কার সঙ্গে? খেলার সাথিরা সবাই স্কুল করে, আমি একলা ঘরে কী করি ভেবে পাই নে। চাকররা থাকে তাদের কাজে ব্যস্ত। রামলাল ধমক দেয়, 'কোথাও যেয়ো না, চুপটি করে বসে থাকো। এ দিকে ও দিকে গেছ কি মুশকিল হবে বলে দিচ্ছি। গলির মোড়ে ঐ ঐখানে কন্ধকাটা আছে, ধরে নেবে। বলে গলির মোড়ে একটা বাসাবাড়ির নীচে ড্রেনের খিলেন ছিল, সেইটে আঙুল দিয়ে দেখিয়ে দেয়। আগে অন্দরে যেতে পারতুম যখন-তখন। আজকাল সেই-যে চাকররা সকালবেলা আমায় বের করে আনে অন্দর থেকে সারাদিনে আর ভিতরে ঢুকবার হুকুম নেই, তবু দু-এক ফাঁকে ঢুকে পড়ি অন্দরে। মা ব্যস্ত ছোটোভাইকে নিয়ে। সুনয়নী বিনয়িনী ছোটোবোন– তাদের সঙ্গে খেলতে খেলতে খেলনা একটা ভেঙে গেল কি তারা কাঁদতে শুরু করে দিলে, 'অ্যা, অবনদাদা আমাদের পুতুল ভেঙে দিলে।' অমনি তাড়া লাগায় আমায় সকলে, 'তুই এখানে কেন! যা বাইরে যা। সেখানে গিয়ে খেলা কর।' তাড়া খেয়ে বাইরে চলে আসি। বাইরে এসে ভাবের লোক আর পাই নে কাউকে। সবাই দেখি তাড়া লাগায়, ধমক দেয়।

বাবামশায়ের ছিল পোষা একটি কাকাতুয়া গোলাপী রঙের। বারান্দার দেয়ালে টাঙানো হরিণের শিঙের উপর বসে থাকে, কী সুন্দর লাগে দেখতে। সকালবেলা মা পান সাজেন; মার কাছে গিয়ে পানের বোঁটা খায়। ছোটোপিসিমার

কাছে ছোলা খায়; আবার এসে শিঙের উপর উঠে বসে। ভাবলুম এবার মানুষ ছেড়ে পশুপাখির সঙ্গেই ভাব করা যাক। এই ভেবে কাকাতুয়ার কাছে গিয়ে দাঁড়াতেই ঝুঁটি তুলে গায়ের পালক ফুলিয়ে সে এল তেড়ে আমায় ঠোকরাতে। ভাব করা থাকুক পড়ে, ছুটে পালিয়ে বাঁচি সেখান থেকে। তার ডানার তলায় তলায় বাবামশায় নিজের হাতে পাউডার মাখান। পাউডার মেখে সে মেমসাহেব হয়ে ঝুঁটি বাগিয়ে বসে থাকে। গুমোর কি তার, সে করবে আবার আমার সঙ্গে ভাব! ভয়ে আর সেদিক দিয়েই যাই নে।

বাবামশায়ের আদরের কুকুর কামিনী। কী তার আদরযত্নের ঘটা! কামিনীর জন্য আলাদা চাকর মেথর। তাকে যখন সাবান দিয়ে পরিষ্কার করে স্নান করিয়ে, গায়ে পাউডার মাখিয়ে, পরিপাটি করে আঁচড়ে সিঁথি কেটে, সাজিয়ে-গুজিয়ে ছেড়ে দেয়, আর কামিনী ঘুরঘুর করে ঘুরে বেড়ায়, যেন বাড়ির খেঁদি মেয়েটি। বাড়ির ছেলে আমাদেরও অত আদরযত্ন হয় না, যত হয় কামিনীর। সেই কামিনীর কাছে যাই। সে আমায় তোয়াক্কাই করে না, লেজ নেড়ে চলে যায় বাবামশায়ের ঘরের দিকে।

ছোট্ট ছোট্ট একজোড়া পোষা বাঁদরও আছে বাবামশায়ের। কত তাদের আদরই বা। গ্রেট ঈস্টার্ন হোটেল থেকে বাঁদরের জন্য স্পেশাল লাল টুকটুকে চেরি আসে চিনি-মাখানো। বাবামশায় একটি একটি করে ঐ চেরি খাওয়ান তাদের। দেখে হিংসেয় জ্বলে মরি। ভাবি ঐ চেরিগুলো নিজেরা যদি খেতে পাই, আঃ! তাঁর শখের হরিণও আছে একটি, নাম গোলাপী। গোলাপীর কাছে গেলে মালী আসে হৈ-হৈ করে।

দেখো এমন আমার কপাল! পশুপাখির কাছেও পাত্তা পাই নে। ঐ একটু যা আদর পাই ছোটোপিসিমার কাছে। মাঝে মাঝে তাঁর ঘরে আমায় ডেকে নেন। সেখানে কথকতা হয় রোজ। মাইনে-করা মহিম কথক আছেন। বসে শুনি খানিক। কিন্তু তাও আর কতক্ষণই বা! মহামুশকিল, একলা একলা সময় আর কাটে না। মনের দুঃখে ভাবি, এর চেয়ে বেশ ছিলুম স্কুলেই। গাড়িতে ওঠবার আগেই যত কান্নাকাটি, উঠেই সব ঠাণ্ডা হয়ে যেত। গাড়ি চলত গলির মোড় ঘুরে। সেই শিবমন্দির, কাঁসরঘণ্টা, লোকজন, দোকানপাট রাস্তার দু দিকে দেখতে দেখতে বেশ যেতুম। তবুও তো বাইরের জগৎ দেখতে পেতুম কিছুটা; এখন কোন বন্ধখানায় পড়লুম! ফটক পেরিয়ে ওদিকে যাবারই আর উপায় নেই। খোলা ফটক আগলে বসে আছে মনোহর সিং দারোয়ান দেউড়িতে। মনে পড়ে স্কুলের সামনে প্রতাপের লজেঞ্জুসের দোকান। চেয়ে নিয়ে ছোট্ট ছোট্ট হলদে লাল সবুজ লজেঞ্জুস খেতুম। চাইলেই দুটি-একটি হাতে গুঁজে দিত প্রতাপ।

আর মনে পড়ে সমবয়সীদের কথা। তাদের নিয়ে হুটোপাটি করেও মন্দ ছিলুম না। আমারই মতো ডানপিটে ছেলেও ছিল একটি-দুটি। একটির কথা বলি, স্কুলে যেতে তারও ছিল বেজায় আপত্তি। স্কুলে যাবার সময় হলেই সে

পালিয়ে বেড়ায়। একদিন স্কুলে যাবার সময় হয়েছে; সে এ দিকে করেছে কি, বাড়ির পাশেই এক শিবমন্দির, তার ভিতরে ঢুকে কাপড়জামা খুলে অন্ধকার ঘরে কালো পাথরের শিবকে জড়িয়ে ধরে বসে রইল। ছেলেটির রঙও কালো, শিবের কালোয় তার কালোয় মিশে গেল। চাকরবাকররা আর খুঁজে তাকে পায় না। মহা হৈ-চৈ। শেষে কে একজন শিবের মাথায় জল ঢালতে গিয়ে তাকে আবিষ্কার করলে। সেই সব সঙ্গীর কথা মনে পড়ে, আর মন খারাপ হয়ে যায়।

নর্মাল স্কুলের বাড়িটিও ছিল কেমন রহস্যময়। প্রকাণ্ড রাজবাড়ি; তাতে কত অলিগলি, অন্দিসন্দি, এখানে ঘর, ওখানে খিলেনদেওয়া বারান্দা, মোটা মোটা থাম; তারই গায়ে দিনের আলো পড়ে চক্‌চক্‌ করত। ঘুরে ঘুরে দেখতুম এই সব। কোথায় গেল আমার সেই নর্মাল স্কুল! বহুকাল পর এই সেদিন কোন এক সিনেমাতে দেখলুম সেই বাড়ির ছবি। দেখে ভারি মজা লাগল। যাক সে কথা। এখন আমার একলা থাকার গল্পটাই বলি।

সকালবেলাটা লেখাপড়ায় যদিও-বা কোনোমতে কেটে যায়, দুপুর আর কাটে না। দাদারা চলে যান স্কুলে, বাবামশায় যান কাছারিতে। ফার্সি পড়াবার মুনশী আসেন; দু-চারটে আ লে বে পড়িয়ে চলে যান। এই মুনশীই দাঁড়িয়ে দেয়ালে নিজের ছায়ার সঙ্গে লড়াই করতেন। একদিন লড়াই করতে গিয়ে রোখের মাথায় ছায়াতে যেমন ঢুঁ মারা অমনি মুনশীর কপাল ফেটে রক্তপাত! চাকররাও তাদের তোশাখানায় গল্পগুজব করে। বৈঠকখানা শোনশান, একলা আমি যেখানে পড়ে থাকি। থেকে থেকে দাদাদের ডেক্সোর ঢাকা তুলে দেখি ভিতরে কী আছে। নেড়েচেড়ে দেখে আবার তেমনি সব ঠিকঠাক রেখে দিই। প্রাণে ভয়, যদি জানতে পারেন হয়তো বকুনি দেবেন। বাবামশায়ের টেবিলটা দেখি। কতরকম রঙ তার উপরে সাজানো, একটা ক্রিস্ট্যালের কলমদানি ছিল, ঠিক যেন সমুদ্রের ঝিনুক একটি। সেইরকম নকশায় গোলবাগানে ফোয়ারা তৈরি করিয়েছিলেন বাবামশায়। এখনো তা আছে; সেদিন যখন গেলুম জোড়াসাঁকোয়, দেখি বাগানের সব-কিছু ভেঙে কেটে নষ্ট করে ফেলেছে, একটি গাছও বাকি রাখে নি; কিন্তু ফোয়ারাটি তেমনিই আছে সেখানে, ফটিক জলে ভরতি। বাবামশায়ের টেবিলে সেই কলমদানিতে কলম সাজিয়ে রাখা হয়েছে। সেটাতে একবার হাত বুলোই আবার এসে শুয়ে থাকি। তাও কোথায় শুয়ে থাকতুম জান? বিলিয়ার্ড টেবিলের নীচে। মাকড়সার জাল, ধুলো বালি কত কী সেখানে শুয়ে শুয়ে দেখি মাথার উপরে ঝুলছে সে-সব। শোবার জায়গা আমার ঐরকমেরই। ছেঁড়া মাদুরের উপরে, কৌচ-টেবিলের তলায় তলায় ঢুকে শুয়ে থাকি। ঠিক যেন একটা জানোয়ার। বুদ্ধিও কতকটা আমার তেমনি। তবে একলা থাকার গুণ আছে একটা। দেখতে শুনতে শেখা যায়। ঐ অমনি করে একলা থাকতে থাকতেই চোখ আমার দেখতে শিখল, কান শব্দ ধরতে লাগল। তখন থেকেই কত কী বস্তু, কত কী শব্দ যেন মন-হরিণের কাছে এসে পৌঁছতে লেগেছে। মানুষ, পশুপাখি সঙ্গী পেলাম না কাউকেই। ঐ অত বড়ো বাড়িটাই তখন আমার সঙ্গী হয়ে উঠল; নতুন রূপ নিয়ে

আমার কাছে দেখা দিতে লাগল। এখানে ওখানে উকিঝুঁকি দিয়ে তখন বাড়িটার সঙ্গে আমার পরিচয় হচ্ছে। জোড়াসাঁকোর বাড়িকে যে কত ভালোবেসেছি। বলি যে, ও বাড়ির ইটকাঠগুলিও আমার সঙ্গে কথা কয়, এত চেনাপরিচয় তাদের সঙ্গে; তা ঐ তখন থেকেই তার শুরু। পড়ে আছি; দেখছি, ঘরের কোনায় কোথায় কার্নিশের ছায়া পড়েছে— কোথায় টিকটিকিটা পোকা ধরবার জন্য ওৎ পেতে আছে, চড়ুইপাখি ছোট্ট কুলুঙ্গিতে বাসা বাঁধছে। আবার কোথায় কোন উঁচুতে ছাদের উপরে লোহার শিকে এক চিল বসে আছে, তাকে দেখছি তো দেখছিই। একসময়ে সে চিঃ-ঃ করে দুটো চক্কর খেয়ে উড়ে গেল। আবার কখনো বা চেয়ে থাকতুম সামনে সাদা দেওয়ালের দিকে, ওপাশের উত্তরের খড়খড়ির ফাঁক দিয়ে দিনের আলো এসে পড়েছে তাতে; বাইরে মানুষ হেঁটে যায়, ছায়াটিও চলে যায় ঘরের ভিতরে দেয়ালের গা দিয়ে রঙিন এক একখানি ছবির মতো তারা আলোর রাস্তা ধরে চলতে চলতে অন্ধকারে মিলিয়ে যায়। এই ছবি— দেখা রোগ আমার এখনো আছে, দিনে দুপুরে ঘরের ভিতরে বসে বসে ছবি দেখি। কাল দুপুরে কৌচে বসে ঝিমোচ্ছি। বাইরের তালগাছের ছায়া এসে পড়েছে দেয়ালে, পাতাগুলি নড়ছে হাওয়াতে, পিছনের আকাশে সাদা মেঘ— ঠিক যেন চাঁদের আলোর ছবি একটি। তখনো সব দেখতুম, একমনে দেখতুম। এই দেখতে যখন আরম্ভ করলুম তখন আর একলা থাকতে খারাপ লাগত না।

এ দিকে আবার নানারকম শব্দও আসে কানে, দুপুর হতেই গলির মোড়ে শব্দ হল ঠং ঠং, 'বাসন চাই, বাসন!'— শব্দ চলে গেল দূরে। তার পরে এল 'চুড়ি চাই, খেলনা চাই।' প্রায়ই মায়েদের মহলে তাদের ডাক পড়ে, ঝুড়ি ঝুড়ি নানা রঙের কাচের চুড়ি সাজিয়ে বসে এসে। একরকমের মজার খেলনা থাকে তাদের ঝুড়িতে; টিনের এতটুকু এতটুকু মাছ আর চুম্বকের কাঠি। মাছটি জলে ভাসিয়ে চুম্বকের কাঠি দিয়ে টানলেই মাছও সঙ্গে সঙ্গে জলের উপর চলতে থাকে। এমন লোভ হয় ঐ খেলনার জন্য। বাড়ির অন্য সব ছেলেমেয়েরা প্রায়ই পায় সেই খেলনা, আমি পাই কচিৎ কখনো। আমাকে কেউ যে খেয়ালই করে না তেমন। তার পর বেলা পড়ে এলে গরমের দিনে বরফওয়ালা হেঁকে যায়, 'বরিফ বরিফ চাই, বরিফ-কুলপি বরিফ।'— জ্যোতিকাকামশায় লিখেছিলেন একটা গান—

'বরিফ বরিফ' ব'লে
বরফওয়ালা যান।
গা ঢালো রে, নিশি আগুয়ান।
'বেল ফুল বেল ফুল'
ঘন হাঁকে মালীকুল—

সন্ধ্যাবেলার শব্দ হচ্ছে ঐ বেলফুল। 'বেলফুল, চাই বেলফুল' হাঁকতে হাঁকতে শব্দ গলির এ দিক থেকে ও দিক চলে যায়। তাদের ডেকে বেলফুল কেনে দাসীরা, মালা গাঁথেন মেয়েরা।

১৪১

ভরসন্ধেবেলা মুশকিল-আসান আসে খিড়কির দরজায় চেরাগ হাতে, লম্বা দাড়ি, পিদিম জ্বলছে মিটমিট করে। বারান্দা থেকে দেখি তার চেহারা। দোরগোড়ায় এসেই হাঁক দেয়, 'মুশকিল আসান, মুশকিল আসান !' দপ্তরে বরাদ্দ থাকে, মুশকিল-আসান এলেই তাকে চাল পয়সা যা হয় দিয়ে দেয়; সে আবার হাঁক দিতে দিতে চলে যায়।

আরো একটি শব্দ, সেটি এখনো থেকে থেকে কানে বাজে। দুপুরের সব যখন শোনশান, কোনো সাড়াশব্দ নেই কোথাও তখন শব্দ কানে আসে 'কু-য়ো-র ঘটি তোলা'। মনে হয় ঠিক যেন অদ্ভুত কোন একটি পাখি ডেকে চলেছে। রাত্তিরে বিছানায় শুয়ে জানলা দিয়ে দেখি ঘনকালো তেঁতুল গাছের মাথা। দাসীরা বলে, বংশের সকলের নাড়ী পোঁতা আছে তার তলায়। মাঝে মাঝে ছাতের উপরে ভোঁদড় চলে বেড়ায়, সেই চলার শব্দে গল্প তৈরি হয় মনের ভিতরে; ব্রহ্মদত্যি। হাঁটছে, জটেবুড়ি কাশছে। জটেবুড়ি সত্যিই ছিল, লাঠি ঠক ঠক করে আসত; ময়ুরে তার চোখ উপড়ে নিয়েছিল। 'ক্ষীরের পুতুল' এ যে ষষ্ঠীবুড়ি এঁকেছি ঠিক সেইরকম ছিল সে দেখতে।

ও দিকে নীচে রাত দশটার পর নন্দ ফরাসের ঘরে নোটো খোঁড়ার বেহালা শুরু হয়। একটাই সুর, অনেক রাত্তির অবধি চলে একটানা। বেহালা যেন সুরে এক দুই মুখস্থ করছে; এক, দুই, তিন, চার; এক, দুই, তিন, চার। ঐ থেকে পরে আমি একটা যাত্রার সুর দিয়েছিলুম। বাবামশায়ের বৈঠক ভাঙলে নন্দ ফরাসের ঘরে বৈঠক বসে– ছিরু মেথর, নোটো খোঁড়া, আরো অনেকের। ভোরবেলা বাড়ির সামনে ঘোড়া মলে টপ, টপ, ঠপ ঠপ । কাকপক্ষী ডাকার আগে এই শব্দ শুনেই ঘুম ভাঙে আমার। রোজ ঘুমোবার আগে আর ঘুম ভেঙে এই দুটি শব্দ শুনি; বেহালার এক, দুই, তিন, চার; আর ঘোড়া মলার টপ, টপ, ঠপ, ঠপ।

তখন এক একটা সময়ের এক-একটা শব্দ ছিল। এখন সেই শব্দ আর নেই, সব মিলিয়ে যেন কোলাহল চারি দিকে। ট্যাক্সির ভোঁ-ভোঁ, দোকানদারের চীৎকার, রাস্তার হট্টগোল, এ-সবে ঘরের কোনেও কান পাতা দায়। তার উপরে জুটেছে আজকাল মাথার উপরে উড়োজাহাজের ঘড়ঘড়ানি, রেডিয়োর ভনভননি, আরো কত কী! তেতলার ছাদে জ্যোতিকাকামশায়ের পিয়ানোর সুর, রবিকা'র গান, জ্যাঠামশায়ের হাসির ধমক, কোথায় চলে গেল সে-সব!

তা সেই সময়ে দুপুরে বৈঠকখানাতেই একদিন আমি আবিষ্কার করলুম 'লণ্ডন নিউজ'র ছবি। বাঁধানো 'লণ্ডন নিউজ' পড়ে ছিল এক কোনায় সবকিছু ঘেঁটে ঘেঁটে দেখতে গিয়ে বইয়ের ভিতরে ছবির সন্ধান পেলুম। সে কতরকম কাণ্ড-কারখানার ছবি, নিবিষ্ট মনে বসে বসে দেখি। একদিন ঘোষাল মাস্টার এসে ঢুকলেন সেই ঘরে। দিব্যি ভুঁড়িদার চেহারা তাঁর; খালি গায়ে যখন আসেন, তেল চুকচুকে ভুঁড়িটি ঠিক যেন পিতলের হাঁড়া একটি। তিনি ঘরে ঢুকে বললেন, 'দেখি কি দেখছ'– বলে আমার হাত থেকে বইগুলি নিয়ে পাতা উলটে উলটে দেখতে লাগলেন। দেখতে দেখতে একটা পাতায় আছে ফরাসী রানীর ছবি, তিনি

সেই ছবিটি সামনে রেখে হাতজোড় করে তিন বার মাথায় ঠেকালেন। তার পর থেকে দেখি রোজই তিনি স্নানের পর ফরাসী রানীর ছবি বের করে তিন বার পেন্নাম করেন। কারণ আর বুঝি নে কিছু। দেবদেবীর ছবি এ নয়, তবে কেন এত পেন্নামের ঘটা! শেষে বড়দাকে একদিন জিজ্ঞেস করি, ‘এর মানে কি বলো-না।’ বড়দা হেসে বললেন, ‘ওহো, তা বুঝি জানিস নে? ঘোষালমশায়কে জিজ্ঞেস করেছিলুম যে, তিনি বললেন, এই ফরাসী রানী তাঁর স্ত্রীর মতো দেখতে। তাই রোজ তিনি ঐ ছবিকে পেন্নাম করেন।

৪

সেদিন কে যেন আমায় বললে, আপনি বুঝি ছেলেবেলায় খুব গান আর ছবি-আঁকার আবহাওয়ায় বড়ো হয়েছেন? বললুম, মোটেও তা নয়। কী আবহাওয়ার ভিতর দিয়ে বড়ো হয়েছি জানতে চাইছ? শোনো তবে।

ছবি গান ছিল বৈকি বাড়িতে। বাবামশায়ের শখ ছিল ছবি আঁকার; জ্যোতিকাকামশায়ও ছবি আঁকতেন, পোর্ট্রেট আঁকবার ঝোঁক ছিল তাঁর; কিন্তু ছবি দেখা তো দূরের কথা, আমরা কি তাঁদের ঘরে ঢুকতে পেরেছি কখনো?

গানবাজনাও হত। তখনকার দিনে মাইনে-করা গাইয়ে থাকত বাড়িতে। কেষ্ট বিষ্ণু ছিল দুই মাইনে-করা গাইয়ে। দুর্গাপুজোয় আগমনী-বিজয়া তখন গাইত তারা—শোনো নি কখনো? ভারি মিষ্টি সে-সব গান। ওস্তাদি গানের মজলিসও বসত বৈঠকখানায় রোজ সন্ধেবেলা। তখনকার নিয়মই ছিল ঐ। পাড়াপড়শি বন্ধুবান্ধব আসতেন বৈঠকী গান শুনতে। নটার তোপও পড়ত, মজলিসও ভেঙে যে যার ঘরে যেতেন। দূর থেকে যেটুকু শুনতুম কিছুই বুঝতুম না তার।

তবে হ্যাঁ, গান হত ও-বাড়িতে, তেতলার ছাদে নতুনকাকিমার ঘরে। এক দিকে জ্যোতিকাকামশায় পিয়ানো বাজাচ্ছেন, আর-এক দিকে রবিকা গাইছেন। সেই অল্পবয়সের রবিকার গলা, সে যেমন সুর তেমনি গান। মাত করে দিতেন চার দিক। এ বাড়ি থেকে শুনতুম আমি কান পেতে। তাই বলি গান তবু শুনেছি আমি ছেলেবেলায়, কিন্তু ছবি দেখি নি মোটেও।

ছবি যা দেখেছি তা আমার ছোটোপিসিমার ঘরে। ছুটির দিন দুপুরবেলা ছোটোপিসিমার ঘরের দরজায় একটু উকিঝুঁকি মারতেই তাঁর নজরে পড়ি, তিনি ডাকেন, 'কে রে, অবা? আয় আয় ঘরে আয়।' কী সুন্দর ঘরটি তাঁর! কতরকমের ছবি, দেশী ধরনের অয়েল-পেন্টিং, শ্রীকৃষ্ণের পায়েস ভক্ষণ— সামনে নৈবেদ্য সাজিয়ে মুনি চোখ বুজে ধ্যানে বসে আছেন, চুপি চুপি কৃষ্ণ হাত ডুবিয়ে পায়েসটুকু তুলে মুখে দিচ্ছেন, হুবহু কথকঠাকুরের গল্পের ছবি; শকুন্তলার ছবি— তিনটি মেয়ে বনের ভিতর দিয়ে চলেছে, শকুন্তলা বলে বুঝতুম না, তবে ভালো লাগত দেখতে, মদনভস্মের ছবি— মহাদেবের কপাল ফুঁড়ে ঝাঁটার মতো আগুন ছুটে বের হচ্ছে; সরোজিনী নাটকের ছবি; কাদম্বরীর ছবি— রাজপুত্তর পুকুরধারে গাছতলায় ঘোড়া বেঁধে শিবমন্দিরের দাওয়ায় বসে আছে। কে জানে তখন, সেটা

"

কাদম্বরীর ছবি। এমন কত সব ছবি। কেষ্টনগরের পুতুলই বা কত রকমের ছিল সেই ঘরে। চেয়ে চেয়ে দেখতে বেলা কাটে। মেঝেতে ঢালা-বিছানায় বুকে বালিশ দিয়ে বসে ছোটো পিসিমা পান খান, সেলাই করেন। ও বাড়িতে বেলা তিনটের ঘণ্টা পড়ে। গুপীদাসী চুল বাঁধার বাক্স, মাদুর নিয়ে আসে। ছোটো পিসিমা উঠে উঁচু-পাঁচিল ঘেরা। ছাদে গিয়ে চুল বাঁধতে বসেন, পোষা পায়রাগুলো খোপ থেকে বেরিয়ে এসে ছোটোপিসিমাকে ঘিরে ঘাড় নেড়ে রকম বকম বকে বকে নাচ দেখায়। ছোটোপিসিমা আমার হাতে মুঠো মুঠো দানা দেন; ছড়িয়ে দিই, তারা চক্কর বেঁধে কুড়িয়ে কুড়িয়ে খেয়ে উড়ে বসে ছাদের কার্নিশে সারি সারি। পড়ন্ত রোদ তাদের ডানায় ডানায় ঝকমক করে। কোনো কোনো দিন বা দেখি ঘূর্ণি হাওয়ায় লাল ধুলো পাক খেয়ে খেয়ে উড়ে গেল। বাইরের ছবিও দেখি। আবার খেলাধুলো শেষে ঘরের কোনায় সন্ধেবেলা পিতলের পিলসুজের উপর পিদিম জ্বলে, তারই কাছে টিকটিকি নড়েচড়ে পোকা ধরে, তাও দেখি চেয়ে চেয়ে অনেকক্ষণ। এইরকম ঘর-বাইরের কত কী ছবি দেখতে দেখতে বেড়ে উঠেছি।

ভিতর দিকটা দেখবার কৌতূহল আমার ছেলেবেলা থেকে আছে। বন্ধ ঘরের ভিতরটা, ঘেরা বাগানের ভিতরটা, দেখতে হবে কী আছে ওখানে। খেলনা, দম দিলে চলে, চাকা ঘোরে; দেখতে চাই ভিতরে কী আছে। এই সেদিন পর্যন্তও ছেলেদের খেলনা নিয়ে খুলে খুলে আবার মেরামত করেছি। ছেলেদের খেলনা হাতে নিলেই মা বলতেন, 'ঐ রে, এবার গেল জিনিসটা, ভিতর দেখতে গিয়ে ভাঙবে ওটি। তা ছেলেবেলায় একবার 'ভিতর' দেখতে গিয়ে কী কাণ্ডই হয়েছিল শোনো।

বড়োমা থাকেন তেতলার একটি ঘরে। তাঁরও নানারকম পাখি পোষার শখ। পোষা টিয়ে, পোষা লালমোহন হীরেমোহন; লালমোহনের দাঁড়টি আগাগোড়া ঝক্‌ঝক্‌ তক্‌তক্‌ করছে সোনালি রঙে। ঘরের এক পাশে এক আলমারি বোঝাই খেলনা; সে-সব তাঁর শখের খেলনা, কাউকে ধরতে ছুঁতে দেন না। অনেক করে বললে কখনো একটা-দুটো খেলনা বের করে নিজের হাতে দম দিয়ে চালিয়ে দেন মেঝেতে; আবার তুলে রাখেন। সেই বড়োমার ঘরে যেতে হত একটি ঘোরানো সিঁড়ি বেয়ে। বরাবর তেতলার চিলে ছাদ অবধি উঠে গেছে সেই গোল সিঁড়ি। তারই মাঝামাঝি এক জায়গায় মাটির একটি হাতদেড়েক কেষ্টমূর্তি, তাকের উপর ধরা। আমার লোভ সেই মাটির কেষ্টটির উপর। একদিন দুপুরে সেই সিঁড়ি বেয়ে উঠে বড়োমার কাছে দরবার করলুম, 'আমাকে মাটির কেষ্টটি দেবে?' বড়োমা খানিক ভেবে বললেন, 'চাস? তা নিয়ে যা ভাঙিস নে।' বুড়ি দাসী তাক থেকে কেষ্টটি পেড়ে আমার হাতে দিলে। আমি সেটি বগলদাবা করে তরতর করে নীচে নেমে এলুম। দাদাদেরও নজর ছিল মূর্তিটির উপর, কেউ পান নি। তাঁদের দেখালুম 'দেখো, তোমরা তো পেলে না, আমি কেমন পেয়ে গেছি।' দাদারা বললেন, 'হুঃ, ওর ভিতরে কী আছে জানিস নে তো? এই টেবিলটির উপরে চড়ে মূর্তিটি ফেলে দে নীচে, দেখবি, আশ্চর্য জিনিস বের হবে এর ভিতর থেকে।'

দাদাদের অবিশ্বাস করতে পারলেম না। মূর্তির ভিতরের 'আশ্চর্য' দেখবার লোভে তাড়াতাড়ি উঁচু টেবিলটায় উঠে দিলেম কেষ্টকে মাটিতে এক আছাড়। 'আশ্চর্য' তো দেখা দিল না; মাটির পুতুল ভেঙে টুকরো টুকরো হয়ে ছড়িয়ে পড়ল ঘরময়। তখন আমার কান্না, দাদারা হো হো করে হেসে হাততালি দিয়ে চম্পট।

সেই ভিতর দেখার কৌতূহল আজও আমার ঘুচল না। ছবি তার ভিতরে কী আছে খুঁজি। নোড়ানুড়িতে খুঁজি, কাটকুটরোতে খুঁজি। নিজের আর অন্যের মনের ভিতরে খুঁজি, কী আছে না-আছে। খুঁজি, কিছু পাই না-পাই, এইরকম খোঁজাতেই মজা পাই। হাত আমার তখন ভালো করে পেনসিল ধরতে পারে না, ছবি আঁকা কাকে বলে জানি নে; কিন্তু ছবি দেখতে ভাবতে শিখি সেই পিসিমার ঘরে বসে।

মার ঘরে আমরা ঢুকতে পাই নে। মার ঘর একেবারে আলাদা ধরনে সাজানো। মার শোবার ঘর তৈরি হচ্ছে। রাজমিস্ত্রি লেগে গেছে। বাবামশায়ের পছন্দমত মেঝেতে নানা রঙের টালি পাথর বসানো হচ্ছে, আস্তে আস্তে যাই সেখানে। ঠুকঠাক, মিস্ত্রিরা নকশা মিলিয়ে পাথর বসায়; অবাক হয়ে দেখি, কখনো-বা দু-একটা পাথর চেয়ে আনি। দেখতে দেখতে একদিন ঘর তৈরি হয়ে গেল। বাবামশায় নিজের হাতে সে ঘর সাজালেন। চমৎকার সব পালিশ করা দামী কাঠের আসবাবপত্র, কাটা কাচের নানারকম ফুলদানি, একটি ফুলদানি মনে পড়ে ঠিক যেন পদ্মকোরকটি– কাচের গোরু-হাতি, কত কী! দেয়ালে দামী দামী অয়েল-পেন্টিং, চারি দিকে নানা জাতের অর্কিড, সে একেবারে অন্যরকমের সাজানো ঘর। আমার কিন্তু ভালো লাগে বেশি ছোটোপিসিমার ঘরখানিই। বঙ্কিমবাবুর সূর্যমুখীর ঘরের যে বর্ণনা, যেখানে যে জিনিসটি হুবহু আমার ছোটোপিসিমার ঘরের সঙ্গে মিলে যায়। অত বড়ো বাড়ির মধ্যে আমার শিশুমনকে খুব টানত তেতলার উপর আকাশের কাছাকাছি ছোটোপিসিমার ঘর।

আর একটা জায়গা, সেটি আমার পরীস্থান। দেখো, যেন শুনে হেসো না। আমার পরীস্থান আকাশের পারে ছিল না। ছিল একতলায় সিঁড়ির নীচে একটা এঁদো ঘরের মধ্যে। সেই ঘর সারাদিনরাত বন্ধ থাকে, দুয়োরে মস্ত তালা। ওৎ পেতে বসে থাকি সকাল থেকে, বড়ো সিঁড়ির তলায় দোরগোড়ায়। নন্দ ফরাস আমাদের তেলবাতি করে, তার হাতে সেই তালাবন্ধ ঘরের চাবি। সে এসে সকালে তালা খোলে তবে আমি ঢুকতে পাই সেই পরীস্থানে। সেখানে কী দেখি, কাদের দেখি? দেখি কর্তাদের আমলের পুরোনো আসবাবপত্রে ঠাসা সে ঘর। কালে কালে ফ্যাশান বদল হচ্ছে, নতুন জিনিস ঢুকছে বাড়িতে, পুরোনোরা স্থান পাচ্ছে আমার সেই পরীস্থানে। কত কালের কতরকমের পুরোনো ঝাড়-লণ্ঠন, রঙবেরঙের চিনেমাটির বাতিদান, ফুলদানি, কাচের ফানুস, আরো কত কী! তারা যেন পুরাকালের পরী– তাকের উপর সারি সারি চুপচাপ, ধুলো গায়ে, ঝুল-মাকড়সার জাল মুড়ি দিয়ে বসে আছে; কেউ-বা মাথার উপরে কড়ি থেকে

ঝুলছে শিকল ধরে। ঘরের মধ্যেটা আবছা অন্ধকার। কাচমোড়া ঘুলঘুলি থেকে বাইরের একটু হলদে আলো এসে পড়েছে ঘরে। সেই আলোয় তাদের গায়ে থেকে থেকে চমক দিচ্ছে রামধনুর সাত রঙ। আঙুল দিয়ে একটু ছুঁলেই টুংটা শব্দে ঘর ভরে যায়। মনে হয়, যেন সাতরঙা সাত পরির পায়ে ঘুঙুর বাজছে! সেই রঙেবেরঙের পরির রাজত্বে ঢুকে এটা ছুঁই ওটা ছুঁই, একে দেখি তাকে দেখি, কাউকে-বা হাতে তুলে ধরি, এমন সময়ে নন্দ ফরাস তার তেলবাতি সেরে হাঁক দেয়, 'বেরিয়ে এসো এবারে, আর নয়, কাল হবে।' তালাচাবি পড়ে যায় সেদিন রাতটার মতো আমার পরীরাজত্বের ফটকে।

সেই যেবার মুকুলের স্কুলে রবিকার ছবির একজিবিশন হয়, আমি দেখতে গেছি; অমিয় বললে, 'আমার গুরুদেবের ছবি বুঝিয়ে দিন।' বললুম, 'দেখো বাপু, খুড়ো-ভাইপোর কথা কাগজে যদি বের না কর তবে এসো আমার সঙ্গে।' তাকে নিয়ে ঘুরে ঘুরে ছবি দেখাতে লাগলুম। তা ঐখানেই একটি ছবি দেখি; ছোট্ট ছবিখানা, কলম দিয়ে আঁকা; একটি ছেলে, পিছনে অনেকগুলো লাইনের আঁচড়। ছেলেটি লাইনের জালে আর জঙ্গলে আটক পড়ে থ হয়ে দাঁড়িয়ে আছে। বললুম অমিয়কে, 'দেখো, এ কি আর সবাই বুঝতে পারে?' পরীস্থানে ঢুকলে আমার অবস্থা হত ঠিক তেমনি। এখন যখন দেখি ছোটো ছেলেরা এসে আমার পুতুলের ঘরে কাচমোড়া আলমারির সামনে ঘুরঘুর করে, মনে পড়ে আমিও একদিন প্রায় এদেরই বয়সে আমার পরীরাজত্বের দুয়োরে এমনি ভাবে দাঁড়িয়ে থাকতুম।– ও অভিজিৎ, রঙ-টঙ নিয়ে অত ঘাঁটাঘাঁটি কোরো না, বিপদ আছে। এই রঙ-করা নিয়ে আমার ছেলেবেলায় কী কাণ্ড হয়েছে জান না তো?

আমাদের দোতলার বারান্দায় একটা জলভরতি বড়ো টবে থাকে কতকগুলো লাল মাছ, বাবামশায়ের বড়ো শখের সেগুলো। রোজ সেই টবে ভিস্তি দিয়ে পরিষ্কার জল ভরতি করা হয়। একদিন দুপুরে লাল মাছ দেখতে দেখতে হঠাৎ আমার খেয়াল হল, লাল মাছ, তার জল লাল হওয়া দরকার। যেমন মনে হওয়া কোথেকে খানিকটে মেজেণ্টা না কী রঙ জোগাড় করে এনে দিলুম সেই মাছের টবে গুলে। দেখতে দেখতে আমার মতলব সিদ্ধি। লাল জলে লাল মাছ কিলবিল করতে থাকল। দেখে অন্য খেলা খেলতে চলে গেলাম। বিকেলে শুনি মালীর চীৎকার। জলে লাল রঙ গুললে কে? মাছ যে মরে ভেসে উঠেছে। বাবামশায় বললেন, 'কার এই কাজ?' সারদা পিসেমশায় বলে উঠলেন, 'এ আর কারো কাজ নয়, ঠিক ঐ বোস্টেটের কাজ।' বোস্টেটে কথাটি চীনে গিয়ে সারদা পিসেমশায় শিখে এসেছিলেন। চীনের খেতাব সেইবারই প্রথম পেলুম; তার পর থেকে সবার কাছে ঐ নামেই বিখ্যাত হলুম। রঙ গুলে আমি ঐরূপ খেতাব পেয়েছিলেম। অভিজিৎ বুঝে-শুনে আমার রঙের বাক্সে হাত দিয়ো। না হলে খেতাব পেয়ে যাবে।

আঃ হাঃ, আবার আমার পুতুল গড়বার হাতুড়ি বাটালি নিয়ে টানাটানি কর কেন? স্থির হও, শোনো, আর একটা মজার কথা। ছেলেবেলায় তোমার বয়সে

মিস্ত্রি হবার চেষ্টা করেছিলুম একবার। বাবামশায়ের পাখির খাঁচা তৈরি হচ্ছে। খাঁচা তো নয়, যেন মন্দির। বারান্দা জুড়ে সেই খাঁচা, ভিতরে নানারকম গাছ, পাখিদের ওড়বার যথেষ্ট জায়গা, জল খাবার সুন্দর ব্যবস্থা, সব আছে তাতে। চীনে মিস্ত্রিরা লেগে গেছে কাজে; নানারকম কারুকাজ হচ্ছে কাঠের গায়ে। সারাদিন কাজ করে তারা টুকটাক টুকটাক হাতুড়ি বাটালি চালিয়ে; দুপুরে খানিকক্ষণের জন্যে টিফিন খেতে যায়, আবার এসে কাজে লাগে। আমি দেখি, শখ যায় অমনি করে বাটালি চালাতে। একদিন, মিস্ত্রিরা যেমন রোজ যায়, তেমনি খেতে গেছে বাইরে, এই ফাঁকে আমি বসে হাতুড়ি বাটালি নিয়ে যেই না মেরেছি কাঠের ওপর এক ঠেলা, এই দেখো সেই দাগ, বাটালি একেবারে বাঁ হাতের বুড়ো আঙুলের মাঝ দিয়ে চলে গেল অনেকটা অবধি। তখনি আমি বুড়ো আঙুল চুষতে চুষতে দে ছুট সেখান থেকে। মিস্ত্রিরা এসে কাজ করতে যাবে, দেখে ফোঁটা ফোঁটা রক্ত সে জায়গায় ছড়ানো। কী ব্যাপার, কে কী কাটল? জানা কথা, বোম্বেটে ছাড়া এ আর কারোর কাজ নয়। বাবামশায় ডেকে বললেন, ‘দেখি তোর আঙুল।’ আমি তো ভয়ে জড়োসড়ো, না জানি আজ কী ঘটে যায় আমার কপালে!

কতরকম দুষ্টবুদ্ধিই জাগত তখন মাথায়। বাবামশায়ের আছে পোষা ক্যানারি, খাঁচাভরা। শখ গেল তাদের ছেড়ে দিয়ে দেখতে হবে কেমন করে ওড়ে। টুনিসাহেব, এক ফিরিঙ্গি ছোঁড়া, আসে প্রায়ই বাবামশায়ের কাছে শ্রীরামপুর থেকে। পাখির শখ ছিল তার। মাঝে মাঝে সুবিধেমত দুয়েকটি দামী পাখিও সরায়। সেই সাহেব একদিন এসেছে; তাকে ধরে পড়লুম, ‘দাও-না ক্যানারি পাখির খাঁচা খুলে। বেশ উড়বে পাখিগুলো। জাল আছে এখানে, আবার ওদের ধরা যাবে।’ অনেক বলা-কওয়ার পর সাহেব তো দিলে খাঁচার দরজা খুলে, ফুর ফুর করে পাখিগুলো সব বেরিয়ে পড়ল— খাঁচা থেকে বাইরে, মহা আনন্দ। এবার তাদের ধরতে হবে, টুনিসাহেব জাল ফেলছে বারে বারে; কিছুতেই তারা ধরা দেয় না। শেষে সে তো জাল-টাল ফেলে দিয়ে চম্পট; ধরা পড়লুম আমি। এইরকম সব ইচ্ছে ছেলেবয়েসে হত। ইচ্ছে হল কাঠবেড়ালির চলা দেখব, খরগোশের লাফ দেখব, অমনি তাদের ঘরের দরজা খুলে দিতুম বাইরে বের করে। ইচ্ছে হত তো, করব কী, কী বলো অভিজিৎ?

ও কি ও, স্যাঙাত, সোয়েটার এঁটে এসেছ এরই মধ্যে? আমাদের ছেলেবেলায় কার্তিক মাসের আগে গরম কাপড়ের সিন্দুকই খুলত না ম্যালেরিয়া হলেও। সাদাসিধে ভাবেই মানুষ হয়েছি আমরা। তখন এত উলের ফ্রক, শার্টমাট, সোয়েটার, গেঞ্জি, মোজা পরিয়ে তুলোর হাঁসের মতো সাজিয়ে রাখবার চাল ছিল না। খুব শীত পড়লে একটা জামার উপরে আর-একটা সাদা জামা, তার উপরে বড়োজোর একটা বনাতের ফতুয়া, এই পর্যন্ত। চীনেবাড়ির জুতো কখনো কচিৎ তৈরি হয়ে আসত— তা সে কোন আলমারির চালে পড়ে থাকত খবরই হত না, খেলাতেই মত্ত।

রাত্রে ঘুমোবার আগে দাসীরা আমাদের খানিকটা দুধ খাইয়ে মশারির ভিতরে

ঠেলে দিয়ে থাবড়ে-থুবড়ে শুইয়ে চলে যেত। তাদেরও আবার নিজেদের একটা দল ছিল। রাত্তিরবেলা দাসীরা সব একসঙ্গে হয়ে, বারান্দায় একটা লম্বা দোলনা ছিল, তাতে বসে গল্পগুজব হাসি-তামাশা করত। আন্দিবুড়ি আসত রাত্রে, সে যা চেহারা তার কপালজোড়া সিঁদুর, লাল টকটক করছে, গোল এত্ত বড়ো মুখোশের মতো মুখ, যেন আহ্লাদী পুতুলকে কেউ কালি মাখিয়ে ছেড়ে দিয়েছে। দেখতে যদি তাকে রাত্তিরবেলা! সেই আন্দিবুড়ি দক্ষিণেশ্বর থেকে আসত মায়েদের শ্যামা সংগীত শোনাতে, আর পয়সা নিতে। তার গলার সুর ছিল চমৎকার। সে যখন চাঁদের আলোতে বারান্দার দোলনাতে চুল এলিয়ে বসে দাসীদের সঙ্গে গল্প করত, মশারির ভিতর থেকে ঝাপসা ঝাপসা দেখে মনে হত, যেন সব পেত্নী, গুজগুজ, ফুসফুস্ করছে। তখন ঐ একটা শব্দ ছিল দাসীদের কথাবার্তার গুজগুজ, ফুসফুস্ বেশ একটু স্পষ্ট স্পষ্ট কানে আসত। ঘুমই হত না। মাঝে মাঝে আমি কুঁই কুঁই করে উঠি, পদ্মদাসী ছুটে এসে মশারি তুলে মুখে একটা গুড়-নারকেলের নাড়ু, তাদের নিজেদের খাবার জন্যেই করে রাখত, সেই একটি মুখে গুঁজে দেয়। বলে, ‘ঘুমো।’ নারকেল-নাড়ু টি চুষতে থাকি। পদ্মদাসী গুনগুন করে ছড়া কাটে আর পিঠ চাপড়ায়; একসময়ে ঘুমিয়ে পড়ি। তার পরে একঘুমে রাত কাবার। তুমি তো অন্ধকার রাত্রে রাস্তায় ভূতের ভয় পাও; আমার পদ্মদাসী আর আন্দিবুড়িকে দেখলে কী করতে জানি নে। দুজনের ঠিক এক চেহারা। আন্দিবুড়ি ছিল কালোরঙের আহ্লাদী পুতুল, আর আমার পদ্মদাসী ছিল যেন আগুনে ঝলসানো পদ্মফুল।

ভালো লাগত আমার দুজনকেই। তাই তাদের কথা এখনো মনে পড়ে। সেই আমাকে মানুষ করা পদ্মদাসীর শেষ কী হল শোনো। একদিন সকালে দাঁড়িয়ে আছি তেতলার সিঁড়ির রেলিং ধরে; সিঁড়ি বেয়েও তখনো নামতে পারি নে দোতলায়। আমি দাঁড়িয়ে দেখছি তো দেখছিই। মস্ত বড়ো সিঁড়ির ধাপ ঘুরে ঘুরে নেমে গেছে অন্ধকার পাতালের দিকে। এমন সময়ে শুনি, লেগেছে ঝুটোপুটি ঝগড়া পদ্মদাসীতে আর মার রসদাসীতে দোতলার সিঁড়ির চাতালে। এই হতে হতে দেখি রসদাসী আমার পদ্মদাসীর চুলের মুঠি ধরে দিলে দেয়ালে মাথাটা ঠুকে। ফটাস্ করে একটা শব্দ শুনলুম। তার পরেই দেখি পদ্মদাসীর মাথা মুখ বেয়ে রক্ত গড়াচ্ছে। এই দেখেই আমার চীৎকার, ‘আমার দাসীকে মেরে ফেললে, মেরে ফেললে।’ পদ্মদাসী আমার কান্না শুনে মুখ তুলে তাকালে। আলুথালু চুল, রক্তমুখী চেহারা, চোখ দুটো কড়ির মতো সাদা। তার পর কী হল মনে নেই। খানিক পরে পদ্মদাসী এল, মাথায় পটি বাঁধা। আমায় কোলে নিয়ে দুধ খাইয়ে দিয়ে চলে গেল। সেই যে আমার কাছ থেকে গেল আর এল না। শুনলুম দেশে গেছে।

তখন গরমি কালটা অনেকেই গঙ্গার ধারে বাগানবাড়িতে গিয়ে কাটাতেন। কোন্নগরের বাগানে বাবামশায় যাবেন, ঠিক হল। মা, পিসিমা সবাই যাবেন; সঙ্গে যাব আমি আর সমরদা। দাদা থাকবেন বাড়িতে; বড়ো হয়েছেন, স্কুলে যান

রোজ, বাগানে গেলে পড়াশুনোর ক্ষতি হবে। আমার আনন্দ দেখে কে! কাল সকাল বেলায় যাব, কিন্তু রাত পোহায় না। ঘুমোব কি সারারাত ধরে ভাবছি, কখন ভোর হয়।

বাবামশায় ওঠেন রোজ ভোর চারটের সময়ে। উঠে হাতমুখ ধুয়ে সিঁড়ির উপরে ঘড়ির ঘরে বসে কালীসিংহের মহাভারত পড়েন, সঙ্গে থাকেন ঈশ্বরবাবু। ঐ একটি সময়ে আমরা বাবামশায়ের কাছে যেতে পেতুম। চাকররা আমাদের ভোর না হতে তুলে হাতমুখ ধুইয়ে নিয়ে আসত বাবামশায়ের কাছে। তিনি পড়তেন, আমাদের শুনতে হত। এই গল্প শোনা দিয়ে শিক্ষা শুরু করেছি তখন। কোনো কোনোদিন ভালো লাগে গল্প শুনতে, কোনোদিন ঘুমে চোখ জড়িয়ে আসে। মাঝে মাঝে বাবামশায় খানিকটা পড়ে সমরদাকে পড়তে দেন। বলেন, ‘নাও, এবার তুমি পড়ো।’ সমরদা সেই মস্ত মোটা মহাভারতের বই হাতে নিয়ে বেশ গড়গড় করে পড়ে যান। আমাকে কিন্তু বাবামশায় কোনোদিন বলতেন না পড়তে। কী মুশকিলেই পড়তুম তখন বলো তো। এখন কোন্নগরে তো যাওয়া হবে– কত দেরি করেছিল সেদিন সকালটা আসতে। যেমন রামলাল ডাকা ‘ওঠো’, অমনি তড়িঘড়ি বিছানা থেকে লাফিয়ে পড়ে তাড়াতাড়ি হাতমুখ ধুয়ে ইজের-কামিজ বদলে তৈরি হয়ে নিলুম। লোকজন আগেই চলে গেছে বাগানে। এবার আমরা যাব। সাদা জুড়িঘোড়া জোতা মস্ত ফিটন দাঁড়াল দেউড়িতে ভোর পাঁচটায়। আমরা উঠলুন তাতে।

বাবামশায় বসলেন পিছনের সিটে আমাদের বসিয়ে দিলেন সামনেরটায়। দু পাশে বসলেন আরো দু জন, পাছে আমরা পড়ে যাই। সেকালের গাড়িগুলির দু পাশ থাকত খোলা– একটুতেই পড়ে যাবার সম্ভাবনা। মা পিসিমা আগেই রওনা হয়েছেন বন্ধ আপিসগাড়িতে। আমাদের ফিটনের পিছনে দুই দুই সহিস হাঁকছে পঁইস,পঁইস; ঘোড়া পা ফেলছে টগ্‌বগ্‌ টগ্‌বগ্‌ গাড়ি চলতে লাগল জোড়াসাঁকোর গলির মোড়ে শিবমন্দির পেরিয়ে বড়ো রাস্তার তেলের আলোগুলি তখনো জ্বলছে, চারি দিক আবছা অন্ধকার। ঘুমন্ত শহরের মধ্যে দিয়ে গঙ্গার উপরে হাওড়ার পুলের মুখে এলুম। দূর থেকে দেখি পুলের উপরে উঁচু দুটো প্রকাণ্ড লোহার চাকা, তার আদ্দেক দেখা যাচ্ছে। হাওড়ার পুল দেখি সেই প্রথম আমি তো ভয়ে মরি। ঐ চাকা দুটোর উপর দিয়েই গাড়ি যাবে নাকি? যদি গাড়ি পড়ে যায় গড়িয়ে গঙ্গায়? যতই গাড়ি এগোয় ততই ভয়ে দু হাতে গাড়ির গদি শক্ত করে ধরে আঁটসাঁট হয়ে বসি, শেষে দেখি গাড়ি ঐ চাকা দুটোর মাঝখান দিয়ে চলে গেল। চাকা দুটোর মাঝখানে যে অমনি সোজা রাস্তা আছে গাড়ি যাবার, তা ভাবতেই পারি নি আমি তখন। হাওড়ার পুলের অপর মুখে টোলঘর পেরিয়ে এগিয়ে যেতে লাগলুম, বড়ো বড়ো গাছের নীচ দিয়ে, গাঁয়ের ভিতর দিয়ে– গাঁগুলি তখনো জাগে নি ভালো করে, মাকড়সার জালের মতো ধোঁয়ার মধ্যে দিয়ে অস্পষ্ট দেখা যাচ্ছে। তার মাঝ দিয়ে চলেছি আমরা। কখনো-বা থেকে থেকে দেখা যায় গঙ্গার একটুখানি; ভাবি বুঝি এসে গেলুম বাগানে। আবার বাঁক

ঘুরতেই গন্ধ ঢাকা পড়ে গাছের ঝোপের আড়ালে। শালকের কাছাকাছি এসে কী সুন্দর পোড়ামাটির গন্ধ পেলুম। এখনো মনে পড়ে কী ভালো লেগেছিল সেই সোঁদা গন্ধ। সেদিন গেলুম ঐ রাস্তা দিয়েই বালিতে; কিন্তু সেই চমৎকার পল্লীগ্রামের সুগন্ধ পেলুম না। সেই শালকেকে চিনতেই পারলুম না। শহর যেন পাড়াগাঁকে চেপে মেরেছে। আশেপাশে গলিঘুঁজি, নর্দমা, মাঝরাস্তায় ঘোড়া বদল করে আবার অনেকক্ষণ ধরে চলতে চলতে পৌঁছলুম সবাই কোন্নগরের বাগানে। তখন মোটরগাড়ি ছিল না যে এক ঘণ্টায় পৌঁছে দেবে শহর থেকে বাগানে। সে ভালো ছিল, ধীরে ধীরে কত কী দেখতে দেখতে যেতুম। গাঁয়ের মেয়েরা পুকুরঘাটে গা ধুতে নেমেছে পাঠশালায় চলেছে ছেলেরা সরু সরু লাল রাস্তা বেয়ে, মাঝে মাঝে এক-একখানা হাটুরে গাড়ি চলে যাচ্ছে আমাদের গাড়ি বাঁচিয়ে শহরের দিকে। কোন্ এক বুড়োমানুষ ঘরের দাওয়ায় উবু হয়ে হুঁকো টানছে। মুদির দোকানে মুদি ঝাঁপ তুলছে। বাঁশঝাড়ে সকালের আলো ঝিলমিল করছে; একটি-দুটি দাঁড়কাক ডাকছে সেখানে। রথতলায় রথটা খাড়া রয়েছে। এমনি কত কী সুন্দর সুন্দর দৃশ্য! হঠাৎ দেখা দিল ধানখেতের প্রকাণ্ড সবুজ, তার পরই কোতরঙের ইটখোলা— সেখানে পাহাড়ের মতো ইটের পাঁজায় আগুন ধরিয়েছে, তা থেকে ধোঁয়া উঠছে আস্তে আস্তে আকাশে। তার পরই কোন্নগরের বাগান আমাদের দু থাক ঢালুর উপরে সাদা ছোট্ট বাড়িখানি। উত্তর দিকে মস্ত ছাতার মতো নিচু একটি কাঁঠালগাছ। বাগানবাড়ির সামনে দাঁড়িয়ে বুড়ো চাটুজ্জেমশাই— সাদা লম্বা পাকা দাড়ি, মাথায় ঝুটি বাঁধা, হাতে একটি গেঁটেবাঁশের লাঠি, ধবধবে গায়ের রঙ, যেন মুনিঋষি। আমাদের কোলে করে গাড়ি থেকে নামিয়ে নিলেন।

গঙ্গার পশ্চিম পারে আমাদের কোন্নগরের বাগান, ওপারে পেনিটির বাগান, জ্যোতিকাকামশায় সেখানে আছেন। কোনোদিন এপার থেকে বাবামশায়ের পানসি যায়, কোনোদিন বা ওপার থেকে জ্যোতিকাকামশায়ের পানসি আসে; এমনি যাওয়া-আসা। বন্দুকের আওয়াজ করে সিগ্‌নেলে কথা বলতেন তাঁরা। একবার আমায় দাঁড় করিয়ে আমার কাঁধের উপর বন্দুক রেখে বাবামশায় বন্দুক ছোঁড়েন। পেনিটির বাগান থেকে ওপারে, জ্যোতিকাকামশায় বন্দুকের আওয়াজে তার সাড়া দেন। কানের কাছে বন্দুকের গুড়ুম গুড়ুম আওয়াজ— গুলি চলে যায় কানের পাশ দিয়ে চোখ বুজে শক্ত হয়ে দাঁড়িয়ে থাকি। বাবামশায়ের ভয়ে টুঁ শব্দটি করি নে। আসলে আমায় সাহসী করে তোলাই ছিল তাঁর উদ্দেশ্য; কিন্তু তা হতে পেল না।

বাবামশায়ের সাঁতারেও খুব আনন্দ। সাঁতরে তিনি গঙ্গা পার হতেন। আমাকেও সাঁতার শেখাবেন; চাকরদের হুকুম দিলেন, তারা আমার কোমরে গামছা বেঁধে জলে ছুঁড়ে ছুঁড়ে দেয়। সাঁতার দেব কি, ভয়েই অস্থির। কোনোরকম করে আঁচড়ে-পাঁচড়ে পাড়ে উঠে পড়ি।

একটি ভারি সুন্দর ছোট্ট টাট্টু ঘোড়ার গাড়ি। সেটি ছিল ছোটোলাট সাহেবের

মেয়ের; নিলামে কিনেছিলেন বাবামশায়। সে কি আমাদের জন্যে? মোটেও তা নয়। কিনেছিলেন মেয়েদের জন্যে; সুনয়নী বিনয়িনী গাড়িতে চড়ে বেড়াবে। কোন্নগরে সেই গাড়িও যেত আমাদের জন্যে। ছোট্ট টাট্টু ঘোড়ার গাড়িতে চড়ে আমরা রোজ সকালে বেড়াতে যাই। বাগানের বাইরেই কুমোরবাড়ি– চাকা ঘুরছে, সঙ্গে সঙ্গে খুরি গেলাস তৈরি হচ্ছে। ভারি মজা লাগত দেখতে; ইচ্ছে হত, ওদের মতো চাকা ঘুরিয়ে অমনি খুরি গেলাস তৈরি করি। মাঝে মাঝে বড়ো জুড়িঘোড়া হাঁকিয়ে আসেন উত্তরপাড়ার রাজা। আমার টাট্টু ঘোড়া ভয়ে চোখ বুজে রাস্তার পাশে এসে দাঁড়ায়। জুড়িগাড়ির ভিতরে বসে বৃদ্ধ ডেকে জিজ্ঞেস করেন, 'কার গাড়ি যায়? কার ছেলে এরা?' চোখে ভালো দেখতে পেতেন না। সঙ্গে যারা থাকে তারা বলে দেয় পরিচয়। শুনে তিনি বলেন, 'ও, আচ্ছা আচ্ছা, বেশ, এসেছ তা হলে এখানে। বোলো একদিন যাব আমি।' তাঁর জুড়িঘোড়া টগ্‌বগ্‌ করতে করতে তীরের মতো পাশ কাটিয়ে চলে যায়– আমার ছোট্ট টাট্টু ঘোড়া তার দাপটের পাশে খাটো হয়ে পড়ে। দেখে রাস্তার লোক হাসে। যেমন ছোট্ট বাবু তেমনি ছোট্ট গাড়ি, ছোট্ট ঘোড়াটি– সহিসটি খালি বড়ো ছিল, আর সঙ্গের রামলাল চাকরটি।

কোন্নগরে কী আনন্দেই কাটাতুম। সেখানে কুলগাছ থেকে রেশমি গুটি জোগাড় করে বেড়াতুম দুপুরবেলা। প্রজাপতির পায়ে সুতো বেঁধে ওড়াতুম ঘুড়ির মতো। সন্ধেবেলা বাবামশায়, মা, সবাই ঢালুর উপরে একটি চাতাল ছিল, তাতে বসতেন। আমরা বাগান-বাড়ির বারান্দার সিঁড়ির ধাপে বসে থাকতুম গঙ্গার দিকে চেয়ে– সামনেই গঙ্গা। ঠিক ওপারটিতে একটি বাঁধানো ঘাট; তিনটি লাল রঙের-দরজা-দেওয়া একতলা একটি পাকা ঘর। চোখের উপর স্পষ্ট ছবি ভাসছে; এখনো ঠিক তেমনি এঁকে দেখাতে পারি। চেয়ে থাকি সেই ঘাটের দিকে। লোকেরা চান করতে আসে; কখনো-বা একটি-দুটি মেয়ের মুখ দরজা খুলে উঁকি মারে, আবার মুখ সরিয়ে দরজা বন্ধ করে দেয়। আর দেখি তরতর করে গঙ্গা বয়ে চলেছে। নৌকো চলেছে পর পর– কোনোটা পাল তুলে, কোনোটা ধীরে, কোনোটা-বা জোরে হু-হু করে। যেদিন গঙ্গার উপরে মেঘ করত দেখতে দেখতে আধখানা গঙ্গা কালো হয়ে যেত, আধখানা গঙ্গা সাদা ধবধব করত; সে কী যে শোভা! জেলেডিঙিগুলো সব তাড়াতাড়ি ঘাটে এসে লাগত ঝড় ওঠবার লক্ষণ দেখে। গঙ্গা হয়ে যেত খালি। যেন একখানা কালো-সাদা কাপড় বিছানো রয়েছে। এই গঙ্গার দৃশ্য বড়ো চমৎকার লাগত। গঙ্গার আর-এক দৃশ্য, সে স্নানযাত্রার দিনে। দলের পর দল নৌকো বজরা, তাতে কত লোক গান গাইতে গাইতে, হল্লা করতে করতে চলেছে। ভিতরে ঝাড়লণ্ঠন জ্বলছে; তার আলো পড়েছে রাতের কালো জলে। রাত জেগে খড়খড়ি টেনে দেখতুম, ঠিক যেন একখানি চলন্ত ছবি।

এমনি করে চলত আমার চোখের দেখা সারাদিন ধরে। রাত্রে যখন বিছানায় যেতুম তখনো চলত আমার কল্পনা। নানারকম কল্পনায় ডুবে থাকত মন; স্পষ্ট

যেন দেখতে পেতুম সব চোখের সামনে। খড়খড়ির সামনে ছিল কাঁঠালগাছ। জ্যোৎস্না রাত্তিরে, চাঁদের আলোয় কাঁঠালতলায় ছায়া পড়েছে ঘন অন্ধকার। দিনের বেলায় চাটুজ্জেমশায় বলেছিলেন, আজ রাত্তিরে কাঁঠালতলায় কাঠবেড়ালির বিয়ে হবে। রাত জেগে দেখছি চেয়ে, কাঁঠালতলায় যেন সত্যি কাঠবেড়ালির বিয়ে হচ্ছে, খুদে খুদে আলোর মশাল জ্বালিয়ে এল তাঁদের বরযাত্রী বরকে নিয়ে মহা হৈ-চৈ, বাদ্যভাণ্ড, দৌড়োদৌড়ি, হলুস্থুলু ব্যাপার। সব দেখছি কল্পনায়। কাঁঠালতলায় যে জোনাকি পোকা জ্বলছে তা তখন জ্ঞান নেই।

সেই সেবার কোন্নগরে আমি কুঁড়েঘর আঁকতে শিখি। তখন একটু-আধটু পেনসিল নিয়ে নাড়াচাড়া করি, এটা-ওটা দাগি। বাগান থেকে দেখা যেত কয়েকটি কুঁড়েঘর। কুঁড়েঘরের চালাটা যে গোল হয়ে নেমে এসেছে তা তখনি লক্ষ্য করি। এর আগে আঁকতুম কুঁড়েঘর-বিলিতি ড্রুইং-বইয়ে যেমন কুঁড়েঘর আঁকে। দাদাদের কাছে শিখেছিলুম এক সময়ে বাংলাদেশের কুঁড়েঘর কেমন তা সেইবারই জানলুম, আর এ পর্যন্ত ভুল হল না।

কোন্নগরে কতরকম লোক আসত। এক নাপিত ছিল, সে পোষা কাঠবেড়ালির ছানা এনে দিত; খালি বাবুইয়ের বাসা জোগাড় করে এনে দিত। কোনোদিন বহুরূপী এসে নাচ দেখাত। কত মজা ! কিছু কিছু পড়াশুনোও করতে হত, শুধু খেলা নয়। গোকুলবাবু পড়া নিতেন, আমাদের বাংলার ইতিহাস মুখস্থ করাতেন। টেবিলের উপরে একটি কাচের গেলাসে আফিমের বড়ি ভিজছে, জলটা লাল হয়ে উঠেছে; ওদিকে মা, ওরা বারান্দার বাইরে ছোটো চালাঘরে রান্না করছেন। বাবামশায়রা কাঁঠালতলায় গল্পগুজব করছেন চৌকি পেতে বসে। আমরা মুখস্থ করছি বাংলার ইতিহাসে সিরাজদৌল্লার আমল। একদিন রীতিমত প্রশ্ন লিখে বাবামশায়ের সামনে আমাদের পরীক্ষা দিতে হল; সেই পরীক্ষায় জান আমি ফার্স্ট প্রাইজ পেয়ে গিয়েছিলুম সমরদাকে টেক্কা দিয়ে, চালাকি নয়। পেয়েছিলুম মস্ত একটা বিলিতি অর্গ্যান বাজনা, এখনো তা আছে আমার কাছে। গানও শিখেছিলুম তখন একটি ঐ বুড়ো চাটুজ্জেমশায়ের কাছে।

হায় রে সাহেব বেলাকর,

আমি গাই দোব, তুই বাছুর ধর্।

ওটি শিষ্ট বাছুর, গুঁতোয় নাকো—

কান দুটো ওর মুচড়ে ধর।

হায় রে সাহেব বেলকর।।

এই আমার প্রথম গান শেখা। ব্ল্যাকওয়ার সাহেব রোজ ঘোড়ায় চড়ে বেড়িয়ে ফেরবার সময় গয়লাবাড়ি গিয়ে গয়লানীর কাছে এক পো করে দুধ খেতেন। পাড়ার লোকে এই দেখে তাঁর নামে গান বেঁধেছিল।

১৫৩

৫

জোড়াসাঁকোর দুটো স্বতন্ত্র বাড়িই তো এখন দেখছ? আসল জোড়া-সাঁকোর বাড়ি এবার বুঝে দেখো। সে ছেলেবেলার জোড়াসাঁকোর বাড়ি তো আর নেই। দুটো বাড়ির একটা তো লোপাট হয়ে গেছে, একটা আছে পড়ে। আগে ছিল দু বাড়ি মিলিয়ে এক বাড়ি, এক বাগান, এক পুকুর, এক পাঁচিলে ঘেরা, এক ফটক প্রবেশের এক ফটক বাইরে যাবার। যেমন এই উত্তরায়ণ, এক ফটক; ভিতরে উদয়ন, কোনার্ক, শ্যামলী, পুনশ্চ, উদীচী, সব মিলিয়ে এক বাড়ি, জোড়াসাঁকোর বাড়িও ছিল তেমনি। এক কর্তা দ্বারকানাথ, তার পর দেবেন্দ্রনাথ, তার পর রবীন্দ্রনাথ– এই তিন কর্তা পর পর।

অনেকগুলো ঘর, অনেকগুলো মহল, অনেকখানি বাগান জুড়ে দুই বাড়ি মিলিয়ে একবাড়ি ছিল ছেলেবেলার জোড়াসাঁকোর ঠাকুরবাড়ি। এ-বাড়ি ও-বাড়ি বলতুম মুখে, কিন্তু ছেলেবুড়ো চাকর-বাকর সবাই জানতুম মনে, দুখান বাড়ি একবাড়ি। কারণ, এক কর্তা ছিল; একই নম্বর ছিল, ৬নং দ্বারকানাথ ঠাকুরের গলি। একই ফটক ছিল প্রস্থান-প্রবেশের। সেই একই তালাভাঙা লোহার খোলা ফটক; তার একধারে একটি বুড়ো নিমগাছ, তার কোটরে কোটরে পাপদুয়া, টুনটুনি পাখিদের বাসা; আর-এক ধারে একটি মাত্র গোলকচাঁপার গাছ, আগায় ফুল গোড়ায় ফুল ফুটিয়ে। এই ফটকে শ্যামমিস্ত্রি মাঘোৎসবের দিনে লোহার কিরীট পরাত; তাতে আলোর শিখায় জ্বলত 'একমেবাদ্বিতীয়ম্'। জোড়াসাঁকো নাম ছিল বাড়ির, দুটো বাড়িও ছিল বটে, কিন্তু ঐ দুই সাঁকোর তলা দিয়ে যে এক নদীর স্রোত বইত; সেদিন আর নেই, সে বাড়িও আর নেই।

এক ঘণ্টা পড়ত ও-বাড়িতে সকাল ছটায়; এ-বাড়িতে উঠতুম সেই শব্দ শুনে চাকর-দাসী, ছেলে-মেয়ে, মনিব, সবাই। সাতটার ঘণ্টা পড়ত, তখন যে যার কাজে লাগতুম। এমনি নটা দশটা সাড়ে-দশটা বাজল, কাছারি খুলল, আমরা খেয়েদেয়ে স্কুলে গেলুম। তার পর আবার ঘণ্টা পড়ত বেলা তিনটেয়। স্কুলের গাড়ি ফিরত, বৈকালিক জলযোগের ব্যবস্থা হত, হাওয়া খেতে যাবার জন্যে গাড়ি জোড়া হত, আমরা খেলা জুড়তুম বাগানে ছুটোছুটি। এমনি চলত নটা পর্যন্ত। ঐ এক ঘণ্টার শব্দ দুটো বাড়ির সব লোককে যেন চালাচ্ছে। রাত

১৫৪

নটায় ঘণ্টা বাজত নিদ্রার সময় এল এই কথা জানিয়ে। এই ছিল তখন। তুমি কি ভাবছ সামান্য বাড়ি ছিল? হারিয়ে যাবার ভয় হত এ-ঘর ও-ঘর ঘুরে আসতে। তখনকার দিনে মহল ভাগ করে বাস করার প্রথা ছিল। মোটামুটি বড়ো ভাগ ছিল অন্দরমহল আর বারমহল। তার ভিতরে আবার ছোটো ছোটো ভাগ– রান্নাবাড়ি, গোলাবাড়ি, পুজোবাড়ি, গোয়ালবাড়ি, আস্তাবলবাড়ি, এমনি কত বাড়ি। তার মধ্যে আবার কত ঘর ভাগ– ভিণ্ঠিখানা, তোশাখানা, বাবুর্চিখানা, নহবতখানা, দপ্তরখানা, কাছারিখানা, গাড়িখানা, স্কুলঘর, নাচঘর, দরদালান, দেউড়ি যেন অনেক খানাখন্দ নিয়ে একটা তল্লাট জুড়ে একখানা ব্যাপার।

তেতলায় অন্দরমহল, দোতলায় বারান্দা। একতলার দক্ষিণ-পশ্চিম দিকে দপ্তরখানা, দক্ষিণ-পুব দিকে ছোটোপিসেমশায়ের আপিসঘর। তিনি লম্বা একটা খাতায় ডায়েরি লিখেই যাচ্ছেন– পাশে গিয়ে দাঁড়াই একবার তাকিয়ে আবার লেখায় মন দেন। বলেন, 'কী, এসেছিস? আচ্ছা।' বলে একমুঠো পাতলা পাতলা লজেঞ্জুসের মতো ওয়েফার হাতে দিয়ে বিদেয় করেন, বলেন, 'দেখিস, খাস নে যেন।'

মাঝখানে যে বড়ো হলঘরটা সেটা তোশাখানা। তোশাখানা চাকরদের আড্ডাঘর। বাবামশায়ের গোবিন্দ চাকর তোশাখানার সর্দার। অন্য চাকররা তাকে ভয় করে চলে। দাদার গদাধর চাকর– এমন বজ্জাত সে, তাকে যা ভয় করি সবাই! দারুণ প্রহার করে আমাদের; চেহারাও তেমনি, নর্মাল স্কুলের লক্ষ্মীনারায়ণ পণ্ডিতের মতো ভীষণ। বাড়ির পুরোনো চাকর। একবার দেশে গেল আর ফিরে এল না। কী হল গদার, সে আসছে না কেন? গদা বলেই ডাকত সবাই তাকে। শোনা গেল মারা গেছে সে; বুড়ো হয়েছিল, মাঠেই মরে পড়ে ছিল, শেয়াল তাকে খেয়ে সাফ করে ফেলেছে। শিশুমন, তার দৌরাত্ম্যিতেই অস্থির ছিল সারাক্ষণ, মনে মনে ভাবলুম, বেশ হয়েছে, যেমন আমাদের মারত, আপদ গেছে।

সমরদার চাকর দুর্গাদাস; আমার রামলাল, ভালোমানুষ সে। পদ্মদাসী চলে যেতে রামলাল বহাল হয় আমার কাজে। রমানাথ ঠাকুরের খাস চাকর ছিল আগে। তিনি চাকর রাখতেন নরম হাত দেখে। গায়ে তেল মাখাতেন বোধ হয়; কড়া হাত গায়ে লাগলেই ধমকে উঠতেন, 'যা যাঃ, এ যেন গায়ে খড়রা মাজছে।' রামলালের হাত ছিল নরম। কী কারণে তাকে ছেড়ে দিয়েছিলেন জানি নে; বোধ হয় দেশে গিয়ে ফিরতে দেরি করেছিল। যা হোক, আমি তো পড়লুম তার চার্জে। সব ছেলেদের একটি করে চাকর থাকে। তারাই যেন মাস্টার। আদবকায়দা শেখায়, চোখে চোখে রাখে। কারণ ছেলেরা কিছু করলে দোষ চাকরদেরই। চাকরদের কাছেই জিম্মে থাকে ছেলেদের এক-একজনের এক-একটি আলমারি, তাতে যার যার কাপড়জামা, থালাবাসন, ব্যবহারের যাবতীয় বস্তু। চাবিও থাকে চাকরদের কাছেই। দরকারমত বের করে দেয়, আবার ধুয়ে মুছে সাফ করে তুলে রাখে। দুধ খাবার বাটিও থাকে বাড়ির ভিতরে দাসীর কাছে।

তোশাখানা শুধু চাকরদের থাকবার জন্যে, বেয়ারারা থাকে অন্য দিকে। ঘরের উত্তরে দক্ষিণে দু দিকে দু সারি আলমারি কাপড়ে বাসনে বোঝাই। পুবে পশ্চিমে কয়েকখানা বড়ো বড়ো তক্তা পাতা, তক্তার মাঝখানে একটি করে বাক্স বসানো। ডালা খুলে দেখি, তাদের খেলার, দাবার ছক, তাস, আয়না, চিরুনি এই-সব নানা জিনিসপত্রে ভরা। সেই তক্তার উপরেই মাদুর বালিশ বিছিয়ে তারা ঘুমোয়। আবার কোনো কোনোদিন দেখি বাবামশায়দের বৈঠক ভাঙলে তারা ফিটফাট বাবু সেজে রুপোর ট্রেতে করে সোডা-লেমনেড খায়, রুপোর পেয়ালায় চা পান করে। বাবুদের আড্ডা ভাঙলে তাদের আড্ডা শুরু হয়।

সে-বয়সে চাকরদের তোশাখানায় যখন-তখনি যেতে পারি, সেখানে যাবার আমার ফ্রি লাইসেন্স, কেউ বারণ করে না। রামলাল বলে, 'এসেছ? আচ্ছা, থাকো এখানেই।' তাদেরই তেলচিটচিটে বালিশ মাথায় দিয়ে শুয়ে পড়ি। পাশে রামলাল বসে বাবামশায়ের ধুতি পাট করে দেখি, দেখতে দেখতে ধুতি চুনট করে যখন ছেড়ে দেয় ফুলের মতো ছড়িয়ে পড়ে।

তোশাখানার পাশে উত্তর দিকটায় ভিস্তিখানা। চানের ঘরে যেতে হয় ভিস্তিখানার ভিতর দিয়ে; বড়ো হয়েছি, সাতে পড়েছি, এখন তো আর বারান্দায় বসে হাতমুখ ধুলে চলবে না। চাকর তরিবত শেখাচ্ছে। সকালে উঠে চানের ঘরে গিয়ে হাতমুখ ধোয়া অভ্যেস করতে হচ্ছে। একটিই চানের ঘর নীচে। দাদারা ঢুকছেন এক-এক করে। তাঁদের শেষ না হলে তো আর আমি ঢুকতে পারি নে। অপেক্ষা করছি ভিস্তিখানায়। খুব ভোরেই উঠতে হয় আমাদের। বসে বসে দেখছি।

বিশ্বেশ্বর হুঁকোবরদার, কোন রাত থাকতে ওঠে সে। বাবা-মশায়ের বুদ্ধু বেয়ারা আর বিশ্বেশ্বর এই দুজনে ওঠে সকলের আগে। বাবামশায়ের ছিল খুব ভোরে ওঠা অভ্যেস। বলেছি তো, তিনি কত ভোরে উঠে হাতমুখ ধুয়ে রামায়ণ পড়তে বসতেন। বুদ্ধু উঠে বাবা-মশায়ের ঘর খুলে দিত, বিশ্বেশ্বর ফরসি সাজিয়ে নিয়ে উপস্থিত করত। তা সেই ভিস্তিখানায় বসে দেখছি, একপাশে দ্বারকানাথ ঠাকুরের আমলের পুরোনো একটা টেবিল, খানকয়েক ভাঙা চেয়ার। টেবিলের উপরে বিসুবিয়াসের একটা ছবি, দাউদাউ করে আগুন উঠছে মুখ দিয়ে। তামাক সাজবার ঘর, আগুনের ছবি থাকবে সেখানে, পুরোনো কালের ভালো অয়েলপেন্টিং। অত ভালো অয়েলপেন্টিং ওরকম করে ফেলে রেখেছিল, তখন অতটা মূল্য বুঝি নি। তা বিশ্বেশ্বর তো সেই টেবিলের উপরে ধুয়ে মুছে পরিষ্কার করে সারি সারি ফরসি সাজিয়ে রেখেছে। দিনরাত সে ঐ ভিস্তিখানাতেই থাকে, সময়মত তামাক বদলে বদলে দেয়। তার কাজই তাই।

এই বিশ্বেশ্বরই আমাদের তামাক খেতে শিখিয়েছে; বড়ো হয়েছি– বিশ্বেশ্বর গিয়ে মার কাছ থেকে অনুমতি নিয়ে এল। বললে, 'বাবুরা বড়ো হয়েছেন, তামাক না খেলে চলবে কেন?' মা বললেন, 'তা ওরা খেতে চায় তো খাওয়া।' বাড়ির বাবুরা তামাক না খেলে তারও যে চাকরি থাকে না। নানারকম করে সেজে

আমাদের তামাক অভ্যেস ধরিয়েছে, প্রথম দিন তো একবার নল টেনেই কেশে মরি। সে আবার শেখায়, 'এরকম করে আস্তে আস্তে টানুন। অমন ভড়াক করে টানলে তো কাশি উঠবেই।'

তা ঐ ভিক্ষিখানাও ছিল একটা দস্তুরমত আড্ডার জায়গা। মণি-খুড়ো, নিরুদাদা, ঈশ্বরবাবু, বাড়ির বড়ো ছেলেরা যারা তামাক খাওয়া সবে শিখছেন সকলেই ঘুরে ফিরে আসতেন সেখানে। ঈশ্বরবাবু, প্রতিদিন সকালে বাবামশায়ের কাছে বসে রামায়ণ পড়া শোনেন। রামায়ণ শেষ হয়ে গেলে বুড়ো একটি লাঠি হাতে নিয়ে ঠকাস্ ঠকাস্ করে সিঁড়ি দিয়ে নেমে আসেন নীচে ভিক্ষিখানায়। এসেই একটা ভাঙা চৌকিতে বসে বললেন, 'বিশ্বেশ্বর!' বিশ্বেশ্বরের তৈরিই থাকে সব। 'এই যে বাবু' বলে হুঁকোটি হাত বাড়িয়ে ধরলে। ঈশ্বরবাবু তা হাতে নিয়ে ফক্ ফক্ করে কয়েকবার ধুঁয়ো ছেড়ে হুঁকোটি ফিরিয়ে দিয়ে পকেট থেকে রুমাল বের করে তা থেকে একটি পয়সা বিশ্বেশ্বরের হাতে দিয়ে বললেন, 'এই নাও।' বিশ্বেশ্বর সেটি পকেটে রাখে। ঈশ্বরবাবু খোঁড়াতে খোঁড়াতে চলে যান বাজারে। সন্ধেবেলা যখন উপরে উঠে আসেন ভিক্ষিখানা হয়ে, বিশ্বেশ্বর তখন আবার সেই একটি পয়সা ফেরত দেয় তাঁকে, তিনি তা রুমালে বেঁধে রাখেন। রোজই দেখি, এক লেন-দেন চলে ঈশ্বরেতে বিশ্বেশ্বরেতে। এর মানে কী, কে জানে তখন! সকালে ঈশ্বরবাবু চলে গেলে আসেন মণিখুড়ো। 'কই বাবা বিশ্বেশ্বর, আছে কিছু?' 'আজ্ঞে হ্যাঁ হ্যাঁ, নিন-না, এখনো আছে এতে।' বলে ঈশ্বরবাবুর সেই হুঁকোটি তার হাতে তুলে দেয়। তিনি আবার ফক্ ফক্ করে খানিক ধুঁয়ো ছাড়েন।

এই মণিখুড়ো আর বিশ্বেশ্বরে একবার কেমন লেগেছিল শোনো। এখন সামনে পুজো এসে গেছে, আর বেশি দেরি নেই। মণিখুড়ো বাবামশায়ের কাছে পার্বণী চেয়ে নিয়ে শখ করে বাজার থেকে একজোড়া কালো কুচকুচে বার্নিশ-করা জুতো কিনে এনেছেন, পায়ে দিয়ে পুজো দেখতে যাবেন। কাগজে মোড়া জুতোজোড়া এনে ভিক্ষিখানার এক কোনায় গুঁজে রেখে দিলেন– কী জানি চাকরবাকর কেউ যদি সরিয়ে ফেলে, এই ভয়। বিশ্বেশ্বর ঘরেই ছিল, দেখলে ব্যাপারটা-- বাবু কী যেন এনে রাখলেন কোণে। মণিখুড়ো তো জুতো রেখে তামাক খেয়ে চলে গেলেন অন্য কাজে। বিশ্বেশ্বর এই ফাঁকে জুতোজোড়া বের করে নিয়ে সেই ঘরেই আর এক কোণে লুকিয়ে রেখে দিলে। এ দিকে মণিখুড়ো ফিরে এসে জুতো আর পান না। ঘরের এ দিক ও দিক খুঁজে সারা, কোথাও জুতো নেই। বিশ্বেশ্বরকে জিজ্ঞেস করেন, সে বলে, 'কী জানি বাবু, আমি দেখি নি ও-সব। আমি থাকি আমার কাজে ব্যস্ত। তবে কী জানেন, যে আগুন খেয়েছে তাকে কয়লা ওগরাতেই হবে। জুতো যাবে কোথায়?' মণিখুড়ো বললেন, 'সে তো বুঝলুম কিন্তু কে নিলে জুতো-জোড়া? শখ করে আনলুম পুজো দেখব বলে!' বিশ্বেশ্বর সে-সব কথায় কানই দেয় না। মণিখুড়ো তাকে তাকে আছেন। পরদিন সকালবেলা বিশ্বেশ্বর রোজকার মতো

বাবামশায়ের জন্য তামাক সাজছে; মণিখুড়ো এক কোনায় হুঁকো হাতে বসে। বিশ্বেশ্বর কিসের জন্য যেই-না একটু ঘরের বাইরে গেছে, টেবিলের উপর ছিল সারি সারি রুপোর মুখনল সাজানো, মণিখুড়ো তা থেকে বাবামশায়ের মুখনলটা সরিয়ে ফেললেন। বিশ্বেশ্বর ঘরে ঢুকল। মণিখুড়ো ও দিকে বসে হুঁকো হাতে ধোঁয়া ছাড়ছেন আর আড়ে আড়ে এ দিক ও দিক চাইছেন। বিশ্বেশ্বর তো তামাক সেজে গড়গড়ার নল গোলাপ জল দিয়ে, কাঠি দিয়ে খুঁচিয়ে খুঁচিয়ে সাফ করে, মুখনল পরাতে যাবে, মুখনল নেই, কী হবে এখন? বিশ্বেশ্বরের চক্ষুস্থির! কে নিলে বাবুর ফরসির মুখনল! অস্থির হয়ে খুঁজে বেড়াতে লাগল। এ দিকে বাবামশায়ের তামাক খাবার সময় হয়ে এসেছে। ঠিক সময়ে তামাক দিতে না পারলে মহামুশকিল। মণিখুড়োকে জিজ্ঞেস করে; তিনি বলেন, 'কই বাবা, দেখি নি কিছু। আমি তো এখানে বসে সেই থেকে হুঁকো খাচ্ছি। তবে কী জান, যে আগুন খেয়েছে তাকে কয়লা ওগরাতেই হবে। ভেবে কী করবে? এই দেখো-না কাল আমার জুতোজোড়াটি কেমন লোপাট হয়ে গেল। খুঁজে দেখো, পাবে হয়তো– যাবে কোথায় নল?' বিশ্বেশ্বর বললে, 'হ্যাঁ, হ্যাঁ, তা হলে খুঁজে দেখি। আপনার জুতোই-বা যাবে কোথায়?' বলে ঘরের এ কোনায় ও কোনায় খুঁজতে খুঁজতে এক জায়গা থেকে কাগজে-মোড়া জুতো বের করে আনলে, বললে, 'বাবু, এই যে আপনার জুতো পাওয়া গেছে।' মণিখুড়ো বললেন, ঐ যে, ঐ কোনায় তোমার মুখনল চকচক করছে।' বিশ্বেশ্বর তাড়াতাড়ি জুতো ফেরত দিয়ে মুখনল নিয়ে বাঁচে।

দেউড়িতে দরোয়ানদের বৈঠক। মনোহর সিং বুড়ো দরোয়ান– মস্ত লম্বাচওড়া, ফরসা গায়ের রঙ, ধবধব করছে সাদা দাড়ি। সকালে সে এক দিকে খালি গায়ে লুঙ্গি পরে ব'সে দই দিয়ে দাড়ি মাজে, আর চারি দিকে অন্য দরোয়ানরা কুস্তি করে, ডাম্বেল ভাঁজে। এক পাশে এক দরোয়ান একটা মস্ত গয়েশ্বরী থালাতে একতাল আটার মাঝখানে গর্ত করে তাতে খানিকটা ঘি ঢেলে মাখতে থাকে। সে এক পর্ব সকালবেলায় দেউড়িতে। এ দিকে মনোহর সিং দই দিয়ে দাড়িই মাজছে বসে বসে। ঘণ্টাখানেক এইভাবে মেজে বাঁ হাতে ছোট্ট একটি টিনের আয়না মুখের সামনে ধরে, একরকম কাঠের চিরুনি থাকত তার ঝুঁটিতে গোঁজা, সেই চিরুনি দিয়ে দাড়ি বেশ করে আঁচড়ে কাপড়জামা পরে কোমরে ফেটি বেঁধে, একপাশে প্রকাণ্ড কাঠের সিন্দুক, তাতে ঠেস দিয়ে দোজানু হয়ে যখন বসে দু উরুতে দু হাত রেখে, কী বলব, ঠিক যেন পাঞ্জাবকেশরী বসে আছে ঢাল-তলোয়ার পাশে নিয়ে! শুভ্রবেশ তার গলায় মোটা মোটা আমড়ার আঁটির মতো সোনার কণ্ঠি, হাতে বালা, কোমরে গোঁজা বাঁকা ভোজালি, সে ছিল দেউড়ির শোভা। পশমের মতো সাদ লম্বা দাড়ি কী সুন্দর লাগত! ছেলে-বুদ্ধি– দেখেই একদিন কী ইচ্ছে হল, হাত দিয়ে ধরে দেখব তা। যেই না মনে হওয়া খপ্, করে গিয়ে তার দাড়ি চেপে ধরলুম মুঠোর মধ্যে। মনোহর সিং অমনি গর্জন করে কোমরের ভোজালিতে হাত দিলে। আমি তো দে ছুট একেবারে

দোতলায়। ভয়ে আর নামি নে একতলায়। প্রাণের ভিতর ধুক্‌ ধুক্‌ করছে, কী জানি কী অন্যায় বুঝি করে ফেলেছি। এবার আমায় দরোয়ানজি কেটেই ফেলবে। উঁকিঝুঁকি দিই, মনোহর সিং আমায় দেখতে পেলেই গর্জন করে ওঠে, আর আমার ভয়ে প্রাণ শুকিয়ে যায়। রামলাল আমায় শিখিয়ে দিলে 'দাড়িতে হাত দিয়ে তুমি ভারি দোষ করেছ। যাও, হাত জোড় করে দরোয়ানজির কাছে ক্ষমা চেয়ে এসো।' শেষে একদিন দেউড়িতে গিয়ে ভয়ে ভয়ে অতি কাতর ভাবে দু হাত জোড় করে কচলাতে কচলাতে বললুম, 'এ দরোয়ানজি মাপ করো, আমার কসুর হয়ে গেছে। আর এমন কাজ কখনো করব না।' মনোহর সিং মিটির মিটির হেসে ভারী গলায় বললে, 'আর করবে না তো? ঠিক ? আচ্ছা যাও।' মনোহর সিং-এর ক্ষমা পেয়ে তবে আমার ত্রাস কাটে, দোতলা থেকে নামতে পেরে বাঁচি।

দেউড়িতে মাঝে মাঝে নানারকম মজার কাণ্ড হত। একবার কে একজন এল সে বাজি রেখে এক মণ রসগোল্লা খেতে পারে। ঘোষাল ছিলেন খাইয়ে লোক। তিনি শুনে বললেন, 'আমিও খাব।' যে হারবে দশ টাকা দণ্ড দেবে। এ-বাড়ির ও-বাড়ির যত দরোয়ান এসে ভিড় করল দেউড়িতে। আমরাও ছেলেপিলেরা, গাড়িবারান্দায় ছিল সারি সারি গাড়ি সাজানো, কেউ তাতে উঠে, কেউ পাদানিতে দাঁড়িয়ে দেখতে লাগলুম। মনোহর সিং-এর সামনে বসে গিয়েছে দুজন রসগোল্লা খেতে। ও দিকে একপাশে মস্ত কড়াইয়ে হালুইকর এসে চাপালে রস; তাতে গরম গরম রসগোল্লা তৈরি হতে লেগেছে। একজন সমানে তাদের পাতে সেই রসগোল্লা তুলে দিচ্ছে, অন্যরা গুনছে। ঘোষাল খেয়েই চলেছেন। যত রসগোল্লাই তার পাতে দেওয়া হয় নিরেট ভুঁড়িতে তলিয়ে যায়। খেতে খেতে যখন ষোলো গণ্ডা রসগোল্লা খাওয়া হয়েছে তখন ঘোষাল হুপ্‌, হুপ্‌ করে হেঁচকি তুলতে লাগলেন। দেওয়ানজি যোগেশদাদা বললেন, 'আয় নয় ঘোষাল, হেঁচকি তুলে ফেললে, তোমারই হার হল।' ঘোষালমশায় হেরে দশ টাকা গুনে দিয়ে উঠে পড়লেন। অন্য লোকটা শেষ অবধি পুরো পরিমাণ রসগোল্লা খেয়ে আধকড়াই রস চুমুক দিয়ে টাকা ট্যাকে গুঁজে চলে গেল।

হোলির দিনে এই দেউড়ি গমগম করত; লালে লাল হয়ে যেত মনোহর সিং-এর সাদা দাড়ি পর্যন্ত। ঐ একটি দিন তার দাড়িতে হাত দিতে পেতুম আবির মাখাতে গিয়ে। সেদিন আর সে তেড়ে আসত না। এক দিকে হত সিদ্ধি গোলা; প্রকাণ্ড পাত্রে কয়েকজন সিদ্ধি ঘুটছে তো ঘুটছেই। ঢোল বাজছে গামুর গুমুর 'হোরি হ্যায় হোরি হ্যায়', আর আবির উড়ছে। দেয়ালে ঝুলোনো থাকত ঢোল, হোরির দু-চারদিন আগে তা নামানো হত। বাবামশায়েরও ছিল একটি, সবুজ মখমল দিয়ে মোড়া লালসুতোয় বাঁধা– আগে থেকেই ঢোলে কী সব মাখিয়ে ঢোল তৈরি করে বাবামশায়ের ঢোল যেত বৈঠক খানায়, দরোয়ানদের ঢোল থাকত দেউড়িতেই। হোরির দিন ভোরবেলা থেকে সেই ঢোল গুরুগম্ভীর সুরে বেজে উঠত; গানও কী সব গাইত, কিন্তু থেকে থেকে ঐ 'হোরি হ্যায় হোরি হ্যায়' শব্দ উঠত। বেহারাদেরও সেদিন ঢোল বাজত; গান হত 'খচমচ খচমচ',

যেন চড়াইপাখি কিচির কিচির করছে। আর দরোয়ানদের ছিল মেঘগর্জন; বোঝা যেত যে হ্যাঁ, রাজপুত পাহাড়ীদের অভিজাত্য আছে তাতে। নাচও হত দেউড়িতে। কোথেকে রাজপুতানী নিয়ে আসত, সে নাচত। বেশ ভদ্ররকমের নাচ। আমরাও দেখতুম বেহারাদের নাচ হত, পুরুষরাই মেয়ে সেজে নাচত, সে কিরকম অদ্ভুত বীভৎস ভঙ্গির, দু হাত তুলে দু বুড়ো আঙুল দেখিয়ে ধেই ধেই নাচ আর ঐ এক খচমচ খচমচ শব্দ। উড়েরাও নাচত সেদিন দক্ষিণের বাগানে লাঠি খেলতে খেলতে। বেশ লাগত। উড়েদের নাচ আরম্ভ হলেই আমরাও ছুটতুম 'চিতাবাড়ি' দেখতে।

দোতলায় বাবামশায়ের বৈঠকখানায়ও হোলির উৎসব হত। সেখানে যাবার হুকুম ছিল না। উঁকিঝুঁকি মারতুম এ দিক ও দিক থেকে। আধ হাত উঁচু আবিরের ফরাস। তার উপরে পাতলা কাপড় বিছানো। ওলা থেকে লাল আভা ফুটে বের হচ্ছে। বন্ধু-বান্ধব এসেছেন অনেক—অক্ষয়বাবু তানপুরা হাতে বসে, শ্যামসুন্দরও আছেন। ঘরে ফুলের ছড়াছড়ি। বাবামশায়ের সামনে গোলাপজলের পিচকারি, কাচের গড়গড়া, তাতে গোলাপজলে গোলাপের পাপড়ি মেশানো, নলে টান দিলেই জলে পাপড়িগুলো ওঠানামা করে। সেবার এক নাচিয়ে এল। ঘরের মাঝখানে নন্দ ফরাস এনে রাখলে মস্ত বড়ো একটি আলোর ডুম। নাচিয়ে ডুমটি ঘুরে ঘুরে নেচে গেল। নাচ শেষ হল; পায়ের তলায় একটি আলপনার পদ্ম আঁকা। নাচের তালে তালে পায়ের আঙুল দিয়ে চাদরের নীচের আবির সরিয়ে সরিয়ে পায়ে পায়ে আলপনা কেটে দিলে। অদ্ভুত সে নাচ !

বৈঠকখানা আর দেউড়ির উৎসব, এ দুটোর মধ্যে আমার লাগত ভালো রাজপুত দরোয়ানদের উৎসবটাই। বৈঠকখানায় শখের দোল শৌখিনতার চূড়ান্ত— সেখানে লটকানে-ছোপানো গোলাপী চাদর, আতর, গোলাপ, নাচ, গান, আলো, ফুলের ছড়াছড়ি। কিন্তু সত্যি দোল-উৎসব করত দরোয়ানরাই– উদ্দণ্ড উৎসব, সব লাল, চেনবার জো নেই। সিদ্ধি খেয়ে চোখ দুটো পর্যন্ত সবার লাল। দেখলেই মনে হত হোলিখেলা এদেরই। শখের খেলা নয়। যেন যারা রক্তের হোলি খেলতে জানে, এ তাদেরই খেলা, কৃত্রিম কিছু নেই। দেখলে না সেদিন সাঁওতালদের উৎসব ? কৃত্রিমতা ঘেঁষতে পায় না সেখানে। তারা মনের আনন্দে উৎসব করে, আনন্দে নাচে গায়, তাতে তারা মেতে যায়। বৈঠকখানার উৎসব ছিল কৃত্রিম, ভাই তা ভালো লাগত না আমার।

দেউড়ি আর বৈঠকখানায় ছিল এইরকম দোল-উৎসব, আর আমাদের জন্য আসত টিনের পিচকারি। ঐতেই আনন্দ। টিনের পিচকারি বালতিভরা লাল জলে ডুবিয়ে, যাকে সামনে পাচ্ছি পিচকারি দিয়ে রঙ ছিটিয়ে দিচ্ছি আর তারা চেঁচামেচি করে উঠছে, দেখে আমাদের ফুর্তি কী ! বাড়ির ভিতরে সেদিন কী হত জানি নে, তবে আমাদের বয়েসে খেলেছি দোলের দিনে— আবির নিয়ে এ বাড়ি ও বাড়ির অন্দরে ঢুকে বড়োদের পায়ে দিতুম, ছোটোদের মাথায় মাখাতুম। বড়োদের রঙ মাখাবার হুকুম ছিল না, তাঁদের ঐ পা পর্যন্ত পৌঁছত আমাদের হাত।

এই তো গেল দোলপূর্ণিমার কথা। এখন আর-এক কথা শোনো। বাবামশায়ের সমশের কোচোয়ান, আস্তাবলবাড়ির দোতলার নহবতখানায় থাকে। তিনটে বাজলেই সে বেরিয়ে এসে বসে আস্তাবলের ছাদে খাটিয়া পেতে, ফরসি হাতে; ঠিক একটি ফুলদানির মতো ফরসি ছিল তার। আক্কেল সহিস তামাক সেজে ফরসি এনে হাতে দেয়, তবে সে তামাক খায়। সহিসরা ছিল তার চাকর; সব কাজ করে দিত, নিজের হাতে সে কিছু করত না। দূর থেকে দেখেছি, সমশের আয়েস করে ফরসি হাতে খাটিয়ায় বসে তামাক খাচ্ছে, আক্কেল সহিস তার বাবরি চুল বাগাচ্ছে, ঘণ্টাখানেক ফাঁপিয়ে ফাঁপিয়ে চুল আঁচড়াবার পর একটি আয়না এনে সামনে ধরলে। সমশের বাদশাহী কায়দায় বাঁ হাতে আয়নাটি ধরে মুখ ঘুরিয়ে ফিরিয়ে দেখে গোঁফ মুচড়ে আয়না ফেরত দিয়ে উঠল। ঘরে গিয়ে চুড়িদার জরিদার বুকফাটা কাবা পরে পা বের করে দিতে আর একজন সহিস শুঁড়তোলা দিল্লীর লপেটা তার পায়ে গুঁজে দিল। আর-এক সহিস মাথার শামলাটা দু হাতে এনে সামনে ধরল, সমশের পাগড়িটা মাথার উপর থাবড়ে বসিয়ে হাতিমার্কা তকমার দিকটা উঁচু করে দিলে। অন্য সহিস ততক্ষণে লম্বা চাবুকটা নিয়ে এসে দাঁড়িয়েছে। সমশের চাবুক হাতে নিয়ে এবারে দোতলা থেকে নামল মাটির সিঁড়ি দিয়ে। নীচে ঘোড়া ঠিক করে রেখেছে সহিসরা— দুধের মতো সাদা জুড়ি। সেই জুড়িঘোড়া গাড়িতে জোতবার আগে খানিক ছুটিয়ে ঠিক করে নিতে হত। যেখানে রবিকার লালবাড়ি সে জায়গা জোড়া ছিল গোল চক্কর প্রাচীরঘেরা। একপাশে ছোট্ট একটি ফটক। সহিসরা ঘোড়া দুটো চক্করে ঢুকিয়ে ফটক বন্ধ করে দিল। সমশের লম্বা চাবুক হাতে প্রাচীরের উপর উঠে দাঁড়িয়ে বাতাসকে চাবুক লাগালে— শট্‌। সেই শব্দ পেয়ে ঘোড়া দুটো কান খাড়া করে গোল চক্করে চক্কর দিতে শুরু করলে। একবার করে ঘোড়া ঘুরে আসে আর চাবুকের শব্দ হয় শট্‌ শট্‌। যেন সার্কাস হচ্ছে। এই রকম আধ ঘণ্টা ঘুরিয়ে সমশের কোচোয়ান চাবুক আক্কেল সহিসের হাতে ছেড়ে দিয়ে নামল। আক্কেল গাড়ি বের করলে— ঝকঝক তকতক করছে গাড়ির ঘোড়ার রুপো-পিতলের শিকলি-সাজ। গাড়িতে জুড়ি জোতা হলে পর সমশের কোচবাক্সে উঠে হাতা গুটিয়ে দাঁড়াতেই সহিস রাশ তুলে দিলে তার হাতে। রাশ ধরবার কায়দা কী ছিল সমশের কোচোয়ানের, দশ আঙুলের ভিতরে কেমন কায়দা করে ধরত! সেই রাশে একবার একটু টান দিতেই বড়ো বড়ো দুটো ঘোড়া তড়বড় করে এসে গাড়িবারান্দায় ঢুকল। গাড়িবারান্দায় ঢুকতেই যে পুরু কাঠের পাটা পাতা থাকত সেটা শব্দ দিলে একবার হড়দুম্‌। জানান দিলে গাড়ি হাজির। বাবামশায় হাওয়া খাবার জন্য তৈরি হয়ে গাড়িতে চাপলেন। গাড়ি চলল গাড়িবারান্দা ছেড়ে। সমশের তখনো দাঁড়িয়ে রাশ হাতে কোচবাক্সে। কাঠখানা চারখানা চাকার চাপে আর-দুবার শব্দ দিলে হড়দুম্‌ হড়দুম্‌ ধপাস্‌ করে এতক্ষণে সমশের কোচোয়ান কোচবাক্সে জাঁকিয়ে বসল— যেন সিংহাসনে বসলেন আর-এক লক্ষ্মৌয়ের নবাব।

আমাদের ছিল রামু কোচোয়ান। জাতে হিন্দু, কিন্তু লুঙ্গি পরত সে।

কোচোয়ান হলেই লুঙ্গি পরতে হবে, এই সে জানত। ছোট্ট একটি ফিটন গাড়ি, আমরা তাতে চড়ে বিকেলে চক্করে ঘুরে বেড়াতুম– হাওয়া খাওয়া হয়ে যেত। বেশির ভাগ সুনয়নী বিনয়িনী চড়ত সেই গাড়িতে।

আস্তাবলে কতরকম দৃশ্য দেখবার ছিল– কত লোকের, এ-বাবুর, ও-বাবুর গাড়ি-ঘোড়া থাকত সেখানে। বেচারামবাবু আসতেন বঁড়শে বেহালা থেকে বুধবারে বুধবারে দাদাদের ব্রাহ্মধর্ম পড়াতে। তাঁর গাড়িটিও যেমন ঘোড়াটিও ছিল তেমনি ছোট্ট। আমরা বলাবলি করতুম, 'ঐটুকু গাড়ির ভিতরে বেচারামবাবু ঢোকেন কেমন করে?' এ ছিল এক বড়ো সমস্যা আমাদের কাছে। দূর থেকে গাড়ি আসছে দেখেই চিনতুম– ঐ আসছেন বেচারামবাবু, ঐ যে তাঁর গাড়ি দেখা যায়। তখন জ্যোতিকাকামশায় কোথেকে পুরোনো একটা মরচে ধরা বয়লার কিনেছেন, 'সরোজিনী' স্টীমারে বসানো হবে। বয়লারটা পড়ে থাকে গোলচক্করে। একদিন বেচারামবাবু এসেছেন; দাদাদের পড়িয়ে বাড়ি ফিরে যাবেন, ঘোড়া আর খুঁজে পান না। ঘোড়া গেল কোথায়, দেখ, দেখ! ঘোড়া হারিয়ে গেছে। বেচারামবাবু হতভম্ব। অনেক খোঁজাখুঁজির পর দেখা গেল ঘোড়া বয়লারের ভিতর ঢুকে স্থির হয়ে দাঁড়িয়ে। ঘোড়াটা ঘাস খেতে খেতে কখন বয়লারের ভিতরে ঢুকে গেছে আর বের হতে পারছে না। শেষে সহিস লেজ ধরে তাকে বের করে বয়লারটার ভিতর থেকে।

নহবতখানার নীচে ফটকের পাশেই নন্দ ফরাসের ঘর। ঘরের সামনেই কুয়ো, অনেক কালের পুরোনো, কলের জল হওয়ার আগেকার কথা। কুয়োর পাশে মস্ত সবজিবাগান, খুব নিচু পাঁচিলঘেরা। তার পশ্চিমে ভাগবত-মালী আর বেহারাদের ঘর এক সারি। তার উত্তর ধারে গোয়াল, গোয়ালের পুবকোণে মস্ত একটা গাড়িখানা। গাড়িখানার গায়ে পাহাড়ের মতো উঁচু বিচালির স্তুপ, তার উপরে মেথরদের ছাগলছানাগুলি লাফিয়ে লাফিয়ে বেড়ায়। আমরাও উঠতে চেষ্টা করি মাঝে মাঝে। সেটি থেকে একটু দূরে বাড়ির ঈশানকোণে বিরাট একটা তেঁতুলগাছ, সে যে কত দিনের কেউ বলতে পারে না। দৈত্যের হাতের মতো তার মোটা মোটা কালো ডাল। এ-বাড়িতে ও-বাড়িতে যত ছেলেমেয়ে জন্মেছি তাদের সবার নাড়ি পোঁতা ছিল ঐ গাছের তলায়। সেই তেঁতুলগাছের ছায়ায় ছিরু মেথরদের ঘর। তাদের তিন পুরুষ ওখানে বসবাস করছে আমাদের সঙ্গে। তাদের ঘরের পিছনে জোড়াসাঁকোর বাড়ির উত্তর দিকের পাঁচিল; তার গায়ে তিনটে বড়ো বড়ো বাদামগাছ, যেন শহরের আর-সব বাড়ি আড়াল করে মাথা তুলে উত্তরদুয়ার পাহারা দিচ্ছে। চাকররা সেই বাদামগাছ থেকে আমাদের জন্য পাতবাদাম কুড়িয়ে আনে। উত্তর-পশ্চিম দিকটা কথায় বোঝাতে হলে তিন-চারটে পাড়ার নাম করতে হয়– মালী পাড়া, গোয়ালপাড়া, ডোমপাড়া, এমনি– তবে ঠিক ছবিটা বোঝাতে পারি। আস্তাবলে যেমন ছিল সমশের কোচোয়ান কর্তা, একতলায় নন্দ ফরাস, মালীপাড়ায় রাধা মালী, গোয়ালপাড়ায় রাম গয়লা তেমনি ডোমপাড়ায় ছিরু মেথরের একাধিপত্য। এই এক-এক পাড়ায়

এক-এক অধিকারীর কথা বলতে গেলে অনেক কথা বলতে হয়। দু-একটা বলি শোনো।

নন্দ ফরাসের দরবারের বর্ণনা তো দিয়েছি। সমশের কোচোয়ানের কথাও তো হল। দরোয়ান-বেহারাদের দোলের কথা, মালীদের চিতাবাড়ি তাও বলেছি। এবারে বলি তবে ছিরু মেথরের চরিত্র। তাদের ঘর খোলা দিয়ে ছাওয়া; বাদামতলায় কাত হয়ে পড়েছে ঝড়ে জলে। সারাদিনমান তেঁতুলগাছের ছায়াতেই ঢাকা সেই কোণটা; রোদ পড়তে দেখি নে। হ্যাংলা কুকুরছানাগুলোর ডাক এসে পৌঁছয় সে দিক থেকে কানে। কুকুরের তাড়া খেয়ে হাঁস-মুরগি থেকে থেকে ক্যাঁ-ক্যাঁ চীৎকার ছাড়ে। সেই ছায়ায় অন্ধকারে ছিরু মেথরের ঘরের দাওয়া দেখা যায়। একধারে একটা জলের জালা, আধখান তার মাটিতে পোঁতা। সেই ঠান্ডা জালার জলে কাজের শেষে ছিরু মেথর চান করে দেখি। কালো তার রঙ। ভারি শৌখিন ছিল ছিরু মেথর। কালো হলেও ছিরুর চেহারা ছিল বেশ; কোঁকড়া কোঁকড়া চুল, মুখের কাটকোটও সুন্দর। বিলিতি মদ খাওয়া তার অভ্যেস ছিল। দেশী মদ ছুঁত না। বিলিতি মদ খেলেই তার মুখে ফর্ ফর্ করে গরম গরম ইংরেজি গালাগাল বের হয়– ড্যাম ইউ রাস্কেল। ইংরেজি বুলি শুনলেই বোঝা যেত লোকটা 'খেয়েছে'। বাড়ি রাস্তাঘাট পরিপাটি রাখা কাজ ছিল তার। সামনের রাস্তা ঝাঁট দিয়ে চলে গেল যেন ধুলোর উপরে আলপনা এঁকে দিলে, ঝাঁটা দিয়ে জলে ঢেউ খেলিয়ে দিলে। রাস্তা ঝাঁটানোর আর্টিস্ট তাকে বলা যেতে পারে। একদিন হল কী, বাড়িরই কে যেন ডেকেছে ছিরুকে। দরোয়ান গেছে ডাকতে। সে ছিল মৌজে; যে-মেথরটা হুকুম শুনবে সে তখন তো নেই, ইংরেজি-বুলি-বলা আর একটা মানুষ তার মধ্যে বসে আছে। দরোয়ান যেই না কাছে গিয়ে তাকে ডাক দিয়েছে অমনি ছিরু শুরু করেছে ইংরেজিতে গালাগালি। কিছুতেই আর তাকে থামানো যায় না। তখন দরোয়ানও হিন্দি বুলিতে তেরিমেরি করে যেমন লাঠি তোলা– বাস্, সাহেবের অন্তর্ধান! ছিরু মেথরের মধ্যেকার ভেতো বাঙালিটা হঠাৎ ফিরে এসে দরোয়ানজির পায়ে ধরতে চায়, 'মাপ করো। দরোয়ানজি, ঘাট হয়েছে।' 'আরে ছুঁয়ো মৎ, ছুঁয়ো মৎ' বলে দরোয়ান যত পিছোয় ছিরু তত এগিয়ে আসে। শেষে দরোয়ানের রণে ভঙ্গ দিয়ে পলায়ন, জাত যাবার ভয়ে। ছিরুর বুদ্ধি দেখে আমরা অবাক। দরোয়ান মেথরে এ প্রহসন প্রায়ই দেখতুম আর হাসতুম। ছিরুর আর-এক কীর্তির কথা ছোটোপিসেমশায় বলতেন, 'জানিস? মল্লিকবাড়িতে বিয়ের মজলিশে গেছি। দেখি সিমলের ধুতিচাদর জুতোমোজা পরে ফিটবাবু সেজে ছিরুটা মজলিশের এক দিকে বসে সটকা টানছে, আমাকে দেখেই দে চম্পট।'

বাবুয়ানি কায়দায় দোরস্ত ছিল ছোটো বড়ো খানসামা চাকর পর্যন্ত সবাই জোড়াসাঁকোর বাড়ির। ভদ্রলোক কেউ বাড়িতে এলে খাতির করে বসাতে জানত। এখন সেরকম চাকরবাকর দুর্লভ। নতুন চাকররা পুরানো চাকরদের হাতে কিরকম ভাবে কায়দাকানুন তরিবত শিখত দেখো। বাবামশায়ের ছোটো

বেয়ারা মাদ্রাজী। নতুন এসে সে একদিন লুকিয়ে বাবামশায়ের গেলাসে বরফ-জল খেয়েছে। বুদ্ধুর নজরে পড়ে গেছে তার সে বেয়াদবি। বাবুর গেলাসে বরফজল খাওয়া! বসাও পঞ্চায়েত, দাও দণ্ড। বেচারা কেঁদেই অস্থির। বসল পঞ্চায়েত বেয়ারাদের মহলে। অনেক রাত পর্যন্ত চলল তক্কাতক্কি। একটা ভোজের টাকা দিয়ে, মাথা নেড়া করে, টিকি রেখে তবে উদ্ধার পায় সে। এই রীতিমত দণ্ডের টাকাটা কার কাছ থেকে এসেছিল বলতে পার? বাবামশায়ের কাছেই ছোঁড়াটা নিজের দোষ স্বীকার করে কেঁদেকেঁটে এই টাকাটা বার করেছিল। চাকরদের বাবুয়ানি শিক্ষার খরচা বাবুদেরই বহন করতে হত।

বুদ্ধু বেয়ারা ভালোমানুষ হলেও বাবুর জিনিসপত্রের বিষয়ে খুব হুঁশিয়ার ছিল। যার রুমালে ল্যাভেন্ডারের গন্ধ পাবে' নিয়ে বাবামশায়ের আলমারিতে তুলে রাখবে। মণিখুড়োর রুমাল নিয়ে একদিন এইরকম তুলে রেখেছে; বলে, 'এতে বাবুর খোসবো আছে যে।' মণিখুড়ো বললেন, 'তা বাবুর কাছ থেকেই চেয়ে নিয়ে খোসবো রুমালে মাখিয়েছিলুম আমি– রুমালটা আমারই। ধোপা-বাড়ির নম্বর দেখো।' বুদ্ধু তখন সেই রুমাল ফিরিয়ে দেয় মণিখুড়োকে। বড়ো বিশ্বাসী বেয়ারা ছিল, এমন আজকাল আর দেখা যায় না। বাবামশায়ের কোনো জিনিস কখনো এ দিক ও দিক হতে পারত না। কেমন সরল বিশ্বাসী ছিল বুদ্ধু, তা বলছি একবার বাবামশায় গেছেন ইংরেজি থিয়েটারে; আঙুলে হীরের আংটি– বনস্পতি হীরে, খুব দামী; আর হাতে একটি লাঠি, তার মাথায় কাটগ্লাসের একটি লম্বা এসেন্সের শিশি, শখের লাঠি ছিল সেটি। বাবামশায় ফিরে এসে লাঠি আংটি বুদ্ধুর হাতে দিয়ে শুয়ে পড়েছেন। কয়দিন পর আংটি দপ্তরখানায় পাঠানো হবে, হীরেটি নেই। নেই তো নেই; কতদিন ধরে খোঁজাখুঁজি, কোথায় যে পড়েছে তার পাত্তা পাওয়া গেল না। গরমিকাল এসে গেল। এই সময়ে বাবামশায় যেমন ফি বছর একবার করে আলমারি খালি করেন তেমনি খালি করছেন– বাবামশায় হাতের কাছে জামা কাপড় যা পাচ্ছেন সব টেনে টেনে ফেলছেন, যে যা পাচ্ছে নিয়ে নিচ্ছে। খালি করতে করতে আলমারিতে বাকি রইল মাত্র কয়েকটি সাদা ধুতি আর পাঞ্জাবি। তার তলা থেকে বের হল সেই হারানো হীরে! বাবামশায় সেটি হাতে নিয়ে বললেন, 'বুদ্ধু, এই তো সেই হীরে তুই এখানে রেখে দিয়েছিস, আর এর জন্য কত খোঁজাখুঁজি হচ্ছে!' বুদ্ধু বললে, 'তা আমি কি জানি ওটি হীরে! সকালে ঘরে কুড়িয়ে পেলুম, ভাবলুম ঝাড়ের কাচ। তুলে রেখে দিলুম।'

এইবার শোনো রান্নাবাড়ির গল্প। গলির ভিতরে ছোট্ট ঘর, অমৃত দাসী সেই ঘরে বসে জাঁতায় সোনামুগের ডাল ভাঙে আর বাটনা বাটে। এবারে যখন বাড়ি ভাঙে, দেখেই চিনলুম– আরে, এই তো সেই অমৃত দাসীর ঘর, ছেলেবেলায় সেখানে গিয়ে দাঁড়িয়ে দাঁড়িয়ে নিবিষ্টমনে তার ডাল-ভাঙা দেখতুম, সোনার বর্ণ সোনামুগের ডাল জাঁতার চারি দিক দিয়ে সোনার ঝরনার মতো ঝরে পড়ত। মাঝে মাঝে অমৃত দাসী একমুঠো ডাল হাতে তুলে দিত, বলত, 'খাবে খোকা? খাও, এই নাও।' অল্প অল্প করে সেই ডাল মুখে ফেলে চিবতুম, বেশ লাগত।

সেই ঘরটি আর জাঁতাটি, সারাজীবন তাই নিয়েই কেটেছে; তার মিউজিক ছিল জাঁতার ঘড়ঘড়ানি। সোনামুখ আর বাটনার হলুদের জল ভেসে যাচ্ছে, কাপড়েও লেগেছে, সোনাতে হলুদে মাখামাখি। এখনো মনে হয় তার কথা; দুঃখিনী একটি বুড়ির ছবি চোখে ভাসে।

বাসনমাজানি এল দুপুরে বাসন মেজে রেখে গেল যার যার দোরে সোনার মতো ঝকঝক করছে। দুধ জ্বাল দেবার দাসী দুধ জ্বাল দিচ্ছে। দুধের ফেনা তুলছে তো তুলছেই। জ্বাল দিয়ে বাটিতে বাটিতে দুধ ভাগ করে রাখছে। তার পর দিব্যঠাকুর হাতা-বেড়ি দিয়ে রান্নায় ব্যস্ত। ও দিকটায় আর যেতুম না বড়ো।

রান্নাবাড়ির ঠিক উপরে ঠাকুরঘর। সেখানে ছোটোপিসিমা ব'সে, মহিম-কথক কথকতা করছেন, সিংহাসনে ঠাকুর অলকাতিলকা পরে মাথায় রুপোর মুকুট দিয়ে। এখনো সে-সবই আছে, কেবল ছোটো পিসিমা নেই, মহিম-কথক নেই। সেখানে হত পুরাণের গল্প। সেখান থেকে নেমে এসে ছোটোপিসিমার ঘরে ছবি দেখতুম। একটু আগে যা শুনে আসতুম উপরে, নীচে তারই ছবি সব চোখে দেখতুম। সেই পুরাণের পুঁথি কিছু এখনো আছে আমার কাছে, ছেলেরা সেদিন কোন্‌ কোনা থেকে বের করলে। দেখেই চিনলুম, এ যে মহিমকথকের পুঁথি, এক-একটি পাতা পড়ে যেতেন কথক-ঠাকুর আর এক একটি ছবি যেন চোখের সামনে ভেসে উঠত। লাল বনাত একখানা গায়ে দিয়ে বসতেন পুঁথি পড়তে, হাতে রুপোর আংটি, হাত নেড়ে নেড়ে কথকতা করতেন। রুপোর আংটির ঝকঝকানি এখনো দেখতে পাই। আঁকতে শিখে সে ছবি একখানা এ কেওছিলুম।

বাবামশায়ের সকালে মজলিশ বসত দোতলার দক্ষিণের বারান্দায়। দক্ষিণের বাগানে ভাগবত মালী কাজ করে বেড়াত। বাবামশায়ের শখের বাগানের মালী, নিজের হাতে তাকে শিখিয়ে-পড়িয়ে তৈরি করেছিলেন। যেখানে যত দুর্মূল্য গাছ পাওয়া যায় বাবামশায় তা এনে বাগানে লাগাতেন, বাগান সম্বন্ধে নানারকমের বই পড়ে বাগান করা শিখেছিলেন, ঐ ছিল তাঁর প্রধান শখ। কী সুন্দর সাজানো! বাগান, গাছের প্রতিটি পাতা যেন ঝকঝক্‌ করত। হর্টিকালচারের এক সাহেব বললেন, এ দেশে টিউলিপ ফুল ফোটে না, তাঁরা অনেক চেষ্টা করে দেখেছেন। বাবামশায় বললেন, 'আচ্ছা, আমি ফোটাব।' বিলেত থেকে সেই ফুলের গেঁড় আনলেন, নানারকমের সার দিলেন গাছের গোড়ায়; কাচের না কিসের ঢাকা দিলেন উপরে। বাবামশায়ের উদ্ভিদবিদ্যা সম্বন্ধে বড়ো বড়ো বই এখনো নীচের তলায় আলমারি-ঠাসা। কত বই দেশ-বিদেশ থেকে আনিয়ে পড়েছেন। গাছ সম্বন্ধে যে বইটি তিনি সর্বদা পড়তেন সোনার জলে বাঁধানো, সবুজ চামড়ায় মোড়া, যেন কত মূল্যবান একটি কবিতার বই। বড়ো হয়ে খুলে দেখি সেটি হারপার কোম্পানির নানারকম ফল ফুল গাছের সচিত্র তালিকা। তা টিউলিপের গেঁড় লাগানো হল, ভাগবত মালীকে শিখিয়ে দিলেন, রোজ তাতে কী করবে, কী করে যত্ন নিতে হবে। তিনিও নিজে এসে এক বার দু বার করে দেখে যান। একদিন

সেই ফুল ফুটল— একটি ফুল। ফুল ফুটেছে, ফুল ফুটেছে! ঐ একটি ফুলের জন্য বাড়িতে হৈ-চৈ পড়ে গেল। সবাই আসে দেখতে। যে ফুল ফোটে না এই দেশে সেই ফুল ফুটল শেষে। বাবামশায় খুব খুশি। ফুল ফোটাতে শখ হয়েছিল, ফুল ফুটল। হর্টিকালচারের সাহেব খবর শুনে ছুটে এলেন। তিনি অবাক্। কত চেষ্টা করেও তাঁরা পারেন নি। বললেন, 'একজিবিশনে দেখাতে হবে।' শিগ্‌গিরই হর্টিকালচারের একজিবিশম হবে। ভাগবত রঙিন চাদর বেঁধে পরিষ্কার ধুতিজামা পরে তৈরি হয়ে এল, তাকে দিয়ে ফুল পাঠানো হল। একজিবিশনে সেই ফুলটির জন্য একটি সোনার মেডেল পেলেন বাবামশায়। সেই সোনার মেডেল আর একটি গাছকাটা কাঁচি ভাগবতকে তিনি বকশিশ দিলেন। বললেন, 'নে মেডেলটা তুইই গলায় ঝোলা।' মেডেলটা দিয়ে এক সময়ে হয়তো সে ছেলের গয়না গড়িয়ে দিয়েছিল, কিন্তু কাঁচিটি কখনো ছাড়ে নি। আমাদের কতবার বলত, 'বাবুর দেওয়া এই কাঁচি।'

সেদিন বড়ো মজা লাগল। এই কিছুদিন আগের কথা। জোড়াসাঁকোর বাড়িতে বারান্দায় বসে আছি। ভাগবত মরে গেছে অনেকদিন আগে, তার ছেলে এখন বাগানে কাজ করে। বাগানের কোনায় ছিল করবীগাছ। ছোটো ছেলে বাপের হাতের সেই কাঁচি নিয়ে তার ডাল ছাঁটবার চেষ্টা করছে, কিছুতেই আর সামলাতে পারছে না, হাত আবডালে পৌঁছয় না তার। গাছের ডালপাতা হাওয়াতে দুলে দুলে ছেলেটিকে জাপটে ধরছে, কাঁচি হাতে সে তার ভিতরে আটকা পড়ে অস্থির। বসে আমি মজা দেখছি আর হাসছি। মোহনলাল শোভনলাল যাচ্ছিল সেখান দিয়ে, তাদের বললুম, 'ওরে দেখ, মজা দেখ, ভাগবতের ছেলে তার বাপের লাগানো গাছের সঙ্গে কেমন খেলা করছে দেখ্। যেন দুষ্টু ছেলের চুল কাটবে নাপিত, ছেলে মাথা ঝাঁকুনি দিয়ে হেলিয়ে দুলিয়ে নাপিতকে নাস্তানাবুদ করে দিচ্ছে। বলে দে ওকে, গাছের ডাল কাটবার দরকার নেই। ও-গাছ অমনি থাকুক।' বাপের গাছের সঙ্গে ছেলে খেলা করছে দেখে ভারি ভালো লেগেছিল।

ছেলেবেলায় বাবামশায়ের শখের বাগানে কেউ আমরা ঢুকতে পেতুম না ভাগবত মালীর দাপটে। আমরা ছেলেরা কজন মিলে একপাশে নিজেদের বাগান বানিয়ে নিয়েছিলুম। ছোট্ট বাগানটি, বাবামশায়ের দেখাদেখি একটা জায়গায় ইটপাথর জড়ো করে এখানে-ওখানে ঘাসের চাপড়া বসিয়ে পাহাড়ের অনুকরণ করে মাঝে মাটি খুঁড়ে একটা গোল মাটির গামলা বসিয়ে তাতে জল ভরে টিনের হাঁস মাছ ছেড়ে চুম্বককাঠি দিয়ে টানি— সেই হল আমাদের গোল-পুকুর। বিকেলে ইস্কুল থেকে সব ছেলে ফিরে এলে তখন আবার সবাই একসঙ্গে হয়ে খেলাধুলো করি। সারাদিন একলা থাকার পর ঐ সময়টুকু বড়ো আনন্দে কাটত আমার।

বিকেল হতেই বাগানে বাবামশায়ের কুরসি ফরসি পড়ে। ভাগবত ফোয়ারা ছেড়ে দেয়; সত্যিকার হাঁস মাছ ফোয়ারার জলে ভেসে বেড়ায়। বাবামশায় নীচে নেমে এসে বসেন বাগানে। পড়শি কালাচাঁদবাবু, মাথায় বুলবুলির ঝুঁটির মতো একটু চুল, বুকে একটি ফুল গুঁজে, গলায় চুনটকরা চাদর ঝুলিয়ে বার্নিশকরা জুতো

পরে ছিপছিপে ছড়ি ঘোরাতে ঘোরাতে হেলেদুলে আসেন বাগানের মজলিশে। ফি শনিবার আপিস ছুটির পর মতিলালবাবু চলে আসেন বাবামশায়ের কাছে। মাছ ধরার খুব ঝোঁক ছিল তাঁর। বাবামশায় বলতেন, 'এই যে লালমোতি এসেছ, ছিপটিপ ঠিক আছে তো?' লালমোতি বলেই ডাকতেন তাঁকে। ও দিককার বড়ো পুকুরে লালমোতি প্রায়ই মাছ ধরতেন। বাবামশায়ও বসে যেতেন মাছ ধরতে কোনো-কোনোদিন। ঐ সেই পুরানো পুকুর যার ও পারে প্রকাণ্ড বটগাছ– রবিকার 'জীবনস্মৃতি'তে আছে লেখা। ছেলেবেলায় যা ভয় পেতুম বটগাছটাকে। গল্প শুনতুম চাকরদাসীর কাছে, জটেবুড়ি ব্রহ্মদত্যি কত কী আছে ওখানে।

তা যাক, তখন সেই বিকেলবেলা ও দিকে বাগানে জমত বাবা মশায়ের আসর, এ দিকে আমাদের হত ইস্কুল-ইস্কুল খেলা; এ-বাড়ি ও-বাড়ির মাঝে যে গলিটুকু কাছারিঘরের সামনে, সেই জায়গাটুকুই আমাদের খেলার জায়গা। কোথেকে একটা ভাঙা বেঞ্চি জোগাড় করে তাতে সবকটি ছেলে ঠেসাঠেসি করে বসি, দিপুদা মাস্টার। গলির মোড়ে সেই সময়ে হাঁক দিতে দিতে ভিতরে আসে চিনেবাদাম, গুলাবি রেউড়ি, ঘুগনিদানা, লজেঞ্জস, কত কী– 'খায় দায় পাখিটি বনের দিকে আঁখিটি', বেঞ্চিতে বসে বসে সেই দিকেই নজর আমাদের। কতক্ষণে গুলাবি রেউড়ি চিনেবাদামওয়ালা আসে। দেউড়ির কাছে যেমন তারা এসে দাঁড়ায়, দে ছুট ইস্কুল-ইস্কুল খেলা ছেড়ে। দিপুদা ভাঙা কাঠের চেয়ারে বসে গম্ভীর সুরে বলেন,'পড় সবাই।' পড়া আর কী, কোলের উপর ঠোঙা রেখে তা থেকে চিনাবাদাম বের করে ভাঙছি আর খাচ্ছি; দিপুদার হাতেও এক ঠোঙা, তিনিও খাচ্ছেন। এই হত আমাদের পড়া-পড়া খেলা। একদিন আবার প্রাইজ-ডিস্ত্রিবিউশন হল। কে প্রাইজ দেবে? উপরে বারান্দায় পায়চারি করছেন রবিকা। তিনি আসতেন না বড়ো আমাদের খেলায় যোগ দিতে। সমান বয়সের ছেলেও তো থাকত এই খেলায়। কিন্তু তিনি ঐ তখন থেকেই কেমন একলা একলা থাকতেন, একলা পায়চারি করতেন। সেখান থেকেই মাঝে মাঝে দেখতেন দাঁড়িয়ে, নীচে আমরা খেলা করছি। গিয়ে ধরলুম তাঁকে, 'আমাদের ইস্কুলে প্রাইজ-ডিস্ত্রিবিউশন হবে, তোমায় আসতে হবে।' রবিকা একটু হেসে নেমে এলেন, প্রাইজ-ডিস্ত্রিবিউশন হল। চিনে বাদাম গুলাবি রেউড়ির ঠোঙা। প্রাইজের পরে আবার তিনি দাঁড়িয়ে বক্তৃতাও দিলেন একটি খুব শুদ্ধভাষায়। আহা, কথাগুলো মনে নেই, নয়তো বড়ো মজাই পেতে তোমরা।

কালে কালে সেই জোড়াসাঁকোর বাড়ির কত বদলই-না হল। আমাদের কালেই সেই তোশাখানা হয়ে গেল ড্রামাটিক ক্লাবের নাট্যশালা। ভিস্তিখানায় টেবিল পড়ত, খাওয়া-দাওয়া হত। দপ্তরখানা হল গ্রীনরুম। দেউড়ি তো উঠেই গেল, ভেঙেচুরে লম্বা ঘর উঠল। খামখেয়ালির বৈঠক বসত সেখানে। একবার 'বৈকুণ্ঠের খাতা' অভিনয় হল, বাড়ির ছেলেদের দিয়ে করিয়েছিলুম, গাড়িবারান্দায় মনোহর সিং-এর দোল-উৎসব হত যেখানে, সেইখানে মস্ত স্টেজ তৈরি হল– ঘোড়াসুদ্ধ গাড়ি সোজা এসে ঢুকল স্টেজে। টং টং

করে আপিস ফেরত অবিনাশবাবু নামলেন এসে। ব্যাপার দেখে অডিয়েন্স একেবারে অবাক।

কত অভিনয় কত খেলা ক'রে, কত সুখ-দুঃখের দিন কাটিয়ে, সেই জোড়াসাঁকোর বাড়ি মাড়োয়ারি ধনীকে বেচে বের হতে হল যেদিন আমার নিজের ছেলেপিলে বউ-ঝি নিয়ে, সেদিন সেই তেঁতুলতলার মেথরের নাতি নাতনি নাতবউ কেবল তারাই এসে আমায় ঘিরে কান্না জুড়লে। তাদের ঐখানেই জন্ম ঐখানেই মৃত্যু। দেশ ঘর বলে আর কিছু নেই। বলে,'এখন উপায় কী হবে বাবু? আমাদের তুলে দিলে কোথায় যাব?' আমি বলি, 'চল্ আমার সঙ্গে বরানগরে, সেইখানে তোদের ঘর বেঁধে দেব। তোরা থাকবি কাজ করবি, যেমন করছিলি এইখানে।' সেই পুরোনোকালের তেঁতুলতলার মায়া ছাড়তে পারলে না। আজও সেখানে তারা রয়ে গেছে কি না কে জানে।

কী সুখের স্থানই ছিল, কী সুখের হাওয়াই বইত ঐটুকখানি জোড়াসাঁকোর বাড়িতে। ওখানের মায়ায় যে শুধু আমিই পড়েছিলেম তা নয়, চাকরদাসী কর্মচারী ছেলেবুড়ো সবাই। এই একটি কথা বলি, এ থেকেই বুঝে নাও। মনোরঞ্জনবাবু যশোরের কুটুম্ব; কাছারিতে কাজ করে, বাতে একটি পা পঙ্গু। তেঁতুলতলায় কর্মচারীদের বাসস্থান, তারই একটি ছোট্ট ঘরে তিনি থাকেন। পেনসন হবে হবে, পড়ল বুড়ো নির্ঘাত রোগে। খবর পেয়ে ছুটি দেখতে বুড়োকে— ছোট ঘব, একটি মাত্র দরজা জাল-দেওয়া, দেয়ালে আর কোনো পথ সেই যে হাওয়া রোদ আসে। বুঝলুম বুড়োর দিন ফুরোবে সেইখানেই।

'কেমন আছ? একখানা ভালো ঘরে যেখানে হাওয়া রোদ পাও সেই ঘরে যাও।'

'আজ্ঞে, বেশ আছি এখানে। দু-এক দিনের মধ্যেই সেরে উঠে কাছারিতে যাব।'

বলি, 'বাসাবাড়িটা একবার তদারক করে যাই।' ঘুরতে ঘুরতে দেখি, পায়রার খোপের মতো একটিমাত্র ভাঙা দেয়ালের গায়ে জালবদ্ধ দরজার ধারে মনোরঞ্জনবাবু গোটা গোটা অক্ষরে খড়ি দিয়ে লিখে রেখেছেন 'মনোরঞ্জন কারাগার'। ঘরে এলেম। তার পরদিন শুনি মনোরঞ্জনবাবুর মনোরঞ্জন-কারাগারবাস শেষ হয়ে গেছে। কী বস্তু জোড়াসাঁকোর বাড়ি বুঝে দেখো। কারাগার হলেও সে মনোরঞ্জন। জোড়াসাঁকোর পারে ধরা। 'মনোরঞ্জন কারাগার'।

৬

পলতার বাগান মনে প'ড়ে দুঃখও পাচ্ছি আনন্দও পাচ্ছি। কতই-বা বয়েস তখন আমার। বেশ চলছিল, হঠাৎ একদিন সব বন্ধ হয়ে গেল, ঘরে ঘরে তালা পড়ল। বড়োপিসেমশায় ছোটোপিসেমশায় আমাদের সবাইকে নিয়ে বোটে রওনা হলেন। দারুণ ঝড়, নৌকা এ পাশ ও পাশ টলে, ডোবে বুঝি-বা এইবারে। বড়োপিসিমা ছোটোপিসিমা আমাদের বুকে আঁকড়ে নিয়ে ডাকতে লাগলেন, 'হে হরি, হে হরি!' এলুম আবার জোড়াসাঁকোর বাড়িতে। দোতলার নাচঘরে ছিল জ্যাঠামশায়ের বড়ো একখানি অয়েলপেন্টিং, বসে আছেন সামনের দিকে চেয়ে। ছোটোপিসিমা বড়োপিসিমা আছড়ে পড়লেন সেই ছবির সামনে, 'দাদা, এ কী হয়ে গেল আমাদের।'

অদ্ভুত কাণ্ড। যেন চলতে চলতে হঠাৎ সামনে একটা দেয়াল পড়ে গেল; সব কিছু থেমে গেল, ঘড়িটা পর্যন্ত। বড়ো হয়ে যখন গেলুম পলতার বাগানে, দেখি বাবার সেই শোবার ঘর ঠিক তেমনি সাজানো আছে, একটু নড়চড় নেই; দেয়ালে ঘড়িটি ঠিক কাঁটায় কাঁটায় স্থির, বাবামশায়ের মৃত্যুর সময়টি তখনো ধরে রেখেছে। ঘরজোড়া মেঝেতে সাদা গালচে, তার নকশাটা যেন পাথরের চাতালে ফুলপাতা, হাওয়ায় খসে পড়েছে। দেয়ালে বেলোয়ারি কাচে রঙিন সব ফুলের মালা, বাতি-নেবা গোলাপি রঙের ফটিকের ঝাড়, দেয়াল-গিরি, পর্দা। সবই যেন তখনো একটা মহা-আনন্দ-উৎসব হঠাৎ শেষ হয়ে যাওয়ায় ম্লান বিশৃঙ্খল রূপ ধরে রয়েছে। মা সেখানকার কোনো জিনিস আনতে দেন নি। কিন্তু সেই ঘড়িটি সেবারে আমি নিয়ে আসি, এখনো আছে বেলঘরিয়ার বাড়িতে। আশ্চর্য ঘড়ি— কেমন আপনি বন্ধ হয়ে যায়। সেদিনও বন্ধ হয়ে গেল অলকের মা যেদিন চলে গেলেন ঠিক জায়গায় কাঁটার দাগ টেনে। অলকরা চাবি ঘোরায়, ঘড়ি চলে না। অলককে বললুম, 'ও-ঘড়ি তোরা ছুঁস নে, তোদের হাতে বিগড়ে যাবে। আমার সঙ্গে ওর অনেক কালের ভাব। আমি জানি ওর হাড়হদ্দ; আমার কাছে দে দেখি নামিয়ে।' ঘড়িটি নামিয়ে এনে দিলে কাছে। আমি তাতে হাত দেবা মাত্র ঘড়ি নতুন করে আবার চলতে লাগল। বহুকালের জিনিস, অনেক মৃত্যুর সময় রেখেছে এ ঘড়ি। মাসির গল্পে পড় নি এ ঘড়ির কথা? দিয়েছি গল্পে ঢুকিয়ে। এখন আমার হয়েছে ঐ— গল্পের মধ্যে ধরে রাখছি আমার আগের জীবন আর

১৬৯

আজকের জীবনেরও কথা।

একটি ভাই ছিল আমার– সকলের ছোটো, দেখতে রোগা টিংটিঙে, বড়ো মায়াবী মুখখানি। আমরা ছিলুম তার কাছে পালোয়ান। একটু হুমকি দিলেই ভয়ে কেঁদে ফেলত। বাবামশায় খুব ভালোবাসতেন তাকে আদর করে ডাকতেন 'র‍্যাট'। তার জন্য আসত আলাদা চকোলেট লজেঞ্জুস, বাবামশায় নিজের হাতে তাকে খাওয়াতেন। মা এক-এক সময়ে বলতেন, এত লজেঞ্জুস খাইয়েই এর রোগ সারে না। বাবামশায়ের 'র‍্যাট' ছিল তাঁর গোলাপি হরিণেরই সামিল, এত আদর-যত্ন। হরিণেরই মতো সুন্দর চোখ দুটো ছিল তার।

এখন সেই ভাই মারা যেতে বাবামশায়ের মন গেল ভেঙে। বললেন 'এই জোড়াসাঁকোর বাড়িতে আর থাকব না।' পলতায় তখন সবে বাগান কিনেছেন, সবাইকে নিয়ে জোড়াসাঁকোর বাড়ি ছেড়ে উঠলেন গিয়ে সেখানে। চারি দিকে ঝোপঝাড়, মাঝে বিরাট একটা ভাঙা বাড়ি– এ দেয়াল সে দেয়াল বেয়ে জল প'ড়ে ছাতলা ধরে গেছে। বড়োপিসিমা বললেন, 'ও গুনু, এ কোথায় নিয়ে এলি? এখানে থাকব কী করে?' বাবামশায় বললেন, 'এই দেখো-না দিদি, কদিনেই সব ঠিক করে ফেলছি।' মাঝে ছিল দুখানি বড়ো হল, পাশে ছোটোবড়ো নানা আকারের ঘর, ওরই মধ্যে যে কয়টি বাসযোগ্য ঘর পেলেন তাতেই পিসিমারা সব গুছিয়ে নিয়ে বসলেন। এ দিকে লোক লেগে গেল চার দিক মেরামত করতে। বাবামশায়ের ইঞ্জিনিয়ার ছিল অক্ষয় সাহা। বাবামশায় নিজের হাতে প্ল্যান করে করে অক্ষয় সাহার হাতে দেন, তিনি আবার প্ল্যান দেখে দেখে তা তৈরি করান। সেই খাতাটি আমি রেখে দিয়েছি, পলতার বাগানের প্ল্যান তাতে ধরা আছে।

দেখতে দেখতে সমস্ত বাগানের চেহারা গেল ফিরে। ফোয়ারা বসল, ফটক তৈরি হল, লাল রাস্তা এঁকেবেঁকে ছড়িয়ে পড়ল। বন হয়ে উঠল উপবন। পুরোনো যে বাড়িটা ছিল সেটা হল বৈঠকখানা। সেখান থেকে হাত-পঞ্চাশেক দূরে অন্দরমহল উঠল। বৈঠকখানা থেকে বেরিয়েই একটি তারের গাছঘর– নানারকম গাছ, অর্কিড ফুল, তারই মাঝে নানা জাতের পাখি ঝুলছে। সেখান থেকে লাল রাস্তাটি, খানিকটা এগিয়ে ফোয়ারা বসানো হয়েছে মাঝখানে, তা ঘিরে চলে গেছে একেবারে অন্দরমহলে। বাবামশায় বিকেল হলে মাঝে মাঝে এসে বসেন ফোয়ারার ধারে। ফোয়ারাটির মাঝে একটি কচি ছেলের ধাতুমূর্তি আকাশের দিকে হাত তুলে। উঁচু হয়ে ফোয়ারা থেকে জল পড়ছে, আশেপাশে পাখিরা গাইছে, ফুলের সুবাস ভেসে আসছে; তারই মাঝে বাবামশায় বসে। মস্ত বড়ো একটা ঝিল তৈরি হল একপাশে। যখন কাটা হত দেখতুম মাঝে মাঝে মাটির স্তম্ভ দাঁড়িয়ে আছে পর পর। শ'য়ে শ'য়ে লোক মাটি কাটছে, ঝুড়িতে করে এনে ফেলছে পাড়ে। সেই ঝিল একদিন ভরে উঠল তলা-থেকে-ওঠা নতুন জলের লহরে। দলে দলে হাঁস চরে বেড়ায়। ঝিলের এক পাড়ে প্রকাণ্ড একটি বটগাছ, তলায় সারস সারসী, ময়ূর ময়ূরী, রুপোলি সোনালি মরাল দলে দলে খেলা করে। তার ও দিকে হরিণবাগান; পালে পালে হরিণ এক দিক থেকে

আর-এক দিকে ছুটে বেড়াচ্ছে। তার ও দিকে মাঠভরা ভেড়ার পাল; তারপর গেল গোরু, মোষ, ঘোড়া; তার পর হল শাকসবজি তরিতরকারি নানা ফসলের খেত। এই গেল এক দিকের কথা। আর-এক দিকে ফুলের বাগান, বাগানে সুন্দর সুন্দর খাঁচা; সে কী খাঁচা যেন– এক-একটি মন্দির! সোনালি রঙ, তাতে নানা জাতের রঙবেরঙের পাখি, দেশবিদেশ থেকে আনানো, বাবামশায়ের বড়ো শখের। বাগানের পরে খেলার মাঠ। তারপর আম কাঁঠাল লিচু পেয়ারার বন; তার পর আরো কত কী, মনেও নেই সব। বাগান তো নয়, একটা তল্লাট। ফ্রেঞ্চ টেরিটরি থেকে আরম্ভ করে বদ্দিবাটির মিলের ঘাট অবধি ছিল সেই বাগানের দৌড়।

সেই তল্লাট দু মাসের মধ্যেই বাবামশায় সাজিয়ে ফেললেন। অনেক মূর্তির ফরমাশ হল বিলেতে। একটা ব্রোঞ্জের ফোয়ারার অর্ডার দিলেন, পছন্দমত নিজের হাতে এঁকে। পুকুরপাড়ে বোধ হয় বসাবার ইচ্ছে ছিল। ফোয়ারাটি যেন একগোছা ঘাস; তেমনি রঙ, দূর থেকে দেখলে সত্যিকারের ঘাস বলেই ভ্রম হয়। তখনকার দিনে ইণ্ডিয়ান আর্ট বলে তো কিছু ছিল না, বিলিতি আর্টেরই আদর হত সবখানে। পরে আমরা দেখি টি. টমসনের দোকানে বিলেত থেকে তৈরি হয়ে এসেছে সেই ফোয়ারা, আর দুটি মানুষপ্রমাণ ক্রীতদাসীর ধাতুমূর্তি, বাবামশায়ের ফরমাশি জিনিস। ইন্টারন্যাশনাল একজিবিশন হয়, সেখানে তা সাজানো হল। প্রত্যেকটি ঘাসের মুখ দিয়ে ফোয়ারা ছুটছে তালগাছ সমান উঁচু হয়ে। ছ হাজার টাকা শুধু সেই ফোয়ারাটির দাম। সেই একজিবিশন থেকে ফোয়ারাটি ও মূর্তি দুটি কোন্ দেশের এক রাজা কিনে নিলেন। ভালো ভালো ফুলদানি, কাচের ফুলের তোড়া, দেখলে তাক লাগে। জ্যাঠামশায় এলেন পলতার বাগানে; বাবামশায় ঘুরে ঘুরে তাঁকে সব দেখাতে লাগলেন। দেখতে দেখতে বাবামশায়ের ঘরে এলেন। সেই ঘরে ঢুকে জ্যাঠামশায় বললেন, 'বাঃ গুন্নু, তোমার মালী তো চমৎকার তোড়া বেঁধেছে। যাবার সময়ে আমাকে এমনি একটি তোড়া বেঁধে দিতে বোলো।' বাবামশায় বললেন, 'এ কাচের ফুল, বড়দা তুমি বুঝতে পার নি?' জ্যাঠামশায়ের তখন হো হো করে হাসি, 'আমি আচ্ছা ঠকেছি তো! একটুও বুঝতে পারি নি।'

বাবামশায় প্রায়ই কলকাতায় যেতেন, নানারকম জিনিষপত্তর কিনে নিয়ে আসতেন। একদিন এলেন, একঝাক হাঁস নিয়ে, ঠিক যেন চিনেমাটির খেলনার হাঁস; মুঠোর মধ্যে তা পোরা যায়, সাদা ধবধব করছে। সেই হাঁসগুলি নিয়ে ছেড়ে দেওয়ালেন ঝিলে; খেলা করতে থাকবে, সেইখানেই বাসা বাঁধবে, বাচ্চা পাড়বে জলের কিনারায় ঘাসের ঝোপে। পরদিন ভোরে গেছেন হাঁসগুলিকে খাওয়াতে; দেখেন একটি হাঁসও বেঁচে নেই, ঝিলের জলে রাশ রাশ সাদা সাদা পালক ছেঁড়া পদ্মের পাপড়ির মতো ভাসছে। ছোটো-পিসিমা বললেন, 'তোর যেমন কাণ্ড, অতটুকু-টুকু হাঁসগুলোকে এমনি ছেড়ে রাখে? রাতারাতি শেয়ালে সব খেয়ে গেছে।'

আর-একবার মনে আছে, বাবামশায় বসে আছেন ফোয়ারার ধারে। অন্দরমহলের সামনে বড়ো বড়ো প্যাকিং বাক্স এসেছে, চাকররা খুলছে হাতুড়ি বাটালি দিয়ে। প্রায়ই নানা জায়গা থেকে এইরকম প্যাকিং বাক্স আসে বাবামশায়ের ফরমাশি জিনিসে ভরা। তিনি কাছে বসে চাকরদের দিয়ে তা খোলান; আমার খুব ভালো লাগে দেখতে কী বের হয় বাক্সগুলো থেকে। চাকরদাসীদের এড়িয়ে কখনো কখনো সেখানে গিয়ে দাঁড়াই। তা সেদিন বের হল বাক্স থেকে দুটি কাচের ফুলদানি, একটি গোলাপি ডাঁটার উপর টিউলিপ ফুল, ফুলে শিশির পড়ছে ফোঁটা ফোঁটা, দু পাশে দুটি সোনালি পাতা উঠে দু দিকে ছড়িয়ে পড়েছে। মার চুল বাঁধবার গোল একটি আয়না ছিল, পরে মা সেটি অলকের মাকে দিয়ে দেন। তিনি যতদিন ছিলেন তাতেই মুখ দেখেছেন। এখন সেই আয়নার যা দুর্দশা! আমার ঘরে এনে রেখে দিয়েছে, তার সামনে চুল আঁচড়াতে যাই, কেমন করে ওঠে মন। বলি, ‘আর কেন, নিয়ে যা একে এ ঘর থেকে।’ সেই আয়নার সামনে থাকত টিউলিপ ফুলের ফুলদানিটি, বরাবর দেখেছি তা। মাঝে একবার এক চাকর সেটি বাজারে নিয়ে গেছে বিক্রি করতে। আর-একটি চাকর খোঁজ পেয়ে তাড়াতাড়ি উদ্ধার করে আনে। আমি বললুম, ‘ও পারুল, এটা যত্নে তুলে রাখো। এ কী জিনিস, তা তোমরা বুঝবে না, মা চুল বাঁধতে বসতেন, টিউলিপ ফুলের ছায়া আর মার মুখের ছায়া এই দুটি ছায়া পড়ত আয়নাতে।’ এখনো যেন দেখতে পাই সেই ছবি। সোনালি পাতা দুটি এখনো তেমনি ঝকঝক করছে। আমার বাল্যস্মৃতিতে এই টিউলিপ ফুল ও আয়নার কাহিনী আরো স্পষ্ট লেখা আছে। আর অন্য ফুলদানিটি ছিল ক্র্যাক্‌ড্‌ চায়না, সবুজ রঙ, তার গায়ে হাতে-আঁকা নীল হলুদ দুটি পাখি আর লতাপাতা কয়েকটি। ভারি সুন্দর সেই ফুলদানিটি থাকত বাবামশায়ের আয়নার টেবিলে। সেটি গেল শেষটায় বউবাজারে, কী হল কে জানে!

বাবামশায় তো এমনি করে বাগানবাড়ি ঘর সাজাচ্ছেন। আমরা ছোটো, কিছু তেমন জানি নে বুঝি নে। থাকতুম অন্দরমহলে। মাঝে মাঝে ঈশ্বরবাবু বেড়াতে নিয়ে যেতেন গঙ্গার ধারে বিকেলের দিকে। রাস্তাঘাট তখন ছিল না তেমন। এখানে ওখানে মড়ার মাথার খুলি। চলতে চলতে থমকে দাঁড়াই। ঈশ্বরবাবু বলেন, ‘ছুঁয়ো-টুঁয়ো না ভাই, ও-সব।’ আমরা একটা ডাল বা কঞ্চি নিয়ে খুলিগুলি ঠেলতে ঠেলতে গঙ্গায় ফেলে দিয়ে বলি, ‘যা, উদ্ধার পেয়ে গেলি।’ ঐ ছিল এক খেলা। দু বেলা হেঁটেই বেড়াতুম।

সেই সময়ে পলতার বাগানে একবার ঠিক হয়, দাদা বিলেতে যাবেন। সাজপোশাক সব তৈরি করবার ফরমাশ গেল কলকাতায় সাহেব দরজির দোকানে। বাবামশায় বললেন, ‘মেজদা আছেন বিলেতে, গগন বিলেত যাক। সতীশ আছে জর্মনিতে, সমর সেখানে যাবে।’ আমাকে দেখিয়ে বড়োপিসিমাকে বললেন, ‘ও থাকুক এখানেই। আমার সঙ্গে ঘুরবে, ইণ্ডিয়া দেখবে, জানবে।’ তখন থেকেই সকলে আমার বিদ্যেবুদ্ধির আশা ছেড়ে দিয়েছিলেন। বুঝেছিলেন,

ও-সব আমার হবে না। বিদেশ তো যাওয়াই হল না, এ দেশও আর বাবামশায়ের সঙ্গে ঘোরা হয় নি। তবে বাবামশায় যে বলোছলেন 'ইণ্ডিয়া দেখবে, জানবে' তা হয়েছে। ভারতবর্ষের যা দেখেছি চিনেছি তিনি থাকলে খুশি হতেন দেখে।

পলতার বাগানে মাস ছয়েক কেটেছে; বাগান সাজানো হয়েছে। বিনয়িনীর বিয়ের ঠিকঠাক, এবারে জামাইষষ্ঠীর দিন পাত্র দেখা হবে। বাবামশায়ের ইচ্ছে হল বন্ধুবান্ধব সবাইকে বাগানে ডেকে পার্টি দেবেন। আয়োজন শুরু হল, যেখানে যত আত্মীয়স্বজন বন্ধুবান্ধব সাহেবসুবো, কেউই বাদ রইল না। কেবল আসতে পারেন নি একজন, বলাই সিংহ, বাবামশায়ের ক্লাসফ্রেণ্ড। শেষ বয়েস অবধি তিনি যখনি আসতেন, দুঃখ করতেন, বলতেন, 'কেন গেলুম না আমি। শেষ দেখা দেখলুম না।' যাক সে কথা। এখন বিরাট আয়োজন হল। এত লোক আসবে, দু-তিন দিন থাকবে– বুঝতেই পার ব্যাপার। দিকে দিকে তাঁবু পড়ল। কেক-মিষ্টান্নে, ফুলে-ফলে, আতর-গোলাপে ভরে গেল চার দিক। নাচগানেরও ব্যবস্থা হয়েছে। আমরা ঘোরা ঘুরি করছি অন্দরমহলে। বাবুর্চি খানসামা টেবিল ভরে স্যাণ্ডউইচ আইসক্রিম সাজাচ্ছে। ছেলেমানুষ খাবার দেখে লোভ সামলাতে পারি নে। ঘুরে ফিরে সেখানেই যাই। নবীন বাবুর্চি এটা-সেটা হাতে তুলে দেয়, বলে, 'যাও যাও, এখান থেকে সরে পড়ো।' চলে আসি, আবার যাই। এমনি করে আমাদের সময় কাটছে। ও দিকে বৈঠকখানায় শুরু হয়েছে পার্টি, নাচ গান। রবিকা, জ্যাঠামশায় ওঁরাও ছিলেন; রবিকার গান হয়েছিল। প্রথম দিন দেশী রকমের পার্টি হয়ে গেল। দ্বিতীয় দিন হল সাহেবসুবোদের নিয়ে ডিনার পার্টি। আমাদের নীলমাধব ডাক্তারের ছেলে বিলেতফেরত ব্যারিস্টার নন্দ হালদার সাহেব টোস্ট প্রস্তাবের পর গ্লাস শেষ করে বিলিতি কায়দামাফিক পিছন দিকে গ্লাস ছুঁড়ে ফেলে দিলেন। অমনি সকলেই আরম্ভ করে দিলেন গ্লাস ছুঁড়ে ফেলতে। একবার করে গ্লাস শেষ হয় আর তা পিছনে ছুঁড়ে ফেলছেন ঝন্ন্ন্ শব্দে চার দিক মুখরিত করে। মনে আছে, খানসামারা যখন লাইন করে করে সাজাচ্ছিল কাচের গ্লাস– গোলাপি আভা, খুব দামি। পরদিন সকালে যখন ঝাঁটপাট শুরু হল গোলাপের পাপড়ির সঙ্গে গোলাপি কাচের টুকরো স্তূপাকার হয়ে বাইরে চলে গেল। দু-তিনদিন পরে পার্টি শেষ হল, বাবামশায় নিজে দাঁড়িয়ে সকলের খোঁজখবর নিয়ে সব ব্যবস্থা করে অতিথিঅভ্যাগত আত্মীয়স্বজন বন্ধুবান্ধব সকলকে হাসিমুখে বিদায় দিলেন। অন্দরমহলে মা পিসিমা ব্যস্ত আছেন জামাইষষ্ঠীর তত্ত্ব পাঠাতে।

এমন সময়ে খবর হল বাবামশায়ের অসুখ। এত হৈ চৈ হতে হতে কেমন একটা ভয়ংকর আতঙ্কের ছায়া পড়ল সবার মুখে-চোখে চলায়-বলায়। পিসেমশাইরা ছুটলেন ওষুধ আনতে, ডাক্তার ডাকতে; নীলমাধববাবু হাঁকছেন, 'বরফ আন্, বরফ আন্।' দাসদাসীরা গুজ-গুজ ফিসফাস করছে এখানে-ওখানে। জ্যৈষ্ঠ মাস, ঝড়ের মেঘ উঠল কালো হয়ে, শোঁ-শোঁ বাতাস বইল। ভোরের বেলা দাসীরা আমাদের ঠেলে তুলে দিলে, 'যা, শেষ দেখা দেখে আয়।' নিয়ে

গেল আমাদের বাবামশায়ের ঘরে। বিছানায় তিনি ছট্ফট্ করছেন। পাশ থেকে কে একজন বললেন, ‘ছেলেদের দেখতে চেয়েছিলে, ছেলেরা এসেছে, দেখো।’ শুনে বাবামশায় ঘাড় একটু তুলে একবার তাকালেন আমাদের দিকে, তার পর মুখ ফিরিয়ে নিলেন। মাথা কাত হয়ে পড়ল বালিশে। বড়োপিসিমা ছোটোপিসিমা চেঁচিয়ে উঠলেন, ‘একি, এ কী হল! কাল-জ্যেষ্ঠ এল রে, কাল-জ্যেষ্ঠ!

সেইদিন থেকে ছেলেবেলাটা যেন ফুরিয়ে গেল।

৭

তার পর গেল বেশ কিছুকাল। একদিন বিয়ে হয়ে গেল, সঙ্গে সঙ্গে জীবনের ধরন-ধারণ ওঠাবসা সাজগোজ সব বদলে গেল। এখন উলটো জামা পরে ধুলো পায়ে ছুটোছুটি করবার দিন চলে গেছে। চাকর-বাকররা 'ছোটোবাবুমশায়' বলে ডাকে, দরোয়ানরা 'ছোটো হুজুর' বলে সেলাম করে। দু-বেলা কাপড় ছাড়া অভ্যেস করতে হল, শিমলের কোঁচানো ধুতি পরে ফিটফাট হয়ে গাড়ি চড়ে বেড়াতে যেতে হল, একটু-আধটু আতর ল্যাভেণ্ডার গোলাপও মাখতে হল, তাকিয়া ঠেস দিয়ে বসতে হল, গুড়গুড়ি টানতে হল, ড্রেসসুট বুট এঁটে থিয়েটার যেতে হল, ডিনার খেতে হল, এক কথায় আমাদের বাড়ির ছোটোবাবু সাজতে হল।

বাল্যকালটাতে শিশুমন কী সংগ্রহ করলে তা তো বলে চুকিয়েছি অনেক বার অনেক জায়গায়, অনেকের কাছে। যৌবনকালের যেটুকু সঞ্চয় মন-ভোমরা করে গেছে তার একটু একটু স্বাদ ধরে দিয়েছি, এখনো দিয়ে চলেছি হাতের আঁকা ছবির পর ছবিতে। এ কি বোঝ না? পদ্মপত্রে জলবিন্দুর মতো সে-সব সুখের দিন গেল। তার স্বাদ পাও নি কি ঐ নামের ছবিতে আমার? প্রসাধনের বেলায় জোড়াসাঁকোর বাড়িতে অন্দরমহলে যে সুন্দর মুখ সব, যে ছবি সব সংগ্রহ করলে মন, আমার 'কনে সাজানো' ছবিখানিতে তার অনেকখানি পাবে। সুখের স্বপ্ন ভাঙানো যে দাহ সেও সঞ্চিত ছিল মনে অনেকদিন আগে থেকে। সুখের নীড়ে বাসা করেছিলেম, তবেই তো আঁকতে শিখে সে মনের সঞ্চয় ধরেছি 'সাজাহানের মৃত্যুশয্যা' ছবিতে।

বাল্যে পুতুল খেলার বয়সের সঞ্চয় এই শেষবয়সের যাত্রাগানে, লেখায়, টুকিটাকি ইঁটকাঠ কুড়িয়ে পুতুল গড়ায় যে ধরে যাচ্ছিনে তা ভেবো না। সেই বাল্যকাল থেকে মন সঞ্চয় করে এসেছে। তখনি যে সে-সব সঞ্চয় কাজে লাগাতে পেরেছিলেম তা নয়। ধরা ছিল মনে। কালে কালে সে সঞ্চয় কাজে এল; আমার লেখার কাজে, ছবি আঁকার কাজে, গল্প বলার কাজে, এমনি কত কী কাজে তার ঠিক নেই এই নিয়মে আমার জীবনযাত্রা চলেছে। আমার সঞ্চয়ী মন। সঞ্চয়ী মনের কাজই এই, সঞ্চয় করে চলা, ভালো মন্দ টুকিটাকি কত কী! কাক যেমন অনেক মূল্যবান জিনিস, ভাঙাচোরা অতি বাজে জিনিসও এক বাসায়

ধরে দেয়, মন-পাখিটিও আমার ঠিক সেইভাবে সংগ্রহ করে চলে যা-তা। সেই সব সংগ্রহ তুমি হিসেব করে গুছিয়ে লিখতে চাও লেখো, আমি বলে খালাস।

রোজ বেলা তিনটে ছিল মেয়েদের চুলবাঁধার বেলা। কবিত্ব করে বলতে হলে বলি, প্রসাধনের বেলা। আমাদের অন্দর ও রান্নাবাড়ির মাঝে লম্বা ঘরটায় বিছিয়ে দিত দাসীরা চুলবাঁধার আয়না মাদুর আরো নানা উপকরণ ঠিক সময়ে। মা-পিসিমারা নিজের নিজের বউ-ঝি নিয়ে বসতেন চুল বাঁধতে।

বিবিজি বলে এক গহনাওয়ালী হাজির হত সেই সময়ে– কোন্ নতুন বউয়ের কানের মুক্তোর দুল চাই, কোন্ মেয়ের নাকের নাক-ছাবি চাই, খোঁপায় সোনারূপোর ফুল চাই, তাই জোগাত। চুড়ি-ওয়ালী এসে ঝুড়ি খুলতেই তুলতুলে হাত সব নিসপিস করত চুড়ি পরতে। ছোটো ছোটো রাংতা দেওয়া গালার চুড়ি, কাচের চুড়ি, কত কৌশলে হাতে পরিয়ে দিয়ে চলে যেত সে পয়সা নিয়ে। চুড়ি বেচবার কৌশলও জানত। চুড়ি পরাবার কৌশলও জানত। কোন্ রঙের পর কোন চুড়ি মানাবে বড়ো চিত্রকরীর মতো বুঝত তার হিসেব সেই চুড়িওয়ালী। বোষ্টমী আসত ঠিক সেই সময়ে ভক্তিতত্ত্বের গান শোনাতে। তোমরা বঙ্কিমবাবুর নভেলে যে-সব ছবি পাও সে-সব ছবি স্বচক্ষে দেখেছি আমি খুব ছেলেবেলায়। এখনো চুড়ি পরানো ছবি আঁকতে সেই শিশুমনের সংগ্রহ কাজ দেয়। হাতের চুড়িগুলি আঁকতে কোন রঙের পর কোন রঙের টান দিতে হবে জানি, সেজন্য আর ভাবতে হয় না। তুমি যে সেদিন বললে, সাঁওতালনীদের খোঁপা আপনি কেমন করে ঠিকটি এঁকে দিলেন ? খোঁপার কত রকম প্যাচ সেই চুল বাঁধার ঘরে বসে শিশুদৃষ্টি শিশুমন ধরেছিল।

মা বসে আছেন কাঠের তক্তাপোশে, দাসীরা চুল বেঁধে দিচ্ছে ছোটো ছোটো বউ-মেয়েদের। সে কত রকমের চুল বাঁধার কায়দা, খোঁপার ছাদ। বোষ্টমী বসে গাইত, ‘কানড়া ছান্দে কবরী বান্ধে।’ সেই কানড়া ছান্দে খোঁপা বাঁধত বসে পাড়াগাঁয়ের দাসীরা। তোমরা খোঁপা তো বাঁধো, জানো সে খোঁপা কেমন ? মোচা খোঁপা, কলা খোঁপা, বিবিয়ানা খোঁপা, পেঁচে ফাঁস, মনধরা খোঁপার ফাঁস, কত তার বর্ণনা দেব ! কত্ত বা এঁকে দেখাব ! এইবার আসত ফুলওয়ালী কলাপাতায় মোড়কে ফুলমালা হাতে। সেই ফুলমালা নিজের হাতে জড়িয়ে দিতেন মা খোঁপায় খোঁপায়। সন্ধেতারা উঠে যেত, চাঁদ উঠে যেত।

সন্ধে হলেই গোঁপে তা দিয়ে দক্ষিণের বারান্দায় বসে আলসেমি করি– মতিবাবু আসেন, শ্যামসুন্দর আসেন। আমি বসি কোনোদিন ম্যান্ডোলিন নিয়ে কোনোদিন বা এসরাজ নিয়ে। মতিবাবু শিবের বিয়ের পাঁচালি গান–

তোরা কেউ যাস নে ওলো ধরতে কুলো কুলবালা,
মহেশের ভূতের হাটে এ-সব ঠাটে সন্ধেবেলা।
যে রূপ ধরেছিস তোরা, চিত্ত-উন্মত্ত-করা,
চাঁদ যেন ধরায় ধরা, খোঁপায় ঘেরা বকুলমালা।

এই রকম বকুলমালা জুঁইমালায় সাজানো সে-বয়সের দিনরাতগুলো আনন্দে কাটে। মা রয়েছেন মাথার উপরে নির্ভাবনায় আছি।

ভুবনবাই বলে একটা বুড়ি আসত। মা তাকে বউদের গান শোনাতে বলতেন। সখীসংবাদ, মাথুর গাইত সে এককালে আমার ছোটোদাদামশায়ের আমলে—

> তোরা যাস নে যাস নে যাস নে দূতী
> গেলে কথা কবে না সে নবভূপতি।
> যদি যাবি মধুপুরে
> আমার কথা কোস নে তারে
> বৃন্দে, তোরে ধরি করে, রাখ্‌ এ মিনতি।

ফোকলা দাঁতে তোতলা তোতলা সুরে সে এই গান গেয়ে মরেছে। কিন্তু সেই বুড়ি যেটুকখানি ধরে গেছে আমার মনে, সেই বস্তুটুকুও যে আমায় কৃষ্ণলীলার কোনো ছবিতে নেই তা মনে কোরো না।

নান্নীবাই শুনেছি এককালে লক্ষ্ণৌয়ের খুব নামকরা বাইজি ছিল, রুপোর খাটে শুত, এত ঐশ্বর্য! সর্বস্ব খুইয়ে সে আসে ভিখিরির মতো, পাঁচিলঘেয়া গোল চক্করের কাছে বসে গান গায়, এবাড়ি-ওবাড়ি থেকে কিছু টাকাপয়সা যা পায় নিয়ে চলে যায়। বুড়োবয়সেও চমৎকার গলা ছিল তার, এখনকার অনেক ওস্তাদ হার মেনে যায়।

শ্রীজানও আসে। সেও বুড়ো হয়ে গেছে। চমৎকার গাইতে পারে। মাকে বললুম, 'মা, একদিন ওর গান শুনব।' মা বললেন শ্রীজানকে। সে বললে, 'আর কি এখন তেমন গাইতে পারি? বাবুদের শোনাতুম গান, তখন গাইতে পারতুম। এখন ছেলেদের আসরে কী গাইব?' মা বললেন, 'তা হোক, একদিন গাও এসে, ওরা শুনতে চাইছে।' শ্রীজান রাজী হল, একদিন সারারাতব্যাপী শ্রীজানের গানের জলসায় বন্ধুবান্ধবদের ডাক দেওয়া গেল। নাটোরও ছিলেন তার মধ্যে। বড়ো নাচঘরে গানের জলসা বসল। শ্রীজান গাইবে চার প্রহরে চারটি গান। শ্রীজান আরম্ভ করল গান। দেখতে সে সুন্দর ছিল না মোটেই, কিন্তু কী গলা, কোকিলকণ্ঠ যাকে বলে। এক-একটা গান শুনি আর আমাদের বিস্ময়ে কথা বন্ধ হয়ে যায়। চুপ করে বসে তিনটি গান শুনতে তিন প্রহর রাত্রি কাবার। এবারে শেষ প্রহরের গান। বাতিগুলো সব নিবে এসেছে, একটিমাত্র মিটমিট করে জ্বলছে উপরে। ঘরের দরজাগুলি বন্ধ, চারি দিক নিস্তব্ধ, যে যার জায়গায় আমরা স্থির হয়ে বসে। শ্রীজান ভোরাই ধরলে। গান শেষ হল, ঘরের শেষ বাতিটি নিবে গেল— ঊষার আলো উঁকি দিল নাচঘরের মধ্যে।

কানাড়া আর ভৈরবীতে শ্রীজান সিদ্ধ ছিল।

আর-এক বার গান শুনেছিলুম। তখন আমি দস্তুরমত গানের চর্চা করি। কোথায় কে গাইয়ে-বাজিয়ে এল গেল সব খবর আসে আমার কাছে। কাশী থেকে

এক বাইজি এসেছে, নাম সরস্বতী, চমৎকার গায়। শুনতে হবে। এক রাত্তিরে ছ শো টাকা নেবে। শ্যামসুন্দরকে পাঠালুম, ‘যাও, দেখো কত কমে রাজী করাতে পারো।’ শ্যামসুন্দর গিয়ে অনেক বলে কয়ে তিনশো টাকায় রাজী করালে। শ্যামসুন্দর এসে বললে, ‘তিনশো টাকা তার গানের জন্য, আর দুটি বোতল ব্রান্ডি দিতে হবে।’ ব্রান্ডির নামে ভয় পেলেম, পাছে মার আপত্তি হয়। শ্যামসুন্দর বললে, ‘ব্রান্ডি না খেলে সে গাইতেই পারে না।’ তোড়জোড় সব ঠিক। সরস্বতী এল সভায়। স্থুলকায়া, নাকটি বড়িপানা, দেখেই চিত্তির। নাটোর বলেন, ‘অবনদা, করেছ কি! তিনশো টাকা জলে দিলে?’ দুটি গান গাইবে সরস্বতী। নাটোর মৃদঙ্গে সংগত করবেন বলে প্রস্তুত। দশটা বাজল, গান আরম্ভ হল। একটি গানে রাত এগারোটা। নাটোর মৃদঙ্গ কোলে নিয়ে স্থির। সরস্বতীর চমৎকার গলার স্বরে অত বড়ো নাচঘরটা রমরম করতে থাকল, কী স্বরসাধনাই করেছিল সরস্বতীবাই! আমরা সব কেউ তাকিয়া বুকে, কেউ বুকে হাত দিয়ে স্তব্ধ হয়ে বসে। এক গানেই আসর মাত গানের রেশে তখনো সবাই মগ্ন। সরস্বতীবাই বললে, ‘আউর কুছ ফরমাইয়ে।’ গান শুনে তাকে ফরমাশ করবার সাহস নেই কারো। এ ওর মুখের দিকে তাকাই। শেষে শ্যামসুন্দরকে বললুম, ‘একটা ভজন গাইতে বলো, কাশীর ভজন শুনেছি বিখ্যাত।’ সে একটি সকলের জানা ভজন গাইলে, ‘আও তো ব্রজচন্দলাল।’ সব স্তম্ভিত। আমি তাড়াতাড়ি তার ছবি আঁকলুম, পাশে গানটিও লিখে রাখলুম। গান শেষ হল, সে উঠে পড়ল। দুখানা গানের জন্য তিনশো টাকা দেওয়া যেন সার্থক মনে হল।

এমনিতরো নাচও দেখেছিলুম সে আর-একবার। নাটোরের ছেলের বিয়ে, নাচগানের বিরাট আয়োজন। কর্ণাট থেকে নাম করা বাইজি আনিয়েছেন। খুব ওস্তাদ নাচিয়ে মেয়েটি। এসেছে তার দিদিমার সঙ্গে। বুড়ি দিদিমা কালকাবিন্দের শিষ্যা। সভায় বসেছে সবাই। বুড়িটির সঙ্গে নাতনিটিও ঢুকল। বুড়ি পিছনে বসে রইল, মেয়েটি নাচলে। চমৎকার নাচলে, নাচ শেষ হতে চার দিকে বাহবা রব উঠল। আমার কি খেয়াল হল ওই বুড়ির নাচ দেখব। নাটোর শুনে বললেন, ‘অবনদা, তোমার এ কী পছন্দ!’ বললুম ‘তা হোক, শখ হয়েছে বুড়ির নাচ দেখবার। তুমি তাকে বলো, নিশ্চয়ই এই বুড়ি খুব চমৎকার নাচে।’ নাটোর বুড়িকে বলে পাঠালে। বুড়ি প্রথমটায় আপত্তি করলে, সে বুড়ো হয়ে গেছে, সাজসজ্জাও কিছু আনে নি সঙ্গে। বললুম, ‘কোনো দরকার নেই, তুমি বিনা সাজেই নাচো।’ বুড়ি নাতনিকে নিয়ে ভিতরে গেল। ওদের নিয়ম সভায় এক নাচিয়ে উপস্থিত থাকলে আর-এক জন নাচে না। খানিক পরে বুড়ি নাতনির পায়জোর পরে উড়নিটি গায়ে জড়িয়ে সভায় ঢুকল। একজন সারেঙ্গিতে সুর ধরলে। বুড়ি সারেঙ্গির সঙ্গে নাচ আরম্ভ করলে। বলব কি, সে কী নাচ! এমনভাবে মাটিতে পা ফেলল, মনে হল, যেন কাপেটি ছেড়ে দু-তিন আঙুল উপরে হাওয়াতে পা ভেসে চলেছে তার। অদ্ভুত পায়ে চলার কায়দা; আর কী

ধীর গতি, জলের উপর দিয়ে হাঁটল কি হাওয়ার উপর দিয়ে বোঝা দায়। বুড়ির বুড়ো মুখ ভুলে গেলুম, নৃত্যের সৌন্দর্য তাকে সুন্দরী করে দেখালে।

আর-একবার ব্লান্ট সাহেব, উড্রফ সাহেব, আমরা কয়েকজন দেশী সংগীতের অনুরাগী মিলে মাদ্রাজ থেকে একজন বীনকারকে আনিয়েছিলুম। সপ্তাহে সপ্তাহে রাত নটার পরে আমাদের বাড়িতে সেই বীনকারের বৈঠক বসত। সাহেবসুবোদের জন্য থাকত কমলা-লেবুর শরবত, আইসক্রিম, পান-চুরুটের ব্যবস্থা। রাত্রিরে শহরের গোলমাল যখন থেমে আসত, বাড়ির শিশুরা ঘুমিয়ে পড়ত, চাকরদের কাজকর্ম, সারা হত, চারি দিক শান্ত, তখন বীণা উঠত বীনকারের হাতে। কাইজারলিংও একবার এলেন সেই আসরে। বীনকার বীণা বাজিয়ে চলেছে, পাশে কাইজারলিং স্থির হয়ে চোখ বুজে বসে, চেয়ে দেখি বাজনা শুনতে শুনতে তার কান গাল লাল টকটকে হয়ে উঠল। সুরের ঠিক রঙটি ধরল সাহেবের মনে। ঝাড়া একটি ঘণ্টা পূর্ণচন্দ্রিকা রাগিণীটি বাজিয়ে বীনকার বীন রাখলে। মজলিস ভেঙে আর কারো মুখে কথা নেই, আস্তে আস্তে সব যে যার বাড়ি ফিরে গেলেন।

৮

জোড়াসাঁকোর বাড়ির দোতলার দক্ষিণের বারান্দা— পুরুষানুক্রমে আমাদের আমদরবার, বসবার জায়গা; প্রকাণ্ড বারান্দা, পুব থেকে পশ্চিমে বাড়িসমান লম্বা দৌড়। তারই এক-এক খাটালে এক-এক জনের বসবার চৌকি, সে চৌকি নড়াবার জো ছিল না। ঈশ্বরবাবুর এক, নবীনবাবুর এক, ছোটোপিসেমশায়ের এক বড়োপিসেমশায়ের এক, নগেনবাবুর এক, কালাচাদবাবুর এক, অক্ষয়বাবুর এক, বৈকুণ্ঠ বাবুর এক, বাবামহাশয়ের এক— এমনি সারি সারি চৌকি দুদিকে। এঁরা সকলেই এক-এক চরিত্র, এঁরা অনেকে বাইরের হয়েও একেবারে জোড়াসাঁকোর ঘরের মতো ছিলেন। বাবামশায়ের পোষা কাকাতুয়ার পর্যন্ত একটা খাটাল ছিল, দেয়ালে নিজের স্থান দখল করে বসে থাকত, সেও যেন এক সভাসদ্। সকাল-বিকেল আড্ডার জায়গা ছিল ঐ বারান্দা, চিরকাল দেখে এসেছি। গুড়গুড়ি ফরসি হুঁকো বৈঠকে সাজিয়ে দিত চাকররা। কাছারির কাজও চলত সেখানে, দেওয়ান আসত, আসত বয়স্য, পারিষদ। গান, খোশগল্প, হাসি কত কী হত! দেখেছি, ঈশ্বরবাবু নবীনবাবু ওঁরা যে যার জায়গায় হুঁকো খাচ্ছেন, বাবামশায় আছেন ইজিচেয়ারে বসে, ড্রইংবোর্ড কোলে প্ল্যান আঁকছেন। বারান্দায় জোড়া জোড়া থাম, তার মাঝে মাঝে বড়ো বড়ো খাটাল, পুবধারে একটা বড়ো খিলেন, পশ্চিমধারে তেমনি আর-একটা সত্তর-আশি ফুট লম্বা, চওড়াও অনেকটা।

ঈশ্বরবাবু আসতেন রোজ সকালে লাঠি ঠকাস্ ঠকাস্ করতে করতে। হাতে রুমালে-বাঁধা কচি আম, কোনোদিন বা আর-কিছু, যা নতুন বাজারে উঠেছে। বাজারে যে ঋতুতে যা-কিছু নতুন উঠবে এনে দিতে হবে, এই ছিল তাঁর সঙ্গে বাবামশায়ের কথা।

নিত্য যাঁরা আসতেন আমদরবারে, তাঁদের কথা তো বলেইছি, অন্যরা কেউ এলে তাঁদেরও বসানো হত ওখানে। আপিস যাবার আগে পর্যন্ত দক্ষিণের বারান্দায় তাঁদের দরবার বসত। তার পর দক্ষিণের বারান্দা খালি— যে যার বাড়ি চলে গেলেন, বাবামশায় উঠে এলেন, বিশ্বেশ্বর ফরসি গুড়গুড়ি তুলে নিলে। আমরা তখন ঢুকতুম সেখানে; নবীনবাবু হয়তো তখনো বসে আছেন, তাঁকে

১৮০

ধরতুম ফ্যান্সি-ফেয়ারে নিয়ে যেতে হবে, ইডেন গার্ডেনে বেড়িয়ে আনতে হবে। বাবামশায়ের দরবারে আমাদের দরখাস্ত পেশ করতে হবে, তিনি হুকুম দেবেন তবে যেতে পারব। আমাদের হয়ে ননীবাবুই সে কাজটা করতেন।

পুজোর সময় দক্ষিণের বারান্দায় কত রকমের ভিড়। চীনেম্যান এল. জুতোর মাপ দিতে হবে। আমাদের ডাক পড়ত তখন দক্ষিণের বারান্দায়। খবরের কাগজ ভাঁজ করে সরু ফিতের মতো বানিয়ে চীনেম্যান পায়ের মাপ নিত, এখনো তার আঙুলগুলো দেখতে পাচ্ছি। দরজি এল, ঈশ্বরবাবু হাঁকলেন, 'ওহে, ওস্তাগর এসেছে, এসো এসো ভাইসব, মাপ দিতে হবে গায়ের।' ফিতে খুলে দাঁড়িয়ে দরজি, মোটা পেট, গায়ে সাদা জামা, মাথায় গম্বুজের মতো টুপি, সে আমাদের পুতুলের মতো ঘুরিয়ে ফিরিয়ে মাপ নিয়ে ছেড়ে দিতে ঈশ্বরবাবুও উঠে এগিয়ে এসে দাঁড়ালেন, 'আমারও গায়ের মাপটা নিয়ে নাও, একটা সদরী– পুজো আসছে' বলে বাবামশায়ের দিকে তাকান। বড়ো-বাজারের পাঞ্জাবী শালওয়ালা বসে আছে নানারকম জরির-ফুল দেওয়া-ছিট, কিংখাবের বস্তা খুলে। বাবামশায়ের পছন্দমত কাপড় কাটা হলে অমনি নবীনবাবু বলতেন, 'বাবা, আমার নলিনেরও একটা চাপকান হয়ে যাক এইসঙ্গে।'

আতরওয়ালা এসে হাজির, গেব্রিয়েল সাহেব, আমরা বলতুম তাকে গিব্রেল সাহেব-একেবারে খাস ইহুদি– যেন শেক্সপিয়রের মার্চেন্ট অব ভেনিসের শাইলকের ছবি জ্যান্ত হয়ে নেমে এসেছে জোড়াসাঁকোর দক্ষিণের বারান্দায় ইস্তাম্বুল আতর বেচতে, হুবহু ঠিক তেমনি সাজ, তেমনি চেহারা গিব্রেলে সাহেবের ঢিলে আচকান, হাতকাটা আস্তিন, সরু সরু একসার বোতাম ঝিক ঝিক করছে; ঔরঙ্গজেবের ছবিতে এঁকে দিয়েছি সেরকম। সে আতর বেচতে– এলেই ঈশ্বরবাবু অক্ষয়বাবু সবাই একে একে খড়কেতে একটু তুলো জড়িয়ে বলতেন, 'দেখি দেখি, কেমন আতর', বলে আতরে ডুবিয়ে কানে গুঁজতেন। পুজোর সময় আমাদের বরাদ্দ ছিল নতুন কাপড়, সিল্কের রুমাল। সেই রুমালে টাকা বেঁধে রমানাথ ঠাকুরের বাড়িতে পুজোর সময় যাত্রাগানে প্যালা দিতুম। বলি নি বুঝি সে গল্প! হবে, সব হবে, সব বলে যাব আস্তে আস্তে। নন্দ ফরাসের ফরাসখানার মতো পুরোনো গুদামঘর বয়ে বেড়াচ্ছি মনে। কত কালের কত জিনিসে ভরা সে ঘর, ভাঙাচোরা দামি-অদামিতে ঠাসা। যত পারো নিয়ে যাও এবারে– হালকা হতে পারলে আমিও যে বাঁচি। –হ্যাঁ, সেই সিল্কের রুমাল গিব্রেল সাহেবই এনে দিত। আর ছিল বরাদ্দ সকলের ছোটো ছোটো এক-এক শিশি আতর।

কত রকম লোক আসত, কত রকম কাণ্ড হত ঐ বারান্দায়। একবার মাইক্রস্কোপ এসেছে বিলেত থেকে, প্যাকিং বাক্স খোলা হচ্ছে। কী ঘাস দিয়ে যেন তারা প্যাক করে দিয়েছে, বাক্স খোলা মাত্র বারান্দা সুগন্ধে ভরপুর। 'কী ঘাস, কী ঘাস' বলে মুঠো মুঠো ঘাস ওখানে যাঁরা ছিলেন সবাই পকেটে পুরলেন, বাড়ির ভিতরেও গেল কিছু মেয়েদের মাথা ঘষার মসলা হবে। মাইক্রস্কোপ রইল পড়ে, ঘাস নিয়েই মাতামাতি দেখতে দেখতে সব ঘাস গেল উড়ে। আমিও

এক ফাঁকে একটু নিলুন, বহুদিন অবধি পকেটে থাকত, হাতের মুঠোয় নিয়ে গন্ধ শুঁকতুম।

তার পর আর-একবার এল ঐ বারান্দায় এক রাক্ষস, কাঁচা খাবে। সকাল থেকে যদু মাস্টার ব্যস্ত, আমাদের ছুটি দিয়ে দিলেন রাক্ষস দেখতে। 'দেখবি আয়, দেখবি আয়, রাক্ষস এসেছে' বলে ছেলের দল গিয়ে জুটলুম সেখানে। মা-পিসিমারাও দেখছেন আড়ালে থেকে খড়খড়ির ফাঁক দিয়ে। ছেলে বুড়ো সবাই সমান কুতূহলী। রাবণের গল্প পড়েছি, সেই দেশেরই রাক্ষস, কৌতূহল হচ্ছে দেখতে, আবার ভয়-ভয়ও করছে। 'এসেছে, এসেছে, আসছে আসছে' রব পড়ে গেল। বাবামশায়ের পোষা খরগোস চরে বেড়াচ্ছে বারান্দায় কেদারদা চেঁচিয়ে উঠলেন, 'খরগোসগুলিকে নিয়ে যা এখান থেকে, রাক্ষস খেয়ে ফেলবে।' শুনে আমরা আরো ভীত হচ্ছি না জানি কী। খানিক পরে রাক্ষস এল, মানুষ– বিশেষ্যরের মতোই দেখতে রোগা পটকা অতি ভালোমানুষ চেহারা– দেখে আমি একেবারে হতাশ। চাকররা একটা বড়ো গয়েশ্বরী থালাতে গোটা একটা পাঁঠা কেটে টুকরো টুকরো করে নিয়ে এল রান্নাঘর থেকে। সেই মাংসের নৈবেদ্য সামনে দিতেই খানিকটা নুন মেখে লোকটা হাপ্, হাপ্, করে সব মাংস খেয়ে টাকা নিয়ে চলে গেল। সেই এক রাক্ষস দেখেছিলেম ছেলে বেলায়, কাঁচাখোর।

সেকালের লোকদের ছোটো বড়ো সবারই এক-একটা চরিত্র থাকত। অক্ষয়বাবু আসতেন ফিটফাট বাবুটি সেজে। তাঁর কথা তো অনেক বলেছি আগের সব গল্পে। সে সময়ে ফ্যাশান বেরিয়েছে বুকে মড়মড়ে পেলেট দেওয়া চোস্ত ইস্তিরি করা শার্ট, তাই গায়ে দিয়ে এসেছেন অক্ষয়বাবু। কালো রঙ ছিল তাঁর, বাবরি চুল, গোঁফে তা কড়ে আঙুলে একটা আংটি। গানও গাইতেন মাঝে মাঝে, খুব দরাজ গলা ছিল। গান কিছু বড়ো মনে নেই, সুরটাই আছে কানে, এখনো বড়ো বড়ো রাগরাগিণীর– আমি তখন কতটুকুই বা, ছয়-সাত বছর বয়স হবে আমার! এখন, অক্ষয়বাবু তো বসে আছেন চৌকিতে সেই নতুন ফ্যাশানের পেলেট-দেওয়া শার্ট গায়ে দিয়ে। আমি কাছে গিয়ে অক্ষয়বাবুর বুকের মড়মড়ে পেলেটে হাত বোলাতে বোলাতে বললুম, 'অক্ষয়বাবু, এ যে শার্সি-খড়খড়ি লাগিয়ে এসেছেন!' যেমন বলা বারান্দাসুদ্ধ সকলের হো-হো হাসি, 'শার্সি-খড়খড়ি।' হাসি শুনে ভাবলুম কী জানি একটা অপরাধ করে ফেলেছি। চোঁচা দৌড় সেখান থেকে। বিকেলে আবার শুনি, সেই আমার 'শার্সি-খড়খড়ি' পরার কথা নিয়ে হাসি হচ্ছে সবাইকার।

দরজি, চীনেম্যান, তারাও এক-একটা টাইপ, তাই চোখের সামনে স্পষ্ট তাদের দেখতে পাই এখনো। ঈশ্বরবাবু শিখিয়ে দিয়েছিলেন চীনে ভাষা, 'ইরেন দে পাগলা উড়েন দে পাগলা, কা সে।' ভাবটা বোধ হয়, জুতো এ পায়েও গলাই ও পায়েও গলাই, দুপায়েই লাগে কষা। চীনেম্যান এলেই আমরা চীনেম্যানকে ঘিরে ঘিরে ঐ চীনে ভাষা বলতুম, আর সে হাসত। ঢিলেঢালা পাজামা, কালো চায়নাকোট গায়ে, ঠিক তার মতোই টাক-টিকিতে সেজে এক চীনেম্যানরূপে

বেরিয়েছিলুম 'এমন কর্ম আর করব না' প্রহসনে।

শ্রীকণ্ঠবাবু আসতেন। এই এখানকার রায়পুর থেকে যেতেন মাঝে মাঝে কলকাতায় কর্তামশায়ের কাছে। বুড়োর চেহারা মনে আছে, পাকা আমটির মতো গায়ের রঙ, জরির টুপি মাথায়। গাইতেন চৌকিতে বসে 'ব্রহ্মকৃপাহি কেবলম্' আর 'পুণ্যপুঞ্জেন যদি প্রেমধনং কোহপি লভেৎ।' আমরাও দুহাত তুলে গাইতুম, 'কোহপি লভেৎ কোহপি লভেৎ'। সেদিন শুনলুম ৭ই পৌষে ছাতিমতলায় এই গান। শুনেই মনে হল শ্রীকণ্ঠবাবুর মুখে ছেলেবেলায় শেখা গান। ষাট-সত্তর বছর পরে এই গান শুনে মনে পড়ে গেল সেই দক্ষিণের বারান্দায় শ্রীকণ্ঠবাবু গাইছেন, আমরা নাচছি। ছোট্ট একটি সেতার থাকত সঙ্গে, সেইটি বাজিয়ে আমাদের নাচাতেন। বড়ো ভালোবাসতেন তিনি ছোটো ছেলেদের। কর্তামশায়ের সঙ্গে তাঁর খুব ভাব ছিল। তাঁরই বাড়িতে আসতে মাঝপথে তিনি বিশ্রাম নিতেন ঐ ছাতিমতলায়। স্টেশন থেকে পালকি করে এসে এইখানে নেমে বিশ্রাম নিয়ে তবে যেতেন রায়পুর সিংহিদের বাড়ি। বড়ো ভালো লেগেছিল কর্তামশায়ের ছাতিমতলাটি। তাই তিনি এখানে নিজের একটি আশ্রম প্রতিষ্ঠা করবার কল্পনা করেছিলেন। এ সমস্তই ছিল তখন শ্রীকণ্ঠবাবুর দখলে।

তখনকার দিনে গুরুজনদের মান কী দেখতুম। আমদরবার বসেছে, খবর এল, কালীকৃষ্ণ ঠাকুর পাথুরেঘাটা থেকে দেখা করতে আসছেন। শুনে কী ব্যস্ত সবাই। তোল্ তোল্, হুঁকো কলকে সব তোল্, সরা এখান থেকে এ-সব। বাবামশায় ঢুকলেন ঘরে, পরিষ্কার জামাকাপড় পরে তৈরি। গুরুজন আসছেন, ভালোমানুষ সেজে সবাই অপেক্ষা করতে লাগলেন। ছোটো ছেলেদের মতো গুরুজনকে ভয় করতেন তাঁরা; গুরুজনরা এলে সমীহ করা, এটা ছিল। কর্তামশায় এসেছিলেন, বলেছি তো সে গল্প– তাড়াহুড়ো, দেউড়ি থেকে উপর পর্যন্ত ঝাড়পোঁছ, যেন বর আসছেন বাড়িতে।

জোড়াসাঁকোর বাড়ির দক্ষিণ বারান্দার আবহাওয়া, এ যে কী জিনিস! সেই আবহাওয়াতেই মানুষ আমরা। এ-বাড়ির যেমন দক্ষিণের বারান্দা ও-বাড়িরও তেমনি দক্ষিণের বারান্দা। পিসিমাদের মুখে শুনতুম ও-বাড়ির দক্ষিণের বারান্দায় বিকেলে দাদামশায়ের বৈঠক বসত যখন, তখন জুঁই আর বেলফুলের সুগন্ধে সমস্ত বাড়ি পাড়া তর্ হয়ে যেত। দাদামশায়ের শখ, বসে বসে ব্যাটারি চালাতেন। জলে টাকা ফেলে দিয়ে তুলতে বলতেন। একবার এক কাবুলিকে ঠকিয়ে ছিলেন এই করে। জলে টাকা ফেলে ব্যাটারি চার্জ করে দিলেন। কাবুলি টাকা তুলতে চায়, হাত ঘুরে এ দিকে ও দিকে বেঁকে যায়, টাকা আর ধরতে পারে না কিছুতেই। তার পর জ্যাঠামশায়ের আমলে তিনি বসলেন সেখানে। কৃষ্ণকমল ভট্টাচার্য, বড়ো বড়ো পণ্ডিত ফিলজফার আসতেন। স্বপ্নপ্রয়াণ পড়া হবে, এ বারান্দা থেকে ছুটলেন বাবামশায়রা সে বারান্দায়। থেকে থেকে জ্যাঠামশায়ের হাসির ধ্বনি পাড়া মাত করে দিত। সে হাসির ধুম আমরাও কানে শুনতুম।

তার পর আমাদের আমলে যখন বাড়ির দক্ষিণের বারান্দায় বৈঠকে বসবার

বয়স হল তখন সেকালের যাঁরা ছিলেন, মতিবাবু অক্ষয়বাবু, ঈশ্বরবাবু, নবীনবাবু আর দাদামশায়ের বৈঠকের একটি বুড়ো, কী মুখুজ্যে, নামটা মনে আসছে না, তাঁর ছবি আঁকা আছে, চেহারা গান গলার স্বর সব ধরা আছে মনে, নামটা এরি মধ্যে হারিয়ে গেল, তিনি গাইতেন– দাদামশায়ের বৈঠকখানায়, মাঝে মাঝে আমাদেরও গান শোনাতেন, দাদামশায়ের গল্প বলতেন– এই তিন কালের তিন-চারটি বুড়ো নিয়ে আমরা তিন ভাই বৈঠক জমালেম।

সেই দক্ষিণের বারান্দাতেই, ঠিক তেমনি হুঁকো কলকে ফরসি সাজিয়ে বসি। বাবামশায় যেখানে বসতেন সেখানে দাদা বসে ছবি আঁকেন, একটু তফাতে আমি বসি পুবের বড়ো খিলেনের ধারে, তার পর বসেন সমরদা। আমাদের বৈঠকেও সেইরকম শালওয়ালা আসে, নতুন নতুন বন্ধুবান্ধব আসে। সামনের বাগানে সেই-সব গাছ; দাদামশায়ের হাতে পোঁতা নারকেলগাছ, কাঁঠালগাছ, বাবামশায়ের শখের বাগানে সেই ফোয়ারায় জল ছাড়ে, সেই ভাগবত মালী, সব দেখা যায় বারান্দায় বসে। বিকেলে পাথর-বাঁধানো গোল চাতালে বসি, কাচের ফরসিতে সেই গোলাপজলে গোলাপপাপড়ি মিশিয়ে তামাক টানি। কাল বদলেও যেন বদলায় নি, তিন পুরুষের আবহাওয়া খানিক-খানিক বইছে তখনো দক্ষিণের বারান্দায়। ড্রামাটিক ক্লাবের শ্রাদ্ধ হবে, সেই বারান্দায় লম্বা ভোজের টেবিল পড়ল, লম্বা উর্দি পরে সেই নবীন বাবুর্চি, সেই বিশ্বেশ্বর হুঁকোবরদার দেখা দিল, সেই-সব পুরানো ঝাড় লণ্ঠনের বাতি জ্বলল, প্লেট গ্লাস সাজানো হল। তিন পুরুষের সেই-সব গানের সুর এসে মেশে আবার নতুন নতুন গানের সঙ্গে, রবিকার গানের সঙ্গে, দ্বিজুবাবুর গানের সঙ্গে।

আরো হাল আমলে যখন আমরা আর্টিস্ট হয়ে উঠেছি, আর্ট সোসাইটির মেম্বর হয়েছি, বড়ো বড়ো সাহেবসুবো জজ ম্যাজিস্ট্রেট লাট আসেন বাড়িতে– কমলালেবুর শরবত, পানতামাক, বেলফুলে ভরে যায় সেই দক্ষিণের বারান্দা। বারান্দার পাশের বড়ো স্টুডিয়োতেই বীনকারের বীণা গভীর রাত্রে থেমে যায় সবাইকে স্তব্ধ করে দিয়ে। আবার যখন বাড়িতে কারো বিয়ে, লৌকিকতা পাঠাতে হয়, মেয়েরা থালা সাজিয়ে দেয়, সেই সওগাতের থালায় থালায় ভরে যায় সেই লম্বা বারান্দা।

তোমরা ভাব, ঘরের ভিতরে স্টুডিয়োতে বসে ছবি আঁকতুম, তা নয়। বারান্দার একদিকে আমি আর-এক দিকে ছাত্ররা বসে যেত। মুসলমান ছাত্র আমার শমিউজ্জমা এক দিকে আসন পেতে বসে সারাদিন ছবি আঁকে, সন্ধ্যা হলে মক্কামুখো হয়ে নমাজ পড়ে নেয় ঐ বারান্দাতেই। অবারিত দ্বার দক্ষিণের বারান্দায়, সবাই আসছে, বসছে, ছবি আঁকছি, গান চলছে, গল্পও হচ্ছে; এমনি করেই ছবি এঁকে অভ্যস্ত আমি। অবিনাশ পাগলা সেও আসে, কত রকম বুজরুকি দেখাতে লোক আনে। একদিন একটা লোক ফুঁ দিয়ে গোলাপের গন্ধ বাড়িময় ছড়িয়ে চলে গেল। বারান্দা যেন একটা জীবন্ত মিউজিয়াম। নানা চরিত্রের মানুষ দেখতে রাস্তায় বেরুতে হত না, তারা আপনিই উঠে আসত সেখানে।

পূর্ণ মুখুজ্জে, মাথায় চুল প্রায় ছিল না, চাঁচাছোলা নাক-মুখের গড়ন। তিনি মারা যাচ্ছেন, মাকে বলে পাঠালেন, 'মা, আমি গঙ্গাযাত্রা করব।' মা আমাদের বললেন, 'বন্দোবস্ত করে দে।' আমরা বন্দোবস্ত করে দিলুম। মারা গেলে যেভাবে নিয়ে যায় সেইভাবে বাঁশের খাটিয়া এনে তাঁকে তাতে শুইয়ে নিয়ে চলল। তেতলা থেকে মা'রা দাঁড়িয়ে দাঁড়িয়ে দেখছেন, দোতলার বারান্দা থেকে আমরাও দেখছি– বুড়ো খাটিয়ায় শুয়ে সজ্ঞানে চার দিকে তাকাতে তাকাতে চলেছে; উপরে মাকে দেখতে পেয়ে দু হাত জুড়ে প্রণাম জানালেন– ঘাড় নেড়ে ইঙ্গিতে আমাদের জানালে যাচ্ছি, ভাইসব। সরকার বরকার কাঁধে করে নিয়ে গেল তাঁকে 'হরি বোল' দিতে দিতে। এ-সবই দক্ষিণের বারান্দা থেকে দেখতুম, যেন বসে বসে এক-একটি সিন দেখছি। পরেশনাথের মিছিল গেল, বিয়ের শোভাযাত্রা গেল, আবার পূর্ণ মুখুজ্জেও গেল।

মতিবাবু, তাঁর ছবি তো দেখেছ, দাদা এঁকেছেন– চেয়ারের উপর পা তুলে বসে বুড়ো হুঁকো খাচ্ছেন। হুঁকো খেয়ে খেয়ে গোঁফ হয়ে গিয়েছিল সোনালি রঙের। সকালে হয় আর্টের কাজ, সন্ধ্যেয় আসর জমাই মতিবাবুকে নিয়ে, গানের চর্চা করি। আমি ম্যান্ডোলিন বা এসরাজ বাজাই, তিনি পাঁচালি বা শিবের বিয়ে গেয়ে চলেন। বড়ো সরেস লোক ছিলেন। ছেলের বিয়েতে আটচালা বাঁধতে হবে, মতিবাবু ছাড়া আর কেউ সে কাজ পারবে না। শহরের কোথায় কোথায় ঘুরে কাকে কাকে ধরে নকশামাফিক আটচালা বাঁধাবেন একপাশে বসে বুড়ো তামাক টানতে টানতে। এই মতিবাবু মরবার পরও দেখা দিয়েছিলেন, সে এক আশ্চর্য গল্প।

মতিবাবুর একবার দুরন্ত অসুখ। ছেলে এসে বললে আর বাঁচবেন না। দেশে নিয়ে গেল। খবরাখবর নেই, ভাবছি কী হল তাঁর। অনেকদিন পরে একদিন ফিরে এলেন, দিব্যি ফিটফাট লাল চেহারা নিয়ে। বললুম, 'এমন সুন্দর চেহারা হল কী করে? মনেই হয় না যে অসুখে ভুগে উঠেছেন।' তিনি বললেন, 'না, এবার তো সেরে ওঠবার কথাই ছিল না। অসুখে ভুগছি, ডাক্তার কবিরাজের ওষুধ খাচ্ছি। কিছুতেই কিছু না। শেষে একদিন গাঁয়ের এক মৌলবী বললে, ঠাকুর, ও ওষুধপত্রে কিছু হবে না। আমার একটি ওষুধ খাবেন? একটু করে সুরুয়া বানিয়ে এনে দেব রোজ। কতদিন যাবৎ ভুগছি, মৌলবীর কথাতে রাজী হলেম। সেই সুরুয়া খেতে খেতেই দেখুন চেহারা কি রকম বদলে গেল।' বললুম, 'ভালোই তো, তা এখনো একটু একটু সুরুয়া চলুক না, তৈরি করে দেবে বাবুর্চি।' তিনি বললেন, 'না, আর দরকার হবে না।' দিব্যি রইলেন সে যাত্রা। তার পর সত্যিই যেবার ডাক পড়ল সেই যে গেলেন আর এলেন না। সেবারেও তিনি অসুখে পড়লেন। বড়ো ছেলে এসে নিয়ে গেল তাঁকে দেশে, একরকম জোর করেই। অনেকদিন আর কোনো খবর পাই নে; ভাবছি, এবারও বুঝি আগের মতোই হঠাৎ একদিন এসে উপস্থিত হবেন; সকালে বসে আছি বারান্দায়, একটা লোক

ধীরে ধীরে এসে বাগানে ঢুকল, দেখি মতিবাবু। চাকরদের বললুম, 'ওরে দেখ্‌ দেখ্‌, মতিবাবু আসছেন, তামাক-টামাক ঠিক রাখ।' চাকররা ছুটে নেমে গেল নীচে, দেখলে কোথাও কেউ নেই। বললুম, 'আমি নিজের চোখে স্পষ্ট দেখলুম দিনের বেলা, তিনি বাগান দিয়ে হেঁটে দেউড়িতে আসছেন। নিশ্চয়ই তিনি হবেন, খুঁজে দেখ, যাবেন কোথায় আর।' কিন্তু তাঁকে আর পাওয়া গেল না খুঁজে। দু-চারদিন বাদে তাঁর ছেলে এসে জানালে মতিবাবুর গঙ্গালাভ হয়েছে। ভাবি, তাঁরও কি এমনি টান ছিল তবে ঐ বারান্দার উপর।

দক্ষিণের বারান্দার মায়া, কী বুড়ো কী ছেলে কেউ ছাড়তে পারে নি। ঈশ্বরবাবু আসতেন, ছেলেবেলায় দ্বারকানাথের আমলের জাহাজের মতো প্রকাণ্ড একটা কৌচে বসে তাঁর কাছে সন্ধেবেলায় গল্প শুনেছি সেকালের কর্তাদের। ঠিক সেই জায়গায় তাঁর সেই চৌকি থাকবে, একটু নাড়ালে উস্‌খুস্‌ করতেন। আমরা কোনো কোনোদিন দুষ্টুমি করে সে জায়গা দখল করলে বলতেন, 'ভাই, আমার জায়গাতে কেন?' অন্য কোনো চৌকি তাঁর পছন্দ নয়। নিজের চৌকিতে 'আঃ'। বলে বসে পড়তেন, সে যে কত আরামের 'আঃ'। আসতে যেতে বাগানের লম্বা ঘাসে পা পুঁছে আসতেন, সেই ছিল তাঁর পাপোশে। সেই ঈশ্বরবাবু অসুখে পড়লেন। আশি বছরে চোখ কাটালেন, চোখ ভালো হল, খবরের কাগজ পড়লেন। একদিন বললেন, 'জান ভাই? আমার একটা কষের দাঁত উঠছে।' কৃষ্টি পেরিয়ে গেছে, ভারি ফুর্তি। নবীনবাবুর বাড়িতে পড়ে আছেন। মাঝে মাঝে যাই, তাঁকে দেখে আসি। তিনি বলেন, 'ভালো আছি ভাই, এই কালই গিয়ে বসব তোমাদের বারান্দায়।' শেষ দিনও বলেছিলেন 'কালই যাব সেখানে'; আর ঈশ্বরবাবুর আসতে হল না।

পূর্ণবাবুর মতো ঈশ্বরবাবুকে নিয়ে গেল, দেখলুম দক্ষিণের বারান্দায় দাঁড়িয়ে। তাঁর বাঁশের লাঠিটি আমায় দিয়ে গিয়েছিলেন। পুরোনো লাঠি, তার মাথায় একটি নুড়ি বসানো, নিজেই শখ করে লাগিয়ে নিয়েছিলেন। ছেলেবেলায় নুড়িটি টেনে খুলতে যেতুম, তিনি বলতেন, 'খুলো না ভাই, খুলো না। লাঠির ভিতরে একটি ময়ূর আছে, ছিপি খুললেই বেরিয়ে যাবে।' মুর্শিদাবাদের গেটে বাঁশের দরোয়ানি-লাঠি, নাটকে দরোয়ান সাজতে হত তাঁকে, তখন ঐ লাঠি কাজে লাগত। সেই তিনিই বলেছিলেন, 'জান ভাই? এ বাড়িতে দাড়ির প্রচলন এই আমা হতেই।' সেই লাঠিটি দিয়ে দাদার একটি ছবিতে ফ্রেম করেছিলুম পরে।

নবীনবাবুও ছিলেন বড়ো মজার লোক। বাজি রেখে চলন্ত মেল-ট্রেন থামিয়ে চাকরি খোয়ালেন। বাতে পঙ্গু হয়ে শুয়ে আছেন; চোর ঘরে ঢুকে সব জিনিসপত্তর নিয়ে গেল চোখের সামনে দিয়ে, নড়বার শক্তি নেই, চেঁচিয়েই সারা। স্ত্রীর সঙ্গে একটু ঝগড়াঝাঁটি হলেই চাকর প্রেমলালকে ডাকতেন, 'আমার ছুরিটা নিয়ে এসো গলায় দেব। এ প্রাণ আর রাখব না।' চাকর বেশ শানানো চুরি এনে হাজির করলে বলতেন, 'ওটা কেন? আমার সেই আম-কাটা ভোঁতা ছুরি নিয়ে এসো।' এমন কত মজার মজার ঘটনা সব। তিনিও একদিন চলে গেলেন।

মার বড়ো নাতি, দাদার বড়ো ছেলে গুপুর বিয়ে হল। দক্ষিণের বারান্দা ঝাড়ে লঠনে আটচালায় মতিবাবু একেবারে গন্ধর্বনগর করে সাজিয়ে দিলেন। নাচে গানে থিয়েটারে জমজমাট হয়ে উঠল বারমহল, অন্দরমহল, নাচঘর, বাগান, দক্ষিণের বারান্দা, সারা জোড়াসাঁকোর বাড়িটাই।

তার পর কলকাতায় প্লেগ এল, ভূমিকম্প এল। তেতলা বাড়ি ছেড়ে গেলুম চৌরঙ্গীতে। সেইখানে গুপু মেনিন্জাইটিস্ রোগে চলে গেল আমার মায়ের কোলে মাথা রেখে। মা তার ছোট্ট বউকে বুকে নিয়ে কেঁদেছিলেন, 'আমার সব পুরোনো শোক আজ আবার নতুন করে বুকে বাজল রে!' ফিরে এলুম আবার সেই দক্ষিণের বারান্দাওয়ালা জোড়াসাঁকোর ধারের বাড়িতে।

মস্ত ঝড়খাওয়া জাহাজ যাত্রী নিয়ে ফিরে এসে লাগল বন্দরে। মার মন খারাপ। কী করে তাঁদের মন শান্ত হয় সকলেরই এই ভাবনা। মা আবার ভাবছেন, আমরা কী করে সান্ত্বনা পাই। দিন যায় এইভাবে। দীনেশবাবু এলেন সে সময়ে, তিনি একদিন এনে উপস্থিত করলেন ক্ষেত্রনাথ চূড়ামণিকে। ঠিক হল রীতিমত ভাগবত কথা শুনব। মাকে বলে বন্দোবস্ত করা গেল। কথকের বেদী পাতা গেল নাচঘরে। কথকঠাকুর বেদী জমিয়ে বসলেন। ছেলে-বুড়ো, চাকর-দাসী, কর্মচারী, আত্মীয়-বন্ধু সবার কাছে খবর রটে গেল— কথকতা হবে। চলল কথকতা মাসের পর মাস। খুব জমিয়ে তুললেন ক্ষেত্রনাথ কথক। যেন তিলভাণ্ডেশ্বর মহাদেবটি, নধর কালো দেহ। চিকের আড়ালে মা বসে শোনেন গুপুর বিধবা বউকে কোলের কাছে নিয়ে। ক্ষেত্রনাথ কথকের বলার ধরন চমৎকার, গলাও ছিল সুমিষ্ট। দক্ষিণের বারান্দার গায়ে নাচঘরটা তখন অস্তমিতমহিমা গন্ধর্বনগরের মতো ম্লান শোভা ধারণ করেছে। তারই মধ্যে ক্ষেত্রনাথ কথক মায়ের মনের অবস্থানুযায়ী এক-একটি কথা ভাগবত থেকে বলে চলেছেন, এই ভাবে গেল প্রায় এক বছর।

তার পর রবিকা একদিন পরগনা থেকে ফিরে এসে বললেন, 'শিবু কীর্তনিয়াকে এনে গান শোনাও। ছোটো বউঠানের ভালো লাগবে, তোমাদেরও ভালো লাগবে, ওরকম আমি আর শুনি নি।' রবিকা ডেকে পাঠালেন তাকে, এল শিবু কীর্তনিয়া। সে যা জমালে! কীর্তনিয়া ছিল বটে, কিন্তু সে ছিল সত্যিই আর্টিস্ট। তার ছবি আছে, দাদা এঁকেছিলেন। মোটাসোটা চেহারা, ভাবছি এই চেহারায় কেমন করে যে রাখালবালকদের গোষ্ঠলীলা গাইবে। কিন্তু সে যখন 'ওহে ওহে' বলে সুর আরম্ভ ক'রে, 'আবা আবা' বলে রাখালবালক হয়ে গান ধরলে, তখন অবাক। অনেকদিন চলেছিল গান, মাথুর থেকে আরম্ভ করে সমস্ত কৃষ্ণলীলা শুনিয়েছিল সে।

সেই সময় ক্ষেত্রনাথ কথকের ছুটি হয়ে গেল। তিনি বলে গেলেন 'রবিবাবু এসে আমার জমাট আসরটা ভেঙে দিলেন।' আমার কাছ থেকে একটি ছবি তিনি নিয়েছিলেন চেয়ে। তাঁরই বর্ণনামত এঁকেছি পদ্মফুলের উপরে দাড়িয়ে বালক কৃষ্ণ। তিনি বলেছিলেন পুজো করবেন। তাঁর সঙ্গে সেই ছবি কাশীতে গেল। তার

পর তিনি মারা যাবার পর সে ছবি হাত ফিরতে ফিরতে কোথায় গেল জানি নে। সেদিন দেখি কোন্‌ এক কাগজে তা ছাপিয়েছে।

তার পর একদিন মাও গেলেন। দাদাও গেলেন জোড়াসাঁকোর বাড়ি শূন্য করে।

ক্রমে ক্রমে আমার দক্ষিণ বারান্দার জলসা বন্ধ হল। লক্ষ্মৌতে গিয়েছিলুম রবিকার সঙ্গে। গোমতীর উপরে বাদশার আমদরবারের ভগ্নস্তূপে বসে মনে পড়ত আমার দক্ষিণের বারান্দার আড্ডা। তার পর যখন সত্যিই সেই দক্ষিণের বারান্দা প্রায় ভগ্নস্তূপে পরিণত হয়েছে তখনো মায়া ছাড়তে পারি নি। ভাই বন্ধু সঙ্গী ছাত্র সব চলে গেছে, অতবড়ো খালি বাড়ির সেই দক্ষিণ বারান্দায় একা বসে আমি পুতুল গড়ি, বৈচিত্র্যহীন জীবনে ঐটুকু বৈচিত্র্য আছে তখনো।

এমন সময়ে একদিন ফেলাবতী এসে হাজির। কোথা থেকে উঠে এল এতটুকুন মেয়েটি, নেড়া ভোলা চেহারা; বললুম, 'কে তুই?'

'আমি ফেলা।'

'ও, ফেলা, তা এসো।'

দেখে বড়ো আনন্দ হল। যখন ফেলে-দেওয়া জিনিস নিয়ে ঘাঁটা-ঘাঁটি করছি, নতুন রূপ দিচ্ছি, তখন এল ফেলাবতী আমার। বললুম, 'কোথেকে আসিস? ঘর কোথায়?

বললে, 'এই এখান থেকেই।' বলে রাস্তার মোড়ের দিকটা দেখালে।

'কে আছে তোর?'

'মা আছে।'

'কি নাম?'

'কৌমুদী।'

'বাপের নাম কি?'

'বসন্ত।'

ভাবছি, এ কোন্‌ ফেলা এল! মনে হল না, সে মানুষ।

বললুম, 'কী চাই তোর?'

'আমি এখানে বসে খেলা করি নে একটু?'

'তা বেশ তো, কর্‌ তুই খেলা। বলি ফেলা, একটা সন্দেশ খাবি?'

'তা খাব।'

রাধুকে বলি, 'রাধু, আমার ফেলার জন্যে সন্দেশ নিয়ে আয় একটা।' সে মুখ বাঁকিয়ে চলে যায়। একটা সন্দেশ আর মাটির গেলাসে জল এনে দেয়। ফেলা সন্দেশ খেয়ে জল খেয়ে গেলাসটি এক কোনায় রেখে দেয়।'

বলি, 'কেমন লাগল?'

ফেলা বলে, 'তোমাদের সন্দেশ কেমন আঠা-আঠা, গলায় লেগে যায়। মা খাওয়ায় কটকটে সন্দেশ, সে আরো ভালো।'

'তা বেশ।' এমনি রোজ আসে সে, সন্দেশ খাইয়ে ভাবসাব করি। সে

একপাশে বসে খেলে, আমিও খেলি। ভাঙা কাঠকুটো নুড়ি দিই। সে বসে তাই দিয়ে খেলা করে। পাশের একটা টেবিলে পুতুল গড়ে গড়ে রাখি।

সে বললে, 'এগুলোর ধুলো ঝেড়ে রাখি?'

'তা রাখো।'

সে ধুলো ঝাড়ে, তাতে হাত বোলায়।

বলি, 'পুতুল নিবি একটা?'

'না, পুতুল দিয়ে কী করব? আমায় নুড়িগুলো বরং দাও।'

'কী করবি তুই?'

'ভাইকে দেব ঘুঁটি খেলাবে।'

কোনোদিন চায় পুরোনো খবরের কাগজ, বাপকে দেবে, বাপ ঠোঙা করে বাজারে বেচবে। কোনোদিন-বা চায় পুরোনো টিনের কৌটা, মাকে দেবে, মা মসলাপাতি রাখবে।

এমনি রোজই আসে। হঠাৎ আসে নিঃশব্দে, বুঝতে পারি নে কোথা দিয়ে আসে। বিনিপয়সার খেলুড়ি ফেলা নিঃসঙ্গ দিনের মানুষের মধ্যেও সে ফেলা, কাঠকুটরো ছেঁড়া টুকরো কাগজেরই সামিল। যত ফেলা জিনিস কুড়িয়ে বাড়িয়ে এক বুড়ো আর এক মেয়ে খেলা জুড়েছি সেই দক্ষিণের বারান্দায়। একদিন ফেলা বললে, 'তোমাদের বাড়ির ভিতরটা দেখাবে আমায়?'

'দেখবি?'

রাধুকে ডেকে বললুম, 'নিয়ে যা একে বউমার কাছে, বাড়ির ভিতর দেখতে চায়।'

বউমা আবার তাকে একপেট খাইয়ে দিলে সে পাকা গিন্নির মতো সব ঘুরে ঘুরে দেখে ফিরে এল।

বললুম, 'দেখা হল, ফেলাবতী, বাড়ির ভিতর!'

বললে, 'হ্যাঁ।'

'তবে এবার তুই বাড়ি যা, আমিও উঠি, নাইতে খেতে হবে।'

দক্ষিণের বারান্দায় সেই শেষ প্রবেশ ফেলাবতী ও আমার। তার পর অসুখে পড়লুম। সেই অবস্থাতেই শুনি দক্ষিণের বারান্দা বিকিয়ে গেছে মাড়োয়ারিদের হাতে। রোগী আমি, একটা মাস মেয়াদ পেয়েছি আর এ বাড়িতে থাকবার।

৯

মধুর, তোমার শেষ যে না পাই
প্রহর হল শেষ।

এ 'মধু'র শেষ নেই। প্রহর শেষ হয়ে যায়। কত মধু, আমাদের এমন পাত্র তাতে এর একফোঁটা মধুও ধরতে পারি নে। ধুলোতেও মধু, তাই তো বলি, গোরুর গাড়ি রাস্তার বুক চিরে চলেছে আঁকলেম, কিন্তু ধুলো উড়ল কই? ধুলো উড়োনো চাই। সেবারে এখানেই এই চেয়ায়ে এমনিভাবেই বসে বসে দেখতুম, রাস্তার পারের ঐ গাছটির উপর দিয়ে লাল ধুলো উড়ে এল, দেখতে দেখতে গাছটি ঢেকে গেল, আবার ধীরে ধীরে গাছটি পরিষ্কার হয়ে ফুটে বের হল, ধুলোর হাওয়া চলে গেল আরো এগিয়ে, মনে হল গাছটির উপরে যেন একপশলা লাল ধুলোর বৃষ্টি হয়ে গেল। সে কী চমৎকার! তা কি আঁকতে পারি ? পারি নে। কিন্তু আঁকতে হবে যদি সময় থাকে। এই বৃদ্ধকালেও দেখো মন সঞ্চয় করে রাখছে, কোন জন্মের জন্য বলতে পার ?

একবার কী হল, আমার চোখের চশমার একটা কাচের কোনা ভেঙে গেল। তাই চোখে দিয়ে থাকি। বললুম, আরো ভালোই হয়েছে শার্শি ফাঁক হয়ে গেছে, ওর ভিতর দিয়ে রঙ আসবে। একদিন নন্দলালকে বললুম, দেখো তো আমার এই চশমাটি চোখে দিয়ে। নন্দলাল তা চোখে দিয়ে বললে, এ যে রাম-ধনুকের রঙ দেখা যায়; অনেকদিন বুঝি পরিষ্কার করেন নি কাচ? আমি বললুম, না না, তা নয়। ছবিতে যত রঙ দিই সেই রঙই এই রাস্তায় লেগেছে।

আমার হৃদয় তোমার আপন হাতের দোলে, দোলাও
দোলাও দোলাও

মায়ের দোল স্মরণ হয়। যাবার সময় তো হয়েছে, যাবই তো, এ ঘাটের ধাপ শেষ হয়ে এসেছে। নদীর ওপারে গিয়ে কী দেখব? আবার কি মিলব সবাই সেখানে? কী জানি! তা যদি জানতে পারা যেত তবে কিন্তু পৃথিবীতে

বেঁচে থাকার রস চলে যেত। এইখানেই সব শেষ করে নাও; এখানকার পাত্র এইখানেই ধুয়ে ফেলো। শেষ পেয়ালার ফোঁটা ফোঁটা তলানিটুকু, সেখানেই সব রস জমা হয়ে আছে। যত শেষের দিকে যাবে তত রস। চীনেরা বেশ উপমা দেয় তাদের চায়ের সঙ্গে; বলে, চা তিন রকম! প্রথম জ্বালের চা ঢাললে, ছোটো ছেলেরা খাবে, পাতলা চা, সোনার বর্ণ, তাতে একটু দুধ, একটু চিনি। দ্বিতীয় জ্বাল, তখনো সেটা ফুটছে, রঙ আগের চেয়ে একটু ঘন হয়ে এসেছে, তা প্রৌঢ়দের জন্য। আর তৃতীয় জ্বাল, তলায় যে চা রয়েছে অল্প জল আর চায়ের ক্বাথ, এই যে শেষ পেয়ালা, এ সবার জন্য নয়। যাদের বয়েস হয়েছে, সুখ -দুঃখ তিক্ত-মিষ্টের রস সত্যি উপভোগ করতে পারে, এ শুধু তাদের জন্যই।

কালি কলম মন
লেখে তিনজন।

ছবিটি আঁকি, তুলিটি জলে ডোবাই, রঙে ডোবাই, মনে ডোবাই, তবে লিখি ছবিটি। সেই ছবিই হয় মাস্টারপিস। অবিশ্যি, সব ছবি আঁকতে যে এ ভাবে চলি তা নয়। জলে ডুবিয়ে রঙে ডুবিয়ে অনেক ছবির কাজ সেরে দিই, মন পড়ে থাকল বাদ। এমন ছবি একটা এঁকে যদি ছিঁড়ে ফেলতে যাই, তোমরা খপ করে হাত থেকে তা ছিনিয়ে নিয়ে পালাও। ঠকে যাও জেনো।

আমি যৌবনে দেশী-সংগীতের সুর ধরতে চেয়েছিলেম, হাতের আঙুলের ডগায় সুর এসেওছিল; কিন্তু মনে তো পৌঁছয় নি। ব্যর্থ হয়ে গেল আমার সকল পরিশ্রম, সকল সংগীতচর্চা, এক-একবার এই মনে করি। কিন্তু চিত্রকর হয়ে চিত্রকর্মে যেদিন প্রথম শিক্ষা শুরু করলেম সেইকালের একটা ঘটনা বুঝিয়ে দিয়েছিল, মন আমার সুর সংগ্রহ করতে একেবারেই উদাসীন ছিল না।

তখন কলকাতায় ওয়েল্‌স্‌লি পার্কের কাছে মাদ্রাসা কলেজ, সামনে একটা দিঘি, তার পারে ইটালিয়ান আর্টিস্ট গিলাডি সাহেবের বাসা। তাঁর কাছে রোজ সকালে যাই, দস্তুরমত দক্ষিণা দিয়ে প্যাস্টেল ড্রইং আর অয়েলপেন্টিং শিখি। বেশ ঘরের লোকের মতোই আমার সঙ্গে ব্যবহার করেন সাহেব। স্টুডিয়োর এক দিকে আমি বসে ছবি আঁকি; অন্য দিকে তাঁর মেম ছেলেকে দুধ খাওয়াচ্ছেন; দু-একটি আবার স্কুলে যায়, তাদের খাইয়ে দাইয়ে তৈরি করে স্কুলে পাঠাচ্ছেন; কখনো-বা আমার গাড়িতে করে বাজারটা ঘুরে আসছেন। বাড়ির নীচের তলায় থাকে মান্ধাটা নামে এক বুড়ো ইটালিয়ান মিউজিক মাস্টার আর তার মেয়ে। বুড়ো বাপেতে মেয়েতে থাকে বেশ, রোজ সকালে মেয়ে পিয়ানো বাজায়, বাপ বাজায় বেহালা। সুর আসে ভেসে, উপরে বসে আমি সেই বিলিতি সুর শুনি আর ছবি আঁকি। একদিন সকালে রোজকার মতো ছবি আঁকছি, নীচে থেকে বেহালার সুর এল কানে, উদাস করে দিলে। হাত বন্ধ করলুম তুলি টানার কাজ থেকে, সুর তো নয় যেন বেহালাটা কাঁদছে। সেদিন সে সুর স্পষ্ট বুঝিয়ে দিলে, বেহালার

ছড়ি বেহালার তার আর যে বাজাচ্ছে তারও মানসতন্ত্রী এক হয়ে গেছে। আজ আর পিয়ানো নেই সঙ্গে। গিলার্ডিকে বললুম, 'সাহেব, আজ বেহালা যেন কাঁদছে মনে হচ্ছে, কেন বলো তো? এমন তো শুনি নি কখনো?' সাহেব বললেন, 'চুপ চুপ, জানো না বুড়োটির মেয়ে কাল চলে গেছে বাড়ি ছেড়ে?' সেদিন আর ছবি আঁকা হল না আমার। খানিক বাদে আস্তে আস্তে নেমে এলুম। সিঁড়ির কাছের ঘরটিতে দেখি, বুড়োটি বসে আছে চেয়ারে কাঁধে বেহালাটি রেখে মাথা হেঁট করে, একমাথা সাদা চুল পাখার হাওয়ায় উড়ছে। বুঝেছিলুম সেদিন, মনে ধরল আজ সুরের আগুন। অন্তর বাজে তো যন্তর বাজে। মনের স্পর্শ নইলে গাওয়াও বৃথা, বাজানো বৃথা, ছবি আঁকাও বৃথা, এ কথা জেনে নিলে মন।

ছেলেছোকরারা আঁকে দেখবে— দেয়ালি পট, ঝাড়লণ্ঠন, একটু রঙ রেখা, ভুলে গেল তাতেই। তার পর এল রসের প্রৌঢ়তা, যেমন মোগল আমলে আর্টের মধ্যে দেখি; তাদের রঙ, সাজসজ্জা, সে কী বাহার। তার পর সেই বাহার থেকে পৌঁছল গিয়ে রসের আরো উঁচু ধাপে আর্ট, তবে এল বাইরের-রঙচঙ-ছুট ছবি সমস্ত, যেন মেঘলা দিনের ছায়া, স্নিগ্ধ, গম্ভীর। আর্টের এই কয়টি সোপান মাড়াতে হবে, তবে হয়তো আর্টিস্ট বলাতে পারব নিজেকে।

একবার কেষ্টনগরের এক পুতুলগড়া কারিগর জ্যোতিকা'র একটা মূর্তি গড়লে।অমন তো সুন্দর চেহারা তাঁর, যেমন রঙ তেমনি মুখের ডৌল— মূর্তি গড়ে তাতে নানা রঙ দিয়ে এনে যখন সামনে ধরলে যে যা বিশ্রী কাণ্ড হল, শিশুমনও তা পছন্দ করবে না। মাটির কেষ্টঠাকুরের পুতুল বরং বেশি ভালো তার চেয়ে। পুতুলগড়া সোজা ব্যাপার নয়। তার গায়ে এখানে ওখানে বুঝে একটু-আধটু রঙ দেওয়া, চোখের লাইন টানা, একটু ফোঁটা দিয়ে গয়না বোঝানো, এ বড়ো কঠিন। সত্যি বলব, আমি তো পুতুল নিয়ে এত নাড়াচাড়া করলুম, এখনো সেই জিনিসটি ধরতে পারি নি। একটু 'টাচ' দিয়ে দেয় এখানে-ওখানে, বড়ো শক্ত তা ধরা। সেবার পরগনায় যাচ্ছি বোটে, সঙ্গে মনীষী আছে। কোথায় রইল সে এখন একা একা পড়ে, কী শিখল না-শিখল একবার লড়তে এলে তো বুঝব। তা সেবারে খাল বেয়ে যেতে যেতে দেখি এক নৌকোবোঝাই পুতুল নিয়ে চলেছে এক কারিগর। বললুম, 'থামা থামা বোট, ডাক ঐ পুতুলের নৌকো।' মাঝিরা বোট থামিয়ে ডাকলে নৌকোর মাঝিকে, নৌকো এসে লাগল আমার বোটের পাশে। নানা রঙবেরঙের খেলনা, তার মাঝে দেখি কতকগুলি নীল রঙের মাটির বেড়াল। বড়ো ভালো লাগল। নীল রঙটা ছাই রঙের জায়গায় ব্যবহার করেছে তারা, ছাই রঙ পায় নি নীলেই কাজ সেরেছে। অনেকগুলো সেই নীল বেড়াল কিনে ছেলেমেয়েদের বিতরণ করলুম। পুতুলের গায়ের 'টাচ' বড়ো চমৎকার। পটও তাই, এইজন্যই আমার পট ভালো লাগে, বড়ো পাকা হাতের লাইন সব তাতে।

হ্যাঁ, মনীষীর লড়াইয়ের কথা বলছিলুম। সেই লড়াইয়ের এক সুন্দর গল্প মনে এল। অনেক কাল আগের কথা। একজন লোক, তার পূর্বপুরুষ ভালো

মৃদঙ্গ বাজিয়ে, নিজেও বাজায় ভালো। সে বলেছিল, মৃদঙ্গ বাজিয়ে আমার সুখ হল না। গণেশ আসত, তার সঙ্গে একহাত পাল্লা দিয়ে বাজাতে পারতুম তবে সুখ হত। গণেশের কাছে হার হলেও তার সুখ, যে শুধু সমানে সমানে পাল্লা দিতে চেয়েছিল। কিছুকাল বাদে তার নাতি এল। বলে, 'খেতে পাচ্ছি নে।' বললুম, 'কেন, এতবড়ো বাজিয়ের নাতি তুমি খেতে পাচ্ছ না, সে কী কথা! আচ্ছা, কত হলে তুমি থাকবে আমার কাছে?' অল্পস্বল্পই চাইলে। রাখলুম তাকে আমার বাড়িতেই। তখন আমার ভয়ানক বাজনার শখ, এসরাজ বাজাই। শ্যামসুন্দরও আছে। ছেলেটি বললে, 'আমায় কী করতে হবে।' বললুম, 'কিছুই না। সন্ধেবেলা তুমি মৃদঙ্গ বাজাবে, আমি শুনব।' প্রথমদিন সন্ধেবেলা বারান্দায় যেমন বসি এইরকম দেয়ালের কাছে চৌকি টেনে বসেছি, সে মৃদঙ্গ বাজাবে। বললে, 'গান চাই।' শ্যামসুন্দরকে বললুম, সে আস্তে আস্তে গান ধরলে, আর ছেলেটি বাজালে। কী বাজাল, যেন মেঘের গুরু গুরু শুনতে থাকলেম। মৃদঙ্গ বাজছে, সত্যি যেন আকাশে দুন্দুভি বাজছে। রবিকা লিখে গেছেন, বাদল মেঘে মাদল বাজে। ঠিক তাই, এ বাদ্যযন্ত্র বাজছে, না মেঘ। সেদিন বুঝলুম, তার ঠাকুরদা যে বলেছিল, গণেশের সঙ্গে পাল্লা দেবে, তা কেন বলেছিল। রবিকাও আসতেন কোনো-কোনোদিন বসে মৃদঙ্গ শুনতেন সন্ধেবেলা। শুনে খুব খুশি। বলতেন, 'অবন, একে হাতছাড়া কোরো না তুমি।' তাকে সমাজে কাজ দেবার কথা হয়েছিল। কিন্তু সমাজের কর্তারা বললেন, আর একজন বাজিয়ে আছে এখানে, তাকে সরিয়ে কী করে একে নিই, ইত্যাদি। এই করতে করতে কিছুদিন বাদে দ্বারভাঙ্গার রাজার নজরে পড়ল। বেশি মাইনে দিয়ে আমার কাছ থেকে তাকে লোপাট করে নিয়ে গেল। রবিকা কোথায় গিয়েছিলেন, ফিরে এসে বললেন, 'অবন, তোমার সেই বাজিয়ে?' বললুম, 'চলে গেল, রবিকা।' গুণীর গুণ কি চাপা থাকে? আগুনকে তো চেপে রাখা যায় না। সেই এক শুনেছিলুম মৃদঙ্গ বাজনা। অনেক খোলওয়ালাকে থামাতে হয় গানের সময়ে। এত জোরে তাল বাজায় যে সে-শব্দে গান চাপা পড়ে যায়, ইচ্ছে হয় ছুটে গিয়ে তার হাত চেপে ধরি।

এই দেখো বাজনার কথায় আর একটা মজার কথা মনে পড়ে গেল। এক বীনকার, নামধাম বলব না, চিনে ফেলবে, বড়ো ওস্তাদ, খুব নামডাক হয়েছে। লক্ষ্মৌর নবাব তখন মুচিখোলায় বন্দী হয়ে আছেন, এবারে যাবে তাঁকে বাজনা শোনাতে। নিজে খুব সেজেছেন, চোগাচাপকান পরেছেন, জরির গোল টুপি মাথায়, নিজের নামের সঙ্গে জুড়ে দিয়েছেন মস্ত একটা হিন্দুস্থানী উপাধি, অমুকজি বীনকার, বীণাটাকেও জড়িয়েছেন নানা রঙের মখমলের গেলাপে। ইচ্ছে, নবাবকে বীণা শুনিয়ে মুগ্ধ করে বেশ কিছু আদায় করবেন। একদিন সকালে বীণা নিয়ে উপস্থিত মুচিখোলায়। খবর গেল, 'কলকাত্তাসে এক বড়া বীনকার আয়া হুজুরকো দরবারমে।' খবর পাঠিয়ে বসে আছেন দেওয়ানখানায়। নবাব উঠবেন, হাতমুখ ধোবেন, সে কি কম ব্যাপার? নবাব উঠে হাতমুখ

ধুয়ে তৈরি হয়ে পান চিবোতে চিবোতে সটকা মুখে মজলিসে এসে বসে হুকুম করলেন, 'তেরা বীনকারকো বোলাও।' নবাবের এত্তালা পেয়ে বীনকার উপরে উঠে নবাবকে সেলাম ঠুকে সামনে কায়দা করে বসে বীণার গেলাপ খুলতে লাগলেন এক-এক করে। এখন, নবাবদের কাছে যারা বাজাতে যায় তারা আগে থেকে বীণার তার বেঁধে যায়, গিয়েই বাজনা আরম্ভ করে দেয়। বীনকার ওখানে বসেই অনেকক্ষণ ধরে তার বেঁধে সুর ঠিক করে বীণাটি হাতে নিয়ে যেই-না দু বার প্রিং প্রিং করেছেন, নবাব বলে উঠলেন, 'ব্যস করো।' নবাবী মেজাজ, তাদের 'ব্যস' বলা কী বোঝ তো? বীনকার তক্ষুনি বীণা গুটিয়ে সরতে নবাব বললেন, 'দেওয়ান, ইসকো শ'ও রুপেয়া ইনাম দেও। আউর বোলো দোসরা দফে মুচিখোলেমে আনেসে উসকো বীন ছিনা জায়েগা।' নবাব ছেড়ে দাও, আমি নিজেও যে নবাবি করেছি এককালে, নাচ গান বাজনা বাদ রাখি নি কিছু। বলেছি তো সে-সব তোমায়। কিন্তু ও দিকটা হল না আমার, তা কী করব। ভিতরে সুর নেই যন্তর বাজিয়ে করব কী? কিন্তু কার হাতে কেমন সুরের পাখি ধরা দেয় কে বলতে পারে।

একটি ছোকরা আসত তখন আমার কাছে। সারেঙ্গি বাজাত। প্রফুল্ল ঠাকুরের ছেলের বিয়ে, মহা ধুমধাম বিরাট ব্যাপার, গিয়েছি সেখানে। শুনছি কে-এক-বাজিয়ে সুরবাহার বাজাবে। খুব বলাবলি হচ্ছে। ভাবছি কে এমন ওস্তাদ বীনকার। সভায় বসেছি, এবারে বাজনা শুরু হবে। দেখি, সেই ছোকরাটি একটি বীণা হাতে এল বাজাতে। চিনতেই পারা যায় না তাকে আর। বললুম, 'তুমিই বীণা বাজাবে?' সে বললে, 'হাঁ হুজুর, একটু একটু শিখেছি।' বললুম, 'বেশ, বেশ, বাজাও শুনি।' মনে পড়ে এতটুকু ছোকরা সারেঙ্গি বাজাত, হঠাৎ দেখি সে এক মস্ত ওস্তাদ, সভায় বাজনা শোনায়। হয়, যে এক কালে কিছুই জানত না, সে একদিন বীণাও বাজাতে পারে। কতই দেখলেম।

আরো শোনো। একবার বাংলা থিয়েটারে গেছি, বুড়ো অমৃত বোস, বড়ো ভালো লোক ছিলেন, পাশে বসে আছেন। আর মিনার্ভা থিয়েটারে ভালো সিন আঁকত, স্টেজ ডেকোরেশন করত, নামটা তার মনে পড়ছে না, আমিই তাকে রেকমেণ্ড করে দিয়েছিলুম, সেও আছে একপাশে বসে। কী-একটা অভিনয় হল। অমৃত বোসকে বললুম, 'দেখুন মশায়, আপনাদের অ্যাক্টর অ্যাকট্রেসরা সিংহাসনে বসবে, বসতেই জানে না, গড়গড়ার নলে টান দিতে পারে না। একটা স্টুডিয়ো করুন, যেখানে তারা এই-সব শিখবে। উঠতে বসতে যারা জানে না, তারা 'প্লে' করবে কী আবার?' তিনি বললেন, 'তা বলেছেন ভালো; এটা করতে হবে এবারে।' অন্য আর-এক রাত্তিরে স্টার থিয়েটারে কি-এক সিনে আর-এক আর্টিস্ট রাজসভার সিন এঁকে পিছনে ঝুলিয়ে দিয়েছে, বৃহৎ সভা, ঘরের থাম আসবাবপত্র কিছুই বাদ রাখে নি আঁকতে। এখন সেই সিনে রাজার সিংহাসন পড়েছে। রাজা বসলেন এসে সিনের পার্সপেকটিভে যেখানে পাপোশটি রাখা আছে ঠিক সেইখানে একটা চৌকিতে। অতিরিক্ত পার্সপেকটিভের ফল দেখো

ছবিতে। রাজার স্থান হল পাপোশের জায়গায়।

আর-একবার এইরকম পার্সপেক‍টিভের ধাঁধায় পড়েছিলেম ছাত্রদের নিয়ে। নন্দলালরা তখন ছাত্র। আর্টস্কুলে আমি কাজ করি। রাশিয়া থেকে একটি মেম এল। বললে, 'বুদ্ধের ছবি আঁকব, ঘর চাই একটা।' ছবি আঁকবে, ঘর চাই, তার কী করি। আর্টস্কুলে তোমার দাদার যেটা ড্রইং-রুম ছিল সেই ঘরটা ছেড়ে দিলুম। সে ঘরের চাবি চেয়ে নিল, বললে, একলা ঘরের দরজা বন্ধ করে নিশ্চিন্তমনে ছবি আঁকবে। আচ্ছা তাই হোক। মেমটি রোজ আসে, ছবি আঁকে; আমি মাঝে মাঝে যাই। উত্তর দিকের দেয়াল জুড়ে কাগজ সেঁটেছে। কাজের সময় ছাড়া বাদবাকি সময় পরদা টেনে ছবি ঢেকে রাখে। ছাত্রেরা কেউ যেতে পারে না কী হচ্ছে দেখতে। নন্দলাল বললে, 'কী ক'রে ড্রইং করে দেখতে চাই।' মেমকে বললুম সে কথা, 'আমার ছাত্রদের দেখাও একবার, কী করে তুমি ড্রইং কর।' সে বললে, 'আর কয়েকদিন বাদে আমার পেনসিল-ড্রইং শেষ হয়ে যাবে, তখন দেখাব।' কদিন বাদে খবর দিলে, 'এবারে আসতে পারো।' নন্দলালদের নিয়ে গেলুম। ছবির পরদা সরিয়ে দিলে। প্রকাণ্ড কাগজে বুদ্ধের সভা আঁকছে; ও মা, পার্সপেক‍টিভ এমন করেছে, নীচে থেকে উপরে উঠে সেই কোথায় বুদ্ধদেব বসে আছেন নজরে পড়ে না। এ কী ছবি, এ কী পার্সপেক‍টিভ? মেম বললে, 'করেক্‌ট পার্সপেক‍টিভ হয়েছে।' নন্দলাল বললে, 'পার্সপেক‍টিভের চূড়ান্ত হয়েছে, কিন্তু চিত্রের কিছু নেই এতে।' পরে শুনি সেই ছবিই কোন্ এক রাজার কাছে বিক্রি করে অনেক টাকা হাতিয়ে চলে গেছে সে দেশে।

কত সুখ-দুঃখের মান-অপমানের ধাক্কা খেয়ে খেয়ে আর্টিস্টের মন তৈরি হয়। আমরা সব সৃষ্টিছাড়া; প্রকৃতি-মায়ের আদুরে, কোলের কাছাকাছি ছেলে। একটা বুনো ভাব আছে। সবার সঙ্গে মেলে না, সত্যিই তাই। সুখদুঃখ আমাদের বেশি করে বাজে, জীবন উপভোগ করবার ক্ষমতাও আমাদের বেশি। প্রকৃতি আমাদের বেশি করে দিয়েছে সবই। একটু আলো দেখি, ছুটে বেরিয়ে পড়ি। সেন্টিমেন্টাল ?– ঠিক তা নয়। অবিশ্যি এ কথা বলে অনেকেই আমাদের বেলায়। সেবারে কী হয়েছিল– এই ভাবুকতার জন্য কেমন তাড়া খেয়েছিল দুটো ছেলে। রবিকা বেঁচে, এসেছি এখানে। ভোরবেলা সূর্য ওঠবার আগেই খোয়াইর দিকে ছুটতুম। একদিন ছুটছি, ছুটছি, তালগাছ পেরিয়ে গেলুম, খেজুরগাছ দুটোও পেরিয়ে গেলুম, শরগাছের ঝোপগুলির কাছাকাছি এসেছি– দুটো ছেলে, তারাও বুঝি বেড়াতে বেরিয়েছে, বললে, 'ফিরে দেখুন কী সুন্দর সূর্য উঠেছে।' আমি তখন হন হন করে হাঁটছি। দিলুম এক তাড়া মেরে, 'যাঃ যাঃ, কী সুন্দর সূর্য উঠেছে, তোরা দেখ‍গে, আমি বলে হেঁটে হয়রান!' ফিরে এলুম; দেখি রবিকা বসে আছেন চা আগলে নিয়ে। তাড়াতাড়ি এসে বসলুম টেবিলে। রবিকা বললেন, 'কোথায় গিয়েছিলে তুমি? এ দিকে আমি চা নিয়ে বসে আছি, তোমার জন্যে। নাও, খাও।' বলে এটা এগিয়ে দেন, ওটা এগিয়ে দেন। রবিকার সামনে বসে খাওয়া, সে কি ব্যাপার জানই তো। তার পর চায়ের সঙ্গে আমার একটু রুটি

চলে শুধু। রবিকা বললেন, ‘একটু গুড় খাও দেখিনি। গুড়টা ভালো জিনিস।’ সকালবেলা গুড়! মহা মুশকিল, এ দিক ও দিক তাকাই; রবিকা আবার মস্ত একটি কেক এগিয়ে দিলেন, ‘খাও ভালো করে।’ একটা ছুরি দিয়ে একটুকরো কেক কেটে নিয়ে বাকিটা আস্তে আস্তে ঠেলে দিলুম অ্যান্ড্রুজের দিকে। অ্যান্ড্রুজ দেখি সবটাই শেষ করে দিলেন। বেশ খেতে পারতেন। যাক্‌ সকালের ফাঁড়া তো কাটল। প্রতিমাকে বললুম, ‘প্রতিমা, যে কয়দিন আছি ভোরের চা-টা তোর কাছেই খাইয়ে দিস। কেন আর বারে বারে আমায় সিংহের মুখে ফেলা।’ তার পরদিন থেকে সকালে উঠে তাড়াতাড়ি প্রতিমার কাছে চা খেয়েই বেড়াতে বের হতুম। ফিরে আসতেই রবিকা বলতেন, ‘অবন, চা খেলে না তুমি?’ মাথা চুলকে বলতুম ‘প্রতিমা খাইয়ে দিয়েছে’। মুচকে হেসে তিনি বলতেন, ‘ও, বুঝেছি।’

তখন ছেলেরা ঐরকম সেন্টিমেন্টাল ছিল– ওঃ কী চমৎকার সূর্যোদয় এখানে, আহা-হা! যেন আর কোথাও নেই এমন জিনিস। এরই আর-একটা গল্প শোনো। সেই বারেই কারপ্লেও আছে এখানে। বিকেলে এই রাস্তার উপরেই টেবিল পড়ে। সবাই বসে চা খাই। চা খেয়ে কারপ্লে ও আমি ঘুরে বেড়াই। একদিন বিকেলে রোজকার মতো ঘুরে বেড়াচ্ছি আমরা দুই আর্টিস্টে, নানা বিষয় নিয়ে নানা আলাপ করছি। ও দিক থেকে একটি হালকা কুয়াশার চাদর ধীরে ধীরে এগিয়ে এসে আশ্রমের শালবনের উপর খানিক স্থির হয়ে দাঁড়িয়ে আস্তে আস্তে চলে গেল। ঠিক সন্ধে হচ্ছে সেই সময়টিতে। দু বন্ধুতে এই দৃশ্য দেখে মুগ্ধ। দুজনেই বলে উঠলুম, ‘বাঃ, কী চমৎকার!’ মুখে আর কথা নেই কোনো। শুধু বিস্ময়ে বাঃ বাঃ করছি দাঁড়িয়ে। পিছন থেকে রথী ভায়া বলে উঠলেন, ‘ও কিছুই নয়, মেঘও নয় কুয়াশাও নয়। ও হচ্ছে চাল কলের ধোঁয়া।’ আরে ছোঃ ছোঃ, রথী ভাই, এ তুমি করলে কী? তুমি আমাদের এত ভাবুকতা এত কবিত্ব এমনি করেই মাটি করে দিলে? কারপ্লেও বললে, ‘এমনি করে আমাদের স্বপ্ন নষ্ট করে দিতে হয়? জানলেই বা তুমি, আমাদের তা বললে কেন?’ দেখো তো কী কাণ্ড! দু আর্টিস্টকে এমনি বেকুব করে দিলে! বেশ ছিলুম তখনকার শান্তিনিকেতনে। ভোরে উঠতুম। রবিকা তো অন্ধকার থাকতেই উঠতেন, সেই ওঁর চিরকালের অভ্যেস। দরজা খোলা, বর্ষাকাল, একটু একটু বৃষ্টি হচ্ছে; হাতমুখ ধুতে ধুতে দেখতুম সেখান থেকে, রবিকার ঘরে উপরে একটি তাকে বাতি জ্বলছে, ঠিক যেন শুকতারাটি জ্বল জ্বল করছে; মনে হত সমস্ত শান্তিনিকেতনের উপর যেন আকাশপ্রদীপ জ্বলছে; আর আমরা ছেলেপুলেরা নির্ভয়ে ঘুরে বেড়াচ্ছি।

পাল্লা দেবার লোক চাই। সেই লোক আর নেই। গণেশকে পেলুম না, কাঠের গণেশ নিয়েই কারবার করে গেলুম। বড়ো খুশি হয়েছিলুম রবিকা যখন ছবি আঁকতে আরম্ভ করলেন। ভাবলুম, এইবারে একরাস্তায় চলবার লোক পেলুম; এইবার এল বড়ো ওস্তাদ আমাদের মাঝখানে।

বুড়ো হয়ে গেছি, আর জোর নেই। প্রতিদ্বন্দ্বী এখন না আসাই ভালো। না, তা কেন? আসে, তাই তো চাই। ভালোই হবে। কিন্তু দেখছি নে তো কাউকে।

এখনো যে অনেক কিছু আছে ভিতরে পড়ে। ভেবেছ নতুন কায়দাতে হার মানব? তা নয়।

এক বুড়ো ওস্তাদের ছাত্র দিগ্‌বিজয়ী কুস্তিগির হয়ে উঠেছে। দেশবিদেশে তার নাম। সবাইকে কুস্তিতে হারিয়ে দেয়, কেউ পারে না তার কাছেই এগোতে। একবার তার শখ গেল গুরুর সঙ্গে কুস্তি করে গুরুকে হারিয়ে নাম কিনতে। রাজা শুনে আয়োজন করবার হুকুম দিলেন। পাড়ায় পাড়ায় ঢোল পিটিয়ে দিলেন দিগ্‌বিজয়ী কুস্তিগির এবারে গুরুর সঙ্গে কুস্তি লড়বে। দিন ঠিক হল। লোকে লোকারণ্য দুজনের কুস্তি দেখতে। বুড়ো পালোয়ানকে রাজা হুকুম করলেন। সে বলে, ‘হুজুর, বুড়হা হো গিয়া, তাক্‌দ নেহি, মর্‌ জায়েগা। ও ছোকরা হ্যায়।’ কিন্তু রাজার হুকুম, না বলবার উপায় নেই। ও দিকে দিগ্‌বিজয়ী ছাত্র সভায় ঢুকে পাঁয়তারা করছে, ভাবটা বুড়োকে হারাতে আর কতক্ষণ। বুড়ো কী করে! সেলাম ঠুকে লেংটিটা টেনে পরে মাটি থেকে একটু ধুলো হাতে মেখে সভায় ঢুকল। কুস্তি আরম্ভ হল। প্রথম কয়েক প্যাঁচ বুড়ো হারলে, দিগ্‌বিজয়ী সাকরেদ সহজেই তাকে ফেলে দেয়। সবাই ভাবলে বুড়ো হারে বুঝি এইবারে। শেষবার সাকরেদ প্যাঁচ দিতে যেমন এসেছে এগিয়ে, বুড়ো এমন এক প্যাঁচ মারলে চোখের নিমেষে সাকরেদ ছিটকে পড়ে গেল অনেকটা দুরে বার কয়েক ডিগবাজি খেয়ে। সভাসুদ্ধ হৈ হৈ। ওস্তাদ সাকরেদের দিকে চেয়ে বললে, ‘হুয়া?’ সাকরেদ উঠে হাত জোড় করে বললে, ‘ওস্তাদজি, এ প্যাঁচ তো আপ, শিখলায়া নেহি।’ বুড়ো বললে, ‘নেহি বেটা, আজকো ওয়াস্তে এ প্যাঁচ রাখ্‌কা থা।’ জানত সাকরেদের শখ হবে একদিন কুস্তি লড়তে; সেই দিনের জন্য ওস্তাদ এই প্যাঁচ রেখে দিয়েছিল।

আমার বেলাও হয়েছিল তাই। ঠিক এক কথাই বলেছিল আমায় আমারই এক নামজাদা ছাত্র। আর্ট সোসাইটিতে আমার সেই পাখির সেটগুলি একজিবিট করেছি, সে দেখে বললে, ‘এ কায়দা তো শেখান নি আমাদের।’ বললুম, ‘সবই শিখিয়ে দেব নাকি?’ অনেক প্যাঁচ এখনো শিখি, রেখে দিই, তোমরা লড়তে এলে তখন শেখাব।

১০

রবিকা বলতেন, 'অবন একটা পাগলা।' সে কথা সত্যি। আমিও এক একসময়ে ভাবি, কী জানি কোন্‌দিন হয়তো সত্যিই খেপে যাব। এতদিন হয়তো পাগলই হয়ে যেতুম, কেবল এই পুতুল আমাকে বাঁচিয়ে রেখেছে। এই নিয়েই কোনোরকমে ভুলে থাকি। নয়তো কী দশাই হত আমার এতদিনে।

একটা বয়স আসে যখন এই-সব ভুলে থাকবার জিনিসের দরকার হয় একবার ভেবেছিলুম লেখাটা আবার ধরব, কিন্তু তাতে মাথার দরকার। এখন আর মাথার কাজ করতে ইচ্ছে যায় না। গল্প বলি, এটা হল মনের কাজ। এই মনের কাজ আর হাতের কাজই এখন আমার ভালো লাগে। তাই পুতুল গড়তেও আমার কষ্ট হয় না। সেখানে হাত চোখ আর মন কাজ করে। অন্য আর-কিছু ভাবতেও ইচ্ছে করে না। রবিকা যে বৈকুণ্ঠের খাতায় তিনকড়ির মুখ দিয়ে আমাকে বলিয়েছিলেন, জন্মে অবধি আমার জন্যেও কেউ ভাবে নি আমিও কারো জন্য ভাবতে শিখিনি, এই হচ্ছে আমার সত্যিকারের রূপ। রবিকা আমাকে ঠিক ধরেছিলেন। তাই তো তিনকড়ির পার্ট অমন আশ্চর্য রকম মিলে গিয়েছিল আমার চরিত্রের সঙ্গে। ও-সব জিনিস অ্যাকটিং করে হয় না। করুক তো আর কেউ তিনকড়ির পার্ট, আমার মতো আর হবে না। ঐ তিনকড়িই হচ্ছে আমার আসল রূপ। আমি নিজের মনে নিজে থাকতেই ভালোবাসি। কারো জন্যে ভাবতে চাই নে, আমার জন্যও কেউ ভাবে তা পছন্দ করি নে। চিরকালের খ্যাপা আমি। সেই খ্যাপামি আমার গেল না কোনোকালেই। আমার নামই ছিল বোম্বেটে। দুরন্তও ছিলুম, আয় যখন যেটা জেদ ধরতুম সেটা করা চাইই। তাই সবাই আমার ঐ নাম দিয়েছিলেন। রবিকারাও চিরকাল ঐ 'খ্যাপা' 'পাগলা' বলে আমাকে ডাকতেন। আমিও যেন তাঁদের কাছে গেলে ছোট্ট ছেলেটি হয়ে যেতুম। এই সেদিনও রবিকাদের কাছে গেলেই আমার বয়স ভুলে আমি যেন সেই পাগলা খ্যাপা হয়ে যেতুম। তাঁরাও আমায় সেইভাবেই দেখতেন। কিছুকাল আগে যখন সস্ত্রীক শান্তিনিকেতনে এসেছিলেম, রবিকার হুকুমে প্রতিমা ও কারপেল, ওরা মিলে আমার থাকবার জন্য ঘর সাজিয়েছে যেন একটা বাসরঘর। আমি আবার আস্তে আস্তে সব তুলে রাখি, কী জানি কোন্‌টা ময়লা হয়ে যাবে। নিজের বিছানাপত্র খুলে নিই। সকালে উঠেই আমাকে এই বকুনি, 'না, ও-সব তুমি কী করছ।' বলে

১৯৮

আবার সেইভাবে ঘরদোর সাজিয়ে দেওয়ালেন।

জ্যোতিকাকার কাছে রাঁচিতে গেলুম, তখন তো আমি কত বড়ো, ছেলেপুলে নাতিনাতনি আমার চার দিকে। জ্যোতিকাকামশায় রোজ সকালে টুং-টুং করে রিকশ বাজাতে বাজাতে বেড়িয়ে ফিরতেন। কোলের উপর একটি কেকের বাক্স। রিকশ থেকে নেমে কেকের বাক্সটি আমার হাতে দিয়ে বলতেন, 'অবন, তোমার জন্য এনেছি, তুমি খেয়ো।' ঘর-ভরতি নাতিনাতনি, সে-সব ফেলে আমার জন্য নিজের হাতে বাজার থেকে কেক কিনে আনলেন। এনে আমার হাতে দিয়ে বারে বারে বললেন, 'তুমি খেয়ে কিন্তু, তোমার জন্যই এনেছি।' আমি মহা অপ্রস্তুতে পড়তুম। বলতুম, 'আপনি কেন কষ্ট করতে গেলেন, চাকরদের বললে তারাই তো এনে দিতে পারত। কিন্তু তা হবে না। ছোটো ছেলেকে লজেন্স খেতে যেমন দেয়, অবন কেক খেতে ভালোবাসে, নিজের হাতে এনে দিতে হবে। এমনিই ছোট্টটি করে দেখতেন, ওঁরা আমাকে চিরকাল। এখনো এক-একদিন আমি স্বপ্ন দেখি যেন বাবামশায় ফিরে এসেছেন, আর, আমি ছোট্ট বালকটি হয়ে গেছি। একেবারে নিশ্চিন্ত। আনন্দে ভরপুর হয়ে যাই স্বপ্নেতে। এ স্বপ্ন আমি প্রায়ই দেখি। মা-পিসিমারা সব বাড়িতে আছেন, আমিও বড়ো এই রকমই আছি, ছেলেপুলে সব ঘর-ভরতি। বাবামশায় যেন কোথায় গিয়েছিলেন, ফিরে এলেন; বাড়ি একেবারে জমজমাট, সবাই ব্যস্ত। আমি আনন্দে উৎফুল্ল হয়ে উঠেছি, যাক, নিশ্চিন্ত হওয়া গেল, বাবামশায় এসেছেন আর কোনো ভাবনা নেই। কিন্তু বাবা যেন দু-দিন বাদেই চলে যাবেন, একটা বৈরাগ্য ভাব। স্বপ্নে তারই বেদনা বেজে ওঠে বুকে, ঘুম ভেঙে যায়। আমার বাবা ছিলেন অজাতশত্রু; কী তাঁর মন, কী তাঁর ব্যবহার। তাঁর কাছে যে-কেউ আসত তাদের আর দুঃখ বলে কিছু থাকত না। এমনিই আনন্দময় তাঁর সান্নিধ্য ছিল। জ্যাঠামশায়ের একটা কবিতা মনে পড়ল। তার এক লাইনেই আমার বাবামশায় আর জ্যোতিকাকামশায়ের চরিত্র ফুটে উঠেছে। জ্যাঠামশায় লিখেছিলেন—

ভাতে যথা সত্যহেম মাতে যথা বীর
গুণজ্যোতি হরে যথা মনের তিমির।

এ অতি সত্য কথা। তাঁদের কাছে এলে মনের সব তিমির দূরে চলে যেত। আনন্দময় করে রাখতেন চার দিক। উৎসব, আনন্দ, প্রাণখোলা হো-হো হাসি, সে যে না শুনেছে বুঝবে না। অমন হাসতেই শুনি নে আর কাউকে। বাবামশায় আর জ্যোতিকাকামশায়ের খুব ভাব ছিল। একসঙ্গে তাঁরা আর্ট স্কুলে ভরতি হয়েছিলেন। আমি যখন আর্ট স্কুলে যাই, সে রেকর্ড খুঁজে বের করি।

বাবামশায়ের মতো বন্ধুভাগ্য এ বাড়ির আর কারো ছিল না। রবিকা বন্ধু পেয়েছেন, কিন্তু অবন্ধুও পেয়েছেন ঢের। বাবামশায় দেশ বেড়াতে খুব ভালোবাসতেন। থেকে থেকেই পশ্চিমের দিকে ঘুরে আসতেন। ওঁর খুব প্রিয় জায়গা ছিল অমৃতসর। অমৃতসরে গোল্ডেন টেম্পলের সামনে অনেকক্ষণ অবধি

বসে থাকতেন আর মন্দিরে ভোগ দিতেন। অমৃতসরের মন্দিরের সব লোকেরা বাবামশায়কে চিনত, হোটেলের খানসামা বাবুর্চিরা অবধি। একবার বড়দাদারা অমৃতসর যান, যে হোটেলে বাবামশায় থাকতেন সেই হোটেলেই তাঁরা উঠেছেন। হোটেলের এক বুড়ো বাবুর্চি তাঁদের জিজ্ঞেস করলেন বাবামশায়ের নাম করে যে, সেই বাবু কোথায়? তিনি যখন পশ্চিমে ঐরকম ঘুরে ঘুরে বেড়াতেন আমরা তখন আর কতটুকুই-বা, কিন্তু আমাদের কাছে নিয়মমত চিঠি দিতেন। শুধু চিঠি দেওয়া নয় আমাদের চিঠি লেখা শেখাতেন। কী ভাবে লিখতে হবে, কোথায় কী ভুল হল চিঠি লিখে লিখে সব ঠিক করে দিতেন। চিঠি লেখা দস্তুরমত শিক্ষা করতে হয়েছে আমাদের। বাড়িতে এক পণ্ডিত আসত তাঁর কাছেও আমাদের চিঠি লেখার শিক্ষা হত। বাবামশায় আমাদের আবার লিখতেন কার কী চাই জানাতে! একবার তিনি তখন দিল্লি আগ্রার দিকে। সেই হিন্দুমেলাতে যে দিল্লির মিনিয়েচার দেখেছিলুম সেই ছিল আমার মনে। আমি লিখলুম, আমার জন্য আগ্রা দিল্লির ছবি আনতে। বাবামশায় ফিরে এলেন; দাদারা যে যা চেয়েছিলেন, বোধ হয় ভালো ভালো জিনিসই হবে, সবাই সবার ফরমাশমাফিক জিনিস পেলেন। আমার জন্য বের হল একটা কাগজের তাড়া। আমি ভেবেছিলুম যে, হিন্দুমেলায় দিল্লি মিনিয়েচারের মতো কিছু একটা হবে। কাগজের তাড়া খুলে দেখি আগ্রা দিল্লির কতকগুলো পট। সাদা কাগজের উপরে যেমন কালীঘাট লক্ষ্ক্ষীয়ের পট হয় সেইরকম হাতে লেখা আগ্রা দিল্লির ছবি আঁকা। এখন আর সে-সব পট পাওয়াই যায় না। সেগুলি থাকলে আজ খুব দামি জিনিস হত। তখন কী আর করি, তা-ই খুলে খুলে দেখলুম, কয়েকদিন বাদে ছিঁড়ে কুটে কোথায় উড়িয়ে দিলুম। জানি কী তখন সে-সব জিনিসের মূল্য!

বাবামশায় আমার কথা বলতেন, 'ওকে আর বিদেশে পাঠাব না। ও আমার সঙ্গে ঘুরে ঘুরে ভারতবর্ষ দেখবে, ভারতবর্ষ জানবে। এ দেশটাই ওকে দেখাব ভালো করে।' তাই হল, বাবামশায় মারা গেলেন, আমার আর বিদেশে যাওয়া হল না, এখনো ভারতবর্ষকেই দেখছি, জানছি। বড়ো হবার পরে যখন ছবি আঁকা নিয়েই মেতে রইলুম, মার মনে বড়ো ভাবনা হল যে, এই ছেলেটার লেখাপড়াও হল না বিষয়কর্মও শিখল না, কিছুই হল না। তার পর যখন দিল্লির দরবার থেকে সোনার মেডেল এল, আর্ট স্কুলের ভাইস-প্রিন্সিপাল হলুম, চার দিকে নাম রটতে লাগল, তখন মা বললেন, 'আমি ভয় পেয়েছিলুম যে কিছুই তোর হল না। এখন মনে হচ্ছে যে কিছু একটা হলি তবুও।'

সুমধুর স্মৃতি তেমন ছিল না জীবনে। তবে কবির সঙ্গ পেয়েছি, সেই ছিল জীবনের একটা মস্ত সম্পদ। মাও বুঝতেন, বলতেন, 'রবির সঙ্গে আছিস, বড়ো নিশ্চিন্ত আমি।'

১১

কর্মজীবন বলে আমার কিছু নেই, অতি নিষ্কর্মা মানুষ আমি। নিজে হতে চেষ্টা ছিল না কখনো কিছু করবার, এখনো নেই। তবে খাটিয়ে নিলে খাটতে পারি, এই পর্যন্ত। তাই করত, আমায় সবাই খাটিয়ে নিত বাড়িতে কোনো ক্রিয়াকর্ম হলে সহজে হাত লাগাতুম না কিছুতে। কিন্তু যদি কোনো কাজের ভার পড়ত ঘাড়ে, নিখুঁত করে সেই কাজ উদ্ধার করে দিতুম। হ্যাভেল সাহেব বসিয়ে দিলেন আর্ট স্কুলে। ছাত্র ধরে দিলেন সামনে, বললেন, ‘আঁকো, আঁকাও’ তার মধ্যে আর-একটা মানেও ছিল। বলতেন অনেক সময়েই, ‘ভালো ঘরের ছেলেরা যদি আর্টের দিকে ঝোঁকে, পাবলিকের নজর পড়বে এ দিকে। দেশের লোক তোমাদের কথায় বেশি আস্থা রাখবে।’ নেহাত মিছে বলতেন না। নয়তো তখনকার আর্ট স্কুল সম্বন্ধে লোকের ধারণা বদলাত না।

আর্ট সোসাইটি খুলে উড্রফ ব্লান্টও খাটিয়ে নিতেন আমায়।

রাজা এলেন, ময়দানে মস্ত প্যাণ্ডেল তৈরি হল, রাজার বসবার মঞ্চ উঠল। উড্রফ বললেন, ‘মঞ্চের চার দিকে তোমায় এঁকে দিতে হবে।’ পি. ডব্লিউ. ডি.-র লোকেরাই ফ্রেমে কাপড় লাগিয়ে সব ঠিকঠাক করে এসে ধরলে সামনে। লাগিয়ে দিলুম ছাত্রদের নিজেও হাত লাগালুম; হয়ে গেল মঞ্চ ডেকোরেশন। রাজার সিম্বল্ দিয়ে ছবি এঁকে দিয়েছিলুম, খুব ভালো হয়েছিল। হাজার বারোশো টাকাও পাওয়া গিয়েছিল। পরে রাজা চলে গেলে সেই ছবিগুলো বর্ধমানের রাজা কিনে নিলেন ছশো টাকা দিয়ে, নিয়ে তাঁর কোন্-এক ঘর সাজালেন। আমাদের ভালোই হল। এ-হাতেও টাকা পেলুম, ও-হাতেও টাকা পেলুম, সব টাকা ভাগাভাগি করে বেঁটে দিলুম ছাত্রদের। আমাকে দিয়ে খাটিয়ে নিলে কোমর বেঁধেই লাগতুম, কাজও ভালো হত। আসলে ভিতরে তাগাদাও ছিল কিনা একটা। তবে না করিয়ে নিলে ছবিও আমার হত না বোধ হয়। বড়ো কুঁড়ে স্বভাব আমার ছেলেবেলা থেকেই; কোথাও নড়তে পর্যন্ত ইচ্ছে করে না। অথচ দেখতুম তো চোখের সামনে রবিকাকে; তিনিও তো আর-এক আর্টিস্ট, পৃথিবীর এ-মাথা ও-মাথা ঘুরে বেড়িয়েছেন। বলতেন, ‘অবন, তুমি কী! একটু ঘুরে বেড়িয়ে দেখো চার দিক, কত দেখবার আছে?’ ছেলেবেলায় কল্পনা করতুম

২০১

বড়ো হয়ে কত দেশবিদেশ বেড়াব, ইচ্ছেমত এখানে ওখানে যাব। কিন্তু বড়ো হয়ে যখন বেরোবার বেড়াবার সেই সময়টি এল হাতে তখন বাড়িতেই বসে রইলেম একেবারে ঘোরো বাবুটি বনে, তোমার জন্য ঘরোয়া-কথার মালমসলা সংগ্রহ করতে। তবে ঘরে বসেই সারা পৃথিবীর মানুষের আর্ট আমি চর্চা করেছি, এ কথা বিশ্বাস কোরো।

আর্ট স্কুলের চৌকিতে বসে থাকতুম; কত দেশবিদেশ থেকে নানারকম ব্যাপারী আসত নানারকম জিনিস নিয়ে। গবর্মেন্টের টাকায় আর্ট গ্যালারির জন্য জিনিস সংগ্রহ করছি, সঙ্গে সঙ্গে দেশের আর্টের সঙ্গে পরিচয়ও ঘটে যাচ্ছে। এই করে আমি চিনেছিলেম দেশের আর্ট; তার উপরে ছিলেন আমার হ্যাভেল গুরু। এ দেশের আর্ট বুঝতে এমন দুটি ছিল না, রোজ দু-ঘণ্টা নিরিবিলি তাঁর পাশে বসিয়ে দেশের ছবি, মূর্তির সৌন্দর্য, মূল্য, তার ইতিহাস বুঝিয়ে দিতেন। হুকুম ছিল আপিসের চাপরাসীদের উপর ঐ দু-ঘণ্টা কেউ যেন না এসে বিরক্ত করে।

সদ‌্‌গুরু পাওয়ে, ভেদ বাতাওয়ে,
জ্ঞান করে উপদেশ,
তব্ কয়লা কী ময়লা ছোটে
যব্ আগ করে পরবেশ।

ভাবি সেই বিদেশী-গুরু আমার হ্যাভেল সাহেব অমন করে আমায় যদি না বোঝাতেন ভারতশিল্পের গুণাগুণ, তবে কয়লা ছিলেম কয়লাই হয়তো থেকে যেতেম, মনের ময়লা ঘুচত না, চোখ ফুটত না দেশের শিল্প-সৌন্দর্যের দিকে।

ভারতের উত্তর দক্ষিণ পূর্ব পশ্চিম সব দিকে ছিল চর আমাদের। এক তিব্বতী লামা ছিল, মাঝে মাঝে আসত; দামি দামি পাথর, চাইনিজ জেড, তিব্বতী ছবি, নানারকম ধাতুর মূর্তি আনত। সে এলেই আমরা উৎসুক হয়ে থাকতুম দেখতে এবারে কী এনেছে। একবার এল সে, বললে, ‘শরীর খারাপ, দেশে যাব কিছুকালের জন্য। বোম্বে যাচ্ছি, কিছু টাকা পড়ে আছে, তুলতে পারি কি না দেখি। এবারে তাই বেশি কিছু আনতে পারি নি। তবে কিছু কাঞ্জুরের পুঁথি এনেছি এই দেখুন।’ খুব পুরোনো পুঁথি, দুষ্প্রাপ্য জিনিস, কিন্তু আমার তো কোনো কাজে লাগবে না। এ পুঁথি আমি নিয়ে কী করব। ইম্পিরিয়াল লাইব্রেরিতে হরিনাথ দে মস্ত ভাষাবিদ, সব ভাষাই তিনি জানতেন শুধু চীনে ছাড়া; বলতেন, ‘এবারে চীনে ভাষাটা আমার শিখতে হবে।’ তাঁর কাছে যেতে বললুম এই পুঁথি নিয়ে। বেশ দাম দিয়েই রাখবেন, দরকারি জিনিস। বললুম, ‘আর কী এনেছ দেখাও।’ সে একটি ছোট্ট পলার গণেশ বের করলে। বেশ গণেশটি; পছন্দ হল। পাঁচ-সাত টাকা চাইলে বোধ হয়, তা দিয়ে গণেশটি আমি পকেটে পুরলুম। বললুম, ‘আর?’ সে এবারে একটি কৌটো বের করে বললে, ‘আর কিছু নেই সঙ্গে এবারে।’ সে একটি নাসদান, খোদাই করা স্টীলের উপরে সোনার কাজ, একটা ড্রাগন

আঁকা, বড়ো সুন্দর। রাখবার ইচ্ছে আমার। জিজ্ঞেস করলেম, 'দাম!' সে বললে, 'পঞ্চাশ টাকা।' আমি বললুম, 'এ বড়ো বেশি চাইলে।' সে বললে, 'তা এখন ওটা আপনার কাছেই থাক্‌। কেউ নেয় তো বেচে দেবেন। আমি ফিরতি পথে এসে টাকা নিয়ে যাব।' বলে তাড়াতাড়ি জিনিসপত্তর গুটিয়ে চলে গেল। সে চলে যাবার সঙ্গে সঙ্গেই আমার কী রকম যেন মনে হল, জিনিসটা রাখলুম, দাম দিলুম না, বললে ওর শরীর খারাপ– যদি ও ফিরে না আসে আর? কাজটা কি ভালো হল? যাক, কী আর করা যাবে? বাড়ি এসে অলকের মাকে পলার গণেশটি দিলুম, বললুম, 'এটি দিয়ে আমার জন্য একটি আংটি করিয়ে দিয়ো।' সে আংটি আমার আঙুলে অনেকদিন ছিল, পরে হারিয়ে গেল। আর নাসদানিটি তাঁর হাতে দিয়ে বললুম, 'এটি গচ্ছিত ধনের মতো সাবধানে রেখো। ওকে টাকা দেওয়া হয় নি এখনো।'

তার পর এক বছর যায়, দু বছর যায়, আর সে আসে না। হঠাৎ একদিন সেই লামার একটি ভাই এসে উপস্থিত। বললে, 'সে সেবারে বোম্বে গিয়ে দু-চারদিন পরেই মারা গেছে। আপনাদের কাছে তার যা পাওনা আছে সেই সব টাকা আমায় দিন।' আমি জানতুম, এই ভাইয়ের সঙ্গে লামার বনিবনাও ছিল না। বাড়িঘরের সুখদুঃখের কথা প্রায়ই বলত সে। এখন সেই ভাই তার মৃত্যুর পরে কাগজপত্র হাত করে টাকাও আত্মসাৎ করবার চেষ্টায় আছে। আমি তো তখনি তাকে হাঁকিয়ে দিলুম। বললুম, 'কে তুমি তোমায় জানি নে শুনি নে টাকা দিতে যাব কেন? যদি তোমার ভাইয়ের ছেলেপুলে থাকে বা তার স্ত্রী আসে তবে দেখতে পারি।' সে তাড়া খেয়ে ভাগল।

তার কিছুদিন পরে সেই লামার বুড়ি স্ত্রী এল, পাহাড়ি মেয়ে। আগেও দেখেছি তাকে দু-একবার লামার সঙ্গে। সে এসেই তো খুব দুঃখ করলে তার স্বামীর জন্যে, বেচারা দেখতেও পায় নি শেষ সময়ে। তারও শরীর অসুস্থ ছিল, এতদিন তাই আসতে পারে নি। স্বামী নানা দেশবিদেশে জিনিস-পত্তর বিক্রি করত, নানা জায়গায় টাকা পড়ে আছে তার। বললুম, 'কদিন আগে তার ভাই এসেছিল যে টাকার জন্য। আমি দিই নি।' সে বললে, 'তা দাও নি, বেশ করেছ। আমি এসেছি তোমাদের কার কাছে তার কী জিনিস-পত্তর আছে সেই খোঁজে। তোমার কাছে তো সে খুব আসত, তুমি জানো, কোথায় কী দিয়ে গেছে শেষবার।' আমি বললুম, 'শেষবারে সে কতকগুলি কাঞ্জুরের পুঁথি এনেছিল। আমি তাকে হরিনাথ দের কাছে পাঠিয়েছিলুম। পরে খোঁজ নিয়ে জেনেছিলুম, তিনি সেই পুঁথিগুলি খুব দাম দেবেন বলেই রেখেছিলেন। সেও ফিরে এসে নেবে বলে চলে যায়। তুমি সেখানে গিয়ে খোঁজ করো, পাবে।' সে বললে, 'আমি গিয়েছিলেম সেখানে, কিন্তু তারা কেউ সে পুঁথির সন্ধান দিতে পারে নি। হরিনাথ দে মারা গেছেন। পুঁথি যে কী হল কেউ জানে না।' বহু পরে আমি সেই পুঁথি দেখি, সাহিত্য পরিষদে। দেখেই চিনেছি, আমার হাত দিয়ে গেছে পুঁথি, আর আমি চিনব না! যাক সে কথা, মেয়েটি তো তার দাম বা সন্ধান কিছুই পেলে না।

আমি বললুম, 'আমাকে দিয়ে গিয়েছিল সেবারে সে এই আংটির পলাটি, এটির দাম আমি তাকে দিয়েছি। আর দিয়েছিল একটি নাসদানি, দাম নেয় নি, ফিরতি পথে নেবে বলেছিল; কিন্তু সে তো আর এল না এ পথে, তুমি সেটা নিয়ে যাও।' শুনে বুড়িটি অনেকক্ষণ চোখ বুজে চুপ করে রইল। পরে বললে, 'আমি তো সব জানি। সেই নাসদানিটি একবার দেখতে চাই। দেখাবে?' বললুম, 'তা তো এখানে নেই, বিকেলে আমার বাড়িতে এসো তা হলে।' বাড়ি সে চিনত।

বিকেলে এল, আমিও ফিরেছি কাজ সেরে। অলকের মা সিন্দুকে তুলে রেখেছিলেন কৌটোটি, তাঁকে বললুম, 'বের করে দাও ওটি, এতদিন পরে তার মালিক এসেছে।' কৌটোটি এনে দিলুম বুড়ির হাতে। বললুম, 'সে পঞ্চাশ টাকা চেয়েছিল, তখন অত দাম দিতে চাই নি। তা তুমি এখন অভাবে পড়েছ, যা চাইবে দেব। নয় তোমার জিনিস তুমি ফিরিয়ে নাও। তাতেও আমি অসন্তুষ্ট নই।' বুড়ি বললে, 'হ্যাঁ, এ-জিনিসটি দেখেছি তাঁর কাছে' বলে দু-হাতে তা নিয়ে ঘুরিয়ে ফিরিয়ে যত দেখছে আর দু চোখের ধারা বয়ে যাচ্ছে। বেচারার হয়তো স্বামীর কথা মনে পড়ছিল, কী স্মৃতি ছিল তাতে সেই জানে। খানিক দেখে কৌটোটি আমার হাতে ফিরিয়ে দিয়ে বললে, 'তিনি তোমায় দিয়ে গেছেন, এটি তোমার কাছেই থাকুক। দাম আমি কিছুই চাই নে।' বললুম, 'সে কী কথা! তোমার স্বামী মারা গেছে, তোমার টাকার দরকার, আর তুমি দাম নেবে না, বল কী? সে হবে না।' বুড়ি ছলছল চোখে বললে, 'বাবু, ও কথা বোলো না। আমি জানি আমার স্বামী অনেককেই নানা জিনিস বিক্রি করত, অনেকের কাছে টাকা পড়ে থাকত। আমি কলকাতায় এসে কদিন যাদের যাদের ঠিকানা পেয়েছি তাদের কাছে ঘুরেছি, দাম দেওয়া দুরে থাকুক, কেউ স্বীকার পর্যন্ত করলে না যে তারা আমার স্বামীকে চিনত। এক তুমি বললে যে, আমার স্বামীর জিনিস তোমার কাছে আছে। তোমার কাছ থেকে আমি এক পয়সাও চাই নে, এই কৌটো তোমার কাছেই থাকুক। আর এই চাদরটি তোমার স্ত্রীকে দিয়ো আমার নাম করে।' বলে থলে থেকে একটা মোটা সুজনির মতো চাদর, পাহাড়ি মেয়েরা গায়ে দেয়, তা বের করে হাতে দিলে। জীবনের কর্মের আরম্ভে বড়ো পুরস্কার পেলুম আমরা দুজনে এক গরিব পাহাড়ি বুড়ির কাছে একটি গায়ের চাদর, একটি সোনার নাসদান।

আর-একবার হঠাৎ একটা লোক এসে উপস্থিত আমার কাছে– জাপানি টাইপ, কালো চেহারা, চুল উস্কুখুস্কু, ময়লা কোট পাজামা পরা, অদ্ভুত ধরনের। আর্ট স্কুলের আপিসে বসে আছি, চাপরাসী এসে বললে, 'হুজুর, এক জাপানি কুছ লে আয়া।' বললুম, 'আনো তাকে এখানে?' সে এল ভিতরে, বললুম, 'আমার কাছে এসেছ? তা কী দরকার তোমার?' সে এদিক-ওদিক তাকিয়ে কোটের বুকপকেট থেকে কালো রঙের চামড়ার একটা ব্যাগ বের করলে, করে তা থেকে দুটি বড়ো মুক্তো হাতে নিয়ে আমার সামনে ধরলে। দেখি ঠিক যেন দুটি ছোটো আমলকী। এত বড়ো মুক্তো দেখি নি কখনো। এ কোথায় পেল? লোকটি মুক্তো দুটিকে শঙ্খমণি না কী মণি বলে, আর আমার চোখের সামনে নাড়ে। বললুম,

‘বিক্রি করবে?’ দাম চাইলে দুটোতে একশো টাকা। মুক্তো কিনব, তা নিজে তো চিনি নে আসল নকল। বাড়িতে ফোন করে দিলাম জহুরী কিষণচাঁদকে বড়োবাজার থেকে খবর দিয়ে যেন আনিয়ে রাখে, আমি আসছি এখনি। ভুল হয়ে গেল গাড়িটার কথা বলতে। বাড়ির গাড়ি আসবে স্কুল ছুটি হলে। আমার আর ততক্ষণ সবুর সইছে না। একটা ঠিকে গাড়ি করেই রওনা হলুম সেই লোকটিকে নিয়ে। বাড়ি পৌঁছে দেখি কিষণচাঁদও এসে উপস্থিত। কিষণচাঁদকে সেই মুক্তো দুটো দেখালুম, বললুম, ‘দেখো তো, একশো টাকা দাম চাইছে। বলে শঙ্খমণি, তা আসল কি নকল দেখে দাও, শেষে না ঠকি যেন।’ মনে পড়ল দাদা একবার পাহাড়ে এইরকম বড়ো মুক্তো কিনে খুব ঠকেছিলেন। মুক্তো কিনে কার কথা শুনে লেবুর রস দিয়ে যেই না ধুয়েছেন; মুক্তোর উপরের এনামেল উঠে গিয়ে ভিতরের সাদা কাচ বেরিয়ে পড়ল, ঠিক যেন দুটি সাদা মার্বেল। বললুম, ‘দেখো কিষণচাঁদ, আমারও না আবার সেই অবস্থা হয়।’ কিষণচাঁদ অনেকক্ষণ মুক্তো দুটি হাতে নিয়ে নেড়েচেড়ে দেখলে, বললে, ‘ঠিক বুঝতে পারছি নে।’ আমারও মন খুঁত খুঁত করতে লাগল। যে কাজে মনে খুঁত থাকে তা না করাই ভালো। আমি বললুম, ‘থাক্ কিষণচাঁদ, বুঝতে যখন পারছ না তুমি, এ ফেরত দিয়ে দেওয়াই ভালো। দরকার নেই রেখে এ জিনিস। মণি দুটো ফেরত দিয়ে দিলুম, সেই লোকটা চলে গেল। তার কিছুদিন পরে কাগজে দেখি, বিলেতের কোন্ এক বড়োলোকের মেমের একটা নেকলেস হারিয়েছে, বড়ো বড়ো মুক্তো ছিল তাতে। পরে বাড়ির ছেলেদের ডেকে বলি, ‘ওরে দেখ্, দেখ্, না রেখে ভালোই করেছি। কী জানি হয়তো সেই মুক্তোই এনেছিল বিক্রি করতে। শেষে চোরাই মাল রেখে মুশকিলে পড়তে হত হয়তো। লোকটার ঠিক চোর-চোর চেহারাই ছিল।’

আর্টিস্ট হচ্ছে কলেক্টর, সে এটা-ওটা থেকে সংগ্রহ করে সারাক্ষণ, সংগ্রহেই তার আনন্দ। রবিকা বলতেন, ‘যখন আমি চুপ করে বসে থাকি তখনই বেশি কাজ করি।’ তার মানে, তখন সংগ্রহের কাজ চলতে থাকে। চেয়ে আছি, ঐ সবুজ রঙের মেহেদি-বেড়ার উপর রোদ পড়েছে। মন সংগ্রহ করে রাখল, একদিন হয়তো কোনো কিছুতেই ফুটে বের হবে। এই কাঠের টুকরোটি যেতে যেতে পথে পেলুম, তুলে পকেটে পুরলুম। বললে তো ঝুড়ি ঝুড়ি কাঠের টুকরো এনে দিতে পারে রথী ভাই এখুনি। কিন্তু তাতে সংগ্রহের আনন্দ থাকে না। এমনি কত কিছু সংগ্রহ হয় আর্টিস্টের মনের ভাণ্ডারেও। এই সংগ্রহের বাতিক আমার চিরকালের।

যাক, সেবার তো মুক্তো ফসকে গেল। কিন্তু কী করে জিনিস হাতে এসে পড়ে দেখো। একখানি পান্না, ইঞ্চিখানেক চওড়া, চৌকো পাথরটি দেখেই চোখে পড়ে, উপরে খোদাই করা মোগল আমলের। আজকাল এ-জিনিস পাবে না কোথাও। বুড়ো রোগা অনন্ত শীল জহুরী, পুরোনো পাথর বিক্রি করে। ভালো কিছু হাতে এলেই নিয়ে আসে আমাদের কাছে। একদিন নিয়ে এল কয়েকটা পুরোনো টিনের কৌটোভরা নানারকমের পাথর। তার মধ্যে ঐ পান্নাটি দেখেই

আমার কেমন লোভ হল। তাড়াতাড়ি হাতে তুলে নিলুম। বললুম, ‘এটি কত হলে দেবে? টাকা পঞ্চাশেক হলে চলবে তো?’ বুড়ো জহুরী ঘাগী লোক; চোখ দেখেই বুঝেছিল, জিনিসটা খুবই পছন্দ হয়েছে আমার। দাম বাড়াবার ইচ্ছে নাকি? বললে, ‘তা আমি ঠিক করে এখন বলতে পারছি নে। পরে জানাব।’ এই বলে সেদিন সেটি নিয়ে চলে গেল। মনটা আমার খারাপ হয়ে গেল, বড়ো সুন্দর পান্নাটি ছিল। লোভও হয়েছিল খুব রাখবার নিয়ে গেল চোখের সামনে থেকে। তা কী আর করব। গেল তো গেল। বুড়োর আর দেখা নেই।

মাস ছয়েক পরে তার ছেলে এল একদিন, নেড়া মাথা। বললে, ‘বাবা চলে গেছেন।’ বললুম, ‘সে কি রে! এই যে সেদিনও এসেছিল পুরোনো পাথর নিয়ে। তা তুই এখন কী করছিস।’ সে বললে, ‘আমিই বাবার দোকান দেখাশুনো করি। আপনারা আমার কাছ থেকে পাথর মণি মুক্তো কিনবেন না কিছু? বরাবর তো বাবাই আপনাদের দিতেন এসে যা চাইতেন। আমার কাছ থেকেও তেমনি নেবেন দয়া করে।’ তাকে বললুম, ‘দেখ, শেষবার তোর বাবা এনেছিলেন একটি পান্না। আমার পছন্দ হয়েছিল, দামও বলেছিলুন পঞ্চাশ টাকা। কয়েকদিন বাদে সে আসবে বলে গেল, আর তো এল না। সেই পান্নাটি আমায় এনে দিতে পারিস? পুরোনো খদ্দের হাতে রাখবার বাসনা, পরদিন দেখি ছেলেটি ঠিক খুঁজেপেতে নিয়ে এল সেই পান্নাটি একটি মরচে-পড়া টিনের কৌটোয় পুরে। বললুম, ‘দাম কত চাস?’ সে বললে, ‘বাবার সঙ্গে যা কথা হয়েছে তাই দেবেন।’ টাকা নিয়ে সেদিন সে চলে তো গেল। ছেলেমানুষ, পান্নার মূল্য বোঝে নি হয়তো। কয়েকদিন বাদে কার সঙ্গে কী কথা হয়েছে, সে এসে হাজির। বললে, ‘একটি ভুল হয়ে গেছে।’ বললুম, ‘আর ভুল! দস্তুরমত পান্নাটি কিনেছি আমি। রসিদ দিয়ে তুমি টাকা নিয়েছ। এখন ভুল বললে শুনব কেন? এই পান্নাটি তোমার বাপের কাছে চেয়েছিলুম সেবারে পেলুম না। হাতছাড়া হয়ে গেল, আশা তো ছেড়েই দিয়েছিলুম আমি। এবারে তোমার কাছ থেকে আমি কিনেছি, আর কি হাতছাড়া করি?’ সে চলে গেল। তার পর বোম্বের ঠাকুরদাস জহুরী আসতে তাকে পান্নাটি বের করে দেখাই। সে তো হাতে নিয়ে অবাক। বললে, ‘এ জিনিস আপনি পেলেন কোথায়? এ যে অতি দুর্লভ পান্না, বহুমূল্য জিনিস। এইরকম ফুল-খোদাইকরা পান্না মোগল আমলেই ব্যবহার হত শুধু।’ ঠাকুরদাস বললে, ‘এর এক রতির দাম পাঁচশো টাকা। পান্নাটির ওজন হল বেশ কয়েক রতি। বললে, ‘আপনি পঞ্চাশ টাকায় কিনেছেন আমি এখনি ছশো টাকা দিতে রাজী আছি এটির জন্য।’

সে পান্নাটি, আর একটি দুর্লভ মোহর ছিল আমার কাছে, তার এক দিকে জাহাঙ্গীর আর-এক দিকে নূরজাহানের ছবি। রাখালবাবু দিয়েছিলেন আমায়, একশো টাকা দিয়ে কিনেছিলুম। এই মোহর আর পান্নাটি দিয়ে একটি ব্রোচ তৈরি করালুম আমাদের বিশ্বস্ত জহুরীকে দিয়ে। সেই পান্নাটির চার দিকে ছোটো ছোটো মুক্তো, আর মোহরটি ঝুলছে পান্নাটির নীচে। ব্রোচটি অলোকের মাকে দিলুম।

তিনি প্রায়ই কাঁধের উপরে ব্যবহার করতেন সেটি, বেশ লাগত। সেই একবার খুব পান্নার বাতিক হয়েছিল।

ভেবেছিলুম খুঁজতে খুঁজতে কোহিনুর-টোহিনুর পেয়ে যাব হয়তো একদিন। পেলুম না। কিন্তু তার চেয়েও বেশি আজকাল আমার এই কাঠকুটো কুটুম-কাটাম— কোথায় লাগে এর কাছে কোহিনুর মণি। আমার ফটিকরানী, কোনো কোহিনুর দিয়ে তৈরি হবে না। ভাঙা ঝাড়ের কলমটি নমিতা এনে দিলে। ওডিকলোনের একটা বাক্স, সামনেটায় কাচ দেওয়া, তাকে শুইয়ে দিলুম সেই কাচের ঘরে, বললুম, 'এই নাও আমার ফটিকরানী ঘুমচ্ছে। রেখে দাও যত্ন করে।' ইচ্ছে ছিল, আর-একটি সবুজ রঙের কাঠি পেলে শুইয়ে দিতুম পাশাপাশি, থাকত দুটিতে বেশ।

সেই পান্নার বাতিকের সময়ে, আর একটি লোক এল একদিন, জব্বলপুরে পাওয়া যায় নানারকম পাথর, বহু পুরোনো পোকামাকড় গাছপালা পাথর হয়ে গেছে, সেইসব নিয়ে। ভারি সুন্দর সুন্দর পাথর সব। তার মধ্যে একটি ছিল ঠিক গোল নয়, বাদামের মতো গড়নটি দেখতে, রঙটি অতি চমৎকার। পছন্দ হল, কিন্তু দাম বেশি চাইল বলে রাখলুম না; লোকটি তার সব পাথর দেখিয়ে খানিক বাদে চলে গেল। বসে আছি বারান্দায় চুপচাপ। সমরদার ছোটো নাতনিটি এসে সেখানে খেলা করতে লাগল। দেখছি সে খেলা করছে আর অনবরত মুখ নাড়ছে। বললুম, 'দেখি তোর মুখে কী?' সে সামনে এসে হাঁ করে জিব মেলে ধরলে। দেখি জিবের উপরে সেই পাথরটি। বললুম, 'কোথায় পেলি তুই এই পাথর? দে শিগ্‌গির বের করে। গিলে ফেললে কী কাণ্ড হবে।' এখন সেই লোকটি যাবার সময় সব জিনিস তুলেছে, ভুলে সেই পাথরটিই ফেলে গেছে। সমরদার নাতনি সেটি পেয়ে লজেঞ্জুস ভেবে মুখে পুরে বসে আছে। তাড়াতাড়ি তার মুখ থেকে পাথরটি নিয়ে পকেটে পুরলুম। পরদিনই সেটি আমার আংটিতে বসিয়ে একেবারে আঙুলে পরে বসলুম। সুন্দর পাথরটি, তার গায়ে একটি মৌমাছি দুটি ডানা মেলে বসে আছে, পাথর হয়ে গিয়েছিল। মেয়েরা এল ছুটে দেখতে বললুম, 'ওরে দেখ, তাজমহল কোথায় লাগে এর কাছে। তাজমহল? যে মরেছিল সে তো ধুলো হয়ে গেছে কবে। আর প্রকৃতি এই মৌমাছিটিকে কী করে রেখেছে যে আজও এ ঠিক তেমনিই আছে। রঙও বদলায় নি একটু। কবে কোন লক্ষ লক্ষ বছর আগে বসন্ত এসেছিল এ ধরার বুকে, মৌমাছি ডানাদুটি মেলে খাচ্ছিল ফুলের মধু আকণ্ঠ পুরে, যে রসে ডুবেছিল, সেই রসের কবরে আজও আছে সে তেমনি মগ্ন হয়ে।'

আর্ট স্কুলে মাঝে মাঝে এক সন্ন্যাসী আসত। চাপরাসীরা ধরে নিয়ে আসত গাছতলা থেকে ক্লাসে মডেল করবার জন্য। আসে, মডেল হয়ে বসে, ছেলেরা আঁকে, ক্লাস শেষ হলে পয়সা নিয়ে চলে যায়। মাঝে মাঝে দেখি সন্ধের দিকে বা সকালে সন্ন্যাসী হ্যাভেলের ফ্ল্যাট থেকে বের হয়। ব্যাপার কী? হ্যাভেলের মেম বলেন, 'আর পারি নে অবনবাবু। কোন এক সাধু জুটেছে, সাহেব তার

কাছে ধ্যান শেখে, যোগ শেখে। সারাক্ষণ কেবল ঐ করছে।' আমি বললুম, 'এ তো ভালো কথা নয়। যত সব বাজে সাধুসন্ন্যেসীর পাল্লায় পড়ে না ঠেকেন শেষ পর্যন্ত।' একদিন বিকেলে সেই সাধু আমার আপিসঘরে এসে উপস্থিত। বললে, 'এই নাও পাকা হরীতকী। একটি খেলে যৌবন অক্ষুণ্ণ থাকবে, বয়স বাড়বে না, চুল পাকবে না'– কত কী। বলে লাল বকুলবিচির মতো একটা কি হাতে গুঁজে দিলে। সন্ন্যাসী চলে যেতে আমি সেটি পকেটে ফেলে রাখলুম। ভাবলুম, খেয়ে শেষে মরি আর কী! খানিক বাদে হ্যাভেল সাহেব এলেন আমার ঘরে, বললেন, 'সন্ন্যাসী এসেছিল তোমার কাছে? কী দিল তোমায়?' আমি পকেট থেকে সেটি বের করে বললুম, 'এইটি।' সাহেব বললেন, 'আমায়ও একটা দিয়েছিল। আমি খেয়ে ফেলেছি।' বললুম, 'করেছ কী তুমি?' না জেনেশুনে তুমি খেলে কী বলে? খেয়ে ফেলেছেন, কী আর হবে। মনটা কেমন খারাপ হয়ে গেল। বাড়ি ফেরবার পথে সেই পাকা হরীতকী পকেট থেকে বের করে রাস্তায় ফেলে দিলুম। কী জানি চিরযৌবনের লোভ যদি বা জাগে সাহেবের মতো!

এমনি কতরকম চরিত্রের লোক নজরে পড়ত তখন।

১২

হ্যাভেল সাহেবদের একটা সোসাইটি ছিল জনকয়েক সাহেব মেম আর্টিস্ট নিয়ে। সন্ধেবেলা আর্ট স্কুলেই তারা ঘণ্টা দুয়েক কাজ করত; আলোচনা-সমালোচনা হত, মাঝে মাঝে খাওয়াদাওয়াও চলত, অনেকটা আর্ট ক্লাব গোছের। মার্টিন কোম্পানির ইঞ্জিনিয়ার থর্নটন সাহেবই দেখাশোনা করতেন। তাঁর উপরেই ছিল ঐ আর্ট ক্লাবের সব-কিছুর ভার। চমৎকার আঁকতেও পারতেন তিনি। অমায়িক সৎ লোক ছিলেন, মহৎ প্রাণ ছিল তাঁর। অমন সাহেব দেখা যায় না বড়ো। আমার সঙ্গে খুব জমত। সেই থেকেই আমার সঙ্গে তাঁর আলাপ। পরে আমাদের সোসাইটির সঙ্গেও তিনি যুক্ত ছিলেন। আমি যখন আর্ট স্কুলে তিনি আসতেন আমার কাছে প্রায়ই; আবার ডেকেও পাঠাতেন কখনো কখনো। চারটের পরে যেতুম তাঁর আপিসে। খুব বিশ্বাস ছিল আমার প্রতি, টেবিলের দেরাজ থেকে তাঁর আঁকা নানারকম স্থাপত্যকর্মের প্ল্যান বের করে আমায় দেখাতেন, পরামর্শ চাইতেন। কোন্‌টা কীরকম হলে আরো ভালো হয় দু-বন্ধুতে মিলে বলাকওয়া করতুম। সেই সময়ে দেখেছি তাঁর ড্রইং। ভারি সুন্দর। ভারতবর্ষের নানা জায়গা ঘুরেছেন; উদয়পুর জয়পুরের কতকগুলি স্কেচ করেছেন, লোভ হত দু-একখানির উপর। অনেক সাহেব এ দেশের স্কেচ করেছে, ছাপিয়েছেও দু-একজন; কিন্তু তাদের স্কেচগুলিতে কেমন যেন বিদেশের ছাপ থাকত, আর থর্নটনের অ্যালবাম যেন ভারতবর্ষের হুবহু ছবি। মাঝে মাঝে তাঁর ফ্ল্যাটেও যেতুম; তেতলার ফ্ল্যাট, গোল সিঁড়ি দিয়ে ঘুরে ঘুরে উপরে উঠে চাপরাসীকে জিজ্ঞেস করতুম, 'সাহেব আছেন?' চাপরাসী উত্তর দিতে-না-দিতেই ওদিক থেকে ঢিলেঢালা পাজামা পরে সাহেব এসে উপস্থিত হতেন; তার পর দুজনে বসে কত গল্প, কত হাসি, কত মজাই না করতুম। প্রাণখোলা হাসি ছিল তাঁর। তাঁদের আর্ট ক্লাব ভেঙে গেলে পর ক্লাবের বোর্ড আলমারি আমাকে তিনি দিয়েছিলেন। বললেন, 'কী হবে আর এ-সব দিয়ে, তুমিই নিয়ে যাও, কাজে লাগবে।'

আমাদের আর্ট সোসাইটির উনি একজন বড়ো উৎসাহী সভ্য ছিলেন। শুধু তাই নয়, বড়ো খদ্দেরও ছিলেন। নন্দলালের অনেক ছবি উনি কিনেছেন। একবার নন্দলালের 'সতী' ছবিখানি কিনেছেন। সে সময়ে আমরা ঠিক করি, ভালো ভালো ছবিগুলি ছাপিয়ে বাজারে ছড়িয়ে দেব। করিয়েওছিলুম কিছু, খুব

ভালো হয়েছিল। তা সেই 'সতী' ছবিখানি ও আর খানকয়েক ছবি, ভালো করে প্যাক করে জাপানে পাঠানো হল ছাপাবার জন্য। ওকাকুরা, টাইক্কান, এঁরা ব্যবস্থা করে দিলেন। ভালো কোম্পানিতে ছবিগুলি ছাপা হয়ে কিছুকাল বাদে তা ফেরত এল। থর্নটনের 'সতী' ও এল। তিনি ছবির প্যাক খুলে ছবিটি বের করে দেখেন, ছবি আর চিনতেই পারেন না। খবর পাঠালেন 'শিগ্‌গির এসো, কাণ্ড হয়ে গেছে, সতী কিরকম বদলে গেছে। সেই আগের সতী আর নেই।' তাড়াতাড়ি গেলুম। কী ব্যাপার ? গিয়ে দেখি তাই তো, মনে হয় আগুনে পুড়ে সতীর গায়ের রঙ যেন ছাই হয়ে গেছে। রুপো পুরোনো হয়ে গেলে যেমন হয় তেমনটি। সাহেব বললেন, 'এ কেমন হল ?' বললুম, 'রঙ বিগড়ে গেছে। কেন গেছে তা কী করে বলব বলো ?' সাহেব বললেন, 'এ সারানো যাবে না ?' বললুম, 'না, এ আর সম্ভব নয়।' সাহেবের মন খারাপ, তাঁর সতীর এমন দশা হয়ে গেল! তখনকার ছবি আমরাই বেশির ভাগ কিনে রাখতুম। সতীটির উপর খুব লোভ ছিল। সাহেব কিনে নিলে, কী আর করি। বললুম, 'তুমি যদি এই ছবিটি না রাখ তবে আমায় দিয়ে দাও, তার বদলে অন্য ছবি নাও।' সাহেব বললেন, 'তবে তোমার ছবি দিতে হবে আমায়।' বললুম, 'তা বেশ। পছন্দ করে। কোনটি নেবে।' শেষে সাহেব ঔরঙ্গজেব দারার মুণ্ড দেখছেন যে ছবিটি ও আর-একটি ছবি এই দু'খানির বদলে 'সতী'টি আমায় ফেরত দিলেন।

বাড়ি নিয়ে এলুম সতীর ছবি। মনে মনে ভাবছি কী উপায় করা যায় এর। ভাবতে ভাবতে মনে পড়ল কোনো-একটা বইয়ে পড়েছিলুম খোলা হাওয়া-আলোতে রাখলে কতকগুলো রঙের জলুস ফিরে আসে। ভাবলুম, কী জানি, জিঙ্ক দিয়ে মুড়ে পাঠিয়েছিল ছবি, জিঙ্কের গরমে ও জাহাজের গুমটে মিলে কেমিক্যাল ক্রিয়ায় হয়তো রঙ বদলে গিয়ে থাকবে। বাড়িতে এসে ছবিখানি আমার শোবার ঘরে জানলার পাশটিতে টাঙিয়ে রাখলুম। পুবের আলো এসে পড়ে তাতে রোজ। রইল তো সেখানেই। কিছুদিন বাদে একদিন দেখি, সতীর রঙ ফিরে গেছে, সেই আগের রঙ এসে লেগেছে গায়ে, আলো দিয়ে যেন ধুইয়ে দিয়েছে তার পোড়া রঙ। বাঃ বাঃ, এ তো বড়ো মজা! উড্‌রফকে ডেকে এনে দেখাই, থর্নটনকে ডেকে এনে দেখাই। তাঁরাও দেখে অবাক। থর্নটনকে বললুম, 'কী, লোভ হচ্ছে নাকি! কিন্তু পাবে না আর ফিরে। আমার কাছে এসে সতীদেহের রঙ ফিরে এল, আর কি দিই তোমার হাতে তুলে?' সাহেব শুনে হাসেন বলেন, 'না, এ তোমারই থাক।'

থর্নটনের মতো অমন বন্ধু হয় নি আর আমার। তাঁরই চাপরাসীকে দিয়েছিলেন আমার কাছে ছবি আঁকা শিখতে। বলি নি সে গল্প বুঝি ? একবার সাহেব যাবেন দেশে, চাপরাসীকে দিয়ে গেলেন আমার কাছে। বললেন, 'এর ছবি আঁকার হাত আছে, একে তুমি ছবি আঁকা শেখাও; খরচপত্তর যা লাগে তা আমি দেব।' সাহেব চলে গেলেন দেশে; পরদিন চাপরাসী এল আমার আর্ট স্কুলে। সাহেবেরই একটা লালনীল পেনসিল দিয়ে ট্রামগাড়ি, কলকাতার রাস্তা, এই-সব আঁকত অবসর

সময়ে। বসিয়ে দিলুম তাকে নন্দলালের সঙ্গে। তাদের বললুম, 'এও একজন ছাত্র, একে যেন অবজ্ঞা কোরো না। এখানে সবার আসন সমান।' চাপরাসী দাঁড়িয়ে আছে একপাশে; বললুম, 'বোস্‌ তুই এখানে এই বেঞ্চিতে।' সে কেবলি কাঁচুমাচু করে; কিছুতেই বসতে চায় না। তাকে ভালোভাবে বসাতেই আমার লাগল বেশ কিছুদিন। রোজই সে আসে, ছবি আঁকে। কী আর তেমন আঁকবে এই কয়দিনে, তবু হাত তার ধীরে ধীরে বেশ পাকা হয়ে আসছিল। সাহেব দেশ থেকে ফিরে এলেন, চাপরাসী আবার তার কাজে যোগ দিলে। একদিন সাহেব এসে বললেন, 'তুমি আমার চাপরাসীর করেছে কী? ছবি আঁকার কথা ছেড়ে দাও, লোকটা একেবারে বদলে গেছে। তার শিষ্টতা আচার-ব্যবহার কথাবার্তা আমাকে মুগ্ধ করছে। আগের সেই চাপরাসী আর নেই, তুমি আগাগোড়া লোকটাকে অমন করে বদলে দিলে কী করে?' বললুম, 'আর কিছু নয়, আমি শুধু ওকে বসতে শিখিয়েছিলুম।'

সে সময়ে বাংলাদেশের যত জমিদার মিলে একটা সোসাইটি হয়, নাম ল্যান্ডহোল্ডার্স অ্যাসোসিয়েশন। সিংহ মহাশয় সভাপতি। উড্‌ রফ আর ব্লান্টও জুটলেন সে সময়ে। সুরেন কোমর বেঁধে কাজ করে তাতে। সুরেনের মাথায়ই খেলল প্রথমে একটা ছবির একজিবিশন করতে হবে। আমার যা কখানা ছবি ছিল, ওকাকুরা এনেছিলেন সঙ্গে কিছু জাপানি প্রিন্ট, আর এখান-ওখান থেকে কুড়িয়ে-বাড়িয়ে জোগাড় করলে আরো কখানা ছবি। তাই নিয়ে সে তৈরি। একটা মস্ত বাড়ি ছিল ল্যান্ডহোল্ডার্স অ্যাসোসিয়েশনের; নীচের তলায় বিলিয়ার্ড-রুম, পড়বার ঘর, উপরে ব্যবস্থা আছে কোনো সভ্য দূর থেকে এলে থাকতে পারে সেখানে; সুরেন চাইলে সেই বিলিয়ার্ড-রুমেই একজিবিশন হবে। সিংহমশায় বললেন, 'ছবির আমি বুঝি নে কিছুই; তবে চাইছ ঘর একজিবিশন সাজাতে, তা নাও।' সেই বিলিয়ার্ড-রুমেই ছবি সব সাজানো হল। বেশ লোকজন আসত; দেখতে আমাদেরও ভালো লাগত, ইচ্ছে ছিল আরো কয়েকদিন চলে এমনি। এ দিকে ছোকরা ব্যারিস্টার ছিলেন অনেক সেই অ্যাসোসিয়েশনে, নতুন বিলেতফেরত, তাঁরা রোজ সন্ধেয় আসেন, বিলিয়ার্ড খেলেন, ব্রিজ খেলার আড্ডা জমান, তাঁদের হল মহা অসুবিধে। কদিন যেতে না-যেতেই তাঁরা লাগলেন গজগজ করতে, 'ঘর আটকে রাখা হয়েছে।' গজগজানি শুনতে পেয়ে তাড়াতাড়ি ছবি-টবি নামিয়ে নিলুম দেয়াল থেকে। সেই একজিবিশনে উড্‌ রফ, ব্লান্ট, এঁদের সঙ্গে আলাপ জমল। সেই হল প্রথম আমাদের ছবির একজিবিশন। তার দু-তিন বছর পরে হ্যাভেল চাইলেন তাঁদের সেই ছোট্ট আর্ট ক্লাবটা ভালো করে তৈরি করতে। কমিটি গঠন হল, আমরা তাতে যোগ দিলুম। ল্যান্ডহোল্ডার্সদেরও কেউ কেউ এলেন। উত্তরপাড়ার রাজা প্যারীমোহনও এলেন। লর্ড কিচনার সভাপতি, আমাকে হ্যাভেল বলেন সম্পাদক হতে। আমি বলি, 'ও-সব হিসেব-নিকেশে আমি নেই। পারি নে কোনোকালে।' কিছুতেই ছাড়েন না, শেষে যুগ্ম-সম্পাদক হই। জানো, বেশ কিছুকাল আমি লর্ড কিচনারের সম্পাদকগিরি করেছি। একবার

এক পার্টি দিলেন ফোর্ট উইলিয়মে। এখানে শাস্ত্রী, ওখানে শাস্ত্রী, বন্দুক উঁচিয়ে দাঁড়িয়ে। দেখে তো বুক আঁতকে আঁতকে ওঠে। রাস্তাও কী রকমের; গাড়ি ঘুরে ঘুরে পৌঁছল দোতলায় না তেতলায় ঠিক ওঁর ঘরটির সামনে। নানারকম জিনিসের সংগ্রহ ছিল তাঁর। প্রায়ই যেতে হত সেখানে। এখন সেই পার্টিতে এসেছেন অনেকেই নিমন্ত্রিত হয়ে। এক রাজা বন্ধু ধরলেন, 'আমায় লর্ড কিচনারের সঙ্গে আলাপ করিয়ে দিতে হবে।' সাহেব দেখি তখন মেমের সঙ্গে গল্পে মশগুল এক ফুলবাগানে। ভাবভঙ্গি দেখেই মনে হচ্ছে, বেশ জমে উঠেছে। ভাবলুম, দরকার নেই বাপু এখন গিয়ে, কী জানি মিলিটারি মেজাজ দেবে হয়তো এখনি মাথাটা গুঁড়িয়ে। রাজ-বন্ধু এ দিক থেকে কেবল খোঁচাচ্ছেনই। কী করি, একপা-দুপা করে এগিয়ে গেলুম খানিকটা। সাহেব কথার ফাঁকে একবার পিছনে তাকিয়েছেন কি, রাজাকে ঠেলে দিলুম, বললুম, 'ইনি হচ্ছেন রাজা অমুক।' সাহেব হাত ঝাঁকুনি দিয়ে হ্যাণ্ডশেক করে বললেন, 'Well Tagore, take him upstairs and show him my collection– please।' রাজাকে নিয়ে চলে গেলুম সেখান থেকে। রাজা তো খুব খুশি ঐটুকু হ্যাণ্ডশেক করতে পেয়েই। যাক সে কথা। এখন এই সোসাইটির নাম কী দেওয়া যায় ? কেউ কেউ প্রস্তাব করলেন 'ওরিয়েন্টাল আর্ট সোসাইটি'। আমি বললুম, 'না, নাম হোক এর ইন্ডিয়ান সোসাইটি অব ওরিয়েন্টাল আর্ট।' শুধু বাঙালি নয়, দুই সম্প্রদায় মিলল এতে। দাদাও ছিলেন। অনেকে স্থায়ী সভ্য হলেন। পার্ক স্ট্রীটে বাড়ি ভাড়া নেওয়া হল, আর্টিস্টরা কাজ করবে সেখানে; কেউ যদি ইচ্ছে করে থাকতেও পারে, এমন ব্যবস্থা রইল। আর্ট স্কুলের মঞ্চ হলে দু-তিনটে ছবির একজিবিশন হল। উড্রফ তার জাপানি প্রিন্টের কালেকশন দিলেন। Gesiking বলে এক মেম সব ঋতুর ফুল এঁকেছিলেন দেশী ধরনে, তাও একবার দেখানো হল। দেখতে দেখতে আমাদের সোসাইটি খুব জমে উঠল। মার্চেন্ট কমিউনিটি, সিভিলিয়ান কমিউনিটি, লাটবেলাট-জজ ম্যাজিস্ট্রেট-রাজরাজড়া সবাই তাতে যোগ দিয়েছেন। সবাই কিছু না-কিছু করছেন। উড্‌ রফ ক্যাটালগ লিখতেন। তখনকার ক্যাটালগ সাহিত্য ছিল বললেই হয়। প্রতি ছবির নীচে গল্প থাকত; আমার ইংরেজি বিদ্যয় কুলোতো না, ভাঙা ভাঙা ইংরেজিতে কোনো রকম করে লিখে দিতুম। উড্রফ তা থেকে ভালো করে লিখতেন।

দেখাদেখি অন্য আর্টিস্টরা ঠিক করলেন, তাঁরা নিজেরা একটা সোসাইটি করবেন। হরিনারায়ণ বসু ছিলেন আর্ট স্কুলের ভাইস্‌ প্রিন্সিপাল, বরদাকান্ত দত্ত সেকেণ্ড মাস্টার, মন্মথ চক্রবর্তী, যিনি বউবাজারের আর্ট স্কুল প্রথম শুরু করেন, এই কয়জন মিলে ঠিক করলেন একটা সভা করে সব ব্যবস্থা করতে হবে। কোথায় সভা হবে। আমাকেও তাঁদের দলে টানবার ইচ্ছে; ঠিক হয় আমাদের বাড়িতেই সভা বসবে। সভার সব ঠিক, খাওয়াদাওয়ারও কিছু ব্যবস্থা করা গিয়েছিল। এখন সেই সভার মধ্যেই কে কী কাজ করবে এই নিয়ে মহা তর্কাতর্কি; শেষ পর্যন্ত প্রায় তুমুল ব্যাপার। এ বলেন,'আমি কেন প্রেসিডেন্ট হব', উনি বলেন, 'অমুক

থাকতে ও কাজের ভার আমার উপর কেন' ইত্যাদি। হল না আর শেষ পর্যন্ত কিছুই, ওখানেই থেমে যেতে হল সবাইকে। আমি বললুম, 'শুরুতেই যখন এইরকম মারামারি তখন আমি বাপু এর মধ্যে নেই।' গেল ভেঙে সব স্কীম।

আমরা যে সোসাইটি করেছিলুম সে ছিল একেবারে অন্যরকমের। আমরা করেছিলুম এমন একটা সোসাইটি যেখানে দেশী বিদেশী নির্বিশেষে একত্র হয়ে আর্টের উন্নতির জন্য ভাববে, শুধু ভারতীয় নয় প্রাচ্য শিল্পের সব জিনিস দেখানো হবে লোকদের। তাতে এমন ব্যবস্থাও ছিল যার যা ব্যক্তিগত শিল্পবস্তুর সংগ্রহ ছিল তাও দেখানো হত। মাঝে মাঝে এক-একজনের বাড়িতে পার্টি জমত। সভ্য সবাই আসত; আমোদ-আহ্লাদ খাওয়াদাওয়া, আর্ট সম্বন্ধে আলোচনা সবই হত। উড্রফ পান পর্যন্ত দিতেন তাঁর বাড়িতে যখন পার্টি হত। পান, ফুলের মালাও চল হয়ে গিয়েছিল সাহেববাড়িতে সেই সময়ে। তা ছাড়া যে দেশে যা-কিছু সুন্দর পাওয়া যায় এনে সাজিয়ে দিতুম একজিবিশন করে। সে-সব একজিবিশনও হত এক বিরাট ব্যাপার। কাচের বাসন; কার্পেট, যেখানকার যা-কিছু ভালো ভালো পুতুল, গয়না, ছবি, কিছু বাদ পড়ত না। সব বাছাই বাছাই জিনিস, যা-তা হলে আবার হবে না।

একবার এমনি এক বিরাট বার্ষিক একজিবিশনের আয়োজন হচ্ছে। উড্রফ বললেন, 'এবারে ভারতবর্ষের সব জায়গার জিনিস জোগাড় করতে হবে।' তিন মাস আগে থেকে জায়গায় জায়গায় চিঠি লিখে দেওয়া হল; কোথাও আমাদের লোক গেল জিনিস সংগ্রহ করতে; কোথাও-বা টাকা পাঠানো হল, পার্সেল করে যে-সব জিনিস আসবে তার খরচা বাবদ। কিছুদিন বাদেই নানা জায়গা থেকে ছোটো বড়ো হালকা ভারী প্যাকিং বাক্স আসতে লাগল, সে কী উৎসাহ আমাদের বাক্স খোলার। আমাদের চতুর্দিকে সাজানো প্যাকিং বাক্স ঠাসা, এক-একটা করে খোলা হচ্ছে। দিল্লি থেকে এসেছে সুন্দর সুন্দর পটারি; কাশ্মীর থেকে নানারকম শাল, হাতের কাজ, তার মধ্যে একটা পুরোনো পেপারম্যাসের উপর কাজ-করা দোয়াতদানি ছিল বড়ো সুন্দর, এখনো মনে পড়ে; বড়ো বড়ো কার্পেট, কেষ্টনগরের পুতুল, বোম্বে থেকে ভীষণ সব ছবি, লক্ষ্ণৌর তাস– বাদশা বেগমের মিনিয়েচার আঁকা– বেগম-বাদশারা খেলত; উড়িষ্যার পট; আর গঞ্জাম থেকে এল তিনটি হাতির দাঁতের মূর্তি– একটি কূর্ম অবতার, একটি রাধাকৃষ্ণের বিহার, সবাইকে দেখাবার মতো নয়, কিন্তু কী চমৎকার মূর্তি, পাকা হাতের কাজ– উড্রফ দেখেই বললেন, 'এইরকম আমার একটি চাই। তুমি যে করেই হোক আমায় এই মূর্তিটি করিয়ে দাও, যত টাকা লাগে ভাবনা নেই।' ডেকে পাঠালুম আচারী মাস্টারকে, চমৎকার কাঠের কাজ করত সে। তাকে বললুম, 'ভালো চন্দনকাঠে তুমি এর দুটি নকল করে দাও।' সে কয়েকদিনের মধ্যেই দুটি মূর্তি কেটে নিয়ে এল, ঠিক হুবহু সেই মূর্তিটি কপি করে ছেড়ে দিয়েছে। তার একটি উড্রফকে দিলুম একটি আমি নিলুম। আর একটি মূর্তি, সেটি কৃষ্ণের। আধহাতমত উঁচু মূর্তিটি, বাঁশিটি ধরে আছেন মুখের কাছে; সে কী ভাব, কী

ভঙ্গি, কী বলব তোমায়, মূর্তিটি দেখে আমি অবাক! অদ্ভুত মূর্তি, আইভরির রঙটি পুরোনো হয়ে দেখাচ্ছে যেন পাকা সোনা! সেই মূর্তিটি দেখেই কেন জানি না আমার মনে হল, এর নিশ্চয়ই জুড়ি আছে। এমন সুন্দর কৃষ্ণের রাধা না থেকে পারে কখনো? নিশ্চয়ই এই যুগলমূর্তির পুজো হত এককালে। সেই জোড়ভাঙা রাধাকে আমার চাই। গঞ্জাম থেকে যে বন্ধু এই মূর্তিগুলি পাঠিয়েছিলেন তাঁকে লিখলুম। তিনি জানালেন, বহুকালের মূর্তিটি, অনেক খোঁজ করে পেয়েছেন, কিন্তু রাধার সন্ধান জানেন না। যাক, একজিবিশন তো হয়ে গেল। কিন্তু মনের খটকা আর যায় না, যাকে পাই খোঁজ নিই। দিল্লির দরবারেও এই মূর্তি তিনটির একজিবিশন হয়েছিল; ক্যাটালগে ছবি আছে। সবাইকে সেই ছবি দেখাই আর বলি, ‘এর রাধার সন্ধান পেলে আমায় জানাবে।’

গিরিধারী ওড়িয়া কারিগর এল সোসাইটিতে কাজ করতে। তার প্রপিতামহও খুব বড়ো কারিগর ছিল। তার তৈরি তিনটি কাঠের সখী আছে আমার কাছে, অতি সুন্দর। গিরিধারী বলত তার প্রপিতামহ নাকি পুতুলে প্রাণ প্রতিষ্ঠা করতে পারত। সে একটা উৎসব-অনুষ্ঠানের ব্যাপার ছিল। গিরিধারীর মুখে শুনেছি, সে তখন ছোটো, কাছে যাবার হুকুম ছিল না কিন্তু দেখেছে সেই উৎসবের তোড়জোড়। একবার নাকি পুরীর রাজার শখ হয়, তিনি বলেন, ‘আমি দেখতে চাই পুতুল নিজে নিজে এসে জগন্নাথকে প্রণাম করবে।’ গিরিধারীর প্রপিতামহ সেই পুতুল তৈরি করেছিলেন। পুতুল নিয়ে গেল জগন্নাথের মন্দিরের কাছে, রাজাও এলেন। কারিগর সেখানে পুতুলকে ছেড়ে দিলে, পুতুল টকটক করে সিঁড়ি বেয়ে উপরে উঠে জগন্নাথকে প্রণাম করে ফিরে এল, দেখে সকলে অবাক, রাজা বহু টাকা পুরস্কার দিলেন কারিগরকে। — সেই গিরিধারীকে বলি, যত ডিলার ছিল আমাদের নানা জায়গা থেকে আর্টিস্টিক জিনিস এনে দিত, তাদের বলি– কেউ আর হারানো রাধার সন্ধান দিতে পারে না।

মাতাপ্রসাদ নামে আমার আর-একজন লক্ষ্নৌর ডিলার ছিল; তার কাছে যেটা চাইতুম কীরকম করে হাতে এনে দিত। তাকেও বলে রেখেছিলুম আমার ঐ রাধিকা চাই। বহুদিন পরে সে একদিন এল নানারকম জিনিসপত্তর নিয়ে। বসে আছি বারান্দায়; থলি থেকে একটি একটি জিনিস বের করে আমার হাতে দিচ্ছে। দেখে কোনোটা রাখব বলে পাশে রাখছি, কোনোটা ফেরত দিচ্ছি। সবশেষে সে বের করলে একটি আইভরির পুরোনো মূর্তি, লক্ষ্নৌ থেকে এটি সে সংগ্রহ করেছে। বললে, ‘ভাঙা মূর্তি পছন্দ হবে কি না আপনার জানি নে।’ বলে সেটি আমার হাতে দিলে, মূর্তিটি হাতে নিয়ে আমার তো বুক ধড়াস ধড়াস করতে লাগল। এ যে আমার সেই রাধিকা! এতদিন যাকে খুঁজে বেড়াচ্ছি। মুখ দিয়ে আমার আর কথা সরছে না। রাধিকার যে হাতে পদ্ম ধরে আছে সেই হাতটি আছে অন্য হাতটি ভাঙা। হাত ফিরতে ফিরতে হাত ভেঙে গেছে, বা যারা পুজো করত তারাই ফেলে দিয়েছিল হাত ভেঙে যাওয়াতে, কী জানি। ডিলার যা দাম চাইলে তাকে দিয়ে ঘরে উঠে এলুম। তখনি একজন ভালো কাঠের

মিস্ত্রি ডাকিয়ে আমার রাধার জন্য একহাত উঁচু একটি মন্দিরের ফরমাশ করলুম। বললুম, 'এমনভাবে মন্দির তৈরি করবে ভিতরে রাধাকে রেখে, আমি যেন ঘুরিয়ে ফিরিয়ে তাকে দেখতে পারি। মন্দিরের নীচে একটা চাবি থাকবে, সেটা ঘোরালেই আমার রাধা ঘুরে ফিরে দাঁড়াবে।' সে এনে দিলে চমৎকার একটি কাঠের মন্দির তৈরি করে। তাতে রাধিকাকে প্রতিষ্ঠা করে অলকের মার হাতে দিলুম; বললুম, 'রেখে দাও একে যত্নে তুলে।' তিনি মন্দিরসুদ্ধ রাধাকে অতি যত্নে তুলে রাখলেন তাঁর কাপড়ের আলমারিতে। মাঝে মাঝে শখ হয়, বের করে দেখি, কেউ এলে দেখাই, আবার রেখে দিই।

তার পর অনেক বছর কেটে গেছে। বহুদিন রাধাকে দেখি নি, মনেও ছিল না তেমন। সেদিন মিলাডা এসেছে। তার সঙ্গে কথায় কথায় মনে পড়ল আমার রাধিকার কথা। মিলাডা কেবল ভিনাস ভিনাস করে, ভাবলুম, দিই একবার তার দর্প চূর্ণ করে। বীরুকে ডেকে বললুম, 'আন্ তো বীরু, আমার রাধিকাকে একবার।' বীরু ভিতরে গিয়ে বললে পারুলকে। পারুল খুঁজে পায় না কোথাও সেই মন্দিরটি। শুনে আমি নিজে গেলুম ভিতরে; বললুম, 'সে কী কথা, রাধিকা যাবে কোথায়? আমি নিজের হাতে রেখেছি এই আলমারিতে, দেখো ভালো করে।' মনে মনে ভয় হল, কেউ নিয়ে যায় নি তো। ভাবতেই বুকটা ধড়ফড় করে উঠল। অলকের মার অসুখ, কথা সব ভুলে যান; তাঁকে জিজ্ঞেস করি। তিনি বললেন, 'দেখো খুঁজে, ওখানেই তো রেখেছিলুম।' চাবি নিয়ে পারুল আলমারি খুলে তচনচ করলে; কোথাও নেই মন্দিরটি। পারুল নীচের তাক থেকে বের করলে কাঠের বাক্স থেকে একটি জাভানীজ কাঠের পুতুল। মাদাম টোন একবার এনেছিলেন জাভার নানারকম সব জিনিস, 'বিচিত্রা হলে' তার প্রদর্শনী হয়। তার মধ্যে দুটি পুতুল ছিল; রাজকুমারী আর তার সখী। দাদা কিনলেন রাজকন্যাটি, আমি কিনলুম সখীটি। সেও ভারি সুন্দর; লাল শাড়িটি পরা, খোঁপাটি বাঁধা, তাতে ফুল গোঁজা। পারুল সেইটি হাতে নিয়ে বললে, 'এইটেই কি?' আমি বললুম, 'আরে না। এ হল রানীর দাসী। রাধিকা হল রানী, তার কেন এমন চেহারা, এমন সাজসজ্জা হবে! খোঁজো, খোঁজো, নামাও সব কাপড়চোপড় জিনিস পত্তর আলমারি থেকে। এখানেই আছে, যাবে কোথায়।' জিনিস পত্র সব নামানো হল। না, কোথাও নেই সেই রাধিকা। হাত দিয়ে হাতড়ে হাতড়ে তাকগুলি সব দেখি। কপাল দিয়ে আমার ঘাম ঝরতে লাগল। শেষে, এক কোনায় একটি বেশ বড়ো পার্শিয়ান কাচের বোল ছিল, সেইটি যেই সরিয়েছি দেখি রাধিকার মন্দির। চেঁচিয়ে উঠলুম, 'ওরে পেয়েছি রে, পেয়েছি! দেখ, দেখ, এই তো আমার রাধিকা ঠিক তেমনি আছে।'

অতি যত্নে রাখতে গিয়ে, আমি কি অলকের মা রেখেছিলুম ওটি কাচের বোলের পিছনে লুকিয়ে– মনে নেই কারোই। যাক, পাওয়া তো গেল, পারুলকে বললুম, 'এবারে জেনে রাখো ভালো করে, আর যেন না হারায়।' তার পর এলুম

বারান্দায়। যে চেয়ারে বসে পুতুল গড়তুম দেখেছ তো সেটি? তাতে হেলান দিয়ে বসে মন্দিরটি হাতে নিয়ে বললুম, ‘এবারে ডাকো মিলাডাকে।’ মিলাডা এল। বললুম, ‘কী তুমি ভিনাস ভিনাস কর। দেখো একবার, তোমাদের ভিনাস ঝক্‌ মেরে যাবে এর কাছে।’ বলে এক হাতে ধরে আর হাতে মন্দিরের দরজাটি খুলে দিলুম। মিলাডা দেখে একেবারে থ। আমি মিলাডার মুখের দিকে একবার করে তাকাই আর নীচের চাবি ঘোরাই, সঙ্গে সঙ্গে রাধিকাও ঘুরে ফিরে দাঁড়ায়। তাকে সামনে থেকে দেখালুম, পিছন থেকে দেখালুম। যে হাতে পদ্মটি ধরে আছে সে দিক থেকে দেখালুম, অন্য হাতটিও ঘোরালুম, বললুম, ‘দেখো, সব দেখো। তোমাদের ভিনাসেরও হাত নেই; কোন্‌ হাতে কী ছিল কেউ জানলও না কোনোদিন; আর আমারও রাধিকার হাত নেই। তবে এক হাতে পদ্ম আছে এটা তো জানতে পারা যাচ্ছে। এ হল আমার খঞ্জিরাধিকে। পুরীর রাজার যেমন ছিল খঞ্জিরানী, এ তেমনি আমার খঞ্জিরাধিকে।

খঞ্জিরানীর গল্প জানো? পুরীর রাজাকে বলে চলন্ত বিষ্ণু, রাজা রথে হাত দিলে তবে রথ চলে। বহুকাল আগে একবার রথযাত্রা হবে, জগন্নাথ রথে চড়ে মাসির বাড়ি যাবেন। রাজা চলেছেন রথের আগে আগে, চামর করতে করতে। চার দিক লোকে লোকারণ্য; রথের দড়ি টানবার জন্য তীর্থযাত্রীদের তাড়াহুড়ো ঠেলাঠেলি; কেউ কেউ পড়ে যাচ্ছে ভিড়ের চাপে– দেখেছ রথযাত্রা কখনো? এখন, রথ চলেছে ভিড় ঠেলে। রাজা দেখেন পথের পাশে এক পরমাসুন্দরী ভিখারিনী বসে ছেঁড়া ময়লা একখানি শাড়ি প’রে। রূপ দেখে রাজা গেলেন মোহিত হয়ে। বাড়ি ফিরে এসে রাজা আনালেন সেই ভিখারিনীকে; আনিয়ে রানী করলেন তাকে। সেই রানীর ছিল এক হাত কাটা, লোকে বলত তাকে খঞ্জিরানী। আমি যখন পুরীতে যাই তখনো সেই খঞ্জিরানী বেঁচে; বুড়ি হয়ে গিয়েছিল। পাশ দিয়ে যেতে পাণ্ডারা দেখাত এই খঞ্জিরানীর বাড়ি। চলন্ত বিষ্ণুর খঞ্জিরানী কালে কালে বুড়ি হয়ে গেল। কিন্তু আমার খঞ্জিরাধা? কালে কালে তার রূপ খুলছেই।

১৩

ধ্যানধারণা, পুজো আর্চা, সে আমি কোনোদিন করি নে। বড়দিকে দেখতুম মুসোরি পাহাড়ে শার্শি বন্ধ করে বসেছেন, কুটনো বাটনা করাচ্ছেন, আর বসে বসে মালা টপকাচ্ছেন; আবার রাস্তা দিয়ে কেউ গেলে ডেকে তার খোঁজখবরও নিচ্ছেন। আমি সকালবেলা উঠে বেড়িয়ে ফিরতুম। কতদিন তিনি আমায় তাড়া লাগাতেন, 'বসে ভগবানের নাম করবে খানিক, তা নয়, কোথায় ঘুরে ঘুরে বেড়াচ্ছে সকাল থেকে?' হেসে বলতুম, 'ও বড়দি, এ দিকে যে কত মজার মজার জিনিস সব দেখে এলুম আমি। কেমন সুন্দর পাখিটি ঝোপের ধারে বসে ছিল, ঘরে বসে নাম জপলে কি দেখতে পেতুম তা?' উলটে বড়দি মালা টপকাতে টপকাতে আরো খানিকটা বকুনি দিয়ে চলতেন।

ধ্যানধারণা কেন করি নে জানো? একবার কী হল বলি। এখন আর ডাক্তারদের আমার লিভার ছুঁতে দিই নে। বলি, 'ও আমার ঠিক আছে। আর যা করতে হয় করো, লিভারে হাত দিতে পারবে না।' তা সেইবারে কোথাও কিছু না হঠাৎ লিভারে দারুণ যন্ত্রণা। সে কী যন্ত্রণা। লিভার থেকে বুক অবধি যেন অগ্নিশূল বিঁধছে। সেই অসহ্য যন্ত্রণায় ছটফট করতে করতে শেষটায় বেঁহুশ হয়ে পড়ি। তিন-চারজন ডাক্তার চিকিৎসা করছেন। সকালের দিকে ভালো থাকি, বিকেলে ব্যথা শুরু হয়। ব্যথা শুরু হবে এই ভয়েই আমি আরো অস্থির হয়ে পড়ি বেশি। বিকেল হবার সঙ্গে সঙ্গে আমারও আতঙ্ক আরম্ভ হয়, এই বুঝি উঠল ব্যথা। যেন স্টেশনে জানান দিলে, এবারে ট্রেন আসছে বলে। একদিন সকাল থেকেই ব্যথা শুরু হয়েছে, যন্ত্রণায় অত্যন্ত কাতর হয়ে পড়েছি, ছেলেমানুষের মতো চীৎকার করছি 'গেলুম গেলুম'। করুণা, নেলি ওরা এসে জড়িয়ে ধরলে, আর বুঝি বাঁচিনে এমন অবস্থা। তিন তিনটে মরফিয়া ইনজেকশন দিলে ডাক্তাররা; একটা সকালবেলা, একটা দুপুরে, আর-একটা রাত দশটায়। ডাক্তারদের বললুম, 'আর যা হোক একটু ঘুম পাড়িয়ে দিন আমায়, পারছি নে সইতে।' ডাক্তাররা ভেবে মরেন, একই দিনে তিনটে মরফিয়া ইনজেকশন! তাঁরা বলেন, যে দু ডোজ মরফিয়া দেওয়া হয়েছে তাতে যে হাতিরও ঘুমিয়ে পড়বার কথা। যাই হোক আর একটাও তাঁরা দিলেন। বললেন, 'এতেই যা হবার হবে, আর চলবে না।' এই বলে তাঁরা চলে গেলেন সে-রাত্তিরের মতো। আমি ঘর থেকে সবাইকে বের

২১৭

করে দিলুম। বললুম, 'সবাই চলে যাও এ ঘর ছেড়ে, আমি আজ একলা থাকব।' রাতও হয়েছিল অনেক, কদিনের উৎকণ্ঠায় ক্লান্তিতে যে যার ঘরে শোবামাত্রেই ঘুমিয়ে পড়েছে। সমস্ত বাড়ি নিস্তব্ধ। আমি বিছানায় শুয়ে আছি বড়ো বড়ো করে দু-চোখ মেলে– ঘুমই আসছে না তা চোখ বুজব কী? চেয়ে চেয়ে দেখছি, একটু একটু মরফিয়ার ক্রিয়া চলছে। দেখি কী, আমার চারি দিকের মশারিটা কেমন যেন কাঁপতে কাঁপতে সরে গেল– দেয়ালও তাই। উনুনের উপর দেখ না হাওয়া গরম হয়ে কেমন কাঁপতে থাকে, দুপুরে মাঠের মাঝেও সেই রকম দেখা যায়, মরীচিকা– সেই মরীচিকার মতো দেয়ালগুলো কাঁপছে চোখের সামনে। মনে হতে লাগল যেন ইচ্ছে করলেই তার ভিতর দিয়ে গলে যেতে পারি। এই হতে হতে রাত্রি প্রায় ভোর হয়ে এসেছে। চেয়েই আছি, হঠাৎ দেখি, একখানি হাত; মার হাতখানি মশারির উপর থেকে নেমে এল। দেখেই চিনেছি, অসাড় হয়ে পড়ে আছি– মনে হল মা যেন বলছেন, 'কোথায় ব্যথা? এইখানে?' বলে হাতটি এসে টক করে লাগল ঠিক বুকের সেইখানটিতে। সমস্ত শরীরটা যেন চমকে উঠল, ভালো করে চার দিকে তাকালুম, কেউ কোথাও নেই। ব্যথা? নড়ে চড়ে দেখি তাও নেই। অসাড় হয়ে শুয়ে ছিলুম, নড়বার শক্তিটুকুও ছিল না একটু আগে– সেই আমি বিছানায় উঠে বসলুম। কী বলব, নিজের মনেই কেমন অবাক লাগল।

বিছানা ছেড়ে ধীরে ধীরে বাইরে এলুম দিব্যি মানুষ অসুখের কোনো চিহ্ন নেই। দোরগোড়ায় চাকর শুয়ে ছিল, সে ধড়মড় করে উঠে এগিয়ে এল। বললুম, 'কাউকে ডাকিস নে। চুপচাপ একটু ঠাণ্ডা জল দে দেখিনি আমার হাতে।' সে ঠাণ্ডা জল এনে দিলে, আমি তা ভালো করে মুখে মাথায় দিয়ে বেশ ঠাণ্ডা হয়ে চাকরকে বললুম 'যা এবারে আমার জন্যে এক পেয়ালা চা, পুরু করে মাখন দিয়ে দুখানি পাঁউরুটি টোস্ট তৈরি করে, বাইরে বারান্দায় যেখানে বসে আমি ছবি আঁকি সেখানে এনে দে। আর দেখ, তামাকও সেজে আনবি ভালো করে।' চাকর নিয়ে এল। গরম গরম চা রুটি খেয়ে গড়গড়ার নলটি মুখে দিয়ে আরাম করে টানতে লাগলুম। তখন পাঁচটা বেজেছে, দাদা তেতলার সিঁড়িতে দাঁড়িয়ে আমায় বারান্দায় বসে থাকতে দেখে অবাক। বললেন, 'এ কী, তুমি যে বাইরে এসে বসেছ? বললুম, 'ভালো হয়ে গেছি দাদা।' নেলি, করুণা, অলকের মা, তারা উঠে দেখে বিছানায় রুগী নেই, গেল কোথায়? এঘরে ওঘরে খোঁজাখুঁজি করে বারান্দায় এসে সকলে চেঁচামেচি, 'কখন তুমি আবার বাইরে উঠে এলে, একটুও জানতে পারি নি।' বললুম, 'জানবে কী করে, আমি যে ভালো হয়ে গেছি একেবারে। আর তোমরা ভেবো না মিছে।' বলতে বলতেই মহেন্দ্রবাবু ডাক্তার এসে উপস্থিত। আমায় বারান্দায় দেখেই থমকে দাঁড়ালেন। বললুম, 'আর আপনাদের দরকার নেই।' মহেন্দ্রবাবু হেসে বললেন, 'ভালো কথা, সেরে উঠেছেন তা হলে? খাওয়া দাওয়া কী করলেন? বেশ বেশ, এবারে সুস্থ মানুষের মতো চলাফেরা করুন। দেখুন কীরকম আপনার রোগ তাড়িয়ে দিয়েছি আমরা।'

মহেন্দ্রবাবু থাকতে থাকতেই ডাক্তার ব্রাউন উঠে এলেন খটখট করে সিঁড়ি বেয়ে উপরে। আমাকে কুশলপ্রশ্ন করতেই তাঁর হাত ধরে ঝাঁকুনি দিয়ে হ্যাণ্ডশেক করে বললুম, 'গুডবাই ডাক্তার। আর তোমার দরকার নেই, যেতে পারো তুমি।' সাহেব হাসিমুখে চলে গেলেন। তাঁরা চলে যেতে মনে খটকা লাগল। ডাক্তারদের ফিরিয়ে দিলুম, বললুম আর দরকার হবে না; কী জানি যদি আবার ব্যথা ওঠে বিকেলের দিকে? মনটা কেমন খুঁতখুঁত করতে লাগল। এমন সময়ে অমরনাথ হোমিয়োপ্যাথ ডাক্তার এসেছেন আমার খবর নিতে, তাঁকে বললুম, 'একটু হোমিয়োপ্যাথিই আমায় দিয়ে যাও, রেখে দিই।' যদি ব্যথা ওঠে তো খাব। তিনি বললেন, 'নিশ্চয়ই, আমি এখনি গিয়ে পাঠিয়ে দিচ্ছি।' তিনি চলে যেতে এলেন বৃদ্ধ ডি. এন. রায়, তিনিও ডাক্তার, মাকে দেখতেন শুনতেন, প্রায়ই আসতেন, তিনি এসেছেন আমায় দেখতে– খবর রটে গিয়েছিল চার দিকে, আজ রাত কাটে কি না-কাটে, এমন অবস্থা। বৃদ্ধ এসেই বললেন, 'হবে না লিভারে ব্যথা? এই বয়সে এতগুলি বই লেখা!' 'এতগুলি বই আবার কোথায়?' তিনি বললেন, 'তা নয় তো কী? বাড়ির মেয়েরা সেদিন পড়ছিল দেখলুম যে আমি।' 'সে তো দুখানি মাত্র বই, শকুন্তলা আর ক্ষীরের পুতুল' 'ঐ হল। দুখানাই কি কম? এই বয়সে দু খানা বই লিখলে, এত এত ছবি আঁকলে, তোমার লিভার পাকবে না তো পাকবে কার?' এতখানি বয়সে ছেলেদের জন্য দুখানি মাত্র বই লিখেছি, সেই হয়ে গেল এতগুলি বই লেখা! হেসে বাঁচি নে তাঁর কথা শুনে।

যাক সে যাত্রা তো সেরে উঠলুন। বৃদ্ধ ডি. এন. রায়ও আমায় হোমিয়োপ্যাথি ওষুধ দিয়ে গিয়েছিলেন অনেক সাহস দিয়ে। কিন্তু সেই যে ব্যথা অদৃশ্য হল একেবারেই হল। চলে যাবার পর একটু রেশ থাকে, তাও রইল না, বুঝতেই পারতুম না যে এতখানি যন্ত্রণা পেয়েছি কয়েক ঘণ্টা আগেও। দুদিন বাদেই বেশ চলে ফিরে বেড়াতে লাগলুম, ঠিক আগের মতো। তা সেইবারে ভালো হয়ে একদিন আমার মনে হল, ভগবানকে ডাকলুম না একদিনও এই এতখানি বয়সে! প্রায় তো টেঁসেই যাচ্ছিলুম এবারে। পরপারের চিন্তা তো জাগে নি মনে কখনো, ও পারে গিয়ে জবাব দিতুম কী? তাই তো, ভাবনাটা মনে কেবলই ঘোরাফেরা করতে লাগল। অলকের মাকে এসে বললুম, 'দেখো, একটা কাঠের চৌকি চৌতলার ছাদের উপরে পাঠিয়ে দিয়া দেখিনি চাকরদের দিয়ে। চৌকিটা ওখানেই থাকবে। কাল থেকে রোজ আমি সময়মত সেখানে নিরিবিলিতে বসে খানিকক্ষণ ভগবানের নাম করব।' পরদিন সকালবেলা গেলুম চৌতলার ছাতে। তখনো চারিদিক ফরসা হয় নি। চৌকিতে বসলুম পুবমুখো হয়ে চোখ বুজে ডাকতে লাগলুম ভগবানকে। কী আর ডাকব, ভাবব, জানি নে তো কিছুই। মনে মনে ভগবানের একটা রূপ কল্পনা করে নিয়ে বলতে লাগলুম– 'এতদিন তোমায় ডাকি নি, বড়ো ভুল হয়েছে– দয়াময় প্রভু, ক্ষমা করো আমায়।' এমনি সব নানা ছেলেমানুষি কথা। আর চেষ্টা চলছে প্রাণে ভাব জাগিয়ে চোখে দু ফেঁটা জল যদি আনতে পারি। এমন সময়ে মনে হল কানের কাছে কে যেন বলে উঠল,

'চোখ বুজে কী দেখছিস, চোখ মেলে দেখ।' চমকে মুখ তুলে চেয়ে দেখি সামনে আকাশ লাল টকটক করছে, সূর্যোদয় হচ্ছে। সে কী রঙের বাহার, মনে হল যেন সৃষ্টিকর্তার গায়ের জ্যোতি ছড়িয়ে দিয়ে সূর্যদেব উদয় হচ্ছেন। সৃষ্টিকর্তার এই প্রভা চোখ মেলে না-দেখে আমি কিনা চোখ বুজে তাঁকে দেখতে চেষ্টা করছিলুম! সেদিন বুঝলুম আমার রাস্তা এ নয়; চোখ বুজে তাঁকে দেখতে চাওয়া আমার ভুল। শিল্পী আমি, দুচোখ মেলে তাঁকে দেখে যাব জীবনভোর।

বারীন ঘোষকেও তাই বলেছিলুম। একদিন সে এল আমার কাছে– বললে, 'ছবি আঁকা শিখব আপনার কাছে।' বললুম, 'তা তো শিখবে, কিছু এঁকেছ কি? দেখাও না।' সে একখানি দুর্গার ছবি দেখালে। বললে, 'এইটি এঁকেছি। দুর্গার ছবি যেমন হয় তেমনি এঁকেছে। বললুম, 'তা দুর্গা যে এঁকেছ, কী করে আঁকলে। সে বললে, 'ধ্যানে বসে একটা রূপ ঠিক করে নিয়েছিলুম। পরে তাই আঁকলুম।' আমি বললুম, 'তা হবে না, বারীন। ধ্যানে দেখলে চলবে না, চোখ খুলে দেখতে শেখো, তবেই ছবি আঁকতে পারবে। যোগীর ধ্যান ও শিল্পীর ধ্যানে এইখানেই তফাত।'

এই আকাশে মেঘ ভেসে যাচ্ছে; কত রঙ, কত রূপ তার, কত ভাবে ভঙ্গিতে তার চলাচল। সেই যেবারে অসুখে ভুগেছিলুম, হাঁটাহাঁটি বেশি করা বারণ, বেশির ভাগ সময় বারান্দায় ইজিচেয়ারে বসেই কাটিয়ে দিতুম চুপচাপ স্থির হয়ে সামনে খোলা আকাশ, একমনে দেখতুম তা। সেই সময়ে দেখেছি কত বৈচিত্র্য আকাশের গায়ের মেঘগুলিতে। কত রূপ দেখতে পেতুম তাতে– বাড়িঘর, বনজঙ্গল, পশুপাখি, নদীপাহাড়– যেন মানসসরোবরের রূপ ভেসে উঠত চোখের সামনে। একবার মনে হয়েছিল এই মেঘেরই এক সেট ছবি আঁকি। কত আলপনা ভেসে যাচ্ছে মেঘের গায়ে গায়ে।

সেদিন একটি ছেলেকে দেখি ডিজাইন আঁকবে, তা কাগজ সামনে নিয়ে উপরে কড়িকাঠের দিকে চেয়ে আছে। বললুম, 'ওরে, উপরে কী দেখছিস। ডিজাইন কি কাড়কাঠে গলায় দড়ি দিয়ে বুলছে? বাইরে আকাশের দিকে চেয়ে দেখ, কত ডিজাইনের ছড়াছড়ি সেখানে। তাও না হয়, কাগজের দিকেই চেয়ে থাক্‌। কড়িকাঠে কী পাবি?' কাগজের দিকে তাকিয়ে থাকলেও অনেক সময়ে অনেক জিনিস দেখা যায়। জাপানিরা তো যে কাগজে আঁকবে সেই কাগজটি সামনে নিয়ে বসে বসে দেখে; তার পর তাতে আঁকে। টাইকানকে দেখতুম ছবি আঁকবে, পাশে রঙ কালি গুলে তুলিটি হাতের কাছে রেখে ছবি আঁকবার কাগজটির সামনে দোজানু হয়ে বসল ভোঁ হয়ে। একদৃষ্টে কাগজটি দেখল খানিক। তার পর এক সময়ে তুলিটি হাতে নিয়ে কালিতে ডুবিয়ে দু-চারটে লাইন টেনে ছেড়ে দিলে, হয়ে গেল একখানি ছবি। কাগজেই ছবিটি দেখতে পেত; দু-একটি লাইনে তা ফুটিয়ে দেখবার অপেক্ষা মাত্র থাকত।

১৪

টাইক্কান ছিল বড়ো মজার মানুষ। ওকাকুরা শেষবার যখন এসেছিলেন যাবার সময় বলে গিয়েছিলেন, 'আমি জাপানে গিয়ে আমাদের দু-একটি আর্টিস্ট পাঠিয়ে দেব। তারা এ দেশ দেখবে, নিজেরা ছবি এঁকে যাবে, তোমরা দেখতে পাবে তাদের কাজ; তাদেরও উপকার হবে, তোমাদেরও কাজে লাগবে।' তিনি ফিরে গিয়ে দুটি আর্টিস্ট পাঠালেন– টাইক্কানকে আর হিশিদাকে। ছেলেমানুষ তখন তারা। টাইক্কানের তবু একটু মুখচোখের কাঠকাঠ গড়ন ছিল, একরকম লাগত বেশ; হিশিদা ছিল একেবারে কচি, ছোট্টখাট্ট ছেলেটি। তার মুখটি দেখলে কে বলবে যে এ ছেলে; ঠিক যেন একটি জাপানি মেয়ে, ছেলের বেশে, প্যান্টকোটপরা; আপেলের মতো লাল টুকটুক করছে দুটি গাল, কাচের মতো কালো চোখ, মিষ্টি মুখের ভাবখানি। আমি ঠাট্টা করে তাকে বলতুম, 'তুমি হলে মিসেস টাইক্কান।' শুনে তারা দুজনেই হেসে অস্থির হত।

টাইক্কান আর হিশিদা সুরেনের বাড়িতেই থাকত; এ দিকে ও দিকে ঘুরে ঘুরে খুব ছবি আঁকত। অনবরত স্কেচ করে যেত; কত সময়ে দেখতুম, গাড়িতে যাচ্ছি, টাইক্কান রাস্তার এ দিকে ও দিকে তাকাতে তাকাতে বাঁ হাত বের করে তার তেলোতে ডান হাতের আঙুল বুলিয়ে চলেছে। আমি জিজ্ঞেস করতুম, ও কী করছ টাইক্কান?' সে বলত, 'ফরমটা মনে রাখছি। একবার হাতের উপর বুলিয়ে নিলুম, লাইন মনে থাকবে বেশ।' কখনো-বা দেখতুম তাড়াতাড়ি জামার আস্তিন টেনে তাতে পেনসিল কলম দিয়ে স্কেচ করছে। নিজের সাজসজ্জার দিকে তার লক্ষ্যই ছিল না তেমন– মস্ত বড়ো একটা খড়ের হ্যাট মাথায় দিয়ে রোদে রোদে কলকাতার শহর বাজার ঘুরে বেড়াত, খেয়ালই করত না, লোকে কী ভাববে তার ঐ খ্যাপার মতো সাজ দেখে। কিছু বলতে গেলে হাসত, বলত, 'কী আর হয়েছে তাতে। জানো, এই টুপি রোদ্দুরে বেশ ঠান্ডা রাখে মাথা।' টাইক্কান আমাদের স্টুডিয়োতে আসত, বসে কাজ করত। সেই সব ছবির আবার একজিবিশন হত, লোকে কিনত। আমরাও অনেক সময়ে ফরমাশ দিয়ে ছবি আঁকাতুম। বিদেশে এসেছে, তাদের খরচ চালাতে হবে তো ঐ ছবির টাকা দিয়েই খরচ চলত।

প্রথম টাইক্কান ছবি আঁকলে সিল্কের উপরে হালকা কালি দিয়ে, চোখেই পড়ে না। আমাদের মোগল পার্শিয়ান ছবির কড়া রঙ দেখে দেখে অভ্যেস; আর

এ দেখি, রঙ নেই, কালি নেই, হালকা একটু ধোঁয়ার মতো– এ আবার কী ধরনের ছবি! এত আশা করেছিলুম জাপানি আর্টিস্ট আসবে, তাদের কাজ দেখব, কী করে তারা ছবি আঁকে, রঙ দেয়। আর এ দেখি কোথেকে একটু কয়লার টুকরো কুড়িয়ে এনে তাই দিয়ে প্রথমে সিঙ্কে আঁকলে, তার পর পালক দিয়ে বেশ করে ঝেড়ে তার উপরে একটু হালকা কালি বুলিয়ে দিলে, হয়ে গেল ছবি। মন খারাপ হয়ে গেল। সুরেনকে বললুম, 'ও সুরেন, ছবি যে দেখতেই পাচ্ছি নে স্পষ্ট।' সুরেন বললে, 'পাবে পাবে, দেখতে পাবে, অভ্যেস হোক আগে। সত্যিই তাই। কিছুদিন বাদে দেখি, দেখার অভ্যেস হয়ে গেল; তাদের ছবি ভালোও লাগতে লাগল। অনেক ছবি এঁকেছিল তারা। আমাদের দেবদেবীর ছবি আঁকবে, বর্ণনা দিতে হত শাস্ত্রমতে। টাইক্কান এঁকেছিল সরস্বতী ও কালীর ছবি দুটি; সরলার মা কিনে নিলেন।

আমাদের স্টুডিয়োর জন্যে ছবি আঁকাব, দেয়ালে ছিল মস্ত বড়ো একটা বিলিতি অয়েলপেন্টিং– সেটা রাজেন মল্লিককে বিক্রি করে দিলুম। সেই দেয়ালের মাপে টাইক্কানকে বললুম ছবি এঁকে দিতে। রাসলীলা আঁকবে। বললে, 'বর্ণনা দাও।' বর্ণনা দিলুম। এদেশী মেয়েরা কী করে শাড়ি পরে দেখাতে হবে। বাড়ির একটি ছোটো মেয়েকে ধরে এনে তাকে মডেল করে দেখালুম, এই করে শাড়ির আঁচলা ঘুরে ঘুরে যায়। শাড়ির ঘোরপেঁচ স্টাডি হল। কোথায় কী গহনা দিতে হবে পুরোনো মুর্তি, ছবি, ফোটো দেখিয়ে বুঝিয়ে দিলুম। সব হল। এইবার সে মেঝে জুড়ে কাগজ পেতে ছবি আরম্ভ করলে। প্রথমে কয়লা দিয়ে সিঙ্কে ড্রইং করে তার পর একটা আসন পেতে চেপে বসল ছবির উপরে। রঙ লাগাতে লাগল একধার থেকে। দেখতে দেখতে কদিনের মধ্যেই ছবি শেষ হয়ে এল। আকাশে চাঁদের আলো ফুটল, সবই হল, কিন্তু টাইক্কান ছবি আর শেষ করছে না কিছুতেই। বালিগঞ্জের দিকে থাকত, সকালেই চলে আসত, এসেই ছবির উপরে ঢাকা দেওয়া কাপড়টি সরিয়ে ছবির দিকে চেয়ে চেয়ে দেখে আর কেবলই এ দিকে ও দিকে ঘাড় নাড়ে, কী যেন মনের মতো হয় নি এখনো। রোজই দেখি এই ভাব। জিজ্ঞেস করি, 'কোথায় তোমার আটকাচ্ছে।' সে বলে, 'বুঝতে পারছি নে ঠিক, তবে এইটে বুঝছি এতে একটা অভাব রয়ে গেছে।' এই কথা বলে, ছবি দেখে আর ঘাড় দোলায়। একদিন হল কি, এসেছে সকালবেলা, স্টুডিয়োতে ঢুকেছে– তখন শিউলি ফুল ফুটতে আরম্ভ করেছে, বাড়ির ভিতর থেকে মেয়েরা থালা ভরে শিউলি ফুল রেখে গেছেন সে-ঘরে, হাওয়াতে তারই কয়েকটা পড়েছে এখানে ওখানে ছড়িয়ে টাইক্কান তাই-না দেখে ফুলগুলি একটি একটি করে কুড়িয়ে হাতে জড়ো করলে। আমি বসে বসে দেখছি তার কাণ্ড। ফুলগুলি হাতে নিয়ে ছবির উপরে ঢাকা দেওয়া কাপড়টি একটানে তুলে ছবির সামনে জমিতে হাতের সেই ফুলগুলি ছড়িয়ে দিলে, দিয়ে ভারি খুশি। থালা থেকে আরো ফুল নিয়ে ছবির সারা গায়ে আকাশে মেঘে গাছে সব জায়গায় ছড়িয়ে দিলে। এবারে টাইক্কানের মুখে হাসি আর ধরে না। একবার করে উঠে দাড়ায়, দূর থেকে

ছবি দেখে, আর তাতে ফুল ছড়িয়ে দেয়– এই করে করে থালার সব কটি ফুলই ছবিতে সাজিয়ে দিলে। সে যেন এক মজার খেলা। ফুল সাজানো হলে ছবিটি অনেকক্ষণ ধরে দেখে এবারে ফুলগুলি সব আবার তুলে নিয়ে রাখলে থালাতে। শুধু একটি শিউলি ফুল নিলে বাঁ হাতে, আসন চাপালে ছবির উপরে, তার পর সাদা কমলা রঙ নিয়ে লাগল ছবিতে ফুলকারি করতে। একবার করে বাঁ হাতে ফুলটি ঘুরিয়ে ফিরিয়ে দেখে আর ফুল আঁকে। দেখতে দেখতে ছবিটি ফুলে ফুলে সাদা হয়ে গেল– আকাশ থেকে যেন পুষ্পবৃষ্টি হচ্ছে, হাওয়াতে ফুল ভেসে এসে পড়েছে রাসলীলার নাচের মাঝে। রাধার হাতে দিলে একটি কদমফুল, গলায়ও দুলিয়ে দিলে শিউলিফুলের মালা, কৃষ্ণের বাঁশিতে জড়ালে একগাছি। ফুলের সাদায় জ্যোৎস্না রাত্তির যেন ফুটে উঠল। এইবার টাইক্কান ছবি শেষ করলে, বললে, ‘এই অভাবটাই মেটাতে পারছিলুম না এতদিন।’ সেই ছবি শেষে একদিন দেয়ালে টাঙানো হল। টাইক্কান নিজের হাতে বাঁধাই করলে, বালুচরী শাড়ির আঁচলা লাগিয়ে দিলে ফ্রেমের চার দিকে। বন্ধুবান্ধবদের ডেকে পার্টি দেওয়া হল স্টুডিয়োতে রাসলীলা দেখবার জন্য। বেড়ো মজায় কেটেছে সে-সব দিন।

টাইক্কান আমায় লাইন ড্রইং শেখাত, কী করে তুলি টানতে হয়। আমরা তাড়াতাড়ি লাইন টেনে দিই– তার কাছেই শিখলুম একটি লাইন কত ধীরে ধীরে টানে তারা। আমার কাছেও সে শিখত মোগল ছবির নানান টেকনিক। এমন একটা সৌহার্দ ছিল আমাদের মধ্যে– বিদেশী শিল্পী আর দেশী শিল্পীর মধ্যে কোনো তফাত ছিল না। এখন সেইটে বড়ো দেখতে পাই নে।

টাইক্কান দেখতুম রীতিমত নেচার স্টাডি করত– আমাদের দেশের পাতা ফুল, গাছপালা, মানুষের ভঙ্গি, গহনা, কাপড়চোপড়, যেখানে যেটি ভালো লেগেছে খাতার পর খাতা ভরে নিয়ে গেছে। বিশেষ করে ভারতবর্ষের লোকদের মুখচোখের ছাঁদ, ভারতীয় বৈশিষ্ট্য দস্তুরমত অনুশীলন করেছে। সেই সময়ে টাইকানের ছবি আঁকা দেখে দেখেই একদিন আমার মাথায় এল, জলে কাগজ ভিজিয়ে ছবি আঁকলে হয়। টাইক্কানকে দেখতুম ছবিতে খুব করে জলের ওয়াশ দিয়ে ভিজিয়ে নিত। আমি আমার ছবিশুদ্ধ কাগজ দিলুম জলে ডুবিয়ে তুলে দেখি বেশ সুন্দর একটা এফেক্ট হয়েছে। সেই থেকে ওয়াশ প্রচলিত হল।

খুব কাজ করত টাইক্কান। হিশিদা ততটা করত না, সে বেশ এখানে ওখানে ঘুরে বেড়াত। কোথায় একটু কী মাটির টুকরো পেলে, তাই ঘষে রঙ বের করলে। বাগানে সিমগাছ ছিল, ঘুরতে ঘুরতে দু-চারটে পাতা ছিঁড়ে এনে হাতে ঘষে লাগিয়ে দিলে ছবিতে। কুলগাছের ডাল পড়ে আছে কোথায়, তাই এনে একটু পুড়িয়ে কাঠ কয়লার কাঠি বানিয়ে ছবি এঁকে ফেললে। বেচারা জাপানে ফিরে গিয়েই মারা গেল। মাস কয়েক ছিল তারা এদেশে। বলেছিল আবার আসবে, আবার আর-একদল আর্টিস্ট পাঠাবে। তা আর হল না। হিশিদা বেঁচে থাকলে খুব বড়ো আর্টিস্ট হত। একটি ছবি এঁকেছিল– দূরে সমুদ্রে আকাশে মিলে গেছে, সামনে বালুর চর, ছবিতে একটি মাত্র ঢেউ এঁকেছে যেন এসে আছড়ে পড়ছে

পাড়ে। সে যে কী সুন্দর কি বলব। পান্নার মতো ঢেউয়ের রঙটি, তার গর্জন যেন কানে এসে বাজত স্পষ্ট। বড়ো লোভ হয়েছিল সেই ছবিতে। হিশিদা তো মরে গেল, টাইক্কান ছিল বেঁচে। খুব ভাব হয়ে গিয়েছিল তাদের সঙ্গে, অন্তরঙ্গ বন্ধুর মতো। বরাবর চিঠিপত্র লিখে খোঁজখবর রাখত।

রবিকা সেবার জাপানে যাবেন, নন্দলালকে নিয়ে গেলেন সঙ্গে, ওদের দেশে আর্টিস্টদের ভিতরে গিয়ে থেকে দেখশুনে আসবে। নন্দলালকে বললুম, 'টাইক্কানের কাছে যাবে, খালি হাতে যেতে নেই।' আমার কাছে ছিল একটি খোদাই করা ব্রোঞ্জ, বহু পুরোনো, নবাবদের আমলে ঘোড়ার বকলসে একটা কোনো জায়গার ডেকোরেশন হবে। সেইটি নন্দলালকে দিয়ে বললুম, 'এইটি টাইক্কানকে দিয়ো আমার নাম করে। এক দিকে আংটার মতো আছে, বেশ ছবি টাঙাতে পারবে।' আর তার স্ত্রীর জন্য দিলুম আমাদের দেশের শাড়ি ও জামার কাপড় কিছু। পরে নন্দলাল যখন ফিরে এল তার কাছে শুনি, টাইক্কান সেই ব্রোঞ্জটি হাতে নিয়ে মহা খুশি, ঘুরিয়ে ফিরিয়ে দেখে আর হাসে।

ওকাকুরা যখন প্রথমবার আসেন এ দেশে, যতদূর মনে পড়ে কলকাতায় সুরেনের বাড়িতেই ছিলেন। সেবার খুব বেশি আলাপ হয় নি তাঁর সঙ্গে। মাঝে মাঝে যেতুম, দেখতুম বসে আছেন তিনি একটা কৌচে। সামনে ব্রোঞ্জের একটি পদ্মফুল, তার ভিতরে সিগারেট গোঁজা; একটি করে তুলছেন আর ধরাচ্ছেন। বেশি কথা তিনি কখনোই বলতেন না। বেঁটেখাটো মানুষটি সুন্দর চেহারা, টানা চোখ, ধ্যাননিবিষ্ট গম্ভীর মূর্তি। বসে থাকতেন ঠিক যেন এক মহাপুরুষ। রাজভাব প্রকাশ পেত তাঁর চেহারায়। সুরেনকে খুব পছন্দ করতেন ওকাকুরা। সুরেন সম্বন্ধে বলতেন : He is fit to be a king.

দ্বিতীয়বার যখন এলেন দশ বছর পরে, তখন আমি আর্টের লাইনে ঢুকেছি। প্রায়ই আমাদের জোড়াসাঁকোর স্টুডিয়োতে বসে শিল্প সম্বন্ধে আলাপ-আলোচনা হত। নন্দলালদের তিনি আর্টের ট্র্যাডিশন অবজার্ভেশন ও ওরিজিনালিটি বোঝাতেন তিনটি দেশলাইয়ের কাঠি দিয়ে; দেবতার মতো ভক্তি করত ওকাকুরাকে জাপানিরা। আমাদের ছিল এক জাপানি মালী। ওকাকুরা এসেছেন শুনে দেখা করবার খুব ইচ্ছে হল তার। স্টুডিয়োতে বসে আছেন ওকাকুরা, নন্দলালের সঙ্গে কথাবার্তা কইছেন, সে এসে দরজার পাশে দূর থেকে উঁকিঝুঁকি দিতে লাগল। বললুম, 'এসো ভিতরে।' কিছুতেই আর আসে না, দূরে দাঁড়িয়েই কাঁচুমাঁচু করে। খানিক বাদে ওকাকুরার নজরে পড়তে তিনি ডান হাতের তর্জনী তুলে ভিতরের দিকে নির্দেশ করলে পর সে হাঁটু মুড়ে সেখান থেকেই মাথা ঝুঁকতে ঝুঁকতে ঘরে এল। ওকাকুরাও দু-একটা কথা জিজ্ঞাসাবাদ করলেন। সে আবার সেইভাবেই হাঁটু মুড়ে বেরিয়ে গেল। যতক্ষণ ঘরে ছিল সোজা হয়ে দাঁড়ায় নি। পরে তাকে জিজ্ঞেস করলুম, 'তুমি ওভাবে ছিলে কেন?' সে বললে, 'বাবা! আমাদের দেশে ওঁর কাছে যাওয়া কি সহজ কথা? আমাদের কাছে উনি যে দেবতার মতো!'

সেবার ওকাকুরা ভারতবর্ষ ঘুরে ঘুরে দেখবেন। অনেক জায়গা ঘোরা হয়ে গেছে, আর দু-চার জায়গা দেখা বাকি। বললুম, 'যাচ্ছ যখন, কোনারকের মন্দিরটা ঘুরে দেখে এসো একবার। নয়তো ভারতবর্ষের আসল জিনিসই দেখা হবে না।' ওকাকুরা বললেন, 'পুরীর মন্দিরও দেখবার বড়ো ইচ্ছে আমার। ব্যবস্থা করে দিতে পার?' তখন তিনি কঠিন রোগে ভুগছেন, ভাঙা শরীর; তাই নিয়েই এসেছেন বিদেশে বিভুঁয়ে ভারতের শিল্পকীর্তি দেখতে। জগন্নাথের ডাক পড়েছে আমার বিদেশী শিল্পী-ভাইকে। কিন্তু জগন্নাথ ডাকেন তো ছড়িদার ছাড়ে না; লাটবেলাটকে পর্যন্ত বাধা দেয় এত বড়ো ক্ষমতা সে ধরে, তাকে কিভাবে এড়ানো যায়। শিল্পীতে শিল্পীতে মন্ত্রণা বসে গেল। চুপি চুপি পরামর্শটা হল বটে, কিন্তু বন্ধু গেলেন জগবন্ধু দর্শন করতে দিনের আলোতে রাজার মতো। দ্বার খুলে গেল, প্রহরী সসম্মানে একপাশ হল, জাপানের শিল্পী দেখে এলেন ভারতের শিল্পীর হাতে গড়া দেবমন্দির, বৈকুণ্ঠ, আনন্দবাজার মায় দেবতাকে পর্যন্ত।

বড়ো খুশি হয়েছিলেন ওকাকুরা সেবারে কোনারক দেখে। বললেন, 'কোনারক না দেখলে এবারকার আসাই আমার বৃথা হত। ভারত-শিল্পের প্রাণের খবর মিলল আমার ওখানে।' তাঁর বিদায়ের দিনের শেষ কথা আমার এখনো মনে আছে, ধন্য হলেম, আনন্দের অবধি পেলেম, এইবার পরপারে মুখে যাত্রা করি।' দেশে ফিরে গিয়ে কিছুকালের মধ্যেই মারা যান ওকাকুরা।

সেবারেই তিনি বলেছিলেন নন্দলালদের, 'দশ বছর আগে যখন আমি এসেছিলাম তখন তোমাদের আজকালকার আর্ট বলে কিছুই দেখিনি। এবারে দেখছি তোমাদের আর্ট হবার দিকে যাচ্ছে। আবার যদি দশ বছর বাদে আসি তখন হয়তো দেখব হয়েছে কিছু।'

তিনিও আর এলেন না, আমিও বসে আছি দেখবার জন্যে– কই দেখছি না তো। হয়তো আবার আমায় আসতে হবে। পথ আছে কি?

১৫

ভারতবর্ষকে বিদেশী যারা সত্যিই ভালোবেসেছিলেন তাঁদের মধ্যে নিবেদিতার স্থান সবচেয়ে বড়ো। বাগবাজারের ছোট্ট ঘরটিতে তিনি থাকতেন, আমরা মাঝে মাঝে যেতুম সেখানে। নন্দলালদের কত ভালোবাসতেন, কত উৎসাহ দিতেন। অজন্তায় তো তিনিই পাঠালেন নন্দলালকে। একদিন আমায় নিবেদিতা বললেন, 'অজন্তায় মিসেস হ্যারিংহাম এসেছে। তুমিও তোমার ছাত্রদের পাঠিয়ে দাও, তার কাজে সাহায্য করবে। দু পক্ষেরই উপকার হবে। আমি চিঠি লিখে সব ঠিক করে দিচ্ছি।' বললুম, 'আচ্ছা'। নিবেদিতা তখন মিসেস হ্যারিংহামকে চিঠি লিখে দিলেন। উত্তরে মিসেস হ্যারিংহাম জানালেন, বোম্বে থেকে তিনি আর্টিস্ট পেয়েছেন তাঁর কাজে সাহায্য করবার। এঁরা সব নতুন আর্টিস্ট, জানেন না কাউকে, ইত্যাদি ইত্যাদি।

নিবেদিতা ছেড়ে দেবার মেয়ে নন। বুঝেছিলেন এতে করে নন্দলালদের উপকার হবে। যে করে হোক পাঠাবেনই তাদের। আবার তাঁকে চিঠি লিখলেন। আমায় বললেন, 'খরচপত্তর সব দিয়ে এদের পাঠিয়ে দাও অজন্তায়। এ রকম সুযোগ ছেড়ে দেওয়া চলবে না।' নিবেদিতা যখন বুঝেছেন এতে নন্দলালের ভালো হবে, আমিও তাই মেনে নিয়ে সমস্ত খরচপত্তর দিয়ে নন্দলালদের ক'জনকে পাঠিয়ে দিলুম অজন্তায়। পাঠিয়ে দিয়ে তখন আমার ভাবনা। কী জানি, পরের ছেলে, পাহাড়ে জঙ্গলে পাঠিয়ে দিলুম, যদি কিছু হয়। মনে আর শান্তি পাই নে, গেলুম আবার নিবেদিতার কাছে। বললুম, 'সেখানে ওদের খাওয়াদাওয়াই বা কী হচ্ছে, রান্নার লোক নেই সঙ্গে, ছেলেমানুষ সব।' নিবেদিতা বললেন, 'আচ্ছা, আমি সব বন্দোবস্ত করে দিচ্ছি।' বলে গণেন মহারাজকে ডাকিয়ে আনলেন। ডাল চাল তেল নুন ময়দা ঘি আর একজন রাঁধুনি সঙ্গে দিয়ে বিলিব্যবস্থা বলে কয়ে গণেনকে পাঠিয়ে দিলেন নন্দলালদের কাছে। তবে নিশ্চিন্ত হই।

নিবেদিতা নইলে নন্দলালদের যাওয়া হত না অজন্তায়। কী চমৎকার মেয়ে ছিলেন তিনি। প্রথম তাঁর সঙ্গে আমার দেখা হয় আমেরিকান কনসলের বাড়িতে। ওকাকুরাকে রিসেপশন দিয়েছিল, তাতে নিবেদিতাও এসেছিলেন। গলা থেকে পা পর্যন্ত নেমে গেছে সাদা ঘাগরা, গলায় ছোট্ট ছোট্ট রুদ্রাক্ষের এক ছড়া মালা; ঠিক যেন সাদা পাথরের গড়া তপস্বিনীর মূর্তি একটি। যেমন ওকাকুরা এক দিকে,

২২৬

তেমনি নিবেদিতা আর-এক দিকে। মনে হল যেন দুই কেন্দ্র থেকে দুটি তারা এসে মিলেছে। সে যে কী দেখলুম কি করে বোঝাই।

আর-একবার দেখেছিলুম তাঁকে। আর্ট সোসাইটির এক পার্টি, জাস্টিস হোমউডের বাড়িতে, আমার উপরে ছিল নিমন্ত্রণ করার ভার। নিবেদিতাকেও পাঠিয়েছিল নিমন্ত্রণ-চিঠি একটি। পার্টি শুরু হয়ে গেছে। একটু দেরি করেই এসেছিলেন তিনি। বড়ো বড়ো রাজারাজড়া সাহেব-মেম গিসগিস করছে। অভিজাতবংশের বড়োঘরের মেম সব; কত তাদের সাজসজ্জার বাহার, চুল বাঁধবারই কত কায়দা; নামকরা সুন্দরী অনেক সেখানে। তাদের সৌন্দর্যে ফ্যাশানে চার দিক ঝলমল করছে। হাসি গল্প গানে বাজনায় মাতৃ। সন্ধে হয়ে এল, এমন সময়ে নিবেদিতা এলেন। সেই সাদা সাজ, গলায় রুদ্রাক্ষের মালা, মাথার চুল ঠিক সোনালি নয়, সোনালি রূপোলিতে মেশানো, উঁচু করে বাঁধা। তিনি যখন এসে দাঁড়ালেন সেখানে, কী বলব যেন নক্ষত্রমণ্ডলীর মধ্যে চন্দ্রোদয় হল। সুন্দরী মেমরা তাঁর কাছে যেন এক নিমেষে প্রভাহীন হয়ে গেল। সাহেবরা কানাকানি করতে লাগল। উড্‌ রফ, ব্লান্ট এসে বললেন, ‘কে এ?’ তাঁদের সঙ্গে নিবেদিতার আলাপ করিয়ে দিলুম।

‘সুন্দরী’ ‘সুন্দরী’ কাকে বল তোমরা জানি নে। আমার কাছে সুন্দরীর সেই একটা আদর্শ হয়ে আছে। কাদম্বরীর মহাশ্বেতার বর্ণনা– সেই চন্দ্রমণি দিয়ে গড়া মূর্তি যেন মূর্তিমতী হয়ে উঠল।

নিবেদিতা মারা যাবার পর একটি ফোটো গণেন মহারাজকে দিয়ে জোগাড় করেছিলুম, আমার টেবিলের উপর থাকত সেখানি। লর্ড কারমাইকেল, তাঁর মতো আর্টিস্টিক নজর বড়ো কারো ছিল না। আমাদের নজরে নজরে মিল ছিল। আর্টেরই শখ তাঁর। জার্মানযুদ্ধের ঠিক আগে জাহাজ-বোঝাই তাঁর যা-কিছু ভালো ভালো জিনিস ও আমাদের আঁকা একপ্রস্থ ছবি বিলেত পাঠিয়েছিলেন। সেই জাহাজ গেল ডুবে ভূমধ্যসাগরে। তিনি দুঃখ করেছিলেন, ‘আমার আসবাবপত্র সব যায় যাক কোনো দুঃখ নেই, কিন্তু তোমাদের ছবিগুলো যে গেল এইটেই বড়ো দুঃখের কথা।’ নন্দলাল যখন এসে দুঃখ করলে তাকে স্তোকবাক্য দিয়েছিলুম, ‘ভালোই হয়েছে, এতে দুঃখ কি। আমি দেখছি জলদেবীরা আমাদের ছবিগুলো বরুণালয়ে টাঙিয়ে আনন্দ করছেন। গেছে যাক, ভেবো না।’ সেই লর্ড কারমাইকেল একদিন আমার টেবিলের উপর নিবেদিতার ফোটোখানি দেখে ঝুঁকে পড়লেন, বললেন, ‘এ কার ছবি?’ বললুম, ‘সিস্টার নিবেদিতার।’ তিনি বললেন, ‘এ-ই সিস্টার নিবেদিতা? আমার একখানি এইরকম ছবি চাই।’ বলেই আর বলা-কওয়া না, সেই ছবিখানি বগলদাবা করে চলে গেলেন। ছবিখানি থাকলে বুঝতে পারতে সৌন্দর্যের পরাকাষ্ঠা কাকে বলে। সাজগোজ ছিল না, পাহাড়ের উপর চাঁদের আলো পড়লে যেমন হয় তেমনি ধীর স্থির মূর্তি তাঁর। তাঁর কাছে গিয়ে কথা কইলে মনে বল পাওয়া যেত।

বিবেকানন্দকেও দেখেছি। কর্তাদাদামশায়ের কাছে আসতেন। দীপুদার

সহপাঠী ছিলেন; 'কি হে নরেন' বলে তিনি কথা বলতেন। বিবেকানন্দের বক্তৃতা শোনবার ভাগ্য হয় নি আমার, তাঁর চেহারা দেখেছি; কিন্তু আমার মনে হয় নিবেদিতার কাছে লাগে না। নিবেদিতার কী একটা মহিমা ছিল; কি করে বোঝাই সে কেমন চেহারা। দুটি যে দেখি নে আর উপমা দেব কী।

শিল্পের পথে চলতে চলতে ভালো মন্দ জ্ঞানী মূর্খ অনেকের সংস্পর্শেই এসেছি। সইতে হয়েছে অনেক কিছু। বলি এক ঘটনা।

লাটবন্ধুও আসত যেমন, রাজবন্ধুও আসত অনেক। রবিকা জাপান থেকে 'অন্ধ ভিখিরী' ছবি আনলেন; নামকরা শিল্পীর আঁকা, মস্ত সিল্কে। কী ছবির কারুকাজ, প্রতিটি চুলের কী টান, দেখলে অবাক হয়ে যেতে হয়। 'বিচিত্রা হলে' টাঙানো হল সেই ছবি। এখন এক রাজবন্ধু এসেছেন দেখতে; শিল্পের সমজদার বলে নাম আছে তাঁর। আমার দুর্বুদ্ধি, তাঁকে বোঝাতে গেছি জাপানি শিল্পীর তুলির টানের বাহাদুরি, কি করে একটি টানে একটি চুল এঁকেছে। রাজবন্ধু চোখ বুঝে ভাবলেন খানিক, ভেবে বললেন, 'অবনীবাবু, আমি দেখেছি গাড়ির চাকায় যারা লাইন টানে তারাও এর চেয়ে সূক্ষ্ম লাইন টানে।' শুনে আমার একেবারে বাক্‌রোধ। এমন ধাক্কা আমি কখনো খাই নি। দেখেছি ইউরোপীয়ানরা ঢের বেশি ছবি বুঝত, রস পেত, দু-এক কথাতেই বোঝা যেত তা।

রাজবন্ধু তো ঐ কথা বললেন অথচ দেখ একটা সামান্য লোকের কথা। ওরিয়েন্টাল সোসাইটির একজিবিশন হচ্ছে কর্পোরেশন স্ট্রীটের একতলা ঘরে। ভালো ভালো ছবি সব টাঙানো হয়েছে– লাটবেলাট, সাহেবসুবো, বাবুভায়া, কেরানি, ছাত্র, মাস্টার, পণ্ডিত সব ঘুরে ঘুরে দেখছেন। আমিও ঘুরছি বন্ধুদের সঙ্গে। কয়েকটি পাঞ্জাবী ট্যাক্সি ড্রাইভার রাস্তা থেকে উঠে এসে ঘুরে ঘুরে ছবি দেখতে লাগল। আমাদের ড্রাইভারটাও ছিল সেইসঙ্গে। কৌতূহল হল, দেখি, এরা ছবি সম্বন্ধে কী মন্তব্য করে। জিজ্ঞেস করলুম, 'কী, কিরকম লাগছে?' একটি ড্রাইভার একখানি খুব ভালো ছবিই দেখিয়ে বললে, এই ছবি খানি যেমন হয়েছে আর কোনোটা তেমন হয় নি। সেটা কার ছবি এখন মনে নেই। সেদিন বুঝলুম এরাও তো ছবি বোঝে। তার কারণ সহজ চোখে ছবি দেখতে শিখেছে এরা।

মতিবুড়ো একবার ঐরকম বলেছিলেন আমায়, 'ছোটোবাবু, একটা কথা বলব, রাগ করবেন না?'

বললুম, 'না, রাগ কেন করব, বলুন-না?'

দেখুন, ছোটোবাবু, আপনার ছাত্র নন্দলাল, সুরেন গাঙ্গুলি, ওরা ছবি আঁকে, দেখে মনে হয় বেশ যত্ন করে ভালো ছবিই এঁকেছে। কিন্তু আপনার ছবি দেখে তো তা মনে হয় না।

'ছবি বলে মনে হয় তো?'

'তাও নয়।'

'তবে কী মনে হয়?'

'মনে হয়–'

'বলেই ফেলুন-না, ভয় কি?'

'আপনার ছবি দেখলে মনে হয় আঁকা হয় নি মোটেই।'

'সে কী কথা! আপনার কাছে বসেই আঁকি আমি, আর বলছেন আঁকা বলেই মনে হয় না।'

'না, মনে হয় যেন ঐ কাগজের উপরেই ছিল ছবি।'

বড়ো শক্ত কথা বলেছিলেন তিনি। শক্ত সমালোচক ছিলেন বুড়ো, বড়ো সার্টিফিকেটই দিয়েছিলেন আমার। এ কথা ঠিক, এঁকেছি, চেষ্টা করেছি, এ-সমস্ত ঢাকা দেওয়াই হচ্ছে ছবির পাকা কথা। গান সম্বন্ধেও এই কথাই শাস্ত্রে বলেছে। আকাশের পাখি যখন উড়ে যায়, বাতাসে কোনো গতাগতির চিহ্ন রেখে যায় না। সুরের বেলা যেমন এই কথা, ছবির বেলাও সেই একই কথা।

১৬

সকাল থেকে ঝির ঝির করে বৃষ্টি পড়ছে। বসে থাকতে থাকতে মনে হল গঙ্গার রূপ— বর্ষায় গঙ্গা হয়তো ভরে উঠেছে এতক্ষণে।

সেবার এখান থেকে কলকাতায় গিয়ে একবার গেলুম দক্ষিণেশ্বরে গঙ্গাকে দেখতে। কিন্তু সে গঙ্গাকে যেন পেলেম না আর কোথাও। কোথায় গেল তার সেই রূপ। মনে হল কে যেন গঙ্গার আঁচল কেটে সেখানে বিচ্ছিরি একটা ছিটের কাপড় জুড়ে দিয়েছে। চারি দিকে খানিক তাকিয়ে তাকিয়ে দেখে ফিরে এলেম বাড়িতে। কিন্তু দেখেছি আমি গঙ্গার সেই রূপ।—

'বন্দ্য মাতা সুরধুনী, পুরাণে মহিমা শুনি, পতিতপাবনী পুরাতনী।' শিশুবোধক পড়তুম, বড়ো চমৎকার বই, অমন বই আমি আর দেখি নে। এখনকার ছেলেরা পড়ে না সে বই—

কুরুবা কুরুবা কুরুবা লিজ্জে
কাঠায় কুরুবা কুরুবা লিজ্জে
কাঠায় কাঠায় ধূল পরিমাণ
দশ বিশ্ব কাঠায় কাঠায় জান।

আমার যাত্রায় ছাগলের মুখে এই গান জুড়ে দিয়েছিলুম। কেমন সুন্দর কথা বলো দেখিনি, যেন কুর কুর করে ঘাস খাচ্ছে ছাগলছানা।

আরো সব নানা গল্প ছিল, দাতা কর্ণের গল্প, প্রহ্লাদের গল্প, সন্দীপন মুনির পাঠশালায় কেষ্ট বলরাম পড়তে যাচ্ছেন, সন্দীপন মুনির দ্বারে কেষ্ট বলরাম, আরো কত কী। বড়ো হয়েও এই সেদিনও পড়েছি আমি বইখানি মোহনলালকে দিয়ে আনিয়ে।

তা সেই সুরধুনী গঙ্গাকে দেখেছি আমি। ছেলেবেলায় কোন্নগরের বাগানে বসে বসে দেখতুম— দুকূল ছাপিয়ে গঙ্গা ভরে উঠেছে, কুলুকুলু ধ্বনিতে বয়ে চলেছে; সে ধ্বনি সত্যিই শুনতে পেতুম। ঘাটের কাছে বসে আছি, কানে শুনছি তার সুর, কুল্ কুল্ ঝুপ্, কুল্ কুল্ ঝুপ্ আর চোখে দেখছি তার শোভা— সে কী শোভা, সেই ভরা গঙ্গার বুকে ভরা পালে চলেছে জেলে-নৌকো, ডিঙি-নৌকো। রাত্তির বেলা সারি সারি নৌকোর নানারকম আলো পড়েছে

জলে। জলের আলো ঝিলমিল করতে করতে নৌকোর আলোর সঙ্গে সঙ্গে নেচে চলত। কোনো নৌকোয় নাচগান হচ্ছে, কোনো নৌকোয় রান্নার কালো হাঁড়ি চড়েছে, দূর থেকে দেখা যেত আগুনের শিখা।

স্নানযাত্রীদের নৌকো সব চলেছে পর পর। রাতের অন্ধকার সেও আর-এক শোভা গঙ্গার। গঙ্গার সঙ্গে অতিনিকট সম্বন্ধ তেমন ছিল না; চাকররা মাঝে মাঝে গঙ্গাতে স্নান করাতে নিয়ে যেত, ভালো লাগত না, তাদের হাত ধরেই দুবার জলে ওঠানামা করে ডাঙার জীব ডাঙায় উঠে পালিয়ে বাঁচতুম। কিন্তু দেখেছি, এমন দেখেছি যে দেখার ভিতর দিয়েই গঙ্গাকে অতি কাছে পেয়েছি।

তার পর বড়ো হয়ে আর-একবার গঙ্গাকে আর এক মূর্তিতে দেখি। খুব অসুখ থেকে ভুগে উঠেছি, নিজে ওঠবার বসবার ক্ষমতা নেই। ভোর ছটায় তখন ফেরি স্টিমার ছাড়ে, জগন্নাথ ঘাট থেকে, শিবতলা ঘাট হয়ে ফেরে নটা সাড়ে নটায়। বিকেলেও যায়, আপিসের বাবুদের পৌঁছে দিয়ে আসে। ঘণ্টা দুই-আড়াই লাগে। ডাক্তার বললেন, গঙ্গার হাওয়া খেলে সেরে উঠব তাড়াতাড়ি। নির্মল আমায় ধরে ধরে এনে বসিয়ে দিলে স্টিমারের ডেকে একটা চেয়ারে। মনে হল যেন গঙ্গাযাত্রা করতে চলেছি। এমনি তখন অবস্থা আমার। কিন্তু সাত দিন যেতে না-যেতে গঙ্গার হাওয়ায় এমন সেরে উঠলুম, নির্মলকে বললুম, ‘আর তোমায় আসতে হবে না, আমি একাই যাওয়া-আসা করতে পারব।’

সেই দেখেছি সেবারে গঙ্গার রূপ। গ্রীষ্ম বর্ষা শরৎ হেমন্ত শীত বসন্ত— কোনো ঋতুই বাদ দিই নি, সব ঋতুতেই মা গঙ্গাকে দেখেছি। এই বর্ষাকালে দুকূল ছাপিয়ে জল উঠেছে গঙ্গার— লাল টকটক করছে। জলের রঙ— তোমরা খোয়াইধোয়া জলের কথা বল ঠিক তেমনি, তার উপরে গোলাপী পাল তোলা ইলিশ মাছের নৌকো এদিকে ওদিকে দুলে দুলে বেড়াচ্ছে, সে কী সুন্দর! তার পর শীতকালে বসে আছি ডেকে গরম চাদর গায়ে জড়িয়ে, উত্তুরে হাওয়া মুখের উপর দিয়ে কানের পাশ ঘেঁষে বয়ে চলেছে হু হু করে। সামনে ঘন কুয়াশা, তাই ভেদ করে স্টিমার চলেছে একটানা। সামনে কিছুই দেখা যায় না। মনে হত যেন পুরাকালের ভিতর দিয়ে নতুন যুগ চলেছে কোন রহস্য উদ্ঘাটন করতে। থেকে থেকে হঠাৎ একটি দুটি নৌকো সেই ঘন কুয়াশার ভিতর থেকে স্বপ্নের মতো বেরিয়ে আসত।

দেখেছি, গঙ্গার অনেক রূপই দেখেছি। তাই তো বলি, আজকাল ভারতীয় শিল্পী বলে নিজেকে যারা পরিচয় দেয় ভারতীয় তারা কোন্-খানটায়? ভারতের আসল রূপটি তারা ধরল কই? তাদের শিল্পে ভারত স্থান পায় নি মোটেই। কারণ তারা ভারতকে দেখতে শেখে নি, দেখে নি। এ আমি অতি জোরের সঙ্গেই বলছি। আমি দেখেছি, নানারূপে মা গঙ্গাকে দেখেছি। তাই তো ব্যথা বাজে, যখন দেখি কী জিনিস এরা হারায়। কত ভালো লাগত, কত আনন্দ পেয়েছি গঙ্গার বুকে। একদিনও বাদ দিই নি, আরো দেখবার, ভালো করে দেখবার এত প্রবল ইচ্ছে থাকত প্রাণে।

গঙ্গার উপরে সে বয়সে কত হৈ-চৈই না করতুম। সঙ্গী-সাথীও জুটে গেল। গাইয়ে বাজিয়েও ছিল তাতে। ভাবলুম, এ তো মন্দ নয়। গানবাজনা করতে করতে আমাদের গঙ্গা-ভ্রমণ জমবে ভালো। যেই না ভাবা, পরদিন বাঁয়াতবলা হারমোনিয়ম নিয়ে তৈরি হয়ে উঠলুম স্টিমারে। বেশির ভাগ স্টিমারে যারা বেড়াতে যেত তারা ছিল রুগীর দল। ডাক্তারের প্রেসক্রিপশন, গঙ্গার হাওয়া খেতে হবে, কোনো রকমে এসে বসে থাকেন– স্টিমার ঘণ্টাকয়েক চলে ফিরে ঘুরে এসে লাগে ঘাটে, গঙ্গার হাওয়া খেয়ে তারাও ফিরে যায় যে যার বাড়িতে। আর থাকত আপিসের কেরানিবাবুরা, কলকাতার আশপাশ থেকে এসে আপিস করে ফিরে যায় রোজ। সেই একঘেয়েমির মধ্যে আমরা দু-চারজন জুড়ে দিলুম গানবাজনা। কী উৎসাহ আমাদের, দু-দিনেই জমে উঠল খুব। রায়বাহাদুর বৈকুণ্ঠ বোসমশায় বৃদ্ধ ভদ্রলোক, তিনিও আসেন স্টিমারে বেড়াতে। সম্প্রতি অসুখ থেকে উঠেছেন, খুব ভালো বাঁয়াতবলা বাজাতে পারতেন এককালে, তিনিও জুটে পড়লেন আমাদের দলে বাঁয়াতবলা নিয়ে। কানে একদম শুনতে পেতেন না, কিন্তু কী চমৎকার তবলা বাজাতেন। বললুম, ‘কি করে পারেন?’ তিনি বললেন, ‘গাইয়ের মুখ দেখেই বুঝে নিই।’ গানও হত, নিধুবাবুর টপ্পা, গোপাল উড়ের যাত্রা, এই-সব। গানবাজনায় হৈ-হৈ করতে করতে চলেছি– এ দিকে গঙ্গাও দেখছি। এ-খেয়ায় ও-খেয়ায় স্টিমার থেমে লোক তুলে নিচ্ছে, ফেরি বোটও চলেছে যাত্রী নিয়ে। মাঝে মাঝে গঙ্গার চর– সে চরও আজকাল আর দেখি নে। ঘুষুড়ির চড়া বরাবর দেখেছি, বাবামশায়দের আমলেও তাঁরা যখন পলতার বাগানে যেতেন, ঐ চরে থেমে স্নান করে রান্নাবান্নাও হত কখনো কখনো চরে, সেখানেই খাওয়াদাওয়া সেরে আবার বোট ছেড়ে দিতেন। বরাবরের এই ব্যবস্থা ছিল। এবারে ছেলেদের জিজ্ঞেস করলুম, ‘ওরে, সেই চর কোথায় গেল? দেখছি নে যে। গঙ্গার কি সবই বদলে গেল? এ যে সেই গঙ্গা বলে আর চেনাই দায়।’

তা সেই তখন একদিন দেখলুম। সে যে কী ভালো লেগেছিল। স্টিমার চলেছে খেয়া থেকে যাত্রী তুলে নিয়ে। সামনে চর, যেন ‘এপার গঙ্গা ওপার গঙ্গা মধ্যিখানে চর, তার মাঝে বসে আছে শিবু সদাগর।’ ওপাশের ঘাটে একটি ডিঙি-নৌকা। ছোট্ট গ্রামের ছায়া পড়েছে ঘাটে। ডিঙি নৌকায় ছোট্ট একটি বউ লাল চেলি পরে বসে– শ্বশুরবাড়ি যাবে, কাঁদছে চোখে লাল আঁচলটি দিয়ে, পাশে বুড়ি দাই গায়ে হাত বুলিয়ে সান্ত্বনা দিচ্ছে, নদীর এপার বাপের বাড়ি, ওপার শ্বশুরবাড়ি– ছোট বউ কেঁদেই সারা ঐটুকু রাস্তা পেরতে। সে যে কী সুন্দর দৃশ্য, কী বলব তোমায়! মনের ভিতর আঁকা হয়ে রইল সেদিনের সেই ছবি, আজও আছে ঠিক তেমনটিই। এমনি কত ছবি দেখেছি তখন। গঙ্গার দু দিকে কত বাড়িঘর, মিল, ভাঙা ঘাট, কোথাও-বা দ্বাদশ মন্দির, চৈতন্যের ঘাট, বটগাছটি গঙ্গার ধারে ঝুঁকে পড়েছে, তারই নীচে এসে বসেছিলেন চৈতন্যদেব গদাধরের পাট, এই-সব পেরিয়ে স্টিমার চলত এগিয়ে। গান হৈ-হল্লার ফাঁকে ফাঁকে

দেখাও চলত সমানে। এই দেখার জন্য ছেলেবেলার এক বন্ধুকে কেমন একদিন তাড়া লাগিয়েছিলুম। বলাই, ছেলেবেলায় একসঙ্গে পড়েছি– অসুখে ভোগার পর একদিন দেখি সেও এসেছে স্টিমারে, দেখে খুব খুশি। খানিক কথাবার্তার পর সে পকেট থেকে একটি বই বের করে পাতা খুলে চোখের সামনে ধরলে, দেখি একখানি গীতা। একমনে পড়েই চলল, চোখ আর তোলে না পুঁথির পাতা থেকে। বললে, 'মা বলে দিয়েছেন গীতা পড়তে আমায় বিরক্ত কোরো না।' বললুম, 'বলাই ও বলাই বইটা রাখ্-না; কী হবে ও-বই পড়ে, চেয়ে দেখ, দেখিনি কেমন দুপাতা খোলা রয়েছে সামনে, আকাশ আর জল, এতেই তোর গীতার সব-কিছু পাবি। দেখ্ না, একবারটি চেয়ে দেখ্ ভাই। বলাই মুখ তোলে না। মহা মুশকিল!

ধম্মকম্ম আমায় সয় না। কোনোকালে করিও নি। ও-সব দিকই মাড়াই নে। প্রথম প্রথম যখন আসি স্টিমারে একদিন পিছনে সেকেণ্ড ক্লাসে বসে কেরানিবাবুরা এ ওর গায়ে ঠেলা মেরে চোখ ইশারা করে বলছে, 'কে রে, এ কে এল?' একজন বললে, 'অবন ঠাকুর, ঠাকুরবাড়ির ছেলে।' আর-একজন বললে, 'ও তাই, বয়েসকালে অনেক অত্যাচার করেছে; এখন এসেছে পরকালের কথা ভেবে গঙ্গায় পুণ্যি করতে।' শুনে হেসেছিলুম আপন মনেই। কিন্তু কথাটা মনে ছিল।

অবিনাশ ছিল আমাদের মধ্যে ষণ্ডাগুণ্ডা ধরনের। আমার সঙ্গে আসত গানবাজনার আড্ডা জমাতে। তাকে ঠেলা দিয়ে বললুম, 'দেখো না অবিনাশ, ওদিকে যে গীতার পাতা থেকে চোখই তুলছে না বলাই আর কোনোদিকে।' শুনে অবিনাশ তড়াক করে লাফিয়ে উঠে, বলাই বই পড়ছে ঘাড় গুঁজে, তার ঘাড়ের কাছে দাঁড়িয়ে হাত বাড়িয়ে বইটি ছোঁ মেরে নিয়ে একেবারে তার পকেটজাত করলে। বলাই চেঁচিয়ে উঠল, 'কর কী, কর কী, মা বলে দিয়েছেন সকাল– বিকেল গীতা পড়তে।' আর গীতা! অবিনাশ বললে, 'বেশি বাড়াবাড়ি কর তো গীতা জলে ফেলে দেব।' বলাই আর কী করে, সেও শেষে আমাদের গানবাজনায় যোগ দিলে। কেরানিবাবুরা দেখি উৎসুক হয়ে থাকেন আমাদের গানবাজনার জন্য। যে কেরানিবাবু আমাকে ঠেস দিয়ে সেদিন ঐ কথা বলেছিলেন তিনি একদিন স্টিমারে উঠতে গিয়ে পা ফস্কে গেলেন জলে পড়ে, আমরা তাড়াতাড়ি সারেঙকে বলে তাকে টেনে তুলি জল থেকে। পরে আমার সঙ্গে তাঁর খুব ভাব হয়ে যায়। তখন যে-কেউ আসত, আমাদের ঐ দলে যোগ না দিয়ে পারত না। একবার এক– যাকে বলে ঘোরতর বুড়ো– নাম বলব না– শরীর সারাতে স্টিমারে এসে হাজির হলেন। দেখে তো আমার মুখ শুকিয়ে গেল। অবিনাশকে বললুম, 'ওহে অবিনাশ, এবারে বুঝি আমাদের গান বন্ধ করে দিতে হয়। টপ্পা খেয়াল তো চলবে না আর ধর্মসংগীত ছাড়া।' সবাই ভাবছি বসে, তাই তো। আমাদের হারমোনিয়ম দেখে তিনি বললেন, 'তোমাদের গানবাজনা হয় বুঝি? তা চলুক-না, চলুক।' মাথা চুলকে বললুম, 'সে অন্য ধরনের গান।' তিনি বললেন, 'বেশ তো তাই চলুক, চলুক-না।' ভয়ে ভয়ে গান আরম্ভ হল। দেখি

তিনি বেশ খুশি মেজাজেই গান শুনছেন। তাঁর উৎসাহ দেখে আর আমাদের পায় কে– দেখতে দেখতে টপাটপ টপ্পা জমে উঠল। শুধু গানই নয়, নানারকম হৈ-চৈও করতুম, সমস্ত স্টিমারটি সারেঙ থেকে মাঝিরা অবধি তাতে যোগ দিত। জেলে-নৌকো ডেকে ডেকে মাছ কেনা হত– ইলিশ মাছ, তপসে মাছ। একদিন ভাই রাখালি অনেকগুলি তপসে মাছ কিনে বাড়ি নিয়ে গেল। পরদিন জিজ্ঞেস করলুম, ‘কি ভাই, কেমন খেলি তপসে মাছ?’ সে বললে, ‘আর বোলো না দাদা, আমায় আচ্ছা ঠকিয়ে দিয়েছে। তপসে নয়, সব ভোলামাছ দিয়ে দিয়েছিল। ভোলামাছ দিয়ে ভুলিয়ে ঠকিয়ে দিলে।’ আমরা সব হেসে বাঁচি নে। সেই রাখালি বলত, ‘অবনদাদা, তুমি যা করলে– দিল্লিতে মেডেল পেলে, খেতাব পেলে, ছবি এঁকে হিস্ট্রিতে তোমার নাম উঠে গেল।’ এতেই ভায়া আমার খুশি। আমাদের স্টিমারযাত্রীদের সেই দলটির নাম দিয়েছিলুম ‘গঙ্গাযাত্রী ক্লাব’। এই গঙ্গাযাত্রী ক্লাবের জন্য স্টিমার কোম্পানির আয় পর্যন্ত বেড়ে গিয়েছিল। দস্তুরমত একটি বিরাট আড্ডা হয়ে উঠেছিল। একবার ডারবির লটারির টিকিট কেনা হল ক্লাবের নামে। সকলে এক টাকা করে চাঁদা দিলুম। টাকা পেলে ক্লাবের সবাই সমান ভাগে ভাগ করে নেব। বৈকুণ্ঠবাবু প্রবীণ ব্যক্তি, তাঁকেই দেওয়া হল টাকাটা তুলে। তিনি ঠিকমত টিকিট কিনে যা যা করবার সব ব্যবস্থা করলেন। ও দিকে রোজই একবার করে সবাই জিজ্ঞেস করি, ‘বৈকুণ্ঠবাবু, টিকিট কিনেছেন তো ঠিক?’ তিনি বলেন, ‘হ্যাঁ, সব ঠিক আছে, ভেবো না। টাকাটা পেলে ঠিকমতই ভাগাভাগি হবে।’ তা তো হবে, কিন্তু মুখে মুখে কথা সব, লেখাপড়া তো হয় নি কিছুই। অবিনাশকে বললুম, ‘অবিনাশ, এই তো ব্যাপার, কী হবে বলো তো? অবিনাশ ছিল ঠোঁটকাটা লোক, পরদিন বৈকুণ্ঠবাবু স্টিমারে আসতেই চেপে ধরলে, ‘বৈকুণ্ঠবাবু, আপনাকে উইল করতে হবে।’ ‘উইল! সে কি, কেন?’ ‘কেন নয়, আপনাকে করতেই হবে।’ বৈকুণ্ঠবাবু দারুণ ঘাবড়ে গেলেন– বুঝতে পারছেন না কিসের উইল। অবিনাশ বললে, ‘টাকাটা পেলে শেষে যদি আপনি আমাদের না দেন বা মরে টরে যান, টিকিট তো আপনার কাছে। তখন কী হবে? আজই আপনাকে উইল করতে হবে।’ বৈকুণ্ঠবাবু হেসে বললেন, ‘এই কথা? তা বেশ তো, কাগজ কলম আনো।’ তখনি কাগজ কলম জোগাড় করে বসল সবাই গোল হয়ে। কী ভাবে লেখা যায়, উকিল চাই যে। উকিল ছিলেন একজন সেখানে– তিনিও গঙ্গাযাত্রী ক্লাবের মেম্বার, ডিস্পেপ্‌সিয়ায় ভুগে ভুগে কঙ্কালসার দেহ হয়েছে তাঁর। তাঁকেই চেপে ধরা গেল, তিনি মুসাবিদা করলেন– উইল তৈরি হল, ‘গঙ্গাযাত্রী ক্লাবের টিকিটে যে টাকা পাওয়া যাবে তা নিম্নলিখিত ব্যক্তিগণ সমান ভাগে পাবে ও আমার অবর্তমানে আমার ভাগ আমার সহধর্মিণী শ্রীমতী অমুক পাবেন’ বলে নীচে বৈকুণ্ঠবাবু নাম সই করলেন। উইল তৈরি। কিছুদিন বাদে ডারবির খেলা শুরু হল। রোজই কাগজ দেখি আর বলি, ‘ও বৈকুণ্ঠবাবু, ঘোড়া উঠল?’ জানি যে কিছুই হবে না, তবু রোজই সকলের ঐ

এক প্রশ্ন। একদিন এইরকম 'ও বৈকুণ্ঠবাবু, ঘোড়া উঠল' প্রশ্ন করতেই বৈকুণ্ঠবাবু চেঁচিয়ে উঠলেন, 'ঘোড়া উঠেছে, ঘোড়া উঠেছে ঐ দেখুন, সামনে।' চেয়ে দেখি বরানগরের পরামানিক ঘাটের কাছ বরাবর একজোড়া কালো ঘোড়া জল থেকে উঠেছে। স্নান করাতে জলে নামিয়েছিল তাদের। অমনি রব উঠে গেল, আমাদের ঘোড়া উঠেছে, ঘোড়া উঠেছে। গঙ্গাযাত্রীদের কপালে ঘোড়া ঐ জল থেকেই উঠে রইল শেষ পর্যন্ত।

কী দুরন্তপনা করেছি তখন মা গঙ্গার বুকে। কতরকমের লোক দেখেছি, কতরকম ক্যারেকটার সব। একদিন এক সাহেব এসে ঢুকল স্টিমারে। গঙ্গাপারের কোন মিলের সাহেব, লম্বাচওড়া জোয়ান ছোকরা, হাতে টেনিস ব্যাট, দেখেই মনে হয় সদ্য এসেছে বিলেত থেকে। সাহেব দেখেই তো আমরা যে যার পা ছড়িয়ে গম্ভীর ভাবে বসলুম সবাই, মুখে চুরুট ধরিয়ে। সাহেব ঢুকে এদিক ওদিক তাকাতেই সেই ডিসপেপ্টিক উকিল তাড়াতাড়ি তাঁর জায়গা ছেড়ে উঠে দাঁড়ালেন। সাহেব বসে পড়ল সেখানে। আড়ে আড়ে দেখলুম, এমন রাগ হল সেই উকিলের উপর। সঙ্গে সঙ্গে সাহেবের চাপরাসীও এসে জায়গার জন্য ঠেলাঠেলি করতে লাগল ফার্স্ট ক্লাসের টিকিট হাতে নিয়ে— টিকিট আছে তো এখানে সে বসবে না কেন? অবিনাশ তো উঠল রুখে, বললে, 'ফার্স্ট ক্লাসের টিকিট আছে তো নীচে যা, সেখানে কেবিনে বোস গিয়ে— এখানে আমাদের সমান হয়ে বসবি কি? বলে জামার হাতা গুটোতে লাগল। দেখি একটা গোলযোগ বাধবার জোগাড়। গোলযোগ শুনে সাহেবও উঠে দাঁড়িয়েছে, বুঝতে পারছে না কিছু। সাহেবকে বললুম, 'চাপরাসীকে এখানে ঢুকিয়েছ কেন, তাকে পিছনে যেতে বলো।' বিলিতি সাহেব, এদেশের হালচাল জানে না, ব্যাপারটা বুঝে চাপরাসীকে পিছনে পাঠিয়ে দিলে। সাহেবটি লোক ছিল ভালো। খানিক বাদে সে নেমে গেল চাপরাসীকে নিয়ে। উকিলকে বললুম, 'সাহেব তোমায় কী জিজ্ঞেস করছিল হে?' সে বললে, 'সাহেব জানতে চাইলে তুমি কে।' বললুম, 'নাম দিয়ে দিলে বুঝি?' সে বললে, 'হ্যা।' বললুম, 'বেশ করেছ, এত লোক থাকতে তুমি আমারই নাম দিতে গেলে কেন? এবার আমার নামে কেস করলেই মারা পড়েছি।' চিরকালের ভীতু আমি ভয় পেয়েছিলুম বৈকি একটু।

'পথে বিপথে'র জাহাজী গল্পগুলি আমি তখনই লিখি। স্টিমারের সেই-সব ক্যারেকটারই গেঁথে গেঁথে দিয়েছি তাতে। অনেকদিন বাদে ভাদ্রের ভরা গঙ্গার ছবি এঁকেছিলুম দু-চারখানি। একজিবিশনে দিয়েছিলুম, কোথায় গেল তা কে জানে। একখানি মনে আছে, রুমানিয়ার রাজা নিলেন। গঙ্গার ছবি রুমানিয়ার রাজা নিয়ে চলে গেলেন, দেশী লোকের নজরই পড়ল না তাতে, অথচ 'মা গঙ্গা' 'মা গঙ্গা' বলে আমরা চেঁচিয়ে আওড়াই খুব— বন্দ্য মাতা সুরধুনী, পুরাণে মহিমা শুনি, পতিতপাবনী পুরাতনী। আর ডুব দিয়ে দিয়ে উঠি আমাদের সেই ডারবির ঘোড়া ওঠার মতন।

ছবি আঁকা শিখতে কদিন লাগে? বেশি দিন না, ছ-মাস, আমি শিখিয়েছিও তাই। ছ-মাসে আমি আর্টিস্ট তৈরি করে দিয়েছি। এর বেশি সময় লাগা উচিত নয়। এরই মধ্যে যাদের হবার হয়ে যায়– আর যাদের হবে না তাদের বাড়ি ফিরে যাওয়া উচিত; হ্যাঁ, মানি যে ডিম ফুটে বাচ্চা বের হতে একটা নির্ধারিত সময় লাগে– তার পরে, ব্যস, উড়ে যাও, হাঁসের বাচ্চা হও তো, জলে ভাসো। ছবি আঁকবে তুমি নিজে, মাস্টারমশায় তার ভুল ঠিক করে দেবেন কি? তুমি যেরকম গাছের ডাল দেখেছ তাই এঁকেছ। মাস্টারমশায়ের মতন ডাল আঁকতে যাবে কেন? তরকারিতে নুন বেশি হয়, ফেলে দিয়ে আবার রান্না করো; পায়েসে মিষ্টি কম হয়, মিষ্টি আরো দাও। ছবিতেও ভুল হয়– ফেলে দিয়ে আবার নতুন ছবি আঁকো। বারে বারে একই বিষয় নিয়ে আঁকো। আমি হলে তো তাই করতুম। ছবিতে আবার ভুল শুধরে দিয়ে জোড়াতাড়া দেওয়া, ও কিরকম শেখানো! দরকার হয়, আর-একটু নুন দিতে পারো। দরকার হয়, একটু চিনি, তাও দিতে পারো। কিন্তু গাছের ডালটা এমনি হবে, পা-টা এমনি করে আঁকতে হবে, এরকম করে শেখাবার আমি মোটেই পক্ষপাতী নই। আমি নন্দলালদের অমনি করেই শিখিয়েছি। তবে ছাত্রকে সাহস দিতে হয়। তাদের বলতে হয় এঁকে যাও, কিছু এদিক-ওদিক হয় তো আমি আছি।

এই কথাই বলেছিলেন রবিকাকা আমার লেখার বেলায়। একদিন আমায় উনি বললেন, ‘তুমি লেখো-না, যেমন করে তুমি মুখে গল্প কর তেমনি করেই লেখো।’ আমি ভাবলুম বাপ রে, লেখা– সে আমার দ্বারা কস্মিনকালেও হবে না। উনি বললেন, ‘তুমি লেখোই-না; ভাষায় কিছু দোষ হয় আমিই তো আছি।’ সেই কথাতেই মনে জোর পেলুম। একদিন সাহস করে বসে গেলুম লিখতে। লিখলুম একঝোঁকে একদম শকুন্তলা বইখানা। লিখে নিয়ে গেলুম রবিকাকার কাছে, পড়লেন আগাগোড়া বইখানা, ভালো করেই পড়লেন। শুধু একটি কথা ‘পল্বলের জল’, ঐ একটিমাত্র কথা লিখেছিলেম সংস্কৃতে। কথাটা কাটতে গিয়ে ‘না থাক্‌’? বলে রেখে দিলেন। আমি ভাবলুম, যাঃ। সেই প্রথম জানলুম, আমার বাংলা বই লেখার ক্ষমতা আছে। এত যে অজ্ঞতার ভিতরে ছিলুম, তা থেকে বাইরে বেরিয়ে এলুম। মনে বড়ো ফুর্তি হল, নিজের উপর মস্ত বিশ্বাস এল। তার

পর পটাপট করে লিখে যেতে লাগলুম– ক্ষীরের পুতুল, রাজকাহিনী ইত্যাদি। সেই যে উনি সেদিন বলেছিলেন ‘ভয় কী, আমিই তো আছি’ সেই জোরেই আমার গল্প লেখার দিকটা খুলে গেল।

কিন্তু আমার ছবির বেলায় তা হয় নি– বিফলতার পর বিফলতা। তাই তো এদের বলি, শেখা জিনিসটা কী? কিছুই না, কেবলই মনে হবে, কিছুই হল না; আমার সেই দুঃখের কথাটাই বলি। শেখা, ও কি সহজ জিনিস? কী কষ্ট করে যে আমি ছবি আঁকা শিখেছি! তোমাদের মতন নয়, দিব্যি আরামের ঘর, কয়েক ঘণ্টা গিয়ে বসলুম, কিছু করলুম, মাস্টারমশায় এসে ভুলটুল শুধরে দিয়ে গেলেন। আর্টিস্ট চিরদিনই শিখছে, আমার এখনো বছরের পর বছর শেখাই চলছে। যদিও ছেলেবেলা থেকেই আমার শিল্পীজীবনের শুরু, কিন্তু কী করে কী ভাবে তা এল আমি নিজেই জানি নে। দাদা সেন্ট জেভিয়ারে রীতিমত ছবি আঁকা শিখতেন; ছবি এঁকে পুরস্কারও পেয়েছিলেন। সত্যদাদা হরিনারায়ণবাবুর কাছে বাড়িতে তেলরঙের ছবি আঁকতেন, দাদাকেও হরিবাবু শেখাতেন। মেজদা, নিরুদা, আমার পিসতুতো ভাই, তাঁরও শখ ছিল ঘড়ি মেরামতের আর হাতির দাঁতের উপর কাজ করবার। একতলার ঘরে বসে তিনি হাতির দাঁতে ছবি আঁকতেন; এক দিল্লিওয়ালা আসত তাঁকে শেখাতে। মাঝে মাঝে সেখানে গিয়ে উঁকিঝুঁকি দিতুম, ভারি ভালো লাগত। হিন্দুমেলায় যে দিল্লির মিনিয়েচার দেখেছিলুম এই লোকটিই দেখিয়েছিল তা। সেও চোখ ভুলিয়েছিল তখন। সেই সময়ে আঁকতে জানতুম না তো সেরকম কিছু, তবে রঙ নিয়ে ঘাঁটাঘাঁটি করতুম; ইচ্ছে করত, আমিও রঙ-তুলি দিয়ে এটা ওটা আঁকি। আঁকার ইচ্ছে ছোটোবেলা থেকেই জেগেছিল। এর বহুকাল পরে বড়ো হয়েছি, বিয়ে হয়েছে, বড়ো মেয়ে জন্মেছে, সেই সময় একদিন খেয়াল হল ‘স্বপ্নপ্রয়াণ’টা চিত্রিত করা যাক। এর আগে ইস্কুলে পড়তেও কিছু কিছু আঁকা অভ্যেস ছিল। সংস্কৃত কলেজে অনুকূল আমায় লক্ষ্মী সরস্বতী আঁকা শিখিয়েছিল। বলতে গেলে সেই-ই আমার প্রথম শিল্পশিক্ষার মাস্টার, সূত্রপাত করিয়ে দিয়েছিল ছবি আঁকার।

তা স্বপ্নপ্রয়াণের ছবি আঁকবার যখন খেয়াল হল, তখন আমি ছবি আঁকায় একটু একটু পেকেছি। কী করে যে পাকলুম মনে নেই, তবে নিজের ক্ষমতা জাহির করার চেষ্টা আরম্ভ হল স্বপ্নপ্রয়াণ থেকে। ‘স্বপন-রমণী আইল অমনি, নিঃশব্দে যেমন সন্ধ্যা করে পদার্পণ’ এমনি সব ছবি, তখন সত্যি যেন খুলে দিল মনোমন্দিরের চাবি। ছবিখানি ‘সাধনা’ কাগজে বেরিয়েছিল। যাই হোক, স্বপ্নপ্রয়াণটা তো অনেকখানি এঁকে ফেললুম। মেজোমা আমাদের উৎসাহ দিতেন। ‘বালক’ কাগজের জন্য লিথোগ্রাফ প্রেস করে দিলেন তাঁর বাড়িতে। যার যা-কিছু আঁকার শখ, লেখার শখ ছিল, মায় রবিকাসুদ্ধ, সবাই তাঁর কাছে যেতুম। মেজোমা আমার স্বপ্নপ্রয়াণের ছবিগুলো দেখে ধরে বসলেন, ‘অবন, তোমাকে রীতিমত ছবি আঁকা শিখতে হবে।’ উনিই ধরে বেঁধে শিল্পকাজে লাগিয়ে দিলেন।

আমারও ইচ্ছে হল ছবি আঁকা শিখতে হবে। তখন ইউরোপীয়ান আর্ট ছাড়া

গতি ছিল না। ভারতীয় শিল্পের দামও জানত না কেউ। গিলার্ডি আর্ট স্কুলের ভাইস-প্রিন্সিপাল, ইটালিয়ান আর্টিস্ট– মেজোমা কুমুদ চৌধুরীকে বললেন, 'তুমি অবনকে নিয়ে তাঁর সঙ্গে পরিচয় করিয়ে দাও, আর শেখার বন্দোবস্তও করো।' মাকে জিজ্ঞেস করলুম। মা বললেন, 'কোনো কাজ তো করছিস নে, স্কুল ছেড়ে দিয়েছিস, তা শেখ-না। একটা কিছু নিয়ে থাকবি ভালোই তো।' ব্যবস্থা হল, এক-একটা lesson এর জন্যে কুড়ি টাকা দিতে হবে, মাসে তিন-চারটে পাঠ দিতেন তাঁর বাড়িতেই। খুব যত্ন করেই শেখাতেন আমায়। তাঁর কাছে গাছ ডালপাতা এই-সব আঁকতে শিখলুম। প্যাস্টেলের কাজও তিনি যত্ন করে শেখালেন। তেলরঙের কাজ, প্রতিকৃতি আঁকা, এই পর্যন্ত উঠলুম সেখানে। ছবি শেখার হাতেখড়ি হল সেই ইটালিয়ান মাস্টারের কাছে। কিছুদিন যায়, দেখি, তাঁর কাছে হাতেখড়ির পর বিদ্যে আর এগোয় না। তেলরঙের কাজ যখন আরম্ভ করলুম, দেখি, ইটালিয়ান ধরনে আর চলে না। বাঁধা গতের মতো তুলি দিয়ে ধীরে ধীরে আঁকা, সে আর পোষাল না। আগে গাছপালা আঁকার মধ্যে তবু কিছু আনন্দ পেতুম। কিন্তু ধরে ধরে আর্ট স্কুলের রীতিতে তুলি টানা আর রঙ মেলানো, তা আর কিছুতেই পেরে উঠলুম না। ছ-মাসের মধ্যেই স্টুডিয়োর সমস্ত শিক্ষা শেষ করে সরে পড়লুম।

বিয়ে হয়েছে, রীতিমত ঘরসংসার আরম্ভ করেছি, কিন্তু ছবি আঁকার ঝোঁকটা কিছুতেই গেল না। তখন এই পর্যন্ত আমার বিদ্যে ছিল যে নর্থ লাইট মডেল না হলে ছবি আঁকা যায় না। আর স্টুডিয়ো না হলে আর্টিস্ট ছবি আঁকবে কোথায় বসে? উত্তর দিকের ঘর বেছে বাড়িতেই স্টুডিয়ো সাজালুম। নর্থ লাইট, সাউথ লাইট ঠিক করে নিয়ে পর্দা টানালুম জানালায় দরজায় স্কাইলাইটে। বসলুম পাকাপাকি স্টুডিয়ো ফেঁদে। রবিকা খুব উৎসাহ দিলেন। সেই স্টুডিয়োতেই সেই সময় রবিকা চিত্রাঙ্গদার ছবি আঁকতে আমায় নির্দেশ দিচ্ছেন, ফোটোতে দেখেছ তো? চিত্রাঙ্গদা তখন সবে লেখা হয়েছে। রবিকা বললেন, 'ছবি দিতে হবে।' আমার তখন একটু সাহসও হয়েছে, বললুম, 'রাজি আছি।' সেই সময় চিত্রাঙ্গদার সমস্ত ছবি নিজ হাতে এঁকেছি, ট্রেস করেছি। চিত্রাঙ্গদা প্রকাশিত হল। এখন অবশ্য সেসব ছবি দেখলে হাসি পায়। কিন্তু এই হল রবিকাকার সঙ্গে আমার প্রথম আর্ট নিয়ে যোগ। তার পর থেকে এতকাল রবিকার সঙ্গে বহুবার আর্টের ক্ষেত্রে যোগাযোগ হয়েছে, প্রেরণা পেয়েছি তাঁর কাছ থেকে। আজ মনে হচ্ছে আমি যা-কিছু করতে পেরেছি তার মূলে ছিল তাঁর প্রেরণা।

সেই সময়ে রবিকার চেহারা আমি অনেক এঁকেছি, ভালো করে শিখেছিলুম প্যাস্টেল ড্রইং। নিজের স্টুডিয়োতে যাকে পেতুম ধরে ধরে প্যাস্টেল আঁকতুম। অক্ষয়বাবু, মতিবাবু, সবার ছবি করেছি, মহর্ষির পর্যন্ত। এই করে করে পোর্ট্রেটে হাত পাকালুম। রবিকাকেও প্যাস্টেলে আঁকলুম, জগদীশবাবু সেটি নিয়ে নিলেন।

সেই সময়ে রবিবর্মা আমাদের বাড়িতে এসেছিলেন। তখন আমি নতুন আর্টিস্ট– তিনি আমার স্টুডিয়োতে আমার কাজ দেখে খুব খুশি হয়েছিলেন। বলেছিলেন, ছবির দিকে এর ভবিষ্যৎ খুব উজ্জ্বল। আমি কোথায় বেরিয়ে

গিয়েছিলুম, বাড়িতে ছিলুম না, ফিরে এসে শুনলুম বাড়ির লোকের মুখে।

প্যাস্টেলে হাত পাকল, মনও বেগড়াতে আরম্ভ করল, শুধু প্যাস্টেলে আর ভালো লাগে না। ভাবলুম, ভালো করে অয়েলপেন্টিং শিখতে হবে। ধরলুম এক ইংরেজ আর্টিস্টকে। নাম সি. এল. পামার। তাঁর কাছে যাই, পয়সা খরচ করে খাস বিলেতি গোরা মডেল আনি, মানুষ আঁকতে শিখি। একদিন এক গোরাকে নিয়ে এল আমার চাপরাসী স্টুডিয়োতে মডেল হবার জন্যে। সে এসেই তড়বড় করে তার গায়ের জামা সব কটা খুলে প্যান্টও খুলতে যায়। চেঁচিয়ে উঠলুম, 'হাঁ হাঁ কর কী। প্যান্ট তোমার আর খুলতে হবে না।' প্যান্ট খুলবেই সে বলে, 'তা নইলে তোমরা আমাকে কম টাকা দেবে।' পামারকে বললুম, 'সাহেব, তুমি বুঝিয়ে বলো, টাকা ঠিকই দেব। প্যান্ট যেন না খুলে ফেলে, ওর খালি গা'ই যথেষ্ট।' সাহেব শেষে তাকে বুঝিয়ে শান্ত করে। আর একবার এক অ্যাংলো-ইণ্ডিয়ান মেম এল মডেল হতে তার পোরট্রেট আঁকলুম, মেম তা দেখে টাকার বদলে সেই ছবিখানাই চেয়ে বসলে; বললে, 'আমি টাকা চাই নে, এই ছবিখানা আমাকে দিতেই হবে, নইলে নড়ব না এখান থেকে।' আমি তো ভাবনায় পড়লুম, কী করি। সাহেব বললে, 'তা বৈকি, ছবি দিতে পারবে না ওকে।' বলে দিলেন দুই ধমক লাগিয়ে; মেম তখন সুড়সুড় করে নেমে গেল নীচে। এইরকম আর কিছুদিনের মধ্যেই ওঁদের আর্টের তৈলচিত্রের করণ-কৌশলটা তো শিখলাম; তখন একদিন সাহেব মাস্টার একটা মডেলের কোমর পর্যন্ত আঁকতে দিলেন। বললেন, 'এক সিটিঙে দু-ঘণ্টার মধ্যে ছবিখানা শেষ করতে হবে।' দিলুম শেষ করে। সাহেব বললেন, 'চমৎকার উতরে গেছে– passed with credit।' আমি বললুম, 'তা তো হল, এখন আমি করব কী?' সাহেব বললেন, 'আমার যা শেখাবার তা আমি তোমায় শিখিয়ে দিয়েছি। এবারে তোমার অ্যানাটমি স্টাডি করা দরকার।' এই বলে একটি মড়ার মাথা আঁকতে দিলেন। সেটা দেখেই আমার মনে হল যেন কী একটা রোগের বীজ আমার দিকে হাওয়ায় ভেসে আসছে। সাহেবকে বললুম, 'আমার যেন কিরকম মনে হচ্ছে।' সাহেব বললেন, 'No, you must do it– তোমাকে এটা করতেই হবে। সারাক্ষণ গা ঘিনঘিন করতে লাগল। কোনোরকমে শেষ করে দিয়ে যখন ফিরলুম তখন ১০৬ ডিগ্রি জ্বর।

সন্ধেবেলা জ্ঞান হতে দেখি ঘরের বাতিগুলো নিবন্ত প্রদীপের মতো মিটমিট করছে। মা জিজ্ঞেস করলেন, কী হয়েছিল। মাকে মড়ার মাথার ঘটনা বললুম। মা তখনকার মতো ছবি আঁকা আমার বন্ধ করে দিলেন, বললেন, 'কাজ নেই আর ছবি আঁকায়।' তখন আমার কিছুকালের জন্য ছবি আঁকা বন্ধ ছিল। তার পরে একজন ফ্রেঞ্চ পড়াবার মাস্টার এলেন আমাদের জন্য, নাম তার হ্যামারগ্রেন। রামমোহন রায়ের নাম শুনে তাঁর দেশ নরওয়ে থেকে হেঁটে এ দেশে উপস্থিত হয়েছিলেন। তাঁর কাছে একটু একটু ফ্রেঞ্চ পড়তুম, তিনি খুব ভালো পড়াতেন। কিন্তু পড়ার সময়ে খাতার মার্জিনে তাঁর নাক মুখের ছবিই আঁকতুম বসে বসে। তাই আর আমার ফ্রেঞ্চ পড়া এগোল না। এ দেশেই তিনি মারা যান। মারা যাবার

পরে আমার খাতার সেই নোটগুলো দেখে পরে তাঁর ছবি আঁকি। বহুদিন পরে সেদিন রবিকাকা বললেন যে, নরওয়েতে তাঁর মিউজিয়াম হচ্ছে, যদি তোমার কাছে তাঁর ছবি থাকে তবে তারা চাচ্ছে। তাঁর চেহারা কারো কাছে ছিল না। আমি পুরাতন বাক্স খুঁজে সেই ছবি বের করে পাঠাই, তাঁর আত্মীয়-স্বজন খুব খুশি হয়ে আমাকে চিঠি দিয়েছিলেন। ভাগ্যিস তাঁর চেহারা নোট করে রেখেছিলুম।

যাক ও কথা। তেলরঙ তো হল। এবার জলরঙের কাজ শেখবার ইচ্ছে। মাকে বলে আবার তাঁর কাছেই ভরতি হলুম। এখন ল্যান্ডস্কেপ আর্টিস্ট হয়ে, ঘাড়ে ‘ইজেল’, বগলে রঙের বাক্স নিয়ে ঘুরে বেড়াতে লাগলুম। কিন্তু কতকাল চলবে আর এমনি করে? তবু মুঙ্গেরের ওদিকে ঘুরে ঘুরে অনেকগুলি দৃশ্য এঁকেছিলুম।

কিছুদিন তো চলল এমনি করে, মন আর ভরে না। ছবি তো এঁকে যাচ্ছি, কিন্তু মন ভরছে কই? কী করি ভাবছি, রোজই ভাবি কী করা যায়। এ দিকে স্টুডিয়ো হয়ে উঠল তামাক খাবার আর দিবানিদ্রার আড্ডা। এমন সময়ে এক ঘটনা। শুনতেম আমার ছোটোদাদামশায়ের চেহারা অতি সুন্দর ছিল, কিন্তু আমাদের কাছে তাঁর একখানাও ছবি ছিল না। আমি তাঁর ছবির জন্য খোঁজখবর করছিলুম নানা জায়গায়। তখন বিলেত থেকে এক মেম মিসেস মার্টিনডেল খবর পেয়ে লিখলেন, ‘তুমি তারই নাতি? বড়ো খুশি হলুম। তাঁর সঙ্গে আমার বড়ো ভাব ছিল। তোমার বিয়েথাওয়া হয়েছে? তোমার মেয়ের জন্য আমি একটা পুতুল পাঠাচ্ছি।’ বলে প্রকাণ্ড একটা বিলিতি ডল নেলিকে পাঠিয়ে দিলেন। তিনি তখন খুবই বুড়ো হয়ে গিয়েছিলেন, কিন্তু কিরকম আশ্চর্য তাঁর মন ছিল; কোন্‌কালে আমার ছোটোদাদামশায়ের সঙ্গে তাঁর ভাব ছিল, সেই সূত্রে আমাকে না দেখেও তিনি নগেন্দ্রনাথ ঠাকুরের নাতি বলেই স্নেহ করতে চাইতেন। তিনি বিলেত থেকে লিখলেন, ‘তোমার আর্টের দিকে ঝোঁক আছে– আমিও একটু-আধটু আঁকতে পারি। বলো, তোমার জন্য আমি কিছু করতে পারি কিনা।’ তিনি আরো লিখলেন, ‘তুমি যদি কিছু দাও তো চার দিকে ইলুমিনেট করিয়ে দিতে পারি।’ বইয়ের লেখার চার দিকে নকশা খুব পুরোনো আর্ট ওঁদের, তাই একটা এঁকে পাঠাবেন। ভাবলুম, তা মন্দ নয় তো। তিনি বলেছিলেন, ‘আমি গরিব, এজন্য কিছু দিতে হবে।’ পাঠিয়েছিলুম কিছু দশ কি বারো পাউণ্ড মনে নেই ঠিক। আইরিশ মেলডিজের কবিতা ছোটো দাদামশায়ের বড়ো প্রিয় জিনিস ছিল। ভাবলুম, সেটাই যত্ন করে রাখবার বস্তু হয়ে আসুক। কিছুকাল বাদে তিনি পাঠিয়ে দিলেন দশ বারোখানা বেশ বড়ো বড়ো ছবি– সে কী সুন্দর, কী বলব তোমায়। থ হয়ে গেলুম ছবি দেখে।

আবার হবি তো হ সেই সময়ে আমার ভগ্নীপতি শেষেন্দ্র, প্রতিমার বাবা, একখানা পার্শিয়ান ছবির বই দিল্লির, আমাকে বকশিশ দিলেন। রবিকাকাও আবার সে সময়ে রবিবর্মার ছবির কতকগুলি ফোটো আমাকে দিলেন। তখন রবিবর্মার ছবিই ছিল কিনা ভারতীয় চিত্রের আদর্শ। যাই হোক, তখন সেই আইরিশ মেলডির

ছবি ও দিল্লির ইন্দ্রসভার নকশা যেন আমার চোখ খুলে দিলে। এক দিকে আমার পুরাতন ইউরোপীয়ান আর্টের নিদর্শন ও আর-এক দিকে এ দেশের পুরাতন চিত্রের নিদর্শন। দুই দিকের দুই পুরাতন চিত্রকলার গোড়াকার কথা একই। সে যে আমার কী আনন্দ, সেই সময়ে ভারতীতে আমার ঐ ইন্দ্রসভার বইখানির বর্ণনা দিয়ে 'দিল্লির চিত্রশালিকা' বলে বলেন্দ্রনাথ ঠাকুর প্রবন্ধ লিখেছেন; চার দিকে তখন একটা সাড়া পড়ে গিয়েছিল।

যাক, ভারতশিল্পের তো একটা উদ্দিশ পেলুম। এখন শুরু করা যাবে কী করে কাজ? তখন একতলার বড়ো ঘরটাতে একধারে চলেছে বিলিয়ার্ড খেলার হো হো, একধারে আমি বসেছি রঙ-তুলি নিয়ে আঁকতে। দেশের শিল্পের রাস্তা তো পেয়ে গেছি, এখন আঁকব কী? রবিকাকা আমায় বললেন, বৈষ্ণব পদাবলী পড়ে ছবি আঁকতে। রবিকাকা আমাকে এই পর্যন্ত বাতলে দিলেন যে চণ্ডীদাস বিদ্যাপতির কবিতাকে রূপ দিতে হবে। লেগে গেলুম পদাবলী পড়তে। প্রথম ছবি করি ভারতীয় পদ্ধতিতে গোবিন্দদাসের দু-লাইন কবিতা—

পৌথলী রজনী পবন বহে মন্দ
চৌদিশে হিমকর, হিম করু বন্দ।

এ ছবিটা এখনো আমার কাছেই বান্ধবন্ধ। সেই আমার প্রথম দেশী ধরনের ছবি 'শুক্লাভিসার'। কিন্তু দেশী রাধিকা। হল না, সে হল যেন মেমসাহেবকে শাড়ি পরিয়ে শীতের রাত্তিরে ছেড়ে দিয়েছি। বড়ো মুষড়ে গেলুম— নাঃ, ও হবে না, দেশী টেকনিক শিখতে হবে। তখন তারই দিকে ঝোঁক দিলুম। ছবিতে সোনাও লাগাতে হবে। তখনকার দিনে রাজেন্দ্র মল্লিকের বাড়িতে এক মিস্ত্রি ফ্রেমের কাজ করে। লোকটির নাম পবন, আমার নাম অবন। তাকে ডেকে বললুম, 'ওহে সাঙাত, পবনে অবনে মিলে গেছে, শিখিয়ে দাও এবারে সোনা লাগায় কী করে।' সে বললে, 'সে কি বাবু, আপনি ও কাজ শিখে কী করবেন? আমাকে বলবেন আমি করে দেব।' 'না হে, আমার ছবিতে সোনা লাগাব; আমাকে শিখিয়ে দাও।' শিখলাম তার কাছে কী করে সোনা লাগাতে হয়। সবরকম টেকনিক তো শেখা হল, তার পর আমাকে পায় কে? বৈষ্ণব পদাবলীর এক সেট ছবি সোনার রুপোর তবক ধরিয়ে এঁকে ফেললুম। তার পর 'বেতাল পঞ্চবিংশতি' আঁকতে শুরু করলুম। সেই পদ্মাবতী পদ্মফুল নিয়ে বসে আছে, রাজপুত্তুর গাছের ফাঁক দিয়ে উঁকি মারছে; আর অন্যগুলিও। যাক, রাস্তা পেলুম, চলতেও শিখলুম, এখন হু হু করে এগোতে হবে। তখন এক-একখানি করে বই ধরছি আর কুড়ি-পঁচিশখানা করে ছবি এঁকে যাচ্ছি। তাই যখন হল কিছুকাল গেল এমনি।

তখন কি আর ছবির জন্য ভাবি, চোখ বুজলেই ছবি আমি দেখতে পাই— তার রূপ, তার রেখা, মায় প্রত্যেক রঙের শেড পর্যন্ত। তখন যে আমার কী অবস্থা বোঝাব কি তোমায়। ছবিতে আমার তখন মনপ্রাণ ভরপুর, হাত লাগাতেই এক-একখানা ছবি হয়ে যাচ্ছে।

২৪১

হু হু করে ছবি হতে লাগল। কৃষ্ণচরিত্র, বুদ্ধচরিত্র, বেতালপঞ্চবিংশতি ইত্যাদি। নীচের তলার দালানটাতে বসে মশগুল হয়ে ছবি আঁকতুম। আমি যখন কৃষ্ণের ছবি আঁকছি তখন শিশির ঘোষমশায় ছিলেন পরম বৈষ্ণব। একদিন তিনি এলেন কৃষ্ণের ছবি দেখতে। আমি নীচের তলার ঘরটিতে বসে নিবিষ্টমনে ছবি আঁকছি, মুখ তুলে দেখি দরজার পাশে একটি অচেনা মুখ উকিঝুঁকি মারছে। আমি বললাম, 'কে হে।' তিনি বললেন, 'আমি শিশির ঘোষ। তুমি কৃষ্ণের ছবি আঁকছ তাই শুনে দেখতে এলুম।' আমি তাড়াতাড়ি উঠে 'আসুন আসুন' বলে তাঁকে ঘরে এনে ভালো করে বসিয়ে ছবিগুলি সব এক এক করে দেখাতে লাগলুম। তিনি সবগুলি দেখলেন, শেষে হেসে বললেন, 'হুঁ', কী এঁকেছ তুমি? এ কি রাধাকৃষ্ণের ছবি! লম্বা লম্বা সরু সরু হাত-পা যেন কাটখোট্টাই– এই কি গড়ন? রাধার হাত হবে নিটোল, নধর তাঁর শরীর। জান না তাঁর রূপবর্ণনা?' এই বলে তিনি চলে গেলেন। আমি খানিকক্ষণ হতভম্ব হয়ে রইলুম কিন্তু তাঁর কথায় মনে কোনো দাগ কাটল না। ছবি করে যেতে লাগলুম। তখন আমি বিলিতি ছবির কাগজ পড়িও না, দেখিও না, ভয়, পাছে বিলিতি আর্টের ছোঁয়াচ লাগে। গানবাজনা আর ছবি নিয়ে মেতে ছিলুম। দিনরাত কেবল এসরাজ বাজাই, ছবি আঁকি।

সেই সময়ে কলকাতায় লাগল প্লেগ। চার দিকে মহামারী চলছে, ঘরে ঘরে লোক মরে শেষ হয়ে যাচ্ছে। রবিকাকা এবং আমরা এ বাড়ির সবাই মিলে চাঁদা তুলে প্লেগ হাসপাতাল খুলেছি, চুন বিলি করছি। রবিকাকা ও সিস্টার নিবেদিতা পাড়ায় পাড়ায় ইনস্পেকশনে যেতেন। নার্স ডাক্তার সব রাখা হয়েছিল। সেই প্লেগ লাগল আমারও মনে। ছবি আঁকার দিকে না ঘেঁষে আরো গানবাজনায় মন দিলুম। চারি দিকে প্লেগ আর আমি বসে বাজনা বাজাই। হবি তো হ, সেই প্লেগ এসে ঢুকল আমারই ঘরে। আমার ছোট্ট মেয়েটাকে নিয়ে গেল। ফুলের মতন মেয়েটি ছিল বড়ো আদরের। আমার মা বলতেন, 'এই মেয়েটিই অবনের সবচেয়ে সুন্দর।' ন-দশ বছরের মেয়েটি আমার টুক করে চলে গেল; বুকটা ভেঙে গেল। কিছুতে আর মন যায় না। এ বাড়ি ছেড়ে চৌরঙ্গিতে একটা বাড়িতে আমরা পালিয়ে গেলুম। সেখানে থাকি, একটা টিয়েপাখি কিনলুম, তাকে ছোলা ছাতু খাওয়াই মেয়ের মাও খাওয়ায়। পাখিটাকে বুলি শেখাই। দুঃখ ভোলাবার সাথী হল পাখির ছানাটা; নাম দিলেম তার চকু, মায়ের কোলছাড়া টিয়াপাখির ছানা।

সে সময়ে ঘুড়ি ওড়াবারও একটা নেশা চেপেছিল। পাশের বাড়ির মিসেস হায়ার বলে এক বুড়ি ইহুদী মেমসাহেবের সঙ্গে আলাপ হল। আমাকে খুব যত্ন করতেন, কতরকম রান্না করে খাওয়াতেন। তাঁর সুন্দর একটি বাগান ছিল; ছাগলের জন্য দিব্য বেড়া দিয়ে ঘেরা পাহাড়। খুব বড়ো ঘরের সেকেলে ইহুদী পরিবার। মায়ের সঙ্গে বুড়ি ইহুদী মেমের কথা হত; মাঝে মাঝে আমার জন্যে ভালো সুগন্ধি তামাকও পাঠাত। সেখানে তো এমনি করে আমার দিন যাচ্ছে। সে সময়ে মেজোমার কাছে যাওয়া-আসাতে হ্যাভেল সাহেবের সঙ্গে আলাপ হয়। একদিন

মেজোমা আমাকে ধরে বসলেন, 'তোমাকে আর্ট স্কুলে যেতে হবে। হ্যাভেল তোমাকে ভাইস প্রিন্সিপাল করতে চান।' আমার তখন কি কাজকর্ম করবার মতো অবস্থা? আমি সাহেবকে বললুম সে কথা। তিনি আমার জ্যেষ্ঠের মতন ছিলেন। তিনি আমাকে বললেন, 'তুমি করছ কী? You do your work– your work is your only medicine. তুমি তোমার কাজ করো, কাজই তোমার ওষুধ।' তাঁকে চিরকাল গুরু বলে শ্রদ্ধা করেছি, জ্যেষ্ঠের মতো ভক্তি করেছি কি সাধে? তিনিও আমাকে collaborator সহকর্মী বলে ডাকতেন আদর করে। কখনো চেলাও বলেছেন। ছোটো ভাইয়ের মতো ভালোবাসতেন। আমি নন্দলালকে যতখানি ভালোবাসি তার বেশি তিনি আমাকে ভালোবাসতেন।

সে তো গেল, কিন্তু আমি চাকরি করব কি? ঠিকসময়ে হাজিরা দিতে হবে; এক দিকে দিনে সাতবার করে তামাক খাওয়া আমার অভ্যাস, তার উপরে শরীর তখন খারাপ। মাকে বললুম, 'সে আমি পারব না মা, তুমি যা হয় বলো সাহেবকে।' সাহেব ইংরেজের বাচ্চা নাছোড়বান্দা। বলে পাঠালেন মাকে, 'তোমার ছেলের সব ভার আমার। তার সুখস্বাচ্ছন্দ্যের কোনো অভাব হবে না। দুপুরে আমি তার খাওয়ার ভার নিলাম, তামাক সে যতবার ইচ্ছে খাবে। আমি বলছি আমি তার শরীর ভালো করে দেব।' কিছুতেই ছাড়ে না, আমাকে রাজি হতেই হল। কিন্তু ভয় হল আমি শেখাব কী? নিজেই-বা কী জানি। সাহেব তাতেও বললেন, 'সে আমি দেখব'খন। তোমার কিছু ভাবতে হবে না। তুমি শুধু নিজের কাজ করে যাবে। তুমি কত টাকা মাসে চাও বলো।' আমি বললুম, 'সে আর আমি কী বলব সাহেব, সবই তো তুমি জানো, এও তুমিই জানবে। কী দেবে না-দেবে সেও তোমার ইচ্ছা, আমি চাই নে কিছুই।' সাহেব বললেন, 'আচ্ছা, তোমাকে আমি ভাইস-প্রিন্সিপাল করে দিলাম। তুমি এখন মাসে তিনশো টাকা করে পাবে।'

যেতে শুরু করে দিলাম সকাল সকাল চারটি ভাত খেয়ে। প্রথম দিন গিয়ে তো আপিসঘরে ঢুকে মুষড়ে গেলুম– আমি তো আপিসের কাজ বলতে কিছুই জানি না। সাহেব বললেন, 'কে বলে তোমার ও-সব কাজ করতে হবে। তার জন্যে হেডমাস্টার, হেডক্লার্ক আছে। তারা সব দেখবে আপিসের কাজ। তুমি তোমার কাজ করে যাও। চলো, তোমাকে আর্ট গ্যালারি দেখিয়ে নিয়ে আসি।' আমাকে নিয়ে গেলেন আর্ট গ্যালারি দেখাতে, আমি আর সাহেব চলেছি, আগে-পিছে চাপরাসী মস্ত হাতপাখা নিয়ে হাওয়া করতে করতে যাচ্ছে, বাদশাই চালে চলেছি বড়োসাহেবের আর্ট গ্যালারি দেখতে। সাহেব চাপরাসীকে বললেন পর্দা সরাতে। ভারি তো আর্ট গ্যালারি, তার আবার পর্দা সরাও– এখন ভাবলে হাসি পায়। দু-তিনখানা মোগল ছবি আর দু-একখানা পার্শিয়ান ছবি, এই খান চার-পাঁচ ছবি নিয়ে তখন আর্ট গ্যালারি। পর্দা তো সরানো হল। একটি বক পাখির ছবি, ছোটোই ছবিখানা, মন দিয়ে দেখছি, সাহের পিছনে দাঁড়িয়ে বুকে হাত দিয়ে। আমাকে বললেন, 'এই নাও এটি দিয়ে দেখো।' বলে বুকপকেট থেকে একটি আতশী কাচ বের করে দিলেন।

সেই কাচটি পরে আর আমি হাতছাড়া করি নি। বহুকাল সেটি আমার জামার বুকপকেটে ঘুরেছে। আমি নন্দলালদের বলতুম, এটি আমার দিব্যচক্ষু। সেই কাচ চোখের কাছে ধরে বকের ছবিটি দেখতে লাগলুম। ওমা কী দেখি, এ তো সামান্য একটুখানি বকের ছবি নয়, এ যে আস্ত একটি জ্যান্ত বক এনে বসিয়ে দিয়েছে! কাচের ভিতর দিয়ে দেখি, তার প্রতিটি পালকে কী কাজ। পায়ের কাছে কেমন খসখসে চামড়া, ধারালো নখ, তার গায়ে ছোট্ট ছোট্ট পালক— কী দেখি— আমি অবাক হয়ে গেলুম, মুখে কথাটি নেই। পিছনে সাহেব তেমনি ভাবে বুকে হাত দিয়ে দাঁড়িয়ে, আমার অবস্থা দেখে মুচকি মুচকি হাসছেন, যেন উনি জানতেন যে আমি এমনি হয়ে যাব এ ছবি দেখে। তার পর আর দু-চারখানা ছবি যা ছিল দেখলুম। সবই ঐ একই ব্যাপার। মাথা ঘুরে গেল। তবে তো আমাদের আর্টে এমন জিনিসও আছে, মিছে ভেবে মরছিলুম এতকাল। পুরাতন ছবিতে দেখলুম ঐশ্বর্যের ছড়াছড়ি, ঢেলে দিয়েছে সোনা রুপো সব। কিন্তু একটি জায়গায় ফাঁকা, তা হচ্ছে ভাব। সবই দিয়েছে ঐশ্বর্যে ভরে, কোথাও কোনো কার্পণ্য নেই কিন্তু ভাব দিতে পারে নি। মানুষ আঁকতে সবই যেন সাজিয়ে গুজিয়ে পুতুল বসিয়ে রেখেছে। আমি দেখলুম এইবারে আমার পালা। ঐশ্বর্য পেলুম, কী করে তার ব্যবহার তা জানলুম, এবারে ছবিতে ভাব দিতে হবে।

বাড়ি এসে বসে গেলুম ছবি আঁকতে! আঁকলুম ‘শাজাহানের মৃত্যু’।

এই ছবিটি এত ভালো হয়েছে কি সাধে? মেয়ের মৃত্যুর যত বেদনা বুকে ছিল সব ঢেলে দিয়ে সেই ছবি আঁকলুম। ‘শাজাহানের মৃত্যু-প্রতীক্ষা’ তে যত আমার বুকের ব্যথা সব উজাড় করে ঢেলে দিলুম। যখন দিল্লির দরবার হয়, বড়ো বড়ো ও পুরাতন আর্টিস্টদের ছবির প্রদর্শনী সেখানে হবে, হ্যাভেল সাহেব আমার এই ছবিখানা আর তাজ নির্মাণের ছবি দিলেন পাঠিয়ে দিল্লি দরবারে। আমাকে দিলে বেশ বড়ো একটা রুপোর মেডেল, ওজনে ভারী ছিল মন্দ নয়। তার পর যোগেশ কংগ্রেস ইণ্ডাস্ট্রিয়াল একজিবিশনে সেই ছবি পাঠিয়ে দিল, সেখানে দিল একটা সোনার মেডেল। এইরকম করে তিন চারটে মেডেল পেয়েছি, পরি নি কোনোদিন।

শাজাহানের ছবির কথা থাক— সেই পদ্মাবতীর ছবিখানার কথা বলি। হ্যাভেল সাহেব পদ্মাবতী ও বেতালপঞ্চবিংশতির আরো তিন চারখানি ছবি স্কুলের প্রদর্শনীতে দিলেন। পদ্মাবতী ছবিখানার দাম কত দেওয়া যায়? সাহেব দিলেন আশি টাকা দাম ধরে। লর্ড কার্জন এলেন, পদ্মাবতী দেখে পছন্দ হল তাঁর, বললেন দাম কিছু কমিয়ে দিতে। ষাট টাকার মতো দিতে চাইলেন। আমি বলি, ‘সাহেব, দিয়ে দাও, টাকামাকা চাই নে কিছু। লর্ড কার্জন চেয়েছেন ছবিখানা, সেই তো খুব দাম। সাহেব বললেন, ‘তুমি চুপ করে থাকো, যা বলবার বোঝাবার আমি বলব বোঝাব।’ এই বলে তিনি তাঁকে কী সব বোঝালেন, ছবিখানির দাম কমালেন না, লর্ড কার্জনকেও দিলেন না। আমি শেষে কী করি, পদ্মাবতীর ছবিখানা ও অন্য ছবি যে দু-তিনখানা ছিল তা হ্যাভেলকে ধরে দিয়ে বললুম,

'এই নাও সাহেব, আমার গুরুদক্ষিণা; এগুলি আমি তোমাকে দিলুম।' সাহেব তো লুফে নিলেন। কী খুশি হলেন, বললেন, 'আমি এ ছবি গ্যালারিতে রেখে দেব, যত্নে থাকবে চিরকাল।'

এখন আমার মাস্টারি শুরু করার কথা বলি। সাহেব তো তাঁর স্কুলে আমাকে নিয়ে বসালেন। সুরেন গাঙ্গুলি হল আমার প্রথম ছাত্র। সুরেনকে সাহেব তাঁত শেখাবার জন্য বেনারসে পাঠিয়েছিলেন। তাকে আবার ফিরিয়ে এনে আমাকে বললেন, 'তুমি তোমার ক্লাস শুরু করো।' সুরেন ও আর দু-চারটি ছেলেকে নিয়ে কাজ শুরু করে দিলাম। কিছুকাল বাদে সত্যেন বটব্যাল বলে এনগ্রেভিং ক্লাসের এক ছাত্র, একটি ছেলেকে নিয়ে এসে হাজির, বললে, 'একে আপনার নিতে হবে।' তখন মাস্টার কিনা, গম্ভীর ভাবে মুখ তুলে তাকালুম, দেখি কালোপানা ছোটো একটি ছেলে। বললুম, 'লেখাপড়া শিখেছ কিছু?' বললে, 'ম্যাট্রিক, এফ. এ. পর্যন্ত পড়েছি।' আমি বললুম, 'দেখি তোমার হাতের কাজ। একটি ছবি দেখালে– একটি মেয়ে, পাশে হরিণ, লতাপাতা গাছগাছড়া; শকুন্তলা এঁকেছিল। এই আজকালকার ছেলেদের মতন একটু জ্যাঠামি ছিল তাতে। বললুম, 'এ হবে না, কাল একটি সিদ্ধিদাতা গণেশের ছবি এঁকে এনো।' পরদিন নন্দলাল এল, একটি কাঠিতে ন্যাকড়া জড়ানো, সেই ন্যাকড়ার উপরে সিদ্ধিদাতা গণেশের ছবি। বেশ এঁকেছিল প্রভাতভানুর বর্ণনা দিয়ে। বললুম, 'সাবাস!' সঙ্গে ওর শ্বশুর– দিব্যি চেহারা ছিল ওর শ্বশুরের– বললেন 'ছেলেটিকে আপনার হাতে দিলুম।' আমি তাঁকে বললুম, 'লেখাপড়া শেখালে বেশি রোজগার করতে পারবে।' নন্দলাল জবাবে বললে, 'লেখাপড়া শিখলে তো ত্রিশ টাকার বেশি রোজগার হবে না। এতে আমি তার বেশি রোজগার করতে পারব।' আমি বললুম, 'তা হলে আমার আর আপত্তি নেই।' সেই থেকে নন্দলাল আমার কাছে রয়ে গেল। তখন এক দিকে সুরেন গাঙ্গুলি, এক দিকে নন্দলাল, মাঝখানে আমি বসে কাজ শুরু করে দিলুম।

এখন এক পণ্ডিত এসে জুটে গেলেন– চাকরি চাই। আমি বললুম, 'বেশ, লেগে যান, রোজ আমাদের মহাভারত রামায়ণ পড়ে শোনাবেন।' আমাদের বাল্যকালের পণ্ডিতমশায়, নাম রজনী পণ্ডিত। সেই পণ্ডিত রোজ এসে রামায়ণ মহাভারত শোনাতেন। আর তাই থেকে ছবি আঁকতুম।

নন্দলাল বললে, 'কী আঁকব?' আমি বললুম, 'আঁকো কর্ণের সূর্যস্তব।' ও বিষয়টা আমি চেষ্টা করেছিলুম, ঠিক হয় নি। নন্দলাল এঁকে নিয়ে এল। আমি তার উপর এই দু-তিনটে ওয়াশ দিয়ে দিলুম ছেড়ে– হাতে ধরে দেখিয়ে দেখিয়ে আমি কখনো ওকে শেখাই নি। ছবি করে নিয়ে আসত, আমি শুধু কয়েকটি ওয়াশ দিয়ে মোলায়েম করে দিতুম, কিংবা একটু-আধটু রঙের টাচ দিয়ে দিতুম, যেমন ফুলের উপর সূর্যের আলো বুলিয়ে দেওয়া– সূর্য নয় ঠিক, আমি তো আর রবি নই, নানা রঙের মাটিরই প্রলেপ দিতেম। তখন আমাদের আঁকার কাজ তেজে চলেছে। নন্দলাল সূর্যের স্তব আঁকল তো সুরেন এ দিকে রামচন্দ্রের সমুদ্রশাসন আঁকল,

এই তীর ধনুক বাঁকিয়ে রামচন্দ্র উঠে রুখে দাঁড়িয়েছেন। নন্দলাল এঁকে আনল একটি মেয়ের ছবি, বেশ গড়নপিটন, টানা টানা চোখ ভুরু। আমি বললুম, ‘এ তো হল কৈকেয়ী, পিছনে মন্থরা বুড়ি এঁকে দাও।’ হয়ে গেল কৈকেয়ী-মন্থরা। ছবির পর ছবি বের হতে লাগল। চারি দিকে তখন খুব সাড়া পড়ে গেল, ওরিয়েন্টাল আর্ট সোসাইটি খুলে গেল, হৈ-হৈ রৈ-রৈ কাণ্ড। ইন্ডিয়ান আর্ট শব্দ অভিধান ছেড়ে সেই প্রথম লোকের মুখে ফুটল।

আমি নিজে যখন ছবি আঁকতুম কাউকে ঘরে ঢুকতে দিতুম না, আপন মনে ছবি আঁকতুম। মাঝে মাঝে হ্যাভেল সাহেব পা টিপে টিপে ঘরে ঢুকতেন পিছন দিক দিয়ে, দেখে যেতেন কী করছি। চৌকি ছেড়ে উঠতে গেলে ধমক দিতেন। আমার ক্লাসেও সেই নিয়ম করেছিলুম। দরজায় লেখা ছিল, ‘তাজিম মাফ’। আমার ছবি আঁকার পদ্ধতি ছিল এমনি। বললুম, তোমরা এঁকে যাও, যদি লড়াইয়ে ফতে না করতে পার, তবে এই আমি আছি– ভয় কি?

কেন বলি যে আমার আর্টের বেলায় ক্রমাগত ব্যর্থতা? কী দুঃখ যে আমি পেয়েছি আমার ছবির জীবনে। যা ভেবেছি, যা চেয়েছি দিতে, তার কতটুকু আমি আমার ছবিতে দিতে পেরেছি? যে রঙ যে রূপ-রস মনে থাকত, চোখে ভাসত, যখন দেখতুম তার সিকি ভাগও দিতে পারলুম না তখনকার মনের অবস্থা, মনের বেদনা অবর্ণনীয়। চিরকাল এই দুঃখের সঙ্গে যুঝে এসেছি। ছবিতে আনন্দ আর কতটুকু পেয়েছি। শুধু দুবার আমার জীবনে আনন্দময় ভাব এসেছিল, দুবার আমি নিজেকে ভুলে বিভোর হয়ে গিয়েছিলুম, ছবিতে ও আমাতে কোনো তফাত ছিল না– আত্মহারা হয়ে ছবি এঁকেছি। একবার হয়েছিল আমার কৃষ্ণচরিত্রের ছবিগুলি যখন আঁকি। সারা মন-প্রাণ আমার কৃষ্ণের ছবিতে ভরে গিয়েছিল। চোখ বুজলেই চারি দিকে ছবি দেখি আর কাগজে হাত ছোঁয়ালেই ফস্ ফস্ করে ছবি বেরয়; কিছু ভাবতে হয় না, যা করছি তাই এক একখানা ছবি হয়ে যাচ্ছে। তখন কৃষ্ণের সব বয়সের সব লীলার ছবি দেখতে পেতুম, প্রত্যেকটির খুঁটিনাটি রঙ-সমেত। সেই ভাব আমার আর এল না।

আর-একবার এসেছিল কিন্তু ক্ষণিকের জন্য। সেবারে হচ্ছে আমার মার আবির্ভাব, মৃত্যুর পর। মার ছবি একটিও ছিল না। মার ছবি কী করে আঁকা যায় একদিন বসে বসে ভাবছি, এমন সময়ে যেন আমি পরিষ্কার আমার চোখের সামনে মাকে দেখতে পেলুম। মার মুখের প্রতিটি লাইন কী পরিষ্কার দেখা যাচ্ছিল, আমি তাড়াতাড়ি কাগজ পেনসিল নিয়ে মার মুখের ড্রইং করতে বসে গেলুম। কপাল থেকে যেই নাকের ওপর ভুরুর খাঁজ টুকতে গেছি– সে কি? মা কোথায় মিলিয়ে গেলেন। হঠাৎ যেন চার দিক অন্ধকার হয়ে গেল। মনে হল কে যেন আলোর সুইচটা বন্ধ করে দিলে– সব অন্ধকার। আমি চমকে বললুম, ‘দাদা, এ কী হল?’ দাদা একটু দূরে বসে ছিলেন, মুখ টিপে হাসলেন, বললেন, ‘বড্ড তাড়া করতে গিয়েছিলে তুমি।’ মন খারাপ হয়ে গেল। চুপচাপ বসে রইলুম, আর মনে হতে লাগল, তাই তো, এ কী হল। মা এসে এমনি করে চলে গেলেন!

কিছুক্ষণ ওভাবে ছিলুম, এক সময়ে দেখি আবার মায়ের আবির্ভাব। এবারে আর তাড়াহুড়ো না– স্থির হয়ে বসে রইলুম। মেঘের ভিতর দিয়ে যেমন অস্তদিনের রঙ দেখা যায় তেমনিতরো মায়ের মুখখানি ফুটে উঠতে লাগল। দেখলুম মাকে, খুব ভালো করে মনপ্রাণ ভরে মাকে দেখে নিলুম। আস্তে আস্তে ছবি মিলিয়ে গেল, কাগজে রয়ে গেল মায়ের মূর্তি। এই যে মার ছবিখানা সে ঐ অমনি করেই আঁকা। এত ভালো মুখের ছবি আমি আর আঁকি নি।

আমার মুখের কথায় যদি সংশয় থাকে চাক্ষুষ প্রমাণ দেখলে তো সেদিন। সন্ধের অন্ধকারে রবিকার মুখের ছবি আঁকতে বসলুম, ঝাপসা ঝাপসা অস্পষ্ট লাইন পড়ল কাগজে, তোমরাও দেখতে পাচ্ছিলে না পরিষ্কার চেহারা। আমি কিন্তু দেখলুম সুস্পষ্ট চেহারা পড়ে গেছে কাগছে, আর ভয় নেই। নির্ভয়ে রেখে দিলেম, সে রাতের মতো ছবির কাজ বন্ধ। জানলেম ছবি হয়ে গেছে, নির্ভাবনায় ঘরে গেলুম। সকালে উঠে ছবিতে শুধু দু-চারটে রঙের টান দেবার অপেক্ষা রইল।

এরকম হয় শিল্পীর জীবনে, তবে সব ছবির বেলায় নয়।

তাই তো বলি ছবির জীবনে দুঃখ অনেক, আমিও চিরকাল সেই দুঃখই পেয়ে এসেছি। প্রাণে কেবলই একটা অতৃপ্তি থেকে যায়। কিছুতেই মনে হয় না যে, এইবারে ঠিক হল যেমনটি চেয়েছিলুম। কিন্তু তাই বলে থেমে গেলে চলবে না, নিরুৎসাহ হয়ে পড়লে চলবে না। কাজ করে যাওয়াই হচ্ছে আমাদের কাজ। আবার কিছুকাল যদি ছবি না আসে তা হলেও মন খারাপ কোরো না। ছবি হচ্ছে বসন্তের হাওয়ার মতন। যখন বইবে তখন কোনো কথা শুনবে না। তখন একধার থেকে ছবি হতে শুরু হবে। মন খারাপ কোরো না– আমার নিজের জীবনের অভিজ্ঞতার কথা মনে রেখো।

ছাত্রকে তার নিজের ছবি সম্বন্ধে মাস্টারের কিছু বাতলানো– এক-একসময়ে তার বিপদ বড়ো আর তাতে মাস্টারেরও কি কম দায়িত্ব? একবার কী হয়েছিল বলি। নন্দলাল একখানা ছবি আঁকল 'উমার তপস্যা', বেশ বড়ো ছবিখানা। পাহাড়ের গায়ে দাঁড়িয়ে উমা শিবের জন্য তপস্যা করছে, পিছনে মাথার উপরে সরু চাঁদের রেখা। ছবিখানিতে রঙ বলতে কিছুই নেই, আগাগোড়া ছবিখানায় গৈরিক রঙের অল্প অল্প আভাস। আমি বললুম, 'নন্দলাল, ছবিতে একটু রঙ দিলে না? প্রাণটা যেন চড়চড় করে ছবিখানির দিকে তাকালে। আর কিছু না দাও অন্তত উমাকে একটু সাজিয়ে দাও! কপালে একটু চন্দন-টন্দন পরাও, অন্তত একটি জবাফুল?' বাড়ি এলুম, রাত্রে আর ঘুম হয় না। মাথায় কেবলই ঘুরতে লাগল, 'আমি কেন নন্দলালকে বলতে গেলুম ও কথা? আমার মতন করে নন্দলাল হয়তো উমাকে দেখে নি। ও হয়তো দেখেছিল উমার সেই রূপ, পাথরের মতো দৃঢ়, তপস্যা করে করে রঙ রস সব চলে গেছে। তাই তো, উমার তপস্যা দেখে তো বুক ফেটে যাবারই কথা। তখন আর সে চন্দন পরবে কি? ঘুমতে পারলুম

না, ছটফট করছি কখন সকাল হবে। সকাল হতেই ছুটলুম নন্দলালের কাছে। ভয় হচ্ছিল পাছে সে রাত্রেই ছবিখানিতে রঙ লাগিয়ে থাকে আমার কথা শুনে। গিয়ে দেখি নন্দলাল ছবিখানাকে সামনে নিয়ে বসে রঙ দেবার আগে একবার ভেবে নিচ্ছে।

আমি বললুম, ‘কর কী নন্দলাল, থামো থামো, কী ভুলই আমি করতে যাচ্ছিলুম, তোমার উমা ঠিকই আছে। আর হাত লাগিয়ো না।’

নন্দলাল বললে, ‘আপনি বলে গেলেন উমাকে সাজাতে। সারারাত আমিও সে কথা ভেবেছি, এখনো ভাবছিলাম রঙ দেব কি না।’

কী সর্বনাশ করতে যাচ্ছিলুম বলো দেখি। আর একটু হলেই অত ভালো ছবিখানা নষ্ট করে দিয়েছিলুম আর কি! সেই থেকে খুব সাবধান হয়ে গেছি। আর এটা জেনেছি যে, ছবি যার যার নিজের নিজের সৃষ্টি, তাতে অন্য কেউ উপদেশ দেবে কি।

যখন আমাদের ভারতশিল্পের জোর চর্চা হচ্ছে তখন ভাবলুম যে, শুধু ছবিতে নয়, সব দিকেই এর চর্চা করতে হবে। লাগলুম আসবাবের দিকে, ঘর সাজাতে, আশেপাশে চারি দিকে ভারতশিল্পের আবহাওয়া আনতে। ঘরে যত পুরোনো আসবাব ছিল কর্তাদের আমলের, বিদেশ থেকে আমদানি দামী দামী জিনিসপত্তর, সব বিক্রি করে দিলুম। বললুম, ‘সব ঝেড়ে ফেল্, যা কিছু আছে বাইরে ফেলে দে।’ মাদ্রাজী মিস্ত্রি ধনকোটি আচারি, তাকে এনে লাগিয়ে দিলুম কাজে। নিজে নমুনা দিই, নকশা দিই, আর তাকে দিয়ে আসবাব করাই। সাদাসিদে আসবাব করালুম। তাকে দিয়ে ঘর জুড়ে জাপানি গদি করালুম। এই যে আজকাল তোমরা খাটের পায়া দেখছ, এ কোথেকে নেওয়া জানো? মাটির প্রদীপের দেল্খো থেকে। খেটেছি কম? প্রথম ভারতীয় আসবাবের চলন তো এইখান থেকেই হল। একলা আমি আর দাদা, আমাদের সব দিক সামলে চলতে হয়েছে। এখন সবাই একটি ধারা পেয়ে গেছে। এ থেকে একটু-আধটু নতুন কিছু এদিক-ওদিক করতে পারা সহজ। কিন্তু আমাদের যে তখন গোড়াসুদ্ধ গাছ উপড়ে ফেলে নতুন গাছ লাগাতে হয়েছিল নিজের হাতে। চারা লাগানো থেকে জল ঢালা থেকে সবই আমাদেরই করতে হয়েছে। তাকে বাঁচিয়ে রেখেছি বলেই হয়তো তাতে একদিন ফুল ফোটাতে পারবে।

১৮

ছেলেবেলায় পুরীর পাণ্ডাঠাকুর আসত বাড়িতে, বছরে একবার; এলেই জগন্নাথ দেখবার ইচ্ছে জাগত মা পিসিমা ছেলেমেয়ে দাসী পাড়াপড়শি সকলেরই মনে। সে যে কী ঔৎসুক্য জগন্নাথ দেখবার! পাণ্ডাকে ঘিরে বলতে থাকতুন, 'ও পাণ্ডাঠাকুর, কবে ঠাকুর দেখাবে বলো-না।' দাসীরা দু-একজন করে বেরিয়েও পড়ত তার সঙ্গে।

তার অনেক কাল পরে, বড়ো হয়েছি, ছেলেপিলে নাতিনাতনি হয়েছে, রবিকা বাড়ি কিনলেন পুরীতে, বলুও কিনল, আমাদেরও বললেন জমি কিনতে। জগন্নাথ দেখবার ইচ্ছে মারও বরাবর। কিছু জমি কিনে নীলকুঠীর একটা বাড়ি ভেঙে মসলাপাতি পাওয়া গেল খানিকটা, হাতেও টাকা এসে পড়ল কয়েক হাজার, তাই দিয়ে বাড়ি তৈরি হল পুরীতে, নাম হল 'পাথারপুরী'।

তখনকার দিনে পুরী যাওয়া ছিল যেন মুসলমানের মক্কা যাওয়া। মা বউ ঝি ছেলেপুলে নিয়ে চললুম পুরীতে জগন্নাথ দর্শন করতে। কী উৎসাহ সকলের। মা সারারাত রইলেন জেগে বসে। আমরা শুয়ে আছি যে যার বেঞ্চিতে লম্বা হয়ে। কটক না কোন স্টেশনে উড়ে পালকিবেহারাদের 'হুম্পা হুয়া হুম্পা হুয়া' কানে আসতেই মা বললেন, 'ওঠ্, ওঠ্, এসে পড়েছি এবারে উড়েদের দেশে।' ধড়মড় করে সব উঠে বসলুম। এমন মজা লাগল সে শব্দ শুনে, মনে হল যেন পুরীর জগন্নাথের সাড়া পাওয়া গেল, জগন্নাথের শব্দদূত! পালকির হুম্পা হুয়া'য় বহুকাল আগে পাণ্ডাঠাকুরের শব্দ জ্যান্ত হয়ে আক্রমণ করলে। ট্রেন চলছে হু হু করে, আমরা মুখ বাড়িয়ে আছি জানলা দিয়ে, কে আগে মন্দিরের চুড়ো দেখতে পাই। খানিক যেতে না-যেতেই ভোর হয়ে এল, দূরে দেখা দিল জগন্নাথের মন্দিরের চুড়া, দেখে কী আনন্দ। মনে হল এইরকম কি এর চেয়ে বেশি আনন্দই বুঝি পেয়েছিলেন চৈতন্যদেব, যদিও রেলে যাচ্ছি আমি। তার পর আর-এক আনন্দ সমুদ্র দেখার। স্টেশনের কাছেই বাড়ি, বাড়িতে এসেই তাড়াতাড়ি বারান্দায় গেলুম। দেখি, কী চমৎকার নীল সেদিকটায়, চোখ জুড়িয়ে যায়, আর কী শব্দ, কী হাওয়া— যেন জগন্নাথের শাঁখ বাজছে।

দু-একদিনের মধ্যেই গুছিয়ে বসলুম। মা এক-এক করে সবাইকে পাঠিয়ে দিতে লাগলেন জগন্নাথদর্শনে। বাড়ির ছোটো বড়ো দাসী চাকর কেউ বাদ নেই।

২৪৯

আমিও তিন-চারদিন মন্দির ঘুরে দেখে এলুম সব-কিছু। কেবল মা-ই বাকি। যাবার তেমন তাড়াই নেই। বলি, 'পালকি ঠিক করে দিই, জগন্নাথ দর্শন করে আসুন।' মা সে কথায় কানই দেন না– দিব্যি নিশ্চিন্ত, ভাবখানা যেন জগন্নাথ দর্শন হয়ে গেছে। মাঝে মাঝে পালকি চড়ে সমুদ্রের ধারে খানিক হাওয়া খান, বেশির ভাগ বাড়িতেই বসে বসে ঘর-সংসার খাওয়াদাওয়ার তদারক করেন আর সবাইকে ঠেলে ঠেলে মন্দিরে পাঠান।

একদিন হঠাৎ মা আমায় বললেন, 'তুই জগন্নাথকে দেখেছিস?'

'জগন্নাথ? না, তা তো দেখি নি।'

মা বললেন, 'সে কী কথা! মন্দিরে গেলি অথচ বেদির উপরে ঠাকুর দেখলি নে? তোকে তা হলে জগন্নাথ দেখা দেন নি, পাপ আছে তোর মনে তাই।'

তা হবে। কতবার মন্দিরে গেছি– ঘুরে ঘুরে নিখুঁতভাবে সব কারুকাজ দেখেছি, কোথায় জগন্নাথের চন্দন বাটা হচ্ছে, কোথায় মালা গাঁথে, কোথায় ফুলের গয়না তৈরি করে মেয়েরা ব'সে, কোথায় সে-সব ফুলের বাগান, কোথায় মাটির তলায় বটকৃষ্ণমূর্তি, সব দেখেছি। কিন্তু মা যখন ঐ কথা বললেন তখন খেয়াল হল মন্দিরের ভিতরেও গেছি, অন্ধকারের মধ্যে প্রদীপের আলোতে ভিড় দেখেছি লোকজনের, কিন্তু জগন্নাথকে দেখি নি। আসলে আমি জগন্নাথকে দেখতে পাই নি; যা দেখতে গেছি তাই দেখেছি। যে যা দেখতে চায় তাই তো দেখতে পায়। মার কথা শুনে পরদিন আবার গেলুম জগন্নাথকে দেখতে পাণ্ডা সঙ্গে নিয়ে, পাণ্ডাকে পাশে দাঁড় করিয়ে একেবারে ভিতরে গিয়ে জগন্নাথকে দেখে তাঁর সোনার চরণ স্পর্শ করে এলুম।

তখন মা বললেন, 'এবারে আমায় দেখিয়ে আনতে পারিস?'

'নিশ্চয়ই।'

পালকি ঠিক। পাণ্ডাকে বলে সব ব্যবস্থা করলুম যাতে না ভিড়ে মার কষ্ট হয়, বেশি না হাঁটতে হয়। বকশিশের লোভে সে ভিড় সরিয়ে ফাঁকা রাখল নাটমন্দির কিছুক্ষণের জন্য। তখন আমিই পাণ্ডা, যা বলছি তাই হচ্ছে। মাকে গরুড়স্তম্ভ, আনন্দবাজার, বৈকুণ্ঠ– যা যা দেখবার সব এক এক করে দেখিয়ে নিয়ে গেলুম ঠিক জগন্নাথের সামনে। অন্ধকারে ভয় পান এগোতে পড়ে যান বুঝি-বা। বললুম, 'আমায় ধরুন ভালো করে; জগন্নাথের পা ছুঁয়ে আসবেন।' পাণ্ডা পিদিম নিয়ে 'বাবু উঁচা নিচা, উঁচা নিচা' বলে আর এক-এক সিঁড়ি নামে। এই করে করে বেদির কাছে গিয়ে দাঁড় করিয়ে দিলুম মাকে। জগন্নাথের পা ছোঁওয়া হল, এবারে প্রদক্ষিণ করতে হবে। প্রদক্ষিণ করা মানে অনেকখানি জায়গা ঘুরে আসা। অন্ধকারে আরসোলাগুলো ফড়ফড় করে উড়ছে। ভয় হতে লাগল মাকে নিয়ে এ কোথায় এলুম। যাক, সব সেরে তো বাইরে এলুম। মা খুব খুশি। বারে বারে আমার মাথায় হাত দিয়ে আশীর্বাদ করতে লাগলেন, 'তোরই জন্য আমার জগন্নাথ দর্শন হল।'

উড্ রফ, ব্লান্টও আসতেন, আমাদের বাড়িতেই উঠতেন এসে; কোনারকের

ঝোঁক ছিল তাঁদের।

কত মজা করেছি পুরীতে শোভনলাল মোহনলালদের নিয়ে। সেদিন ওদের জিজ্ঞেস করলুম, 'সমুদ্র মনে আছে?' বললে, 'নেই।' কি করে বা থাকবে, ওরা তখন কতটুকু-টুকু সব। ওদের নিয়ে সমুদ্রের পাড়ে কাঁকড়া ধরতুম, কাঁকড়ার গর্তে রুটি ফেলে দিতুম। ঝোঁক গেল সমুদ্রে জাহাজ চালাতে হবে। ম্যানেজারকে লিখে খেলনার একটা বড়ো জাহাজ আনিয়ে তাতে সুতো বেঁধে পাড়ে নাটাই হাতে আমি বসে রইলুম। চাকরকে বললুম, জাহাজ নিয়ে জলে ছেড়ে দিতে। ইচ্ছে ছিল জাহাজ ঢেউয়ে ঢেউয়ে ভেসে যাবে, আমিও নাটাইয়ের সুতো খুলে দেব, পরে আবার টেনে তীরে আনব। কিন্তু সমুদ্রের সঙ্গে পরিচয় হতে দেরি হয়েছিল। চাকর হাঁটুজলে জাহাজ নিয়ে ছেড়ে দিলে। ওমা, এক ঢেউয়ে খেলার জাহাজ বালুতে বানচাল হয়ে গেল উলটে পড়ে। সমুদ্রে জাহাজ চালাবার শখ সেইখানেই শেষ।

একদিন মোহনলাল বললে, 'দেখো দেখো দাদামশায়, লাল চাঁদ উঠেছে।' চেয়ে দেখি সূর্যোদয় হচ্ছে। মনে হয় একেবারে মাটি থেকে উঠছে যেন। বলি, 'হ্যাঁ হ্যাঁ, তাই তো, লাল চাঁদই তো বটে!' আমারও অবস্থা তার মতোই। সেদিন ছেলেমানুষের চোখে আমিও দেখলেম লাল চাঁদ।

বুড়ো ছাত্র জুটল এক সেখানে। বেশ তৈরি হয়ে গিয়েছিল কিছুকালের মধ্যেই। পরে পুরীতে আর্টের মাস্টার হয়ে চলে গেল। সাক্ষীগোপালে বাড়ি। একদিন বসে আছি, মাথায় একটা ঝুড়ি নিয়ে বুড়ো ছাত্র এল দুপুর রৌদ্রে। কি? না, 'আম এনেছি আপনার জন্য।'

পাঁচ বছর উপরি-উপরি পুরীতে গিয়েছিলুম। সমুদ্রের হাওয়া যতদিন বইত মা থাকতেন। উলটো দিকে হাওয়া বইতে থাকলেই মা চলে আসতেন; বলতেন, আর নয়।

একবার জ্যাঠামশায় এলেন পুরীতে, অসুখে ভুগে শরীর সারাতে। বাড়ির কাছেই বাড়ি ঠিক করে দিলেম, সঙ্গে কৃতি ভায়া, হেমলতা বোঠান ও মুনীশ্বর চাকর। জ্যাঠামশায় এসেছেন, গেলুম দেখা করতে। দেখি, মুনীশ্বর দোতলার ছাদে একটা তক্তা তুলছে। কী ব্যাপার। জ্যাঠামশায় বললেন, 'এ কিরকম বাড়ি, আমি ভেবেছিলুম ঠিক সমুদ্রের উপরেই বাড়ি হবে— বসে বসে কেমন সুন্দর দেখব। কিন্তু এ তো তা নয়, কতখানি অবধি বালি তার পর সমুদ্র।' বললুম, 'এইরকমই তো সকলের বাড়ি পুরীর সমুদ্রের ধারে। একেবারে বাড়ির তলা দিয়ে সমুদ্র বয়ে যাবে, তা কী করে হবে এখানে।' জ্যাঠামশায়ের মন ভরে না বারান্দায় বসে সমুদ্র দেখে। দোতলা চিলেঘরের সামনে একটা তক্তার উপরে কৌচ পেতে তার উপরে বসে সমুদ্র দেখে তবে খুশি। হেসে বললেন, 'তোমাদের ওখান থেকে কি এইরকম দেখতে পাও?' মাথা চুলকে বলি, 'তা এইরকমই দেখতে বৈকি খানিকটা।'

আত্মভোলা মানুষ ছিলেন জ্যাঠামশায়। একদিন বিকেলে বললেন, 'চলো,

সতুর বাড়িতে বেড়িয়ে আসি।' সঙ্গে আমি ও কৃতি। খানিকক্ষণ গল্পসল্প করবার পর চুপচাপ বসে আছি সবাই। কীই-বা আর বলবার থাকতে পারে। সন্ধে হয়ে এল। আমরা উসখুস করছি। জ্যাঠামশায় দেখি নির্বিকার হয়ে বসে আছেন, ওঠবার নামও নেই। ক্রমে রাত হয়ে এল, জ্যাঠামশায়ের খাবার সময় হল। হঠাৎ এক সময়ে 'মুনীশ্বর' 'মুনীশ্বর' বলে ডেকে উঠলেন। কৃতি বললে, 'মুনীশ্বর তো এখানে আসে নি, সে তো বাড়িতে আছে।' 'ও, তাই বুঝি! এ বাড়ি তবে কার? আমি আরো ভাবছিলুম মুনীশ্বর আমায় খাবার দিচ্ছে না কেন, রাত হয়ে গেল। আচ্ছা ভুল হয়ে গিয়েছিল তো আমার।' বলে হো হো করে হাসি।

মেজোজ্যাঠামশায়ও এসেছিলেন পুরীতে সেবারে। আমরা তিনটে পরিবার পাশাপাশি। সুরেনও ছিল; জয়া, মঞ্জু ছোটো ছোটো। একদিন যা কাণ্ড! সুরেন চলেছে সমুদ্রের ধার দিয়ে ভিজে বালির উপরে। সঙ্গে জয়া, মঞ্জু, সুরেনের সে খেয়াল নেই। এখন এক ঢেউয়ে নিয়েছে ভাসিয়ে জয়াকে। গেল গেল! সুরেন দেখে ঢেউয়ে চুল দেখা যাচ্ছে, টপ করে চুল ধরে টেনে তুললে মেয়েকে। কী সর্বনাশই হত আর একটু হলে।

কত বলব সে দেশের ঘটনা। পর পর কত কিছুই না মনে-পড়ে– সে বিস্তর কথা। একবার আমি হারিয়ে গিয়েছিলুম সেও এক কাণ্ড। পুরীতে অনেক দিন আছি, ভেবেছি সব আমার নখদর্পণে। একদিন হাঁটতে হাঁটতে চক্রতীর্থ পেরিয়ে গেছি সমুদ্রের ধার দিয়ে রাস্তা ছাড়িয়ে বালির উপর ধপাস ধপাস করে চলেইছি। কত দূরে এসে পড়েছি কে জানে। হঠাৎ চটকা ভাঙল, দেখি সূর্যাস্ত হচ্ছে। যে দিকে চাই চতুর্দিকে ধু ধু বালি। না নজরে পড়ে জগন্নাথের মন্দির, না রাস্তা, না কিছু। শুধু শব্দ পাচ্ছি সমুদ্রের। কোন্ দিকে যাব ঘোর লেগে গেছে। তারা ধরে চলব, তারও তো কোনো জ্ঞান নেই। একেবারে স্তম্ভিত। শেষে সমুদ্রের শব্দ শুনে সেই দিকে চলতে লাগলুম। খানিক বাদে দেখি এক বুড়ি চলেছে লাঠি হাতে; বললে, 'কোথায় যাচ্ছ?' বললুম, 'চক্রতীর্থে।' ভাবলুম চক্রতীর্থে পৌঁছতে পারলেই এখন যথেষ্ট। বুড়ি বললে, 'তা যে দিকে যাচ্ছ সে দিকে সমুদ্র। আমার সঙ্গে এসো, আমি যাচ্ছি চক্রতীর্থে' বুড়ির সঙ্গে চক্রতীর্থে ফিরে হাঁপ ছেড়ে বাঁচি। নয়তো সারারাত সেদিন ঘুরে বেড়ালেও কিছু খুঁজে পেতুম না। 'ভূতপত্রী'তে আছে এই বর্ণনা। অন্ধকারে সমুদ্রের ধারে বালির উপর হাঁটতে কেমন ভুতুড়ে মনে হয়– মনসাগাছগুলিও কেমন যেন।

সেইবারেই আমি ভূত দেখি। সত্যিই।

উড্ রফ, ব্লান্ট কোনারক দেখে এসে বললেন, 'যাও, দেখে এসো আগে সে মন্দির।' একদিন রওনা হলুম কোনারকে, চারখানা পালকিতে লাঠি লণ্ঠন লোকজন স্ত্রীপুত্রকন্যা সব সঙ্গে নিয়ে। 'পথে বিপথে' বইয়ে আছে এই বর্ণনা। কুড়ি মাইল পথ বালির উপর দিয়ে। যাচ্ছি তো যাচ্ছি, সারারাত। পান তামাক খাবার জলের কুঁজো পালকির ভিতরে তাকে ঠিক ধরা, মিষ্টান্নের ভাঁড়ও একটি, পাশে লাঠিখানা। পালকি চলেছে 'হুম্পা হুয়া'। পুরী ছাড়িয়ে সারারাত চলেছি–

ভয়ও হচ্ছে, কী জানি যদি বালির মাঝে পালকি ছেড়ে পালায় বেহারারা। আমার আগে আগে চলেছে তিনখানা পালকি। মাঝে মাঝে হাঁক দিচ্ছি, 'ঠিক আছিস সবাই।' শুনসান বালি, কোথায় যে আছি– বাতাসে না পৃথিবীতে কিছু বোঝবার উপায় নেই। থেকে থেকে ধপাস ধপাস শব্দ, বেহারাদের আট-দশটা পা পড়ছে বালিতে। এক জায়গায় শুনি ঝপ ঝপ ঝপ ঝপ শব্দ।

'কী হল রে?'

'বাবু, নিয়াখিয়া নদী আসি গেলাম।'

'ও, আচ্ছা বেশ।'

নিয়াখিয়া নদী পেরিয়ে এলুম। শেষ রাত, চাঁদ অস্ত গেল, আবছা অন্ধকার, সকাল হতে আরো খানিকক্ষণ বাকি। সারারাত ভয়ে জেগে কাটিয়ে এলুম, এবারে একটু ঘুমও পাচ্ছে। সে সময় ভূতের ভয়ও একবার জেগেছিল মনে। সামনের পালকিগুলো আর দেখা যাচ্ছে না। বেহারাদের ডেকে বলি, 'ও বেহারা, সব ঠিক আছে তো?'

'সব ঠিক আছে বাবু, সব ঠিক আছে।'

এমন সময় দেখি, একটা লোক, একহাতে লাঠি একহাতে লণ্ঠন, চলেছে আমার পালকির খোলা দরজার পাশে পাশে।

বলি, 'ও বেহারা, এ কে রে?'

'আঃ বাবু, ও দিকে দেখো না, ও-সব দেউতা আছে।' বলে ও দিকের দরজা বন্ধ করে দিলে।

দেউতা বলে ওরা ভূতকে। বলি, 'ও কী, লণ্ঠন হাতে দেউতা কি রে!'

খানিক বাদে দেখি ঘোড়ায় চড়ে একটা সাহেব টুপি মাথায় পাশ কাটিয়ে গেল।

'বাবু, তুমি শুয়ে পড়ো।' বলে শুধু বেহারারা।

শুনেছিলুম কোন এক মিলিটারিকে ওখানে মেরে ফেলেছিল, ভূত হয়ে সে ফেরে, অনেকেই দেখে।

রাত্তিরবেলা লণ্ঠন হাতে লোকটাকে দেখে আমার বরং ভালোই লেগেছিল।

যাক, এই করতে করতে এসে পৌঁছলুম সমুদ্রের ধারে কী একটা মন্দিরের কাছে, মেয়েরা সব নেমে দেখতে গেল। ছোট্ট একটি পাহাড়ের মতো, তার উপরে ছোটো মন্দিরটি। মণিলাল ছিল সঙ্গে তাকে বললুম, 'ঠিক আছ তো সবাই? এইবার তবে আমি একটু পাশ মোড়া দিয়ে নিই।' তার পর আমার পালকি পড়ল গিয়ে একেবারে কোনোরকের ধারে। সিন্ধুতটে চলেছে পালকি হু হু করে। দরজা খুলে দেখলুম ঢেউগুলো পাড়ে এসে পড়ছে, আবার চলে যাচ্ছে পালকির নীচে দিয়ে। জলে ফসফরাস, ঢেউ আসে যায়, যেন একটা আলো চলে যায়। মনে হয় সমুদ্রের উপর দিয়ে ভেসে চলেছি, দানবরা কাঁধে করে নিয়ে চলেছে আমায়।

এইভাবে চলবার পর আবার একটা পালকি হু হু করে চলে গেল সামনে দিয়ে কোনারকের মন্দিরের দিকে, সঙ্গে আবার লণ্ঠন! ও কী, পালকি ও দিকে

কোথায় গেল! নেমে দেখলুম আমাদের চারটে পালকি ঠিকই আছে। তবে ওটা কী ?

বেহারারা ঐ এক কথাই বলে, 'দেখো না বাবু, তুমি শুয়ে পড়ো।' কী দেখলুম তা হলে ওটা ? মরীচিকা না কী কে জানে, তবে দেখেছিলুম ঠিকই। সকাল হয়ে গেছে, ভয় নেই। মণিলালদের জিজ্ঞেস করলুম, 'দেখেছ কিছু?' বললে, 'না।'

ভুতুড়ে কাণ্ড দেখে কোনারকের মন্দিরে পৌঁছলুম। মেয়েরা নেমেই মন্দির দেখবে বলে ছুটল।

কোনারকের মতো অমন সুন্দর সমুদ্র পুরীর নয়। গেলুম ধারে, আহা, যেন আছোঁয়া বালি সাদা জাজিমের মতো বিছানো, তার কিনারায় নীল গভীর সমুদ্র। মানুষকে কাছে যেতে দেয় না। যেন বিরাট সভা, মানুষ সেখানে প্রবেশ করতে পারে না সহজে। তার ও দিকে সোনার ঘটের মতো সূর্য উঠছে, সামনে সূর্যমন্দির। সূর্যোদয়ের আলোটা পড়ে এমন ভাবে, যেন সূর্যদেব উঠে এসে রথের শূন্য বেদি পূর্ণ করে বসবেন। সব তৈরি, এবার রথ চললেই হয়। বুঝেই ঠিক জায়গায় ঠিক রথটি নির্মাণ করেছিলেন শিল্পীরা।

মন্দিরও বড়ো ভালো লেগেছিল। কী তার কারুকাজ! ঐ দেখেই তো বলেছিলেম ওকাকুরাকে, 'যাও, সূর্যমন্দির দেখে এসো।' মন্দিরের সামনে বালির উপরে পড়ে আছে একটি মূর্তি, আধখানা বালির নীচে পোঁতা— যেন পাষাণী অহল্যা পড়ে আছে মন্দিরের দুয়ারে। অহল্যা আঁকতে হলে ঐ মূর্তিটি এঁকো।

সারাদিন কোনারকের মন্দির দেখে ডাকবাংলোতে থেকে বেলা কাটিয়ে বিকেল তিনটের সময় পালকি ছাড়লুম। আসছি আসছি। ফিরতি পথের শোভা, দূরে মৃগযূথ সব চলেছে— থেকে থেকে এক-একবার দাঁড়ায় শিং তুলে, ঘাড় ফিরিয়ে। সে ছবি এঁকেছি। এইরকম চলতে চলতে আবার নিয়াখিয়া নদী পার হয়ে এলুম। সন্দে হয়ে এল, দেখলুম জগন্নাথের মন্দিরের ঠিক পিছন দিকে সূর্য অস্ত যাচ্ছে। ঝপ করে পালকি নামিয়ে দিয়ে বেয়ারারা জগন্নাথের মন্দির ছাড়িয়ে অনেক দূরে চুড়োর উপরে প্রকাশ পাচ্ছে যে সূর্য তারই দিকে তাকিয়ে দু হাত জুড়ে প্রণাম করে বললে, 'জয় মহাপ্রভু! জয় মহাপ্রভু!'

কিন্তু সত্যি বলব, এত সুন্দর সুন্দর মূর্তিগুলো দেখে লোভ হত। মনে হত রাবণের মতো কোলে করে ঘরে নিয়ে যাই তাদের। সেই যে বালুর চরে আধখানা পোঁতা নায়িকা শুয়ে আছে আকাশের দিকে চেয়ে, দানবের শক্তি পেলে তুলে নিয়ে আসতুম।

একবার সত্যি সত্যিই মূর্তি চুরি করতে গিয়েওছিলুম। সংগ্রহের বাতিক চিরকালেরই তা তো জানো? সমুদ্রের ধারে পাথর পড়ে থাকে, যেতে আসতে দেখি, খেয়াল করি নে তেমন। একদিন নুলিয়াদের দিয়ে পাথরখানা ঘরে নিয়ে এলুম, দেখি তাতে ভৈরবী কাটা। মা বললেন, 'এ ভালো নয়, কোনো ঠাকুর টাকুর হবে। পুরীর মাটিও ঘরে নিয়ে যাওয়া দোষ। ও তুই ফিরিয়ে দে যেখানকার জিনিস সেখানে।' পরে এক সাহেব নিয়ে গেল তা, আমার ভাগ্যে হল না। কী

আর করি? মূর্তি ভাগ্যে নেই, নুড়িটুড়ি সংগ্রহ করে বেড়াই।

জগন্নাথের মন্দিরেও ঘুরি রোজ। নাটমন্দিরের ধারে ছোট্ট একটি ঘর, ছোট্ট দরজা বন্ধই থাকে বেশির ভাগ। পাণ্ডা বললে, ভোগমূর্তি থাকে এখানে। জগন্নাথের বড়ো মূর্তি সব সময়ে নাড়াচাড়া করা যায় না, ঐ মূর্তি দিয়েই কাজ চালায়। সে ঠিক ঘর নয়, একটি কুঠুরি বললেই হয়। বললুম, 'দেখতে চাই আমি।' পাণ্ডা দরজা খুলে দিলে দেখি চমৎকার চমৎকার ছোট্ট ছোট্ট মূর্তি সব। দেখেই লোভ হল। ছোটো আছে, নিয়ে যাবারও সুবিধে। পাণ্ডাকে জিজ্ঞেস করলুম। সে বললে, 'হবে না, ও হবে না বাবু।' ফুসলে ফাসলে কিছু যখন হল না, দেখি তা হলে হাতানো যায় কিনা কিছু। ঘুরে ঘুরে সব জেনেশুনে সাহসও বেড়ে গেছে।

তখন স্নানযাত্রা। জগন্নাথকে নিয়ে রথ চলেছে, সবাই সেখানে, মন্দির খালি। আমার মন পড়ে আছে ছোটো ছোটো মূর্তিগুলোর উপর। আমি চুপি চুপি মন্দিরে ঢুকে সোজা উপস্থিত সেই পুতুলঠাসা কুঠুরির কাছে, দেখি দরজা খোলা, ভিতর অন্ধকার। মস্ত সুবিধে, এবার চৌকাঠ পেরলেই হয়। আর দেরি নয়। দরজার কাছে গিয়ে উঁকি দিয়েছি কি অন্ধকার থেকে এক মূর্তি বলে উঠল, 'কী বাবু, আপনি? আজ তো এখানে কিছু নেই, সব স্নানযাত্রায় চলে গেছে।' কিরকম থমকে গেলুম। ভিতরে যে কেউ বসে আছে একটুও টের পাই নি।

যাক, বাড়ি ফিরে এলুম ভাঙা মনে; সে রাত্রে স্বপ্ন দেখি, আমি যেন সেই কুঠরিতে ঢুকে একটা মূর্তি তুলে আনব ভেবে যেই তাতে হাত দিয়েছি মূর্তি হাত আর ছাড়ে না। চীৎকার করছি, 'ওমা দেখো, দেখো, হাত তুলে আনতে পারছি নে।' দম বন্ধ হয়ে আসে স্বপ্নে। সকালে উঠে মাকে বললুম সব। মা বললেন, 'খবরদার, কিছুতে হাত দিস নে, তবে সত্যিই হাত আটকে যাবে। সাবধান, ঠাকুরদেবতা নিয়ে কথা, আর কিছু নয়।'

কিন্তু কী বলব— এমন সুন্দর মূর্তি, তাকে চুরি করারও লোভ জাগায়।

তার পর আর-একদিন আর-একটা মূর্তি দেখলুম। নরেন্দ্রসরোবরের ধারে অনেক মূর্তি আছে, পাণ্ডারা ঘুরে ঘুরে দেখালে। তেমন কিছু নয়, পয়সা ফেলে ফেলে যাচ্ছি। একপাশে ছোট্ট একটা মন্দির, ভাঙা দরজা। বললুম, 'এটাতে কী আছে দেখাও।' পাণ্ডা বললে, 'ওতে কিছু নেই বাবু। ওটা এক বুড়ির মন্দির।'

বুড়িকে বললুম, 'দেখা-না বুড়ি তোর মন্দির।' সে বললে, 'দেখবে এসো।' দরজাটি খুলে দেখাতেই একটি কালো কষ্টিপাথরের বংশীধারী মূর্তি, মানুষপ্রমাণ উঁচু, একটি হাত ভাঙা, যাকে বলে চিকনকালা বংশীধারী। কী তার সূক্ষ্ম কাজ, কী তার ভঙ্গি! কোথাও এমন দেখি নি। বুড়িকে বলেছিলুম, 'মন্দির গড়িয়ে দেব, নতুন মূর্তি তৈরি করিয়ে দেব, এটি আমায় দে।' রাজি হল না। নন্দলালদের বলেছিলুম, 'যদি যাও, ভালো মূর্তি দেখতে চাও, সেটি দেখে এসো।' এখনো সেই বুড়ি আছে কিনা, মূর্তি আছে কিনা কে জানে। পাণ্ডারা আমল দেয় না। বোধ হয় ভাঙা বলে ফেলে দিয়েছিল, বুড়ি তাকে পুজো করত। প্রাণ ঠাণ্ডা হয়ে গেল কিন্তু ঘরে আনতে পারলেম না এই দুঃখ রইল।

তোমরা 'ভারতশিল্প' 'ভারতশিল্প' কর, দরদ কি আছে কারো? না পুরীর রাজার, না ম্যানেজারের, না পাণ্ডাদের, দরদ কারো নেই। প্রমাণ দিই।

জগন্নাথের মাসির বাড়ি মেরামত হবে। পাণ্ডা খবর দিলে, 'বাবু, দুটো হরিণ যদি কিনতে চাও মাসির বাড়ির বিক্রি হবে।'

বললুম, 'সে কি রে! পোষা হরিণ সেখানে বড়ো হয়েছে। আমার দরকার নেই সেই হরিণের। ভাঙা মূর্তি থাকে তো বল।'

পাণ্ডা বললে, 'সে কত চাই বাবু বলুন। অনেক মিলবে।'

বললুম, 'আজই চল্ তবে সেখানে দেখি গিয়ে।'

গেলুম, তখন সন্ধেবেলা। সে গিয়ে যা দেখি! মাসির বাড়ি যেন ভূমিকম্পে উলটে পালটে গেছে। চুড়োর সিংহ পড়েছে ভুঁয়ে, পাতালের মধ্যে যে ভিত শিকড় গেড়ে দাঁড়িয়েছিল এতকাল— সে শুয়ে পড়েছে মাটির উপরে, সব তছনছ। বড়ো বড়ো সিংহ নিয়ে কী করব। ছোটোখাটো মূর্তি পেলে নিয়ে আসা সহজ। ভিতরে গেলুম। সেখানেও তাই। এখানকার জিনিস ওখানে। কেমন একটা ত্রাস উপস্থিত হল। পাণ্ডাকে শুধালেম, এই পাথরের কাজ ঝেড়ে ঝুড়ে পরিষ্কার করে যেমন ছিল তেমনি করে তুলে দেওয়া হবে তো মেরামতের সময়?

তার কথার ভাবে বুঝলেম এই-সব জগদ্দল পাথর ওঠায় যেখানকার সেখানে, এমন লোক নেই। বুঝলেম এ সংস্কার নয়, সৎকার। ভাঙা মন্দিরে মানুষের গলার আওয়াজ পেয়ে একজোড়া প্রকাণ্ড নীল হরিণ চার চোখে প্রকাণ্ড একটা বিস্ময় নিয়ে আমার কাছে এগিয়ে এল। কতকালের পোষা হরিণ, এই মন্দিরের বাগানে জন্ম নিয়ে এতটুকু থেকে এত বড়োটি হয়েছে— আজ এদের বিক্রি করা হবে। আর, এদের সঙ্গে সঙ্গে যে বাগান বড়ো হতে হতে প্রায় বন হয় উঠেছে, বনস্পতি যেখানে গভীর ছায়া দিচ্ছে, পাখি যেখানে গাইছে, হরিণ যেখানে খেলছে, সেই বনফুলের পরিমলে ভরা পুরোনো বাগানটা চষে ফেলে যাত্রীদের জন্য রন্ধনশালা বসানো হবে।

আমার যন্ত্রণাভোগের তখনো শেষ হয় নি। তাই ঘুরতে ঘুরতে একটা ডবল তালা দেওয়া ঘর দেখিয়ে বললেম, 'এটাতে কী?' পাণ্ডা আস্তে আস্তে ঘরটা খুললে, দেখলেম, মার্টিন আর বর্ন্ কোম্পানির টালি দিয়ে অতবড়ো ঘরখানা ঠাসা।

'এত টালি কেন?'

'মাসির বাড়ি ছাওয়া হবে।'

আঃ সর্বনাশ, এরি নাম বুঝি মেরামত? ভাঙার মধ্যে, ধ্বংসের স্তুপে রস আর রহস্য নীল দুটি হরিণের মতো বাসা বেঁধে ছিল। সেই যে শোভা, সেই শান্তি মনে ধরল না; ভালো ঠেকল দুখানা চকচকে রাঙা মাটির টালি!

ভাবলুম, এ ঠেকাতে হবে যে করেই হোক। সময় নেই, পরদিনই চলে আসছি কলকাতায়। বাড়ি ফিরে মণিলালের সঙ্গে পরামর্শ করে পুরীর কমিশনারের কাছে

চিঠি লিখলুম।– ‘আমি দেখে এসেছি এই কাণ্ড, ভ্যাণ্ডালিজ্‌ম-এর চূড়ান্ত। যে করে পারো তুমি থামিয়ো।’ ইংরেজ-বাচ্চা, যেমন চিঠি পাওয়া মাসির বাড়িতে নিজে গিয়ে হাজির। তখনি যেখানে যে পাথরটি ছিল তেমনি তুলিয়ে দিয়ে মেরামত করলে নিজে দাঁড়িয়ে থেকে। কথা রাখলে সে। এই একটা পুণ্যকার্য করে এসেছি পুরীতে বলতে পার। জগন্নাথের মাসির বাড়ির শোভা নষ্ট হতে বসেছিল আর-একটু হলেই।

সেবারেই নাচ দেখেছিলুম মন্দিরে দেবদাসীর। নাচ দেখা হয় নি, এ না দেখে যাওয়া হতে পারে না। নাচ আগে দেখি, পরে খাতায় সই দেব। পাণ্ডা কিছুতেই ঘাড় পাতে না, বলে, ‘অনেক টাকা লাগবে।’ বললুম, ‘তা দেওয়া যাবে, সেজন্য আটকাবে না। দেবতার সামনে নাচ দেখব।’ সইয়ের লোভ, টাকার লোভ; পাণ্ডা রাজি হল অনেক গাঁইগুঁই করার পর। বললে, ‘কাল তবে খুব ভোরে এসে আপনাকে নিয়ে যাব। তৈরি থাকবেন।’

ভোরে আমি একলাই গেলুম তার সঙ্গে। তখনো মন্দিরে লোকজনের ভিড় হয় নি, অন্ধকারে দু-একটি মাথা দেখা যায় এখানে ওখানে, বোধ হয় পাণ্ডাদেরই। পাণ্ডা আমাকে নিয়ে নাটমন্দিরে বসিয়ে দিলে। একপাশে একটি মাদল বাজছে, একটি মশাল জ্বলছে, একটি দেবদাসী নাচছে। দেবদাসী নাচের সঙ্গে ঘুরছে ফিরছে, সঙ্গে সঙ্গে মশালও সেই দিকে ঘুরছে, আলো পড়ছে তার গায়, যেন জগন্নাথ দেখছেন তাকে আর কোনায় বসে দেখছি আমি। কত ভাব জানাচ্ছে দেবতার কাছে।

অভিনয়ে নটীর পূজা দেখে ছবি আঁকো তোমরা। আমি সত্যি-সত্যিই দেবমন্দিরের ভিতরে গিয়ে দেবদাসীর নৃত্য দেখেছি। চমৎকার ব্যাপার সে! সেইবারেই ফিরে এসে দেবদাসীর ছবিখানি আঁকি। আর আঁকি কাজরী ছবিখানি। তাও দেখেছিলুম পুরীতেই কমিশনারের বাড়িতে। বাগানে পার্টি, মেঘলা আকাশ, টিপ টিপ করে দু-এক ফোঁটা বৃষ্টি পড়ছে, কয়েকটা বড়ো ফুলের গাছ, তার পাশে নাচছিল কয়েকটি ওড়িয়া মেয়ে। কাজরী ছবিখানি পরে তা থেকেই হল।

১৯

আরো কত যে দেখেছি, কত ছবি এঁকেছি, তার কি হিসেব আছে? না আমিই তার হিসেব রেখেছি! আর, কী ভাবে কী থেকে যে ছবি এঁকেছি তা জানলে হিসেব চাইতে না আমার কাছে।

পুরীতে বসে সমুদ্র দেখেছি, নাচ দেখেছি; সেখানে আঁকি নি। বহুকাল পরে কলকাতায় বসে আঁকলুম সে-সব ছবি।

মুসৌরিতে দেখেছি, ঘুরেছি। অনেককাল বাদে বের হল পাখির ছবিগুলি। সেখানে থাকতে ছবি আঁকি নি, ঘুরে ঘুরে দেখেছি, পাখির গান শুনেছি। পাখির গান সত্যই আমায় আকর্ষণ করেছিল। শহরের পাখিগুলো, গান গায় না, চেঁচায়— খাবার জন্যে চেঁচায়, বাসার জন্যে চেঁচায়, মারামারি করে চেঁচায়।

বলব কী, মুসৌরি পাহাড়ের পাখিদের গানের কথা! উষাকাল, সূর্যোদয় দেখবার আশায় বসে আছি, কম্বল মুড়ি দিয়ে কান ঢেকে চুরুটটি ধরিয়ে খোলা পাথরের চাতালে ইজিচেয়ারে— সেই সময়ে আরম্ভ হল পাখিদের উষাকালের বৈতালিক। দূরের পাহাড়ে একটি পাখি একটু সুর ধরলে, সেখান থেকে আর-এক পাহাড়ে আর-একটি পাখি সে সুর ধরে নিলে। এমনি করতে করতে সমস্ত পাহাড়ে প্রভাতবন্দনা শুরু হয়ে গেল। তখন সূর্যোদয় হয় নি। ধীরে ধীরে সামনে বরফের পাহাড়ের পিছনে সূর্য উঠছেন। সাদা বরফের চুড়ো দেখাচ্ছে ঘন নীল, যেন নীলমণির পাহাড়। পাখিদের বৈতালিক গান চলেছে তখনো। শেষ নেই— এ পাহাড়ে, ও পাহাড়ে, কত পাহাড়ে। যেমন সূর্য উদয় হলেন বৈতালিক গান থেমে গেল। সারাদিন আর গান শুনতেম না।

মানুষ জাগল। রিকশা চলল ঘণ্টা বাজিয়ে। টংটঙিয়ে কাজে চলল সবাই। দূরে মিশনরি স্কুলে ঘণ্টা বাজল, আকাশে ধ্বনি পাঠাতে লাগল টং টং টং টং। কাজের সুরে ভরে গেল অতবড়ো পাহাড়। এমনি সারাদিনের পর বেলাশেষে ছুটির ঘণ্টা বেজে উঠল স্কুলবাড়িতে, গির্জের ঘড়ি থামল প্রহর বাজিয়ে। সূর্য অস্ত গেলেন সমস্ত পাহাড়ের উপর ফাগের রঙ ছড়িয়ে দিয়ে। রাতের আকাশ ঘন নীল হয়ে এল— সন্ধেতারা উঁকি দিলে কেলুগাছটার পাতার ফাঁকে। সেই সময়ে ধরলে সুর পাহাড়ে আবার বৈকালিক সুর, আরম্ভ হল পাখিদের গান আবার এ-পাহাড়ে ও-পাহাড়ে। একটি একটি করে সুর যেন ছুঁড়ে দিচ্ছে, লুফে

লুফে নিচ্ছে পরস্পর। এমনি চলল কতক্ষণ। নীল আকাশের সীমা শুভ্র আলোয় ধুয়ে দিয়ে চন্দ্রও উঠলেন, পাখিরাও বন্ধ করলে তাদের বৈকালিক। সে যেন কিন্নরীদের গান শুনে এসেছি রোজ দুবেলা।

গান তো নয়, যেন চন্দ্রসূর্যকে বন্দনা করত তারা। কোথায় লাগে তোমাদের সংগীতসভার ওস্তাদি সংগীত। মন টলিয়েছিল কিন্নরীর দল। তাই বহুদিন পরে কলকাতায় তারাই সব এক এক করে ফুটে-বের হল আমার একরাশ পাখির ছবিতে। দেখে নিয়ো, তার ভিতরে সুর আছে কিছু কিছু, যদিও মাটির রঙে সব সুর ধরা পড়ে নি। সে কত পাখি, সব চোখেও দেখি নি, কানে শুনেছি তাদের গান।

মন কত ভাবে কত কী সংগ্রহ করে রাখে। সব যে বের হয় তাও নয়; মনে হয়, হয়তো পূর্বজন্মেরও স্মৃতি থাকে কিছু। তাই তো ভাবি, এক-একবার লোকে যখন বলে পূর্বজন্মের কথা, উড়িয়ে দিতে পারি নে। নয়তো সারনাথে আমার ঘর খুঁজে পেলেম কী করে? দেখেই মনে হল এ আমার ঘর, এইখানে আমি থাকতুম, পুতুল গড়তুম, বেচতুম।

সে-একবার পুরানো সারনাথ দেখতে গেছি। শুধু স্তুপটি আছে, মাটির নীচের শহর একটু-একটু খুঁড়ে বের করছে সবে। তখন সন্দে হচ্ছে। বরুণা নদী, একটি সাদা বক ও পার থেকে এ পারে ফিরে এল। বড়ো শান্তিপূর্ণ জায়গা। ঘুরে ঘুরে দেখছি। মাটির উপর ছোটো একটি ঘর, আরো ছোটো তার দরজা। দরজার চৌকাঠের উপর দুটি হাঁস আঁকা। চৌমাথা, কুয়ো সামনে একটি যেন রাস্তার ধারের ঘরখানি। দেখেই মনে হল যেন আমার নিজের ঘর, কোনোকালে ছিলুম। এত তো দেখলুম, কোথাও এমন মনে হয় নি। ঠিক যেন নিজের বাড়ি বলে মনে হল। জোড়াসাঁকোর বাড়িতে ঢুকলে যেমন মনে হয়, ঐ ঘরটির সামনে গিয়ে আমার হল তাই। নেলিকে বলল, ‘ওরে দেখ দেখ। এইখানে বসে আমি পুতুল গড়তুম; তারই দু-চারটে ঐ যে পড়ে আছে এখনো।’ অলকের মা শুনে বললেন, ‘ও আবার কী সব বলছ, চলো চলো এখান থেকে।’

সব ছেড়ে ঐ ঘরটার সামনে মন আমার থমকে দাঁড়াল, যেন মনের পরিচিত। অন্য সব চোখের উপর দিয়ে ভেসে গেল। তাই বলি, পূর্বজন্মের স্মৃতি থাকে হয়তো।

লোকে বলে, যে তারাকে দেখি চোখে সে তারা লোপ পেয়ে গেছে বহুযুগ আগে। তার আলোর কম্পনটুকুই দেখছি আমরা আজ তারারূপে। আমার মনও কি তাই? প্রাণের সেই বহুযুগ আগে লোপ-পেয়ে-যাওয়া কম্পন ধরে দিচ্ছে আজকের ছবিতে লোক-চোখের সামনে। আর্টিস্টের মনের হিসেব আর কাজের হিসেব ধরতে চাওয়া ভুল। ‘শাজাহানের মৃত্যুশয্যা’– লোকে কেন বলে, এত ঠিক হল কী করে? আমিও ভেবে পাই নে। কী জানি, কোনোকালে কি ছিলুম সেখানে। বুঝতে পারি নে। যেখানে থাকি, যার সঙ্গে উঠি বসি, বাস করি, তার

ছবি আঁকা সহজ। কিন্তু যেখানে যাই নি, যা দেখি নি, সেখানকার এমন সঠিক ছবি আঁকতে কী করে পারলুম ? এমনি হাজার ছবি, হাজার মুখ, মন ধরে রেখে দেয়। অনেক সময়ে আঁকি, বুঝতে পারি নে আমি আঁকছি কি আর কেউ আঁকাচ্ছে।

এখানে ঘুরে ফিরে সেই কথাই আসে।
কালি কলম মন
লেখে তিন জন।

এই তিন নইলে ছবি হয় না।

ওরে বাপু—

আঁখি যত জনে হেরে
সবারে কি মনে ধরে ?

চোখ যত জিনিস দেখেছে সে বড়ো কম নয়। কিন্তু সব কি আর মনে ধরছে। তা নয়। মনের মতো যা তাই ধরেছে, সেইগুলি কাজে আসছে আমাদের ছবিতে। কত লোকজন, কত মুখ, অনেক সময় তারা চোখের উপর দিয়েই ভেসে যায়। সেইজন্যেই বলে—

মনেরে না বুঝাইয়ে
নয়নেরে দোষো কেন ?

চোখে মনে ঝগড়া।— মন বলে, ‘চোখ তুমি ধরে রাখতে পারো না।’ চোখ বলে, ‘নিজের মনকে না বুঝে আমায় দোষো কেন ?’

মন ধরে রাখে, দরকারমত বের করে দেয়। তাই তো বলি, শেষ ছবি আমার এখনো আঁকা হয় নি। আমারও কৌতূহল হয়, কী ছবি হবে সেটা। আঁকতে হবে, তার মানে, মন ধাক্কা দিচ্ছে। আঁকা হলে বলব, এই হল সেই ছবি। তার পর বন্ধ। মন এখন দুয়োর খুলছে। দু-একটা বের করে দিচ্ছে। শুধু কি ছবি ? দেখো, ছবি আছে লেখা আছে, বাজনা ছিল, গলাও ছিল— সাধা হয় নি। কিন্তু এই যে তিনটে চারটে আর্ট নিয়ে মনটা খেলা করছে, এখনো তার মধ্যে ছবিটা বেশি খেলা করছে; তবে দেখছি প্রত্যেকবার মন যেটা ধরে শেষ পর্যন্ত রস নিংড়ে তবে ছাড়ে, অক্টোপাসের মতো। মন বড়ো ভয়ানক জানোয়ার। অসুখের পর ডাক্তার বললেন আমায়, ‘সব কাজ বন্ধ করো।’ মহা মুশকিল! নিয়ে পড়লুম অণুবীক্ষণযন্ত্র। বসে বসে সব-কিছু দেখি তা দিয়ে। বই পড়লুম, পোকামাকড় ঘাঁটলুম, নিজের হাতে প্লেট তৈরি করলুম, কত জানলুম।

মন ধরলে আর ছাড়তে চায় না। মোহনলালদের নিয়ে বসে দেখাতুম, তাদের পড়াতুম। সেই সময়ে এক আশ্চর্য ব্যাপার দেখেছিলেম। ছোট্ট ছোট্ট এই এতটুকু সব কাঁকড়া পুষেছিলুম বিস্কুটের বাক্সে, সমুদ্রের জল-বালিও দিয়েছিলুম।

কাঁকড়ারা নিজেরাই তাতে গর্ত করে বাসা তৈরি করে নিলে। রোজ সকালে সমুদ্রের ধারে কাঁকড়াদের যেমন রুটি খাওয়াই তেমনি তাদেরও খাওয়াই। একদিন একটু জ্যাম দিয়ে এক ফোঁটা রুটি ফেলে দিয়েছি কাঁকড়ার বাক্সে। কোখেকে একটা মাছি এরোপ্লেনের মতো শোঁ করে বসল এসে জ্যাম মাখানো রুটির টুকরোটির উপর। যেমন বসা, মাছিটার সমান হবে একটা কাঁকড়া দৌড়ে এসে আক্রমণ করলে মাছিটাকে। আমার হাতে যন্ত্র। দেখি মাছিতে কাঁকড়াতে ধস্তাধস্তি লড়াই, যেন রাক্ষসে দানবে যুদ্ধ। কেউ কাউকে ছাড়ছে না। তখন বুঝলুম কী শক্তি ধরে দিয়েছে। প্রকৃতি ঐটুকুরই মধ্যে। জার্মান-রাশিয়ান যুদ্ধের চেয়ে কম নয়। শেষে হার হল মাছিটারই! মনও ঐরকম, চোখে দেখি নে তাকে, কিন্তু ঐ কাঁকড়ার মতো ধরলে আর ছাড়বে না।

দেখলুম আর আঁকলুম, আমার ধাতে তা হয় না। অনেকদিন ধরে মনের ভিতরে যা তৈরি হল, তাই ছবিতে বের হল। মন ছিপ ফেলে বসে আছে চুপচাপ। আর সবই কি ঠিকঠাক বের হয়? মুসৌরি পাহাড়ের একটি সন্ধের পাখি আঁকলুম, কি ভাবে সে ছবিটা এল?

সন্ধে হচ্ছে, বসে আছি বারান্দায়, বাংলাদেশে সেদিন বিজয়া। হঠাৎ দেখি চেয়ে একটা লাল আলো পর পর পাহাড়গুলির উপর দিয়ে চলে গেল। সেই আলোয় পাহাড়ের উপরে ঘাসপাতা ঝিলমিল করে উঠল। মনে হল যেন ভগবতী আজ ফিরে এলেন কৈলাসে, আঁচল থেকে খসা সোনার কুচি সব দিকে দিকে ছড়াতে ছড়াতে। রঙ, আলোর ঝিলমিল, তার সঙ্গে একটু ভাব— উমা ফিরে আসছেন কৈলাসে। তখনি ধরে রাখল মন। কলকাতায় এসে ছবি আঁকতে বসলুম। ঠিকঠাক সেইভাবেই কি বের হল ছবি? তা তো নয়, মনের কোণ থেকে বেরিয়ে এল সোনালি রুপোলি রঙ নিয়ে সুন্দরী একটি সন্ধের পাখি— সে বাসায় ফিরছে। মনের এ কারখানা বুঝতে পারি নে। এত আলো, এত ভাব, সব তলিয়ে গিয়ে বের হল একটি পাখি, একটি কালো পাহাড়ের খণ্ড, আর তার গায়ে একগোছা সোনালি ঘাস। অনেক ছবিই আমার তাই— মনের তলা থেকে উঠে আসা বস্তু।

কবিকঙ্কণে এঁকেছি সবশেষের ছবি— দুই পাহাড়ের মাঝখান দিয়ে ঘট হাতে আসছে একটি মেয়ে। মুসৌরি পাহাড়ে বিজয়ার দিন ঐ অমনি ছবির খসড়াই লিখেছিল মন, এও বুঝি তাই। সেই মুসৌরি পাহাড়ের কথা কতকাল বাদে বের হল কবিকঙ্কণে পটের ছবিতে।

ঐরকম কত ছবির তুমি হিসেব ধরবে? সব উলটোপালটা। যেমন পুতুল গড়ি আর কি। আছে মানুষ ঘুরিয়ে ফিরিয়ে দেখে তাতে একদিন ঠোঁট বসিয়ে দিই, হয়ে যায় পাখি। তাই বলি চোখ আর মন এক জিনিস ধরে না সব সময়ে। মনই এখানে প্রবল। ইচ্ছে করলে চড়ুই পাখিকে স্বর্গের পাখি বানিয়ে দিতে পারে।

লেখাতেও তাই। চোখ দেখে ভায়োলেট ফুল, বাকিটা আসে কোথেকে? মন

দেয় জোগান, চোখ ধরে পাত্রটা, মন ঢেলে দেয় তাতে মধু। তখন সে আর-এক জিনিস হয়ে যায়। তখনই হয় সোনার ময়ূর, সোনার হরিণ।

যাক, আর্টের এ-সব তত্ত্বকথায় মাথা ঘামিয়ে কাজ নেই। এঁকে যাও, মন যোগ দেয় ভালো, নয়তো চোখের দেখাই যথেষ্ট।

চোখের দেখা দেখে আসি—
প্রাণের অধিক যারে ভালোবাসি।

প্রাণের অধিক ভালোবাসে বলেই তো চোখের দেখার এত দরকার।

২০

থেমেই তো গিয়েছিল সব। দশ-এগারো বছর ছবি আঁকি নি। আরব্য-উপন্যাসের ছবির সেট আঁকা হলে ছেলেদের বললুম, 'এই ধরে দিয়ে গেলুম। আমার জীবনের সব-কিছু অভিজ্ঞতা এতেই পাবে।' ব্যস্‌, তার পর থেকেই ছবি আঁকা বন্ধ। কী জানি, কেন মন বসত না ছবি আঁকতে। নতুন নতুন যাত্রার পালা লিখতুম; ছেলেদের নিয়ে যাত্রা করতুম, তাদের সাজাতুম, নিজে অধিকারী সাজতুম, ফুটো ঢোল বাজাতুম, স্টেজ সাজাতুম। বেশ দিন যায়।

রবিকা বললেন, 'অবন, তোমার হল কী? ছবি আঁকা ছাড়লে কেন?'

বললুম, 'কি জানো রবিকা, এখন যা ইচ্ছে করি তাই এঁকে ফেলতে পারি; সেইজন্যই চিত্রকর্মে আর মন বসে না। নতুন খেলার জন্যে মন ব্যস্ত।'

এবার আবার এতকাল বাদে ছবি আঁকতে বসলুম। এ যেন নতুন সঙ্গী জুটিয়ে আর একবার পিছিয়ে গিয়ে পুরোনো রাস্তা মাড়ানোর মজা পাওয়া।

সবারই একটি করে জন্মতারা থাকে, আমারও আছে। সেই আমার জন্মতারার রশ্মি পৃথিবীর বুকে অন্ধকারে ছায়াপথ বেয়ে নেমে এসে পড়েছে অগাধ জলে। সেই দিন থেকে তার চলা শুরু হয়েছে।

তার পর একদিন চলতে চলতে, ঝিক ঝিক করতে করতে যখন এসে ঘাটে পৌঁছল পৃথিবীর মাটিতে ম্লান আলো ঠেকল, সেখানে কী হল? না, সেখানে সেই আলো একটি নাম-রূপ পেলে, সেই আমি।

জন্মতারার আলো জীবননদী বেয়ে এসে তীরে ঠেকল। ঐ ঘাটের ধারে দাঁড়িয়ে অবনীন্দ্রনাথ দেখলে— 'কোথেকে এলুম, এবারে কোথায় চলতে হবে!'

ঘাটে এসে ঠেকলুম, এবার চলা শুরু করতে হবে। মালবাহী গাধার মতো, উদরের বোঝা পৃষ্ঠের বোঝা সব বোঝা নিয়ে জীবনের মুটে তখন চলেছে পথে, অতি ভীত ভাবে— কিছু দেখলেই ভয়ে পিছু হটে, তাকেও যে দেখে— ভয়ে ছুটে পালায়। ঘাট ছেড়ে বেরিয়ে পড়ল নানা জিনিস সংগ্রহ করতে হাটে, খানিকটা খেলার মতো। অনেকদিন ধরে খেলার আয়োজন চলল। যেন সে একটি হারুয়া ছেলের মন, সে বাসায় ঢুকতে চাচ্ছে, গাছে চড়তে চাচ্ছে, ঠিক করতে পারছে না, চাঁদের মতো উকিঝুঁকি মারছে গাছের আড়াল থেকে। ঘরের বুড়ি দাসী কোলে করে গায়—

ওই এক চাঁদ, এই এক চাঁদ,
চাঁদে চাঁদে মেশামেশি

এবারে খোঁজাখুঁজির পালা। কী নিয়ে খেলব? সঙ্গে আছে কে? ঘরের মানুষ বুড়ি দাসী। তার থেকেও জীবন রস টানছে। বাইরে থেকেই টানছে, ঘর থেকেও টানছে। যেমন ঘরের দাসী তেমনি পোষা পশুপাখি এরাও।

আস্তে আস্তে এল আশেপাশের সঙ্গে যোগাযোগ। বুনো ছাগল, খেলতে চাই তার সঙ্গে, সে চোখ রাঙিয়ে শিং বাগিয়ে তেড়ে আসে, অথচ মনকে টানে।

ফুলের ডাল দেখে মন চায় চড়ুইপাখি হয়ে তাতে ঝুলতে।

হাঁস উড়ে আসছে, এবারে মন আরো খানিকটা এগিয়ে গিয়ে জানতে চায়। যেন মেঘদূতের যক্ষের মতো পড়ে আছে একজন; সুদূরের আকাশ হতে সংবাদ নিয়ে এসে সামনে দিয়ে উড়ে গেল হাঁস।

এইকালে কল্পনা এল। গোল চাঁদ বেরিয়ে আসছে বনের ভিতর থেকে। মেঘ তাকে ঢেকে দিচ্ছে বারে বারে। ঘন বনে অদ্ভুত এক পাখি ডাকতে ডাকতে ঘুরে বেড়াচ্ছে।

তার পর কতরকম সংগ্রহ, নানা ঘাটে ভিড়তে ভিড়তে চলেছে। কোথাও ফুল, কোথাও ছেলেমেয়ে, কোথাও গাছ, কত কী। ঘাটে ঘাটে ঠেকেছে আর সংগ্রহ করেছে। বড়ো শৌখিন কাল সেটা। সে হচ্ছে রোমান্সের যুগ। স্ফুর্তি করে, খেলায় মেতে, সময় কাটিয়ে শখের জিনিস সব সংগ্রহ করলে।

তার পর সংসার যেমনি চোখ রাঙালে, মহাকালের রক্তচক্ষু বললে, 'কোথায় চলেছিস আনন্দে বয়ে? থাম্‌ এবারে!' সে মহাকালের ধমক খেয়ে মন চমকে উঠল। তখন আর খেলা খেলনাতে মন বসে না। পুরোনো খেলনার বোঝা পিঠে বয়ে আর-এক ঘাটে চলল। ধমক খেয়ে এখন কোথায় যায়, কী করে, কী খেলে, এই ভাবনা।

জীবনতরু জল না পেলে বাঁচে না। পাথরের থেকেও রস নিতে চায়, যে পাষাণের মধ্যে সে বাঁধা থাকে তা থেকে।

তখন কে এল? তখন প্রভু এলেন তাকে বাঁচাবার জন্যে। বললেন, সেই দিকে শিকড় পাঠা যেখান থেকে সে চিরদিন রস পাবে, বনবাসের আনন্দ পাবে।

জোড়াগাছের স্মৃতি ঝাপসা হয়ে গেছে, ক্রমেই মিলিয়ে যাচ্ছে। অন্য গাছটিতে পড়েছে অন্তরবির আলো, তাপ দিয়ে বাঁচাতে চাচ্ছে। সবুজ মরে গিয়ে গৈরিক রঙের শোভা প্রকাশ পেল। সেখানে শুরু হল বনের ইতিহাস। অন্ধকার রাত্রে আর-এক সুর বাজল মনে। বনদেবীদের দেওয়া সেই সুর।

সোনার স্বপ্ন যেন আর-একবার ধরা দেবে-দেবে করলে, যেখানে সোনার হরিণ থাকে।

অলকার রঙছুট ময়ূরী এল। সে-জগতে সে রঙের অপেক্ষা রাখে না। সেই যে কুঞ্জে নূপুর বাজে সেখানে রঙছুট ময়ূরী খেলা করে। বিরহের গভীর সুর বাজে মনময়ূরী একলা।

শক্ত পাথরে মন-পাখি বাঁধছে বাসা।

রঙছুট ছবি। ধীরে ধীরে ঝাপসা হয়ে এল সবুজ রঙ। সেখানে ভোরের পাখি শীতের সকালে গান গেয়ে বলে, 'বেরিয়ে আয়-না আমার কাছে, রঙিন জগতে।'

স্মৃতি জাগায় বহুকাল আগের। মন চায় বাড়ি ফিরতে, বোঝা বাঁধাছাদা করে। স্বপ্নে দেখে বহুকাল আগের ছেড়ে-আসা বাড়ি ঘর ঘাট মাঠ গাছ।

তার পর সবশেষে প্রকৃতিমাতা দেখা দেন নিশাপরীর মতো। নীল ডানায় ঢাকা আকাশ, ঘরে সন্ধ্যাপ্রদীপ ধরে একটুখানি আলো।

এই হল শিল্পীর জীবনের ধারার একটু ইতিহাস। শুধুই উজানভাঁটির খেলা। উজানের সময় সব-কিছু সংগ্রহ করে চলতে চলতে ভাঁটার সময়ে ধীরে ধীরে তা ছড়িয়ে দিয়ে যাওয়া। বসন্তে যখন জোয়ার আসে ফুল ফুটিয়ে ভরে দেয় দিক-বিদিক, আবার ভাঁটার সময়ে তা ঝরিয়ে দিয়ে যায়। আমারও যাবার সময়ে যা দুধারে ছড়িয়ে গিয়ে গেলুম তোমরা তা থেকে দেখতে পাবে, জানতে পাবে, কত ঘাটে ঠেকেছি, কত পথে চলেছি, কী সংগ্রহ করেছি ও সংগ্রহের শেষে নিজে কী বকশিশ পেয়ে গেছি।

এতকাল চলার পরে বকশিশ পেলুম আমি তিন রঙের তিন ফোঁটা মধু।

আপন কথা

প্রথম প্রকাশ ১৩৫৩

মনের কথা

যে-খাতার সঙ্গে ভাব হলো না, তার পাতায় ভালো লেখাও চললো না। এই খাতাটা অনেকদিন কাছে কাছে রয়েছে, ভাব হয়ে গেলো এটার সঙ্গে। ভাব হলো যে মানুষের সঙ্গে কেবল তাকেই বলা চললো নিজের কথা সুখ-দুঃখের। আমার ভাব ছোটোদের সঙ্গে– তাদেরই দিলেম এই লেখা খাতা। আর যারা কিনে নিতে চায় পয়সা দিয়ে আমার জীবন-ভরা সুখ-দুঃখের কাহিনী, এবং সেটা ছাপিয়ে নিজেরাও কিছু সংস্থান করে নিতে চায় তাদের আমি দূর থেকে নমস্কার দিচ্ছি। যারা কেবল শুনতে চায় আপন কথা, থেকে থেকে যারা কাছে এসে বলে’ গল্প বলো’, সেই শিশু-জগতের সত্যিকার রাজা-রানী বাদশা-বেগম তাদেরই জন্যে আমার এই লেখা পাতা ক’খানা।

শিশু-সাহিত্য-সম্রাট যাঁরা এসেছেন এবং আসছেন তাঁদের জন্যে রইলো বাঁহাতে সেলাম; আর ডান হাতের কুর্নিশ রইলো তাদেরই জন্যে যারা বসে শোনে গল্প রাজা-বাদশার মতো, কিন্তু ছেঁড়া মাদুর নয়তো মাটিতে বসে; আর গল্পের মাঝে মাঝে থেকে থেকে যারা বকশিশ দিয়ে চলে একটু হাসি কিংবা একটু কান্না; মান-পত্রও নয়, সোনার পদকও নয়; হয় একটু দীর্ঘশ্বাস, নয় একটুখানি ঘুমে-ঢোলা চোখের চাহনি! ঐ তারা– যারা আমার মনের সিংহাসন আলো করে এসে বসে, তাদেরই আদাব দিয়ে বলি, গরীব পরবৎ সেলামৎ– অব্ আগাজ্ কিস্সেকা করতা হুঁ, জেরা কান দিয়ে কর্ শুনো!

ছাপা হবে হয়তো বইখানা। একদিন কোনো বেরসিক অল্প দামে কিনে নেবে আমার সারা-জীবন খুঁজে খুঁজে পাওয়া যা কিছু সংগ্রহ। এইটে মনে পড়ে যখন, তখন হাসি পায়। বলি, এ কি হয় কখনো? সব কথা কি কেউ জানতে পারে, না জানাতেই পারে কোনো কালে?

অনেক কথা রয়ে যাবে, অনেক রইবে না, এই হবে, তার বেশি নয়।

একটা শোনা কথা বলি। তখন বাড়িতে প্ল্যানচিট্ চালিয়ে ভূত নামানো চলছে। দাদামশায়ের পার্ষদ দীননাথ ঘোষাল প্ল্যানচিটে এসে হাজির। বড়ো জেঠামশায় তাঁকে জেরা শুরু করলেন– পরকালটা এবং পরকালটার বৃত্তান্ত শুনে

নিতে চেয়ে। প্ল্যানচিটে উত্তর বার হলো– 'যে কথা আমি মরে জেনেছি, সে-কথা বেঁচে থেকে ফাঁকি দিয়ে জেনে নেবে এ হতেই পারে না।'

আমিও ঐ কথা বলি। অনেক ভুগে পাওয়া এ-সব কাহিনী, কিনতে গেলে ঠকতে হয়, বেচতে গেলে ঠকতে হয়!

বলে যাওয়া চলে কেবল তাদেরই কাছে নির্ভয়ে, মনের কথা বেচা-কেনার ধার ধারে না যারা, যাত্রা করে বেরিয়েছে যারা, কেউ হামাগুড়ি দিয়ে, কেউ কাঠের ঘোড়ায় চড়ে, নানা ভাবে নানা দিকে আলিবাবার গুহার সন্ধানে! ছোটো ছোটো হাতে ঠেলা দিয়ে যারা কপাট আগলে বসে আছে, যে-দৈত্য সেটাকে জাগিয়ে বলে, 'ওপুন চিসম্'– অর্থাৎ চশমা খোলো, গল্প বলো। যারা থেকে থেকে ছুটে এসে বলে– 'এই নুড়ি ছোঁয়াও, দেখবে দাদামশায়, লোহার গায়ে ধরে যাবে সোনা!' কুড়িয়ে পাওয়া পুরনো পিদুম ঘষে ঘষে যারা খইয়ে ফেলে, অথচ ছাড়ে না কিছুতে সাত-রাজার-ধন মানিকের আশা।

পদ্মদাসী

রাতের অন্ধকারের মাঝে দাঁড়িয়ে সারি সারি পল্‌-তোলা থাম, এরি ফাঁক দিয়ে দেখা যাচ্ছে আমাদের তেতলার উত্তর-পূর্ব কোণের ছোটো ঘরটা; এক কোণে জ্বলছে মিটমিটে একটা তেলের সেজ। হিমের ভয়ে লাল খেরুয়ার পুরু পর্দা দিয়ে সম্পূর্ণ মোড়া ঘরের তিনটে জানলাই, ঘরজোড়া উঁচু একখানা খাট– তাতে সবুজ রঙের মোটা দিশি মশারি ফেলা রয়েছে। ঘরে ঢোকবার দরজাটা এত বড়ো যে, তার উপর দিকটাতে বাতির আলো পৌঁছতে পারেনি! এই দরজার এক পাশে একটা লোহার সিন্দুক, আর তারই ঠিক সামনে কোথা থেকে একটা কাঠের খোঁটা হঠাৎ মেঝে ফুঁড়ে হাত তিনেক উঠেই থমকে দাঁড়িয়ে গেছে তো দাঁড়িয়েই আছে। এই খোঁটা-ঘরের মধ্যে যার দাঁড়িয়ে থাকার কোনো কারণ ছিলো না– সেটাতে ভর দিয়ে দাঁড়িয়ে আছে দেড়হাত প্রমাণ এক ছেলে!

খোঁটার মাথার কাছে এতটুকু কুলুঙ্গির মতো একটা চৌকো গর্ত, তারই মধ্যে উঁকি দিয়ে দেখবার ইচ্ছে হচ্ছে, কিন্তু নাগাল পাচ্ছিনে কুলুঙ্গিটার! আলোর কাছে বসে স্পষ্ট দেখতে পাচ্ছি পদ্মদাসী মস্ত একটা রুপোর ঝিনুক আর গরম দুধের বাটি নিয়ে দুধ জুড়োতে বসে গেছে– তুলছে আর ঢালছে সে তপ্ত দুধ। দাসীর কালো হাত দুধ জুড়োবার ছন্দে উঠছে নামছে, নামছে উঠছে! চারদিক সুনসান, কেবলি দুধের ধরা পড়ার শব্দ শুনছি। আর দাসীর কালো হাতের ওঠা-পড়ার দিকে চেয়ে একটা কথা ভাবছি-উঁচু খাটে উঠতে পারা যাবে কিনা! পর্দার ওপারে অনেক দূরে আস্তাবলের ফটকের কাছে নন্দ ফরাশের ঘর, সেখানে নোটো খোঁড়া বেহালাতে গৎ ধরেছে– এক দুই তিন চার, এহেক দুহি তিহিন চার। এই দুই তিন চার জানিয়ে দিলে রাত কতো হয়েছে তা– অমনি তাড়াতাড়ি খানিক আধ-ঠাণ্ডা দুধ কোনোরকমে আমাকে গিলিয়ে খাটের উপর তিনটে বালিশের মাঝখানটায় কাত করে ফেলে মনে মনে একটা ঘুম পাড়ানো ছড়া আউড়ে চললো আমার দাসী। আর তারই তালে তালে তার কালো হাতের রহে-রহে ছোঁয়া ঘুমের তলায় আস্তে আস্তে আমাকে নামিয়ে দিতে থাকলো!

একেবারে রাতের অন্ধকারের মতো কালো ছিলো আমার দাসী– সে কাছে

বসেই ঘুম পাড়াতো কিন্তু অন্ধকারে মিলিয়ে থাকতো সে। দেখতে পেতেম না তাকে, শুধু ছোঁয়া পেতেম থেকে থেকে! কোনো-কোনো দিন অনেক রাতে সে জেগে বসে চালভাজা কট্ কট্ চিবোতো, আর তালপাতার পাখা নিয়ে মশা তাড়াতো। শুধু শব্দে জানতেম এটা। আমি জেগে আছি জানলে দাসী চুপিচুপি মশারি তুলে একটুখানি নারকেল-নাড়ু অন্ধকারেই মুখে গুঁজে দিতো– নিত্য খোরাকের উপরি-পাওনা ছিলো নাড়ু!

খাটে উঠবো কেমন করে এই ভয় হয়েছিলো। কাজেই বোধ হচ্ছে উঁচু পালঙ্কে শোয়া সেই আমার প্রথম। জানিনে তার আগে কোথায় কোন ঘরে আমাকে নিয়ে শুইয়ে দিতো কোন বিছানায় সে?

চারদিকে সবুজ মশারির আবছায়া-ঘেরা মস্ত বিছানাটা ভারি নতুন ঠেকেছিলো সেদিন। একটা যেন কোনো দেশে এসেছি– সেখানে বালিশগুলোকে দেখাচ্ছে যেন পাহাড়-পর্বত, মশারিটা যেন সবুজ-কুয়াশা-ঢাকা আকাশ যার ওপারে– এখানে আর মনে করতে হতো না, দেখতে পেতুম চিৎপুর রাস্তা থেকে যে সরু গলিটা আমাদের ফটকে এসে ঢুকেছে সেটা একেবারে জনশূন্য! দু'নম্বর বাড়ির গায়ে তখনকার মিউনিসিপালিটির দেওয়া একটা মিট্‌মিটে তেলের বাতি জ্বলছে, আর সেই আলো-আঁধারে পুরনো শিব মন্দিরটার দরজার সামনে দিয়ে একটা কন্ধ-কাটা দুই হাত মেলে শিকার খুঁজে খুঁজে চলেছে! কন্ধ-কাটার বাসাটাও সেই সঙ্গে দেখা দিতো– একটা মাটির নল বেয়ে দু'নম্বর বাড়ির ময়লা জল পড়ে পড়ে খানিকটা দেওয়াল সোঁতা আর কালো, ঠিক তারই কাছে আধখানা ভাঙা কপাট চাপানো আড়াই হাত একটা ফোকরে তার বাস– দিনেও তার মধ্যে অন্ধকার জমা হয়ে থাকে!

সব ভূতের মধ্যে ভীষণ ছিলো এই কন্ধকাটা, যার পেটটা থেকে থেকে অন্ধকারে হাঁ করে আর ঢোক গেলে; যার চোখ নেই অথচ মস্ত কাঁকড়ার দাঁড়ার মতো হাত দুটো যার পরিষ্কার দেখতে পায় শিকার! আর একটা ভয় আসতো সময়ে সময়ে, কিন্তু আসতো সে অকাতর ঘুমের মধ্যে– সে নামতো বিরাট একটা আগুনের ভাঁটার মতো বাড়ির ছাদ ফুঁড়ে আস্তে আস্তে আমার বুকের উপর! যেন আমাকে চেপে মারবে এই ভাব– নামছে তো নামছেই গোলাটা, আমার দিকে এগিয়ে আসার তার বিরাম নেই। কখনো আসতো সেটা এগিয়ে জ্বলন্ত একটা স্তনের মতো একেবারে আমার মুখের কাছাকাছি, ঝাঁজ লাগতো মুখে চোখে। তারপর আস্তে আস্তে উঠে যেতো গোলাটা আমাকে ছেড়ে, হাঁফ ছেড়ে চেয়ে দেখতেম সকাল হয়েছে– কপাল গরম, জ্বর এসে গেছে আমার। দশ-বারো বছর পর্যন্ত এই উপগ্রহটা জ্বরের অগ্রদূত হয়ে এসে আমায় অসুস্থ করে যেতো। উপগ্রহকে ঠেকাবার উপায় ছিলো না কোনো, কিন্তু উপদেবতা আর কন্ধকাটার হাত থেকে বাঁচবার উপায় আবিষ্কার করে নিয়েছিলেম। লাল শালুর লেপ, তারই উপরে মোড়া থাকতো পাতলা ওয়াড়, আমি তারই মধ্যে এক-একদিন লুকিয়ে পড়তাম এমন যে, দাসী সকালে বিছানায় আমায় না দেখে–

'ছেলে কোথা গো' বলে শোরগোল বাধিয়ে দিতো। শেষে পদ্মদাসীর পদ্মহস্তের গোটা কয়েক চাপড় খেয়ে যাদুকরের থলি থেকে গোলার মতো ছিটকে বার হতেম আমি সকালের আলোতে!

জীবনের প্রথম অংশটায় সকালের লেপের ওয়াড়খানা গুটি পোকার খোলসের মতো করে ছেড়ে বার হওয়া আর রাতে আবার গিয়ে লুকোনো লেপের তলায়, আর তারই সঙ্গে জড়িয়ে বাটি, ঝিনুক, খাট, সিন্দুক, তেলের সেজ, পদ্মদাসী, এমনি গোটাকতক জিনিস, আর শীতের রাতের অন্ধকারে কতকগুলো ভূতের চেহারা, দিনের বেলাতেও অন্ধকারে ঢিল ফেলার মতো কতকগুলো চমকে দেওয়া শব্দ– দরজার কড়ার শব্দ, চাবি গোছার ঝিন্ ঝিন্ মাত্র আছে আমার কাছে, আর কিছু নেই– কেউ নেই!

১৮৭১ খ্রীষ্টাব্দের জন্মাষ্টমীর দিনের বেলা ১২টা ১১ মিনিট থেকে আরম্ভ করে খানিকটা বয়স পর্যন্ত রূপ-রস-শব্দ-গন্ধ-স্পর্শের পুঁজি– এক দাসী, একখানি ঘর, একটি খাট, একটি দুধের বাটি, এমনি গোটাকতক সামান্য জিনিসের মধ্যেই বদ্ধ রয়েছে। শোওয়া আর খাওয়া এ-ছাড়া আর কোনো ঘটনার সঙ্গে যোগ নেই আমার! অকস্মাৎ একদিন এক ঘটনার সামনে পড়ে গেলেম একলা। ঘটনার প্রথম ঢেউয়ের ধাক্কা সেটা। তখন সকাল দেড় প্রহর হবে, তিনতলার বড়ো সিঁড়ির উপর ধাপের কিনারা– যেখানটায় খাঁচার গরাদের মতো শিক দিয়ে বন্ধ করা– সেইখানটায় দাঁড়িয়ে দেখছি কাঠের সিঁড়ির প্রকাণ্ড প্রকাণ্ড ধাপগুলো একটা চৌকোনা যেন কুয়োকে ঘিরে ঘিরে নেমে গেছে কোন পাতালে তার ঠিক নেই! এই ধাপে ধাপে ঘূর্ণির মাঝে একটা বড়ো চাতাল। পশ্চিম দিকের একটা খোলা ঘর হয়ে চাতালের উপরটায় এসে পড়েছে চওড়া শাদা আলোর একটি মাত্র টান। ঠিক এইখানটায় আমার কালোদাসী আর 'রসো' বলে একটা মোটাসোটা ফরশা চাকরানী কথা কইতে শুনছি। আমি তো তাদের কথা বুঝিনে– কথার মানেও বুঝিনে– কেবল স্বরের ঝোঁক আর হাত-পা নাড়া দেখে জানছি দাসীতে দাসীতে ঝগড়া বেধেছে। খাঁচার পাখির মতো গরাদের মধ্যে থেকে বাইরে চেয়ে দেখছি কি হয়। হঠাৎ দেখলেম আমার দাসী একটা ধাক্কা খেয়ে ঠিকরে পড়লো দেওয়ালের উপর। আবার তখনি সে ফিরে দাঁড়িয়ে আঁচলটা কোমরে জড়াতে থাকলো। তখন তার কালো কপাল বেয়ে রক্ত পড়ছে, চুলগুলো উস্‌কো– চেহারা রাগে ভীষণ হয়ে উঠেছে; সিঁদুর-পরা যেন কালো পাথরের ভৈরবী মূর্তি সে একটি! আমি চিৎকার করে উঠলেম– 'মারলে, আমার দাসীকে মারলে!' লোকজন ছুটে এলো, ডাক্তার এলো, একটা ছেঁড়া-কাপড়ের শাদা পটি দাসীর কপালে বেঁধে দিয়ে গেলো; কিন্তু আমার মনে জেগে রইলো সিঁড়ির ধারে সকালের দেখা রক্তমাখা কালো রূপটাই দাসীর! সেই আমার শেষ দেখা দাসীর সঙ্গে। তারপর থেকে দেখি দাসী কাছে নেই কিন্তু তার ভাবনা রয়েছে মনে– দেশ থেকে খেলনা নিয়ে ফিরবে দাসী। সিঁড়ির দরজায় বসে বীরভূমের গালার তৈরি একটা কাছিম নিয়ে খেলি আর রোজই ভাবি দাসী আসবে! কোন গাঁয়ের কোন ঘর ছেড়ে

এসেছিলো অন্ধকারের মতো কালো আমার পদ্মদাসী! শুনি সে ভীষণ কালো ছিলো। পদ্ম নামটা মোটেই তাকে মানাতো না। সে তার বেমানান নাম নিয়েই এসেছিলো এ-বাড়িতে। রাগ করে গেছে; গল্প বলেছে, ঝগড়া করেছে, কাজও করেছে এবং মানুষ করবার বকশিশ সোনার বিছেহার আর রক্তের টিপ পরে চলেও গেছে বহুদিন। পৃথিবীর কোনোখানে হয়তো আর কোনো মনে ধরা নেই তার কিছুই এক আমার কাছে ছাড়া। হয়তো বা তাই আপনার কথা বলতে গিয়ে সেই নিতান্ত পর এবং একান্ত দূর যে তাকেই দেখতে পাচ্ছি– পঞ্চান্ন বছরের ওধারে বসে সে দুধ ঢালছে আর তুলছে আমার জন্যে!...

আমার কুষ্ঠিখানা লিখেছে দেখি বেশ গুছিয়ে সন তারিখ বছর মাস মিলিয়ে। পরে পরে ঘটনাগুলো ধরে দিয়েছে সেখানে গণৎকার। কিন্তু এ-ভাবে জীবনটা তো আমার চললো না লতার পর লতা পারম্পর্য ধরে। কাজেই কুষ্ঠি অনেকটা ফলে গেলেও আমাদের সেকালের 'কালী আচিয্যি'কে দ্বিতীয় বিধাতা-পুরুষ বলে স্বীকার করা চললো না। আচমকা যে-সব ঘটনার সঙ্গে পরিচয় হয়ে পড়ে আজও সেইগুলোকেই আমি জানি বিধাতার সাটে লেখা বলে– যেটা তিনি ছ'দিনের দিন সব ছেলেরই একটুখানি মাথার খুলিতে ঘুণাক্ষরের চেয়েও অপাঠ্য অক্ষরে লিখে যান। ঘটনা ঘটলো তো জানলেম কপালে এইভাবে এটা লেখা ছিলো।

একটা বিস্ময়-চিহ্ন কালো কালিতে, তার মাথায় লাল কালির একটা টান– এই সাটটুকুর মধ্যেই ধরা গিয়েছিলো আমার আর দাসীর আদ্যন্ত ইতিহাস। তারপর হয়তো খানিকটা ফাঁকা মাথার খুলি; তারপর আর একটা অদ্ভুত চিহ্ন, ঘটাকার কি পটাকার, কি একটা পাখি, কি একটা বাঁদর, কি একটা গোলাকার, কত কী যে তার শেষ নেই– সেঁজুতি ব্রতের আলপনার মতো বিধাতার জল্পনা-কল্পনা জানাতে রইলো।

জন্ম থেকে আরম্ভ করে প্রথম বিস্ময়ের চিহ্নটাতে এসে আমার পনেরো মাস কি পঁচিশ মাস কি কতোটা বয়স কেটেছিল তা বলতে পারা শক্ত; তবে হঠাৎ অসময়ে এসে যে চিহ্নটাতে কপাল ঠুকেছিলেম আমি এবং আমার দাসী দু'জনেই– এটা ঠিক!

সাইক্লোন

এটা জানি তখন–দিন আছে, রাত আছে, আর তারা দু'জনে একসঙ্গে আসে না আমাদের তিনতলায়। এও জেনেছি, বাতাস একজন ঠাণ্ডা, একজন গরম; কিন্তু তাদের দু'জনের কারো একটা করে ছাতা নেই গোলপাতার। রোদে পোড়ে, বিষ্টিতে ভেজে ওদের গা। এও জেনে নিয়েছি যে একটা একটা সময় অনেকজন রোদ বাইরে থেকে ঘরে এসেই জানলাগুলোর কাছে একটা একটা মাদুর বিছিয়ে রোদ পোহাতে বসে যায়।

কোনোদিন বা রোদ একজন হঠাৎ আসে খোলা জানলা দিয়ে সক্কালেই। তক্তপোশের কোণে বসে থাকে সে, মানুষ বিছানা ছেড়ে গেলেই তাড়াতাড়ি রোদটা গড়িয়ে নেয় বালিশ তোশকে চাদরে আমার খাটেই। তারপর চট্‌ করে রোদে ধরা পড়ার ভয়ে বিছানা ছেড়ে দেয়াল বেয়ে উঠে পড়ে কড়িকাঠে। ছাতের কাছেই আল্‌সের কোণে দুটো নীল পায়রা থাকে জানি, আলো হলেই তারা দু'জনে পড়া মুখস্থ করে– পাক্‌পাখম্‌... মেজদি... সেজদি.....

কড়ে আঙুল বলে খাবো; আংটির আঙুল বলে কোথায় পাবো; মাঝের আঙুল বলে ধার করোগে; আর একটা আঙুল, তার নাম যে তর্জনী, তা জানিনে, কিন্তু সে বলে জানি, শুধবো কিসে; বুড়ো আঙুল বলে লবডংকা। কি সেটা, দেখতে লঙ্কার মতো আর খেতে ঝাল না মিষ্টি তা জানিনে, কিন্তু খুব চেঁচিয়ে কথাটা বলে মজা পাই।

বন্ধ খড়খড়ির একটু ফাঁক পেয়ে জানি রাত আসে এক একদিন, শাদা প্রজাপতির মতো এক ফোঁটা আলো, মাথার বালিশে ডানা বন্ধ করে ঘুমোয় সে, হাত চাপা দিলে হাতের তলা থেকে হাতের উপরে-উপরে চলাচলি করে। এমন চটুল এমন ছোটো যে, বালিশ চাপা দিলেও ধরে রাখা যায় না; বালিশের উপরে চট্‌ করে উঠে আসে। চিৎ হয়ে তার উপর শুয়ে পড়ি তো দেখি পিঠ ফুঁড়ে এসে বসেছে আমারই নাকের ডগায়। উপুড় হয়ে চেপে পড়লেই মুশকিল বাধে তার, ধরা পড়ে যায় একেবারে, ঐটা নিশ্চয় করে জেনেছি তখন।

পড়তে শেখার আগেই, দেখতে শুনতে চলতে বলতে শেখারও আগে,

ছেলেমেয়েদের গ্রহ-নক্ষত্র, জল-স্থল, জন্তু-জানোয়ার, আকাশ-বাতাস, গাছপালা, দেশবিদেশের কথা বেশ করে জানিয়ে দেবার জন্যে বইগুলো তখন ছিলোই না। বই লিখিয়েও ছিলো না হয়তো, কাজেই খানিক জানি তখন নিজে নিজে, দেখে কতক, ঠেকে কতক, শুনে কতক, ভেবে ভেবেও বা কতক। আমি দিচ্ছি পরীক্ষা তখন আমারই কাছে, কাজেই পাশই হয়ে চলেছি জানা-শোনার পরীক্ষাতে। আমাদের শান্তিনিকেতনের জগদানন্দ বাবুর 'পোকা-মাকড়' বই কোথায় তখন, কিন্তু মাকড়সার জালশুদ্ধ মাকড়সাকে আমি দেখে নিয়েছি। আর জেনে ফেলেছি যে, মাকড় মরে গেলে বোকড় হয়ে খাটের তলায় কম্বল বোনে রাতের বেলা। 'মাছের কথা' পড়া দূরে থাক, মাছ খাবারই উপায় নেই তখন, কাঁটা বেছে দিলেও। কিন্তু এটা জেনেছি যে, ইলিশ মাছের পেটে এক থলিতে থাকে একটু সতীর কয়লা, অন্য থলি ক'টাতে থাকে ঘোড়ার খুর, বামুনের পৈতে, টিকটিকির লেজ এমনি নানা সব খারাপ জিনিস যা মাছ-কোটার বেলায় বার করে না ফেললে খাবার পরে মাছটা মুশকিল বাধায় পেটে গিয়ে। জেনেছি সব রুই মাছগুলোই পেটের ভিতরে একটা করে ভুঁই-পটকা লুকিয়ে রাখে। জলে থাকে বলে পটকাগুলো ফাটাতে পারে না; ডাঙায় এলেই তারা মরে যায় বলে পটকাও ফাটাতে পারে না নিজেরা। সে-জন্যে মাছের দুঃখ থাকে, আর এইজন্যেই মাছ-কোটার বেলায় আগে-ভাগে পটকাটা মাটিতে ফাটিয়ে দিতে হয়। না হলে মাছ রাগ করে ভাজা হতে চায় না, দুঃখে পোড়ে, নয়তো গলায় গিয়ে কাঁটা বেঁধায় হঠাৎ।

কালোজামের বিচি পেটে গেলেই সর্বনাশ, মাথা ফুঁড়ে মস্ত জামগাছ বেরিয়ে পড়ে। আর কাগ এসে চোখ দুটোকে কালোজাম ভেবে ঠুকরে খায়। জোনাকি, সে আলো খুঁজতে পিদিমের কাছে এলো তো জানি লক্ষণ খারাপ, তখন 'তারা' 'তারা' না স্মরণ করলে ঘরের দোষ কিছুতেই কাটে না।

বটতলার ছাপা 'হাজার জিনিস' বইখানার চেয়েও মজার একখানা বই, তারই পাণ্ডুলিপির মাল-মশলা সংগ্রহ করে চলেছে বয়েসটা আমার তখন। বড়ো হয়ে ছাপাবার মতলবে কিংবা সর্ট-হ্যাণ্ড রিপোর্টের মতো ছাঁট অক্ষরে সাটে টুকে নিচ্ছে সব কথা– এ মনেই হয় না। আজও যেমন বোধকরি– যা কিছু সবই– এরা আমাকে আপনা হতে এসে দেখা দিচ্ছে– ধরা দিচ্ছে এসে এরা। খেলতে আসার মতো এসেছে, নিজে থেকে তাদের খুঁজতে যাচ্ছিনে– নিজের ইচ্ছামতো তারাই এসে চোখে পড়ছে আমার, যথাভিরুচি রূপ দেখিয়ে পালিয়ে যাচ্ছে খেলুড়ির মতো খেলা শেষে। সে পঞ্চাশ বছর আগে তখনো তেমনি বোধ হতো। দেখেছি না আমি, কিন্তু দেখা দিচ্ছে আমাকে সবাই; আর এই করেই জেনে চলেছি তাদের নির্ভুল ভাবে। রোদ, বাতাস, ঘর, বাড়ি, ফুল, পাতা, পাখি এরা সবাই তখন কি ভুল বোঝাতেই চললো অথবা স্বরূপটা লুকিয়ে মন-ভোলানো বেশে এসে সত্যি পরিচয় ধরে দিয়ে গেলো আমাকে, তা কে ঠিক করে বলে দেয়?

এ-বাড়িটা তখন আমায় জানিয়েছে– মাত্র তেতলা সে। তেতলার নিচে যে আরেকটা তলা আছে, দোতলা বলে যাকে এবং তারও নিচে একতলা বলে আর

একটা তলও আছে– এ-কথা জানতেই দেয়নি বাড়িটা। কিন্তু সে জলে না হওয়ায় ভাসছে এ মিছে কথাটাও তো বলেনি বাড়িটা। অসত্য রূপটাও তো দেখা যায়নি। আপনার খানিকটা রেখেছিলো বাড়ি আড়ালে, খানিকটা দেখতে দিয়েছিলো, তাও এমন একটি চমৎকার দেখা এবং না-দেখার মধ্য দিয়ে যে তেমন করে সারা বাড়ির ছবি ধরে, কিংবা ইঞ্জিনিয়ারের প্ল্যান ধরে, অথবা আজকের দিনে সারা বাড়িখানা ঘুরে ঘুরেও দেখা সম্ভব হয় না।

আজকের দেখা এই বাড়ি সে একটা স্বতন্ত্র বাড়ি বলে ঠেকে, যেটা সত্যিই আমাকে দেখা দেয়নি। কিন্তু সেদিনের সে একতলা দোতলা নেই এমন যে তিনতলা, সে এখনও তেমনিই রয়েছে আমার কাছে। নিজে থেকে জানাশোনা দেখা ও পরিচয় করে নেওয়া আমার ধাতে সয় না। কেউ এসে দেখা দিলে, জানান দিলে তো হলো ভাব; কেউ কিছু দিয়ে গেলো তো পেয়ে গেলাম। পড়ে পাওয়ার আদর বেশি আমার কাছে; কুড়িয়ে পাওয়ার নুড়ির মূল্য আছে আমার কাছে; কিন্তু খেটে খাওয়া পাঁঠার মুড়ির দিকে টান নেই আমার। হঠাৎ খাটুনি জুটে গেলে মজা পাই, কিন্তু 'হঠাৎ' সত্যি 'হঠাৎ' হওয়া চাই, না-হলে নকল 'হঠাৎ' কোনোদিনই মজা দেয় না, দেয়নিও আমাকে। আমি যদি সাহেব হতেম তো অবিবাহিতই থাকতে হতো, কোর্টশিপটা আমার দ্বারা হতোই না। দাসীটা চলে গেলো তার যে-টুকু ধরে দেবার ছিলো দিয়ে হঠাৎ। এমনি হঠাৎ একদিন উত্তর-পূর্ব কোণের ঘরটাও যা-কিছু দেখবার ছিলো দেখিয়ে যেন সরে গেলো আমার কাছ থেকে।

মনে আছে এক অবস্থায় শীত গ্রীষ্ম বর্ষা কিছুই নেই আমার কাছে। সেই সময়টাতে ছোটো ঘরে হঠাৎ একদিন সকালে জেগেই দেখলেম– লেপের মধ্যে থাকতে থাকতে, কোন এক সময় শীতকাল গিয়ে গরম কাল এলো। আজ সকালে আমার কপালটায় ঘাম দিয়েছে, আজই দাসী বিছানার তলায় লেপটিকে তাড়িয়ে দেবে, আজ রাতে খোলা জানলায় দেখা যাবে নীল আকাশ আর থেকে থেকে তারা, আর আমাকে একটা শাদা জামার উপরে আর একটা সুতোর কাপড়ের ঠিক তেমনি জামা পরে নিতে হবে না, সক্কাল থেকে মোজা পায়ে দিয়েও কর্মভোগে ভুগতে হবে না জেনে ফেললেম হঠাৎ।

সেই ছেলেবেলা থেকে আজ পর্যন্ত না-জানা থেকে জানার সীমাতে পৌঁছনোর বেলা একটা কোনো নির্দিষ্ট ধারা ধরে অঙ্কের যোগ বিয়োগ ভাগফলটার মতো এসে গেলো জগৎ-সংসারের যা-কিছু, তা হলো না তো আমার বেলায়। কিংবা ঘটা করে আগে থাকতে জানান দিয়ে ঘটলো ঘটনা সমস্ত তাও নয়। হঠাৎ এসে বললে তারা বিস্ময়ের পর বিস্ময় জাগিয়ে– 'আমি এসে গেছি!' ঠিক যেমন ছবি এসে বলে আজও হঠাৎ– 'আমি এসে গেলেম, এঁকে নাও চটপট।' যেমন লেখা বলে– 'হয়ে গেছি তৈরি চালিয়ে চলো কলম।' চমকি দেবী বলে নিশ্চয় জানি কেউ আছেন আর কাজই যাঁর গোড়া থেকেই চমক ভাঙিয়ে দেওয়া। দেখার পুঁজি জানার সম্বল তিল তিল খুঁটে ভরে তুলতে কতো দেরি লাগতো যদি চমকি

না থাকতেন সঙ্গে দাসীটা ছেড়ে যাবার পরেও। কিণ্ডারগার্টেন স্কুলের ছাত্রের মতো স্টেপ বাই স্টেপ পড়তে পড়তে চলতে দিলেন না দেবী আমাকে, হঠাৎ পড়া হঠাৎ না-পড়া দিয়ে শুরু করলেন শিক্ষা তিনি।

বাড়ির অলিগলি আপন-পর সব চেনা হয়ে গেছে, বাড়ির বাইরেটাকেও জেনে নিয়েছি। কাকের বুলি, কোকিলের ডাক ভিন্নতা জানিয়ে দিয়েছে আপনাদের। গরু-গাধাতে, মানুষে-বানরে, ঘোড়াতে আর ঘোড়ার গাড়িতে মিল অমিল কোনখানে বুঝে নিয়েছি। বাড়ির চাকর-চাকরানী তাদের কার কি কাজ; কার মনিব কে-বা– সবই জানা হয়ে গেছে। বুঝেও নিয়েছি এ-বাড়ির একজন। কিন্তু কি নাম আমার সেটা বলার বেলায় হাঁ করে থাকি বোকার মতো– অথচ থামকে বলি থামই ছাতকে ছাতা বলে ভুল করিনে; পুকুরকে জানি পুকুর, আর তার জলে পড়লে হাবুডুবু খেয়ে মরতে হয় তাও জানি। চলি চলি পা নেই– বড়ো বড়ো সিঁড়ির চার-পাঁচ ধাপ লাফিয়ে পড়ি। জেনেছি কাঁচা পেয়ারা নুন দিয়ে খেতে লাগে ভালো; ডাক্তারের রেড মিক্সচার চিংড়ি মাছের ঘী নয়, কিন্তু বিস্বাদ বিশ্রী জিনিস। দুধের সর ভালোবাসি কিন্তু দাসীরা কেউ সেটাতে এক-একদিন ভাগ বসায় তো ধরে ফেলি।

কেবল একটা কথা থেকে থেকে ভুলতে পারিনে– আমি ছোটো ছেলে। অনেকদিন লাগছে, বড়ো হতে, গোঁপদাড়ি উঠতে, ইচ্ছামতো নির্ভয়ে পুকুরের এপার-ওপার করতে, চৌতলার ছাতে উঠে ঘুড়ি ওড়াতে এবং তামাক খেতে, বিষ্টিতে ভিজতে।

বাড়ির চাকরগুলো স্বাধীনভাবে রোদ পোহায়, বিষ্টিতে ভেজে, ছোলাভাজা খায়। পুকুরে নামে ওঠে, তামুক খায়, ফটকের বাইরে চলে যায় গোল পাতার ছাতা ঘাড়ে হাঁটতে হাঁটতে– এ-সব কেবলি মনে পড়ায় বড়ো হইনি, ছোটোই আছি– বুঝি বা এমনই থাকবো চিরদিন তেতলায় ধরা। সেই সময় সেই বহুকাল আগের একটা ঝড় পাঠালেন আমাকে দেখতে চম্‌কি দেবী। ঝড়টা এসেছিলো রাতের বেলায় এ-টুকু মনে আছে, তাছাড়া ঝড় আসার পূর্বের ঘটনা, ঘনঘটা, বজ্রবিদ্যুৎ, বৃষ্টি, বন্ধ-ঘর, অন্ধকার কি আলো কিছুই মনে নেই। ঘুমিয়ে পড়েছি, তখন উঠলো তেতলায় ঝড়। কেবলি শব্দ, কেবলি শব্দ। বাতাস ডাকে, দরজা পড়ে; সিঁড়িতে ছুটোছুটি পায়ের শব্দ ওঠে দাসী চাকরদের। হঠাৎ দেখেও ফেললেম চিনেও ফেললেম– দুই পিশিমা, দুই পিসেমশায়, বাবা মশায়, আর মাকে, যেন প্রথম সেইবার। তিনতলায় এ-ঘর ও-ঘর সে-ঘর সবকটা ঘরই যেন ছুটোছুটি করে এসে একসঙ্গে একবার আমাকে দেখা দিয়েই পালিয়ে গেলো।

এর পরেই দেখছি, বড়ো সিঁড়ির মাঝে একেবারে চৌতলার ছাত থেকে মোটা একগাছা শিকলে বাঁধা লোহার গির্জার চূড়োর মতো সেকেলে পুরনো লণ্ঠনটাকে নিয়ে শিকলশুদ্ধ বিষম দোলা দিচ্ছে ঝড়। নন্দ ফরাশ– আমাদের লণ্ঠনটাকেই ভালোবাসে সে, সরু একগাছা শনের দড়া দিয়ে কোনোরকমে শিকল-সমেত লণ্ঠনটাকে টেনে বেঁধে ফেলতে চাচ্ছে সিঁড়ির কাটরায়। তুফানে পড়লে বজরাকে

যে-ভাবে মাঝি চায় ডাঙায় আটকে ফেলতে, ঠিক তেমনি ভাবটা তার।

কোনদিন এর আগে জানিয়েছিল শিকলি, লঠন, সিঁড়ি ও ফরাশ আপন-আপন কথা আমাকে তা একটুও মনে নেই, কিন্তু এটা বেশ মনে হচ্ছে সেই প্রথম গিয়ে পড়লেম দোতলায়, বৈঠকখানার মাঝের ঘরটাতে। কে যে আমাকে নামিয়ে আনলে, হাত ধরে টেনে হিঁচড়ে আনলে, কিংবা কোলে করে নামিয়ে আনলে তা মনে নেই। কেবল মাঝের ঘরটা মনে আছে। সেখানে সারি সারি বিছানা, কৌচ টেবিল সরিয়ে, মাদুরের উপর পেতে দিতে ব্যস্ত দাসীরা। হলদে রঙের বড়ো বড়ো কাঠের দরজা সারিসারি সবক'টাই বন্ধ হয়ে গেছে। ঘরে বাতাস আসতে পারছে না, চাকরানীগুলো দুধের বাটি, জলের ঘটি, পানের বাটা, পিতলের ডাবর ঝন্‌ ঝন্‌ করে ফেলে ফেলে মজা করছে ঘরের কোণে। এরই মাঝে মাদুরে বসে দেখছি; মাথার উপরে শাদা কাপড়ের গোলাপমোড়া একটার পর একটা বড়ো ঝাড়, দেয়ালে দেয়ালে দেয়ালগিরি, ছোটো বড়ো সব অয়েলপেন্টিং বাড়ির লোকের। জানছি ঝড় যেন একটা কী জানোয়ার– গর্জন করে ফিরছে বন্ধ বাড়ির চারদিকে! দরজাগুলোও ধাক্কা দিয়ে কেবলি পথ চাচ্ছে ঘরে ঢোকবার।

এক সময়ে হুকুম হলো ছেলেদের শুইয়ে দেবার। দক্ষিণ শিয়রে মায়ের কাছে সেদিন মেঝেতে পাতা শক্ত বিছানায় মুড়ি দিয়ে শুয়ে নিলেম, কিন্তু ঘুমিয়ে গেলেম না। অনেক রাত পর্যন্ত শুনতে থাকলেম– বাতাস ডাকছে, বৃষ্টি পড়ছে, আর দুই পিশি পান-দোক্তা খেয়ে বলাবলি করছেন এমনি আর একটা আশ্বিনের ঝড়ের কথা।

সেই রাতে একটা ইংরিজি কথা জানলেম– 'সাইক্লোন'। ঝড়ের এক ধাক্কায় যেন বাড়ির অনেকখানি, বাড়ির মানুষদের অনেক-খানি, সেই সঙ্গে ঝড়ই বা কি, সাইক্লোনই বা কাকে বলে জানা হয়ে গেলো। এক রাত্তিরে যেন মনে হলো অনেকখানি বড়ো হয়ে গেছি, জেনেও ফেলেছি অনেকটা, ঘরকে, বাইরেকেও।

উত্তরের ঘর

বাড়ির দক্ষিণ জুড়ে ফুলবাগান, পুকুর, গাছপালা, মেহেদির বেড়া ঘেরা সবুজ চক্কর। সেদিকে প্রকৃতির সৌন্দর্য সুষমা ও কল্পনা। চাঁদ ওঠে সেদিকে, সূর্য ওঠে সেদিকে, মস্ত বটগাছের আড়াল দিয়ে। পুকুরজলে দিনরাত পড়ে আলো-ছায়ার মায়া। দুপুরে ওড়ে প্রজাপতি, ঝোপে ডাকে ঘুঘু, আর কাঠ-ঠোকরা থেকে থেকে। ময়ূর বেড়ায় পাখনা মেলিয়ে, রাজহংস দেয় সাঁতার, ফোহারাতে জল ছোটে সকাল বিকেল। সারস ধরে নাচ বাদলার দিনে, ঝড় বাতাসে নারকেল গাছের সারি দোল খায়। গরমের দিনে দুপুরে চিল স্থির ডানা মেলিয়ে ভেসে ঝিম্‌ সুরে ডাক দিয়ে ঘুরে ঘুরে ক্রমেই ওঠে উপরে। পায়রা থেকে থেকে ঝাঁক বেঁধে বাড়ির ছাতে উড়ে উড়ে বেড়ায়। কাক উড়িয়ে নেয় শুকনো ডাল মাটি থেকে গাছের আগায়। সন্ধ্যায় ওঠে নীল আকাশের তারা। রাতে ডাকে পাপিয়া– কতোদূর থেকে কোকিল তার জবাব দেয়– পিউ পিউ, কিউ কিউ। আবার শেয়ালও ডাকে রাতে, ব্যাঙও বলে বর্ষায়। বেঁজিও বেরোয়, বেড়ালও বেরোয় থেকে থেকে শিকার সন্ধানে। একটা-একটা নেড়ি কুত্তো, সে-ও ফাঁক বুঝে হঠাৎ ঢোকে বাগানে, চারদিক দেখে নিয়ে চট করে সরেও পড়ে রবাহূত গোছের ভাব দেখিয়ে।

কিন্তু তখনো বাড়ির এই রমণীয় দিকটাতে নেমে যাবার আমার বয়েস হয়নি, উঁকি দেবারও অবস্থা হয়নি।

ওদিকটা ছিলো সেকালের নিয়মে বারবাড়ির সামিল। অন্দরে যারা থাকতো তারা তেতলার টানা বারান্দার বন্ধ ঝিলমিল দিয়ে ওদিককার একটু আভাস মাত্র পেতে পারতো। কি ছেলে, কি মেয়ে, কি দাসী, কি বৌ, কি গিন্নিবান্নি– সকলের পক্ষেই এই ছিলো ব্যবস্থা। বেশি রাত না হলে দক্ষিণের ঝিলমিল দেওয়া জানলা ক'টা পুরোপুরি খোলা ছিলো তখন বেদস্তুর। ঐ দিকটা বন্ধ রাখা প্রথা হয়ে গিয়েছিলো কতকটা দায়ে পড়েও।

এ-বাড়িটা বৈঠকখানা হিসেবে প্রস্তুত করা– এটাকে আমাদের বসতবাড়ি হিসাবে করে নিতে এখানে ওখানে নানা পর্দা দিতে হয়েছে, না হলে ঘরের আব্রু

থাকে না। বৈঠকখানায় বাস করতে হবে মেয়েছেলে নিয়ে, সেটা একটা দুর্ভাবনা জাগিয়েছিলো নিশ্চয়; তাই কতকগুলো পর্দা ঝিলমিল ও চলাফেরার নিয়ম দিয়ে বাড়ির কতক অংশ, পুরনো বাড়ি ছেড়ে উঠে আসার সঙ্গে সঙ্গেই, অন্দর হিসেবে দেওয়াল ঝিলমিল ইত্যাদি দিয়ে ঘিরে নিতে হয়েছিলো আব্রুর জন্যেও বটে, বাস-ঘরের অকুলানের জন্যেও বটে। এবং সেই পর্দা দেওয়াল ইত্যাদি ওঠার সঙ্গে কতকগুলি জানলা বন্ধ দরজা-বন্ধ নিয়মও সৃষ্টি হয়ে গিয়েছিলো আপনা হতেই। যখন আমি হয়েছি তখন বন্ধ থাকতো দক্ষিণের ঝিলমিল তিনতলার, ভোর হতে রাত দশটা নিয়মমতো। দক্ষিণ বারান্দার তিন হাত পাঁচিল, তার উপর রেমো সবুজ রঙ-মাখানো টানা ঝিলমিল বন্ধ। আর আমি তখন মোটে দুই হাত খাড়াই কিনা সন্দেহ। ড্রপ সিনের সবুজ পর্দার ওপারে কি আছে জানার জন্যে যেমন একটা কৌতূহল থাকে, তেমনি বাড়ির মনোরম অংশটাকে দেখবার জন্যে একটা কৌতূহল ছিলো কি ছিলো না, কিন্তু উত্তর দিকটাতেই টানছে এখন মন— যে-দিকটাতে জীবন বিচিত্র হয়ে দেখা দেয় খিড়কির ফাঁকে ফাঁকে। এই খড়খড়ি দেওয়া বাইরের জগতের খিড়কি, এদিকে সকাল বিকেল, যখন তখন, বাড়ির সাধারণ দিক দেখে চলতেম। অষ্টপ্রহর কিছু-না-কিছু হচ্ছে সেখানে— চলছে, বলছে, উঠছে, বসছে; কতো চরিত্রের, কতো ঢঙের, কতো সাজের মানুষ, গাড়ি, ঘোড়া— কতো কি তার ঠিক নেই। মানুষ, জন্তু, কাজ-কর্ম এখানে সবই এক-একটা চরিত্র নিয়ে অবিশ্রান্ত চলন্ত ছবির মতো চোখের উপরে এসে পড়তো একটার ঘাড়ে আর একটা। সব ছবিগুলো নিজেতে নিজে সম্পূর্ণ— ছেদ নেই, ভেদ নেই, টানা চলেছে চোখের সামনে দিয়ে দৃশ্যের একটা অফুরন্ত স্রোত, ঘটনার বিচিত্র অশ্রান্ত লীলা। উত্তরের সারি সারি তিনটে জানলার তলাতে দেড় ফুট করে উঁচু সরু দাওয়া— সেইখানে বসে খড়খড়ি টেনে দেখি। পুরোপুরি একখানা ছবির মতো চোখে পড়তো না। বাড়ি, ঘর, গাছ— এরই নিচে একটা ময়লা সবুজ টান, তারপর আবার ছবি,ছাগল, মুরগী, হাঁস, খাটিয়া, বিচালির গাদা, খানিকটা চাকার আঁচড়-কাটা রাস্তা— তারপর আবার সবুজ টান। এমনি একটা করে খড়খড়ির ফাঁকে আর একটা করে কাঠের পাটা— এরই উপর সব ছবি ও না-ছবিকে দু'ভাগ করে একটা সরু দাঁড়ি— খবরের কাগজের দুটো কলমের মাঝের রেখার মতোই সোজা— যেটা টানলে হয় ছবি, চাপলে হয় বন্ধ ছবি দেখা।

বাড়ির উত্তর আঙ্গিনাটায় একটা গোল চক্কর ছিলো তখন— এখন সেখানে মস্ত লালবাড়ি উঠে গেছে। এই চক্করের পুব পাশে আর একটা আধা-গোল গোছের চক্কর; পশ্চিম পাশে আর একটা চৌকোনা পাঁচিল ঘেরা বাগান। এই ক'টা ঘিরে আস্তাবল, নহবতখানা, গাড়িখানা। তিনটে বড়ো বড়ো বাদাম আর অনেক কালের পুরনো তেঁতুলগাছ একটা। এই গাছ ক'টার ফাঁকে ফাঁকে টানা উঁচুনিচু সব পাকাবাড়ির ছাত আর চিলে-কোঠা। সরু সরু কাঠের থাম দেওয়া, ঝুঁকে পড়া বারান্দা দেওয়া রামচাঁদ মুখুজ্যের সাবেক বাড়ি— গরাদে আঁটা ছোটো ছোটো জানলা, ইঁট বার-করা ছাতের পাঁচিল আর দেওয়াল। উত্তরের এইটুকুর মধ্যে ধরা

তখন বাইরের দৃশ্য-জগৎটি আমার, বাকি দিনগুলো শোনা আর কল্পনার মধ্যে ছিলো। বহির্জগতের খিড়কি দিয়ে, উঁকি দিয়ে দেখার মতো ছবিগুলো। মানুষ, মুরগি, হাঁস, গাড়িঘোড়া, সহিস, কোচম্যান, ছিরু মেথর, নন্দ ফরাশ, গোবিন্দ খোঁড়া, বুড়ো জমাদার, ভিস্তি, মুটে, উড়ে বেহারা, গোমস্তা, মুহুরি, চৌকিদার, ডাক-পেয়াদা– সবাইকে নিয়ে মস্ত একটা যাত্রা চলেছে এই উত্তরের আঙ্গিনাটায়। সকাল থেকে ঘুমের ঘড়ি না পড়া পর্যন্ত কতো কি মজার মজার ঘটনা ঘটে চলেছে দেখতেম এই দিকটাতে। কতক সুরকির রাস্তায়, কতক গোল চাকলার মধ্যেটায়, কতক বা খোলার ঘরগুলোর ভিতরে এবং বাইরে অথবা কোনো বাড়ির ছাতে অনেক দূরে। চলতি-ভাষায় যেন একটা চলনসই নাটক দেখছি। খুব বড়ো ট্রাজেডি কি কমেডি নয়, কিন্তু কতক নড়াচড়া, কতক হাবভাব, কতক বা একটা ছবি– এই দিয়ে ভরতি একটা প্রহসন দেখছি বলতে পারি। সকালে চোখ খোলা থেকে আরম্ভ করে রাত দশটায় চোখের পাতা বন্ধ করা পর্যন্ত একটা বড়ো নাটক দেখার মতো ছুটি নেই এখন, কিন্তু এটুকু অবসর পেয়েছিলেম তখন। নিত্য নতুন উত্তর চরিতের এক-এক অঙ্কের মতো– এই নাটক শুরু হতো এবং শেষ হতো যে-ভাবে তার একটু হিসেব দিই।

তখনও বাড়িতে জলের কল বসেনি। রাস্তার ধারে ধারে টানা নহর বয়ে কলের জল আসে। রোজই দেখি এক ভিস্তি, গায়ে তার হাত-কাটা নীলজামা, কোমরে খানিক লাল শালু জড়ানো, মাথায় পোস্ট অফিসের গম্বুজের মতো উঁচু শাদা টুপি– নহরের পাশে দাঁড়িয়ে চামড়ার মোষোকে জল ভরে। মোষ-কালো চামড়ার মোষোকটা ঘাড় তুলে হাঁ করে জল খায়, যেন একটা জল-জন্তু; পেটটা তার ক্রমেই ফুলতে ফুলতে চকচক করতে থাকে। মোষোকটা ফাটার উপক্রম হতেই ভিস্তি একটা সরু চামড়ার গলাট দিয়ে সেটাকে বেঁধে নিয়ে গায়ের জল মুছিয়ে যেন পোষা জানোয়ারের মতো পিঠ তুলে নিয়ে চলে যায়, খানিক দৌড়, খানিক আস্তে চলা মিলিয়ে একটা চমৎকার চালে মাটির দিকে বুক ঝুঁকিয়ে। বাঁধা কাজে বাঁধা ভিস্তি, তার চাল-চোল সমস্তই এমন বাঁধা ছিলো যে মনেই আসতো না সে মরতে পারে, বদলাতে পারে। ঘড়ির মতো দস্তুরমাফিক বাঁধা নিয়মে কাজ বাজিয়ে চলতো; দাঁড়াতো যেখানকার সেখানে জল ভরতো যেখানকার সেখানে চলে যেতোও যেখানকার সেখানে দিনের পর দিন। তার চেহারা দেখিনি; শুধু তার চলার ভঙ্গী, কাপড়ের রঙ– এই বিশেষত্ব দিয়েই তাকে আমি দেখতে পাই– সেকাল একাল সব কালেই সে একই ভিস্তি। কাকগুলো যেভাবে কালের পরিবর্তন ছাড়িয়েছে, ভিস্তিগুলোও সেই ভাবে তখনও যে, এখনও সে রয়েছে ভিস্তিই। কৃষ্ণনগরের ভিস্তি পুতুল, যাত্রার সাজ ভিস্তি, বহুরূপীর ভিস্তি, আরব্য উপন্যাসের ভিস্তি– সবগুলোর সঙ্গে মিলে আছে সেই পঞ্চাশ বছর আগেকার ভিস্তি একজন, যে ঘড়ি ধরে জল ভরতো মোষোকে। সেই সেকালের ভিস্তির বেশে বা চেহারায় যদি একটু বিশেষত্ব থাকতো তবে একালের ভিস্তির সঙ্গে অভিন্ন হতে পারতোই না সে– সে যেন একটা সনাতন

চিরন্তন জীবের মতো তখনো ছিলো এখনো আছে।

ভিস্তি চলে যাবার সঙ্গে সঙ্গেই মাথায় ফেটি বেঁধে দু'হাতে দুই ঝাঁটা নিয়ে দেখা দিতো একটা মানুষ। জাতে সে ডোম, তার নাম ছিলো শ্রীরাম, কিন্তু ডাকতো সবাই ছীরে বলে। সে দুই হাত খেলিয়ে চট্পট দুটো কলমের মতো করে কাটা ঝাঁটা বুলিয়ে যায়। নিমেষে সব রাস্তাই ঢেউ খেলানো দুই প্রস্থ রেখায় অতি আশ্চর্য অতিপরিষ্কার ভাবে নক্সা টানা হয়ে যায়। চমৎকার চুনোট-করা গেরুয়া কাপড়ে সমস্ত সদর রাস্তাটা যেন মোড়া হয়ে থাকে খানিকক্ষণ ধরে। রাস্তার আর্টিস্ট, ধুলোর আর্টিস্ট, ডবল ঝাঁটার আর্টিস্ট— তার কাজ দেখে চোখ ভুলে থাকতো কতোক্ষণ। আমরা যেমন ছবির নানা কাজে নানা রকম সরু মোটা ভোঁতা চেটালো তুলি রাখি, আমাদের ছীরে মেথরও কাছে রাখতো রকম-বেরকম ঝাঁটা। রাস্তার ঝাঁটা ছিলো তার কলমের মতো ডগার একধারে ছোলা; জলে নর্দমা পরিষ্কার করবার জন্যে রাখতো সে দাড়ি কামানো বুরুশের মতো ছোটো এবং মুড়ো ঝাঁটা; বাগানের পাতা-লতা কুটো-কাটা ঝাঁটানোর জন্যে ছিলো চোঁচের মতো খোঁচা দু'ফাঁক ঝাঁটা যাতে সামান্য কুটোটিও ঝুড়িতে তুলে নেওয়া চলে অনায়াসে; উঠোন, দালান, বারান্দা ঝাঁটানোর ঝাঁটা ছিলো চামরের মতো হালকা ফুরফুরে বাতাসের মতো হালকা পরশ বুলিয়ে চলতো মেঝের উপরে। এই নানারকম ঝাঁটার খেলা খেলিয়ে চলে যেতো সে রোজই। আঙ্গিনা, রাস্তা, অলি-গলি, বারান্দা ঝেঁটিয়ে যেতো ছীরু যখন তকতকে পরিষ্কার করে, তখন তারই উপরে চলতো যাত্রা অভিনয় আবার।

এবারে কেবল চলন্ত ছবি। একটা ছোট্ট টাট্টু ঘোড়া, তার চেয়ে ছোট্ট একটা পালকি-গাড়ি টানতে টানতে পুরনো বাড়ির ফটকে এসে দাঁড়াতেই বাক্সর মতো ছোট্ট গাড়ি থেকে মোটা-সোটা গম্ভীর এক বাবু নেমে পড়েন, মাথার চুল তাঁর কদম ফুলের মতো ছাঁটা। সোয়ারি নামতে না নামতে বোঁ করে গাড়িটা গোল চক্করের পশ্চিম দিকের অশ্বথ তলায় গিয়ে দাঁড়িয়ে ঘোড়াটাকে ছেড়ে দেয়। ছোট্ট ঘোড়া অমনি ছোট্ট ফটক ঠেলে কচি ঘাস চোর কাঁটা ছিঁড়ে ছিঁড়ে খেতে লাগে, আর গাড়িখানা কুমির পোকার শুঁড়ের মতো বোম জোড়া আকাশে উঁচিয়ে নৈঋত কোণের দিকে চেয়ে তার বাবুর জন্যে অপেক্ষা করে থাকে।

একটা ছাতি আস্তে আস্তে ফটকের দিকে এগিয়ে চলে, অথচ মানুষ দেখিনে তার নিচে। হঠাৎ দেউড়ির কাছে এসে ছাতিটা বন্ধ হয়ে তলাকার ছোট্ট মানুষটিকে প্রকাশ করে দেয় মাথায় চকচকে টাক, ছোট্ট যেন একটি মাটির পুতুলের মতো বেঁটেখাটো মানুষটি। ঘণ্টা বাজে এবার সাতবার, তারপর খানিক ঢং ঢং ঢং টান দিয়ে সাড়ে সাত বুঝিয়ে থামে। রোদ এসে পড়ে লাল রাস্তার উপরে একফালি সোনার কাগজের মতো।

চীনেদের থিয়েটার দেখা যেমন খাওয়া-দাওয়া গল্প-গুজবের সঙ্গে চলে, আমাদের যাত্রা দেখা যেমন— খানিক দেখে উঠে গিয়ে তামাক খেয়ে নিয়ে, কিংবা হয়তো ঘরে গিয়ে এক ঘুম ঘুমিয়ে এসেও দেখা চলে, তেমনি ভাবের দেখাশোনা

চলতো এই উত্তর দিকের জানলায় বসে।

হয়তো ঘরের ওধারে একটা কৌচের তলায় ঢুকে রবারের গোলাটা পালায় কোথায় এই সমস্যার মীমাংসা করতে কৌচের তলায় নিজেই একবার ঢুকে পড়তে চলেছি, পা দুটো আমার হারু সহরের দরজায় গিয়ে ঠেকে ঠেকে, ঠিক সেই সময়ে খড়খড়ির আসরের দিক থেকে ঘোড়দৌড়ের শব্দ আর সহিসদের হৈ-হৈ রব উঠলো। অমনি নিজের রিজার্ভ বক্সে হাজির। দেখি গোল চক্কর ঘিরে ঘোড়দৌড় বেধে গেছে। সহিস, কোচম্যান, দারোয়ান যে যেখানে ছিলো সবাই মিলে ঘোড়া পালানোর আর ঘোড়া ধরার অভিনয় করতে লেগে গেছে। এই অশ্বমেধের ঘোড়া ধরা দিয়ে সকালের উত্তর-কাণ্ডের পালা প্রায়ই বেলা দশটাতে কিছুক্ষণের জন্যে বন্ধ হতো। স্নান আহারের জন্যে একটা মস্তো ইন্টারভাল। যাত্রা নিশ্চয়ই চলতো তখনো– কেন না এই উত্তর আঙ্গিনাটা ছিলো সাধারণ দিক; বাড়ির কাজকর্মে লোকের যাতায়াতের অন্ত ছিলো না, কামাই ছিলো না সেখানে। প্রবেশ আর প্রস্থান– এই ছিলো ওদিকের নিত্যকার ঘটনা।

দুপুরবেলা নিঝুমের পালা চলেছে এখানটায় দেখি। উত্তরের আঙ্গিনার পশ্চিম কোণে আধখানা তেঁতুল আর আধখানা বাদাম গাছের ছাওয়াতে খোলার ঘরটা– ঘরের চাল ধনুকের মতো বেঁকে প্রায় মাটি ছুঁয়েছে। ঘরের সামনে আধখানা মাটিতে পোঁতা একটা মেটে জালা, তাই থেকে ছীরে মেথর জল তুলে তুলে গা ধুচ্ছে। আর ক্রমাম্বয়ে ইংরিজিতে নিজের বৌকে গাল পাড়ছে, আর বৌটা বাংলাতে বকে চলেছে তার সঙ্গে।

আস্তাবলের সামনে খাটিয়া, তার উপরে পাতা কালো কম্বল, তাতেই শুয়ে ঝকঝকে ঘোড়ার সাজ আর শিকলি। ঘরের মধ্যে ছোট্ট একটা টাট্টু ঘোড়ার শেষের পা দুটো আর চামরের মতো ল্যাজটা দেখা যায়। ল্যাজটা ছপ্ ছপ্ করে মশা তাড়ায়, আর পা-দুটো তালে তালে ওঠে পড়ে, কাঠের মেঝেতে খটাস্ খট্ শব্দ করে।

গোল চক্করের পশ্চিমে আর একটা পাঁচিল– ঘেরা চৌকোনা জায়গা কখনো কপি কখনো বেগুন এই দুই রঙের পাতায় ভরাই থাকতো সেটা। চক্করের পুবধারে আর একটা ঘেরা জমি, সেটার ফটকের দুই ধারের দেওয়ালে চুন-বালিতে পরিষ্কার করে তোলা দুটো হাতি নিশেন পিঠে পাহারা দিচ্ছে। টিনের একটা খালি ক্যানেস্তারা কাদায় উলটে পড়ে আছে; সেইখানটায় হিজিবিজি চাকার দাগ রাস্তায় পড়েছে, তাতে একটু জল বেধে আছে; পাতিহাঁস ক'টা হেলতে দুলতে এসে সেই কাদাজলে নাইতে লেগে যায়। থেকে থেকে মাথা ডোবায় জলে আর তোলে, ল্যাজের পালক কাঁপায়, শেষে এক-পায়ে দাঁড়িয়ে ভিজে মাথা, নিজের পিঠে ঘষে আর ঠোঁট দিয়ে গা চুলকে চলে। একটা বুড়ো রামছাগল ফস্ করে রাস্তা থেকে একটা লেখা কাগজ গিলে ফেলে চট্পট্, তারপর গম্ভীর ভাবে এদিক ওদিকে চেয়ে চলে যায় সোজা ফটক পেরিয়ে রাস্তা বেড়াতে দুপুরবেলা। গোল চক্করের পুব গায়ে একটা আধ-গোল আধ-চৌকো চক্কর-মরচে ধরা ফুটো

ক্যানেস্তারা, খড়কুটো, ভাঙা গামলা, পুরনো তক্তপোশের উই-খাওয়া ফর্মা আর একরাশ ছেঁড়া খাতায় ভরতি। সেখানে গোটা কয়েক মুরগি চরে– ছাই রঙ, পাটকেল রঙ। শাদা একটা মস্ত মোরোগ তার লাল টুপি মাথায়, পায়ে হলদে মোজা, গায়ের পালক যেন হাতির দাঁতকে ছুলে কেউ বসিয়েছে একটির পাশে আর একটি। মোরোগটা গোল চক্রের ফটকের একটা পিলপে দখল করে বসে থাকে, নড়ে না চড়ে না।

বেলা চারটে পর্যন্ত এই ভাবে নিঝুমের পালা চলে। ঢং ঢং করে আবার ঘড়ি পড়ে। একটার পর একটা ইস্কুল গাড়ি, পাল্কি এসে দলে দলে সোয়ারি নামিয়ে চলে। গোবিন্দ খোঁড়া রাজেন্দ্র মল্লিকের ওখানে রোজই ভাত খায় আর আমাদের গোল চক্করটাতে হাওয়া খেতে আসে। কতকালের পুরনো আঁকাবাঁকা গাছের ডালের মতো শক্ত তার চেহারা, ঠিক যেন বাইবেল কি আরব্য উপন্যাসের একটা ছবির থেকে নেমে এসেছে। গোল বাগানের ফটকের একটা পিলপে ছিলো তার পিঠের ঠেস। বৈকালে সেখানটাতে কারো বসবার যো ছিলো না। বাদশার মতো গোবিন্দ খোঁড়া তার সিংহাসন খোঁড়া পা ছড়িয়ে বসে যেতো। পাহারাওয়ালা, কাবুলিওয়ালা, জমাদার, সরকার, চাকর, দাসী– সবার সঙ্গেই আলাপ চলে, খাতিরও সকলের কাছে যথেষ্ট তার। শহর-ঘোরা সে যেন একটা চলতি খবরের কাগজ কিংবা কলকাতা গেজেট। পাঁচিলের উপর বসে সে খবর বিলোতো। শুনেছি প্রথমবার প্রিন্স আসবার সময় পুলিশ থেকে তেল বিলিয়ে গরিবদের ঘরেও দেওয়ালী দেবার ব্যবস্থা করা হয়েছিলো। গোবিন্দর ঘর-দুয়োর কিছুই নেই– সে ভোজনং যত্র তত্র, শয়নং হট্টমন্দিরে গোছের মানুষ, এটা পাহারাওয়ালারা সবাই জানতো। তারা গোবিন্দকে ধরে বসলো পিদিম জ্বালাতেই হবে– ঘর না থাকে ঘর ভাড়া করেও পিদিম জ্বালানো চাই। গোবিন্দ তখন আমাদের গোল চক্করে দরবারে বসেছে; পুলিশের রহস্যটা বুঝেও যেন সে বোঝেনি এইভাবে পাহারাওলাকে শুধুলে, 'সরকার থেকে কতোটা তেল গরিবদের দেওয়ানোর হুকুম হলো?' এক-পলা করে তেল বিনামূল্যে দেওয়ানোর কথা যেমন পুলিশম্যান গোবিন্দকে বলা, অমনি জবাব সঙ্গে সঙ্গে– 'যাঃ যাঃ, তোর বড়সায়েবকে বলিস, গোবিন্দ এক সের তেল নিজে থেকে খরচ করচে।' ভিক্টোর হিউগোর গল্পের একটা ভিখারীর সর্দারের মতো এই গোবিন্দ খোঁড়ার প্রতাপ আর প্রতিষ্ঠা ছিলো তখনকার দিনে। এখন হলে পুলিশের সঙ্গে তকরার, সিডিশান, রাজদ্রোহ, এমনি কিছুতে ধরা পড়ে যেতো নিশ্চয় গোবিন্দ।

এদিকে গোবিন্দ খোঁড়ার দরবার গোল চক্করের পাঁচিলে, ওদিকে নহবতখানার ছাতে বসেছে তখন আমাদের সমশের কোচম্যানের মজলিশ দড়ির খাটিয়া পেতে। সে যেন দ্বিতীয় টিপু সুলতান বসে গেছে ফরসি হাতে। হাবসির মতো কালো রঙ, মাথার চুল বাবরিকাটা, পরনে শাদা লুঙ্গি, হাতকাটা মেরজাই, চোখে সুর্মা, মেদিতে লাল মোচরানো গোঁফ, সিঁথেকাটা দাড়ি। বাবামশায় হাওয়া খেতে যাবার পূর্বে ঠিক সময়ে সে সেজেগুজে বার হতো। চুড়িদার পাজামা, রূপোলি বকলস দেওয়া

বার্নিশ জুতো, আঙুলে রূপো বাঁধা ফিরোজার আংটি, গায়ে জরিপাড়ের লাল বনাতের বুক কাটা কাবা তকমা আঁটা, কাঁধে ফুল কাটা রুমাল, মাথায় থালার মতো মস্ত একটা শামলা, কোমরে দুই সহিসে মিলে জড়িয়ে দিয়েছে লম্বা সাপের মতো জরির কোমর-বন্ধ। ফিটফাট হয়ে সমশের লাল চক্করের পাঁচিলের চাবুক হাতে দাঁড়াতো আর সহিস শাদা জুড়ির ঘোড়া দুটোকে চক্করের মধ্যে ছেড়ে দিয়ে বাইরে থেকে ফটকা বন্ধ করে দিতো। তখন শাদা ঘোড়া দুটোকে প্রায় দশ মিনিটি সার্কাসের ঘোড়ার মতো চক্কর দিইয়ে তবে গাড়িতে জোতার নিয়ম ছিলো। পাছে রাস্তায় ঘোড়া বজ্জাতি করে সেই জন্যে তাদের আগে থাকতে টিট করাই উদ্দেশ্য। এই দুর্দান্ত কোচম্যান, ঘোড়াও তার তেমনি, গাড়ি-খানা থেকে ঝড়ের মতো বেরিয়ে পড়তো। কোচবাক্সের উপরে দেখতেম খাড়া দাঁড়িয়ে সমশের হাঁকড়াচ্ছে চাবুক। ফেটিং-গাড়ি ছিলো খুব উঁচু। গাড়িবারান্দার খিলেনের কাছটাতে এসেই ঝপ করে সমশের নিজের আসনে বসে পড়তো গম্ভীর হয়ে। তারপরে এক সময়ে ঘোড়া, গাড়ি, কোচম্যান, সাজগোজ, সব নিয়ে একটা জমজমাট শোভাযাত্রার দৃশ্য রাস্তার উপর খানিক ঝলক টেনে বেরিয়ে যেতো গড়ের মাঠে– আতর গোলাপের খোশবুতে যেন উত্তর দিকটা মাত করে দিয়ে।

এরই একটু পরেই নন্দ ফরাস দু'হাতে আঙুলের ফাঁকে বড়ো বড়ো তেলবাতির সেজ দুটো অদ্ভুত কায়দাতে হাতের তেলোয় অটল ভাবে বসিয়ে উঠে চলতো ফরাশখানা থেকে বৈঠকখানায়। তারপর ড্রপ পড়তো রঙ্গমঞ্চে, এবং নোটো খোঁড়া, নন্দ ফরাশ দুয়ে মিলে বেহালা বাদন নিয়ে সেদিনের মতো পালা সাঙ্গ হতো সন্ধ্যেবেলায়। তখন পিদিমের ধারে বসে রূপকথা শোনা, ইকড়ি মিকড়ি, ঘুঁটি-খেলার সময় আসতো।

সেই ঘরের এককোণে বসে রূপকথা বলে একটা দাসী– দাসীটার চেয়ে তার রূপকথাটাকে বেশি মনে পড়ে। এই দাসীটা ছিলো আমার ছোটো বোনের। সে বলে তার দাসীর নাম ছিলো মঞ্জুরী। আর দোয়ারি চাকর এই কবিত্বপূর্ণ মঞ্জুরী– নামটির নাকের ডগাটা বঁটির ঘায়ে উড়িয়ে দিয়েছিলো তাও বলে সে; কিন্তু আমি দেখি মঞ্জুরীকে শুধু একটা গড়া-পরা নাক ভাঙা নাম, বসে আছে একটা লাল চামড়ার তোরঙ্গ ঠেস দিয়ে দুটো পা ছড়িয়ে। তোরঙ্গটার সকল গায়ে পিতলের পেরেক মালার মতো করে আঁটা। মঞ্জুরী ঝিমোচ্ছে আর কথা বলছে; 'এক ছিলো টুনটুনি– সে নিমগাছে বাসা না বেঁধে রাজবাড়ির ছাতের আল্‌সেতে থাকে, আর রাজপুত্তুরের তোশক থেকে তুলো চুরি করে করে ছোট্ট একটি বাসা বাঁধে।'

ছাতে ওঠবার সিঁড়ি বলে একটা কিছু নেই তখনো আমার কাছে, অথচ টুনটুনির বাসার কাছটায়– একেবারে নীল আকাশের গায়ে, ছাতের কার্নিসে উঠে গিয়ে বসি পা ঝুলিয়ে। এমনি দিনের বেলায় রূপকথার সিঁড়ি ধরে পাখির সঙ্গে পেতেম ছাতের উপরের দিকটা। আবার রোজই নিশুতি রাতে মাথার উপরে পেতেম শুনতে হুটোপুটি করছে ছাতটা– ভাটা গড়গড় গড়াচ্ছে, দুমদুম লাফাচ্ছে! ছাতটা তখন ঠেকতো ঠিক একটা অন্ধকার মহারণ্য বলে– যেখানে সন্ধ্যেবেলা

গাছে গাছে ভোঁদড় করে লাফালাফি, আর আকাশ থেকে জুঁই ফুল টিকিতে বেঁধে ব্রহ্মদৈত্য থাকে এ-ছাত ও-ছাত পা মেলে দাঁড়িয়ে। এমনি করে গল্প-কথার মধ্যে দিয়ে কতো কি দেখেছি তখন। যখন চোখও চলে না বেশিদূর, পা-ও হাঁটে না অনেকখানি, তখন কান ছিলো সহায়। সে এনে পৌঁছে দিতো কাছে ছাত, হাতে এনে দিতো কমলাফুলির টিয়েপাখি, চড়িয়ে দিতো আগডুম বাগডুম ঘোড়ায়, লাটসাহেবের পালকিতে এবং নিয়ে যেতো মাসিপিসির বনের ধারের ঘরটাতে আর মামার বাড়ির দুয়োরেও। মায়ের অনেকগুলি দাসী ছিলো— সৌরভী, মঞ্জরী, কামিনী কতো কি তাদের নাম। অনেকদিন অন্তর দেশে যেতো এরা সব গাঁয়ের মেয়ে— অনেকদিন পরে ফিরতো আবার। কখনো বা এরা দলবেঁধে যেতো গঙ্গা নাইতে পার্বণে, আর নিয়ে আসতো দু'চারটে করে খেলনা, পীরের ঘোড়া, সবজে টিয়ে, কাঠের পালকি, মাটির জগন্নাথ, সোনার ময়ুর। আতা গাছে তোতা, ঢেঁকি, বঁটি। এমনি জানা রূপকথার দেশের, ছড়ার দেশের পশু, পক্ষী, ফুল, ফল, তৈজসপত্র সবাইকে পেতেম চোখের কাছেই কিন্তু মাসিপিসির ঘর আর মামার বাড়ি দেখা দিয়েও দিতো না— বাড়িও ছাতের মতোই অজ্ঞাতবাসে ছিলো। মঞ্জরী দাসী একমাত্র ছিলো, খেয়ালমতো খোলা জানলার ধারে তুলে ধরতো আর বলতো— ঐ দ্যাখ্ মামার বাড়ি! বাড়ির সন্ধানে উত্তর আকাশ হাতড়াতো চোখ, দেখতো না একখানিও ইট, শুধু পড়তো চোখে তখন আমাদের বাড়ির উত্তর-পশ্চিম কোণে মস্ত তেঁতুল গাছটার শিয়রে মন্দিরের চুড়োর মতো শাদা শাদা মেঘ স্থির হয়ে আছে! ঐটুকু দেখিয়েই দাসী নামিয়ে দিতো কোল থেকে খড়খড়ির তলায় মেঝেতে। তারপর সে দরজা-জানলা বন্ধ করে দিয়ে রান্নাবাড়িতে ভাত খেতে যেতো একটা বগি-থালা সিন্ধুকের পাশ থেকে তুলে নিয়ে।

প্রায় রাতেরই মতো চুপচাপ আর অন্ধকার হয়ে যেতো ঘরখানা দিনে দুপুরে। সবজে খড়খড়িগুলো সোনালি দাঁড়ি টানা একটা-একটা ডুরে-কাপড়ের পর্দার মতো ঝুলতো চৌকাঠ থেকে— কাঠের তৈরি বলে মনেই হতো না জানলাগুলো। সুতোর সন্ধ্যারে পৌঁছতো এসে আকাশের দিক থেকে চিলের ডাক। বাতাসেরও ডাক খুব মিহি সুর দিয়ে কানে আসতো— ঝড়ের একটা আবছায়া মনে পড়তো— একটা দুটো কোমল টান প্রথমে, তারপর খানিক চড়া সুর, তারপর বেশ একটা ফাঁক, তার ঠিক পরেই একটানা তীব্র সুর বাতাসের। এমনি গোটা দুই তিন আওয়াজ আর কিছু নেই যখন তিনতলায়, তখন সেই নিঃসাড়াতে চোখ দুটো দেখতে বার হতো— যেন রাতের শিকারী জন্তু খুঁজতো। এটা, ওটা, সেটা, এদিক ওদিক, সেদিক, সন্ধানে চলতো সেদিনের আমিও তক্তার নিচে, সিঁড়ির কোণে, সার্সির ফাঁকে, আয়নার উল্টো পিঠে এবং চৌকি বেয়ে আলমারির চালে নানা জিনিস আবিষ্কার করার দিকে। ছাতের কথা ভুলেই যাই— তখন ঘর দেখতেই মসগুল থাকে মন! এক ছোটো ছেলেমেয়েদের ছাড়া এই সময়টাতে খানিকক্ষণের মতো কাউকে পেতো না তিনতলার ঘরগুলো। কাজেই এ-সময়ে আমাদের সঙ্গে যেন ছাড়া পেয়ে জিনিসগুলোও হঠাৎ বেঁচে উঠতো, এবং তারাও বেরিয়েছে দিন

দুপুরের অন্ধকারে খেলার চেষ্টায়– এটা ভাবে জানতো।

সারা তিনতলার দেওয়াল, ছবি, সিঁড়ি, তক্তা, আলমারি, ফুলদানি, মায় মেঝেতে পাতা মস্ত জাজিম এবং কড়িতে ঝোলানো পাখাগুলোর সঙ্গে এমনি করে দুপুর ঘরে ঘরে ফিরে আর উঁকি দিয়ে, সারা তিনতলা কতোদিনে পেয়েছিলেম, পুরোপুরি ভাবে তা বলা যায় না। একটা দোলনা-খাট– ছোট্ট, সেটা খাট থাকতে থাকতে হঠাৎ কবে একদিন জাহাজ হয়ে উঠলো এবং দুলে দুলে আমাদের নিয়ে সমুদ্রে চলাচল শুরু করলে। মস্ত জাজিম বিছানা ক'জোড়া ছোটো হাতের তাড়ায় যেন ফুলে ফুলে উঠলো– যেন ক্ষীর সাগরে ঢেউ তুলে। তক্তার উপরটার চেয়ে তক্তার নিচেটা কবে যে আপনাকে ভারি নিরিবিলি আরামের জায়গা বলে জানিয়েছিলো কোন তারিখে, কোন বছরে, কতোকাল আগেই বা– তা কি মনে থাকে? জানিনে, ভুলে গেছি এই হলো উত্তর তারিখের বেলায়। কিন্তু জিনিসের বেলাতে একেবারে তা– নয় এখনো পঞ্চাশ বছর আগেকার ঘরে ঘরে কোথায় কি তা স্পষ্ট দেখছি আমি– জিনিসগুলোকে একটুও ভুলিনি। কিন্তু আশ্চর্য এই, মানুষদের মধ্যে অনেকের চেহারাই লোপ পেয়ে গেছে এই তিনতলার থেকে, যেটার কথা আজ বলছি। কাঠের বেড়া দেওয়া দোলনা-খাট জাহাজ-জাহাজ খেলে যে-কোণে বসে আমাদের সঙ্গে, সেখান থেকে দেখা যায় উত্তরে সরু একফালি দেওয়ালে ঝোলানো একটি ছোট্ট আলমারি– ওষুধ থাকে তার মধ্যে! এই আলমারির চালে বসানো রয়েছে দেখি হলদে মাটির নাড়ুগোপাল। সে হামাগুড়ি দিতে দিতে হঠাৎ থেমে গিয়ে ডান হাতের মস্ত নাড়ুটা এগিয়ে দিয়ে চেয়ে আছেই আমার দিকে। এই গোপাল ছেলেটির পাশে দাঁড়িয়ে রয়েছে রোগাপানা সরু গলার একটা নীল কাচের বোতল– রাঙা, হলুদ, কালো, শাদা রঙের টিকিট আঁটা সেটার গায়ে। নাড়ু দিয়ে লোভ দেখা তো মাটির হলেও নাড়ুগোপালটি। আর বিস্বাদ তেলের দু'তিন চামচ নিয়ে বসে থাকতো নীল কাচের বোতলটা। রঙিন টিকিট দিয়ে ভোলাতে চাইতো, কিন্তু পারতো না। আর একটা জিনিসকে দেখতে পাই– আনারপুরের জালি-কাপড়ে মোড়া একটা মস্ত ঢাকনা। ছোটো বোন যখন ছোটো ছিলো সে এই ঢাকনে পাখি র মতো ঘুমের সময় চাপা পড়তো। যখন তাকে দেখেছি তখন সেটার কাজ গেছে। খালি ঢাকনাটা তখনো কিন্তু ঘরের পশ্চিম ধারে মস্ত একটা আলমারির চালে চড়ায় বেধে-যাওয়া উল্টানো নৌকার ছইখানার মতো কাত হয়ে থাকে। ঘরের দক্ষিণ গায়ে দেখতে পাই তিনটে মোটা মোটা পল্‌তোলা থাম। অন্ধকারের পর্দার উপরে মাঝের থামটা থেকে একগাছা মশারির দড়ি ঝুলছে, তার গায়ে সারিসারি মাছি বসে গেছে কালো কালো ফুলের কুঁড়ির মতো, নড়ে না চড়ে না।

আমাদের ঘরের পশ্চিম গায়ে আর একটা ক্যাম্বিসের বেড়াঘেরা ঘর, চমৎকার করে সাজানো। মায়ের বসবার ঘর সেটা। সেখানে প্রত্যেক জিনিসটা দেখতে পাচ্ছি স্পষ্ট স্পষ্ট; যেখানকার যা ধরা রয়েছে, সব ঠিক ঠিক! আজও মনের মধ্যে রয়েছে– এই ঘরটার পুবদিকের দরজার কাছে একেবারে কাচের

মতো পিছল কালো বার্নিশ মাখানো বাদামী টেবিল একটা পায়ে দাঁড়িয়ে। টেবিলের কিনারায় সোনালি পাড়, ঠিক মাঝে একটা পাহাড় আর সরোবরের ছবি লেখা। এই টেবিলের নিচে একটা কেমনতরো কল ছিলো, সেটাকে জোরে টান দিলেই টেবিলের উপরটা কাত হয়ে ফেলে দেয় বই, কাগজ, সেলায়ের বাক্স, উলবোনার কাঠি ইত্যাদি টুকিটাকি! এই টেবিলটার সামনে থাকে হলদে কাঠের ছোট্ট একখানা চৌকি ফুলকাটা কার্পেট মোড়া, ঠেলা দিলে সেটা ভাঁজ হয়ে হাত-পা গুটিয়ে হঠাৎ চ্যাপটা হয়ে পড়ে যায় মাটিতে। এই ঘরে থাকে কাঠির মতো সরু সরু পা একজোড়া ইটালিয়ান কুকুর— কাচের পুতুলের মতো ছোট্ট। কুকুর দুটো পাঁউরুটি, বিস্কুট, মুরগির ডিম খায়। আমার জন্যে পড়ে থাকে কৌচের নিচে খালি ডিমের খোলাটা। লুকিয়ে সেটা চিবিয়ে খেয়ে ধরা পড়ে যাই। হঠাৎ পিঠে পড়ে বেত, নীলমাধব ডাক্তার এসে পরীক্ষা করেন আমার হাইড্রোফোবিয়া হয় কি না; মা, পিশি, দাসী, সবাই ছি ছি করতে থাকে; বাবামশায় হুকুম দেন আমাকে মংলু মেথরের কাছে পাঠিয়ে দিতে। মেথরের সঙ্গে থাকতে হবে শুনে ভয়ে ঘৃণায় লজ্জায় কাঠ হয়ে দাঁড়িয়ে থাকি আমি। শেষে দেয়ালের দিকে একঘণ্টা মুখ ফিরিয়ে থাকার শাস্তিটা বাবামশায় দিয়ে চলে যান অন্য ঘরে।

তখন কুকুর দুটোকে একদিন কি করে মেরে ফেলা যায় তারই ফন্দি আঁটি মেঝেতে পাতা মস্ত গালচের দিকে চেয়ে। এই গালচেখানাকে মনে পড়ে, বড়ো বড়ো সবুজ পাতা আর শাদা ধুতরো ফুল, কালো জমির উপরে বোনা। ক'টা কৌচ নীল আর শাদা ছিট মোড়া রয়েছে এখানে ওখানে, আঁকা বাঁকা করে সাজানো। দুটো কৌচ চন্দ্রপুলির গড়ন, আর একটি দেখতে যেন তিনটে ব্যাঙ একসঙ্গে পিঠে পিঠে জোড়া কিন্তু ঝগড়া করে তিনদিকে মুখ ফিরিয়ে বসে আছে। ডবল ব্র্যাকেটের মতো করে কাটা, গোলাপী রঙের ছোপ ধরানো মার্বেল পাথরের একটা টেবিল এক কোণে রয়েছে, তার উপরে পাথরের কাটা দুটি পায়রা ফল খেতে নেমেছে— সত্যিকার মতো পাখি ও আপেলের রঙ দেখে লোভ জাগে মনে। ঘরের পশ্চিম দক্ষিণে কোণে বড়ো হলটাতে উঠে যাবার পাঁচ ধাপ সিঁড়ি— তারই গায়ে অনেক উপরে একটা ব্র্যাকেটে তোলা আছে, চৌকো কাচের ঢাকনা দেওয়া, গোপাল পালের গড়া লক্ষ্মী আর সরস্বতী— ছোট্ট ছোট্ট আসল মানুষের মতো রঙ-করা কাপড় পরানো। দেশী কুমোরের হাতে গড়া এই খেলনা দেবতার কাছেই, দরজার উপর খাটানো চওড়া গিলটির ফ্রেমে বাঁধানো, তেল রঙ-করা বিলিতি একটা মেমের ছবি। চোখ তার কালো চুল কটা নয় একটুও, মাথায় একটা রাঙা কানঢাকা টুপি, খয়েরী মখমলের জামা হাতকাটা, শাদা ঘাঘরা পরনে। সে বাঁহাতে একটা ঝুড়ি নিয়েছে, রুমাল ঢাকা চুবড়ির মধ্যে থেকে যেন একটা সত্যিকারের কাচের বোতল গলা বার করেছে। ডান হাত রেখেছে মেয়েটা ঠিক যেন সত্যিকার মস্ত একটা কুকুরের পিঠে! কুকুর চেয়ে আছে ঝুড়ির দিকে, মেয়েটা চেয়ে আছে কুকুরের দিকে। একেবারে জল-জীয়ন্ত মানুষ আর কুকুর আর মখমল আর ঝুড়ি আর ব্র্যান্ডির বোতল— কিছুতেই মনে

হতো না সেটা ছবি নয়।

মায়ের এই বসবার ঘরের পাশেই পশ্চিম দিকে বাবামশায়ের শোবার ঘরটা নতুন করে সাজানো হচ্ছে তখন। মস্ত একটা চাবি দিয়ে সে ঘরের দরজাটা বন্ধ রয়েছে, কিন্তু জানছি সেখানে সাহেব মিস্ত্রি লাল, শাদা, হলদে, কালো নানা রকমের বিলাতী টালি কেটে বসাচ্ছে মেঝেতে– ঠুক্‌ঠাক্‌ খিট্‌খাট্‌ ছেনির শব্দ হচ্ছেই সেখানে সারাদিন। ঘরটা যেদিন খুললো দুয়োর, সেদিন দেখি সেখানে সব কটা জানলা-দরজার মাথায় মাথায় সোনার জল করা কার্নিস বসে গেছে, আর সেগুলো থেকে ফুলকাটা ফিনফিনে পর্দা জোড়া জোড়া ঝুলছে, সবজে আর সোনালি রেশমে পাকানো মোটা দড়ার ফাঁকে লটকানো। ঘরজোড়া পালঙ আয়নার মতো বার্নিশ করা। ঘরটার পশ্চিমমুখো জানলাটা খুলে তার ওধারটাতে বানিয়েছে অক্ষয় সাহা ইঞ্জিনিয়ার বাবু একটা গাছঘর, কাঠ আর টিন আর ঘষা কাচের সার্সি দিয়ে। সেখানে দেওয়ালগুলো আগাগোড়া গাছের ছালের টুকরো দিয়ে মুড়ে ভাগবত মালী লটকে দিয়েছে সব বিলিতী দামী পরগাছা। কোনোটা সাপের ফণার মতো বাঁকা, কোনোটার লম্বা পাতা দুটো সাপের খোলসের মতো ছিট্‌ দেওয়া ডোরাকাটা। কিন্তু এর একটা পরগাছাতেও ফুলফল কিছুই নেই, কোনোটাতে বা পাতাও নেই, কেবল সোঁটা আর কাঁটা।

এই গাছঘরের মাঝে একটা তিনফুকোর দালানের মতো খাঁচা। তারের টেবিল তাতে হলদে রঙের একজোড়া কেনেরি পাখি ধরা থাকে। শোবার ঘরটা তখনও নিজের সাজ সম্পূর্ণ করেনি ফুলদানি ইত্যাদি দিয়ে। শুধু সরু পাথরের তাকের সঙ্গে আঁটা গোল চুল বাঁধার আয়নাখানা মায়ের রয়েছে একটা দিকে। এই আয়নাখানাকে ঘিরে মিহি গিল্‌টির পাড়, তাতে সবজে আর শাদা মিনকারি দিয়ে নক্সাকরা জুঁইফুল আর কচি পাতার একগাছি গোড়ে মালা। আর এরই সামনে স্ফটিক কাটা চৌকোনো একটি ফুলদানির মাঝখানে সোলার বোঁটাতে আটকানো যেন বরফ কুঁচি দিয়ে গড়া ভুঁইচাপা– সোনার ডাঁটি তাকে নিয়ে ঝুঁকে পড়েছে। জলের মতো পরিষ্কার আয়নার দিকে চেয়ে ফুল দেখছে ফুলের একখানি ছায়া স্থির হয়ে!

এ-আমল সে-আমল

ঠিক কতো বয়েস তা মনে নেই কিন্তু এবারে একটা চাকর পেলেম আমি! চাকরের আসল নামটা শ্রীরামলাল কুণ্ডু, নিবাস বর্ধমান বীরভুঁই। সে কিন্তু বলতো তার নাম– ছি আম্নাল কুণ্ডু।

ছেলেবেলা থেকে রামলাল ছিলো আমাদের ছোটোকর্তার কাছে। ঘুমের আগে খানিক পায়ে শুড়শুড়ি না দিলে ছোটোকর্তার ঘুমই আসতো না, সেই সমস্ত ভার পেয়েছিলো রামলাল। কিন্তু কাজে টিকতে পারলে না। সকাল থেকে সন্ধ্যা একেবারে সুনিয়মে বাঁধাচালে চলতো ছোটোকর্তার কাজকর্ম সমস্তই। নিয়মের একচুল এদিক ওদিক হলে ছোটোকর্তার মেজাজ খারাপ, বুক ধড়ফড়, অনিদ্রা– এমনি নানা উৎপাত আরম্ভ হতো। চাকরদের এইসব বুঝে চলতে হতো, না হলেই তৎক্ষণাৎ বরখাস্ত! এইসব নিয়মের গোটা কতক বলি, তাহলে হয়তো বোঝা যাবে কেন রামলাল ছোটোকর্তার পদসেবা ছেড়ে ছোটোবাবু– আমার কাছে পালিয়ে এলো। শুনেছি সেকালের বড়ো বড়ো পাথরের গোল টেবিলের বাঁকা পায়াগুলো সইতে পারতেন না ছোটোকর্তা। এক চাকরকে প্রত্যহ তোয়ালিয়া দিয়ে টেবিলের পায়া তিনটিকে ঘোমটা পরিয়ে রাখতে হতো, এবং সর্বদা নজর রাখতে হতো তোয়ালিয়া বাতাসে সরে পড়লো কিনা। হুঁকোবরদার, তার কাজই ছিলো যে প্রথম-টানেই সটকা থেকে ধোঁয়া পান যেন কর্তা– একবারের বেশি দু'বার না টান দিতে হয়। দেওয়ালে বাঁকা ছবি থাকলে মুশকিল। ছেলেবেলা থেকে ছোটোকর্তার পা না টিপলে ঘুমই আসতো না, সে জন্য ছিলো বিশেষ চাকর, যার হাত পরীক্ষা করে ভর্তি করা হতো কাজে– কড়া হাত না হয়। ঘুমের আগে গল্পশোনা, সকালে খবর শোনানো– এমনি নানা কাজে নানা লোক ছিলো। সব চেয়ে শক্ত কাজ তার– যাকে বারোমাসই ছোটোকর্তার আচমনের জল দিতে হতো। কর্তার অভ্যাস ছেলেবেলা থেকেই– এক আঁজলা জল চাকরের গায়ে ছিটোতে হবে! তোপ পড়ার সঙ্গে ছোটোকর্তা একবার হাঁচবেনই, যেদিন হাঁচি এলো না সেদিন ডাক্তারের ডাক পড়লো। ছোটোকর্তার এইসব অকাট্য নিয়মের কোনটা ভঙ্গ করে যে রামলাল বরখাস্ত হয়েছিল তা সেও বলেনি,

আমিও জানিনে। রামলাল যখন এলো আমার কাছে তখন সে ছোকরা আর আমি কতো বড়ো মনেই পড়ে না, শুধু এইটুকু মনে আছে– আমি ধরা আছি তখনো আমাদের তিনতলার মাঝের হল্টাতে। আশপাশের ঘরগুলো থেকে পাঁচ-সাতটা ধাপ উঁচুতে এই হল্টা। মস্ত হাত, বারোটা পল্তোলা মোটা মোটা থামের উপর ধরা, থামের মাঝে মাঝে লোহার রেলিং। কড়ি বরগা থাম জানলা দরজার বাহুল্য নিয়ে মস্ত ঘরটা যেন একটা অরণ্য বলে মনে হতো। সেকালের বড়ো বড়ো ঝাড় লন্ঠন ঝোলাবার হুক আর কড়া– সেগুলোকে দেখে মনে হতো যেন সব টিকটিকি আর বাদুড় ঝুলে আছে মাথার উপরে– দিনের পর দিন একভাবেই আছে তারা।

এই অনেক দ্বার, অনেক থাম, অনেক কড়ি-বরগা, প্রাচীর আর লোহার রেলিঙ-ঘেরা স্থানটা, এর মধ্যে মস্ত খাঁচায় ধরা ছোট্ট জীব– খাই দাই আর ঘুমোই! এই খাঁচার বাইরে কি ঘটে চলেছে, কি বা আছে, কিছুই জানার উপায় নেই! এক-একবার চারিদিকের জানলা ক'টা খুলে যায়– আলো আসে, বাতাস আসে, আবার ঝুপঝাপ বন্ধ হয় জানলা– এই করেই জানি সকাল হলো, দুপুর এলো, বিকেল হলো, রাত হলো।

সম্পূর্ণ ছাড়া পাইনি তখনো আকাশের তলায়, চলতে ফিরতেও পারিনে ইচ্ছামতো। বাড়ির অন্য অংশগুলো থেকেও আলাদা করে ধরা তাই। দাসী দু'একটা কখনো কখনো বসে এসে ঘরটায়, তাদের দেশের কথা বলাবলি করে, মনিবদের গালাগালিও দেয় চুপিচুপি! একটা কালো বেড়াল, রোজই সন্ধ্যায় দেখা দেয়– কি খুঁজতে সে আসে কে জানে– এদিক-ওদিক চেয়ে আস্তে অন্ধকারে মিলিয়ে যায়! খাট-পালঙগুলো নড়ে না চড়ে না– দিনের বেলায় বালিশ আর তোশকের পাহাড় সাজিয়ে বসে থাকে, আর সন্ধ্যা হলে মশার ভল্ভনানির মধ্যে ধুনোর ধোঁয়াতে মশারির ঘোমটা টেনে দাঁড়িয়ে থাকে চুপচাপ। কেমন একটা ফাঁকা ফাঁকা ভাব জাগায় আমার মনে এই ঘরটা। বৈচিত্র্য নেই বললেই হয় ঘরটার মধ্যে। কল্পনা করবারও কিছু নেই এখানটায়! এই অবিচিত্র ফাঁকার মধ্যে রামলাল যখন আমাকে তার বাবু বলে স্বীকার করে নিলে তখন ভারি একটা আশ্বাস পেলেম। মনে আহ্লাদও হলো– এতোদিনে নিজস্ব কিছু পেলেম আমি! রামলাল আসার পর থেকেই বাড়ির আদব-কায়দাতে দোরস্ত হয়ে ওঠার পালা শুরু হলো আমার। একজন যে ছোটোকর্তা আছেন, তাঁর যে একটা মস্ত বাড়ি আছে অনেক মহলা, সেখানে যে পূজায় যাত্রা বসে মথুর কুণ্ঠুর– এ-সব জানলেম। অমনি না-দেখা বাড়ি না-দেখা মানুষদের দিয়ে পরিচয় আরম্ভ হয়ে গেলো বাইরেটাতে আর আমাতে। এই সময়টাতেই আরব্য উপন্যাসের এক টুকরোর মতো এই তিনতলার ঘরটার আগের কথা এবং আগের ছবিটাও পেয়ে গেলাম কার কাছ থেকে তা মনে নেই। এই বাড়িটাকে সবাই ডাকে তখন 'বকুলতলার বাড়ি' বলে। শুনেছি বাড়ি ছিলো আগে একতলা বৈঠকখানা। এর দক্ষিণের বাগানে ছিলো মস্ত একটা বকুলগাছ– পাঁচপুরুষ আগে। সেই গাছের নামে বাড়িখানা 'বকুলতলার বাড়ি' বলে চলেছে– আমি যখন এসেছি তখনও। এমনি ছেলেবেলায় চোখে

দেখছি যে-মস্ত-হল্‌টাকে একেবারেই ফাঁক, শোনাকথার মধ্য দিয়ে কল্পনাতে সেই বাল্যকালেই দেখতে পাই হল্‌-ঘরটাকে সুসজ্জিত, যখন লক্ষ্মী অচলা হয়ে আছেন কর্তার কাছে দিনরাত তখনকার আমলে। সেই কালের এই হল্‌– হল্‌ বললে ঠিক ভাবটা বোঝায় না– চণ্ডীমণ্ডপ তো নয়ই– বারো দোয়ারীর কতকটা আভাস দেয়– কিন্তু ঠিক বুঝে যদি ভেবে নিই, একটা মস্ত জাহাজের ডেক, তিনতলার উপরে, জল থেকে তুলে বসিয়ে দেওয়া হয়েছে! প্রমাণের অতিরিক্ত মোটা মোটা লম্বা লম্বা কড়ি থাম জানলা– দরজা এবং আলো-হাওয়া আসবার জন্যে আবশ্যকের চেয়ে বেশি পরিমাণ ফাঁক দিয়ে প্রস্তুত আমাদের এই তিনতলার মাঝের ঘরটা। বাইরেটাকে একটুও না ঠেকিয়ে অথচ বাইরের উৎপাত রোদ, বৃষ্টি, লোকের দৃষ্টি ইত্যাদি থেকে সম্পূর্ণ আগলে অদ্ভুত কৌশলে প্রস্তুত করে গেছে ঘরখানা কোন এক সাহেব মিস্ত্রী– সেই নেপোলিয়নের আমলের অনেক আগে।

এই সাহেবকে আমি যেন দেখতে পাচ্ছি– পরচুল পরা, বেণী বাঁধা, কাঁসির মতো মস্ত গোল টুপিটা মাথায়, গায়ে খয়েরী রঙের সাটিনের কোট, পায়ে বার্নিসের জুতো বকলস দেওয়া, শর্ট প্যান্ট, হাঁটুর উপর পর্যন্ত মোজায় ঢাকা, গলায় একটা সিল্কের রুমাল ফুলের মতো ফাঁপিয়ে বাঁধা! সাহেব এসে উপস্থিত আমাদের কর্তার কাছে পালকি চড়ে। কর্তা সটকায় তখন তামাক খাচ্ছেন হাউসে যাবার পূর্বে। সাহেব মস্ত গোল পাথরের টেবিলে মস্ত একখানা বাড়ির নক্সা মেলে ধরেছে, আর একটা পালকের কলমের উলটো দিক নক্সার উপরে টেনে টেনে কর্তা সাহেবকে বোঝাচ্ছেন এ-দেশের নাচঘর, বৈঠকখানা তাওখানা প্রভৃতির সঠিক হিসাব। কর্তা বসে, সাহেব দাঁড়িয়ে। এখন হলে একটা মস্ত বেআদবি ঠেকতো, কিন্তু তখন এইটেই ছিলো চাল এবং চল। সাহেব-ইঞ্জিনিয়ার তখন লিখতো নিজের নাম ইংরিজিতে কিন্তু নিজের পেশাটা লেখা থাকতো সুন্দর বাংলায়– যেমন মিস্টার জর্জ এডওয়ার্ডস ইভস্‌ উপরে, নিচে লেখা 'গৃহনির্মাণকর্তা'। কর্তা ছিলেন ক্রোড়পতি ব্যবসায়ী সওদাগর এবং ঐশ্বর্যের সঙ্গে মান-মর্যাদার ইয়ত্তা ছিলো না কর্তার। সুতরাং খাশ মজলিসের স্থানটা কেমনতরো হওয়া উচিত তা যেন সাহেব মিস্ত্রী বুঝে নিয়েই করেছিলো সূত্রপাত এই তিনতলার ঘরটার। আলো, বাতাস, জাহাজ, ঘর– সমস্তকে একটা চমৎকার মতলবের মধ্যে সে ঘিরে নিয়ে বানিয়ে গেছে।

এই হল্‌– ঐশ্বর্যের গৌরবের জোয়ারের চিহ্ন ধরে ধরে একতলা থেকে যখন উঠলো ক্রমে আশি ফুট উপরে তখন পৃথিবীতে আমি নেই, কিন্তু শোনা কথার মধ্যে দিয়ে তখনকার ব্যাপার যেন স্পষ্ট দেখতে পাই। কর্তার খাশ মজলিস বসেছে রাতের বেলা আমার থেকে চারপুরুষ পূর্বে এই হল্‌টাতে।

দক্ষিণের চল্লিশফুট ফালিঘরে পড়েছে সাহেবসুবোর জন্যে রাত্রি-ভোজের টেবিল অনেকগুলো। টেবিলের উপরে চীনের বাসন থরে থরে সাজানো। সব বাসনেই সোনার জল করা রঙিন ফুলের নক্সা। প্রত্যেক বাসনে কর্তার নামে তিনটে অক্ষরের সোনালি ছাপমারা। ঝকঝক করছে রুপোর সামাদনে

মোমবাতি। খানসামা সবাই জরি দেওয়া লাল বনাতের উর্দি পরা, কোমরে একখানা করে রুমাল।

উত্তরের দিকে একটা বারান্দা– সেখানে আহারের পর আরামে বসে তামাক খাবার ব্যবস্থা রয়েছে– সেখানটাতে হুঁকোবরদার বড়ো বড়ো সোনা-রুপোর সটকাতে তামাক সেজে প্রস্তুত, বড়ো সিঁড়ির উপরে চোবদার খাড়া, আসাসোটা হাতে স্থির যেন পুতুল। মানুষ-প্রমাণ উঁচুতে থাম আর রেলিঙ ঘেরা বড়ো হল, লোক লস্কর থেকে পৃথক করা উঁচু জায়গাটা ঝাড়ে, লণ্ঠনে, বাতির আলোয় জমজমাট। ঘরজোড়া প্রকাণ্ড একখানা গালিচা ঘন লাল আর শাদা ফুলের কারিগরি তাতে।

ঘরের পুব-পশ্চিম দুটো বড়ো দেওয়ালে দু'খানা বড়ো বড়ো অয়েল পেন্টিং– সাহেব ওস্তাদের আঁকা– বরবেশে এই বংশেরই এক ছেলে আর পেশওয়াজ পরা একটি মেয়ে, দুজনেই হীরে মানিক আর কিংখাবে মোড়া। এই এখন যেমন খোট্টাদের বর-সাজ তেমনি ধরনের সাজসজ্জা দুজনেরই।

গালিচার উপরে মেহগনি কাঠের বাঘ থাবা, বাঘমুখো গঠনের কৌচ কেদারা তেপায়া, একটার মতো অন্যটা নয়। আরামে বসার জন্যেই তৈরি এইসব কৌচ কেদারায় সেই সেকালের লাট-বেলাট সাহেব সওদাগর ও চৌরঙ্গীর বাসিন্দা, তারা বড়ো বড়ো সটকায় তামাক টানছে, আর তয়ফার নাচ দেখছে গম্ভীর হয়ে বসে! সব সাহেবই পাউডার মাখানো পরচুলধারী। হাতে রুমাল আর নস্যদানি! দু'সারি উর্দিপরা ছোকরা ক্রমান্বয়ে বড়ো বড়ো পাখার বাতাস দিচ্ছে তাদের, আর মজলিসে রুপোর সালবোটে সোনা রূপার তবক-মোড়া পান বিলি করে চলেছে। আতরদানি গোলাপ পাশ ফিরিয়ে চলেছে হরকরা তারা।

পাশের একটা খাশকামরা– উত্তর দক্ষিণ ও পুব তিনদিক খোলা– সেখানে কর্তার সঙ্গে মুরুব্বি সাহেব দু'চারজন বসে। সারিসারি খোলা জানলায় দেখা যায় রাতের আকাশ– যেন কারচোপের বুটি দেওয়া নীল পর্দা অনেকগুলো।

পুবের কটা জানালার ফাঁকে ফাঁকে দেখা দেয়– খালপারের নারকেল গাছের সারি, তার উপরে চাঁদ উঠেছে– যেন কানা-ভাঙা সোনার একটা আবখোরার টুকরো।

পশ্চিমের খোলা জানলায় দেখা যাচ্ছে সেকালের সওদাগরি জাহাজের মাস্তলগুলো, ঘেঁষাঘেঁষি ভীড় করে দাঁড়িয়ে। উত্তরে– সেকালের শহর ও বাড়ির অরণ্য একটা।

যে-তিনতলার উপর উত্তর-পশ্চিম থেকে বয় গঙ্গার হাওয়া, পুব দিয়ে আসে বাদলের ঠাণ্ডা বাতাস, উত্তর জানালায় শীতের খবর আসে, দক্ষিণ বাতায়নে রহে রহে বয় সমুদ্রের হাওয়া, সেখানটাতে একটা রাত নয়– আরব্য উপন্যাসের অনেকগুলো রাতের মজলিসের আলো, সারি সারি খোলা জানালা হয়ে বাইরে রাতের গায়ে ফেলতো একটার পর একটা সোনালি আভার সোজা টান। আর সমস্ত তিনতলাটা দেখাতো যেন মস্ত একটা নৌকা অনেকগুলো সোনার দাঁড়

কালো জলে ফেলে প্রতীক্ষা করছে বন্দর ছেড়ে বার হবার হুকুম ও ঘণ্টা। এ যারা তখন আশেপাশের বাড়ির ছাতে ভীড় করে দাঁড়িয়ে কর্তার মজলিসের কাণ্ডখানা সত্যি দেখেছে তাদের মুখে শোনা কথা।

আমি যখন এসেছি– তখন স্বপ্নের আমল, আরব্য উপন্যাসের যুগ বাঙলা দেশ থেকেই কেটে গেছে। বঙ্কিমচন্দ্রের যুগের তখন আরম্ভ। 'গুলব কাওলী', 'ইন্দ্রসভা', 'হোমার', এ-সব বইগুলো পর্যন্ত সরে পড়বার যোগাড় করেছে– এই সময় রামলাল চাকরের সঙ্গে বসে দেখি, দুই দেওয়ালে সেই সেকালের ছবির দিকে!– বড়ো বড়ো চোখ নিয়ে ছবির মানুষ দুটি চেয়ে আছে, মুখে দু'জনেরই কেমন একটা উদাস ভাব ছবির গায়ে আঁকা। হীরে মুক্তোর জড়োয়া সাজসজ্জা যেন কতো কালের কতো দূরের বাতির আলোতে একটু একটু ঝিকমিক করছে। আমি অবাক হয়ে এখনো এই ছবি দেখি আর ভাবি কি সুন্দর দেখতেই ছিলো তখনকার ছেলেরা মেয়েরা; কি চমৎকার কত গহনায় সাজতে ভালবাসতো তারা।

কল্পনা নিয়ে থাকার সুবিধে ছিলো না তখন, কেননা রামলাল এসে গেছে এবং আমাকে পিটিয়ে গড়বার ভার নিয়ে বসেছে! বুঝিয়ে-সুজিয়ে মেরে-ধরে, এ-বাড়ির আদবকায়দা দোরস্ত করে তুলবেই আমাকে, এই ছিলো রামলালের পণ। ছোটোকর্তা ছিলেন রামলালের সামনে মস্ত আদর্শ, কাজেই এ-কালের মতো না করে, অনেকটা সেকেলে ছাঁচে ফেললে সে আমাকে– দ্বিতীয় এক ছোটোকর্তা করে তোলার মতলবে!

ছোটোকর্তা ছুরি কাটাতে খেতেন, কাজেই আমাকেও রামলাল মাছের কাঁটাতে ভাতের মণ্ড গেঁথে খাইয়ে সাহেবী দস্তুরে পাকা করতে চললো; জাহাজে করে বিলেত যাওয়া দরকার হতেও পারে, সে-জন্যে সাধ্যমতো রামলাল ইংরিজির তালিম দিতে লাগলো– ইয়েস নো বেরি-ওয়েল, টেক্ না টেক ইত্যাদি নানা মজার কথা।

কোথা থেকে নিজেই সে একখানা বাঁশ ছুলে কাগজে কাপড়ে মস্ত একটা জাহাজ বানিয়ে দিলে আমাকে– সেটা হাওয়া পেলে পাল ভরে আপনি দৌড়োয় মাটির উপর দিয়ে। এই জাহাজ দিয়ে আর হাঁসের ডিমের কালিয়া দিয়ে ভুলিয়ে, খানিক বিলাতী শিক্ষা, সওদাগরি-ব্যবসা কারিগরি, রান্না, জাহাজ-গড়া, নৌকার ছই-বাঁধা ইত্যাদি অনেক বিষয়ে পাকা করে তুলতে থাকলো আমাকে রামলাল।

তিনতলায় ঘরটায়– সেখানে বড়ো কেউ একটা আসতো না কাছে, থাকতো রামলাল তার শিক্ষাতন্ত্র নিয়ে, আর আমি তারই কাছে কখনো বসে, কখনো শুয়ে, কড়িকাঠের দিকে চেয়ে, সেকালের ঝাড় ঝোলানো মস্ত হুকগুলো সারিসারি হেঁটমুণ্ড কিম্বাচক চিহ্ন– ¿¿¿-চেয়ে দেখতো রামলালকে আমাকে মেঝের উপর সেই ঘরে। সেখান থেকে ঝাড় লণ্ঠন কার্পেট কেদারার আবরু অনেক কাল হলো সরে গেছে।

এ-বাড়ি ও-বাড়ি

কেবলি দূর থেকে জগৎটাকে দেখে চলার অবস্থাটা কখন যে পেরিয়ে গেলেম তা মনে নেই।

আমাদের বাড়ির পাশেই পুরনো বাড়িতে প্রহরে প্রহরে একটা পেটা-ঘড়ি বাজতে বরাবরই। এবং ঘড়ির শব্দটাও এ তল্লাটের সবার কানে পৌঁছতো, কেবল আমারই কাছে তখন ঘড়ির শব্দ বলে একটা কিছু ছিলো না। এমনি বাড়ির মানুষদের বেলাতেও– এপারে আমি ওপারে তাঁরা। অপরিচয়ের বেড়া কবে কেমন করে সরলো– সেটা নিজেই সরালেম কি রামলাল চাকর এসে ভেঙে ফেলে দিলে সেটা, তা ঠিক করা মুশকিল! রামলাল আসার পর থেকে অন্দরের ধরাবাঁধা থেকে ছাড়া পেলেম! বাড়ির দোতলা একতলা এবং আস্তে আস্তে ও-বাড়িতেও গিয়ে ঘুরিফিরি তখন। চোখকান হাতপা সমস্তই যখন আশেপাশের পরিচয় করে নিচ্ছে, সে-বয়েসটা ঠিক কতো হবে তা বলা শক্ত– বয়েসের ধার তখন তো বড়ো একটা ধারিনে, কাজেই কতো বয়স হলো জানবার তাড়া ছিলো না! এই যখন অবস্থা, তখন কতকগুলো শব্দ আর রূপ একসঙ্গে, যেন দূর থেকে এসে আমার সঙ্গে পরিচয় করে নিতে চলেছে দেখি! জুতো, খড়ম খালি-পা জনে জনে রকম রকম শব্দ দেয়। তাই ধরে প্রত্যেকের আসা যাওয়া ঠিক করে চলেছি। দাসী চাকর কেউ আসছে, কেউ যাচ্ছে– কাঠের সিঁড়িতে তাদের এক এক জনের পা এক-একরকম শব্দ দিয়ে চলেছে। এই শব্দগুলো অনেক সময় শাস্তি এড়ানোর পক্ষে খুব কাজে আসতো। বাবামশায় লাল রঙের চামড়ার খুব পাতলা চটি ব্যবহার করতেন। তাঁর চলা এতো ধীরে ধীরে ছিলো যে অনেক সময়ে হঠাৎ সামনে পড়তেম তাঁর। একদিনের ঘটনা মনে পড়ে। সিঁড়ির পাশেই বাবামশায়ের শয়ন-ঘর, আমি সঙ্গী কাউকে হঠাৎ চমকে দেবার মতলবে দু'খানা দরজার আড়ালে লুকিয়ে আছি, এমন সময়ে দেয়ালে ছায়া দেখে একটা হুঙ্কার দিয়ে যেমন বার হওয়া, দেখি সামনেই বাবামশায়। এখনকার ছেলেদের হঠাৎ বাবা দাদা কিংবা আর কোনো গুরুজনের সামনে এসে পড়াটা দোষের নয়, কিন্তু সেকালে সেটা একটা ভয়ঙ্কর বেদস্তুর বলে গণ্য হতো। সেবার

আমার কান আমাকে ঠকিয়ে বিষম মুশকিলে ফেলেছিলো। এমনি আর একটা শব্দ পাখিরা জাগার আগে থেকেই শোবার ঘরে এসে পৌঁছতো। ভোর চারটে রাত্রে, অন্ধকারে তখন চোখদুটো কিছুই দেখছে না অথচ শব্দ দিয়ে দেখছি— সহিস ঘোড়ার গা মলতে শুরু করেছে, শব্দ-গুলোকে কথায় তর্জমা করে চলতো মন অন্ধকারে— গাধুসনে গাধুসনে, চট্পট্, হঠাৎ খাট্খোট্ চাবকান্ পঠাৎ পঠাৎ, গাধুস্ গাধুস্ খাটিস্ খুটিস্ চট্পট্! এই রকম সহিসে ঘোড়ায়, সহিসদের হাতের তেলোতে, ঘোড়ার খুরে মিলে কতকগুলো শব্দ দিয়ে ঘটনাকে পাচ্ছি। এমনি একটা গানের কথা আর সুর দিয়ে পেয়ে যেতেম সময়ে সময়ে একজন অন্ধ ভিখারীকে। লোকটি চোখের আড়ালে, কিন্তু গানটা ধরে আসতো সে নিকটে একেবারে তিনতলায় উঠে। ভিখারীর গানের একটা ছত্র মনে আছে এখনো— উমাগো, মা তুমি জগতের মা, ওমা কি জন্যে তুমি আমায় মা বলচো।' সন্ধ্যেবেলায় খিড়কির দুয়োরে একটা মানুষ এসে হাঁক দেয়— 'মুশকিল আসান'! কথাটার অর্থ উল্টো বুঝতেম— ভয়ে যেন হাতপা কুঁকড়ে যেতো; গা ছমছম করতো আর সেই সঙ্গে পাকা দাড়ি, লম্বা টুপি, ঝাপ্লা-ঝোপ্লা কাপড় পরা ভুতুড়ে একটা চেহারা এসে সামনে দাঁড়াতো দেখতেম! বেলা তিনটের সময় একটা শব্দ— সেটা সুরেতে মানুষেতে এক সঙ্গে মিলিয়ে আসতো— 'চুড়ি চাই, খেলোনা চাই'— এবারে কিন্তু মানুষটার চেয়ে পরিষ্কার করে দেখতে পেতেম— রঙিন কাচের ফুলদান, গোছাবাঁধা চুড়ি, চীনে-মাটির কুকুর বেড়াল।

বরফওয়ালার হাঁক, ফুলমালির হাঁক এমনি অনেকগুলো হাঁক-ডাক এখন শহর ছেড়ে পালিয়েছে এবং তার জায়গায় মোটরের ভেঁপু, ট্রাম-গাড়ির হুস্-হাস্, টেলিফোনের ঘণ্টা এসে গেছে শহরে।

কোন বয়েস থেকে দেখাশোনা আরম্ভ, কখনই বা শেষ সে-হিসেব বেঁচে থাকতে কষে দেখার মুশকিল আছে, তবে জনে জনে দেখা-শোনায় প্রভেদ আছে বলতে পারি। আমাদের পুরনো বাড়িতে পেটা-ঘড়িটা বাজছে যখন শুনতে পেলেম তখন তার বাজনের হিসাবে মজাটা দেখতে পেলেম। সকালে উপরো-উপরি ছটা সাতটা, সাড়ে সাতটা বাজিয়ে ঘড়িটা থামতো। তারপরে আটটা নটা দু'ঘণ্টা ফাঁক। ফের উপরো-উপরি দশ আর সাড়ে দশ বাজিয়ে স্নান আহার করে যেন ঘুম দিলে ঘড়িটা দুপুর বেলায়। উঠলো বিকেলে চার ও পাঁচ বাজিয়ে। ঘড়ির এই রকম খামখেয়ালি চলার অর্থ তখন বুঝতেম না। সকালের ঘড়ি— ঘুম ভাঙাবার জন্যে, সাতটায় ঘড়ি উপাসনার জন্যে, সাড়ে সাত হলো মাস্টার আসার, পড়তে যাবার ঘড়ি। দশ স্নানাহারের; সাড়ে দশ, ইস্কুল ও আপিশের; চার, বৈকালিক জলযোগের, কাজকর্ম ও কাছারি বন্ধের; পাঁচ, হাওয়া খেতে যাবার। ঘুমোতে যাবার ঘণ্টা একটা, দশটা কি ন'টায় বোধহয় বাজতো না— কেননা তখন ঠিক ন'টা রাত্রে কেল্লা থেকে তোপ দাগা হতো আর আমাদের বৈঠকখানায় ঈশ্বরদাদা 'বোম্কালী' বলে এক হুঙ্কার দিতেন, তাতেই পেটাঘড়ির কাজ হয়ে যেতো। বেলা একটার তোপ পড়লেই কর্কর্ ঘর্ঘর্ ঘড়ির চাবি

ঘোরার ধুম পড়তো বাড়িতে, ও-সময়টাতেও পেটা-ঘড়ির দরকারই হতো না। এই ঘড়ির হুকুমে দেখি বাড়ির গাড়ি-ঘোড়া চাকর-বাকর ছেলেমেয়ে সবাই চলে, হাঁড়ি চড়ে হাঁড়ি নামে, মাস্টারমশাই বই বন্ধ করেন।

ও-বাড়ির এই পেটা-ঘড়িটাকে এক-একদিন দেখতে চলতেম। পুরনো বাড়ির উঠানের দাওয়ায় উঠতে বাঁ-ধারে একটা খিলেনের মাঝে ঝোলানো থাকতো ঘড়িটা। দেখতেম শোভারাম জমাদার সেখানটাতে বসে ময়দা ঠাসছে, চক্চকে একটা লোটা হাতের কাছেই রয়েছে, থেকে থেকে সেটা জল নিয়ে ময়দার নুটিগুলো ভিজিয়ে দিচ্ছে আর দু'হাতের চাপড়ে এক-একখানা মোটা রুটি ফস্ফস্ গড়ে ফেলছে। বেশ কাজ চলছে, এমন সময় শোভারাম হঠাৎ রুটি-গড়া রেখে, ঘড়িটাকে মস্ত একটা কাঠের হাতুড়ি দিয়ে ঘা কয়েক পিটুনি কশিয়ে কাজে বসে গেলো। দেখে দেখে আমার ইচ্ছে হতো রুটি গড়তে লেগে যাই; আবার তখনি ঘড়িটা বাজিয়ে নেবার লোভ জন্মাতো। হাতুড়িটায় হাত দেওয়া মাত্র জমাদারজী ধমকে উঠতো— নেহি, কর্তা মহারাজ খাপ্পা হোয়েঙ্গা !

কর্তা মহারাজ, কে তিনি, জানবার ভারি ইচ্ছে হতো। তখন কর্তাদাদামশায় দোতলার বৈঠকখানায় থাকেন, তার ঘরের দরজায় কিনুসিং হরকরা— উর্দি পরে বুকে 'ওয়ার্কস্ উইল উইন' আর হাতির পিঠে নিশেন চড়ানো তক্মা না ঝুলিয়ে মোটা রুপোর সাঁটা হাতে টুলে বসে পাহারা দেয়, হাতে একটা পেনসিল-কাটা ছুরি, কর্তাকে সহজে দেখার উপায় নেই !

দেখতেম কর্তা পাহাড় থেকে ফিরে যে ক'দিন বাড়িতে আছেন সে ক'দিন সব যেন চুপচাপ। দারোয়ান 'হারুয়া, হারুয়া' বলে হাঁক-ডাক করতে সাহস পায় না ফটকে, গাড়িবারান্দায় গাড়ি ঘোড়া ঢোকে বেরোয় সোয়ারি নিয়ে ধীরে ধীরে; বাবামশায়, মা, পিশি-পিশে, এ-বাড়ি ও-বাড়ির সবাই যেন সর্বদা তটস্থ। চাকর-চাকরানীদের চেঁচামেচি ঝগড়াঝাটি বন্ধ, সবাই ফিটফাট হয়ে ঘোরাফেরা করছে যেন ভালোমানুষটির মতো। এই সব দেখেশুনে কর্তার নাম হলে কেমন যেন একটু ভয়-ভয় করতো। কর্তাদাদামশায়কে একবার কাছে গিয়ে দেখে নেবার লোভ, কর্তার সামনাসামনি হয়ে তাঁর ঘরখানা দেখারও কৌতূহল থেকে থেকে জাগতো মনে! কর্তার ঘরে ঢুকতে সাহসে কুলতো না। কিন্তু চুপি চুপি ঘরের দিকে অনেক সময়ে এগিয়ে যেতেম। দারোয়ান সব সময়ে পেটা-ঘড়িকে পাহারা দিয়ে বসে থাকতো না, সিদ্ধি ঘোঁটার সময় ছিলো তার একটা। সেই একদিন একদিন ঘড়ির সঙ্গে ভাব করতেও এগিয়ে যেতেম। পাছে ধরা পড়ি সেই ভয়ে হাতুড়ি তোলার অবসর হতো না, দুই হাতে ঘড়িটাকে চাপড় কশিয়ে দিতেম। দড়িতে বাঁধা ঘড়ি লাটিমের মতো ঘুরতে থাকতো, যেন একঝাঁক ভীমরুলের মতো গুমরে উঠতো রেগে। ঘড়ির শব্দ আকস্মিক একটা ভয় লাগাতো— কর্তা বুঝি শুনলেন, দারোয়ান এলো বুঝি-বা। ঘড়ির কাছে থাকা নিরাপদ নয় জেনে এক ছুটে আমাদের তিনতলার ঘরে হাজির হতেম; তারপর সারাক্ষণ যেন দেখতেম দারোয়ান কর্তার কাছে আমার নামে নালিশ করছে; সঙ্গে সঙ্গে কর্তা

ডাকলে কি কি মিছে কথা বলতে হবে তার ফর্দ একটাও তৈরি করে চলতো মন তখন।

কর্তামশায় সব সময়ে বাড়িতে থাকেন না– বোলপুরে যান, সিমলের পাহাড়ে যান– আবার হঠাৎ একদিন কাউকে কিছু না বলে ফিরে আসেন। হঠাৎ নামেন কর্তা গাড়ি থেকে ভোরে, দারোয়ানগুলো ধড়মড় করে খাটিয়া ছেড়ে উঠে পড়ে, এ-বাড়ি ও-বাড়ি সাড়া পড়ে যায়– কর্তা এসেছেন! এই সময়টাও দেখতেম– আমাদের বৈঠকখানায় দু'বেলা গানের মজলিস খুব আস্তে চলেছে। কাছারি বসছে নিয়মিত দশটা-চারটে। দক্ষিণের বাগানে বৈকালে বিশ্বেশ্বর হুঁকোবরদার বড়ো বড়ো রুপোর আর কাচের সটকাগুলো বার করে দেয় না। বিলিয়ার্ড-রুমে আমাদের কেদারদাদার হাঁকডাক একেবারে বন্ধ। যত সব গম্ভীর লোক, তাঁরা পুরনো বাড়িতে সকাল-সন্ধ্যা আসা-যাওয়া করেন– কেউ গাড়িতে, কেউ বা হেঁটে। আমাদের উপর হুকুম আসে যেন গোলমাল না হয়, কর্তা শুনতে পাবেন। চাকরগুলো কড়া নজর রাখে– খালি পা, কি ময়লা কাপড়ে আছি কিনা। পাঠান কুস্তিগীর ক'জন খুব কষে মাটি মেখে নিয়মিত কসরত করতে লেগে যায়। বুড়ো খানসামা গোবিন্দ, সেও ভোরে ভোরে উঠে কর্তার জন্য দুধ আনতে গোয়াল ঘরে গিয়ে ঢোকে। এই গোবিন্দ ছিলো কর্তার চাকর। এর একটা মজার কাহিনী মনে পড়ছে। ভোরে উঠে গোবিন্দ কর্তার জন্যে দুধ নিয়ে ফিরছে, ঠিক সেই সময় পথ আগলে পাঠান সর্দার দুটো কুস্তি লাগিয়েছে। গোবিন্দ যত বলে পথ ছাড়তে পাঠান তারা কানই দেয় না। পাঠান নড়ে না দেখে, গোবিন্দ একটু চটে উঠে অথচ গলার সুর খুব নরম করে বলে– 'পাঠান ভাই, রাস্তা ছাড়ো! শুনতা, ও পাঠান ভাই। দেখ, পাঠান ভাই, কাঁদের ওপোর ছাগল নাপাতা ন্যায়, হাতে দুধের ঘট্টে হ্যায়, দুধটা পড়ে যাবে তো জবাবদিহি করবে কে?

কর্তা বাড়ি এলে বাড়ি দুটো ঢিলেঢালা ঝিমন্ত ভাব ছেড়ে বেশ যেন সজাগ হয়ে উঠতো। আবার একদিন দেখতেম কর্তা কখন চলে গেছেন, বাড়ির সেই আগেকার ভাবটা ফিরে এসেছে। দারোয়ান হাঁকহাঁকি শুরু করেছে, আমাদের ছীরে মেথরে আর বুড়ো জমাদারে বিষম তকরার বেধেছে। জমাদার লাঠি নিয়ে যত ঝেঁকে ওঠে, ছীরে মেথর ততই নরম হয়। জমাদারের দুই পা জড়িয়ে ধরবে এমনি ভাবটা দেখায়। তখন জমাদারজী রণে ভঙ্গ দিয়ে তফাতে সরেন, ছীরেও বুক ফুলিয়ে বাসায় গিয়ে ঢুকে তার বৌটাকে প্রহার আরম্ভ করে। আরো চেঁচামেচি বেধে যায়। ওদিকে দাসীতে দাসীতে ঝগড়া– তাও শুরু হয় অন্দরে। বৈঠকখানাতে গানের মজলিস জাঁকিয়ে অক্ষয়বাবু গলা ছাড়েন। আমাদেরও ছুটোপাটি আরম্ভ হয়ে যায়। কর্তা না থাকলে বাঁধা চালচোল এমনি আল্গা হয়ে পড়ে যে, মনে হয়, ঘড়িতে হাতুড়ি পিটিয়ে চললেও দারোয়ান কিছুই বলবে না। কর্তার গাড়ি ফটক পেরিয়ে যাওয়া মাত্র, ইস্কুল থেকে ছুটি পাওয়া গোছের হয়ে পড়তো বাড়ির এবং বাড়ির সকলের ভাবটা।

শীতকালে যেবারে কর্তাদাদামশায় বাড়ি থাকতেন সেবারে মাঘোৎসব খুব

জাঁকিয়ে হতো। একটা উৎসবের কথা মনে আছে একটু– সেবারে সঙ্গীতের আয়োজন বিশেষ ভাবে করা হয়েছিলো। হায়দারাবাদ থেকে মৌলাবক্স সেবারে জলতরঙ্গ বাজনা এবং গান করতে আমন্ত্রিত হন।

সকাল থেকে বাড়ি গাঁদা ফুল, দেবদারু পাতা, লাল বনাত, ঝাড় লণ্ঠন, লোকজন, গাড়ি-ঘোড়াতে গিস্‌গিস্‌ করছে। আমাদের মুখে এককথা, মৌলাবাক্সোর বাজনা হবে! সকাল থেকেই খানিক সিন্দুক, খানিক বাক্সো মিলিয়ে একটা অদ্ভুত গোছের মানুষের চেহারা যেন চোখে দেখতে থাকলেম। এখনকার মতো তখন টিকিট হতো না– নিমন্ত্রণ পত্র চলতো বোধহয়।

ছেলেদের পক্ষে উৎসব সভাতে হঠাৎ যাওয়া হুকুম না পেলে অসম্ভব ছিলো, অথচ মৌলাবাক্সোর গান না শুনলেও নয়। কাজেই হুকুমের জন্য দরবার করতে ছোটা গেলো সকালে উঠেই। আমাদের ছোট্টখাটো দরবার শোনাতে এবং শুনে তার একটা বিহিত করতে ছিলেন ও-বাড়ির বড়ো পিশেমশায়। কিন্তু তাঁর কাছ থেকে সাফ জবাব পাওয়া মুশকিল হলো সেদিন। 'দেখবো– দেখবো' বলে তিনি আমাদের বিদায় দিলেন, তারপর সারাদিন তাঁর আর উচ্চবাচ্য নেই।

উৎসবে যাওয়া কি না-যাওয়ার বিষয়ে যখন না-যাওয়াই স্থির হয়ে গেছে নিজের মনে, তখন রামলাল চাকর এসে বললে– 'হুকুম হয়েছে, চটপট কাপড় ছেড়ে নাও!' এখনো টিকিটের দরবারে ছোকরাদের ও-বাড়ির দরজায় যখন ঘুর ঘুর করতে দেখি তখন আমার সেই দিনটার কথাই মনে আসে।

মৌলাবাক্সোকে একটা অদ্ভুতকর্মা গোছের কিছু ভেবেছিলেম– জলতরঙ্গ কালোয়াতী গানের ভালোমন্দ বিচার শক্তি ছিলোই না তখন, কিন্তু মৌলাবাক্সো দেখে হতাশ হয়েছিলেম মনে আছে। তার চেয়ে গান-বাজনা, লোকের ভিড়, ঝাড় লণ্ঠন, সবার উপরে তিনতলার ঘরে কর্তাদিদিমার দেওয়া গরম-গরম লুচি, ছোকা, সন্দেশ, মেঠাই-দানা, ঢের ভালো লেগেছিলো আমার মনে আছে। প্রায় পনেরো আনা শ্রোতাই তখন মাঘোৎসবের ভোজ আর পোলাও মেঠাই খেতেই আসতো আমার মতো। মস্ত মস্ত মেঠাই, ছোটোখাটো কামানের গোলার মতো, নিঃশেষ হতো দেখতে দেখতে। পরদিনও আবার কর্তাদিদিমার লোক এসে একথালা মেঠাই দিয়ে যেতো ছেলেদের খাবার জন্যে।

কর্তাদিদিমা আর বড়োমা– শাশুড়ি আর বৌ– দুজনেই সমান চওড়া লাল-পেড়ে শাড়ি পরে আছেন। বড়োমা-র মাথায় প্রায় আধহাত ঘোমটা, কিন্তু কর্তাদিদিমার মাথা অনেকখানি খোলা সিঁদুর জ্বলজ্বল করছে দেখে ভারি নতুন ঠেকছিলো।

এই মাঘোৎসবে ভোজের বিরাট রকম আয়োজন হতো তিনতলা থেকে একতলা। সকাল থেকে রাত একটা দুটো পর্যন্ত খাওয়ানো চলতো। লোকের পর লোক, চেনা, অচেনা, আত্মপর, যে আসছে খেতে বসে যাচ্ছে। আহারের পর বেশ করে হাত মুখ ধুয়ে পান কটা পকেটে লুকিয়ে নিয়ে মুখ মুছতে মুছতে সরে পড়ছে– পাছে ধরা পড়ে অন্যের কাছে এরা সবাই। মাঘোৎসবের ভোজ আর

মেঠাই, অনেকে খেয়ে বাইরে গিয়ে খাওয়াদাওয়া ব্যাপারটা সম্পূর্ণ অস্বীকার করেও চলেছে এও স্বকর্ণে শুনেছি, তখনকার লোকের মুখেও শুনতেম।

মাঘোৎসবের লোকারণ্যের মাঝখানে কর্তাকে পরিষ্কার করে দেখে নেওয়া মুশকিল ছিলো আমার পক্ষে। অনেকদিন পরে একবার কর্তাদাদামশায়কে সামনাসামনি দেখে ফেললেম। সকালবেলায় উত্তরের ফটকের রেলিঙগুলোতে পা রেখে ঝুল দিচ্ছি এমন সময় হঠাৎ কর্তার গাড়ি এসে দাঁড়ালো।

লম্বা চাপকান, জোব্বা, পাগড়ি পরে কর্তা নামছেন দেখেই দৌড়ে গিয়ে প্রণাম করে ফেললেম। ভারি নরম একখানা হাতে মাথাটাকে আমার ছুঁয়েই কর্তা উপরে উঠে গেলেন।

বাড়িতে তখন খবর হয়ে গেছে– কর্তামশায় চীনদেশ থেকে ফিরেছেন। আমি যে কর্তাকে দেখে ফেলেছি, প্রণামও করেছি, সব আগেই সেটা মায়ের কানে গেলো। ময়লা কাপড়ে কর্তার সামনে গিয়ে অন্যায় করেছি বলে একটু ধমকও খেলেম, আর তখনি রামলাল এসে আমাকে ধরে পরিষ্কার কাপড় পরিয়ে ছেড়ে দিলে। এই হঠাৎ দেখার কিছুক্ষণ পরে, কর্তার কাছ থেকে আমাদের সবার জন্য একটা একটা চীনের বার্নিশ করা চমৎকার কৌটো এসে পড়লো, তার সঙ্গে গোটাকতক বীরভূমের গালার খেলনা।

আমার বাক্সটা ছিলো রুহীতনের আকার, তার উপরে একটা উড়ন্ত পাখি আঁকা। আর গালার খেলনাটা ছিলো একটা মস্ত গোলাকার কচ্ছপ।

এর পরেই মা আর আমার দুই পিশির জন্যে, হাতির দাঁতের নৌকা আর সাততলা চীনদেশের মন্দির, কর্তার কাছ থেকে বাবামশায় নিয়ে এলেন। চীনের সাততলা মন্দিরটার কি চমৎকার কারিগরিই ছিলো। ছোট্ট ছোট্ট ঘণ্টা ঝুলছে, হাতির দাঁতের টবে হাতির দাঁতেরই গাছ, মানুষ সব দাঁতে তৈরি, এক-এক তলায় গম্ভীরভাবে যেন উঠা-নামা করছে। সেই মন্দিরের একটা-একটা তলা দেখে চলতে একটা একটা বেলা কেটে যেতো আমার। তারপর একটু বড়ো হয়ে সেটাকে টুকরো টুকরো করে ভেঙে দেখতে লেগে গেলেম– সেদিনও মন্দিরের দু'একটা টুকরো ছিলো বাক্সে!

এর পরে কর্তাকে দেখেছিলেম ছেলেবেলাতে আর একবার। ও-বাড়ি থেকে শোভাযাত্রা করে বর বার হলো– এখনকার মতো বর যাত্রা নয়– বর চললো খড়খড়ি দেওয়া মস্ত পালকিতে, আগে ঢাক ঢোল পিছনে কর্তাকে ঘিরে আত্মীয় বন্ধুবান্ধব, সঙ্গে অনেকগুলো হাতলণ্ঠন আর নতুন রঙ-করা কাপড় পরে চাকর দারোয়ান পাইক। সদর ফটক পর্যন্ত কর্তা সঙ্গে গেলেন, তারপর বরের পালকি চলে গেলে কর্তা উপরে গেলেন, গায়ে লালজরির জামেওয়ার, পরনে গরদের ধুতি।

বারবাড়িতে

সেকালের নিয়ম অনুসারে একটা বয়েস পর্যন্ত ছেলেরা থাকতেম অন্দরে ধরা, তারপর একদিন চাকর এসে দাসীর হাত থেকে আমাদের চার্জ বুঝে নিতো। কাপড় জুতো জামা বাসন-কোসনের মতো করে আমাদের তোষাখানায় নামিয়ে নিয়ে ধরতো; সেখান থেকে ক্রমে দপ্তরখানা হয়ে হাতেখড়ির দিনে ঠাকুরঘর, শেষে বৈঠকখানার দিকে আস্তে আস্তে প্রমোশন পাওয়া নিয়ম ছিলো। রামলাল যতোদিন আমার চার্জ বুঝে নেয়নি ততোদিন আমি ছিলেম তিনতলায় উত্তরের ঘরে! সেইকালে একবার একটা সূর্যগ্রহণ লাগলো– থালায় জল রেখে সূর্য দেখে পুণ্য কাজ করে ফেলেছিলেম সেদিন। মনে পড়ে সেই প্রথম একলা ছাতে বার হয়ে আকাশ দেখলেম– নীল পরিষ্কার আকাশ। তারই গায়ে সারি সারি নারকেল গাছ, পুবদিক জুড়ে মস্ত একটা বটগাছ, তারই তলায় একটা পুকুর– আমাদের দক্ষিণের বাগানের এইটুকুই চোখে পড়লো সেইদিন।

এই দক্ষিণের বাগান ছিলো বারবাড়ির সামিল– বাবুদের চলাফেরার স্থান। এখন যেমন ছেলেপিলে দাসী চাকর রাস্তার লোক এবং অন্দরের মেয়েরা পর্যন্ত এই বাগান মাড়িয়ে চলাফেরা করে, সেকালে সেটি হবার জো ছিলো না! বাবামশায়ের শখের বাগান ছিলো এটা– এখানে পোষা সারস পোষা ময়ূর– তারা কেউ হাঁটু জলে পুকুরে নেমে মাছ শিকার করতো, কেউ প্যাখম ছড়িয়ে ঘাসের উপর চলাফেরা করতো। তিন-চারটে উড়ে মালিতে মিলে এখানে সব শখের গাছ আর খাঁচার পাখিদের তদবির করে বেড়াতো, একটি পাতা কি ফুল ছেঁড়ার হুকুম ছিলো না কারু! এই বাগানে একটা মস্ত গাছ-ঘর– সেখানে দেশ-বিদেশের দামী গাছ ধরা থাকতো! পদ্ম ফুলের মতো করে গড়া একটা ফোয়ারা– তার জলে লাল মাছ, সব আফ্রিকা দেশ থেকে আনানো, নীল পদ্মপাতার তলায় খেলে বেড়াতো। বাড়িখানা একতলা দোতলা তিনতলা পর্যন্ত, পাখিতে গাছেতে ফুলদানিতে ভর্তি ছিলো তখন। মনে পড়ে দোতলায় দক্ষিণের বারান্দায় পুবদিকে একটা মস্ত গামলায় লাল মাছ ঠাসা থাকে, তারই পাশে দুটো সাদা খরগোশ, জাল-ঘেরা মস্ত খাঁচার সব ছোটো ছোটো পোষা পাখির ঝাঁক, দেওয়ালে একটা হরিণের

শিঙের উপর বসে লালঝুঁটি মস্ত কাকাতুয়া, শিকলি-বাঁধা চীন দেশের একটা কুকুর, নাম তার কামিনী– পাউডার এসেন্সের গন্ধে কুকুরটার গা সর্বদা ভুরভুর করে। তখন বেশ একটু বড়ো হয়েছি, কিন্তু বৈঠকখানার বারান্দায় ফস্‌ করে যাবার সাধ্য নেই, সাহসও নেই। এখন যেমন ছেলেমেয়েরা 'বাবা' বলে হুট করে বৈঠকখানায় এসে হাজির হয় তখন সেটা হবার জো ছিলো না। বাবামশায় যখন আহারের পরে ও-বাড়িতে কাছারি করতে গেছেন সেই ফাঁকে এক-একদিন বৈঠকখানায় গিয়ে পড়তেম। 'টুনি' বলে একটা ফিরিঙ্গী ছেলেও এই সময়টাতে পাখি চুরি করতে এদিকটাতে আসতো। পাখিগুলোকে খাঁচা খুলে উড়িয়ে দিয়ে, জালে করে ধরে নেওয়া খেলা ছিলো তার। টুনিসাহেব একবার একটা দামী পাখি উড়িয়ে দিয়ে পালায়। দোষটা আমার ঘাড়ে পড়ে। কিন্তু সেবারে আমি টুনির বিদ্যে ফাঁস করে দিয়ে রক্ষে পেয়ে যাই। আর একদিন– সে তখন গরমির সময় দক্ষিণ বারান্দাটা ভিজে খসখসের পরদায় অন্ধকার আর ঠাণ্ডা হয়ে আছে; গামলা ভর্তি জলে পদ্মপাতার নিচে লাল মাছগুলোর খেলা দেখতে দেখতে মাথায় একটা দুর্বুদ্ধি জোগালো। যেমন লালমাছ, তেমনি লাল জলেই খেলে বেড়ালে শোভা পায়! কোথা থেকে খানিক লাল রঙ এনে জলে গুলে দিতে দেরি হলো না, জলটা লালে লাল হয়ে উঠলো। কিন্তু মিনিট কতকের মধ্যেই গোটা দুই মাছ মরে ভেসে উঠলো দেখেই বারান্দা ছেড়ে চোঁ চোঁ দৌড়– একদম ছোটোপিশির ঘরে। মাছ মারার দায় থেকে কেমন করে, কি ভাবে যে রেহাই পেয়েছিলাম তা মনে নেই, কিন্তু অনেকদিন পর্যন্ত আর দোতলায় নামতে সাহস হয়নি।

মনে আছে আর একবার মিস্ত্রী হবার শখ করে বিপদে পড়েছিলেম। বাবামশায়ের মনের মতো করে চীনে মিস্ত্রীরা চমৎকার একটা পাখির ঘর গড়ছে– জাল দিয়ে ঘেরা একটা যেন মন্দির তৈরি হচ্ছে, দেখছি বসে বসে। রোজই দেখি, আর মিস্ত্রীর মতো হাতুড়ি পেরেক অস্ত্রশস্ত্র চালাবার জন্য হাত নিসপিস্‌ করে। একদিন, তখন কারিগর সবাই টিফিন করতে গেছে, সেই ফাঁকে একটা বাটালি আর হাতুড়ি নিয়ে মেরেছি দু'তিন কোপ। ফস্‌ করে বাঁ হাতের বুড়ো আঙুলের ডগায় বাটালির এক ঘা! খাঁচার গায়ে দু'চার ফোঁটা রক্ত গড়িয়ে পড়লো। রক্তটা মুছে নেবার সময় নেই– তাড়াতাড়ি বাগান থেকে খানিক ধুলো-বালি দিয়ে যতেই রক্ত থামাতে চলি ততেই বেশি করে রক্ত ছোটে! তখন দোষ স্বীকার করে ধরা পড়া ছাড়া উপায় রইলো না। সেবারে কিন্তু আমার বদলে মিস্ত্রী ধমক খেলে– যন্ত্রপাতি সাবধানে রাখার হুকুম হলো তার উপর। কারিগর হতে গিয়ে প্রথমে যে ঘা খেয়েছিলেম তার দাগটা এখনো আমার আঙুলের ডগা থেকে মেলায়নি। ছেলেবেলায় আঙুলের যে-মামলায় পার পেয়ে গিয়েছিলেম, তারই শাস্তি বোধ হয় এই বয়সে লম্বা আঙুল এঁকে শুধতে হচ্ছে সাধারণের দরবারে।

আর একটা শাস্তির দাগ এখনো আছে লেগে আমার ঠোঁটে। গুড়গুড়িতে তামাক খাবার ইচ্ছে হলো– হঠাৎ কোথা থেকে একটা গাড়ু যোগাড় করে তারই ভিতর খানিক জল ভরে টানতে লেগে গেলাম। ভুড় ভুড় শব্দটা ঠিক হচ্ছে,

এমন সময় কি জানি পায়ের শব্দে চমকে যেমন পালাতে যাওয়া, অমনি শখের হুঁকোটার উপর উল্টে পড়া। সেবার নীলমাধব ডাক্তার এসে তবে নিস্তার পাই, অনেক বরফ আর ধমকের পরে। দেখেছি যখন দুষ্টুমির শাস্তি নিজের শরীরে কিছু-না কিছু আপনা হতেই পড়েছে, তখন গুরুজনদের কাছ থেকে উপরি আরো দু'চার ঘা বড়ো একটা আসতো না। যখন দুষ্টুমি করেও অক্ষত শরীরে আছি তখনই বেত খেতে হতো, নয় তো ধমক, নয় তো অন্দরে কারাবাস। এই শেষের শাস্তিটাই আমার কাছে ছিলো ভয়ের– কুইনাইন খাওয়ার চেয়ে বিষম লাগতো।

অন্দরে বন্দী অবস্থায় যে ক'দিন আমার থাকতে হতো, সে ক'দিন ছোটোপিশির ঘরই ছিলো আমার নিঃশ্বাস ফেলবার একটিমাত্র জায়গা। 'বিষবৃক্ষ' বইখানাতে সূর্যমুখীর ঘরের বর্ণনা পড়ি আর মনে আসে ছোটোপিশির ঘর। তেমনি সব ছবি, দেশী পেন্টারের হাতের। 'কৃষ্ণকান্তের উইল'-এ যে লোহার সিন্দুকটা, সেটাও ছিলো। কৃষ্ণনগরের কারিগরের গড়া গোষ্ঠলীলার চমৎকার একটি কাচ-ঢাকা দৃশ্য, তাও ছিলো। উলে বোনা পাখির ছবি, বাড়ির ছবি। মস্ত একখানা খাট— মশারিটা তার ঝালরের মতো করে বাঁধা। শকুন্তলার ছবি, মদনভস্মের ছবি, উমার তপস্যার ছবি, কৃষ্ণলীলার ছবি দিয়ে ঘরের দেওয়াল ভর্তি। এক-একটা ছবির দিকে চেয়ে-চেয়েই দিন কেটে যেতো। এই ঘরে জয়পুরী কারিগরের আঁকা ছবি থেকে আরম্ভ করে, অয়েল পেনটিং ও কালীঘাটের পট পর্যন্ত সবই ছিলো; তার উপরেও, এক আলমারি খেলনা। কালো কাচের প্রমাণসই একটা বেড়াল, শাদা কাচের একটা কুকুর, ঠুনকো একটা ময়ূর, রঙিন ফুলদানি কত রকমের। সে যেন একটা ঠুনকো রাজত্বে গিয়ে পড়তেম। এ ছাড়া একটা আলমারি, তাতে সেকালের বাংলা সাহিত্যের যা কিছু ভালো বই সবই রয়েছে। এই ঘরের মাঝে ছোটোপিশি বসে বসে সারাদিন পুঁতি-গাঁথা আর সেলাই নিয়েই থাকেন। বাবামশায় ছোটোপিশিকে সাহেব-বাড়ি থেকে সেলাইয়ের বই, রেশম, কতো কি, এনে এনে দিতেন আর তিনি বই দেখে দেখে নতুন নতুন সেলাইয়ের নমুনা দিয়ে কতো কি কাজ করতেন তার ঠিক নেই! ছোটোপিশি এক জোড়া ছোট্ট বালা পুঁতি গেঁথে গেঁথে গড়েছিলেন– সোনালি পুঁতির উপরে ফিরোজার ফুল বসানো ছোট্ট বালা দু'গাছি, সোনার বালার চেয়েও ঢের সুন্দর দেখতে।

বিকেলে ছোটোপিশি পায়রা খাওয়াতে বসতেন। ঘরের পাশেই খোলা ছাত; সেখানে কাঠের খোপে, বাঁশের খোপে, পোষা থাকতো লক্কা, সিরাজী, মুক্কি কতো কী নামের আর চেহারার পায়রা। খাওয়ার সময় ডানায় ও পালকে ছোটোপিশিকে ঘিরে ফেলতো পায়রাগুলো। সে যেন সত্যি সত্যি একটা পাখির রাজত্ব দেখতেম, উঁচু পাঁচিল ঘেরা, ছাতে ধরা। বাবামশায়েরও পাখির শখ ছিলো, কিন্তু তাঁর শখ দামী দামী খাঁচার পাখির, ময়ূর, সারস, হাঁস এই সবেরই। পায়রার শখ ছিলো ছোটোপিশির। হাটে হাটে লোক যেতো পায়রা কিনতে। বাবামশায় তাঁকে দুটো বিলিতী পায়রা এক সময়ে এনে দেন, ছোটোপিশি সে দুটোকে ঘুঘু বলে স্থির করেন, কিছুতেই পুষতে রাজী হন না। অনেক বই খুলেও বাবামশায় যখন

প্রমাণ করতে পারলেন না যে পাখি দুটো ঘুঘু নয়, তখন অগত্যা সে দুটো রটলেজ সাহেবের ওখানে ফেরত গেলো! এরই কিছুদিন পরে একটা লোক ছোটোপিশিকে এক জোড়া পায়রা বেচে গেলো– পাখি দুটো দেখতে ঠিক শাদা লাক্কা, কিন্তু লেজের পালক তাদের ময়ূরপুচ্ছের মতো রঙিন। এবার ছোটোপিশি ঠকলেন– বাবামশায় এসেই ধরে দিলেন পায়রার পালকে ময়ূরপুচ্ছ সুতো দিয়ে সেলাই করা। একটা তুমুল হাসির হররা উঠেছিলো সেদিন তিনতলার ছাতে, তাতে আমরাও যোগ দিয়েছিলেন।

ঠাকুরপুজো, কথকতা, সেলাই আর পায়রা– এই নিয়েই থাকতেন ছোটোপিশি। একবার তাঁর তিনতলার এই ছাতটাতে বাড়িসুদ্ধ সবার ফোটো নিতে এক মেম এসে উপস্থিত হলো। আমাদেরও ফোটো নেবার কথা, সকাল থেকে সাজগোজের ধুমধাম পড়ে গেলো। সেইদিন প্রথম জানলেম আমার একটা হাল্কা নীল মখমলের কোট-প্যান্ট আছে। ভারি আনন্দ হলো, কিন্তু গায়ে চড়বামাত্রই কোট-প্যান্ট বুঝিয়ে দিলো যে আমার মাপে তাদের কাটা হয়নি। এই অদ্ভুত সাজ পরে আমার চেহারাটা কারু কারু অ্যালবামে এখনো আছে– রোদের ঝাঁজ লেগে চোখ দুটো পিটপিট করছে, কাপড়টা ছেড়ে ফেলতে পারলে বাঁচি এই ভাব।

ফোটো তোলা আর বাড়ির প্ল্যান আঁকার কাজ জানতেন বাবামশায়। ড্রইং করার নানা সাজ-সরঞ্জাম, কম্পাস-পেনসিল কত রকমের দেখতেম তাঁর ঘরে। বাবামশায় কাছারির কাজে গেলে তাঁর ঘরে ঢুকে সেগুলো নেড়ে-চেড়ে নিতেম। ঠিক সেই সময়, ফার্সি পড়ানোর মুন্সি এসে জুটতেন। কথায় কথায় তিনি আলে বে, পে, তে, জিম– এমনি ফার্সি অক্ষর আমাদের শোনাতে বসতেন। মুন্সির দু'একটা বয়েৎ এখনো মনে আছে– 'গুলেস্তাঁমে যাকে হারিয়েক গুলকো দেখা, না তেরি সে রঙ্গ, না তেরি সে বূ হ্যায়'। আরেকটা বয়েৎ ছিলো সেটা ভুলে গেছি, কেবল ধ্বনিটা মনে আছে। – কবুতর্‌ বা কবুতর্‌ বাক্‌ বাবাজ। সেকালে ফার্সি পড়িয়ে হলে কানে শরের কলম আর লুঙ্গি না হলে চলতো না, মাথাও ঢাকা চাই! ঠিক মনে পড়ে না কেমন সাজটা ছিলো মুন্সির।

ডাক্তারবাবুর আসবার সময় ছিলো সকাল ন'টা। অসুখ থাক বা না থাক, কতকটা সময় বাইরে বসে গল্প গুজব করে তবে অন্যত্র রোগী দেখতেন গিয়ে রোজই। সেখানেও হয়তো এমনি একটা বাঁধা টাইম ছিলো ডাক্তারের জন্যে পান জল তামাক ইত্যাদি নিয়ে। আর এক ডাক্তারসাহেব ছিলো বরাদ্দ– তার নাম কেলি– সে রোজ আসতো না, কিন্তু যখন আসতো তখনি জানতেম বাড়িতে একটা শক্ত রোগ ঢুকেছে। তখন দেখতুম আমাদের নীলমাধব বাবুর মুখটা গম্ভীর হয়ে উঠেছে, আর ইংরিজি কথাটার মাঝে মাঝে থেকে থেকে 'ওর নাম কি' কথাটা অজস্র ব্যবহার করেছেন তিনি; যথা– 'আই থিংক– ওর নাম কি– ডিজিটিলিস্‌ এণ্ড কোয়নাইন ওর নাম কি– ইফ ইউ প্রেফার আই সে ডক্টার কেলি ইত্যাদি।

সাহেব ছাড়া হয়ে নীলমাধববাবু– তাঁকে ডাক্তারই মনে হতো না, মনে হতো, একেবারে ঘরের মানুষ আর মজার মানুষটি। বাঘমুখো ছড়ি হাতে, গলায় চাদর, বুকে মোটা সোনার চেইন, ডাক্তারবাবু ভালোমানুষের মতো এসে একখানা বেতের চৌকিতে বসতেন। চৌকিখানা আসতো তাঁর সঙ্গে সঙ্গেই আবার সরেও যেতো তাঁর সঙ্গেই। আমার প্রায়ই অসুখ ছিলো না, কাজেই ডাক্তারের লাঠিটার বাঘমুখ কেমন করে কাত হয়ে চাইছে সেইটেই দেখতে পেতেম। ছোটো ছোটো লাল মানিকের চোখ দুটো বাঘের– ইচ্ছে হতো খুঁটে নিই, কিন্তু ভয় হতো– মা আছেন কাছেই দাঁড়িয়ে ডাক্তারের। এখনকার কালে কতো ওষুধেরই নাম লেখে একটু অসুখেই, তখন সাতদিন জ্বর চললো তো দালচিনির আরক দেওয়া মিকশ্চার আসতো– বেশ লাগতো খেতে, আর খেলেই জ্বর পালাতো। তিনদিন পর্যন্ত ওষুধ লেখাই হতো না কোনো– হয় সাবুদানা, নয় এলাচদানা, বড়ো জোর কিটিং-এর বন্বন্। তিনদিনের পরেও যদি উঠে না দাঁড়াতেম তবে আসতো ডাক্তারখানা থেকে রেড মিকশ্চার। গলদা চিংড়ির ঘি বলে সেটাকে সমস্তটা খ ইয়ে দিতে কষ্ট পেতে হতো মাকে।

এখন নানা রকম শৌখিন ওষুধ বেরিয়েছে, তখন মাত্র একটি ছিলো শৌখিন ওষুধ, যেটা খাওয়া চলতো অসুখ না থাকলেও। এই জিনিসটি দেখতে ছিলো ঠিক যেন মানিকে গড়া একটি একটি রুহীতনের টেক্কা। নামটাও তার মজার– জুজুবস্। এখন বাজারে সে জুজুবস্ পাওয়া যায় না, তার বদলে ডাক্তারখানায় রাখে যষ্টিমধুর জুজুবস্– খেতে অত্যন্ত বিস্বাদ। অসুখ হলে তখন ডাক্তারের বিশেষ ফরমাসে আসতো এক টিন বিস্কুট আর দমদম মিছরি। এখনকার বিস্কুটগুলা দেখতে হয় টাকা, নয় টিকিট। তখন ছিলো তারা সব কোনোটা ফুলের মতো, কেউ নক্ষত্রের মতো, কতক পাখির মতো। দমদম মিছরিগুলো যেন সোনার থেকে নিঙড়ে নেওয়া, রসে ঢালাই করা মোটা স্ক্রু একটা একটা।

ডাক্তারের পরই– ঠন্ঠনের চটি পায়ে, সভ্যভব্য চন্দ্র কবিরাজ– তিনি তোষাখানা থেকে দপ্তরখানা হয়ে, লাল রঙের বগলী থেকে চটি বিলি করে করে উঠে আসতেন তেতলায় আমাদের কাছে। নাড়ি টিপে বেড়ানোই ছিলো তাঁর একমাত্র কাজ, কিন্তু নিত্য-কাজ। বুড়ো কবিরাজ আমার মাকে মা বলে যে কেন ডাকে তার কারণ খুঁজে পেতেম না।

আর একটি-দুটি লোক আসতো উপরের ঘরে, তাদের একজন গোবিন্দ পাণ্ডা, আর একজন রাজকিষ্ট মিস্ত্রী। পাণ্ডা আসতো কামানো মাথায় নামাবলি জড়িয়ে, কর্পূরের মালা, জগন্নাথের প্রসাদ নিয়ে। দাসীদের সঙ্গে আমরাও ঘিরে বসতেম তাকে। প্রথমটা সে মেঝেতে খড়ি পেতে গুণে দিতো দাসীদের মধ্যে কার কপালে ক্ষেত্রে যাওয়া আছে, না আছে। তারপর প্রসাদ বিতরণ করে সে শ্রীক্ষেত্রের গল্প করতে থাকতো পট দেখিয়ে। সেই পট, নামাবলি, কর্পূরের মালা সব ক'টার রঙ মিলে শ্রীক্ষেত্রের সমুদ্র বালি পাথর ইত্যাদির একটা রঙ ধরেছিলো মনটা।

অল্প কয় বছর হলো যখন পুরী দেখলেম প্রথম, তখন সেই সব রঙ্গুলোকেই আবার দেখতে পেলেম, যেন অনেক কাল আগে দেখা রঙ। নৌকো, পালকি, মন্দির, বালি, কাপড়– সমস্ত জিনিস শাদা, হলুদ, কালো ও নীল– চারটি বহুকালের চেনা রঙের ছোপ ধরিয়ে রেখেছে।

আর একজন সাহেব আসতো, তার নাম রুবারীয়ো। জাতে পর্তুগীজ ফিরিঙ্গী– মিশকালো। বড়োদিনের দিন সে একটা কেক নিয়ে হাজির হতো। তাকে দেখলেই শুধোতেম– 'সাহেব আজ তোমাদের কী ?' সাহেব অমনি নাচতে নাচতে উত্তর দিতো, 'আজ আমাদের কিসমিস্।' সাহেবের নাচন দেখে আমরা তাকে ঘিরে খুব একচোট নেচে নিতেম।

নতুন কিছু পাখি কিংবা নিলেমে গাছ কেনার দরকার হলে, বৈকুণ্ঠবাবুর ডাক পড়তো। দেখতে বেঁটে-খাটো মানুষটি, মাথায় টাক, রাজ্যের পাখি, গাছ আর নিলেমের জিনিসের সংগ্রহ করতে ওস্তাদ ছিলেন ইনি। তখন স্যার রিচার্ড টেম্পল ছোটোলাট— ভারি তাঁর গাছের বাতিক। বৈকুণ্ঠবাবু নিলেমে ছোটোলাটের ডাকের উপর ডাক চড়িয়ে, অনেক টাকার একটা গাছ আমাদের গাছ-ঘরে এনে হাজির করলেন। ছোটোলাট খবর পেলেন— গাছ চলে গেছে জোড়াসাঁকোর ঠাকুর বাড়িতে। সঙ্গে সঙ্গে লাটের চাপরাশি পত্র নিয়ে হাজির— ছোটোলাট বাগান দেখতে ইচ্ছে করেছেন। উপায় কী, সাজ সাজ রব পড়ে গেলো। আমার মখমলের কোট-প্যান্ট আবার সিন্দুক থেকে বার হলো। সেজেগুজে বারান্দায় দাঁড়িয়ে দেখলেম– ঘোড়ার চড়ে ছোটোলাট এলেন। খানিক বাগানে ঘুরে একপাত্র চা খেয়ে বিদায় হলেন। বৈকুণ্ঠবাবুর ডেকে আনা গাছটাও চলে গেলো জোড়াসাঁকো থেকে বেলভেডিয়ার পার্কে। বৈকুণ্ঠবাবুর বাসা ছিলো পাথুরেঘাটায়, সেখান থেকে নিত্য হাজিরি দেওয়া চাই এখানে। একবার ঘোর বৃষ্টিতে রাস্তাঘাট ডুবে এক কোমর জল দাঁড়িয়ে যায়। বৈকুণ্ঠবাবু গলির মোড়ে আটকা— অন্যের যেখানে হাঁটু-জল বৈকুণ্ঠবাবুর সেখানে ডুব-জল– এতো ছোটো ছিলেন তিনি।

কাজেই একখানা ছোট্ট নৌকা পুকুর থেকে টেনে তুলে তবে তাঁকে চাকরেরা উদ্ধার করে আনে। ছোট মানুষটি, কিন্তু ফন্দি ঘুরতো অনেক রকম তাঁর মাথায়। কতো রকমই যে ব্যবসার মতলব করতেন তিনি তার ঠিক নেই। একবার বড়ো জেঠামশায় এক বাক্স নিব কিনে আনতে বৈকুণ্ঠবাবুকে হুকুম করেন। তিনি নিলেম থেকে একটা গরুরগাড়ি বোঝাই নিব কিনে হাজির। আর একবার এক গাড়ি বিলিতি এসেন্স এনে হাজির, বাবামশায়ের জন্য। দেখে সবাই অবাক, হাসির ধুম পড়ে গেলো। এই ছোট্ট মানুষটিকে প্রকাণ্ড স্বপ্ন ছাড়া ছোট্টখাটো স্বপ্ন দেখতে কখনো দেখলেম না শেষ পর্যন্ত। বিচিত্র চরিত্রের সব মানুষের দেখা পেলেম তিনতলা থেকে ছাড়া পেয়েই।

অসমাপিকা

উড়ো ভাষায় এসে গেলো হাতে-খড়ির খবরটা আমার কানে। কিন্তু রামলাল রেখেছিলো পাক্কা খবর ঠিক কখন, কোন তারিখে, কোন মাসে হবে হাতে-খড়িটা। কেননা এই শুভ-কাজে তার কিছু পাওনা ছিলো। কাজেই সে ঠিক সময় বুঝে, রাত ন'টার আগেই আমাকে খাঁচার মধ্যে বন্ধ করে বললে, 'ঘুমিয়ে নাও, সকালে হাতে-খড়ি, ভোরে ওঠা চাই।'

দু'কানের মধ্যে দুটো কথা– 'ভোরে ওঠা', 'হাতেখড়ি'– থেকে থেকে মশার মতো বাঁশি বাজিয়ে চললো। অনেক রাত পর্যন্ত ঘুম আসতে দেরি করে দিয়ে, ঠিক ভোরে আমাকে একটু ঘুমোতে দিয়ে পালালো কথা দুটো। পাছে হাতে-খড়ির শুভ-লগ্নটা উত্রে যায়, রামলালের চেয়েও সজাগ ছিলো আমাদের ঠাকুরঘরের বামুন। সে ঠিক আজকের একজন স্টেশন মাস্টারের মতো দিলে ফার্স্ট বেল। রামলালও বলে উঠল– 'চল আর দেরি নেই।'

পাছে দেরি হয়ে পড়ে, সে জন্যে পা চালিয়ে চললো রামলাল। একতলায় তোষাখানা থেকে নানা গলি-খুঁজি সিঁড়ি উঠোন পেরিয়ে চলতে চলতে দেখছি কাঠের গরাদে-আঁটা একটা জানলা– সেই জানলার ওপারে অন্ধকারে ঘরের মধ্যে কালো একটা মূর্তি একটা মোটা জালা থেকে কি তুলছে। লোকের শব্দ পেয়ে সে মূর্তিটা গোল দুটো চোখ নিয়ে আমার দিকে দেখতে থাকলো। এর অনেক কাল পরে জেনেছিলেম এ-লোকটা আমাদের কালীভাণ্ডারী– রোজ এর হাতের রুটিই খাওয়ায় রামলাল। কালী লোকটা ছিলো ভালো, কিন্তু চেহারা ছিল ভীষণ। আলিবাবার গল্পের তেলের কুপো আর ডাকাতের কথা পড়ি আর মনে পড়ে এখনো কালীর সেদিনের চোখ, গরাদে-আঁটা ঘর আর মেটে জালা। ভাঁড়ারঘর পেরিয়ে এক ছোটো উঠোন-জলে ধোওয়া, লাল টালি বিছানো। সেখান থেকে ছাতের-ঘরের ঠাকুর-ঘরের উত্তর দেওয়াল দেখা যায়, কিন্তু সেখানে পৌঁছতে সহজে পারিনি। উঠোনের উত্তর-ধারে চার-পাঁচটা সিঁড়ি উঠে একটা ঘর-জোড়া মেটে সিঁড়ি সোজা দোতলায় উঠেছে। এই সিঁড়ির গায়েই পাল্কি নামবার ঘর। সেটা ছাড়িয়ে একটা সরু গলি– একধারে দেওয়াল, অন্যধারে কাঠের বেড়া।

গলিটা পেরিয়ে এলেম একটা ছাত আর সরু একটা বারান্দা। তারই একপাশে সারি সারি মাটির উনুন গাঁথা আছে– দুধ জ্বাল দেবার, লুচি ভাজবার স্বতন্ত্র স্বতন্ত্র চুল্লি। এই সরু বারান্দা, সরু গলির শেষে, চার-পাঁচ ধাপ সিঁড়ি– অন্ধকার আর ঘোরতর ঘর্ঘর শব্দ পরিপূর্ণ একটা ছোটো ঘরে নেমে গেছে। ঘরের মেঝেটা থরথর করে পায়ের তলায় কাঁপছে টের পেলেম। সেখানে দেখলেম একটা দাসী, হাত দুখানা তার মোটা মোটা গোল দুখানা পাথর একটার উপর আর একটা রেখে একটা হাতল ধরে ক্রমাগত ঘুরিয়ে চলেছে– পাশে তার স্তূপাকার করা সোনামুগ। এই ডাল দিয়ে যে রুটি খাই তা কি তখন জানি? সে-ঘরটা পেরিয়ে আর একটা উঠোনের চক-মিলানো বারান্দা। সেখানে পৌঁছে একটা চেনা লোক– অমৃত দাসী– সে একটা শিল আর নোড়ায় ঘষা-ঘষি করে শব্দ তুলেছে ঘটর ঘটর। এক মুঠো কি সে শিলের উপরে ছেড়ে দিয়ে খানিক নোড়া ঘষে দিলে ঘটাঘট, অমনি হয়ে গেলো লাল রঙের একটা পদার্থ। অমনি হলুদ, সবুজ, শাদা, কতো কি রঙ বাটছে বসে বসে সে– কে জানে তখন সেগুলো দিয়ে কালিয়া, পোলাও, মাছের ঝোল, ডাল, অম্বল রঙ করা হয় ভাত খাবার বেলায়। এখান থেকে টালি-খসা ফোকলা একটা মেটে সিঁড়ি ঘুরে ঘুরে ঠাকুর ঘরের ঠিক দরজায় গিয়ে দাঁড়ালেম। রামলাল ফস্ করে চটি-জুতোটা পা থেকে খুলে নিয়ে বললে– 'যাও।'

ঠাকুরঘরের দেওয়ালে শাদা পঙ্খের প্রলেপ; দেওয়ালে ছোটো ছোটো সারি সারি কুলুঙ্গি; তারই একটাতে তেল-কালি পড়া পিলসুজে পিদিম জ্বলছে সকাল বেলায়। ঠিক তারই নিচে, দেওয়ালের গায়ে, প্রায় মুছে গেছে এমন একটা বসুধারার ছোপ। ঘরের মেঝেয় একটা শাদা চুন-মাখানো দেলকো, আর আমপাতা, ডাব আর সিঁদুর মাখানো একটা ঘট। পুজোর সামগ্রী নিয়ে তারই কাছে পুরুত বসে; আর গায়ে নামাবলি জড়িয়ে হরিনামের মালা হাতে ছোটোপিশিমা। ধূপ-ধুনোর ধোঁয়ার গন্ধে ভরা ঘরের মধ্যেটায় কি আছে দেখবার আগেই আমার চোখ জ্বালা করতে থাকলো। তারপর কে যে সে মনে নেই, মেঝেতে একটা বড়ো **ক** লিখে দিলে। রামখড়ি হাতের মুঠোয় ধরে দাগা বুলোলেম– একবার, দু'বার, তিনবার। তার পরেই শাঁখ বাজলো, হাতে-খড়িও হয়ে গেলো।

পুজোর ঘর থেকে একটা বাতাসা চিবোতে চিবোতে ফিরতে থাকলেম এবারে। একেবারে একতলায় যোগেশদাদার দপ্তরে এসে একতাড়া তালপাতা, কঞ্চির কলম ও মাটির নতুন দোয়াত নিতে হলো, বাড়ির বুড়ো আধবুড়ো ছোকরা কর্মচারী সবারই পায়ের ধুলো ও আশীর্বাদের সঙ্গে– এ-ও মনে আছে। তারপর সদরে অন্দরে সবাইকে দেখা দিয়ে কোথায় গেলেম, কি করলেম কিছুই মনে নেই। কিন্তু তার পরদিনই আবার সরস্বতী পুজোয় দোয়াত, কলম, বই, শেলেট রামলাল দিয়ে এলো, তা মনে পড়ে কিন্তু। গুরুমশায় বলে সেদিনের একটা কেউ আমার মনের খোপে ধরা নেই হাতে-খড়ির সকালটার সঙ্গে।

একটা অসমাপিকা ক্রিয়ার মতো এই হাতে-খড়ি ব্যাপারটা। এরই মতো আরো কতকগুলো অসমাপ্ত, কতকটা বায়োস্কোপের টুকরো ছবির মতো, মনের

কোণে রয়েছে জমা।

খুব ছোটোবেলার একটা ঘটনার কথা। সেটা শুনে-পাওয়া সংগ্রহ মনের— মা বলতেন— আমাকে নিয়ে কাটোয়াতে যাচ্ছেন ছোটো পিশিমার শ্বশুরবাড়ি। পথে ধানক্ষেতের মাঝ দিয়ে পান্কি চলেছে। সঙ্গের দাসী একগোছা ধানের শীষ ভেঙে মাকে দিয়েছে; তারই একটা শীর্ষ মা দিয়েছেন আমাকে খেলতে। মা চলেছেন অন্যমনে মাঠ-ঘাট দেখতে দেখতে, বন্ধ পান্কির ফাঁকে চোখ দিয়ে। সেই ফাঁকে হাতের ধান-শীষ মুখের মধ্যে দিয়ে গিয়ে আমার গলায় বেধে দম বন্ধ করে আর কি! এমন সময়— এ-ঘটনা বারবার বলতেন মা, কিন্তু এ-ঘটনা কোনো কিছু স্মৃতি কি ছবির সঙ্গে জড়িয়ে দেখতে পেতো না মন। যেন মনের ঘুমন্ত অবস্থার ঘটনা এটা জন্মের পরের, কিন্তু মনের ছাপাখানা খোলার পূর্বের ঘটনা।

পুরনো বৈঠকখানা-বাড়িটা অনেক অদলবদল জোড়া-তাড়া দিয়ে হয়েছে জোড়াসাঁকোর আমাদের এই বসত বাড়িটা। খাপছাড়া রকমের অলি, গলি, সিঁড়ি, চোর-কুঠুরি, কুলুঙ্গি ইত্যাদিতে ভরা এই বাড়ি, খানিক সমাপ্ত খানিক অসমাপ্ত ছবি ও ঘটনার ছাপ আপনা হতেই দিতো তখন মনের উপরে। অন্দর-বাড়ি থেকে রান্না-বাড়িতে যাবার একটা গলি পথ; ছোটোখাটো একটা উঠোনের পশ্চিম গায়ে, সরু দুটো মেটে সিঁড়ির মাথায়, দোতলার উপর ধরা এই গলিটার পশ্চিম দেওয়ালে পিদুম দেবার একটা কুলুঙ্গি। বাড়ির আর সব কুলুঙ্গি ক'টা ছিলো মেঝে ছেড়ে অনেক উপরে, ছোটো আমাদের নাগালের বাইরে। কিন্তু এই কুলুঙ্গিটা— ঠিক একটি পূর্ণ চন্দ্র যতো বড়ো দেখা যায় ততো বড়ো, আর সব কুলুঙ্গি থেকে স্বতন্ত্র হয়ে মেঝে থেকে নেমে পড়েছিলো। দেখে মনে হতো সেটাকে, যেন একটা রবারের গোলা, ভুয়ে পড়ে একটু লাফিয়ে উঠে শূন্যে দাঁড়িয়ে গেছে। লুকোবার অনেকগুলো জায়গা ছিলো আমাদের, তার মধ্য এও ছিলো একটা। ইঁদুর যেমন গর্তে গুটিসুটি বসে থাকে, তেমনি এক-একদিন গিয়ে বসতেম সকারণে অকারণেও। পুব-পশ্চিমে দেওয়াল জোড়া গলি, ছাওয়া দিয়ে নিকোনো। নানা কাজে ব্যস্ত চাকর-দাসী, তারা এই পথটুকু চকিতে মাড়িয়ে যাওয়া-আসা করে— আমাকে দেখতেই পায় না। আমি দেখি তাদের খালি কালো কালো পায়ের চলাচল।

ঠিক আমার সামনেই একতলার ঘরের একটা মেটে সিঁড়ি একতলার একটা তালাবন্ধ সেকেলে দরজার সামনে পা রেখে, দোতলায় মাথা রেখে, আড় হয়ে পড়ে থাকে— যেন একটা গজগীর দৈত্য আজব শহরের তেল-কালি-পড়া সিংহদ্বার আগলে ঘুম দিচ্ছে এই ভাব। এলা-মাটির উপরে সোঁতা অন্ধকার, তারই দিকে চেয়ে বসে থাকি লুকিয়ে চুপচাপ। বেশিক্ষণ একলা থাকতে হতো না, ঘড়ি ধরে ঠিক সময়ে সিঁড়ির গোড়ায় বিছিয়ে পড়তো রোদ— একখানি সোনায় বোনা নতুন মাদুর যেন। থাকতে থাকতে এরই উপর দিয়ে আগে আসতো এক ছায়া, তার পাছে প্রায় ছায়ারই মতো একটি বুড়ি গুটিগুটি। তার লাঠির ঠকঠক শব্দ জানাতো যে সে ছায়া নয়, কায়া। বুড়ি এসে চুপ করে বসে

যেতো তালাবন্ধ কপাটের একপাশে। বসে থাকে তো বসেই থাকে বুড়ি। সিঁড়ি আড় হয়ে পড়ে থাকে তো থাকেই– সাড়া-শব্দ দেয় না দুজনে কেউ। রোদ ক্রমে সরে, একটু একটু করে আলো এলা-মাটির দেওয়ালগুলোকে সোনার আভায় একটুক্ষণের জন্যে উজলে দিয়ে, মাদুর গুটিয়ে নিয়ে যেন চলে যায়। সেই সময় একটা ভিখিরী দুটো লাঠির উপর ভর দিয়ে যেন ঝুলতে-ঝুলতে এসে বসে বন্ধ-দরজার অন্য পাশে, হাতে তার একটা পিতলের বাটি। সে বসে থাকে, নেকড়া-জড়ানো খোঁড়া পা একটা সিঁড়িটার দিকে মেলিয়ে গম্ভীর ভাবে। বুড়ো বুড়ি কারু মুখে কথা নেই। কোথা থেকে বড়ো বৌঠাকরুণের পোষা বেড়াল 'গোলাপী'– গায়ে তিন রঙের ছাপ– মোটা ল্যাজ তুলে বুড়ির গা ঘেঁষে গিয়ে বলে মিঁয়া! বুড়ো ভিখিরী অমনি হাতের লাঠিটা ঠুকে দেয়। বেড়াল দৌড়ে সিঁড়ি বেয়ে উপরতলায় উঠে আসে! ঠিক এই সময় শুনি, ঠাকুরঘরে ভোগের ঘণ্টা শাঁখ বেজে ওঠে। অমনি দেখি বুড়ো বুড়ি দুটোতে চলে গেলো– ঠিক যেন নেপথ্যে প্রস্থান হলো তাদের থিয়েটারে। কুলুঙ্গিতে বসে আমি শুনতে থাকলেম কাঁসর বাজছে–

তারপর... তারপর... তারপর...একদিন সকালে আমাদের দক্ষিণের বারান্দার সামনে লম্বা ঘরে চায়ের মজলিস বসেছে। পেয়ারী বাবুর্চি উর্দি পরে ফিটফাট হয়ে সকাল থেকে দোতলায় হাজির। আমার সেই নীল মখমলের সেকেণ্ড-হ্যাণ্ড কোট আর শর্ট প্যান্টটার মধ্যে পুরে রামলাল আমাকে ছেড়ে দিয়েছে , যতোটা পারে চায়ের মজলিস থেকে দূরে।

কে জানে সে কে একজন– মনে তার চেহারাও নেই, নামও নেই, সাহেব-সুবো গোছের মানুষ চা খেতে খেতে হঠাৎ আমাকে কাছে যেতে ইশারা করলেন। চায়ের ঘরে ঢুকতে মানা ছিলো পূর্বে। কাজেই, আমি ধরা পড়েছি দেখে পালাবার মতলবে আছি, এমন সময় রামলাল কানের কাছে চুপি চুপি বললে, 'যাও ডাকছেন, কিন্তু দেখো, খেও না কিছু।' সাহস পেলেম, সোজা চলে গেলেম টেবিলের কাছে, যেখানে রুটি বিস্কুট, চায়ের পেয়ালা, কাচের প্লেট, তখমা-ঝোলানো বাবুর্চি, আগে থেকে মনকে টানছিলো। ভুলে গেছি তখন রামলালের হুকুমের শেষ ভাগটা। ঘরের মধ্যে কি ঘটনা ঘটলো তা একটুও মনে নেই। মিনিট কতক পরে একখানা মাখন মাখানো পাঁউরুটি চিবোতে চিবোতে বেরিয়ে আসতেই আড়ালে কেদারদাদার সামনে পড়লেম। ছেলে মাত্রকে কেদারদাদার অভ্যাস ছিলো 'শালা' বলা। তিনি আমার কানটা মলে দিয়ে ফিসফিস করে বললেন– 'যাঃ, শালা, ব্যাপটাইজ হয়ে গেলি।' রামলাল একবার কটকট করে আমার দিকে চেয়ে বললে– 'বলেছিলুম না, খেও না কিছু।'

কি যে অন্যায় হয়ে গেছে তা বুঝতে পারিনে– কেউ স্পষ্ট করেও কিছু বলে না। দাসীদের কাছে গেলে বলে– 'মাগো, খেলে কি করে?' ছোটো বোনেরা বলে বসে– 'তুমি খেয়েছো, ছোঁব না!' বড়োপিশি মাকে ধমকে বললেন– 'ওকে শিখিয়ে দিতে পারোনি, ছোটোবৌ!'

যে ভদ্রলোক চা খেতে এসেছিলেন তিনি তো গেলেন চলে খাতির-যত্ন পেয়ে। কেদারদাদাও গেলেন শিকদারপাড়ার গলিতে। কিন্তু 'ব্যাপটাইজ' কথাটা আমার আর কাছ-ছাড়া হয় না। রুটিখানা হজম হয়ে যাবার অনেক ঘণ্টা পরে পর্যন্ত আমার মনে কেমন একটা বিভীষিকা জাগতে থাকলো। কারো কাছে এগোতে সাহস হয় না। চাকরদের কাছে তোষাখানায় যাই, সেখানে দেখি রটে গেছে ব্যাপটাইজ হবার ইতিহাস। দপ্তরখানায় পালাই, সেখানে যোগেশদাদা মথুরাদাদাকে ডেকে বলে দেন— আমি 'ব্যাপটাইজ' হয়ে গেছি। এমনি একদিন দু'দিন কতোদিন যায় মনে নেই— একলা একলা ফিরি, কোথাও আমল পাইনে, শেষে একদিন ছোটোপিশিমা আমায় দেখে বললেন— 'তোর মুখটা শুকনো কেন রে ?'

মনের দুঃখ তখন আর চাপা থাকলো না— ছোটোপিশিমা, আমি ব্যাপটাইজ হয়ে গেছি!' ছোটোপিশি জানতেন হয়তো 'ব্যাপটাইজ' হওয়ার কাহিনী এবং যদি বিনা দোষে কেউ 'ব্যাপটাইজ' হয় তো তার উদ্ধার হয় কিসে, তাও তাঁর জানা ছিলো। তিনি রামলালকে একটু আমার মাথায় গঙ্গাজল দিয়ে আনতে বললেন।

চললো নিয়ে আমাকে রামলাল ঠাকুরঘরে। পাহারাওয়ালার সঙ্গে যেমন চোর, সেইভাবে চললেম রামলালের পিছনে পিছনে। রান্না-বাড়ির উঠোনের পুব-গায়ে, সরু মেটে সিঁড়ি বেয়ে উঠে যেতে হয় ঠাকুর-বাড়ি। এই সিঁড়ির মাঝামাঝি উঠে, দেওয়ালের গায়ে চৌকো একটা দরজা ফস্ করে খুলে, রামলাল বললে- 'এটা কি জানো ? চোর-কুটুরি, পেত্নী থাকে এখানে।'

আর বলতে হলো না, সোজা আমি উঠে চললেম সিঁড়ি যেখানে নিয়ে যাক ভেবে খানিক পরে রামলালের গলা পেলেম— "জুতো খুলে দাঁড়াও, পঞ্চগব্যি আনতে বলি।" ভয়ে তখন রক্ত জল হয়ে গেছে। ছোটোপিশি দিয়েছেন হুকুম গঙ্গা জলের; কেন যে রামলাল পঞ্চগব্যির কথা তুলছে, সে-প্রশ্ন করার মতো অবস্থার বাইরে গেছি তখন। মনও দেখছি সেই পর্যন্ত লিখে বাকিটা রেখেছে অসমাপ্ত।

বসত-বাড়ি

মানুষের সঙ্গ পেয়ে বেঁচে থাকে বসত-বাড়িটা। যতোক্ষণ মানুষ আছে বাড়িতে, ভূত ভবিষ্যত বর্তমানের ধারা বইয়ে ততোক্ষণ চলেছে বাড়ি হাব-ভাব চেহারা ও ইতিহাত বদলে বদলে। কালে কালে স্মৃতিতে ভরে, বাড়ি-স্মৃতির মাঝে বেঁচে থাকে বাড়ির সমস্তটা। বাড়ি ঘর জিনিসপত্র সবই স্মৃতির গ্রন্থি দিয়ে বাঁধা থাকে একালের সঙ্গে। এইভাবে চলতে চলতে, একদিন যখন মানুষ ছেড়ে যায় একেবারে বাড়ি, স্মৃতির সূত্রজাল উর্ণার মতো উড়ে যায় বাতাসে; তখন মরে বাড়িটা যথার্থ ভাবে। প্রত্নতত্ত্বের কোঠায় পড়ে জানায় শুধু, সেটা দিশী ছাঁদের না বিদেশী ছাঁদের, মোগল ছাঁদের না বৌদ্ধ ছাঁদের। তারপর একদিন আসে কবি, আসে আর্টিস্ট। বাঁচিয়ে তোলে মরা ইঁট কাঠ পাথর এবং ইতিহাস প্রত্নতত্ত্বের মুর্দাখানার নম্বর ওয়ারি করে ধরা জিনিসপত্রগুলোকেও তারা নতুন প্রাণ দিয়ে দেয়। সঙ্গ পাচ্ছে মানুষের, তবে বেঁচে উঠছে ঘর বাড়ি সবই। আমি বেঁচে আছি পুরনোর সঙ্গে নতুন হতে হতে; তেমনি বেঁচে আছে এই তিনতলা বাড়িটাও, আজ যার মধ্যে বাসা নিয়ে বসে আছি আমি। আজ যদি কোনো মাড়োয়ারী দোকানদার পয়সার জোরে দখল করে এ-বাড়িটা, তবে এ-বাড়ির সেকাল-একাল দুই-ই লোপ পেয়ে যাবে নিশ্চয়। যে আসবে তার সেকাল নয়, শুধু একালটাই নিয়ে সে বসবে এখানে। দক্ষিণের বাগান ফুঁয়ে উড়িয়ে ওখানে বসাবে বাজার, জুতোর দোকান, ঘি-ময়দার আড়ৎ ও নানা— যাকে বলে প্রফিটেবল্‌-কারখানা, তাই বসিয়ে দেবে এখানে। সেকাল তখন স্মৃতিতেও থাকবে না।

স্মৃতির সূত্র নদীধারার মতো চিরদিন চলে না, ফুরোয় এক সময়। এই বাড়িরই ছেলেমেয়ে— তাদের কাছে আমাদের সেকালের স্মৃতি নেই বললেই হয়। আমার মধ্যে দিয়ে সেই স্মৃতি— ছবিতে, লেখাতে, গল্পে— যদি কোনো গতিকে তারা পেলো তো বর্তে রইতো সেকাল বর্তমানেও। না হলে, পুরনো ঝুলের মতো, হাওয়ায় উড়ে গেলো একদিন হঠাৎ কাউকে কিছু না জানিয়ে!

গ্রন্থে উল্লিখিত ব্যক্তিদের পরিচয়

অক্ষয়বাবু– অক্ষয় মজুমদার

অক্ষর— অক্ষর মজুমদার

অভি— হেমেন্দ্রনাথ ঠাকুরের কন্যা অভিজ্ঞা দেবী

অভিজিৎ– শ্রীমতী রানী চন্দের পুত্র

অমিয়– অধ্যাপক অমিয় চক্রবর্তী

অমিতা— অজিতকুমার চক্রবর্তীর কন্যা, অজীন্দ্রনাথ ঠাকুরের জী

অমৃত বসু– নাট্যাচার্য অমৃতলাল বসু

অরুদা– অরুণেন্দ্র, দ্বিজেন্দ্রনাথের পুত্র

অলক– অবনীন্দ্রনাথের জ্যেষ্ঠ পুত্র অলকেন্দ্রনাথ

উড্‌রফ– প্রাচ্যতত্ত্ববিদ্ ও শিল্পরসিক সার জন উড্‌রফ

ঋতু— ঋতেন্দ্রনাথ ঠাকুর

ওকাকুরা– জাপানের বিখ্যাত মনীষী কাউন্ট কাকুৎসো ওকাকুরা

করুণা– অবনীন্দ্রনাথের কন্যা

কর্তামশায়– মহর্ষি দেবেন্দ্রনাথ

কর্তাদিদিমা— মহর্ষিদেবের সহধর্মিণী সারদা দেবী

কাইজারলিং– বিখ্যাত জার্মান দার্শনিক

কারপ্লে– আন্দ্রে কারপ্লে। ফরাসী মহিলা শিল্পী

কালীসিংহ– কালীপ্রসন্ন সিংহ

কুমুদ চৌধুরী– বিখ্যাত শিকারী কুমুদনাথ চৌধুরী

কৃতি– দ্বিজেন্দ্রনাথের পুত্র কৃতীন্দ্রনাথ

কনক— গগনেন্দ্রনাথ ঠাকুরের পুত্র কনকেন্দ্রনাথ ঠাকুর

কিশোরী — মহর্ষিদেবের অনুচর কিশোরী চট্টোপাধ্যায়

গণেন মহারাজ– গণেন্দ্রনাথ বন্দ্যোপাধ্যায়

গুণু– গুণেন্দ্রনাথ ঠাকুর, অবনীন্দ্রনাথের পিতা

গুপু– গেহেন্দ্র, গগনেন্দ্রনাথের জ্যেষ্ঠ পুত্র

গৌরী — নন্দলাল বসুর কন্যা গৌরী ভঞ্জ

ছোটো দাদামশায়– নগেন্দ্রনাথ ঠাকুর, মহর্ষিদেবের কনিষ্ঠ ভ্রাতা

ছোটোপিসিমা– কুমুদিনী দেবী

ছোটো পিসেমশায়– নীলকমল মুখোপাধ্যায়

ছোটো বউঠান– সৌদামিনী দেবী, অবনীন্দ্রনাথের মাতা

জগদীশবাবু– আচার্য জগদীশচন্দ্র বসু

জয়া– সুরেন্দ্রনাথ ঠাকুরের কন্যা, শ্রীমতী জয়শ্রী সেন

জিতেন বাঁড়ুচ্ছে– বিখ্যাত বলী জিতেন্দ্রনাথ বন্দ্যোপাধ্যায়

জ্যাঠামশায়– দ্বিজেন্দ্রনাথ ঠাকুর এবং গণেন্দ্রনাথ ঠাকুর

জ্যোতিকাকামশায়– জ্যোতিরিন্দ্রনাথ ঠাকুর

টাইক্কান– জাপানের বিখ্যাত শিল্পী

দাদা, গগন, বড়দা– গগনেন্দ্রনাথ ঠাকুর

দাদামশায়– অবনীন্দ্রনাথের পিতামহ গিরীন্দ্রনাথ

দিনু– দ্বিজেন্দ্রনাথের পৌত্র দিনেন্দ্রনাথ

দীনেশবাবু– দীনেশচন্দ্র সেন

দ্বীপুদা– দ্বিজেন্দ্রনাথের পুত্র দ্বিপেন্দ্রনাথ

দ্বিজুবাবু– কবি দ্বিজেন্দ্রলাল রায়

ন— নন্দলাল বসু

নতুন কাকীমা– জ্যোতিরিন্দ্রনাথের পত্নী কাদম্বরী দেবী

নন্দলাল– শিল্পাচার্য নন্দলাল বসু

নমিতা– অবনীন্দ্রনাথের কনিষ্ঠ পুত্রবধূ

নাটোর– জগদিন্দ্রনাথ রায়, নাটোরের মহারাজা

নিতু— নীতীন্দ্রনাথ, বিরেন্দ্রনাথের পুত্র

নির্মল– অবনীন্দ্রনাথের জামাতা নির্মল মুখোপাধ্যায়, উমা দেবীর স্বামী

নেলি– অবনীন্দ্রনাথের কন্যা উমা দেবী

পশুপতিবাবু— পশুপতি বসু

পারুল– অবনীন্দ্রনাথের জ্যেষ্ঠ পুত্রবধূ

প্রতিমা– প্রতিমা দেবী

প্রফুল্ল ঠাকুর– রাজা প্রফুল্লনাথ ঠাকুর

প্রতিভা দেবী— হেমেন্দ্রনাথ ঠাকুরের কন্যা, আশুতোষ চৌধুরীর পত্নী

প্রিয়ম্বদা— কবি প্রিয়ম্বদা দেবী

বলু– বলেন্দ্রনাথ ঠাকুর

বঙ্কিমবাবু— বঙ্কিমচন্দ্র চট্টোপাধ্যায়

বাবামশায়– গুণেন্দ্রনাথ ঠাকুর

বাসুদেব– শিল্পী শ্রীবাসুদেবন

বারীন ঘোষ– বিপ্লবী বারীন্দ্রকুমার ঘোষ

বিবি– সত্যেন্দ্রনাথের কন্যা ইন্দিরা দেবী

বিনয়িনী– অবনীন্দ্রনাথের ভগ্নী, শেষেন্দ্রভূষণ চট্টোপাধ্যায়ের স্ত্রী, প্রতিমা দেবীর মাতা

বীরু– অলকেন্দ্রনাথের পুত্র অমিতেন্দ্রনাথ ঠাকুর

বৈকুণ্ঠবাবু— বৈকুণ্ঠনাথ সেন

বড়োপিসিমা– কাদম্বিনী দেবী

বড়োপিসেমশায়– যজ্ঞেশপ্রকাশ গঙ্গোপাধ্যায়

বড়োমা– গণেন্দ্রনাথের পত্নী

মঞ্জু– সুরেন্দ্রনাথ ঠাকুরের কন্যা, মঞ্জুশ্রী চট্টোপাধ্যায়

মহানন্দ— মহানন্দ মুন্শি

মণি গুপ্ত— শিল্পী মণীন্দ্রভূষণ গুপ্ত

মণিলাল– অবনীন্দ্রনাথের জামাতা মণিলাল গঙ্গোপাধ্যায়, করুণা দেবীর স্বামী।

মণীষী– শিল্পী মণীষী দে

মা– সৌদামিনী দেবী

মিলাডা– মোহনলাল গঙ্গোপাধ্যায়ের পত্নী

মুকুল– শিল্পী মুকুল চন্দ্র দে

মেজদা– সমরেন্দ্রনাথ ঠাকুর

মেজোজ্যাঠামশায়, সতু– সত্যেন্দ্রনাথ ঠাকুর

মেজোমা– জ্ঞানদানন্দিনী দেবী, সত্যেন্দ্রনাথের পত্নী

মোহনলাল– মণিলাল গঙ্গোপাধ্যায়ের পুত্র

রথী— রথীন্দ্রনাথ ঠাকুর

রবিকা— রবীন্দ্রনাথ ঠাকুর

রাখালবাবু– ঐতিহাসিক রাখালদাস বন্দ্যোপাধ্যায়

শিশির ঘোষ– অমৃতবাজার পত্রিকার প্রতিষ্ঠাতা-সম্পাদক

শৈষেন্দ্রভূষণ– অবনীন্দ্রনাথের ভগ্নীপতি শৈষেন্দ্রভূষণ চট্টোপাধ্যায়

শোভনলাল– মণিলাল গঙ্গোপাধ্যায়ের পুত্র

শ্রীকণ্ঠবাবু– রায়পুরের শ্রীকণ্ঠ সিংহ, মহর্ষির অনুগামী

শ্রীনাথ জ্যাঠামশায়— শ্রীনাথ ঠাকুর

সত্যদা– সারদাপ্রসাদের পুত্র সত্যপ্রসাদ গঙ্গোপাধ্যায়

সরলা— সরলা দেবী চৌধুরানী

সারদা পিসেমশায়— সারদা প্রসাদ গঙ্গোপাধ্যায়, সৌদামিনী দেবীর স্বামী

সুনয়নী— অবনীন্দ্রনাথের ভগ্নী, রজনীমোহন চট্টোপাধ্যায়ের স্ত্রী

সুরেন গাঙ্গুলি– শিল্পী সুরেন্দ্রনাথ গঙ্গোপাধ্যায়

সুরেন— সত্যেন্দ্রনাথের পুত্র সুরেন্দ্রনাথ ঠাকুর এবং শিল্পী সুরেন্দ্রনাথ কর

সোমকা, সোমবাবু– রবীন্দ্রনাথের অগ্রজ সোমেন্দ্রনাথ ঠাকুর

হ. চ. হ.— হরিশচন্দ্র হালদার

হেমলতা বউঠান— দ্বিপেন্দ্রনাথের পত্নী

হেম ভট্ট— আদি ব্রাহ্মসমাজের হেমচন্দ্র ভট্টাচার্য

হ্যাভেল সাহেব— ঈ. বি. হ্যাভেল